KB052483

전면개정판

5급 공채·입법고시

행정학 기출문제
답안과 강평

강 평 교수진

김성수(한국외국어대) / 김순양(영남대) / 김철회(한남대) / 류근필(전남대) / 박형준(성균관대)

원구환(한남대) / 이영철(전남대) / 이원규(전북대) / 이원희(한경국립대)

조선일(국립순천대) / 최성욱(전남대) / 최영출(충북대) / 한세억(동아대)

고시계사

머리말

5급 공채(행정고등고시)와 입법고등고시 제2차시험에 도전하는 많은 수험생들에게 행정학은 아주 모호하게 느껴지는 과목이다. 수험생들은 행정학의 내용이 명확하게 개념화되도록 꾸준하게 연습하는 것이 행정학 이해의 지름길이다.

이 교재는 2007년에 처음으로 도서출판 고시계사에 출간한 『5급 공채(행정고시) 기출해설과 예상논점-행정학』을 바탕으로 하여 매년 새롭게 업데이트 하여 출간되고 있다.

이번 전면개정판에도 많은 수험생들의 의견에 따라 2023년도를 포함하여 연도별로 5급 공채(행정고시) 기출문제의 『답안과 강평』을 바탕으로 입법고등고시 기출문제에 대한 『어드바이스』와 『답안구성예』를 부가하여 새롭게 구성하였다.

지금까지의 출제되었던 기출문제의 분석은 모든 수험공부의 시작이자 종착점이다. 앞으로 출제경향의 분석이나 수험방향의 흐름을 파악하는데 있어서 기출문제의 분석은 수험생들에게는 절대적으로 유용한 수험공부의 기본패턴이다.

이번 전면개정판에도 전면적으로 수험생들의 기대에 부응하기 위해 다음과 같은 내용을 담아 전면개정판을 출간하게 되었다.

첫째로, 2023년부터 2005년도까지의 총 19년 간의 5급 공채(행정고등고시) 행정학 기출문제(필수/선택)와 입법고등고시 기출문제(2023년~2005년)를 기본으로 하여 구성하였다.

둘째로, 연도별 기출문제의 정제된 답안은 5급 공채(행정고등고시)시험에 우수한 성적으로 합격한 합격자분들 중에서 행정학 과목의 점수가 우수한 합격자분들이 실제시험에서의 실제답안처럼 작성하여 답안의 오류를 잡았다.

셋째로, 5급 공채(행정고등고시)의 정제된 기출문제의 답안에 전국 여러 대학의 주요 행정학과 출제위원급의 교수님들께서 직접 출제분석과 출제의도, 중요 논점, 모범답안의 답안작성 방법 등을 강평으로 첨부하여 수험생 여러분들이 스스로도 자가학습이 가능하도록 하였다.

넷째로, 입법고등고시 기출문제는 행정학 과목에서 좋은 점수를 받은 사무관님들께서, 각각의 설문마다 『Advice』와 『답안구성의 예』를 두어 답안의 중요 논점과 전체 답안 맥락의 파악 및 전체 답안의 서술전개를 파악할 수 있게 하였다.

5급 공채(행정고등고시)와 입법고등고시 행정학의 최근의 출제문제들은 현실의 구체적 사례(사실)에 얼마나 행정학적 지식과 이론 등을 바탕으로 종합적이고 실체적으로 사고할 수 있는 해결능력을 가지고 있는지를 측정해 보는 방향으로 출제되고 있다.

수험생 여러분들은 본인이 가지고 있는 기존의 기본교재와 함께 이 교재를 가지고 수험공부를 진행한다면 행정학의 고득점에 한 걸음 더 다가설 수 있다고 확신한다.

각각의 기출문제의 답안마다 일일이 상세하게 강평을 해 주신 김성수 교수님(한국외국어대학교), 김순양 교수님(영남대학교), 김철회 교수님(한남대학교), 류근필 교수님(전남대학교), 박형준 교수님(성균관대학교), 이원규 교수님(전북대학교), 이원희 교수님(한경국립대학교), 이영철 교수님(전남대학교), 원구환 교수님(한남대학교), 조선일 교수님(국립순천대학교), 최성욱 교수님(전남대학교), 최영출 교수님(충북대학교), 한세억 교수님(동아대학교), 그리고 정제된 답안을 작성하여 주신 여러 사무관님들 및 이 교재의 구성에 좋은 정보를 제공해 주신 행정학의 여러 강사님들께도 진심으로 감사를 드린다.

부디 이 책이 많은 수험생들에게 한 알의 밀알이 되었으면 바람이다.

2023년 9월

고시계 편집국

Contents

Contents

Contents

Contents

| 제1문 | 다음 제시문을 읽고 물음에 답하시오. (총 50점, 선택 총 25점)

정부의 시장개입은 시장실패로부터 출발한다. 그러나 정부개입이 오히려 정부실패로 귀결되기도 한다. 현대 행정이 직면한 글로벌 경제위기 확산, 신종재난 출현, 저출생·고령화 심화, 지역소멸 위기 등 다양하고 복잡한 사회문제는 정부실패의 가능성을 높이고 있다. 최근에는 인공지능과 빅데이터 기술의 급격한 발전으로 정부의 역할과 기능은 개혁을 요구받고 있다. 이에 정부는 '일 잘하고 신뢰받는 정부' 구현을 위한 '정부혁신종합계획'을 발표하였다.

(1) 울프(Wolf)가 주장한 정부실패의 원인을 기술하시오. (10점)

(2) 정부실패를 해결하기 위하여 제시된 일련의 이론들(신공공관리론, 뉴거버넌스, 공공서비스론 등)을 설명하시오. (20점)

(3) 최근의 복잡하고, 역동적이며, 불확실한 행정환경에 효과적으로 대응하기 위한 미래정부의 혁신 방향에 대해 논하시오. (20점)

I. 서 론

II. Wolf가 주장한 정부실패의 원인
 1. 정부실패의 개념
 2. 정부실패의 원인 - Wolf의 논의를 중심으로
  (1) 비용과 수입의 괴리로 인한 비효율성
  (2) 내부성 추구
  (3) 불완전 정보로 인한 파생적 외부효과(derived externality)
  (4) 분배상의 불공평성

III. 정부실패를 해결하기 위한 일련의 이론들
 1. 신공공관리론(New PublicManagement)
  (1) 신공공관리론의 의의
  (2) 신공공관리론 입장에서 정부실패를 해결하기 위한 방안
 2. 뉴거버넌스(NewGovernance)
  (1) 뉴거버넌스의 의의
  (2) 뉴거버넌스 입장에서 정부실패를 해결하기 위한 방안

 3. 신공공서비스론(New PublicService)
  (1) 신공공서비스론의 의의
  (2) 신공공서비스론 입장에서 정부실패를 해결하기 위한 방안

IV. 최근의 행정환경에 효과적으로 대응하기 위한 미래정부의 혁신방향
 1. 정부혁신의 의의
 2. 애자일(Agile) 정부
  (1) 애자일 정부의 의의
  (2) 애자일 정부의 혁신방향
 3. 디지털플랫폼정부
  (1) 디지털플랫폼정부의 의의
  (2) 디지털플랫폼정부의 혁신방향
 4. 증거에 기반한 넛지 정부
  (1) 증거기반정책과 넛지정부의 의의
  (2) 증거기반 넛지정부의 혁신방향

V. 결 론

I. 서 론

최근 행정환경은 변동성(Volatility), 예측불가능성(Uncertainty), 복잡성(Complexity), 모호성(Ambiguity)의 특징을 가지고 있고, 코로나19를 비롯하여 사회적 난제(Wicked problem)가 발생하는 등 위험이 증가하고 있다. 이를 해결하기 위한 정부의 역할이 확대됨에 따라 그 부작용인 정부실패 역시 발생하고 있다. 정부의 개입에 따른 문제점을 해결하면서도 불확실한 행정환경에 효과적으로 대응하기 위한 정부의 혁신이 필요하다.

II. Wolf가 주장한 정부실패의 원인

1. 정부실패의 개념

정부실패란 정부가 시장실패 등의 문제를 해결하기 위해 개입하였음에도 불구하고 의도한 문제의 해결에 실패하거나 오히려 문제를 악화시키는 것이다. Wolf는 시장실패(market failure)에 대비되는 개념으로 정부실패 개념을 제시하고, 그 원인을 다음과 같이 주장하였다.

2. 정부실패의 원인 - Wolf의 논의를 중심으로

(1) 비용과 수입의 괴리로 인한 비효율성

시장은 가격이라는 매개를통해 비용과 수입을 연계함으로써 자원의 수요와 공급을 조절한다. 그에 반해 정부는 이러한 연결고리가 없기 때문에 정부 생산물의 적절한 양과 가치가 비용과 분리되어 결정된다. 따라서 일정한 산출물을 생산하는데 필요한 자원의 양보다 더 적거나 많은 양의 자원이 공급되는 X-비효율성이 나타난다.

(2) 내부성 추구

내부성(internalities)이란 공익과 괴리되는 조직 내부의 사적 이익을 추구하는 행태를 의미한다. 정부 활동은 시장과 달리 경쟁이 결여되어 있고, 목표가 복잡모호하기 때문에 성과측정에 한계가 있다. 이로 인해 정부조직은 원래 의도한 공식 목표와 괴리되는 내부성을 추구하게 된다. 이는 관료의 사적 이익 내재화 등으로 나타난다.

(3) 불완전 정보로 인한 파생적 외부효과(derived externality)

정부와 같은 대규모조직은 정치적 압력, 근시안적 시각, 시간할인율 등으로 인해 불완전 정보를 가진다. 따라서 어떠한 목표를 달성하고자 할 때 불완전한 정보에 기반한 정책수단을 사용할 가능성이 높다. 잘못된 처방은 문제 상황을 더욱 악화시키고 예상치 못한 부작용을 발생시킨다.

(4) 분배상의 불공평성

정부 권한의 편중성으로인해 분배상의 불공평을 초래하여 정부실패가 나타날 수 있다. 정부활동에 따른 권력행사는 특정 집단에게 귀속되고, 이로 인해 편익을 누리는 집단과 비용이 발생하는 집단이 생겨난다. 정부 정책으로부터 편익을 누리게 되는 집단은 편익 극대화를 위해 실제 추정되는 것보다 더 많은 정책이 필요하다고 주장할 가능성이 높다. 이로 인해 기술, 서비스, 자원 등이 불공평하게 분배되어 정부실패가 나타날 수 있다.

Ⅲ. 정부실패를 해결하기 위한 일련의 이론들

1. 신공공관리론(New PublicManagement)

(1) 신공공관리론의 의의

신공공관리론이란 작고효율적인 정부 구현을 위해 신관리주의와 시장주의를 결합한 관리기법이다. 전통적인 공사행정 일원론에 입각하여 민간관리기법을 공공 부문에 적용하는 동시에 공공 서비스 공급에 있어서 시장의 경쟁원리를 적극 도입한 것이다.

(2) 신공공관리론 입장에서 정부실패를 해결하기 위한 방안

첫째, 시장의 경쟁원리와 가격을 통해 자원의 효율적인 분배를 추구한다. 시장의 운영원리에 따라 생산물의 가치를 측정하고, 자원의 수요와 공급을 조절함으로써 사회적 난제를 해결하기 위한 자원배분의 효율성을 도모한다.

둘째, 성과관리를 통해 정부의 목표를 효과적으로 달성하고자 한다. 전략적 기획을 통해 조직의 목표를 연계하여 성과목표를 설정한 후, 이를 평가함으로써 근시안적 시각에서 탈피하고 내부성을 극복하고자 한다.

마지막으로, 고객을 중심으로 정부서비스를 제공하고자 한다. 고객인 시민의 만족을 우선으로 하여 효율적이고 효과적으로 자원을 공급하고자 한다. 이를 통해 변화하는 행정환경에서 발생하는 문제에 대한 대응성을 확보할 수 있다.

그러나 신공공관리 하에서는 시장실패, 지나친 경쟁으로 인한 공공성 감소, 형평성 저해 등이 나타날 수 있다는 한계가 있다.

2. 뉴거버넌스(NewGovernance)

(1) 뉴거버넌스의 의의

뉴거버넌스란 정부, 시장, 시민사회가 신뢰에 기초한 참여를 통해 공공문제를 함께 해결해 나가는 네트워크이다. 기존의 정부 중심의 개입에서 탈피하고 정책수요자인 시민과의 협력을 추구한다.

(2) 뉴거버넌스 입장에서 정부실패를 해결하기 위한 방안

뉴거버넌스에서는 정부와 시민의 협력을 통해 사악한 문제를 해결함으로써 정부실패를 해결하고자 한다. 즉, 다양한 사회구성원과의 협력적 네트워크를 통해 정책문제를 정의하고, 문제에 대한 시민의 수요를 파악함으로써 불완전정보의 한계를 극복하고 목표를 보다 명확하게 설정할 수 있다. 또한 사회구성원 간 소통을 통해 자원을 합리적으로 배분하고, 신뢰 회복을 통해 정책의 수용성을 확보함으로써 정책목표를 효과적으로 달성하고 정부실패 가능성을 완화할 수 있다. 그러나 뉴거버넌스 하에서는 사회구성원의 책임성 약화 문제, 신뢰 형성의 장기성 요구 등의 한계가 있다.

3. 신공공서비스론(New PublicService)
(1) 신공공서비스론의 의의
신공공서비스론이란 정부의 운영은 신공공관리의 경영 방식이 아닌 관료와 시민의 참여를 통한 민주적 방식에 의해 이루어져야 한다는 거버넌스이다(Denhardt&Denhardt). 시민에 대한 봉사를 통해 공유가치로서의 공익을 달성하고자 한다.

(2) 신공공서비스론 입장에서 정부실패를 해결하기 위한 방안
신공공서비스론에서는시민 전체에 대한 책임성을 가지고 시민과의 상호작용을 통해 목표를 설정하고, 공익을 달성하기 위해 노력한다. 따라서 정부조직 내부의 사적 이익 내재화보다는 시민에 대한 봉사를 통해 문제를 해결하고자 한다. 이는 불확실한 행정환경에서 시민의 이익을 추구함으로써 보장성과 공공성을 달성할 수 있고, 사적 이익 내재화로 인한 정부실패를 해결할 수 있다. 그러나 분권화와 민주성을 지나치게 강조함으로써 현실성이 떨어진다는 한계가 있다.

Ⅳ. 최근의 행정환경에 효과적으로 대응하기 위한 미래정부의 혁신방향
1. 정부혁신의 의의
정부혁신이란 현재의 상태에서 바람직한 상태로 이행하기 위해 정부가 시도하는 변화이다. 우리나라 정부는 정부혁신계획 등을 통해 행정환경에 대응하기 위한 목표를 제시하고, 이를 달성하기 위해 노력하고 있다.

2. 애자일(Agile) 정부
(1) 애자일 정부의 의의
에자일(Agile) 정부란 변화하는 사회환경 속에서 위험을 예방하고 대응할 수 있는 정부의 역량이 중요해지는 가운데, 변화에 대한 수용성, 대응성, 신속성, 유연성을 발휘하는 정부이다. 사회적 난제가 발생하고 위험이 증대되는 현대 행정환경에서 민첩하게 문제에 대응하는 정부형태이다.

(2) 애자일 정부의 혁신방향
애자일 정부는 현대 행정환경에서 발생하는 다양한 문제를 해결하기 위해 자원을 유연하게활용하여 대응성을 확보한다. 정부부처간, 지방과 중앙정부 간 협력을 통해 사회적 재난이나 지역소멸, 저출산, 고령화 등 뉴노멀(New normal) 시대에 발생하는 문제에 대한 정보를 공유하고, 문제를 해결하기 위해 필요한 자원을 효율적으로 배분한다.
구체적으로는 정책랩(Policy Lab)이 있다. 열린혁신플랫폼 등을 통해 다양한 분야의 민간 행위자와 전문가가 참여하여 정책 수요자 중심의 혁신을 도모하고자 한다.

3. 디지털플랫폼정부

(1) 디지털플랫폼정부의 의의

디지털플랫폼정부란 디지털 정보 기술을 통해 구축한 자원을 플랫폼화하여 부가가치를 창출하는 정부이다. 최근 인공지능과 빅데이터 기술의 급격한 발전으로 인해 디지털플랫폼의 중요성이 점차 증가하고 있고, 최근 정부에서는 디지털플랫폼정부 실현계획을 통해 이를 구체화하였다.

(2) 디지털플랫폼정부의 혁신방향

현대 행정환경에서는불확실성이 증가하고 위험이 증가하고 있다. 디지털플랫폼정부에서는 디지털플랫폼을 매개로 다양한 사회구성원과 상호작용하며 문제상황을 파악하고 정보를 공유하는 등 자원분배의 효율성과 유연성을 도모할 수 있다. 또한 실시간으로 정책 환류 과정을 통해 시민이 선호하는 방식으로 정책을 설계함으로써 시민 전체의 공익을 추구하고 불확실성을 감소하고자 한다. 이를 통해 투명성과 신뢰성을 확보할 수 있다.

4. 증거에 기반한 넛지 정부

(1) 증거기반정책과 넛지정부의 의의

증거기반정책(Evidence Based Policy)란 엄밀한 과학적 연구의 결과를 정부의 정책과 프로그램형성, 수립, 검토 과정, 그리고 더 넓게는 공공정책에 대한 논쟁에 이용하는 것이다(Head). 즉, 엄밀하고 신뢰할 수 있는 지식을 그렇지 않은 지식보다 우선하여 추구하고 이를 정책과정에서 적극적으로 이용한다.

또한 넛지정부(Nudge)란, 행동경제학적 시각을 바탕으로 정책을 설계하고 집행하는 정부이다. 시민들의 경제적인 인센티브를 변화시키지 않으면서 행동을 목표한 방향으로 변화시키는 것이다.

(2) 증거기반 넛지정부의 혁신방향

최근의 복잡하고 역동적이며불확실한 행정환경 하에서 정부는 객관적 근거를 통해 정보를 수집하고,이를 기반으로 문제를 인식한다. 이에 근거하여 문제를 해결하기 위한 합리적인 목표를 설정하고, 간접적이고 유도적인 개입방식으로 시민들의 행동을 유도한다. 즉, 급진적인 점증주의(radical incrementalism) 방식을 통해 혁신을 추구하고자 한다. 넛지정부의 구체적 사례로는 부산 광안대로에 선의 간격을 조절하여 운전자가 속도감을 느끼도록 유도하여 운전자로 하여금 자발적 감속을 유도한 사례가 있다.

V. 결 론

Roberts는 현대 행정환경에서발생하는 사악한 문제를 해결하기 위해서는 권위적·경쟁적·협업적 전략이 필요하다고 주장하며, 그 중 협업적 전략에서 사회구성원의 협력과 상호작용을 통해 시너지를 창출하는 것이 가장 바람직하다고 보았다. 증거에 기반한 정책과 플랫폼을 활용하여 다양한 사회구성원과 소통함으로써 행정환경에 민첩하고 유연하게 대응하는 정부의 역할이 필요하다.

┤ 강 평 ├

1. 이 문제의 핵심은 정부실패의 원인을 모색하고, 복잡한 미래 환경에 대응할 수 있는 방안을 모색하는데 있다고 판단된다. 하부 문항에서 원인, 정부실패 해결을 위한 이론, 미래 정부의 혁신방향을 묻고 있는데, 예시 답안 작성자는 각각의 질문에 대해 비교적 논리적인 접근을 시도하고 있다. 다만, 다음의 몇 가지 사항이 보완된다면 답안의 체계성을 높일 수 있을 것으로 판단된다.

2. 『Wolf가 주장한 정부실패의 원인』에서 정부실패의 원인을 4가지로 제시하고 있는데, 정부 개입의 필요성을 보다 명확하게 설정할 필요가 있다고 판단된다. 즉, 정부는 시장에 개입하는 것이 아니라 시장실패에 개입한다는 것이며, 시장실패는 정부개입의 필요조건이지 충분조건은 될 수 없다는 점, 시장실패의 원인으로 외부성 존재이듯, 정부실패의 원인도 내부성에 있음을 보다 강조할 필요가 있다고 판단된다.

3. 『정부실패를 해결하기 위한 일련의 이론들』에서 신공공관리론, 뉴거버넌스, 신공공서비스론을 제시하고 있는데, 정부실패의 원인을 규명하는 이론의 전제조건을 보다 명확하게 기술하고, 이론간의 차이점을 강조할 필요가 있다고 판단된다.

4. 『미래 정부의 혁신방향』에서 정부혁신의 방향으로 3가지 대안을 제시하고 있는데, 미래 정부의 혁신방향을 『정부실패를 해결하기 위한 일련의 이론들』에서 제시한 이론과 연계하여 기술한다면 논리적 완결성을 강화할 수 있을 것으로 판단된다. 특히 각 이론들에서 장점으로 부각된 대안을 중심으로 제시하고, 각 대안의 미래 정부 혁신방향과의 정합성 여부를 기술한다면 보다 더 좋은 답안이 될 수 있을 것으로 판단된다.

| 제2문 | 다음 제시문을 읽고 물음에 답하시오. (총 30점, 선택 총 25점)

○ 정부는 공공의대 설립과 의대정원 확대 정책을 발표하였고, 대한의사협회는 이에 반대하며 파업을 선언하면서 정부와 의료계 간 갈등이 점화되었다.

○ 최근 국회에 제출된 ◇◇특별법에는 '수도권 대학 내 □□학과 정원확대' 관련 조항이 포함되어 지역대학 소외 논란이 심화되고 있다.

(1) 윌슨(Wilson)의 규제정치이론에 의하면 규제로부터 감지되는 비용과 편익의 분포에 따라 규제는 네 가지 유형으로 분류된다. 위에 제시된 사례가 어느 규제 유형에 속하는지를 각각 설명하시오. (16점)

(2) 신설 혹은 강화되는 규제에 대응하는 정부의 규제개혁 수단(방법)에 대해 기술하시오. (14점)

Ⅰ. 서 론

Ⅱ. Wilson의 규제정치이론에 따른 규제유형
1. Wilson의 규제정치이론
 (1) 대중정치
 (2) 고객정치
 (3) 기업가적 정치
 (4) 이익집단 정치
2. 각 사례가 속하는 규제 유형

 (1) 사례 1의 경우 - 기업가적 정치
 (2) 사례 2의 경우 - 고객정치

Ⅲ. 신설 혹은 강화되는 규제에 대응하는 정부의 규제개혁 수단
1. 규제완화
2. 규제품질관리
3. 규제관리

Ⅳ. 결 론

답안작성   박 0 0 / 2022년도 5급 공채 일반행정직 합격

Ⅰ. 서 론

규제 정책이란 바람직한 사회경제질서 구현을 위해 정부가 시장에 개입하여 개인과 기업의 행위를 규제하는 것이다. 우리나라에서는 행정규제기본법을 통해 규제를 제정, 관리하고 있다. 규제정책의 내용에 따라 민간에 광범위한 영향을 끼치고, 편익을 얻는 집단과 비용을 부담하는 집단 간 갈등이 발생하므로, 정부는 적절한 양과 질의 규제를 설정할 필요성이 있다.

II. Wilson의 규제정치이론에 따른 규제유형

1. Wilson의 규제정치이론

Wilson은 규제로부터 감지되는 편익과 비용이 집중되는 정도에 따라 규제정치를 4가지로 분류하였다.

감지된 비용		감지된 편익	
		넓게 분산	좁게 집중
감지된 비용	넓게 분산	대중정치	고객정치
	좁게 집중	기업가적 정치	이익집단정치

(1) 대중정치

대중정치란 규제에 대한 감지된 비용과 편익이 쌍방 모두 이질적인 불특정 다수에 미치나 개개인으로 보면 그 크기가 작은 경우이다. 사회가 발전함에 따라 새로운 신념이나 사상이 대두되고 이를 영향력 있는 집단이 정치적 이슈화를 통해 규제를 형성하지만, 규제에 대한 비용이나 편익이 적고, 불특정 다수에게 영향을 미치기 때문에 규제에 대한 이념적 반대를 극복할 부담은 적다.

(2) 고객정치

고객정치란 규제로 인해 발생하게 될 비용은 상대적으로 작으며 이질적인 불특정 다수에게 분산되나, 그에 다른 편익은 대단히 크며 동질적인 소수에게 귀속되는 유형이다. 상당한 규모의 이익을 얻을 가능성이 있는 소수집단은 빠르게 정치적으로 조직화되고, 그러한 편익이 자신들에게 제도적으로 보장될 수 있도록 정치적 영향력을 행사한다. 이에 따라 규제기관이 피규제산업에 의해 포획되는 현상이 나타난다.

(3) 기업가적 정치

기업가적 정치란 비용이 소수의 동질적 집단에 집중되어 있으나 편익은 대다수에게 넓게 확산되어 있는 유형이다. 비용을 부담하는 기업들은 잘 조직화되어 있고 정치적 영향력이 막강한 반면 편익이 기대되는 집단은 그렇지 못하다. 그러나 기업가적 정치인의 노력, 경제사회적 위기 및 재난의 발생, 정권의 변동에 따른 정치인들의 정통성 확보로 인해 정부규제가 현실적으로 가능하다. 규제기관이 피규제산업과 반목관계에 놓이게 되어 사회적 관심이 높고 정책적 지원이 잘 이루어지는 동안에는 규제가 잘 시행되나, 관심이 퇴조하게 되면 규제기관은 사각지대에 놓이게 되며 피규제산업은 이들을 포획하려는 시도를 강화하게 된다.

(4) 이익집단 정치

　이익집단 정치란 규제로부터 예상되는 비용과 편익이 모두 소수의 동질적 집단에 국한, 그것의 크기도 개개인의 입장에서 매우 큰 유형이다. 쌍방이 모두 조직화와 정치행동의 유인을 강하게 지니며, 조직적 힘을 바탕으로 서로의 이익 확보를 위해 첨예하게 대립하게 된다. 사회경제적인 상황의 변화, 규제책임자의 정치적 성향, 이익집단의 효과적인 영향력 행사 정도, 규제기관 관료들의 직업적 가치관 등에 따라 규제기관이 어느 한 편에게 유리한 입장을 취하게 된다.

2. 각 사례가 속하는 규제 유형

(1) 사례 1의 경우 - 기업가적 정치

　사례 1의 경우, 정부가 공공의대 설립과 의대 정원 확대를 통해 의료 공급 부족 문제를 해결할 수 있다. 따라서 해당 규제정책으로 인해 감지된 편익은 넓게 분산된다. 그에 반해 기존 기득권인 의사 집단은 의료계 종사 인원이 확대됨에 따라 권력 역시 분산됨으로써 이익이 감소하게 된다. 이로 인해 규제정책으로 인해 감지된 비용은 의료계 집단에 집중되어 분포한다. 이는 비용이 소수의 동질적 집단에 집중되어 있으나 편익은 대다수에게 넓게확산되어 있는 기업가적 정치 유형에 해당한다. 코로나19 등으로 의료 수요가 급증하는 환경에서는 정책의 필요성이 커져 규제정책이 잘 이루어지나, 상황이 안정되어 관심이 퇴조하는 경우 의료계 집단에 의한 포획의 가능성이 높아질 것이다.

(2) 사례 2의 경우 – 고객정치

　사례 2의 경우, 특별법에 의해 수도권 대학 내 특정 학과 정원이 확대됨으로써 수도권 대학은 해당 분야의 인재를 많이 유치할 수 있다는 점에서 편익을 얻게 된다. 그에 반해, 지역대학은 인재를 유치하지 못함으로써 등록금 수입 감소와 경쟁력 감소를 야기할 뿐만 아니라, 수도권으로 인구가 편중됨으로써 지방소멸을 가속화될 수 있다는 점에서 장기적으로 중앙−지방 간 지역불균형에 따른 비용이 넓게 분포하게 된다. 따라서 사례 2의 규제는, 규제로 인해 발생하게될 비용은 상대적으로 작으며 이질적인 불특정 다수에게 분산되나, 그에 다른 편익은 대단히 크며 동질적인 소수에게 귀속되는 고객정치 유형에 해당한다.

Ⅲ. 신설 혹은 강화되는 규제에 대응하는 정부의 규제개혁 수단

1. 규제완화

　규제완화란 규제의 전체 건수를 축소하여 총량을 줄이는 것이다. 구체적인 제도로는 규제총량제가 있다. 규제총량제란 규제를 신설하고자 할 때 기존 규제를 제거하여 규제의 총량을 유지하는 제도이다. 하지만 관료는 사소한 규제만을 폐지 또는 축소하여 핵심 규제는 오히려 증가하는 문제가 발생하기도 한다. 제시문의 사례 1의 경우, 정부가 의료정원 확대를 내용으로 하는 규제를 신설하고자 할 때에는 의료계의 반발을 우려하여 기존 의료계에 대한 규제 일부를 폐지하는 방식으로 타협이 가능하다.

2. 규제품질관리

규제품질관리란 규제의 비용 대비 효과 등을 분석하여 규제의 품질을 관리하는 것이다. 구체적인 제도로는 규제영향분석, 규제비용총량제, 네거티브 규제 등이 있다. 규제영향분석이란 기존의 규제와 신설하려는 규제를 대상으로 사회적 비용과 편익을 측정하는 제도이다. 규제비용총량제는 기존 규제 폐지에 따른 비용 절약이 신설에 따른 비용 증가분을 상쇄해야 하는 제도이다. 네거티브 규제는 원칙적으로 허용, 예외적으로 규제하는 원칙이다.

제시문의 사례 2의 경우,수도권 대학에 특정 학과 정원을 확대함으로써 얻는 교육의 질 향상 효과, 산업과 기술 발전 등의 효과와 대비하여 수도권과 지방 간 불균형 문제, 지방대학 재정문제 등의 비용을 측정할 수 있다. 이를 통해 규제 신설에 따른 편익이 규제를 통한 비용을 상쇄할 수 있는지 검토해야 한다.

3. 규제관리

규제관리란 국가의 전반적인 규제 체계에 관심을 가지고 규제 간 정합성을 확보하고자 하는 것이다. 구체적으로 규제맵, 규제등록제 등을 통해 정합적인 국가규제체계를 확립하는 것이다. 제시문의 사례1의 경우 공공의대 설립과 의대 정원 확대를 통한 의료공급 확대가 기존 의료체계의 인프라를 고려하여 정합성이 있는지 등을 고려할 수 있다. 사례 2의 경우 정부가 지역불균형과 지방소멸에 대응하여 실행하고 있는 기존 규제와 새로 신설하려는 수도권대학 특정학과 정원 확대 규제가 장기적이고 종합적인 시각에서 통일성이 있는지 검토하는 것이 필요하다.

Ⅳ. 결 론

정부의 규제정책은 관련이해관계자 집단에게 막대한 영향을 미친다. 따라서 정부가 신설하고자 하는 규제의 특성을 명확히 파악하고, 이에 따른 비용과 편익을 분석하여 규제의 정합성을 확보하는 것이 필요하다.

강 평

1. 이 문제의 핵심은 윌슨의 규제정치이론에서 제시한 4가지 유형을 정확히 이해하고, 하부 문항에서 제시한 사례와 규제 유형과의 관계를 파악하고, 신설 혹은 강화되는 규제에 대응하는 정부의 규제개혁 수단을 기술하는 것이 핵심이다. 예시 답안 작성자는 윌슨의 규제 유형을 설명하고, 규제 개혁수단(방법)을 제시하고 있는데, 다음의 몇 가지 사항을 고려한다면 답안의 체계성을 높일 수 있을 것으로 판단된다.

2. 『Wilson의 규제정치이론에 따른 규제유형』에서 유형별 개념에 대해 기술하고 있는데, 제시된 사례가 가치재로서의 특성을 지니고 있는 재화나 서비스이다. 의료와 교육은 전형적인 가치재로서의 특성을 지닌다는 것을 전제하고, 규제정치이론의 유형에 접근하는 것이 필요하다고 판단된다. 특히 의료와 교육과 같은 가치재는 사회적 파급효과를 고려한 규제가 필요한 영역이므로 이 부분에 대한 접근 및 기술이 보다 구체적으로 보완된다면 답안의 논리성을 강화할 수 있을 것으로 판단된다.

3. 『신설 혹은 강화되는 규제에 대응하는 정부의 규제개혁 수단』에서 규제완화, 규제품질관리, 규제관리 등을 제시하고 있는데, 신설 혹은 강화되는 규제와 연관된 정부의 규제 개혁 수단을 논리적으로 기술할 필요가 있다고 판단된다. 특히 신설 혹은 강화와 윌슨의 규제유형과의 연계성을 보다 명확하게 기술하고, 신설 혹은 강화되는 규제와 윌슨의 개혁 유형을 연계하여 규제개혁 수단을 제시하는 것이 논리적으로 타당하다고 판단된다.

4. 마지막으로 신설 혹은 강화되는 규제에 대응하는 정부의 규제개혁 수단을 검토할 필요가 있는데, 포괄적 네거티브 규제 방식으로 활용되는 입법방식 유연화(네거티브 리스트, 포괄적 개념 정의, 유연한 분류 체계, 사후 평가), 규제 샌드박스(신속 규제 확인, 임시허가, 실증특례), 규제 자기입증책임제 등과 같은 규제 방안의 정합성 여부 등을 윌슨의 유형과 연계하여 제시할 필요가 있다고 판단된다.

| 제3문 | 공직임용제도에는 엽관제(spoils system)와 실적제(merit system)가 있다.
다음 물음에 답하시오. (총 20점, 선택 총 10점)

(1) 엽관제의 형성과 발전과정을 설명하고, 그 과정에서 중시된 행정이념을 기술하시오. (10점)

(2) 실적제의 폐단을 서술하고, 이를 극복하기 위한 구체적인 대안을 제시하시오. (10점)

Ⅰ. 서 론
Ⅱ. 엽관제의 형성과 발전과정 및 그 과정에서 중시된 행정이념
　1. 엽관제의 형성과 발전과정
　2. 엽관제의 발전과정에서 중시된 행정 이념 - 정치행정일원론과 대응성
　　(1) 정치행정일원론
　　(2) 대응성

Ⅲ. 실적제의 폐단 및 이를 극복하기 위한 구체적인 대안
　1. 실적제의 의의
　2. 실적제의 폐단 및 이를 극복하기 위한 구체적인 대안
　　(1) 실적제의 폐단
　　(2) 실적제의 폐단을 극복하기 위한 대안
Ⅳ. 결 론

답안작성

박○○ / 2022년도 5급 공채 일반행정직 합격

Ⅰ. 서 론

관료를 임용하는 방식으로 엽관제와 실적제가 있는데, 각각 추구하는 이념과 가치가 상이하다. 우리나라에서는 직업공무원제를 기반으로 실적제를 병행하고 있는데, 그에 따른 폐단을 극복하기 위한 대안을 고안할 필요성이 있다.

Ⅱ. 엽관제의 형성과 발전과정 및 그 과정에서 중시된 행정이념

1. 엽관제의 형성과 발전과정

엽관제는 인사권자의 정치적·인간적 관계를 기준으로 관료를 임용하는 인사제도이다. Washington 대통령이 표방한 적임의 원칙과 대비되는 평등주의적 사고를 기반으로, Jackson 대통령이 자신의 지지계층인 하류계층을 임용함으로써 공직의 대중화를 도모한 것을 시작으로 발전하였다.

---

2. 엽관제의 발전과정에서 중시된 행정 이념 - 정치행정일원론과 대응성

(1) 정치행정일원론

정치행정일원론이란 관료가 국민을 위해 사회가치에 적극 개입하고 반영해야 한다는 이념이다. 관료는 전문직업인으로서 자율성을 가지고, 행정에서의 정치성과 민주성을 강조하였다. 엽관제에서 관료는 공공정책을 중립적으로 집행만 할 것이 아니라, 임용권자의 정치적 이념과 의지에 따라 정책을 고안하고 실행하게 된다.

(2) 대응성

대응성이란 국민의 요구를 수렴하고 이를 행정에 반영시키는 것이다. 엽관제에서는 관료가 국민에게 책임을 지는 임용권자의 정치적 이념과 가치관을 충실히 수행함으로써 국민의 의사를 행정에 반영한다. 이를 통해 민주성과 대응성을 실현하고자 한다.

Ⅲ. 실적제의 폐단 및 이를 극복하기 위한 구체적인 대안

1. 실적제의 의의

실적제란 공무원의 인사관리를 개인의 실적에 바탕을 두는 제도이다. Pendleton act에서 출발하여 관료의 정치활동을 금지함으로써 정치적 중립을 실현하고자 한다.

2. 실적제의 폐단 및 이를 극복하기 위한 구체적인 대안

(1) 실적제의 폐단

첫째, 실적의 측정이 모호하다. 공공부문의 경우 다양한 가치를 추구하고, 목표 역시 복합적으로 수립되는 경우가 많다. 실적을 측정하기 위한 능력, 자격, 성과가 측정되기 어려운 측면이 있고, 관료의 능력과 실적 간 인과관계가 모호한 경우가 있다.

둘째, 오히려 행정의 정치화 수단으로 전락될 가능성이 있다. 실적 측정 및 평가에 임용권자의 자의성이 개입되어 오히려 정치적 통제가 강화되는 신공공관리의 역설이 나타날 수 있다.

셋째, 형평성이 약화될 수 있다. 사회경제적 여건의 차이 또는 공직사회의 다양성을 고려하지 않은 임용은 실질적 평등을 저해하여 형평성을 약화시킬 수 있다. 또한 공직사회의 대표성이 결여되어 민주성이 약화될 수 있다.

(2) 실적제의 폐단을 극복하기 위한 대안

첫째, 실적제를 도입하기 이전에 직무분석이 필요하다. 직무 분석을 통해 직무가 요구하는 관료의 역량과 기술을 파악하고, 이를 관료의 실적과 연계하여 평가하는 것이 필요하다. 또한 목표관리제(MBO) 도입이 필요하다. 목표관리제란 구성원의 참여를 통해 조직의 목표를 명확하고 체계적으로 설정하고, 그에 따라 업무를 수행하도록 하는 제도이다. 이를 통해 관료의 목표 달성도를 기준으로 보다 객관적이고 체계적인 평가가 가능하다.

둘째, 행정의 정치화를 방지하기 위한 제도가 필요하다. 가령 사무차관제를 통해 정치적 인사개입의 범위를 제한하거나 관료에 대한 인사청문회를 개선해야 한다. 또한 평가자에 대한 교육과 매뉴얼 등을 개발하여 투명한 성과평가를 통해 도덕적 해이를 방지하고 공정한 평가가 이루어지도록 해야 한다.

셋째, 대표관료제 등 균형인사정책을 통해 인사의 형평성을 제고해야 한다. 대표관료제는 사회구성원의 사회경제적, 인구학적 특성을 폭넓게 반영하는 제도이다. 대표관료제를 통해 다양한 배경집단의 이익을 정책에 반영하여 대표성과 민주성을 증진시킬 수 있다. 단, 관료에 대한 사후평가 및 환류를 병행하여 실적제와의 균형을 도모하여야 한다.

Ⅳ. 결 론

엽관제와 실적제는 각각 대응성과 효율성이라는 상이한 효과를 추구한다. 현실적인 인사제도는 두 가치를 균형 있게 추구해야 할 필요성이 있다. 실적제를 기반으로 하되, 그로 인한 폐단을 보완하기 위해 직무분석, 객관적인 성과평가 제도, 대표관료제 등 다양한 제도를 고안하여 시행하는 것이 중요하다.

강평

1. 인사행정 제도에서 논의되는 대표적인 공직임용제도와 관련된 문제로서 엽관제와 실적제의 개념에 대한 이해를 전제로 실적제의 비판과 대안을 기술하는 것이 문제의 핵심으로 판단된다. 하부 문항은 엽관제에서 실적제로, 실적제에서 대표관료제 및 적극적 인사행정의 개념으로 전환되는 과정에 대한 이해를 전제할 필요가 있다. 문제에 대한 정확한 기술을 위해서는 다음의 사항을 고려할 필요가 있다고 판단된다.

2. 『엽관제의 형성과 발전과정 및 그 과정에서 중시된 행정이념』에서 엽관제의 개념에 대해서만 언급하고 있어 형성 및 발전과정에 대한 기술이 보다 강화될 필요가 있다고 판단되며, 정실주의와의 비교를 통해 엽관제의 형성과 개념 정의를 보다 분명하게 제시할 필요가 있다고 판단된다. 특히 "정당정치의 발달과정"과 연계되어야 엽관제 형성과 발전과정을 제대로 기술할 수 있을 것으로 판단되며, 정당정치와 연계된 공직임용제도에서 민주성과 대응성이라는 행정이념이 부각되었던 사실을 언급할 필요가 있다고 판단된다.

3. 『실적제의 폐단 및 이를 극복하기 위한 구체적인 대안』에서 실적제의 폐단을 공직의 일반적인 문제점보다는 임용 이전과 이후후의 관점으로 구분하여 기술한다면 실적제의 문제점을 보다 명확하게 기술할 수 있을 것으로 판단된다. 특히 Pendleton Act로 인해 실적제로 전환되면서 그에 따른 문제점을 기술하고, 문제점별 대안을 제시한다면 논리적 연계성을 보다 강화할 수 있을 것으로 판단된다.

4. 마지막으로 실적제 폐단을 극복하기 위한 대안 제시의 '구체성'을 언급할 필요가 있다. 실적제 폐단과 연계하여 대안을 제시하되, 대안의 구체성을 확보할 필요가 있다고 판단된다. 특히 실적제의 폐단을 Pendleton Act로 인해 시행된 제도의 문제점을 중심으로 기술하고, 그에 따른 구체적 대안을 제시하는 것이 논리적으로 타당할 것으로 판단된다.

2023년 입법고등고시 기출문제와 어드바이스 및 답안구성 예

| 제1문 (40점) |

다음 제시문을 읽고 물음에 답하시오.

〈제시문〉

○ 영국 일간지 [가디언]에 따르면 2035년에 미국 일자리의 47%, 영국 일자리의 35%를 로봇이 차지할 것이고, 세계 경제포럼의 보고서 [일자리의 미래]는 전 세계 7세 어린이의 65%는 현재 없는 직업을 갖게 될 것으로 전망하고 있다.

○ 4차 산업혁명 및 코로나-19 펜데믹 등 급변하는 행정환경에 민첩하게 대응하기 위하여 조직민첩성(organizational agile)이 중요하게 대두되고 있다.

(1) AI 도입 및 적용에 따른 직무와 인력 변화가 베버(Weber)의 전통적 관료제에 미치는 영향에 대하여 기술하시오. (10점)

Advice

1. 먼저 관료제 의의의 및 특징, 그리고 AI의 특징을 서술하는 것이 필요하다. Weber가 제시한 전통적 관료제의 특징으로는 공식성과 규칙(법규성, 몰인정성), 계층제(집권화), 업무의 분업, 실적과 능력 위주, 문서주의, 공과 사의 구별 등이 있다. 그 중 AI의 도입과 적용으로 인한 직무와 인력의 변화를 묻고 있으므로, 직무와 인력을 중심으로 관료제의 한계와 변화가능성을 지적하는 것이 중요하다. AI, 즉 인공지능이 도입된다면 업무의 자동화로서 RPA(로봇 프로세스 자동화)가 발달되고, 직무체계가 간소화 된다는 특징을 언급할 수 있다.

2. 직무에 있어서는 기존 관료제의 수직적인 조직구조와 계층제에서 탈피할 수 있다. 인공지능의 도입으로 불필요한 상의하달적 직무체계가 비효율적으로 인식될 수 있다. 따라서 기존 관료제 조직의 수직적이고 복잡한 구조가 간소화되고, 보다 수평적인 직무구조로 변화할 가능성이 있다.

3. 인력에 관하여는 관료제의 피라미드 구조상 상층부와 하층부로 나누어 변화를 서술한다면 답안의 체계성을 높일 수 있을 것이다. 일선관료 등 하층부 인력의 경우, 자동화된 업무에 대해 매뉴얼화되고 반복적인 직무에 대해서는 AI로 대체될 가능성이 있다. 따라서 일선관료의 상당수가 인공지능으로 대체됨을 제시문과 연계하여 서술할 수 있다. 또한 핵심적인 정책을 결정하고 조직의 비전을 제시하는 상부의 인력은 인공지능의 도입 및 발달에도 불구하고 대체가 어려울 것으로 보인다. 따라서 상층부와 하층부 간 양극화 가능성을 서술할 수 있을 것이다.

(2) 최근 활발하게 논의되고 있는 조직 민첩성의 개념과 애자일(Agile)조직의 특징 및 운영방식에 대하여 기술하시오. (10점)

Advice

1. 설문 (2)의 경우 급변하는 행정환경에 대응하기 위한 방안으로서 조직 민첩성과 애자일(Agile) 조직을 묻고 있다. 현대 행정환경의 경우 불확실성이 증가하고, 사회적 난제(wicked problem)가 증가하는 것이 특징이다. 먼저 조직 민첩성의 개념이 이러한 행정환경과 결부되어 어떤 측면에서 강조될 수 있을지 서술하는 것이 필요하다. 가령 복잡하고 불확실한 위험을 정의하고 발빠르게 대응하는 능력, 조직 변화에 대해 수용성과 유연성을 가진다는 점을 서술할 수 있을 것이다.

2. 애자일 조직은 조직 민첩성을 정부조직에 도입한 것으로, 그 특징 및 운영방식으로는 정부 부처 간, 정부-지방간 협력, 예산과 인적자원의 유연성, 클라우드 공무원이나 순환보직 등 유연한 관료조직 운영, 정책랩 등을 제시할 수 있다. 장기적 관점에서는 변화하는 행정환경에 대응하기 위해서 관료제 기반 정부조직을 재검토하고, 애자일 기반 정부를 위한 법제적 검토 등을 서술할 수 있다.

(3) AI 기반 애자일(Agile) 관료제와 베버의 전통 관료제의 특징을 비교하고, 이를 바탕으로 우리나라 관료제의 개선방안을 제시하시오. (20점)

Advice

1. Weber의 전통 관료제와 비교하여 AI 기반 애자일 관료제는 인공지능을 통해 보다 수평적인 조직구조 상에서 조직 구성원 간 의사소통이 이루어질 수 있고, 이를 통해 환경변화에 민첩하게 대응할 수 있다는 점을 중심으로 서술할 수 있다. 또한 인공지능을 통해 행정환경을 예측하여 선제적으로 대응할 수 있다는 점에서, 소극적으로 환경에 반응하는 전통적 관료제와 차이가 있다.

2. 우리나라 관료제의 경우, 구조적으로 높은 수평적·수직적 복잡성과 의사결정의 집권성을 고려할 때, 조직의 관할 영역을 넘어서서 예견하고 예방하는 자발성을 기대하는 것이 비현실적일 수 있다. 이를 개선하기 위해서는 관료의 전문성을 개발하고 조직 경험을 통해 매뉴얼을 개발하여 선례를 정착시킨다면 변화하는 행정환경에 대한 대응성이 보완될 것이다.

3. 또한 우리나라의 전통적인 관료제 하에서는 경쟁의 압력이 부족하고 위험회피적 행태가 나타날 수 있다. 이를 개선하기 위해 공무원의 적극행정을 도모할 수 있는 제도를 서술하여야 한다. 이 때 인공지능을 활용한 개선방안을 서술하는 것이 필요하다. 가령 일선관료의 업무 중 인공지능을 활용하여 반복되는 업무의 과중과 부담을 완화하고 관료의 자율성을 촉진하여 적극행정을 도모하는 것이 방안이 될 수 있다.

4. 마지막으로 예산 측면에서 우리나라의 관료제의 경직성을 서술할 수 있다. 예산과정이 1년 단위를 기본으로 설계되어 재정적으로 경직성이 나타날 수 있다. 이를 개선하기 위하여 추가경정예산, 기금 등 자율성을 확보할 수 있는 방안을 서술할 수 있다. 이 때 인공지능을 활용하여 향후 예산의 규모를 예측하여 보다 유연하게 대응할 수 있다는 점을 제시할 수 있을 것이다.

| **제2문 (30점)** |

우리나라는 근무성적평정을 통한 성과평가제도를 운영하고 있다. 구체적으로 고위공무원을 포함한 4급 이상 공무원에게 적용되는 '성과계약등 평가'와 5급 이하 공무원에게 적용되는 '근무성적평가'로 구분된다.

(1) 공무원 동기부여 이론을 적용하여 현행 성과평가제도를 평가하시오.(15점)

Advice

1. 우선 '성과계약등 평가제'와 '근무성적평가'에 대한 간략한 서술이 필요할 것이다. 성과계약 등 평가제란 장차관에서 중간관리자에 이르기까지 Top-Down 방식으로 성과목표와 평가지표 등에 관한 성과계약을 체결한 뒤, 그 결과에 따라 인사, 보수상 차별을 두는 제도이다. 그리고 이를 평가함에 있어서 동기부여 이론을 적용하는 문제이다. 공무원의 동기부여 이론은 내용이론과 과정이론으로 나뉘어 있고, 각각 다양한 이론으로 구성되어 있으므로 이를 모두 서술하는 데에는 한계가 있다. 따라서 그 중 근무성적평정을 통한 성과평가제도를 잘 설명할 수 있는 이론을 선택하여 서술하는 것이 필요하다.

2. 현행 성과평가제도를 평가하기 위해서는, 해당 제도의 긍정적 평가와 부정적 평가를 모두 서술하는 것이 바람직할 것이다. 어떤 이론을 적용하여 서술하느냐에 따라 답안의 내용이 상이하겠지만, 예를 들어 Vroom의 기대이론을 적용하여 현행 성과평가제도를 평가한다면, 긍정적 측면으로는 체계적인 성과관리 및 능력개발을 통한 기대치 증진, 실적과 성과를 연계함으로써 수단치 증진, 조직목표와 개인목표 간 연계 및 고위공무원의 책임성 확보를 통해 유인가 증진을 서술할 수 있다. 그러나 부정적 측면으로는 성과목표의 불명확성 또는 순환보직, 직무분석 미비 등으로 인한 기대치 하락, 평가자의 주관적 판단 개입 또는 평가의 불공정성으로 인한 수단성 하락, 성과주의에 대한 최고관리자의 관심 미흡, 성과주의 문화 미정착으로 인한 유인가 하락의 문제점을 지적할 수 있다.

(2) 성과평가제도와 보수체계의 연계방안을 제시하시오. (15점)

A dvice

1. 먼저 현행 보수체계에 대한 간략한 서술이 필요하다. 현재 운영되는 우리나라의 보수체계로는 호봉제와 연봉제가 있다. 호봉제는 연공급적 성격을 띠므로 실적·능력에 따른 보수의 공정성보다는 균등성에 초점이 맞추어져 있다. 연봉제는 고정급적 연봉제와 성과급적 연봉제, 고위공무원단의 경우 직무성과급적 연봉제로 이루어져 있다. 따라서 성과평가제도와 보수체계의 연계방안을 서술함에 있어서는 호봉제보다는 연봉제를 중심으로 서술하는 것이 바람직할 것이다.

2. 성과평가제도와 보수체계를 연계하는 방안으로서 직무등급제등을 제시할 수 있다. 호봉제의 대안으로서 제시되는 직무등급제는 직무를 중심으로 인사를 관리하여 실적과 역량에 따른 형평성을 제고하는 제도이다. 연봉제 중에서는 성과급적 연봉제와 직무성과급적 연봉제를 중심으로 서술할 수 있다. 이 때 연계방안을 제시하면서 직무분석과 직무평가의 보완점을 함께 제시한다면 훨씬 풍부한 답안이 될 것이다.

답안구성 예

Ⅰ. 서 론

Ⅱ. 현행 성과평가제도 평가: 동기부여 이론을 중심으로
　1. 현행 성과평가제도: 성과계약 등 평가제와 근무성적평가제
　2. 성과평가제도 평가: Vroom의 기대이론을 중심으로
　　(1) Vroom의 기대이론의 내용

　　(2) 현행 성과평가제도의 평가

Ⅲ. 성과평가제도와 보수체계의 연계방안
　1. 현행 우리나라의 보수체계
　2. 성과평가제도와 보수체계의 연계방안 - 직무성과급 도입, 성과급적 연봉제, 직무성과급적 연봉제 등

Ⅳ. 결 론

| 제3문 (30점) |

우리나라는 2000년대 중반부터 재정개혁의 일환으로 도입한 국가재정운용계획, 상향식 예산편성의 문제점을 극복하기 위한 총액배분 자율편성예산제도, 그리고 재정사업 성과의 제고를 위해 프로그램 분류체계를 기반으로 한 재정성과관리제도를 운영하고 있다.

(1) 총액배분 자율편성예산제도의 특징, 성과 및 한계를 기술하시오. (15점)

A dvice

1. 총액배분 자율편성예산제도는 Top-down 예산제도라고도 불리며, 노무현 정부 때 4대 재정개혁 중 하나로 도입되었다. 국가재정운용계획에 기반하여 매년 예산 총액 및 분야별 지출 규모를

정한 후, 구체적인 사업은 분야별 한도 내에서 부처가 자율적으로 편성하는 제도이다. 해당 제도의 특징을 서술할 때 이론적 배경으로 예산의 공유재적 성격에서 비롯한 공유지의 비극과 정보의 비대칭성을 들어 서술하면 더욱 논리적인 답안이 될 것이다.

2. 총액배분 자율편성예산제도의 성과로서 예산의 과다 요구와대폭 삭감에 따른 거래비용이 감소하고, 정책 합리성에 기초한 예산 배분이 가능함으로써 예산 운용의 효율성이 제고될 수 있음을 서술할 수 있다. 또한 그 한계로는 부처의 지출 한도에 대한 합리적 기준의 미비, 서구 국가들과 비교하여 우리나라의 제도와의 정합성, 중앙예산기관과 실무부처 사이의 신뢰 부족 등을 서술할 수 있다.

(2) 재정운영의 효과성 제고를 위한 국가재정운용계획, 총액배분 자율편성예산제도, 재정 성과관리제도 간 연계성 강화방안을 제시하시오.(15점)

Advice

1. 재정개혁의 일환으로써 해당 제도들이 도입된 취지는 중기적 시계에서 재정 운용을 계획하고(국가재정운용계획), 이에 기반하여 매년 예산 총액 및 분야별 한도 내에서 부처가 자율적으로 편성(총액배분 자율편성)하되, 편성한 사업성과를 책임지게 하는 것(성과관리제도)이다. 따라서 해당 취지를 중심으로 연계성 강화 방안을 제시하는 것이 필요하다.

2. 국가재정운용계획과 총액배분 자율편성제도 간 연계를 강화하기위해서는 운용계획의 구속력을 강화하기 위한 재정준칙, 독립적 재정 기구 설치 등이 있다. 총액배분 자율편성제도와 성과관리제도 간 연계를 강화하기 위해서는 재원 배분 기준의 합리성 제고, 중앙예산기관과 부처 간 신뢰 조성, 책임성 확보, 성과관리의 투명성과 전문성 보완 등을 서술할 수 있을 것이다.

답안구성 예

　Ⅰ. 서 론

　Ⅱ. 총액배분 자율편성예산제도의 특징,
　　성과 및 한계

　Ⅲ. 국가재정운용계획, 총액배분 자율편
　　성예산제도, 재정 성과관리제도 간 연
　　계성 강화방안

1. 국가재정운용계획과 총액배분 자율
　편성예산제도 간 연계 강화방안
2. 총액배분 자율편성예산제도와 재정
　성과관리제도 간 연계 강화방안

　Ⅳ. 결 론

| 제1문 | 다음 제시문을 읽고 물음에 답하시오. (총 50점, 선택 총 25점)

반관료제 정서(anti-bureaucratic sentiment)는 많은 국가에서 확인되고 있다.

레이건 대통령이 1980년에 정부 관료를 속임수와 낭비, 그리고 권한남용의 수호자로 비판했던 것이 '관료 때리기(bureaucrat-bashing)'를 강화하는 계기가 되었으며, 톨친(S. J. Tolchin)은 1990년대에 발생한 사회적 분노 이면에는 정부라는 표적이 있을 정도였다고 진단했다.

한편, 카우프먼(H. Kaufman)은 증폭되고 있는 반관료제 정서에는 관료제에 대한 두려움이 과대 포장되어 있다고 말하면서, 정부 관료제는 고삐 풀린 말처럼 통제되지 않은 채 질주만을 거듭하고 있지는 않다고 했다. 그는 정부의 서비스 공급 및 규제 기능 등이 더욱 전문화됨에 따라 비전문가인 정치인과 일반인 또는 기타 외부의 통제력 행사가 점점 힘들게 되었다는 비판도 있으나, 학계나 연구기관 같은 비정부단체들도 행정 업무에 대해 다양한 지식을 갖추고 있으므로 정부 관료제가 전문성을 독점하고 있는 것은 아니라고 지적했다.

(1) 정부 관료제의 전문성 독점에 의한 폐해를 구체적인 사례를 들어 설명하시오. (12점)

(2) 관료제 옹호론의 관점에서 '관료 때리기'에 대한 반론을 제시하시오. (18점)

(3) 위 제시문의 주장을 참고하여 탈관료제 방안을 제시하시오. (단, 하나의 이론을 선택하고 이를 근거로 기술하시오) (20점)

Ⅰ. 서 론

Ⅱ. 정부 관료제의 전문성 독점에 의한 폐해
  1. 정보의 비대칭성과 비효율적인 과대정부
  2. 정치권력화와 외부기관에 대한 선택적 대응
  3. 독점적 서비스 공급자로서의 권위주의적 태도와 일탈

Ⅲ. 관료제 옹호론의 관점에서 '관료 때리기'에 대한 반론
  1. 관료제가 지닌 특수성에 대한 이해의 필요
  2. 헌법의 수호자로서 관료제와 평형바퀴의 역할
  3. 상징정치로서 관료때리기와 언론의 과도한 관료제 비판

Ⅳ. 신공공서비스론에 기반한 탈관료제 방안
  1. 신공공서비스론의 의미
  2. 탈관료제 방안
    (1) 행정의 목표: 공유가치(shared value)로서의 공익
    (2) 시민에 대한 시각: 고객이 아닌 주인으로서의 시민
    (3) 정부의 역할: 방향잡기(steering)가 아닌 봉사(serving)하는 정부
    (4) 관료의 책임: 다면적 책임성과 전문가로서의 관료

Ⅴ. 결 론

I. 서 론

U. Beck이 지적한 바와 같이, 오늘날 행정환경의 주요한 특징은 한마디로 위험사회(risky society)라고 할 수 있다. 위험사회에서 '적절하고 공평한(adequate and equitable)' 공공서비스를 제공하기 위하여 정부의 신속하고 선제적인 대응이 요구된다. 최근 발생한 코로나-19사태에 관하여 한편으로는 정부의 대응이 신속하고 적절하였다는 평가가 있다. 반면 정부의 대응이 미흡하다는 평가가 제기되기도 한다. 이러한 부정적 평가의 이면에는 공무원의 소극행정과 관료제의 비효율성에 대한 불신이 자리잡고 있다. 따라서 정부 관료제에 대한 부정적인 측면과 이에 대한 반론을 '관료 때리기'와 '관료제 옹호론'의 관점에서 살펴볼 필요가 있으며, 탈관료제의 방안으로서 신공공서비스론의 구체적인 처방을 제시해볼 것이다.

II. 정부 관료제의 전문성 독점에 의한 폐해

1. 정보의 비대칭성과 비효율적인 과대정부

관료제의 전문성 독점은 의회와 정부 사이의 정보 비대칭성을 야기한다. 정부의 서비스 공급 및 규제 기능 등이 더욱 전문화됨에 따라 비전문가인 정치인이 정부를 통제하는 것에 어려움을 겪는 것이다. 이는 곧 정보의 비대칭성에 의한 주인-대리인의 문제로 귀결된다. 이에 관하여 Niskanen은 관료의 예산 극대화 행태 및 과대정부에 관하여 지적하였다. 또한 최근 논란이 된 공공기관의 '성과금 잔치' 역시 공공기관의 전문성 독점에 기한 도덕적 해이(Moral hazard)의 문제로 볼 수 있다.

2. 정치권력화와 외부기관에 대한 선택적 대응

정부 관료제는 거대한 조직과 다양한 인적자원 및 행정에 대한 막대한 권한을 지닌 집단이다. 이러한 정부 관료제의 전문성 독점은 정부 관료제로 하여금 하나의 정치권력을 형성하도록 유도한다. 정부 관료제가 하나의 정치권력이 되는 경우 국민을 위한 행정보다는 하나의 권력집단으로서 조직의 이익을 위하여 행동할 수 있다. 윤석열 정부 출범 이후 이루어진 59조 추가경정예산에 관하여 기획재정부가 새로운 정권에 맞추어 과소 세수추계를 통해 예산의 정치적 이용을 했다는 비판이 제기된다. 이처럼 예산에 대한 정보와 권한을 독점하고 있는 기획재정부는 자신의 독점적 지위를 기반으로 외부기관에 대한 선택적 대응을 할 가능성이 있다.

3. 독점적 서비스 공급자로서의 권위주의적 태도와 일탈

정부 관료제는 외부기관뿐 아니라 국민에게도 전문성 독점자로서 행동하기도 한다. 경찰 서비스나 인허가 사무의 경우 정부가 독점적으로 권한을 지니고 있으므로 해당 업무에 종사하는 공무원들은 관우월적인 태도를 지닐 수 있으며, 이러한 권한의 독점은 행정부패로 이어지기도 한다. 최근 이슈가 된 '버닝썬 사건' 역시 지역 경찰과의 유착관계를 보여주었다. 또한 전문성의 독점은 정보의 독점과 관계되어 미공개정보 등을 통한 공무원의 개인적 일탈이 발생하기도 한다. 이해충돌방지법 제정의 배경이 된 'LH 사건' 역시 부동산과 관련된 미공개정보의 이용이 문제되었다.

Ⅲ. 관료제 옹호론의 관점에서 '관료 때리기'에 대한 반론

1. 관료제가 지닌 특수성에 대한 이해의 필요

관료제가 비효율적이라는 비판에 대하여 Goodsell, Wamsley, Rohr 등 일군의 학자들은 "경영과 행정은 중요하지 않은 면에서만 닮았다."는 Sayre의 견해를 기반으로 다음과 같은 반론을 제기한다. 첫째, 정부 관료제를 민간 기업과 비교하여 비효율적이라고 이야기하는 것은 타당하지 않다는 것이다. Sayre의 주장과 같이 경영과 행정은 서로 다른 특성을 지닌 영역이며, 행정 영역의 경우 정부와 비교하여 효율성을 판단할 수 있는 비교대상이 존재하지 않으므로 비효율성에 대하여 쉽게 판단하기 어렵다는 것이다.

둘째, 행정의 경우 효율성뿐 아니라 합법성, 민주성, 형평성 등 다양한 행정가치를 추구한다. 그러므로 단순히 효율성만을 기준으로 관료제는 비판하는 것은 행정이 추구하는 다양한 가치를 간과하는 것이라 반론할 수 있다.

셋째, 행정영역은 다양한 외부적 통제가 이루어지므로 효율성이 저해될 수 있다. 국회에 의한 통제, 법원에 의한 사후적인 통제, 이익집단에 의한 압력 및 시민사회에 의한 감시 등 다양한 외부적 통제가 이루어진다. 이러한 통제는 관료제의 정책수행의 효율성을 저해할 수 있다.

2. 헌법의 수호자로서 관료제와 평형바퀴의 역할

관료제가 외부기관에 대하여 선택적으로 대응하는 것을 비판적으로 바라볼 수 있으나, 이러한 선택적인 대응이 요구될 수도 있다. Rohr는 미국 헌법을 분석하여 행정 역시 국민의 대표자로서 기능할 수 있다고 주장한다. 즉, 정책의 최전선에서 의원들과 정책을 결정하며 상당한 권한과 전문성을 지닌 관료는 바람직한 정책결정을 위한 최후의 보루로서 책임을 다하여야 한다는 것이다.

이와 관련하여 Blacksburg선언은 특히 행정의 전문직업주의와 평형바퀴(balance wheel)로서의 역할을 강조한다. 즉, 관료는 공공성의 대리인으로서 국민에 봉사하고 공익을 수호하기 위하여 시계의 평형바퀴와 같이 정치체제의 참여자들에게 선택적으로 대응할 수 있다는 것이다. 다시 말해, 헌법적 가치와 공익을 실현하기 위하여 행정은 때로는 대통령에게, 때로는 의회에게, 때로는 시민사회에게 선택적으로 대응할 수 있어야 한다.

3. 상징정치로서 관료때리기와 언론의 과도한 관료제 비판

정부 관료제의 권위주의적 태도와 일탈에 대하여 다음과 같은 반론이 제시될 수 있다. 먼저 '관료 때리기'는 정치인의 책임회피 혹은 상징정치로 인해 부풀려진 경향이 있다는 것이다. "관료제를 공격하여 지지율이 떨어진 정치인은 없다."는 Kaufman의 지적은 '관료때리기'의 상징정치적 면모를 잘 보여준다.

둘째, 언론의 과도한 관료제 비판 역시 관료제에 대한 부정적인 인식을 확산하는 데 기여하였다. 마땅한 신문기사 거리가 없는 경우 관료제 비판이 빈 자리를 채운다는 이야기와 같이 언론의 관료제 비판은 다소 과장된 측면이 있는 것이다. 또한 일부 공무원의 개인적인 일탈이 언론에 보도되는 경우 공무원 개인이 아닌 관료제 전체에 대한 비판으로 확산되는 것 역시 관료제에 대한 부정적인 인식이 과장됨을 보여준다.

마지막으로 국민들의 관료제에 대한 부정적인 인식은 다소 추상적일 수 있다. 실제로 중앙정부에 대한 만족도는 낮게 나오나, 구청 등 실제로 접촉하는 정부기관에 대하여는 높은 만족도 결과가 나오는 바, 이러한 불일치는 관료제에 대한 부정적인 인식이 다소 추상적이거나 선입견에 근거한 측면이 있다는 것을 보여준다.

Ⅳ. 신공공서비스론에 기반한 탈관료제 방안

1. 신공공서비스론의 의미

신공공관리적 행정개혁이 과도한 효율성의 추구, 공공성의 훼손, 정부의 분절화 등의 문제를 드러내자 이에 관하여 Denhardt&Denhardt는 정부의 운영은 신공공관리의 경영방식이 아니라 관료와 시민참여를 통한 민주적 방식으로 이루어져야 한다고 주장한 바, 이러한 주장을 신공공서비스론이라고 한다.

2. 탈관료제 방안

(1) 행정의 목표: 공유가치(shared value)로서의 공익

신공공서비스론은 관료가 일방적으로 행정목표를 제시하는 것이 아닌 공유가치(shared value)로서 공익을 행정목표로 삼아야 한다고 주장한다. 이러한 공유가치로서의 공익을 설정하기 위하여는 Habermas가 주장한 공론장(public sphere)이 중요한 역할을 한다. 하나의 정책에 관하여 정부관료, 이익집단, 시민단체 등 공동체 구성원들이 개방된 공론장에 자유롭게 참여하고 수평적인 의사소통을 통하여 공론을 형성하는 것이다. 최근 이루어진 신고리 원전 5·6호기에 관한 공론조사위원회 역시 일종의 공유가치로서의 공익을 형성하는 공론장의 기능을 수행하였다고 평가할 수 있다.

(2) 시민에 대한 시각: 고객이 아닌 주인으로서의 시민

공론장에서 자유로운 의사소통이 이루어지고 건설적인 담론이 형성되기 위하여 시민에 대한 기존의 관점이 수정될 필요가 있다. 전통적인 관료제론에서 시민은 단순히 정책에 수동적으로 반응하는 객체이며, 신공공관리론의 경우 만족도를 표현하는 고객의 지위에 머물렀다. 그러나 반관료제 정서를 완화하고 관료제의 전문성 독점을 해결하기 위하여는 주인으로서의 시민의 역할이 요구된다. 주인의식을 지닌 합리적이고 이성적인 시민들이 적극적으로 공론의 형성에 참여한다면 행정의 투명성이 확보되며 동시에 행정의 전문성이 공유되어 반관료제 정서가 완화될 수 있을 것이다. 이는 장기적으로 정부신뢰를 형성하고 사회자본(social capital)의 기반이 되어 관료제에 대한 막연한 편견과 불신을 해소하는 것에도 기여할 수 있을 것이다.

(3) 정부의 역할: 방향잡기(steering)가 아닌 봉사(serving)하는 정부

민주적 시민의식을 지닌 시민들이 공유가치로서의 공익을 형성하는 것에 있어서 봉사하는(serving) 정부가 요구된다. 과거의 정부는 노젓기(rowing)나 방향잡기(steering)의 역할을 수행하였다. 그러나 노젓기로 대변되는 전통적인 관료제는 권위주의적인 행정과 과대정부라는 비판을 받았으며, 방향잡기를 강조한 신공공관리론적 행정은 민간에 대한 규제의 강화와 공공성의 훼손이라는 문제점을 노정하였다. 그러므로 반관료정서를 완화하고 관료제에 대한 신뢰를 회복하기 위하여 정부는 시민들 간 수평적이고 자유로운 의사소통을 촉진하고, 공론장에서 결정된 사항을 구체적인 정책으로 변화하는 것에 도움을 주는 봉사하는 정부로서의 역할을 수행하여야 할 것이다.

(4) 관료의 책임: 다면적 책임성과 전문가로서의 관료

봉사하는(serving) 정부를 실현하기 위하여 신공공서비스론은 관료들에게 다면적인 책임성을 강조한다. 즉, 법적, 정치적, 전문가적 책임성 등 다양한 측면의 책임성을 갖추어 시민에 봉사해야 한다. 특히, 신공공서비스론은 효율성에 경도된 신공공관리에 대한 비판을 기반으로 주장되어 가치함유적(value-laden) 행정의 실현과 전문가로서의 책임성을 강조한다. 이미 결정된 목표를 효과적으로 달성하는 것뿐 아니라 진정으로 국민을 위한 정책이 무엇인지 고민하고 공유가치로서의 공익의 결정에 전문가로서 책임을 다하여야 한다는 것이다. 이러한 다면적인 책임성이 실현되는 경우에 비로소 관료에 대한 신뢰가 형성될 수 있고, 이러한 신뢰는 과대 포장된 관료제에 대한 두려움의 해소에 기여할 수 있을 것이다.

V. 결 론

탈관료제에 대한 방안으로서 Bennis는 관료제의 종언을 이야기하며 급변하는 행정환경 하에서 관료제는 더이상 기능하기 어렵다고 주장하였다. 그러나 이후 그는 이러한 급진적인 주장을 다소 후퇴시켰으며, 오늘날 우리는 여전히 행정영역에서 관료제 조직을 발견할 수 있다. 그러므로 탈관료제의 방안 역시 관료제 자체를 배척하는 것이 아닌 관료제의 수정을 통하여 이루어져야 할 것이다. 관료제의 수정의 관점에서 신공공서비스론은 기존의 관료제가 지닌 목적, 역할 및 책임성 등에 대하여 근본적인 수정을 가하여 하나의 의미있는 대안을 제시하는 바, 이러한 대안은 공동체 구성원의 참여를 통하여 행정의 투명성을 확보하고 전문성을 공유함으로써 궁극적으로 반관료제 정서를 완화하고 행정에 대한 건설적인 통제가 가능하도록 할 것이라 기대된다.

1. 이 문제는 기존 행정학 교과서에서 많이 소개되었던 관료제 병리현상에 대한 원인과 극복 대안 이론에 관한 내용이해를 묻는다고 생각된다. 따라서 관료들의 전문성 강화에 따른 문제 점 예시, 관료제의 긍정적 역할, 마지막으로 병리현상의 극복방안 관련 이론을 하부 문항에 서 묻고 있다. 이 문제에 대한 획일적인 정답은 없다고 생각되며, 비교적 행정학 기존 이론을 중심으로 본인의 생각을 잘 정리하면 좋은 점수를 얻을 수 있다고 생각된다.

예시 답안작성자는 각각의 질문항을 중심으로 비교적 논리적이고 설득력 있게 관련 이론과 내용을 중심으로 잘 설명하였다고 판단된다. 그러나 내용 보완적 측면에서 몇 가지 의견을 아래와 같이 제시한다.

2. 『Ⅱ. 정부관료제의 전문성 독점에 의한 피해』에서는 정보의 비대칭성의 사례로 주인-대리 인 모형 및 Niskanen의 점증주의적 예산제도에서 관료의 행태 등을 이야기 했지만 오히려 하나의 이론 혹은 모형을 잘 정리해서 제시하는 것이 더욱 좋았을 것으로 생각된다. 예를 들 면, 주인-대리인 모형으로 정보의 비대칭성 문제와 관료의 전문성 강화에 따른 행정의 민주 성의 저해 가능성 역시 잘 설명할 수 있다고 생각된다.

3. 『Ⅲ. 관료제 옹호론 입장에서의 관료 때리기 반론』에서는 Sayre 주장도 좋지만 민간과 행정 조직의 조직구조, 구성원 행태, 조직문화 등의 측면에서 차이점을 연구한 Hal Rainey의 연구 내용을 중심으로 차이점을 기술하고, 관료제의 긍정적 측면에서 관료들의 행태를 설명한다 면 더욱 설득력이 있었다고 판단된다.

4. 마지막으로 『Ⅳ. 신공공서비스론에 기반한 탈관료제 방안』에서 작성자는 신공공서비스이 론을 중심으로 관료제 극복방안을 제시하였다. 특히 행정기관의 공공성을 강조하며 민주성 을 중심으로 내용을 잘 기술하였다고 생각된다. 하지만 관료제 병리현상을 극복하기 위한 다 양한 행정학 이론(신공공관리론, 거버넌스이론 등)이 존재하기 때문에 다양한 답이 존재할 수 있다고 생각되며 행정조직의 궁극적인 역할인 공공가치 창출을 강조하는 B. Bozeman과 M. Moore 공공가치 창출이론도 좋은 대안이라고 생각된다.

| 제2문 | 다음 제시문을 읽고 물음에 답하시오. (총 30점, 선택 총 15점)

신종 코로나바이러스 감염증이 확산하면서 전국 유치원과 초·중등학교의 원격수업이 광범위하게 시행되었다. 등교수업이 지체되고 원격수업이 부실하게 운영되면서 자녀의 학력 저하를 우려하는 학부모의 불만이 쌓이기도 하였다. 무엇보다 사립학교나 학원과 비교하여 실시간 쌍방향 수업률이 저조한 공립학교에 자녀를 보내는 부모들은 공립학교의 원격수업 개선을 요구하는 청원을 제기하기도 하였다. 왜 공립학교는 사립학교나 학원보다 급변하는 환경에 적응하지 못하고 시민들의 요구에 민감하게 반응하지 못하는지 학부모들은 이해하기가 힘들다는 반응을 보이고 있다.

---

(1) 오스트롬(V. Ostrom)의 공공선택이론의 관점에서 제시문의 공립학교 문제점을 해결하기 위한 방안을 제시하시오. (20점)

(2) (1)에서 제시한 방안을 공공선택이론의 한계점에 기초하여 비판하시오. (10점)

Ⅰ. 서 론

Ⅱ. **공립학교 문제에 대한 공공선택이론의 처방**

  1. V. Ostrom의 공공선택이론

  2. 제시문에서 나타난 공립학교의 문제점

  3. 공공선택이론의 관점에서 제시된 해결방안

   (1) 교육권한의 분산과 이양을 통한 지역적 특수성 반영

   (2) 중앙과 지방의 중첩적 교육서비스 제공을 통한 가외성의 확보

   (3) 지방정부간의 건설적인 경쟁의 유발

   (4) 지역 주민들의 교육서비스 공급에의 참여

Ⅲ. **공공선택이론의 한계에 기초한 위 해결방안의 문제점**

Ⅳ. **결 론**

Ⅰ. 서 론

Wilson은 고도로 집권화된 공공재 공급구조가 효율적인 공공재 공급을 가능하게 할 것이라고 주장하였다. 그러나 월슨식의 관료제(Wilsonian bureaucracy)가 과연 공공재 공급에 있어서 유일한 정답인지에 관하여 의문이 제기되었고, 다양한 대안적인 공급방법들이 제시되었다. 이러한 대안적인 방법들 중 Ostrom이 제시한 공공선택이론적 공급방식을 살펴보고, 공공선택이론이 제시문의 문제점에 대하여 제시하는 처방 및 그 한계점을 살펴볼 것이다.

Ⅱ. 공립학교 문제에 대한 공공선택이론의 처방
1. V. Ostrom의 공공선택이론

Ostrom의 공공선택이론이란 '행정학에 대한 경제학의 적용'을 의미한다. Ostrom은 집권적인 구조를 특징으로 하는 월슨식의 관료제(Wilsonian bureaucracy)가 공공서비스의 제공에 있어서 유일한 최선의 방식은 아니라고 다소 완곡히 비판하며 민주성과 효율성을 동시에 달성할 수 있는 방안으로서 공공선택이론을 제시한다. 다시 말해, 공공서비스 공급에 관하여 공급 권한의 분산 및 이양을 골자로 하는 '민주행정패러다임'을 제시하여 공공재 공급에 있어서 민주성과 효율성을 동시에 추구한 것이다.

2. 제시문에서 나타난 공립학교의 문제점

신종 코로나바이러스 감염증이 확산되면서 전국의 유치원과 초·중등학교의 원격수업이 시행되었다. 그러나 등교수업이 지체되고 원격수업이 부실하게 운영되어 학부모들의 불만이 쌓이는 한편, 공립학교가 사립학교나 학원에 비하여 급변하는 환경에 적응하지 못하고 시민들의 요구에 민감하게 반응하지 못하는 문제점이 나타났다. 이와같이 공립학교의 낮은 대응성과 민감성은 중앙정부로 대변되는 교육부가 일괄적으로 정책을 결정하고 전국적으로 시행하여 각 지역의 특수성이 정책에 적절히 반영되지 않았기 때문이라고 할 수 있다. 따라서 이러한 원인을 고려하여 공공선택이론의 관점에서 해결방안을 제시하면 다음과 같다.

3. 공공선택이론의 관점에서 제시된 해결방안
(1) 교육권한의 분산과 이양을 통한 지역적 특수성 반영

중앙정부인 교육부가 지방정부 혹은 지방 교육청에 등교수업 및 원격수업에 관한 권한을 이양하여 지방에서 자율적으로 의사결정을 하도록 한다면 위와 같은 문제가 완화될 수 있다. 일반적으로 지방정부는 해당 지방의 교육수요와 교육예산에 관하여 더 많은 정보와 전문성을 지니며, 각 지방은 감염증의 확산 정도와 위·중증 환자의 비율 및 교사 1인당 학생수 등에서 차이를 보인다. 그러므로 중앙정부가 전국적으로 통일된 정책을 결정·시행하는 것보다 각 지방에 일부 교육권한을 분산·이양한다면 각 지방

실정에 맞는 교육서비스를 제공할 수 있으며 감염증 상황의 변화에 따라 탄력적으로 대응이 가능하여 학부모들의 불만을 완화할 수 있을 것이다.

(2) 중앙과 지방의 중첩적 교육서비스 제공을 통한 가외성의 확보

중앙정부가 지방정부로 교육권한의 일부를 분산·이양하는 경우 중앙정부와 지방정부에 의하여 교육서비스가 동시에 제공됨에 따라 교육서비스의 공급에 있어서 가외성(redundancy)이 나타날 수 있다. 가령 원격수업에 있어서 기본적인 교육과정은 중앙정부가 수행하고 추가적이고 보충적인 교육과정을 지방정부가 수행하는 경우, 시스템의 오류로 인하여 중앙정부의 교육서비스 제공이 중단되어도 동등잠재성을 지닌 지방정부가 중앙정부의 교육과정을 대신하여 제공할 수 있어 공교육의 공백을 방지할 수 있다. 아울러 같은 과목 내에서 중앙정부와 지방정부가 중첩적으로 교육서비스를 제공한다면 교육서비스 간 시너지 효과가 나타날 수 있어 빈틈없고 효과적인 교육서비스 제공이 가능할 것이다.

(3) 지방정부간의 건설적인 경쟁의 유발

Tibout 가설에 따르면 각 지방정부가 각각 고유한 교육서비스를 제공하는 경우, 주민들이 더 나은 교육서비스를 제공하는 지역으로 이동하는 이른바 '발로하는 투표'(voting with one's feet)가 나타날 수 있다. 이는 지방정부간 공공재 공급에 있어 경쟁을 유발하여 지방정부에 대한 시장통제를 가능하게 한다. 이러한 시장통제 매커니즘은 적정수준의 공공재 공급을 달성하도록 하며 동시에 건설적인 경쟁을 유발하여 공공재 공급의 효율성에 기여할 수 있다.

(4) 지역 주민들의 교육서비스 공급에의 참여

Ostrom은 공공재 공급에 있어서 지역 주민의 참여를 강조한다. 지역 주민들이 공공재의 수요자에 머무는 것이 아니라 직접 지역의 교육서비스 공급에 참여한다면 교육정책결정의 민주성이 확보될 수 있으며 동시에 지역 주민들의 선호에 더욱 적합한 정책이 형성될 수 있을 것이다. 제시문의 경우, 해당 지역의 학부모들이 직접 원격수업과 등교수업에 관한 정책결정과정에 참여한다면 정책순응이 확보되어 정책의 효과성이 높아질 뿐 아니라 지역 교육수요에 대한 특수성도 반영할 수 있어 합리적인 교육정책이 가능할 것이다.

Ⅲ. 공공선택이론의 한계에 기초한 위 해결방안의 문제점

공공선택이론은 앞서 살펴본 것과 같이 민주성과 효율성을 동시에 달성할 수 있는 대안적인 패러다임으로 기능할 수 있지만 동시에 다음과 같은 한계를 지닐 수도 있어 신중한 접근이 요구된다. 첫째, 권한의 불분명한 경계와 책임회피의 문제가 제기된다. 교육권한을 아무리 정교하게 나눈다고 하여도 중앙-지방 간 권한의 경계가 불분명한 경우가 나타날 수 있다. 이는 각 정부의 책임회피적 태도를 유발하여 교육공백의 문제를 낳을 수 있다. 둘째, 분권화속의 재집권화의 문제이다. Golembiewski는 분권적 구조는 그 관할권 내에서 권위적 성격을 띨 수 있다고 지적한 바, 지방의 사학재단 등이 해당 지방의 교육권한을 독점하는 경우 오히려 비효율적이고 권위주의적인 교육서비스의 공급이 이루어질 수 있다. 셋째, 지방재정의 취약성과 최소한의 교육수준 달성의 어려움이다. 공교육이 추구해야하는 중요한 가치들 중 하나는 보편성이다. 즉, 어느 지역에서나 일정한 수준의 교육서비스의 제공이 이루어질 수 있어야한다. 그러나 지방재정이 열악한 경우, 최소한의 교육서비스 공급이 어려울 수 있고 이는 곧 공교육의 질저하와 지역간의 격차를 야기하여 공교육의 보편성을 훼손할 수 있다. 넷째, 교육서비스 공급에 대한 시장통제의 어려움과 경쟁의 약화의 문제이다. Tibout가설과 같이 발로하는 투표(voting with one's feet)가 나타나려면 주민들의 자유로운 이동이 보장되어야 한다. 그러나 경제적·사회적 여건으로 인하여 지역간 자유로운 이동이 어려울 수 있다. 그러므로 발로하는 투표의 결과는 진정한 선호표출과 다를 수 있으며, 잘못된 신호에 기반한 공공재 공급은 비효율적인 결과를 낳을 수 있다. 다섯째, 지방행정 업무의 증가와 공무원의 사기저하의 문제이다. 교육권한의 일부가 지방으로 이전되어 지방에서 자체적으로 교육정책을 시행하는 경우, 기존의 업무에 더하여 새로운 업무가 추가되는 것이므로 과중한 업무가 나타날 수 있고 주민의 참여 역시 공무원에게 추가적인 업무로 다가올 수 있어 공무원의 사기저하의 문제가 발생할 수 있다.

Ⅳ. 결 론

공공서비스 공급에 있어서 모든 상황에 적용될 수 있는 하나의 바람직한 공급방식은 존재하지 않는다. 그러므로 공공서비스의 성격, 지방정부의 재정건전성 및 서비스시장의 독점도 등 다양한 사정을 종합적으로 고려하여 '적절하고 공평한(adequate and equitable)' 공공서비스를 공급할 수 있도록 다양한 방법을 모색하여야할 것이다.

┤ 강 평 ├

1. 이 문제는 공공선택이론의 현실에서의 적용과 문제점에 대한 이해도를 묻는다고 생각된다. 하부 문항으로 (1) 공공선택이론을 활용한 교육서비스 개선방안과 (2) 현실적용에서의 이론의 한계점을 묻고 있다. 행정고시를 준비하는 학생들이면 문안하게 작성하였을 것으로 판단된다.

2. 답안 작성자의 경우 (1)문항 교육서비스 개선을 위해 공공선택이론을 활용하여 중앙−지방정부의 권한조정, 중앙−지방정부간 가외성(redundancy), 경쟁의 도입 측면에서 비교적 충실하게 이론을 적용·활용하였다고 생각된다. 하지만 질문항의 경우 일반적인 공공선택 이론이 아니라 V. Ostrom의 공공선택이론 측면에서 답안을 요구하였기 때문에 보다 깊게 이 이론의 이해가 필요하다고 생각된다.

3. 우선적으로 공공선택이론의 경우 인간에 대한 기본적 가정에 합리성(rational choice)를 전제하며, 행위자가 여러 가지 대안의 있을 경우 합리적 선택을 통해 자원의 효율적 배분이 이루어진다고 주장한다. 특히 V. Ostrom은 공공선택이론은 행정서비스 개선을 위해 현실적용을 강조하는데 (1)교육행정 관할구역의 중첩원리, (2) 수익자 부담의 원칙, (3) 독점이 아닌 교육 서비스의 다양화, (4) 서비스 수요자의 선택권 부여 등을 강조한다. 따라서 이를 중심으로 교육행정 서비스 개선에 대한 방법을 제시하면 더욱 좋았을 것으로 판단된다.

4. 비슷한 맥락에서, 공공선택이론 한계점 역시 많은 수험서에서 제시하고 있는데 작성자는 이에 대한 보완이 필요하다고 생각된다. 위에서 제시한 것처럼 공공선택이론은 관할구역의 중첩원리를 통해 교육서비스의 경쟁을 도입하자고 주장하지만 중첩된 행정구역에 따른 행정의 책임성 문제가 발생할 수 있다는 점, 수익자 부담의 원칙의 경우 공공재의 비배제성의 어려움이 있을 수 있으며, 수익성이 발생하지 않는 경우 다수의 서비스 공급자가 발생하지 않을 수 있기 때문에 공공선택이론의 현실적용이 어렵다는 점을 제시할 필요가 있다고 생각된다.

| 제3문 | 일반적으로 사회기반시설에 대한 민간투자는 공공사업의 주체를 정부로만 한정하지 않고 민간도 공공사업에 참여할 수 있도록 하는 방식이다. 다음 물음에 답하시오. (총 20점, 선택 총 10점)

(1) 사회기반시설에 대한 민간투자의 기대효과와 한계를 설명하시오. (10점)

(2) 사회기반시설 민간투자 방식인 BTO(Build-Transfer-Operate)와 BTL(Build-Transfer-Lease)을 사례를 들어 비교 설명하시오. (10점)

Ⅰ. 서 론	Ⅲ. 민간투자 방식 중 BTO와 BTL의 비교
Ⅱ. 민간투자의 기대효과와 한계	1. BTO와 BTL의 비교
1. 민간투자의 의미 및 유형	Ⅳ. 결 론
2. 민간투자의 기대효과 및 한계	

답안작성
이 0 0 / 2021년도 5급 공채 일반행정직 합격

Ⅰ. 서 론

전통적으로 공항, 도로 등 사회간접자본(SOC)에 대한 투자는 정부를 주체로 시행되었다. 그러나 교육, 복지, 교통 등 국민경제적으로 반드시 필요하나 정부의 예산상의 문제로 사업이 시행되기 어려운 경우 혹은 민간의 경영 노하우를 통하여 사업의 효율성을 높일 수 있는 경우 등 공공사업의 주체를 민간까지 확대할 필요성이 대두되었다. 이러한 필요성에 부응하여 나타난 것이 민간투자이며, 아래에서는 민간투자의 기대효과 및 한계를 살펴보고, 민간투자의 대표적인 유형인 BTO와 BTL방식을 비교를 통해 알아볼 것이다.

Ⅱ. 민간투자의 기대효과와 한계
1. 민간투자의 의미 및 유형

민간투자사업(PPP, Public-Private Partnership)이란 정부의 공급 영역으로 간주되던 사회간접자본(SOC)에 민간이 투자하도록 정부가 지원하는 사업을 말한다. 이러한 민간투자사업은 '사회간접자본시설에 대한 민간투자법'에 근거하고 있다. 민간투자사업의 유형으로는 사업의 내용과 추진방식 등을 정부가 고시하는 정부고시사업과 민간에서 사업과 추진방식 등을 제안하는 민간제안사업으로 구분된다.

42 행정학 기출문제 - 답안과 강평

2. 민간투자의 기대효과 및 한계

사회기반시설에 대한 민간투자는 다양한 기대효과를 지니나 동시에 한계점을 가진다. 따라서 적절한 민간투자를 유치하여 행정 목적을 달성하기 위하여 민간투자의 양면을 모두 살피는 것이 중요하다. 민간투자의 기대효과를 살펴보면 다음과 같다. 먼저 민간투자가 이루어지는 경우 사업추진이 신속하게 이루어진다. 정부 재정사업의 경우 정치적인 문제 혹은 예산의 부족 등 다양한 지연요인이 발생할 수 있으며, 정부가 재정사업을 신속하게 처리할 유인은 상대적으로 적다. 반면 민간투자의 경우 투자사업이 지연되면 그에 따른 손해를 민간기업이 감수하게 되므로 민간기업은 사업을 신속히 추진할 유인을 지녀 일반적으로 정부의 재정사업에 비하여 신속한 사업추진이 이루어진다. 둘째, 민간투자를 통하여 정부는 정부재정을 장기적 관점에서 유연하고 신축적으로 활용할 수 있다. 민간투자가 이루어지는 경우 정부는 국채발행의 부담없이 사회기반시설에 대한 투자금을 마련할 수 있어 재정운용의 신축성과 안정성을 확보할 수 있다. 셋째, 민간이 지닌 경영 노하우를 활용하고 동시에 위험의 효율적 배분을 달성할 수 있다. 민간투자자를 공개경쟁입찰형식으로 선정하는 경우 시설운영과 위험부담에 대한 비교우위를 지닌 기업이 선정될 수 있어, 사업의 효율성과 위험부담에 대한 합리적 배분 역시 가능할 것이다.

위와 같은 기대효과에도 불구하고 민간투자는 다음과 같은 한계를 지닌다. 첫째, 민간투자가 이루어지는 경우, 공공시설의 이용료가 높아져 공공성이 훼손될 우려가 있다. BTO와 같이 민간이 직접 공공시설을 운영하는 경우 운영기간 동안 투자금을 회수하고 초과수익을 달성하여야한다. 그러므로 민간기업은 높은 시설이용료를 책정하며 그 부담은 시설이용자가 부담하게 된다. 둘째, 민간투자는 지방재정의 악화시킬 수 있다. BTO를 시행하면서 최저수입보장제도를 결합하는 경우, 지방정부의 재정을 재원으로 하여 일정 수준의 최저수입을 보장하게 되므로 지방재정의 건전성에 부정적인 영향을 미칠 수 있는 것이다. 마지막으로 민간투자는 민간의 방만한 경영 및 효율성의 저하를 초래할 수 있다. 앞서 지적한 것과 같이 BTO와 최저수입보장제도가 결합되거나 BTL을 통하여 일정한 민간기업에 임대료를 지불하는 경우, 민간기업은 효율적인 경영에 대한 유인이 없고 사업운영의 위험을 지방정부가 부담하게되어 민간투자가 오히려 위험의 비합리적인 배분을 초래하고 사업의 비효율성을 야기할 수 있다.

Ⅲ. 민간투자 방식 중 BTO와 BTL의 비교

1. BTO와 BTL의 비교

BTO와 BTL 모두 민간이 직접 사회기반시설을 건설(Build)하고, 준공시점에 그 시설의 소유권을 정부에 이전(Transfer)한다는 점에서 공통점을 지닌다. 그러나 BTO의 경우 소유권을 이전한 이후 민간기업에게 시설을 운영(Operate)할 수 있는 권리를 인정하여 민간기업이 직접 사회기반시설을 운영하여 투자금을 회수하는 반면 BTL의 경우, 별도의 시설운영권을 받는 것이 아니라 해당 시설을 정부에게 임대하여 임대료를 통하여 투자금을 회수하는 방식이다. 그러므로 두 투자방식은 다음과 같은 차이점을 지닌다.

먼저, 투자대상시설의 경우 BTO는 민간이 직접 효율적인 운영을 통하여 투자금을 회수할 수 있는 시설을 대상으로 한다. 서울랜드, 민자도로, 지하철 9호선 등 수익성이 높은 사업이 주로 BTO의 대상이 되는 것이다. 반면 BTL의 경우 공공성이 있으나 수익성이 낮아 민간기업이 시설운영을 통해 투자금의 회수가 어려운 사업을 대상으로 한다. 일반적으로 노후화된 학교시설의 개축이나 기숙사의 건설 등에 BTL이 이용된다.

다음으로 투자비회수방법을 살펴보면, BTO는 민간기업이 직접 시설이용자에게 이용료를 부과하여 투자비를 회수한다. 따라서 높은 이용료가 부과될 수 있어 공공성이 훼손될 수 있으며, 과도한 이용료의 부과는 이용률을 낮추어 투자비회수를 어렵게 하는바, 이러한 경우 최저수입보장제도가 함께 시행된다면 투자비회수의 부담이 지방정부의 부담으로 이어져 지방재정에 악영향을 줄 수 있다. 반면 BTL의 경우, 민간기업은 준공과 동시에 해당 시설을 정부에 임대하여 임대수입을 통해 투자비를 회수하게 되어 BTO에 비하여 일정한 수입이 보장되어 민간투자의 유인을 높일 수 있다.

마지막으로 위험부담에 관하여 살펴보면, BTO는 민간기업이 직접 시설을 운영하므로 민간기업이 시설운영에 대한 위험을 부담하여 효율적인 경영의 유인이 있어 민간의 경영 노하우 등을 활용할 수 있다. 반면 BTL의 경우 민간기업은 정부의 임대료에 의존하고, 정부가 직접 시설을 운영하거나 운영권을 공개입찰하므로 민간투자기업은 사업 운영에 대한 위험을 부담하지 않게 된다.

Ⅳ. 결 론

민간투자는 적기에 사회기반시설을 제공할 수 있고, 정부의 재정운영에 있어서 건전성을 높이고 탄력성을 확보하게 한다는 점에서 긍정적인 측면을 지니지만 대상사업의 성질이나 수익성 여부 등을 적절히 고려하지 않는다면 오히려 정부재정에 부담을 주며 비효율적인 사업운영이 이루어질 수 있는바, 사업의 성질, 대상 시설의 공공성, 예측되는 재정규모 등을 종합적으로 고려하여 적절한 민간투자를 유치하기 위해 노력해야 할 것이다.

| 강 평 |

1. 이 문제는 사회기반시설을 중심으로 민간투자의 종류와 장단점에 대하여 묻고 있다. 이 문제에 대하여 답안작성자는 민간투자의 기대효과·한계점 및 BTO/BTL 투자방식의 차이점을 핵심내용을 중심으로 비교적 충실하게 잘 기술하였다고 생각된다. 특히 민간투자의 근거법령 및 관계되는 다양한 사례를 제시한 점은 높게 평가 받아야 한다고 생각된다. 그러나 몇 가지 보완점을 제시하면 아래와 같다.

2. 본 문제 질문의 핵심은 역사적으로 정부 실패에 대한 문제점을 극복하기 위해 등장했던 신자유주의 경제학파가 주창하였던 공공부문의 민영화 원리에 그 맥을 같이한다 하겠다. 따라서 『Ⅰ. 서론』에서 정부의 실패와 신자유주의 등장 배경을 제시하면 더욱 좋았다고 생각된다.

3. 『Ⅱ. 민간투자의 기대효과와 한계』에서는 답안작성자는 조금 단정적 표현을 쓰고 있다고 생각되는데, 현재까지도 사회기반시설에 대한 민간투자의 효과에 대한 명확한 결론을 내지 못하고 있는 상황에서 단정적 표현은 피해야 된다고 생각된다. 예를 들면, 민간투자의 경우 공공이용료의 증가가 일어난다고 주장하지만 이용료가 실제적으로 감소했다는 논문이 존재하기 때문에 단정적인 표현은 부적절하다고 생각된다.

4. 『Ⅲ.장 BTL/BTO』의 개념구분에 있어서 BTO는 수익형 민간투자사업의 한 종류이기 때문에 수익자부담의 원칙으로 주로 철도·도로·항만에서 활용되고 있으며, BTL은 임대형 민간투자사업의 한 종류이기 때문에 학교기숙사·문화복지시설 등의 서비스공급에 활용되고 있기 때문에 지방자치단체에 대한 재정부담 측면에서의 차이를 보완하면 좋겠다.

5. 마지막으로 『Ⅳ.장 결론』에서는 지방자치단체의 재정건전성 제고를 위해 대안적 차원에서 제도적으로 강화되었던 민간투자방식의 지방의회 통제방안 내용을 보완하면 더욱 좋았을 것으로 생각된다.

2022년 입법고등고시 기출문제와 어드바이스 및 답안구성 예

| **제1문 (40점)** |

정부는 2000년대 이후 투자개방형 의료법인 도입, 비대면 진료 및 원격의료 허용 등을 의료선진화와 신성장동력 확보 차원에서 추진하였다. 기업단체와 병원협회 등은 찬성한 반면, 일부 시민단체와 노동단체, 의사단체 등은 의료공공성 훼손을 이유로 반대하였다. 그 결과 의료선진화 이슈는 논쟁만 무성할 뿐, 가시적 성과를 거두지 못하였다. 그러나 코로나 19 팬데믹을 계기로 비대면 진료가 실시되고 일부 의사단체가 원격의료를 수용할 의사를 보이고 있어, 그동안 잠복해 있던 의료선진화 논쟁은 재연될 가능성이 있다.

(1) 위 제시문 사례를 활용하여 옹호연합모형(Advocacy Coalition Framework)의 관점에서 옹호연합들 간의 대립을 완화하는 방안들을 제시하고, 우리나라에서 그 방안들이 제대로 작동하지 못하는 이유를 설명하시오. (20점)

Advice

1. 정책결정모형 중 옹호연합모형에 대한 내용 및 모형의 현실적용을 요구하는 문제이다. 먼저 옹호 연합모형에 대하여 간략하게 서술하는 것이 필요하다. 특히 제시문 활용시 사용할 변수들을 특정 하는 것이 중요하다.

2. 옹호연합모형에서 정책중개자가 옹호연합들 간의 대립을 완화하는 역할을 수행할 수 있다. 따라 서 정책 중개자가 위 모형의 변수들에 어떠한 영향을 미쳐 궁극적으로 대립을 완화할 수 있는지를 중심으로 서술할 수 있을 것이다. 완화방안이 작동하기 어려운 이유에 대하여는 앞서 설정한 각 변수를 목차화하여 한계를 서술한다면 답안의 체계성을 높일 수 있을 것이다.

3. 옹호연합모형의 주요변수는 다음과 같으므로 적절한 변수를 선택하여 서술할 수 있을 것이다. ① 상대적 안정 변수(문제의 기본속성, 사회문화적 가치 및 사회구조, 기본적인 법적 구조), ② 역 동적 사건(사회경제적 조건, 여론의 변화, 통치연합의 변화), ③ 장기적 연합 기회구조(정책변화에 대한 합의 정도, 정치체제의 개방성), ④ 정책지향학습과 신념체계, ⑤ 협상촉진의 조건(리더십, 합의 도출 규칙, 재정 지원, 지속성과 준수노력, 이슈의 중요성, 신뢰구축의 정도, 협상 이외의 다 른 대안의 부재)

(2) 위 제시문 사례를 활용하여 의제설정과 정책결정에 대한 설명모형으로서 합리모형과 대비 되는 다중흐름모형(Multiple Streams Framework)의 장점과 한계를 설명하시오. (20점)

Advice

1. 일반적으로 쓰레기통모형을 정책결정모형으로, 정책의 창 모형을 정책결정 모형으로 구분한다. 그러나 위 설문에서 '의제설정과 정책결정에 대한 설명모형으로서' 다중흐름모형을 정의하였으므로 위와 같은 구분에 너무 천착할 필요는 없을 것이다.

2. 위 설문의 경우, 정책설명모형 중 고전적인 모형인 합리모형과 Kingdon의 다중흐름모형을 비교하여 다중흐름모형의 장점과 한계를 묻고 있다. 따라서 정책결정자의 합리성의 수준, 고려되는 정책대안의 수와 선호에 따른 순서설정, 의제설정 및 정책결정의 과정 등을 기반으로 두 모형을 비교하여 서술할 수 있을 것이다. 특히, 제시문에 나타난 의료선진화 논쟁과 관련하여 정책이 왜 지연되고 있는지 등을 각 모형에 기초하여 설명한다면 더욱 좋은 답안이 될 수 있을 것이다.

답안구성 예

Ⅰ. 서 론

Ⅱ. 옹호연합모형과 정책중개자의 역할 및 그 한계
1. 옹호연합모형의 의의
2. 정책중개자의 역할과 갈등완화 방안
    (1) 정책중개자의 의미
    (2) 갈등완화 방안
3. 우리나라에서 갈등완화 방안이 작동하지 못하는 이유
    (이와 관련된 내용으로 ① 정치권과 사회전반에서의 타협, 양보, 소통, 공동체정신의 부재, ② 정책과정에서 지나치게 작동하는 진영논리, ③ 상시적인 대화의 부족 및 대타협기구의 미비, ④ 감시의식과 인기영합주의를 경계할 수 있는 시민의 냉정한 판단력의 필요 등이 있다)

Ⅲ. 다중흐름모형의 장점과 한계
1. 합리모형과 다중흐름모형의 의의
2. 다중흐름모형의 장점
3. 다중흐름모형의 한계

Ⅳ. 결 론

| 제2문 (30점) |

책임운영기관 제도는 정부조직의 유연성과 자율성을 높이고 공공서비스의 품질을 제고하기 위한 노력의 일환에서 운영되고 있다.

(1) 책임운영기관 제도의 의의와 장점을 제시하고, 공공기관과의 차이점을 설명하시오. (15점)

Advice

1. 책임운영기관의 의의에 대하여는 신공공관리론적 관점에서 정부조직의 기능적 분화에 초점을 맞추어 서술할 수 있을 것이다. 아울러, Dunleavy의 관청형성모형을 기반으로 책임운영기관에 대한 설명을 추가할 수 있을 것이다.

2. 책임운영기관의 장점에 대하여는, 책임운영기관장에게 주어지는 인사 및 예산에 대한 자율성과 그에 대한 성과책임을 중심으로 서술할 수 있을 것이다. 이러한 장점 역시 신공공관리론의 입장을

염두하여 서술한다면 이론적으로 탄탄한 서술이 가능할 것이다.

3. 공공기관과의 차이점에 관하여, 공공기관의 의미와 종류(공기업, 준정부기관, 기타공공기관)에 대하여 간략히 서술한 후, 책임운영기관과 공공기관의 법적 근거, 설치의 주체, 내분봉 등 조직적 특성, 통제의 주체 등를 중심으로 비교·분석을 할 수 있을 것이다.

(2) 공공서비스 품질제고에 있어서 책임운영기관 제도의 문제점을 설명하고, 개선방안을 논하시오. (15점)

Advice

1. 책임운영기관의 문제점에 대하여, 문제점은 주로 책임운영기관의 자율성 저해와 공공서비스 품질저하에 초점을 맞추어 서술할 수 있을 것이다. 소속부처에 의한 통제, 기획재정부 등 중앙부처에 의한 통제, 책임운영기관의 업무의 특성, 책임운영기관장 선발의 문제 등이 제기될 수 있을 것이다.

2. 책임운영기관의 개선방안에 대하여, 앞서 언급한 문제점과 대응이 될 수 있도록 개선방안을 제시한다면 체계적인 답안이 될 수 있을 것이다. 특히 책임운영기관의 자율성 확보와 관련하여, 내분봉이 아닌 외분봉의 도입, 책임운영기관 선정 사업의 특성 고려, 책임운영기관 조직과 인적자원의 규모 확대 등이 제시될 수 있을 것이다.

답안구성 예

Ⅰ. 서 론

Ⅱ. 책임운영기관의 의의와 장점 및 공공기관과의 차이점
  1. 책임운영기관의 의의
  2. 책임운영기관의 장점
  3. 책임운영기관과 공공기관의 차이점

Ⅲ. 공공서비스 품질제고의 차원에서 본 책임운영기관의 문제점 및 개선방안
  1. 책임운영기관 제도의 문제점
  2. 책임운영기관의 문제점에 대한 개선방안

Ⅳ. 결 론

| 제3문 (30점) |

정부업무처리에 있어서 규칙과 절차에 지나치게 집착하는 레드테이프(red tape) 현상으로 인해 행정낭비가 초래되고 공공서비스의 적시성이 상실되는 경우가 많다. 급변하는 행정환경에 대응하기 위해서는 이러한 레드테이프 현상에 적절하게 대처할 필요가 있다.

(1) 레드테이프의 의의 및 기능을 설명하시오. (10점)

레드테이프의 의의에 대하여, 관료제의 규칙과 절차의 불가피함과 그로 인한 역기능으로서 레드테이프 현상을 서술할 수 있을 것이다. Bozeman, Rosenfeld 등 행정학자들의 레드테이프에 대한 정의를 함께 제시할 수 있을 것이다. 레드테이프의 기능에 관하여, 규칙과 절차의 부정적인 기능을 강조하는 레드테이프 현상을 주로 서술하면서 이에 더하여 보충적으로 규칙과 절차의 필요성과 순기능을 강조하는 그린테이프 현상을 함께 서술해준다면 균형있는 답안이 될 것이다.

(2) 정부조직에서 레드테이프 현상이 만연하는 원인을 설명하시오. (10점)

1. 설문 (2)와 설문 (3)은 레드테이프의 원인과 감축방안을 묻고 있다. 따라서 설문 (2)를 작성할 때, 설문 (3)을 염두하고 서술하는 것이 필요하다. 레드테이프의 원인에 대하여, 레드테이프 현상을 조직 자체적으로 부여된 자율성 제약으로서 내부적 레드테이프와 국회 등 외부기관에 의하여 부여된 규정이나 절차와 같은 외부적 레드테이프를 구분하여 서술할 수 있을 것이다.

2. 전자에 관하여, 행정목표의 모호성, 위계적인 조직문화, 자원의 부족과 과도한 행정수요 등이 제시될 수 있다. 후자에 관하여, 감사기관의 합법성 감사, 정보비대칭성 해소를 위한 국회의 통제강화, 국회의 상징정치, 반관료제 정서의 확산 등이 제시될 수 있다.

(3) 오늘날 공무원에게 강조되는 적극행정의 관점에서 레드테이프 감축방안을 논하시오. (10점)

1. 설문 (2)에서 제시한 레드테이프의 원인에 대응하여 레드테이프 감축방안을 제시하는 것이 타당할 것이다. 내부적 레드테이프와 관련하여, 내부위임의 활용, 혁신문화로의 변화, 구체적인 성과목표의 설정 등이 제시될 수 있다.

2. 다음으로 외부적 레드테이프와 관련하여, 적극행정면책제도나 사전컨설팅제도 등 합법적 감사의 탈피방안, 국회-행정부간 정보공유 시스템의 구축, 시민참여와 반관료정서의 완화 등이 제시될 수 있을 것이다.

답안구성 예

I. **서론**

II. **레드테이프의 의의 및 기능**
    1. 레드테이프의 의의
    2. 레드테이프의 긍정적 기능과 부정적 기능

III. **정부조직 내 레드테이프 현상의 원인**
    1. 레드테이프 현상의 유형
    2. 레드테이프 현상의 유형별 원인

IV. **적극행정의 관점에서 본 레드테이프 감축방안**
    1. 적극행정의 필요성
    2. 내부적 레드테이프 감축방안
    3. 외부적 레드테이프 감축방안

V. **결론**

| 제1문 | 다음 제시문을 읽고 물음에 답하시오. (총 50점, 선택 총 25점)

최근 우리나라 공공조직 운영상의 문제점이 다양하게 나타나고 있다. A시청 직원들의 업무상 취득 정보를 이용한 사익 추구, B공사의 과도한 복리후생비 지급, C공단의 채용 비리, D구청 직원들의 초과근무수당 부당 수령 등의 사례가 언론에 보도되었다. 이는 국민이 위임한 권한을 공공조직이 부적절하게 사용하였다는 측면에서 심각한 문제라고 할 수 있다.

---

(1) 주인−대리인 이론(principal−agent theory)의 관점에서 공공조직 운영상의 문제점을 설명하시오. (20점)

(2) (1)에서 기술한 문제점을 해결하기 위한 전략(모니터링, 인센티브 등)을 제시하고, 각각의 장점과 단점을 설명하시오. (18점)

(3) 위 제시문은 이해충돌(conflict of interest)의 다양한 양상을 보여준다. 이해충돌의 개념을 설명하고, 이를 방지하기 위한 '이해충돌 회피'의 유형을 기술하시오. (12점)

I. 서 론

II. 주인−대리인 이론의 관점에서 본 공공조직 운영상의 문제점
　1. 주인−대리인이론의 내용
　2. 공공조직 운영상의 문제점
　　(1) 개인 측면: 부패 발생
　　(2) 조직 측면: X-비효율성
　　(3) 환경 측면: 복대리인 문제

III. 해결전략과 각각의 장단점
　1. 모니터링 전략
　　(1) 내 용
　　(2) 장점: 투명성 제고 및 객관적 책임성 확보
　　(3) 단점: 사기 저하 및 목표대치 발생
　2. 유인설계 전략

　　(1) 내 용
　　(2) 장점: 자발적인 혁신 유도
　　(3) 단점: 성과측정의 병리
　3. 윤리적 행정문화 구축 전략
　　(1) 내 용
　　(2) 장점: 내적 통제 강화
　　(3) 단점: 현실적 어려움

IV. 이해충돌의 개념과 이를 방지하기 위한 이해충돌 회피 유형
　1. 이해충돌의 개념
　2. 이해충돌 회피 유형
　　(1) 적극적 유형
　　(2) 소극적 유형

V. 결 론

Ⅰ. 서 론

최근 공직자의 이해충돌 방지를 위해 「이해충돌방지법」이 제정되었다. 국회에 입법된 이후 8년 동안 계류했지만, LH공사의 직원들의 사익 추구에 대한 국민의 분노를 배경으로 2021년 제정되었다. 그러나 이와 같은 윤리 강화를 위한 여러 가지 법적 장치(공직자윤리법, 부정청탁 및 금품등 수수의 금지에 관한 법, 공익신고자보호법 등)에도 불구하고 공공조직 운영상의 문제점들을 해결하기에는 부족하다는 평가가 많다. 공공조직의 운영에 대한 신뢰를 회복하기 위해서는 법적 장치 외에 다양한 제도적 장치도 필요하다. 이를 위해 주인 대리인 이론의 관점에서 문제점과 해결방안을 분석하고, 추가적으로 위 제시문의 이해충돌 사례에 대한 회피 유형을 기술한다.

Ⅱ. 주인-대리인 이론의 관점에서 본 공공조직 운영상의 문제점

1. 주인-대리인이론의 내용

주인-대리인이론은 주인과 대리인 모두 자신들의 이익을 극대화하는 존재임을 전제로, 주인과 대리인 간의 계약을 체결하는 상황을 가정한다. 특히 주인-대리인 이론은 ① 정보 비대칭(asymmetric information) 상황에서 ② 주인과 대리인의 목표가 상충하기 때문에 ③ 주인의 입장에서 바람직하지 않은 도덕적 해이(moral hazard)가 발생함을 제시한다. 주인-대리인 관계는 공공부문에도 적용될 수 있는데(T.Moe), 제시문의 상황은 국민이 주인이고 공공조직이 대리인인 경우로서 대리인의 도덕적 해이가 발생한 상황에 해당한다.

2. 공공조직 운영상의 문제점

(1) 개인 측면: 부패 발생

공무원 개인 측면으로 부패 문제가 있는데, 이는 공무원 개인이 물질적 탐욕을 갖기 때문에 발생한다. 주인-대리인 관점에 의하면 특히 비대칭 정보가 존재하는 상황에서, 주인인 국민의 이익과 대리인인 공무원의 목표가 상충하면서 공무원의 도덕적 해이가 발생하는 것으로 볼 수 있다. 국민은 전문적 지식과 기술이 부족해서 대리인인 공무원에게 권한을 위임하게 되는데, 대리인은 국민보다 더 많은 정보를 보유하게 된다. 이때 대리인은 자신의 이익을 극대화하는 합리적 행위자로서 국민의 이익과 상충하게 되며, 기회주의적 행동이 나타나는 것이다.

예를 들면 제시문에서 A시청 직원들이 업무상 취득정보를 이용해 사익을 추구한 것과 D구청 직원들이 초과근무수당을 부당 수령한 것은 주인인 국민의 이익이 아닌 대리인의 물질적 이득을 추구해서 발생한 도덕적 해이라고 볼 수 있다.

(2) 조직 측면: X-비효율성

조직 측면의 문제점으로는 방만한 경영이 문제된다. 정부는 재화나 서비스 생산에 드는 비용을 조세로 조달하는데, 이로 인해 민간부문보다 더 많은 자원을 투입하는 경향을 보인다. 특히 자산 특정성으로 인해 정부가 독점적으로 공급하는 재화나 서비스의 경우에는 X-비효율성으로 인한 정부실패가 발생한다.

주인 대리인 관점에 의하면, X-비효율성은 대리인에게 충분한 인센티브를 제공하지 않아서 발생한다. 즉, 공공조직은 민간부문보다 경쟁의 압력에서 더 자유로운 상황이기 때문에 생산성 제고를 위해 노력하지 않는다. 실제로 2020년 정부와 비금융공기업의 부채(D3)가 1100조를 돌파했으며, 적자인 상황에서도 성과급 잔치를 벌이는 등 경영합리화를 위해 노력하지 않는 모습이 문제된 바 있다. 제시문의 B 공사가 과도한 복리후생비를 지급한 것 역시 X-비효율성을 발생시킨 사례로서, 비용절감에 대한 유인이 없어서 발생한 문제라고 볼 수 있다.

(3) 환경 측면: 복대리인 문제

환경 측면으로는 정치인, 이익집단 등으로부터의 행정에 대한 이기적 접근이 문제된다. 행정은 경영과 달리 정치적 영향력을 받게 되는데, 이 과정에서 국민이 아닌 정치권력에 충성하는 모습이 나타난다.

주인대리인 이론 관점에 의하면, 이러한 문제는 복수의 주인 중에서 자신에게 가장 가까운 주인에게 봉사하기 때문에 발생한다. 이로 인해 공기업이 소속부처 장관에게 봉사하여 무리한 국책사업에 동원되고, 결국 비효율적인 사업관리로 인해 공공조직의 부채가 증가하게 된다. 또는 제시문에서 C 공단의 채용비리 같이 외부인의 부정청탁이 발생한다.

Ⅲ. 해결전략과 각각의 장단점

1. 모니터링 전략

(1) 내 용

대리인과 주인의 목표상충으로 인한 도덕적 해이를 방지하기 위해 대리인의 사적 이익 추구를 감시하는 모니터링 전략이 필요하다. 모니터링 전략은 대리인의 도덕적 해이를 감시·감독하는 방법으로서 정보공개제도를 도입하고 부패적발가능성을 제고하는 것을 목표로 한다. 예를 들면 국민들이 직접 반부패 정책을 모니터링하는 청렴정책 국민모니터단, 경영정보를 공개하는 공공기관 알리오, 예산집행과정에서 통제장치인 예산낭비신고센터, 예산성과금 제도 등을 적극적으로 활용하는 방안과 공직자 재산등록 제도를 모든 공직자 대상으로 확대하는 방안을 제시할 수 있다.

(2) 장점: 투명성 제고 및 객관적 책임성 확보

정보공개를 확대하고 시민들에 의한 감시 장치를 구축함으로써 행정의 투명성을 제고할 수 있다. 즉, 대리인이 주인보다 더 많은 정보를 가지는 정보 비대칭을 극복함으로써 대리인이 사적 이익을 추구하는 행동을 방지할 수 있다. 또한 투명성을 제고하고 국민과 의회의 통제를 강화함으로써 외적 통제를 강화할 수 있고, 궁극적으로 객관적 책임성도 확보할 수 있다(H.Finer).

(3) 단점: 사기 저하 및 목표대치 발생

반면 모니터링 전략의 단점은 감시·감독으로 인한 공무원의 사기 저하 및 저항이 발생한다는 점이다. 과다한 외부통제에 의한 부작용으로서 공무원의 자율성이 제약될 수 있으며 이로 인해 공무원의 복지부동이 더 심해질 수 있다. 또한 목표상충을 위해 감시·감독 전략을 도입한 것이 오히려 관료제 병리 현상으로서 목표대치 현상을 발생시킬 수 있다. Robert K.Merton은 법규의 엄격한 준수를 강조하면 공무원들이 목표에 대해 '동조과잉현상'을 보이며 목표와 수단 간에 대치가 발생함을 지적한 바 있다.

2. 유인설계 전략
(1) 내 용

X-비효율성을 극복하기 위해서 충분한 인센티브를 제공하는 전략을 수립해야 한다. 즉, 성과평가를 통해 기관별로 성과급을 지급하거나 차년도 예산에 반영하는 등 공공조직 스스로 목표 달성을 위해 노력하도록 만드는 유인설계(incentive design)가 필요하다. 예를 들면 현재 운영하는 '정부업무평가제도'를 개선하여 평가결과를 기관 및 개인에게 인사상 보상과 연계하고, 자발적으로 조직의 능률성, 효과성 등을 높이도록 만들어야 한다. 또는 성과관리예산제도를 개선하여 현재 중앙예산기관이 주도하는 방식에서 벗어나 실무부처의 자율성을 확대하는 방안이 필요하다.

(2) 장점: 자발적인 혁신 유도

조직운영의 자율성을 확대하고 결과에 대한 책임을 묻기 때문에 대리인 스스로 경영 효율성을 제고하게 된다. 이러한 결과지향적 업무수행은 공공조직의 책임성 확보로 이어져 조직의 생산성 역시 향상된다. 예를 들면, 성과관리예산제도의 경우 개별부처가 자율성을 바탕으로 예산의 운영적 효율성을 달성할 수 있다. 즉, 공유재 성격을 갖는 예산에 대해 유사소유권(quasi-property)을 부여함으로써 대리인이 주인의식을 갖게 만든다.

(3) 단점: 성과측정의 병리

과관리의 단점으로는 조직의 성과지표 및 측정방법 선정 시 유리한 것만 선택하는 문제가 있다. 미래의 좋은 평가를 위해 현재 목표 수준을 낮추는 톱니효과, 계량화될 수 있는 영역의 성과만 강조하는 터널비젼(tunnel vison), 단기적인 목표에만 집중하는 근시안적 관리(myopia) 등이 발생한다. 또한 예산은 희소성 뿐만 아니라 정치성도 가지기 때문에 합리적인 측정 및 결과 반영에 한계가 있다. 실제로 미국의 성과중심운영제도는 의회의 지지가 부족해서 실패했다.

3. 윤리적 행정문화 구축 전략
(1) 내 용

부당한 정치적 압력에 충성하지 않기 위해서는 단순히 공무원 개인의 노력만 강조해선 안되며 윤리문화와 제도의 정착이 중요하다. 특히 공공조직 리더의 윤리적 리더십이 요구되며, Brene Brown 등에 의하면 리더는 '도덕적 개인'으로서 윤리적인 행동을 보이고 '도덕적 관리자'로서 부하들에게 동기부여해야 한다. 또한 제도개선 측면으로는 윤리증진을 위해 내부고발제도의 정착, 부패방지 교육시스템 구축, 윤리항목을 인사평가 제도에 도입하는 등의 노력이 필요하다.

(2) 장점: 내적 통제 강화

윤리적 행정문화는 공무원들이 공유하는 가치관의 총합으로서 내적 통제를 강화하는 장점이 있다. 앞서 살펴본 모니터링 전략은 외적 통제를 강화하는 방안으로서 공직봉사동기(PSM)을 저해하고 목표대치현상을 발생시키는 등의 부작용이 있는 반면, 내적통제를 강화하는 전략은 공무원의 주관적 책임성을 제고한다. 특히 Friedrich는 정책문제가 복잡하고 이로 인해 공무원은 자율적으로 업무를 수행할 수 밖에 없다는 점을 근거로 내적통제의 중요성을 강조한 바 있다.

(3) 단점: 현실적 어려움

먼저, 윤리적 행정문화는 단기간에 형성하기 어렵다는 근본적 한계가 있다. 특히 교육훈련의 경우 많은 비용이 소요되고 장기적 효과만 기대할 수 있는데, 우리나라는 교육훈련에 대한 투자가 적다. 또한 윤리적 리더십의 경우에도 고위직 공무원이 정치권력으로부터 자유롭기 어렵다는 한계와 부하들의 이타주의 행동을 유도하기 위한 적극적 수단이 부족하다는 문제점이 있다.

Ⅳ. 이해충돌의 개념과 이를 방지하기 위한 이해충돌 회피 유형
1. 이해충돌의 개념

OECD에 의하면, 이해충돌(conflict of Interest)이란 공직자가 자신의 직무와 관련하여 사적 이해관계를 갖고 있고 공정하고 공평한 직무수행에 영향을 미칠 수 있는 상황을 의미한다. 이해충돌은 세 가지 유형으로 분류된다. ① 실제적 이해충돌로서 과거나 현재에 공무원의 사적 이해관계가 공정한 직무수행과 실질적으로 충돌한 경우, ② 외견상 이해충돌로서 국민에게는 부적절하게 보이나 실제로는 충돌하지 않는 경우 ③ 잠재적 이해충돌로서 미래에 관련 직무를 수행하는 경우 이해충돌이 발생할 여지가 존재하는 경우이다. 즉, 이해충돌은 부패행위와 달리 이미 공익이 손상된 상황이 아니라 잠재적인 갈등상황으로서 사전예방적 측면이 강조된다. '이해충돌 회피'는 이러한 특징을 반영한다.

2. 이해충돌 회피 유형
(1) 적극적 유형

적극적인 이해충돌 회피는 두 가지가 있다. 첫째, 주인의 입장에서 대리인의 관계를 아예 철회하는 것이다. 회피유형 중 가장 효과적인 수단이 된다. 예를 들면 고위공직자의 인사청문회에서 탈락하는 경우가 이에 해당한다.

둘째, 대리인의 직무를 변경하여 이해충돌을 해소하는 것이다. 「이해충돌방지법」에서 공직자의 직무관련자가 가족 등과 이해관계자인 경우 신고의무를 부여하는데(제5조), 신고가 있은 후 직무수행의 중지 및 대리자 지정 등의 조치가 이뤄진다(제7조 제1항). 실제적 이해충돌에 적극적으로 대응하는 방안으로서 효과적이나, 업무의 전문성으로 인해 대리자를 구하기 어려운 상황에서는 활용되기 어려운 한계가 있다.

(2) 소극적 유형

소극적인 이해충돌 회피는 대리인의 입장에서 행동에 일정한 제한을 받는 것을 의미한다. 첫째, 고위공직자가 재임 중 주식을 수탁기관에 맡기고 재산운용을 할 수 없도록 만드는 백지신탁 제도(blind trust)가 있다. 이는 공직자가 미래에 직무상 알게 된 정보를 이용하여 주식거래를 통해 부당하게 재산을 증식할 가능성을 방지하는 것으로서 잠재적 이해충돌 유형에 대응하는 방안이다.

둘째, 퇴직공무원의 취업제한 제도가 있다. 「공직자윤리법」에 의하면 퇴직공무원은 퇴직일로부터 3년 간 퇴직 전 5년 동안의 업무와 밀접한 관련성이 있는 기관에 취업이 제한된다.

셋째, 부정청탁을 금지하는 방안이다. 「부정청탁 및 금품수수금지법」은 부정청탁의 유형을 10가지로 규정하고 '직무관련성'여부와 관련 없이 어느 누구로부터 일체의 금품을 받는 것을 금지한다. 즉, '벤츠 검사 스폰서'같이 직무관련성이 없어 처벌을 피해간 것을 방지함으로써 공무원 개인의 물질추구적 성향을 억제할 수 있다.

V. 결 론

최근 우리나라 정부에 대한 국민의 불신이 높아지고 있는 상황에서, 신뢰를 회복하기 위한 방안이 필요하다. 특히 대리인인 공무원의 도덕적 해이를 방지해야 하며, 주인인 국민을 위해 대리인인 공무원이 업무를 공정하게 수행할 수 있도록 제도를 구축하고 문화를 바꾸기 위해 노력해야 할 것이다.

1. 공공부문의 운영과 관리에 관한 내용을 묻는 문제로 2021년 3월에 촉발된 LH사태를 계기로 더욱 중요성이 높아진 이슈라고 할 수 있다. 전반적으로 내용과 구성이 잘 갖추어진 우수한 답안이라고 평가된다. 주인-대리인 이론의 핵심 내용이 명확하게 정리되어 있다. 더불어 정보공개제도, 성과관리제도, 이해충돌방지법 등 다양한 제도들을 문항별로 적절하게 사용하여 서술함으로써 행정에 대한 이해도를 보여주고 있다. 특히, 공공조직 운영상의 문제점 부분에서 개인(미시), 조직(중범위), 환경(거시)적 측면으로 접근하는 것은 좋은 방법이라고 할 수 있다. 1번 문항 및 2번 문항의 답안이 서로 조응하는 구조를 가지면서 답안구성을 체계적으로 만들기 때문이다. 보완적으로 다음의 사항을 추가하면 더욱 좋을 것이다.

2. 첫째, 답안에서 사용하는 용어에 대한 개념 서술이다. 예를 들어 X-비효율성의 개념을 사용하면서 간략히 '경영진의 위기의식 혹은 노동자의 인센티브 부족 등으로 인해 공공부문에서 주로 발생하는 문제'라는 내용을 추가하면 사용하는 개념(용어)에 대한 수험생의 이해도를 더욱 명확하게 답안 채점자에게 전달할 수 있을 것이다.

3. 둘째, 환경 측면에서 복대리인의 대상으로 언급된 정치권력은 정치인(국회의원) 혹은 장관과 같은 대상으로 보다 구체적으로 서술할 수 있을 것이다. 이러한 구체적인 구분은 2번 문항의 해결전략 서술과 관련하여 더욱 의미를 갖게 된다(넷째 항목 참고).

4. 셋째, 목표대치와 관련하여 동조과잉 역시 해당 용어에 대한 구체적인 정의가 필요하다. 예를 들어 '규정이나 절차에 치중하여 소극적으로 행정업무를 처리하며 목표달성을 소홀히 하는 것'이라고 짧게 정의할 수 있다. 이러한 관점에서 '〈목표〉에 대해 동조과잉 현상을 보이며'라는 답안의 표현은 부정확한 내용이라고 할 수 있다. 수단으로서의 법규나 관례가 조직목표보다 중시되는 현상이 동조과잉임을 감안하여 〈목표〉라는 표현 대신에 법규, 규정, 절차, 지시, 관례 등과 같은 단어가 사용될 필요가 있다.

5. 넷째, 2번 문항 해결전략의 내용서술은 개인, 조직, 환경 차원에 대응하는 구조를 갖추고 있어서 답안의 체계성이 돋보인다. 그런데 환경 차원의 논의가 윤리적 행정문화의 관점으로 서술되어 있어서 답안 내용이 다소 추상적으로 느껴진다. 장관 중심 행정에 대한 정치적 통제(의회)나 행정감사 제도(감사원), 정치인의 부당한 개입에 대한 사회적 감시(언론 등)의 논의를 윤리적 행정문화 구축에 추가하면 더욱 구체적인 답안 서술이 될 것이다.

| 제2문 | 정부가 과거 독점적으로 생산 및 공급하던 공공서비스를 민간부문을 적극 활용하는 방식으로 전환하는 과정에서 다양한 정책수단이 활용되고 있다. 이와 관련하여 다음 물음에 답하시오. (총 30점, 선택 총 15점)

(1) 주요 정책수단인 민간과의 계약(contracting out), 보조금(grants), 바우처(voucher)의 개념과 유용성 및 한계를 설명하시오. (18점)

(2) 살라몬(L. M. Salamon)이 제시한 정책수단 특성 중 직접성(directness)과 강제성(coerciveness)의 관점에서 민간과의 계약, 보조금, 바우처를 평가하시오. (12점)

Ⅰ. 서 론

Ⅱ. 계약, 보조금, 바우처의 개념과 유용성 및 한계
 1. 민간과의 계약
  (1) 개 념
  (2) 유용성: 효율성 제고 및 품질 향상
  (3) 한계: 책임성 약화 및 공공성 훼손
 2. 보조금
  (1) 개 념
  (2) 유용성
  (3) 한 계
 3. 바우처
  (1) 개 념

 (2) 유용성: 소비자 선택권 확대
 (3) 한 계

Ⅲ. 직접성과 강제성 관점에서의 평가
 1. 직접성과 강제성의 개념
 2. 계약, 보조금, 바우처의 평가
  (1) 민간과의 계약: 중간 수준의 강제성과 직접성
  (2) 보조금: 낮은 수준의 강제성과 낮은 수준의 직접성
  (3) 바우처: 중간 수준의 강제성과 낮은 수준의 직접성

Ⅳ. 결 론

Ⅰ. 서 론

과거의 정책수단은 정부 중심의 관료제적 거버넌스 관점이었으나, 신공공관리적 정부개혁(New Public Management;NPM)으로 민간위탁, 바우처, 보조금 등 시장지향적인 수단들이 활성화되었다. 이러한 정책수단의 다양성은 거버넌스의 변화와 연관되며, 정부와 민간부문 간의 협력과 조정 등을 요구한다. 특히 정책수단의 선택은 국민의 삶의 질에 직접 연관되는 것으로서 상황에 적절한 정책수단을 고려하는 것이 중요하다.

Ⅱ. 계약, 보조금, 바우처의 개념과 유용성 및 한계

1. 민간과의 계약

(1) 개 념

민간과의 계약이란 정부가 민간조직과의 '법률적 계약'을 통해 서비스의 생산기능을 위임하는 한편, 제공에 대한 책임은 계속 지니게 되는 경우로서 민간위탁을 의미한다.

(2) 유용성: 효율성 제고 및 품질 향상

민간위탁의 장점은 기업 간 경쟁입찰을 통해 계약을 체결함으로써 생산비용을 절감할 수 있다는 것과 민간기업의 전문성을 활용하여 품질을 향상시킬 수 있다는 것이다. 또한 정부가 직접 제공하는 방식보다 시민들의 요구에 능동적으로 대응할 수 있고 이를 통해 성과책임성이 증진된다.

(3) 한계: 책임성 약화 및 공공성 훼손

그러나 민간위탁은 복수의 기관이 생산에 참여함에 따라 책임소재 규명이 어려운 다수의 손 문제(the problem of many hands)가 발생할 수 있다. 상왕십리역 추돌사고가 이에 해당한다. 또한, 기업의 이윤극대화에 따른 공공성 훼손 문제가 발생할 수 있다. 예를 들면 민간위탁 이후 논산시 상수도 요금이 이전에 비해 75%이상 상승하여 저소득층의 경제적 부담이 커진 바 있다. 한편, Sharkansky에 의하면 민간위탁은 서비스의 질과 양을 축소할 수 있다. 특히 우리나라는 인건비 절감에만 초점을 맞추기 때문에 공공서비스의 질이 하락한다.

2. 보조금

(1) 개 념

보조금이란 긍정적 외부효과를 가진 공공서비스에 대해 서비스의 공급이 수요에 미치지 못할 경우 민간부문의 생산자에게 보조금을 제공함으로써 공급을 늘리는 정책수단이다. 예를 들면 교육시설, 탁아시설 등에 대한 보조가 있다.

(2) 유용성

공공서비스의 요건을 구체적으로 명시하기 어렵거나 서비스가 기술적으로 복잡하고, 목표달성이 불확실한 경우 사용될 수 있다. 보조금을 통해 비용을 절감시킴으로써 민간부문의 공급을 늘릴 수 있고, 국민의 수요에 적절하게 대응할 수 있다.

(3) 한 계

보조금은 정치적 목적으로 악용될 우려가 있다. 즉, 표를 얻기 위한 정치인들이 선심성 공약으로 내세울 수 있으며 이로 인해 예산이 비효율적으로 낭비될 수 있는 문제점이 있다. 또한 보조금은 공급비용을 인위적으로 낮추는 정책수단으로서 자율적 시장가격을 왜곡할 우려가 있다.

3. 바우처

(1) 개 념

바우처(voucher)란 공공서비스 생산을 민간부문에 위탁하면서 시민들의 서비스 구입부담을 완화하기 위해 소비자에게 금전적 가치가 있는 쿠폰을 제공하는 방식이다. 바우처 제도는 복지분야에서 많이 활용되며, 저소득층과 특수계층을 대상으로 한다.

(2) 유용성: 소비자 선택권 확대

바우처는 소비자의 선택권 행사에 따른 만족도 증가와 경쟁에 따른 생산비용을 절감하는 장점이 있다. 또한, 사회적 약자를 위해 균등한 기회를 제공하기 때문에 형평성을 제고한다. 이는 전통적으로 정부가 독점적으로 공급하던 공급자 중심의 구조가 아닌 소비자와 공급자 간에 수평적 구조를 갖기 때문이다.

(3) 한 계

바우처 시장에서 공급자가 자의적으로 소비자를 선택하는 행태(cream skimming)를 보이거나 공급자 간 소비자 나눠먹기 문제가 발생할 수 있다. 또는 서울시 노인돌봄서비스 사례처럼 공급자 간의 과다한 경쟁으로 마케팅 비용이 상승하고 서비스 질이 하락할 가능성이 있다. 또한 소비자와 공급자 간 정보 비대칭으로 인해 소비자가 잘못된 공급업체를 선택할 가능성이 있고 낙인효과(stigma effect)로 작용할 수 있는 우려가 있다.

Ⅲ. 직접성과 강제성 관점에서의 평가

1. 직접성과 강제성의 개념

L.M.Salamon은 정책수단을 '공공문제를 해결하기 위해 집단행동을 구조화할 수 있는 식별 가능한 방법'이라고 정의하며, 평가기준으로 직접성(directness), 강제성(coerciveness), 자동성(automaticity), 가시성(visibility)을 제시한다. 이때 직접성이란 운영과 재원조달에서 정부가 얼마나 개입하는가를 의

미한다. 즉, 재화나 서비스 제공을 정부가 직접 하는지 아니면 민간부문과 같이 제공하는지에 따른 기준이다. 한편 강제성이란 정부가 재화나 서비스 제공과정에서 공급자와 수요자를 어느 정도 규제하는가를 의미한다. 전통적인 정부 독점의 정책수단은 높은 수준의 강제성과 직접성을 갖는 정책수단을 사용했으나, 최근 정책수단인 계약, 보조금, 바우처는 비교적 낮은 강제성과 직접성을 갖는 것이 특징이다.

2. 계약, 보조금, 바우처의 평가

(1) 민간과의 계약: 중간 수준의 강제성과 직접성

신공공관리의 정책수단인 계약은 의무 위반 시 제재가 수반되므로 중간 정도의 강제성에 해당된다. 그리고 계약의 경우 정부가 직접 운영하지 않고 재원을 지원하는 방식이므로 중간 정도의 직접성을 가진다. 따라서 계약은 정부독점보다 효과성,형평성,관리가능성 측면에서 더 낮은 평가를 받는 반면 정당성이나 정치적지지 측면에서 더 나은 것으로 평가된다.

(2) 보조금: 낮은 수준의 강제성과 낮은 수준의 직접성

보조금은 낮은 수준의 강제성과 낮은 수준의 직접성 수준을 가진다. 보조금은 개인이나 집단에게 선택의 여지를 주기 때문에 강제성의 정도가 낮고, 정부는 조세지출로 지원만할 뿐 민간이 재화와 서비스를 제공하므로 낮은 수준의 직접성을 갖는다. 직접성의 정도가 낮기 때문에 효율성이 높다는 장점이 있지만 형평성과 관리가능성이 낮다는 단점도 있다.

(3) 바우처: 중간 수준의 강제성과 낮은 수준의 직접성

바우처의 수요자는 사용범위 내에서만 바우처를 사용해야 하며, 공급자도 소비자 보호를 위해 일정한 규제를 받기 때문에 중간 정도의 강제성으로 평가된다. 그리고 일반적으로 공급과 소비가 시장원리에 의해 운영되기 때문에 낮은 수준의 직접성으로 평가된다.

직접성이 높은 수단에 비해 효과성 측면에서 우월하지 않지만, 서비스 수혜자의 참여를 보장하므로 정당성 측면에서 더 바람직하다. 특히 바우처는 계약(민간위탁)보다 직접성이 더 낮기 때문에 공급자를 다양화할 수 있는 도구로서 복지 분야에 많이 사용된다.

Ⅳ. 결 론

민주화에 따른 시민사회의 역량 강화와 행정수요의 증가에 대응하여, 정부는 각각의 상황에 적절한 정책수단을 선택해야 한다. 이를 위해 정부는 네트워크 형성자로서 다양한 정책참여자들 간의 협력과 조정 역할을 수행해야 할 것이다.

| 강 평 |

1. 제2문은 정책도구론(수단론)에 관한 내용으로 1번과 3번 문제에 비해서 난이도가 높은 문제라고 생각된다. 행정학과 정책학이 교차하는 주제이며, 통상적으로 살라몬(L.M.Salamon)의 17개 정책도구는 많이 소개되어 있지만 개별 수단을 대상으로 세세하게 다루지는 않기 때문이다. 다행히 내용파악이 상대적으로 용이한 계약, 보조금, 바우처에 한정하여 묻고 있어서 출제자들의 고심한 흔적이 엿보인다. 정책도구론은 공공서비스의 산출에서 정부-시장-시민사회의 관계가 표현되는 방식이며, 따라서 거버넌스 이론과 관련되어 있음을 이해하는 것이 중요하다. 따라서 답안의 서론에 서술된 거버넌스, 정부와 민간부문 간의 협력, 그리고 결론부분의 네트워크 형성, 정책참여자들의 협력과 조정 등의 표현은 답안 작성자의 이해도를 보여주는 유용한 내용이라고 할 것이다. 답안 강평의 차원에서 다음을 논의할 수 있다.

2. 첫째, 1번 문항과 관련하여 계약, 보조금, 바우처 3개 수단의 최소한의 개념, 유용성, 한계를 서술하고 있다. 여기서 최소한이란 개별 정책수단에 대한 심층적인 지식이 없어도, 행정학에 대한 훈련을 통해 축적된 용어 구사력과 글쓰기 역량을 통해서 서술 가능한 내용과 답안 분량이라는 의미이다. 답안이 전반적으로 쉽게 이해할 수 있는 타당한 내용을 서술하고 있다. 단지 보조금의 유용성 부분 내용(요건의 구체적 명시가 어렵고, 기술적으로 복잡하고 목표달성이 불확실한 경우)은 답안의 맥락에서 쉽게 이해하고 추론하기가 어렵기 때문에 왜 그러한지에 관한 부가적인 설명이 필요해 보인다. 대안적인 답안작성으로 보조금은 중앙정부가 직접 생산하는 경우보다 기업, 민간, 지방정부를 통해 생산하도록 하는 것이 더욱 효과적인 경우에 활용되며, 지급수단이나 목적이 다양할 뿐만 아니라 그 효과 또한 복잡하게 나타난다는 특성에 착안하면 보다 효과적인 답안구성이 될 수 있을 것이다.

3. 둘째, 2번 문항에서 직접성과 강제성의 관점에서 정책도구에 관한 평가는 다양한 접근이 가능하다. 무엇보다도 이 질문은 정책도구론이 공공문제 해결의 주체(who)와 방법(how)와 관련된다는 것에 착안할 필요가 있다. 거버넌스의 관점에서 정부가 수행하던 활동이 정부가 아닌 제3자를 통해서 간접적으로 수행되고(직접성 vs. 간접성), 강제적인 방법으로 명령·지시하기 보다는 제3자의 자발적 협력(강제성 vs. 자발적 협력)을 통해서 공공서비스를 생산하는 것과 관련되는 것이다. 이러한 맥락에서 계약, 보조금, 바우처 모두 간접성과 자발적 협력에 토대한 정책수단으로 구분할 수 있다. 이러한 전제하에 보다 심층적으로 직접성과 강제성의 수준(정도)를 구분하는 경우 계약은 보조금이나 바우처에 비하여 상대적으로 개입 수준이 높다고 할 수 있다. 계약과정을 통하여 정부의 개입 정도가 높아지기 때문이다. 답안에서 계약과 바우처의 강제성의 정도를 동일하게 중간수준으로 구분한 내용은 이를 반영하여 수정될 필요가 있다.

4. 셋째, 추가하여 정책도구에 반영되는 자원의 유형으로는 조직, 권위, 자금, 정보가 있으며 이에 비추어 볼 때 계약은 정부조직과 민간조직 사이의 조직기반 수단이며, 보조금이나 바우처는 재정적인 인센티브의 형식으로 주어지는 자금기반 수단이라는 특성이 서술되면 추가적인 득점이 가능할 것이다.

| 제3문 | 다음 제시문을 읽고 물음에 답하시오. (총 20점, 선택 총 10점)

E시는 신속, 정확, 친절한 민원처리로 시민편익 증진과 민원행정제도 개선에 기여하고, 시민들로부터 추천을 받은 우수 공무원을 '민원담당 친절공무원'으로 선발하고 있다. 이를 통해 E시는 민원담당 공무원이 보다 친절하게 민원업무를 처리할 것으로 기대한다.

(1) 마슬로우(A. H. Maslow)의 욕구단계설의 관점에서 '민원담당친절공무원' 선발 제도를 평가하시오. (8점)

(2) '민원담당친절공무원' 선발 제도가 민원담당공무원에게 실질적인 동기부여 방안이 되기 위해서, 어떤 조건이 충족되어야 하는지 브룸(V. H. Vroom)의 기대이론을 적용하여 설명하시오. (12점)

Ⅰ. 서 론

Ⅱ. 욕구단계설의 관점에서 평가한 '민원담당친절공무원' 선발제도

  1. A.H.Maslow의 욕구단계설

  2. 욕구단계설 관점에서의 민원담당친절공무원 선발제도에 대한 평가

    (1) 유용성

    (2) 한 계

Ⅲ. 기대이론을 적용한 '민원담당친절공무원' 선발제도의 성공조건

1. Victor H.Vroom의 기대이론 내용

2. 민원담당친절공무원 선발제도의 성공조건

  (1) 자율성 부여와 적재적소의 보직관리: 기대치 제고

  (2) 객관적이고 공정한 성과평가시스템: 수단성 제고

  (3) 적정 수준의 성과급 및 공무원의 금전 추구 성향: 유인가 제고

Ⅳ. 결 론

Ⅰ. 서 론

동기부여(motivation)란 목표달성을 위해 노력하는 내적 심리상태로서, 조직의 효과성을 높이는 중요한 요인이다. 동기부여에 관한 이론은 내용이론과 과정이론으로 구분되며, 전자는 어떤 요인이 동기를 유발하는가를 설명한다면 후자는 어떻게 동기가 유발되는가에 집중한다.

Ⅱ. 욕구단계설의 관점에서 평가한 '민원담당친절공무원' 선발제도

1. A.H.Maslow의 욕구단계설

동기부여의 내용이론에 해당하는 욕구단계설은 인간 욕구를 크게 5단계로 나누어 설명한다. 생리적 욕구, 안전의 욕구, 사회소속감 추구 욕구, 존경 욕구, 자아 실현 욕구로서 뒤로 갈수록 상위욕구가 된다. 이때, A.H.Maslow는 하위욕구가 충족되면 상위욕구가 발생하고 충족된 하위욕구는 더 이상 동기부여 요인이 되지 않는다고 주장한다.

2. 욕구단계설 관점에서의 민원담당친절공무원 선발제도에 대한 평가

(1) 유용성

E시가 우수 공무원을 '민원담당친절공무원'으로 선발하는 제도는 존경욕구를 충족할 수 있는 제도이다. 존경욕구란 자신에 대한 긍지를 갖고 다른 사람으로부터 존경받기를 원하는 욕구를 의미한다. 만약 E시의 민원담당 공무원이 1~3단계 욕구를 충족한 사람이라면, 존경욕구를 충족하기 위해 보다 친절하게 민원업무를 처리하게 된다. 또한 이후 민원담당친절공무원으로 선발된다면 궁극적 단계인 5단계의 자아실현 욕구를 추구하게 된다.

(2) 한 계

그러나 만약 공무원이 하위단계 욕구가 충족되지 못한 경우 동기가 유발되지 못한다. 즉, 1단계인 생리적 요구로서 보수나 성과급 등 의식주와 깊은 관계가 있는 조직요소가 충분하지 않은 경우 공무원은 친절하게 민원업무를 처리할 동기가 유발되지 않는다. 또한 A.H.Maslow가 가정한 인간관과 달리 현실에서는 개인차가 존재한다는 점과 욕구좌절로 이한 후진적, 하향적 퇴행이 발생할 경우 동기가 유발되지 않는다는 한계가 있다.

Ⅲ. 기대이론을 적용한 '민원담당친절공무원' 선발제도의 성공조건

1. Victor H.Vroom의 기대이론 내용

대표적 과정이론인 기대이론은 내용이론과 달리 최선의 동기부여 방법은 존재할 수 없으며, 자신의 노력이 높은 성과를 거두어 이에 상응하는 보상을 받을 것이라는 기대가 있을 때 비로소 열심히 일하고자 하는 동기가 부여된다고 주장한다.

이때 동기부여의 정도는 ① 자신의 노력이 성과를 가져올 수 있는 가능성에 대한 주관적 믿음인 기대치(expectancy)와 ② 성과에 따른 보상이 주어질 가능성에 대한 믿음인 수단성(instrumentality) ③ 보상이 개인의 욕구를 충족시켜주는 정도인 유인가(valence)에 따라 결정된다.

2. 민원담당친절공무원 선발제도의 성공조건

(1) 자율성 부여와 적재적소의 보직관리: 기대치 제고

공무원이 노력한 만큼 성과를 거둘 수 있다고 믿게 하기 위해서 개인에게 어느 정도 자율성이 부여되어야 한다. 업무 수행 시 지켜야 할 규칙이 많고 규정이 까다로운 경우 복지부동의 문제가 나타난다. 또한 개인의 능력과 직무요건이 부합해야 한다. 즉 민원업무에 있어 중요한 능력인 소통능력이 있는 사람을 배치해야 하며 이를 위해 직무분석이 선행되어야 할 것이다.

(2) 객관적이고 공정한 성과평가시스템: 수단성 제고

성과에 따른 보상이 주어진다는 믿음을 높이기 위해 객관적이고 공정한 성과평가시스템이 있어야 한다. 목표를 구체적으로 설정하고 성과지표 및 평가지표를 합리적으로 선정해야 한다. 특히 민원처리업무의 경우 계량적으로 평가하기 어렵기 때문에 시민들의 추천을 어떻게 공정한 방식으로 수치화할 것인지에 대한 합의가 필요하다.

(3) 적정 수준의 성과급 및 공무원의 금전 추구 성향: 유인가 제고

보상에 대한 선호도를 높이기 위해 적정수준의 성과급이 필요하며, 이때 공무원이 금전적 가치를 중시하는 지에 대한 사전조사가 필요하다. 만약 공무원이 공공봉사동기(public service management)를 중시하는 경우 오히려 효과가 낮을 수 있기 때문이다.

Ⅳ. 결 론

조직관리에 있어 동기부여이론은 매우 중요한 주제이다. 결국 조직은 구성원 개인에 의해 운영되며 조직생산성도 개인의 노력 정도에 의해 결정되기 때문이다.

동기유발을 위한 제도를 도입하기에 앞서 동기의 내용 뿐만 아니라 어떤 과정을 통해 동기가 유발되는 가에 대해서 깊이 고민해야 한다.

┤ 강 평 ├

1. 조직론에 있는 동기이론의 기본적인 내용을 '민원담당친절공무원' 제도에 적용하고 있다. 기본개념에 대한 이해와 행정제도에 대한 응용력을 측정하는 문제이다. 이론모형 자체에 대한 지식여부 보다는 이를 사례에 적용하여 해석하고 평가하는 역량이 좋은 답안 구성의 관건으로 보인다. 답안 강평의 측면에서 보면 다음과 같다.

2. 첫째, 1번 문항의 경우 매슬로우(Maslow) 5단계에 비추어 민원담당친절공무원 제도는 존경의 욕구를 충족하고 더 나아가 자아실현으로 연결될 수 있음을 서술하고 있다. 무난한 내용이다. 그리고 (평가관점에서) 제도의 한계에 대한 논의는 주된 내용이 하위단계의 욕구가 충족되어야 한다는 접근이어서 다소 평이한 느낌을 준다. 문항의 질문내용이 매슬로우 이론에 토대하여 평가하라는 취지이기 때문인 것으로 보인다. 그렇지만 보다 심층적인 답안구성의 차원에서 추천과정과 절차의 관리, 시민과의 소통과 공감의 계기, 친절한 공무원상 확산 등과 같은 키워드를 사용하면 보다 독창적인 답안구성이 가능할 것이다.

3. 둘째, 2번 문항에서 브룸(Vroom)의 기대이론은 노력과 기대치(expectancy), 성과와 수단성(instrumentality), 보상과 유인가(valence) 등의 핵심적인 키워드가 명확하게 제시되어 있고 이것이 동기에 관한 내용이론이 아니라 과정이론임을 서술하고 있다. 더불어 민원담당친절공무원 제도의 성공요건을 노력, 성과, 보상의 3가치 차원에서 직무분석, 성과평가시스템, 성과급 제도 등으로 서술하고 있어서 기대이론 내용과 체계적인 관련성을 가진 답안 서술을 하고 있다. 단지 보상 부분에서 성공조건으로 서술된 성과급, 금전적 가치, 공직봉사 동기 사이의 관계를 피상적으로 언급하고 있는바, 한국의 행정 현실을 감안한 제안을 서술하려는 시도를 담아볼 필요가 있다.

4. 셋째, 결론 부분이 단순하게 서술되어 있기 때문에 보완적인 관점에서 행동동기에 대한 연구는 공무원의 공직선택 동기, 우수한 인재의 충원, 근무행태 등과 관련이 있으며, 민원담당친절공무원 같은 존경과 자아성취 동기를 충족하는 제도를 통해서 공직생활의 보람과 성취감을 높여 줄수록 행정의 시민소통, 정부성과 향상 등이 구현될 수 있다는 것을 언급하면 답안이 보다 풍부해질 것이다.

2021년 입법고등고시 기출문제와 어드바이스 및 답안구성 예

| 제1문 (40점) |

다음 사례를 읽고 물음에 답하시오.

> 바이오 산업 육성에 대한 정책 수요가 증가하였고 이와 관련한 여러 대안들이 논의되었다. 혁신과학자 포럼에서는 바이오 클러스터 조성사업을 대안으로 제시하였고, 경제 부처의 A국장은 이를 구체화한 법안을 만들어 국회에 제출하였다. 그러나 해당 법안은 위원회 위원들의 무관심으로 인해 통과되지 못하고 계류되었다. 이후 혁신과학자 포럼의 대표와 친구인 국회의원 B가 새로운 위원장으로 선임되었고 위원장의 강한 주장으로 해당 법안이 활발하게 논의되었다. 그러나 부지선정의 어려움으로 인해 클러스터 조성은 다시 무산되었다. 한편 정부는 지역균형발전을 위하여 공기업 이전을 추진하였는데 지역 C의 공기업이 이전하면서 여유부지가 발생하였다.
> 이를 계기로 6년 만에 법안이 통과되어 해당 부지에 바이오 클러스터 조성이 시작되었다.

(1) 위 사례를 적절히 설명할 수 있는 정책결정모형을 선택하고, 선택의 이유를 합리모형과 비교하여 서술하시오. (10점)

🅰dvice

사례에 적합한 정책결정모형을 선택하는 문제로 Kingdon의 다중흐름모형을 선택한다면 수월하게 서술이 가능할 것이며, Cohen & Olsen의 쓰레기통모형을 선택해도 무방할 것으로 보인다. 다중흐름모형의 개념으로는 제한된 합리성 하에서 '조직화된 무정부상태'의 정책결정상황에 대한 설명을 제공한다는 점을 논해주는 것이 좋으며, 이는 합리모형이 '문제정의-대안탐색-결과예측-최적대안 선택의 과정'을 따르는 것과 차이가 있는 점 등을 제시할 수 있다. 제시문의 상황은 인과관계 불명, 높은 불확실성, 우연에의 의존 등의 키워드를 사용하여 이러한 조직화된 무정부상태임을 설명해주어야 한다.

(2) 선택한 정책결정모형의 내용을 위 사례를 활용하여 구체적으로 서술하시오. (20점)

🅰dvice

다중흐름모형은 '문제의 흐름-정책대안의 흐름-정치의 흐름'이라는 세가지 흐름이 우연한 사건을 계기로 '정책의 창'이 열리는 경우 정책이 결정되는 의사결정과정을 보여주며, 정책선도가의 역할을 강조하는 모형이다. 따라서 각 흐름의 개념을 설명하고, 그에 맞는 제시문의 상황을 구체적으로 포섭해야 할 것이다. 예를 들어 문제의 흐름이란 '정책결정자의 사회문제에 대한 인식'이며, 법안결정권을 가지는 국회의원 B가 친구의 영향으로 국회에서 바이오 산업 육성의 필요성을 강하게 주장하면서 그에 대한 정책수요를 인식하게 된 점 등을 제시할 수 있다.

(3) 선택한 정책결정모형의 이론적 장점과 한계를 논하시오. (10점)

Advice

1. 다중흐름모형의 장점과 한계를 설명하는 문제로, 합리모형의 장점과 한계를 활용하여 서술하면 수월할 것이다. 즉 다중흐름모형의 장점은 합리모형의 한계인 합리성 가정의 비현실성, 현실상황의 복잡성, 정책결정자 능력 과신 등에 대응하여 제한된 합리성의 높은 현실성, 복잡다양한 현실상황의 반영 등으로 서술할 수 있다.

2. 반면 다중흐름모형의 한계는 합리모형의 장점인 최적 대안 선택, 합리적 의사결정과정 등에 대응하여 선택된 대안의 최적성에 대한 불확실성, 우연에의 높은 의존도 등을 제시할 수 있을 것이다.

［답안구성 예］

Ⅰ. 서 론

Ⅱ. 사례 설명 모형: Kingdon의 다중흐름 모형
  1. 다중흐름모형의 개념 및 특징
  2. 사례와의 적합성: 합리모형과의 비교

Ⅲ. 다중흐름모형: 바이오클러스터조성 법안통과과정을 중심으로
  1. 문제의 흐름

  2. 대안의 흐름
  3. 정치의 흐름
  4. 정책의 창의 열림

Ⅳ. 다중흐름모형의 장점 및 한계
  1. 장 점
  2. 한 계

Ⅴ. 결 론

| 제2문 (35점) |

최근 국회는 「공직자의 이해충돌 방지법」을 통과시켰다. 해당 법안은 공직자가 직무 관련 미공개 정보로 사익을 추구하지 못하도록 규제하며, 사적 이해관계 신고를 의무화하고 가족 채용을 제한하는 등의 내용을 골자로 하고 있다. 이와 관련하여 다음 물음에 답하시오.

(1) 공직자 부패 원인을 설명하고, 이를 해결하기 위한 「공직자의 이해충돌 방지법」의 기대효과 및 한계를 서술하시오. (20점)

Advice

1. 공직자 부패의 원인으로 개인 차원으로는 '주인–대리인' 관계에서 정보비대칭으로 인한 도덕적 해이, 조직차원으로는 집단주의·온정주의문화, 환경차원으로는 정치인·이익집단 등의 이기주의

적 접근에 따른 포획현상 등 다양한 근거를 제시할 수 있을 것이다.

2. 한편 이해충돌과 부패는 상이한 개념이라는 점에서 공직자부패의 원인과 이해충돌방지법 제정 효과 간 연결문단으로 이해충돌의 개념 및 특징, 이해충돌방지법의 제정배경 및 내용을 논해주면 매끄러운 서술이 가능하다. 이해충돌방지법의 기대효과로는 규정의 구체성, 구속성 강화를 통해 사전적으로는 이해충돌을 예방하여 부패로의 발전을 방지하고, 사후적으로는 부패행위에 대한 제재를 강화하여 궁극적으로 공공가치를 구현하고 정부신뢰를 제고할 수 있다는 점 등을 제시한다.

3. 반면 한계로는 법적 관점에서 기존 법령과의 중복 문제, 제도적 관점에서 기관별 특수성에 따른 문제 등 다양한 관점에서의 한계를 제시하는 것이 좋다.

(2) 「공직자의 이해충돌 방지법」의 한계를 극복하기 위한 방안을 제시하시오. (15점)

Advice

앞서 서술한 한계점과 대응하도록 극복방안을 서술하는 것이 바람직하다. 예를 들어 법적 한계 극복방안으로 유사 취지 규정과의 법체계 재정립, 제도적 한계 극복방안으로 기관별 업무성격에 따른 차등적 처리방안 마련, 공직자 숙지를 위한 매뉴얼 제작 등을 제시할 수 있을 것이다.

답안구성 예

Ⅰ. 서 론

Ⅱ. 공직자 부패의 원인 및 이해충돌방지법의 기대효과, 한계
  1. 공직자 부패의 원인
    (1) 개인 차원: 정보비대칭에 따른 도덕적 해이
    (2) 조직 차원: 집단주의, 온정주의 조직문화
    (3) 환경 차원: 지대추구행위로 인한 포획현상

  2. 이해충돌방지법의 기대효과와 한계
    (1) 이해충돌방지법의 제정배경 및 내용
    (2) 기대효과: 부패의 사전적, 사후적 규제 강화에 따른 정부신뢰 제고
    (3) 한계: 법적·제도적 한계

Ⅲ. 이해충돌방지법의 한계 극복방안
  1. 법적 관점: 관련 법체계 재정립
  2. 제도적 관점: 기관별 맞춤형 대응

Ⅳ. 결 론

| 제3문 (25점) |

다음 제시문을 읽고 물음에 답하시오.

최근 수도권과 비수도권의 사회경제적 격차가 커지면서, 국토의 균형 발전을 도모하기 위한 방안으로 시·도를 통합하자는 '광역행정통합' 논의가 전개되고 있다. 수도권집중과 지방소멸 위기가 커지고 있는 상황에서 행정통합을 통하여 지역혁신을 도모하겠다는 것이 논의

의 취지이다. 이러한 광역행정통합에 대한 시·도민의 입장은 찬반 의견이 팽팽하다. 예를 들어, 대구경북행정통합공론화위원회가 실시한 여론조사 결과, 행정통합에 '찬성한다'는 응답이 40.2%, '반대한다'는 응답이 38.8%로 나타났다.

광역행정통합에 대한 찬반 입장을 민주성, 효율성, 형평성 관점에서 각각 서술하고, 광역행정통합에 대한 자신의 견해(찬성 또는 반대 중 택일)를 우리나라 상황을 고려하여 논하시오.

Advice

1. 광역행정통합에 대한 견해를 묻는 문제로 발문에서 제시한 민주성, 효율성, 형평성 관점의 입장을 활용하여 자신의 견해를 서술해주면 수월할 것이다. 예를 들어 찬성 견해를 논하는 경우 앞서 서술한 민주성, 효율성, 형평성 관점에서의 찬성 입장에 대응하여 우리나라 상황을 설명해줌으로써 광역행정통합의 필요성을 제시할 수 있을 것이다.

2. 즉 민주성 관점에서는 시민들의 민주의식 성장에의 대응필요성, 효율성 관점에서는 비수도권의 지방재정적자 현황, 형평성 관점에서는 지역간 사회경제적 격차 확대로 인한 균형발전의 필요성을 구체적 사례를 들어 설명한다.

답안구성 예

Ⅰ. 서 론

Ⅱ. 광역행정통합에 대한 견해 대립
  1. 민주성 관점
    (1) 찬성: 자치권 강화로 인한 주민주권 상승
    (2) 반대: 대응성 약화
  2. 효율성 관점
    (1) 찬성: 규모의 경제
    (2) 반대: 갈등비용의 증가

  3. 형평성 관점
    (1) 찬성: 지역간 균형발전 제고
    (2) 반대: 비수도권간 격차 강화

Ⅲ. 광역행정통합에 대한 견해: 찬성
  1. 시민의 민주의식 성장
  2. 지방재정적자 확대 방지 필요성
  3. 균형발전의 필요성

Ⅳ. 결 론

| 제1문 | 다음 제시문을 읽고 물음에 답하시오. (총 50점, 선택 총 25점)

코로나19 감염병의 확산은 이전과는 다른, 정부의 새로운 역할을 요구하고 있다. 정부는 질병의 확산을 효과적으로 통제해야 할 뿐만 아니라, 극심한 침체를 겪고 있는 경제도 부양해야 하는 과제를 동시에 안고 있다. 이에 정부는 감염병의 확산 방지를 위해 공공의료의 확대, 질병관리본부의 청 승격, 마스크 공급의 국가 관리와 같은 정책을 추진하였거나 추진 중에 있으며, 재난지원금의 지급, 대체 휴일의 지정, 여행 쿠폰의 발급 등과 같은 정책도 추진한 바 있다. 이와 같은 정부의 개입은 국민의 정책수요를 반영한 결과라는 입장이 있는 반면에 확대되는 정부의 역할이 반드시 긍정적 결과만을 초래하지 않을 것이라는 시각도 존재한다.

(1) 신공공관리론적 정부운영방식의 내용과 한계를 제시문의 상황과 관련하여 설명하시오. (20점)

(2) 제시문과 같이 정부의 역할이 확대되는 경우, 기대효과와 문제점을 제시하시오. (16점)

(3) 정부의 역할 확대로 발생할 수 있는 문제점 극복 방안을 제시하시오. (14점)

Ⅰ. 서 론

Ⅱ. **신공공관리적 정부운영방식의 내용과 한계**
  1. 신공공관리적 정부운영방식 : 성과, 고객, 경쟁을 중심으로
    (1) 성과 측면 : 자율적 권한 부여와 결과에 대한 책임 강조
    (2) 고객 측면 : 수요자 중심의 행정패러다임 전환
    (3) 경쟁 측면 : 공공서비스에 시장 원리 도입
  2. 신공공관리 정부운영방식의 한계
    (1) 성과 측면 : 위기관리의 어려움
    (2) 고객 측면 : 국민 요구의 역동성 결여
    (3) 경쟁 측면 : 공공성의 저해

Ⅲ. **정부의 역할 확대 시 기대효과와 문제점**
  1. 기대효과 : 공공성 회복과 대응성 확대
  2. 문제점 : 거버넌스와 정책과정을 중심으로
    (1) 거버넌스 관점 : 관료제 거버넌스로의 회귀
    (2) 정책설계 관점 : 정부의 자의적 정책 결정
    (3) 정책집행 관점 : 갈등에 따른 사회적 비용 증가
  3. 극복 방안
    (1) 거버넌스 관점 : 메타거버넌스의 확립
    (2) 정책설계 관점 : 숙의 과정의 활성화
    (3) 정책집행 관점 : 관료의 포용적 리더십 발휘와 사후적 평가체계 구축

Ⅳ. **결 론**

Ⅰ. 서 론

2006년 크리스텐센(T.Christensen)과 래그레이드(P.Laegreid)는 저서 『자율과 규제』를 통해 신공공관리의 주된 수단인 규제 개혁과 행정기관 개혁을 추진한 국가에서 재규제화, 구조 통합 등의 탈신공공관리 현상이 나타나는 점을 주목했다. 당시에 우리나라는 신공공관리 행정의 정점에 섰지만, 14년이 지난 지금 코로나19 감염병의 확산이라는 새로운 행정환경으로 인해 우리나라 역시 정부의 역할 확대 등 탈신공공관리 현상이 나타나고 있다. 이하에서는 신공공관리적 정부운영방식의 내용과 한계를 언급한 후, 정부의 역할이 확대되는 현재 상황을 진단하도록 한다.

Ⅱ. 신공공관리적 정부운영방식의 내용과 한계

1. 신공공관리적 정부운영방식 : 성과, 고객, 경쟁을 중심으로

신공공관리(NPM)는 석유파동 등에 따른 세계적 경기침체와 그에 따른 재정적자에 대한 반향과 신보수주의 물결의 흐름 속에서 1980년대 미국에서 탄생한 이론이다. 우리나라 역시 IMF라는 경제위기 상황 속에서 본격적으로 도입되었다. 신공공관리는 성과, 고객, 경쟁을 주된 가치로 삼고 있으며, 이에 따라 신공공관리적 정부운영방식을 평가한다.

(1) 성과 측면 : 자율적 권한 부여와 결과에 대한 책임 강조

신공공관리는 '성과' 측면에서 공공관리자에게 자율적 권한을 부여하는 방식을 채택한다. 기존의 관료제적 정부운영방식에서는 법규나 계층제적 명령 중시 및 절차에 대한 엄격한 통제를 추구했다. 신공공관리는 이에 대한 반성으로 '자율성'을 강조한다. 그 대신에 공공관리자에게 결과에 책임을 묻는 방식으로 성과관리를 진행한다. 운영상, 재정상 자율성을 부여하되 결과에 책임을 지도록 권한을 부여한 책임운영기관 설치가 대표적 사례이다.

(2) 고객 측면 : 수요자 중심의 행정패러다임 전환

신공공관리는 '고객' 측면에서 공급자 중심에서 수요자 중심으로 행정서비스를 제공하는 방식으로 패러다임을 전환한다. 특히 국민을 행정서비스 고객이자 소비자로 여겨, 그들의 요구(need)를 최대한 충족하는 것을 주요 목표로 삼는다. 우리나라의 경우, 행정서비스헌장제도 등을 통해 고객지향적 행정을 실현시키고 있다.

(3) 경쟁 측면 : 공공서비스에 시장 원리 도입

신공공관리는 '경쟁' 측면에서 공공서비스에 시장 원리를 도입한다. 정부독점 체제에서 나타나는 X-비효율성을 제거하고자 공공서비스를 시장경쟁이 존재하는 민간부문으로 이전한다. 2000년대 후반, 공기업의 민영화를 비롯하여 각종 바우처 제도의 도입 등이 이뤄진 것도 이러한 신공공관리적 정부운영의 일환이었다.

2. 신공공관리 정부운영방식의 한계
(1) 성과 측면 : 위기관리의 어려움

성과 측면에서는 코로나19 감염병 확산 같은 위기 상황에서는 자율성 부여와 성과관리가 어렵다는 한계가 있다. 위기관리 능력이 필요한 시점에서 정부의 일원화된 컨트롤타워가 필요하게 된 것이다. 신공공관리적 정부운영방식처럼 공공관리자에게 권한을 분배한다면, 질병의 확산을 효과적으로 통제할 수 없을 뿐 아니라, 경기 부양도 어려울 것이다. 질병관리본부를 질병관리청이라는 독립된 정부조직으로 격상시키는 이유도 여기에 있다.

(2) 고객 측면 : 국민 요구의 역동성 결여

고객 측면에서는 국민 요구의 역동성을 결여했다는 문제가 지적된다. 주인 모형(owner model)에 따르면, 국민은 정부서비스에 대하여 단순히 선호를 표시하는 소극적 존재가 아닌, 정부의 의제 내용을 결정하는 적극적 존재로 파악한다. 이처럼 신공공관리는 정부와 국민의 교호적 관계에만 집중했다는 한계가 있다. 코로나19 감염병의 확산이라는 새로운 환경에서는 국민의 정부에 대한 적극적 요구가 늘어나고 있다. 늘어나는 정부의 개입이 국민의 정책수요를 반영한 결과라는 입장은 이러한 내용과 연관이 있다.

(3) 경쟁 측면 : 공공성의 저해

경쟁 측면에서는 공공성의 저해라는 문제가 지적된다. 코로나19 감염병 확산으로 인해 포용성과 보장성이 새로운 행정 가치로 자리매김하고 있다. 국민 보건 차원에서 의료 분야를 오로지 시장에만 맡기는 경우, 감염병의 위험은 소외 계층에게 집중되는 문제가 있을 것이다. 공공의료 확대, 마스크 공급의 국가 관리 등이 거론되는 이유이다. 또한, 경기 부양 차원에서도 소비 진작을 위해 바우처 등에만 의존한다면, 소비 혜택을 받지 못하는 계층이 여전히 존재할 것이다. 이 때문에 재난지원금의 지급, 여행 쿠폰의 발급 등과 같은 정부의 직접 공급이 이뤄지고 있다.

Ⅲ. 정부의 역할 확대 시 기대효과와 문제점
1. 기대효과 : 공공성 회복과 대응성 확대

정부의 역할 확대 시의 기대효과로 첫째, 신공공관리적 정부운영 하에서 헤이크(M.S.Haque)가 지적했던 공공성의 위기를 극복할 수 있을 것이다. 국민 보건 차원에서는 질병관리청이라는 독립적 정부조직 하 공공의료 확대와 마스크 공급의 국가 관리를 통해 사회적 약자까지도 의료 혜택을 받을 수 있도록 포용 국가로서 발돋움할 수 있을 것이다. 경기 부양 차원에서도 대체 휴일 지정과 소비 활동 진작을 통해 기본적인 인간다운 삶을 보장해주는 보장 국가로서의 역할을 수행할 것이다.

둘째, 국민에 대한 대응성이 확대될 것이다. 반응적 정부모형(responsive government explanations)에 따르면, 정부 규모의 확대는 공공서비스에 대한 국민의 수요 증가에 기인한다고 본다. 현재 정부에서 추진 중인 공공서비스의 직접 공급은 포용 국가와 보장 국가의 실현을 원하는 국민들의 요구에 따른 결과라 볼 수 있다. 또한, 신속하고 안정적인 위기관리를 통해 질병의 확산과 침체된 경기에 대응한다는 점에서도 정부의 대응성이 향상될 것이다.

2. 문제점 : 거버넌스와 정책과정을 중심으로

확대되는 정부의 역할이 언제나 긍정적 결과만을 초래하지는 않는다는 시각도 존재한다. 정부 역할 확대 시 문제점을 거버넌스 관점, 정책설계 관점, 정책집행 관점에서 각각 살펴본다.

(1) 거버넌스 관점 : 관료제 거버넌스로의 회귀

정부의 역할 확대는 신공공관리적 거버넌스에서 기존의 관료제 거버넌스로 회귀할 우려가 있다. 코로나19 감염병의 확산은 이전과는 다른, 정부의 새로운 역할을 요구하고 있다. 정부는 이에 발맞춰 포용성이나 보장성이라는 새로운 행정가치를 실현하기 위한 수단으로 스스로의 역할 확대를 채택했다. 그러나 역할이 확대되는 과정에서 오히려 신공공관리가 비판했던 수직적, 위계적 거버넌스가 구현될 가능성이 있다. 거버넌스의 '진보'가 아닌 거버넌스의 '회귀'가 될 수 있다.

(2) 정책설계 관점 : 정부의 자의적 정책 결정

정부의 역할 확대는 정부의 자의적 정책 결정을 불러 일으킬 수 있다. 바흐라흐(P.Bachrach)와 바라츠(M.S.Baratz)가 우려했던 '무의사결정'이 실현될 수 있는 것이다. 특히, 코로나19 감염병 문제는 성별·계층을 가리지 않는 전국민적 이슈이다. 따라서 정책설계 단계에서 정부와 민간의 활발한 정보 공유 및 의견 수렴 절차가 필요하다. 그러나 메르스 사태와 같이 정보 공유가 원활히 이뤄지지 않은 상태에서 보건 정책을 수립하고자 한다면, 그러한 정책집행은 국민의 지지를 받기 어려울 것이다.

(3) 정책집행 관점 : 갈등에 따른 사회적 비용 증가

정부의 역할 확대는 갈등에 따른 사회적 비용을 증가시킬 수 있다. 특히 최근의 다원화된 사회에서는 정책설계 단계에서 민간과의 충분한 토의 및 의견 수렴 절차를 거쳤더라도 실제 집행 단계에서 다양한 집단의 반대에 부딪힐 수 있다. 또한, 정책집행은 기본적으로 강제성이 수반되기에, 정부의 비대화는 더 많은 계층의 반발을 살 우려가 있다. 최근 마스크 공급의 국가 관리나 공공의료의 확대의 사례에서 볼 수 있듯이, 정책을 집행하는 단계에서 마스크 공급업체나 의사 집단과의 마찰이 지속적으로 발생했다.

3. 극복 방안
(1) 거버넌스 관점 : 메타거버넌스의 확립
신공공관리적 정부운영방식의 한계를 고려하면서 정부의 역할 확대로 발생할 수 있는 문제점을 극복하기 위해서는 거시적인 관점에서 메타거버넌스를 확립하는 것이 필요하다. 메타거버넌스란 관료제 거버넌스, 신공공관리적 거버넌스, 뉴거버넌스 등을 모두 포괄하는 총체적 국정운영 방식을 의미한다. 그 누구도 문제의 본질을 명확히 규명하기 어렵고, 이해관계가 상당히 얽혀 있어 해결하기도 쉽지 않은 사악한 문제(wicked problem)이 만연한 현대사회에서 단일 거버넌스로는 이 사악한 문제를 다루기 어려울 것이다. 보건 분야뿐만 아니라 경제 분야에도 두루 걸쳐 있는 코로나19 감염병 문제에서도 볼 수 있듯이 상황에 따른 적재적소의 거버넌스를 실현시키는 것이 신공공관리적 거버넌스의 한계와 관료제적 거버넌스의 한계를 극복할 수 있는 길이 될 것이다.

(2) 정책설계 관점 : 숙의 과정의 활성화

정책설계 단계에서는 숙의 과정의 활성화가 필요하다. 공공성 회복과 대응성 증진을 위해 정부의 역할이 필요하다고는 하지만, 이는 어디까지나 '수단'이라는 점을 인지하는 것이 중요하다. 정부의 역할 확대의 목적은 결국 국민의 삶의 질 향상이기 때문이다. 따라서 코로나19 사례처럼 많은 이해관계자가 얽힌 사악한 문제를 해결하기 위해서는 정책의제설정 단계나 정책결정 단계에서 공론화 등을 통해 활발한 정보 공유와 의견 수렴을 거치는 것이 좋다. 서울시의 경우, '민주주의 서울'이라는 플랫폼을 운영하여 서울시민과 서울시가 함께 정책을 설계하여 모범적인 사례로 평가받고 있다. 이처럼 숙의의 활성화는 국민 요구의 역동성을 증가시키면서 정책의 정당성을 확보하는데 매우 중요하다.

(3) 정책집행 관점 : 관료의 포용적 리더십 발휘와 사후적 평가체계 구축

정책집행 단계에서는 첫째, 관료의 포용적 리더십이 필요하다. 실제로 정책을 집행하는 단계에서 여러 단체와 마찰이 발생하는 경우, 그 단체의 입장을 헤아리면서 정책의 당위성을 잘 설득할 수 있는 역량을 갖춰야 할 것이다. 이를 위해 관료들이 직접 갈등 현장을 경험하면서, 관련 지식을 습득하고 소통의 기술을 익히는 것이 중요하다.

둘째, 정책의 사후적 평가체계를 구축하는 것이 필요하다. 시행된 정책마다 민간과 정부가 합동으로 평가하는 시스템을 구축하면, 잘된 정책과 잘못된 정책을 선별하는 데에 용이할 것이다. 잘못된 정책의 경우에는 어떤 부분이 잘못되었는지 시정하여 궁극적으로 포용성과 보장성을 실현시키는 데에 한 발짝 더 앞서나갈 수 있을 것이다.

Ⅳ. 결론

탈신공공관리가 제기되었을 당시에는 관료제 거버넌스와 뉴거버넌스 등이 혼합된 정체성이 불분명한 거버넌스라는 비판을 받았다. 그러나 현재와 같은 사악한 문제가 만연한 시대에서는 거버넌스 역시 일의적으로 규정할 수 없을 것이다. 위기 상황을 효과적으로 통제한다는 측면에서는 관료제 거버넌스가 필요하지만, 구체적인 정책과정을 설계하고 집행하는 과정에서는 민간과 협력하는 거버넌스가 필요하기 때문이다. 특히 코로나19 감염병의 확산으로 인해 거버넌스의 통합은 더욱 가속화될 것이다.

| 강 평 |

1. 이 문항은 현재와 같은 보건안보 위기상황에서 증가하고 있는 정부역할 및 정부개입에 대한 기대효과, 문제점, 문제점 극복방안에 대해서 질문하는 것이다. 따라서 공공서비스의 성격에 대한 인식 변화, 정부·시장·준시장(quasi-market) 등 공공서비스 공급주체의 특성, 공공서비스 공급방식의 변화과정, 정부역할의 변화추세 등에 대한 거시적 이해가 선행되어야 한다. 답안은 시장 효율성 중심의 신공공관리론적 정부운영, 정부역할의 확대에 따른 기대효과, 문제점, 문제점 극복방안에 대해서 체계적으로 잘 기술하고 있다. 답안의 내용도 상당히 충실하다. 그러나 다음과 같은 내용들이 보완되면 더욱 좋은 답안이 될 것이다.

2. 서론 부분에서 공공서비스의 특성, 정부역할의 변화추이 등에 대한 전반적 내용을 먼저 소개하고, 1980년대 이래의 신자유주의와 작은 정부론, 이의 일환으로서 신공공관리론에 대한 논의를 소개한다. 그리고 근래 들어서 다시 공공서비스의 공공성을 강조하는 공공가치론 등에 대해서 간략하게 언급한다. 요컨대, 서론에서는 그 동안의 공공서비스 공급과정에서의 정부역할에 대한 인식과 주장의 변화추세를 언급하고, 그 맥락의 일환으로 현 시점에서의 정부역할과 관련하여 어떠한 내용으로 답안을 구성하겠다는 방향을 제시해야 할 것이다.

3. 답안의 구성 면에서 「III-3」의 극복방안은 별도의 「IV장」으로 독립시키는 것이 좋다. 문제가 세 개의 각기 다른 질문을 하고 있기 때문이다.

4. 답안의 세부 범주와 관련하여, 「II장」은 성과, 고객, 경쟁, 「III장」은 거버넌스, 정책설계, 정책집행의 절들을 포함하고 있다. 이러한 구분이 하자가 있다고는 보이지 않지만, 왜 각 장에서 이러한 세 개의 변수들을 선정하고 있는 지를 우선 설명해야 할 것이다. 그리고 정책설계는 통상적으로 사용하는 대로 정책결정 내지는 정책형성이라는 용어를 사용하는 편이 좋을 것이다.

5. 답안의 구체적 내용 면에서, 신공공관리 방식의 고객 측면의 문제점 부분에, 고객의 빈곤(poverty), 비이동성(immobility) 등에 기인한 문제점도 추가한다. 고객의 이러한 특성이 수요자 중심의 공공서비스 공급이 초래하는 문제의 근원에 해당한다. 이에 따라 사회적 약자의 배제 문제, 공공서비스의 형평성 저해 등이 발생한다.

6. 포용국가, 숙의민주주의, 포용적 리더십 등은 근래 등장하는 전문용어들이기 때문에 이러한 용어들은 간략한 용어설명을 먼저하고 사용하는 것이 좋을 것이다.

7. 「Ⅲ장 3」의 극복방안 부분에서도 코로나 사태와 연관을 지어 극복방안을 제시하는 것이 좋을 것이다. 현행 코로나 사태와 관련한 정부개입의 문제점으로는 개인 자유의 침해 및 개인 자유와 공익과의 조화문제, 개인정보보호 문제, 수차례의 추경 편성으로 인한 국가재정 불건전성 문제, 국민들의 정부의존심리 심화 등이 긴급한 것들이다. 따라서 극복방안도 이러한 내용들을 적절한 곳에 포함하는 방식이 좋다. 요컨대, 「Ⅲ장」은 현행 정부개입의 증가 특성을 코로나 사태에 기인한 것으로 보고 연관을 지워서 기술해야 할 것이다. 그리고 이러한 긴급사태가 해결된 이후의 정부역할의 재정립 방안도 고려해야 할 것이다. 앞으로 정부개입은 많고 적음의 개념으로만 접근하기 보다는, 환경, 기후, 보건 등 인간안보를 위협하는 영역에서는 불가피하게 확대될 것이며, 경제, 주택, 문화 등의 영역에서는 오히려 시장과 준시장의 역할을 강화하는 것이 바람직할 것이다. 즉, 정부역할에 대한 개념과 관점을 재정립할 필요가 있는 것이다.

8. 답안 내용에 구체적인 내용 소개가 없이 특정 자치단체의 사례를 명칭 중심으로 피상적으로 소개하는 것은 삼가는 것이 좋다. 현재 우리나라는 이념갈등이 심각하며, 주요 광역단체장은 특정 정당 소속으로서 정치적으로 의사결정을 하는 경우가 많다. 따라서 큰 의미가 없이 특정 광역단체의 사례를 피상적으로 소개하는 것은 채점자가 누구냐에 따라 불리하게 작용할 소지가 있다.

9. 마지막으로, 결론도 내용이 다소 구체적이어야 하며, 참신한 내용을 포함하도록 고민해야 한다. 결론 부분에서는 이전까지 작성한 내용을 간추려 주고, 이 문제의 주제인 정부개입의 방향에 대해서 제안을 한다. 이와 관련하여 강평의 여섯 번째 내용을 결론 작성에 참고할 수 있다.

| 제2문 | 다음 제시문을 읽고 물음에 답하시오. (총 26점, 선택 총 13점)

'사회적 가치'의 실현은 현 정부에서 주요 국정과제로 다루어지고 있다. 또한 2017년 10월 국회에서 발의되었던 공공기관의 사회적 가치 실현에 관한 기본법안 에서는 사회적 가치를 '사회, 경제, 환경, 문화 등 모든 영역에서 공공의 이익과 공동체의 발전에 기여할 수 있는 가치'로 정의하고 있다. 그리고 사회적 가치 실현을 위한 주요 과제로 사회적 약자에 대한 기회 제공과 사회통합, 상생과 협력, 지역사회 활성화와 공동체 복원, 기업의 자발적인 사회적 책임 이행, 시민적 권리로서 민주적 의사 결정과 참여의 실현, 그 밖의 공동체 이익실현과 공공성 강화 등이 언급되고 있다.

(1) 신행정론(New Public Administration)과 뉴거버넌스(New Governance)의 관점을 통해 사회적 가치의 의의를 설명하시오. (14점)

(2) 사회적 가치를 실현하기 위한 수단 중 하나인 다양성 관리를 실적주의 관점에서 기술하시오. (12점)

Ⅰ. 서 론

Ⅱ. 사회적 가치의 의의 : 신행정론과 뉴거버넌스의 관점에서
  1. 신행정론과 뉴거버넌스의 의의
  2. 사회적 가치의 의의
    (1) 신행정론 관점
    (2) 뉴거버넌스 관점

Ⅲ. 다양성 관리의 의미 : 실적주의 관점에서

1. 실적주의의 의의
2. 다양성 관리의 의의
  (1) 사회적 약자에 대한 기회 제공과 사회통합의 실현
  (2) 공직사회 내 민주적 의사결정과 참여의 실현
  (3) 공공의 이익과 공동체 발전에 기여

Ⅳ. 결 론

Ⅰ. 서 론

"정부운영을 사회적 가치 중심으로 전환해야 한다." 문재인 대통령은 2018년 신년사에서 이처럼 언급하며, 공공부문에서 사회적 가치 실현이 주요 정책 목표임을 천명하였다. 이에 앞서 2017년 10월 국회에서는 「공공기관의 사회적 가치 실현에 관한 기본법안」을 발의하여, 사회적 가치가 최근 국정운영의 주요 목표가 되고 있다. 이하에서는 신행정론과 뉴거버넌스의 관점에서 사회적 가치의 의의를 설명하고, 사회적 가치의 대표적인 실현 수단인 다양성 관리를 실적주의 관점에서 기술하도록 한다.

Ⅱ. 사회적 가치의 의의 : 신행정론과 뉴거버넌스의 관점에서

1. 신행정론과 뉴거버넌스의 의의

신행정론(New Public Administration)이란 1960년대 미국에서 인종갈등과 젠더갈등와 같은 각종 사회 문제가 불거진 상황에서 탄생한 행정학 이론이다. 신행정론은 기존의 정치행정이원론을 부정하고 관료들이 정책결정을 해야만 한다(should make policy)는 적극적 정치행정일원론을 주창하였다. 또한, 경험적 연구를 우선시했던 행정행태론과 달리 '가치'에 대한 인식을 중시했다. 행정이념으로서는 사회적 형평성을 강조했으며, 실현 수단으로 분권화와 참여의 활성화를 도모했다.

뉴거버넌스(New Governance)는 2000년대 초반 신공공관리의 한계를 지적하고 탄생한 행정학 이론으로, ① 네트워크 ② 공사협력 ③ 신뢰를 기반으로 한 정치행정일원론적 성격을 갖고 있다. 신공공관리에서는 국민을 '고객'이라는 수동적 인간관으로 보았다면, 뉴거버넌스에서는 국민을 '국정 파트너'라는 적극적 인간관으로 본다. 따라서 정부, 시장, 시민사회의 '협력'과 정부의 '조정 능력'을 중요시한다. 책임성 역시 성과에 대한 책임성이 아닌 '공유된 책임성'에 초점을 둔다.

2. 사회적 가치의 의의

(1) 신행정론 관점

사회적 가치는 첫째, 사회적 형평성을 강조한다는 데에 의의가 있다. 사회적 가치 실현을 위한 주요과제 중 '사회적 약자에 대한 기회 제공과 사회통합' 등이 이를 뒷받침한다. 2018년 공공기관 평가지표에서도 '균등한 기회와 사회통합'을 신설하여, 차별적 요인을 없애고 블라인드 채용 등을 통해 투명성을 높이고 공정한 과정으로 채용했는지 평가하는 등 기회의 형평성을 제공하려는 노력을 볼 수 있다.

둘째, 사회적 가치를 실현하기 위하여 정부의 적극적 역할을 주창했다는 점에서 의의가 있다. 현재 정부는 사회적 가치 실현을 위한 3대 기본법(사회적 가치 기본법, 사회적 경제 기본법, 사회적 경제 기업 제품 판로지원법)을 추진하고, 정부 혁신, 공공부문 평가, 공공조달 등 주요 정책과정에서 사회적 가치를 실현할 수 있도록 제도를 개선하고 있다. 이처럼 정부의 추진력을 통해 사회적 가치 실현이 이뤄질 것이다.

(2) 뉴거버넌스 관점

사회적 가치는 첫째, 정부, 시장, 시민사회 모두가 '협력'할 수 있는 장을 마련한다는 점에서 의의가 있다. 정부는 '사회통합' 및 '상생과 협력'을 달성하기 위해 노력하고, 시장은 '기업의 자발적인 사회적 책임 이행'을 통해 공유된 책임성을 가지며, 시민사회 역시 '시민적 권리로서 민주적 의사결정과 참여의 실현'을 이룩하여 상호 네트워크를 형성할 수 있다.

둘째, 적극적 인간관으로서 공동체를 강조한다는 점에서 의의가 있다. '지역사회 활성화와 공동체 복원', '그 밖의 공동체 이익 실현과 공공성 강화' 등이 이를 뒷받침한다. 경기도 시흥시의 경우, 저소득가구를 대상으로 집을 수리하는 등 주거복지 터전을 마련한 '동네 관리소 설치·운영'을 통해 사람 중심의 마을공동체를 복원하였다는 평가를 받아 사회적 가치 구현 우수사례로 선정된 바 있다.

Ⅲ. 다양성 관리의 의미 : 실적주의 관점에서

1. 실적주의의 의의

실적주의(Merit System)이란 공무원의 임용, 승진, 평정 등이 개인의 실적에 바탕을 두어야 하는 것을 의미한다. 실적주의는 종래 인사권자의 개인적 관계를 바탕으로 공무원을 임용하던 엽관제에 대한 비판으로 등장하였다. 톰킨스(G.Tompkins)에 따르면 실적주의는 3가지 특징이 있다. 첫째, 기회균등을 강조한다. 공직을 위한 경쟁은 누구에게나 개방되어야 한다는 것이다. 둘째, 자의적 인사결정으로부터의 신분보장을 강조한다. 정치적 이유로 평정 상의 차별이나 신분상의 불이익을 당해서는 아니 된다는 것이다. 셋째, 정치적 중립을 강조한다. 공무원은 특정 정당의 이익에 봉사하는 것이 아니라 공익을 위해 객관적이고 공정한 자세를 유지해야 한다는 것이다.

2. 다양성 관리의 의의

다양성 관리(Diversity Management)란 여성과 외국인 등 의사결정 과정에서 소외당할 수 있는 계층들이 차별받지 않고 역량을 충분히 발휘할 수 있는 조건을 만들어주는 활동이다. 다양성 관리는 사회적 가치를 실현하기 위한 수단으로 평가받는바, 그 의의를 톰킨스가 제시한 실적주의의 3가지 특징으로 기술한다.

(1) 사회적 약자에 대한 기회 제공과 사회통합의 실현

다양성 관리는 소외 계층도 채용 상의 불이익이 없도록 기회균등을 강조한다. 출신 성분과 상관없이 누구나 공직 임용의 기회를 제공받을 수 있어 사회적 약자에 대한 기회 제공과 사회통합을 실현할 수 있을 것이다. 공공기관이 모범적으로 블라인드 채용을 도입하는 등의 다양성 관리를 통해 사회적 가치를 실현한 것이 대표적 사례이다.

(2) 공직사회 내 민주적 의사결정과 참여의 실현

공직사회에서의 다양성 관리는 궁극적으로 민주적 의사결정과 참여를 실현할 수 있을 것이다. 다양성 관리를 통해 개인의 자질과 능력을 마음껏 발휘할 수 있는 조직문화를 형성하기 때문이다. 실적주의가 언급하는 '정치'의 개념을 보다 넓게 해석하면, 조직 내에서 이뤄지는 모든 의사결정 과정까지 이에 해당할 것이다. 의사결정 과정에서 상대적으로 소외된 계층이 암묵적으로 받아오던 평정 상의 차별과 신분 상의 불이익을 다양성 관리에서는 타파하고자 한다.

(3) 공공의 이익과 공동체 발전에 기여

공공의 이익과 공동체 발전에 기여하는 것도 다양성 관리를 통해 실현할 수 있다. 다양성 관리가 추구하는 공직사회 내 민주성은 구성원들이 공익을 위해 헌신할 의지를 심어주기 때문이다. 경직적인 조직문화에서는 관료가 선출직 공무원의 통제를 받는 경우가 많았지만, 다양성 관리로 인해 오히려 정치적 중립이 실현되며 공직봉사동기(PSM)를 유도할 수 있다.

Ⅳ. 결 론

지금까지 신행정론과 뉴거버넌스의 관점에서 사회적 가치의 의의를 살펴보고, 사회적 가치를 실현하기 위한 수단 중 하나인 다양성 관리를 실적주의 관점에서 확인해보았다. 이를 통해 사회적 가치의 실현은 대외적으로, 대내적으로 모두 적용된다는 것을 알 수 있다. 비록 사회적 가치와 관련된 법안이 아직 계류 중이지만, 정부와 시민사회의 활발한 논의를 통해 사회적 가치가 한국 사회에 정착되는 것이 필요하다.

강 평

1. 이 문항은 근래 급속도로 확산되고 있는 개념인 사회적 가치(social value)에 관한 지식을 측정하고자 하는 것이다. 사회적 가치는 현재 우리나라에서 많이 사용되고 있는 개념이지만, 의미가 추상적이고 다의적이며, 기존의 공익 등과의 차이도 모호한 개념이다. 사회과학이론의 흐름에서 보면, 사회적 가치는 기본적으로 기존에 중시해 왔던 효율성, 가치중립성, 경제적 가치 등에 대한 반작용으로 등장한 개념이며, 행정학/정책학에서는 그 연원을 1970년대의 신행정론에까지 거슬러 올라 갈 수 있다.

2. 그러나 근래 들어 사회적 가치 개념이 본격적으로 강조되고 있는 것은 기존의 수익성 중심의 시장경제에 대한 보완적 내지는 대칭적 개념으로 사회적 경제(social economy)에 대한 관심이 증가하면서 부터이다. 그 일환으로 사회적 기업, 포용국가 등의 개념들이 풍미하게 된 것이다. 우리나라의 경우도 노무현 정부 하인 2007년 7월 사회적 취약계층에 대한 고용증진과 사회서비스 제공을 목적으로 사회적 기업육성법이 제정된 이후, 정부부처들 마다 사회적 형평성 실현이나 공동체 활성화 등의 사회적 가치를 증진하기 위한 다양한 프로그램들을 시행하고 있다. 마을기업 등이 대표적인 예이다. 특히, 진보성향이 강한 문재인 정부에서는 사회적 경제의 활성화와 사회적 가치의 실현을 더욱 적극적으로 추진하고 있다. 사회적 가치에 대한 이러한 기본지식을 토대로 본 답안을 강평해 보면, 기본적으로 답안의 내용이나 구성체계는 큰 하자가 없이 무난하게 되어 있다고 생각된다. 그러나 다음과 같은 점들에서는 보완이 필요하다.

3. 답안이 너무 일반론적 내용을 언급하는 수준에 그치고 있어 창의성이 다소 부족하며, 따라서 임팩트가 부족하다. 대부분의 답안들이 이러한 내용과 방식, 수준으로 작성하지 않을까 한다.

4. 문제점에 대한 지적이 필요하다. 사회적 가치가 좋은 의미로만 들릴 수 있지만, 본 평가자가 오랫동안 이 분야를 연구해 본 바로는 사회적 가치는 시장경제 및 경제적 가치와의 조화문제, 사회 전체적 효율성과의 관계, 개념의 명확성과 실천방안, 과도한 정부개입에 대한 우려, 국제 경제적 관점에서의 경쟁력 문제 등 지적할 점들도 많다. 고급공무원을 충원하는 시험에서는 보다 중립적인 입장에서 시시비비를 가려줄 수 있는 능력을 보일 필요가 있다. 정부에서 추진하는 것이 모두 좋다고 볼 수는 없으며, 채점자는 어차피 정부공무원이 아님을 염두에 둘 필요가 있다. 사회적 가치 개념의 의의 및 장점은 물론, 내용상 및 실천 상의 문제점도 지적하고, 이를 토대로 개선방안도 제시하는 것이 좋을 것이다. 이를 통해 본인의 문제점 진단능력, 문제해결능력을 보일 필요가 있다.

5. 사회적 가치는 경제적 가치와의 관계 하에서 언급을 하며, 신행정론이나 뉴거번넌스론을 넘어 현재 논의되고 있는 공공가치론, 좋은(good) 거버넌스 등과도 자연스럽게 연결해 보는 것이 필요하다. 묻는 것에만 대답하기 보다는, 전체적인 이론추세와 연관시킴으로써 본인의 지적 능력을 표현해 볼 필요도 있다.

6. 다양성 관리와 관련해서는 엽관주의 내지는 정실주의, 실적주의, 적극적 인사행정, 대표관료제 등 인사행정이론 발전의 전체맥락을 간략하게 소개하고, 이러한 흐름 내에서 실적주의와 다양성관리의 의의를 설명한다. 그리고 affirmative action 등 다양성 관리의 개념과 의의도 보다 구체적으로 기술하며, 우리나라에서 이러한 다양성관리가 어떻게 전개되고 있는지에 대해서도 좀 더 구체적으로 기술하는 것이 필요하다.

7. 다양성관리와 실적주의 간의 충돌문제에 대해서도 언급한다.

8. 결론 부분을 좀 더 구체적으로 작성한다. 본문에 기술한 내용들을 균형 잡힌 시각에서 종합적으로 토의를 해주고, 사회적 가치와 다양성관리 등 이 문제가 질문하는 주제어들과 경제적 가치, 실적주의 등 전통적 가치들 간의 조화와 상생 방안 등에 대해서 방향을 제시한다.

| 제3문 | 다음 사례를 읽고 물음에 답하시오. (총 24점, 선택 총 12점)

정부는 법조타운 조성계획을 발표하였다. 인구가 감소하는 A시는 법조타운이 들어설 경우 지역사회의 경제적 이익이 늘어날 것을 기대하면서 법조타운 유치를 신청하였다. 그렇지만 법조타운에는 비선호 시설로 여겨지는 교정시설도 포함되어 입지 예정 지역의 인근 주민들로부터 강력한 반대가 예상된다.

(1) 법조타운 입지에 대한 다양한 이해관계 및 갈등으로 인한 사회적 영향 등을 파악하기 위해 우리나라 정부가 갈등 예방 차원에서 운영 중인 제도의 의의와 내용을 설명하시오. (10점)

(2) 위 사례에서 공론조사(Deliberative Polling)를 갈등 해결방안으로 활용하는 것에 대한 본인의 견해(찬성 또는 반대 입장 중 택일)를 밝히고 그 논거를 제시하시오. (14점)

Ⅰ. **갈등영향분석의 의의와 내용**
  1. 갈등영향분석의 의의
  2. 갈등영향분석의 내용
    (1) 갈등관리심의위원회의 관장
    (2) 갈등영향분석서의 작성
    (3) 참여적 의사결정 기법의 활용

Ⅱ. **갈등 해결방안으로서 공론조사의 적절성 여부**
  1. 찬성의 논거 : 결론의 합리성과 관련 정보의 투명성
  2. 반대의 논거 : 참여자의 전문성 문제와 정책의 책임성 문제
  3. 소결 : 공론조사 활용에 찬성함

답안작성
장 ○ ○ / 2019년도 5급 공채 일반행정직 합격

Ⅰ. 갈등영향분석의 의의와 내용

1. 갈등영향분석의 의의

갈등영향분석이란 공공정책을 수립, 시행함에 있어서 국민생활에 중대하고 광범위한 영향을 주거나 국민의 이해 상충으로 인하여 과도한 사회적 비용이 발생할 우려가 있다고 판단되는 경우, 중앙행정기관의 장이 해당 공공정책을 결정하기 전에 시행하는 제도이다(공공기관의 갈등 예방과 해결에 관한 규정 제10조 제1항). 갈등영향분석은 우리나라 정부가 갈등 예방 차원에서 운영 중인 대표적인 방법 중 하나이다. 그러나 현재 의무사항이 아닐 뿐만 아니라 소요예산의 문제와 영향분석의 신뢰도 차원의 문제 등으로 실제 활용도는 높지 않다.

2. 갈등영향분석의 내용

(1) 갈등관리심의위원회의 관장

갈등관리심의위원회는 갈등관리와 관련된 사항을 심의하기 위해 중앙행정기관에 의해 설치된 기관이다(법 제11조). 여기서 갈등관리는 갈등의 사후적 해결뿐만 아니라, 갈등의 예방을 위한 갈등영향분석도 모두 포함된다(법 제13조 제5호). 따라서 법조타운 입지에 대한 다양한 이해관계 및 갈등으로 인한 사회적 영향 등은 갈등관리심의위원회에서 심의하게 된다. 심의위원회의 결정은 중앙행정기관이 성실히 반영하도록 명문으로 규정하고 있어(법 제14조), 심의위원회가 법조타운 입지로 인한 갈등 영향도가 크다고 판단할 경우 정부는 A시의 법조타운 조성계획을 철회할 수도 있다.

(2) 갈등영향분석서의 작성

중앙행정기관의 장은 심의위원회에 심의를 요청하기 전에 갈등영향분석서를 작성해야 한다(법 제10조 제2항). 갈등영향분석서에는 ① 공공정책의 개요 및 기대효과 ② 이해관계인과 관련 단체의 의견 ③ 갈등유발요인 및 예상되는 주요쟁점 ④ 갈등으로 인한 사회적 영향 ⑤ 갈등의 예방 및 해결을 위한 구체적 계획 등이 포함되어야 한다.

(3) 참여적 의사결정 기법의 활용

중앙행정기관의 장은 갈등영향분석에 대한 심의 결과 갈등의 예방 및 해결을 위하여 이해관계인, 일반시민 또는 전문가 등의 참여가 중요하다고 판단되는 경우에는 이들도 참여하는 의사결정 방법을 활용할 수 있다(법 제15조). 이때에도 의사결정 방법의 활용 결과를 충분히 고려하도록 규정하고 있어, 의사결정에 참여한 인원의 의사에 따라 A시의 법조타운 조성계획이 철회될 수도 있다.

II. 갈등 해결방안으로서 공론조사의 적절성 여부

공론조사(Deliberative Polling)란 응답자의 배경지식과 관계없이 단답형 설문문항에 대해 응답하는 일반적인 여론조사와 달리, 대상자에게 충분한 정보를 제공하고, 숙의 과정을 거쳐 정제된 여론을 도출하는 조사방식이다. 정보를 제공하지 않은 상태에서 사전 조사를 진행하고, 전문가 토론 및 발표, 분임토의 등 숙의 과정을 거친 후 사후 조사를 진행하는 방식을 취한다. 그렇다면, 공론조사를 갈등 해결방안으로 활용하는 것이 적절한지 살펴보도록 한다.

1. 찬성의 논거 : 결론의 합리성과 관련 정보의 투명성

공론조사를 갈등 해결방안으로 활용하자는 이유는 첫째, 토론을 통해 결론의 합리성을 높일 수 있기 때문이다. 공론조사가 합리적인 결과를 산출하는 근거는 토의 참여자들이 자신의 의견을 토의 과정에서 합리적으로 수정하는 과정에 있다. 공론조사에 참여한 사람들은 ① 정보 습득 ② 증언 청취 ③ 관점 변화 ④ 집단 토론의 과정을 거치며 이전에 가졌던 편견을 차츰차츰 수정하게 된다. 따라서 합리적 결론을 통해 수용 가능한 범위 내의 공공정책이 도출된다면, 갈등을 해결할 수 있을 것이다.

둘째, 관련 정보의 투명한 공개로 갈등 해결의 실마리를 제공할 수 있기 때문이다. 갈등의 주요 원인 중 하나는 정보가 제대로 전달되지 않은 측면도 크다. 공론조사는 결과뿐만 아니라 논의 과정에서도 갈등 해결의 효과를 가져온다. 공론조사 과정을 투명하게 공개한다면, 시민들이 이슈에 대해 진지하게 고민하고 다른 사람들과 이야기를 나누며 관련 전문가의 설명을 들으면서 나름의 의견을 정립해나갈 것이다. 이러한 과정이 기존의 권위적 의사결정 과정에서 발생할 수 있는 갈등을 완화시킬 수 있다.

2. 반대의 논거 : 참여자의 전문성 문제와 정책의 책임성 문제

공론조사를 갈등 해결방안으로 활용하는 것이 부적절하다는 이유로 첫째, 공론조사 참여자의 전문성 문제가 거론된다. 참여 대상의 무작위 추출로 인해 특정 사안과 관계없는 사람이 의사결정에 참여하는 경우를 우려한 것이다. 교육 공론화의 경우, 자녀 교육 문제나 교육 정책 문제와 관계없는 인원까지 무작위로 선별하여 결국에는 의미 있는 결론을 도출하지 못한 바 있다. 이처럼 공론조사는 오히려 의사결정의 전문성을 약화해 오히려 갈등을 해결하는 데 악영향을 미칠 수 있다.

둘째, 정책의 책임성 문제가 거론된다. 갈등이 발생하였을 때, 정부가 책임의 면피용으로 공론조사를 활용하는 경우를 우려한 것이다. 갈등의 해결도 명확한 책임 소재와 사후 해결 대책이 있어야 원활하게 이뤄지기 때문이다. 이처럼 갈등을 해결을 위해 적극적으로 중재자 역할을 도맡아야 할 정부가 공론조사의 결과에만 의지한다면, 정책의 책임성을 담보할 수 없으며, 이는 갈등 해결에 도움이 되지 못한다.

3. 소 결 : 공론조사 활용에 찬성함

지금까지 공론조사 활용의 찬반 논의를 살펴보았다. 법조타운 입지 사례를 고려한다면, 공론조사를 활용하는 것에 찬성하는 입장이다. 사안의 경우는 비선호시설이 포함된 도시계획과 관련된 갈등 상황으로, A시 사람들의 설득이 시급한 문제이다. 특히, 비선호시설의 입지는 관련 정보가 충분하지 않은 상태에서도 무조건 반대하려는 성향이 강하다. 따라서 공론조사를 통해 관련 정보를 A시 시민들과 일반인들에게 충분히 공개하고, 숙의 과정을 통해 비선호시설에 대한 편견을 바꾸어나가는 과정이 필요할 것이다.

한편, 공론조사 참여자의 전문성 문제는 참여자의 선별 방식을 개선하면 될 것이다. 사안의 경우, A시 시민들이 직접 당사자인 만큼 해당 사안에 관심이 많은 A시 시민들의 비중을 상대적으로 늘리면 될 것이다. 또한, 정부가 단독적으로 갈등의 중재자 역할을 하기에 곤란한 경우에는 오히려 숙의 과정을 통해 정책의 정당성을 확보하는 것이 중요하다.

1. 이 문항은 지역사회에서 발생하는 갈등의 해결방안에 대해서 질문을 하는 것이다. 답안은 질문사항에 잘 답변을 하고 있다. 그러나 다음과 같은 점들에서는 보완이 필요하다.

2. (1)번 설문의 경우 갈등영향분석과 관련하여, 답변이 대통령령인 관련 규정의 일부 조항을 소개하는 데 그치고 있다. 본래 시행령은 내용이 상세하고 기술적인 것들이어서 이런 것들의 조문만 언급하는 것은 답안으로서 불충분하다. 따라서 답안의 체계 면에서, 현재처럼 기술적 내용들만 언급할 것이 아니라, 사회적 갈등의 의의와 해결전략에 관한 이론들을 서론 부분에 간략하게 소개하고, 그 방안들 중의 하나인 갈등영향분석의 의의에 대해서 설명한다. 그리고 구체적 내용을 기술하는 부분에서 갈등조정협의회 관련 내용도 간략하게 언급한다. 또한 갈등영향분석 제도의 문제점에 대해서도 지적한다. 특히, 지방자치단체 단위에서 형식적으로 운영되고 있는 측면이 강함을 지적한다.

3. (2)번 설문의 경우 공론조사에 대해서도 자신의 주장을 잘 개진하고 있지만, 이 역시 보완이 필요하다. 우선은 공론조사에 대한 언급에 앞서 대의제 민주주의의 한계를 보완하기 위한 방안으로 고안된 숙의민주주의의 개념과 의의를 설명하고, 그 일환으로서의 공론화위원회 및 공론조사의 의의를 기술하는 것이 좋다. 그리고 기존의 정부 혹은 전문가 주도의 정책결정방식의 한계와 문제점도 지적한다. 요컨대, 답안을 작성하는 데서, 현실을 기술하기 이전에 왜 이러한 제도가 필요하고 발생하였는지 등에 대한 이론적 논의들을 우선 해주고, 다음에 이를 토대로 현실적인 내용을 언급하는 순서를 취하는 것이 좋을 것이다. 그리고 세부 내용 면에서, 공론조사의 문제점에 공론조사는 시간이 과도하게 소요되어 정책의 적시성(timeliness)을 상실하는 문제, 사회분위기에 지나치게 휩쓸려 의사결정의 합리성을 저해할 우려 등에 대해서도 지적한다.

4. 이 답안은 공론조사에 찬성하는 입장을 취하고 있지만, 현재 공론화위원회나 공론조사는 장점 못지않게 문제점도 많이 지적된다. 집행기관이 책임회피 수단으로 사용하거나, 주요 의사결정이 인기영합주의로 되는 등의 문제점들이 그것이다. 특히, 지방자치단체 단위에서 자치단체장들이 선거에서의 득표를 의식하여 약간만 반발과 갈등이 있을 것으로 예상되는 사안이면 공론화위원회에 회부하고 있다. 행정공무원도 주권자들로부터 집행권한을 위임받은 집단이기 때문에, 사명감과 책임감을 가지고 정책을 집행해야 하는 것이다.

2020년 입법고등고시 기출문제와 어드바이스 및 답안구성 예

| 제1문 (40점) |

다음 사례를 읽고 물음에 답하시오.

> A시의 수돗물에서 △△△유충이 나온 지 2주 이상이 지났음에도 불구하고 해당 지역주민들은 여전히 불안감을 호소하고 있다. A시는 수차례에 걸쳐 "△△△유충의 유해성이 낮고, 유충 발견이 감소하고 있다"라고 발표했다. 그리고 의료·보건전문가들은 ○○시사프로그램의 인터뷰에서 "△△△유충을 먹게 되더라도 인체 유해성이 거의 없다"라고 언급하였다. 그럼에도 불구하고 해당 지역주민들은 믿고 마실 수 있는 물을 구하려는 이른바 '생수전쟁'을 벌이고 있다. A시의 시민단체들과 주민들은 "문제의 원인이 무엇인지, 문제의 책임은 누구에게 있는지, 해결방안은 무엇인지 등에 대해 충분히 알지 못하고 있다"라는 불만을 제기하고 있다. A시의 대형할인점과 편의점의 생수 판매량은 전월 대비 60% 이상 증가했다.

(1) 위 사례에 제시되어 있는 문제를 해결하기 위한 방안을 행정가치, 정부와 시민 간의 관계, 관료의 책임성 등으로 구분하여 신공공서비스론(New Public Service: NPS)의 관점에서 제시하시오. (25점)

Advice

1. 사례에서 제시된 객관적 위험성과 이에 따른 시민들의 불안을 해결하기 위한 방안을 신공공서비스론 관점에서 제시하는 문제이다. 행정가치, 정부와 시민 간의 관계, 관료의 책임성 측면에서 서술하라고 지시했으므로, 신공공서비스론 관점을 설명할 때, 이 세 가지 측면에서 어떤 특징이 있는지 명확하게 밝힐 필요가 있다.

2. 그 후 이러한 특성에 맞추어 세 측면에서 해결방안을 논하면 될 것이다. 행정가치 측면에서는 공유적 가치의 확립 등을, 정부와 시민 간의 관계 측면에서는 시민 커뮤니티의 활성화 등을, 관료의 책임성 측면에서는 시민에 대한 봉사정신 확립 등을 방안으로 제시할 수 있다.

(2) 위 사례에서 정부불신을 초래하는 원인을 설명하고, 이를 극복하기 위한 정부신뢰확보 방안을 제시하시오. (15점)

Advice

사례의 문제 중 정부불신 부분에 보다 초점을 맞추어 서술하는 문제이다. A시의 발표, ○○시사프로그램의 인터뷰를 통해 위험소통의 부재를 지적할 수 있으며, 시민단체들과 주민의 불만 내용을 통해 정보공개의 미비를 지적할 수 있을 것이다. 정부신뢰 확보 방안 역시 앞서 진단한 정부불신의 원인을 토대로 관료와 전문가의 위험소통 역량 강화, 활발한 정보공개의 제도적 장치 마련 등을 거론하면 될 것이다.

답안구성 예

Ⅰ. 서 론

Ⅱ. 수돗물 유충 문제의 해결방안
  1. 신공공서비스론의 의의
  2. 행정가치 측면
   (1) 공유적 가치의 확립
   (2) 호혜적 규범의 확립
  3. 정부와 시민 간의 관계
   (1) 정부 측면 : 의견수렴의 장 마련
   (2) 시민 측면 : 시민커뮤니티의 활성화
  4. 관료의 책임성

   (1) 시민에 대한 봉사정신 확립
   (2) 협력적 책임성 확보

Ⅲ. 정부불신의 원인과 정부신뢰 확보 방안
  1. 정부불신의 원인
   (1) 제도적 측면 : 정보공개의 미비
   (2) 행태적 측면 : 위험소통의 부재
  2. 정부신뢰 확보 방안
   (1) 제도적 측면 : 활발한 정보공개의 창구 마련
   (2) 행태적 측면 : 위험소통 역량 강화

Ⅳ. 결 론

| 제2문 (30점) |

최근 공무원의 동기부여 방안으로 페리와 와이즈(Perry & Wise)가 제시한 공공봉사동기(Public Service Motivation : PSM)가 관심을 받고 있다. 페리와 와이즈는 공공봉사동기(PSM)를 합리적, 정서적, 규범적 동기의 세 가지 차원으로 설명하였다.

(1) 공공봉사동기(PSM)의 개념과 중요성을 설명하시오. (6점)

Advice

1. 공공봉사동기란 공공부문 구성원들이 고유하게 가진 동기 혹은 내재적 정향을 의미한다. 외재적 보상을 통해 조직의 성과를 향상시키려는 신공공관리적 운영방식에 대한 비판으로 등장한 내용이다.

2. 먼저 공공봉사동기의 의의를 설명할 때, '이타적', '열성적', '헌신적'이라는 키워드가 들어가면 좋다. 다음 중요성을 설명할 때, 그간의 동기부여이론이 주로 외재적 보상을 중시했으며 공공봉사동기는 이에 대한 대안으로 등장했음을 언급해주면 좋다.

(2) 공공봉사동기(PSM)의 세 가지 차원별로 공무원의 동기부여 방안과 그 장·단점을 제시하시오. (24점)

Advice

1. 공공봉사동기의 합리적·정서적·규범적 차원에서 동기부여 방안을 논하고 이에 대한 장·단점을 제시하는 문제이다. 합리적 동기는 실제 공공정책에 참여했을 때의 자아실현을, 정서적 동기는 공익에 대한 열망과 애국심을, 정서적 차원은 국민에 대한 애정과 국민권익에 대한 자발적 보호 의식을 강조한다.

2. 이러한 측면에 맞게 동기부여 방안을 구체적인 사례와 함께 작성하면 될 것이다. 이에 대한 장·단점 역시 이러한 방안이 실제 동기부여에 효과적인지를 중심으로 서술하면 좋다.

답안구성 예

Ⅰ. 서 론
Ⅱ. 공공봉사동기의 개념과 중요성
 1. 공공봉사동기의 개념
 2. 공공봉사동기의 중요성
Ⅲ. 공무원의 동기부여 방안
 1. 합리적 동기 차원 : 정책형성 과정의 참여 제고
 2. 규범적 동기 차원 : 공익관의 확립
 3. 정서적 동기 차원 : 공감 교육 활성화
Ⅳ. 동기부여 방안에 따른 장·단점
 1. 합리적 동기 차원
  (1) 장 점 : 정책형성 경험에 따른 자아실현 기대

  (2) 단 점 : 정책형성 경험에 따른 실망감 우려
 2. 규범적 동기 차원
  (1) 장 점 : 공익에 대한 자발적 헌신 기대
  (2) 단 점 : 공익의 모호성에 따른 혼란 우려
 3. 정서적 동기 차원
  (1) 장 점 : 국민권리 보호 의식 신장 기대
  (2) 단 점 : 국민 공감에 대한 부담감 증대 우려
Ⅴ. 결 론

| 제3문 (30점) |

복지수요 증가와 국가재난에 대응하는 과정에서 국가부채가 빠른 속도로 증가하고 있다. 이러한 상황에서 국가의 재정건전성을 확보하기 위해서는 재정준칙을 도입하는 것이 필요하다는 주장이 제기되고 있다. 이와 관련하여 다음 물음에 답하시오.

(1) 재정준칙의 의의와 종류를 설명하시오. (4점)

Advice

1. 재정준칙이란 총량적인 재정지표에 대한 구체적으로 수치화한 목표를 포함하는 재정 운용의 목표설정과 이의 달성을 위한 방안 등을 법제화하는 재정 운용체계를 의미한다.

2. 재정준칙은 재정수지 준칙, 지출준칙, 국가채무 혹은 준비금 준칙, 차입 준칙의 4가지 종류로 구분할 수 있다. 단순히 개념을 설명하는 문제이며 배점이 4점에 불과하기에 이처럼 간단하게 작성하면 된다.

(2) 재정준칙의 도입이 행정부 예산편성권과 국회 예산심의권에 미치는 영향을 설명하시오. (12점)

Advice

1. 재정준칙의 도입이 행정부 예산편성권과 국회 예산심의권에 미치는 영향을 각각 설명하는 문제이다. 행정부 예산편성권의 경우 무분별한 사업확장 방지를 도모할 수 있다. 이를 설명할 때, 니스카넨(A.Niskanen)이 제기한 관료의 예산 극대화 행태를 언급해주면 좋다.

2. 국회 예산심의권의 경우 쪽지예산 등 선심성 예산을 방지할 수 있다. 특히 우리나라는 예산이 법률이 아니기에 특히 재정준칙이 필요함을 예산심의권에서 설명할 때 언급할 수 있을 것이다.

(3) 재정준칙이 국가재정의 경제적 기능을 수행하는 데 미치는 긍정적·부정적 영향을 설명하시오. (14점)

Advice

1. 재정준칙이 국가재정의 경제적 기능에 미치는 긍정적 영향과 부정적 영향을 차례대로 서술하면 된다. 우선 긍정적 영향으로는 재정 건전성을 확충한다는 점을 들 수 있다. 이에 대한 근거로 현재 GDP 대비 국가채무가 45%에 육박하고 있는 상황을 들면 좋을 것이다.

2. 부정적 영향으로는 재정 민주성을 저해할 수 있다는 점을 들 수 있다. '페이고 제도' 도입 당시 정작 필요한 복지예산을 우선적으로 삭감 및 규제하려는 논란이 제기된 바 있다는 점을 근거로 제시할 수 있을 것이다.

| 답안구성 예 |

Ⅰ. 서 론

Ⅱ. 재정준칙의 의의와 종류

Ⅲ. 재정준칙 도입에 따른 예산편성권과 예산심의권의 변화
 1. 예산편성권에 미치는 영향 : 무분별한 사업확장 방지

 2. 예산심의권에 미치는 영향 : 선심성 예산 방지

Ⅳ. 재정준칙이 국가재정의 경제적 기능에 미치는 영향
 1. 긍정적 영향 : 재정 건전성 확충
 2. 부정적 영향 : 재정 민주성 저해 우려

Ⅴ. 결 론

| 제1문 | 다음 사례를 읽고 물음에 답하시오. (총 50점, 선택 총 25점)

사례 1) 소극행정 개선 특정감사 결과, 주요 위반사항은 개발행위 허가 시 이행보증금의 과다 예치, 불필요한 보완요구로 민원처리 지연, 사용수익허가 및 관리위탁 기간의 임의 적용, 법령근거 없는 과도한 보완 요구, 사후관리소홀 등이었으며, 업무태만으로 국민과 기업에게 시간적·경제적 부담을 전가한 행위가 대부분이었다.

사례 2) 최근 정부는 공무원의 적극행정을 촉진하기 위하여 사전 컨설팅 감사제도, 사전 컨설팅제도, 적극행정 면책제도, 적극행정 징계면책제도, 특별승진제도 등을 시행하고 있다.

---

(1) 사례 1)과 같은 소극행정 행태의 발생 원인을 관료제의 역기능 관점에서 설명하시오. (12점)

(2) 사례 2)와 같이 공무원의 적극행정을 촉진하기 위한 다양한 제도를 시행하고 있음에도 불구하고 기대한 만큼의 효과를 거두지 못하고 있다. 그 이유를 포터와 롤러(L. W. Porter &E. E. Lawler)의 기대이론(expectancy theory)을 활용하여 분석하시오. (24점)

(3) (2)의 분석 결과를 활용하여 적극행정을 촉진하기 위한 방안을 제시하시오. (14점)

Ⅰ. 서 론

Ⅱ. 소극행정 행태의 발생원인
   1. 규칙에 대한 동조과잉
   2. 권한위임에 따른 이해분립
   3. 평 가

Ⅲ. 현행 적극행정 제도의 한계
   1. 분석틀: 포터와 롤러의 기대이론
   2. 현행 적극행정 제도의 한계점

Ⅳ. 향후 적극행정 촉진 방안

Ⅴ. 결 론

I. 서 론

공무원의 소극적이고 행정편의주의적인 업무처리로 인해 국민과 기업에게 불편을 주고 있다는 지적이 꾸준히 제기되고 있다.

실제 한국행정연구원이 실시한 한 조사에 따르면 응답자의 57.8%가 공무원이 무사안일하다고 응답하였다. 이에 정부는 '적극행정을 공직문화로 정착시키고 소극행정은 엄정 처벌'한다는 기조하에 다양한 적극행정촉진 제도를 추진하고 있으나, 기대한 만큼의 효과를 거두지 못하고 있다. 우선 소극행정 행태의 발생 원인을 관료제의 특징에서 찾아보고, 현행 적극행정 제도의 문제점을 기대이론을 활용하여 분석하겠다. 나아가 도출된 분석 결과를 바탕으로 적극행정 촉진 방안을 제시하고자 한다.

II. 소극행정 행태의 발생원인

소극행정은 공직자에게 요구되는 법적·도덕적 책임과 의무를 적정하게 이행하지 않고 해야 할 일을 하지 않거나 할 수 있는 일을 제대로 처리하지 않아 국민 생활과 기업 활동에 불편을 주거나 권익을 침해하고 예산상 손실이 발생하게 하는 업무행태를 말한다. 이런 공무원의 소극적인 행태의 원인을 관료제의 역기능에서 찾아보면 크게 규칙에 대한 동조과잉과 권한위임에 따른 이해분립이 있다. 먼저 각각의 원인을 구체적으로 살펴보고 어떤 것이 우리나라의 현실에 더 타당한지 평가하겠다.

1. 규칙에 대한 동조과잉

관료가 필요 이상으로 규칙에 집착하게 되면 소극적이고 책임회피적인 업무행태를 보일 수 있다. 규칙은 관료제의 객관성·예측가능성·일관성 확보에 도움을 주어 법치행정을 가능하게 하고 민주주의에 이바지한다. 하지만 머튼(Merton)에 따르면, 관료가 필요 이상으로 규칙 준수에만 몰두하게 되면 목표와 수단이 대치되는 결과를 불러 형식주의, 보신주의, 창의력 저하, 조직 전체의 유기적 관계 상실과 같은 역기능이 대두된다. 굴드너(Gouldner)도 머튼(Merton)과 마찬가지로 관료제적 규칙으로 인해 관료가 '최소한의 수용가능한 행태'(minimum acceptable behavior)만을 보인다고 지적했다. 이러한 역기능이 발생하는 것은 관료제 안에서 공무원이 직면하는 유인구조때문이다. 공무원이 법령을 집행할 때, 선례가 없거나 불명확한 부분이 있으면 책임을 회피하거나 소극적으로 업무를 처리하는 경향이 있다. 법을 잘못 적용하여 사소한 징계라도 받게 되면, 경력, 승진, 봉급에 있어 심각한 불이익을 받기 때문이다.

2. 권한위임에 따른 이해분립

권한의 위임으로 인해 관료가 공익이 아닌 조직의 이익 또는 사익을 위해 일하게 되면 그 책임과 의무를 다하지 않아 국민생활과 기업활동에 불편을 줄 수 있다. 권한위임은 관료에게 전문적인 업무수행 능력을 함양할 기회를 부여함으로써 조직의 능률성을 향상하는 효과가 있다. 하지만 셀즈닉(Selznick)에 따르면, 통제되지 않은 권한위임은 조직 내 중심체계와 하위단위 간의 '이해분립(bifurcation of interests)' 현상을 초래하고 조직 전체의 이익과 하위부서의 이익이 충돌하는 상황이 발생한다. 중앙정부에서의 부처이기주의, 지방자치단체 간의 갈등, 또는 한 부처 내에서 부서 간 다른 목소리를 내는 것 등이 이러한 역기능의 대표적인 예이다.

3. 평 가

앞서 살펴본 관료제의 역기능 중 우리나라의 소극행정의 원인으로 더 타당한 것은 규칙에 대한 동조과잉이라 할 수 있다. 감사원이 2016년에 발표한 '소극적 업무처리 등 국민불편 사례 점검' 보고서는 소극행정이 발생하는 원인으로 법령과 규정, 관례를 엄격히 따르지 않으면 감사나 징계를 받을 수 있다는 생각에서 업무를 융통성 없이 처리하거나 일하지 않더라도 처벌할 근거가 없는 상황에서 열심히 일할 의미를 찾지 못하는 것을 꼽았다. 또한, 잦은 순환보직으로 업무에 대한 전문성과 자신감이 부족한 점도 소극행정의 원인으로 작용한다고 볼 수 있다. 따라서, 우리나라에서 소극행정이 발생하는 것은 관료가 권한이 과대하고 전문성이 높아서가 아니라, 과도한 법규 중심의 통제와 동기 결여 때문이다.

Ⅲ. 현행 적극행정 제도의 한계

1. 분석틀: 포터와 롤러의 기대이론

포터와 롤러(Porter&Lawler)는 브룸(Vroom)의 기대이론에 다양한 설명변수를 보강하여 더 발전된 동기 부여 이론을 제시하였다. 브룸의 기대이론(Expectancy Theory)에 따르면, 동기 부여는 우리가 어떤 것을 얼마나 원하고, 노력을 통해 성과를 내서 그것을 갖게 될 가능성이 어느 정도인지에 따라 결정된다. 포터와 롤러는 여기에 더하여 내적·외적 보상을 구분하고, 능력과 자질, 역할지각, 보상의 공정성 지각 등의 요소를 추가하여 더욱 설명력이 높은 분석틀을 제공하였다.

2. 현행 적극행정 제도의 한계점

정부가 사전 컨설팅, 적극행정면책, 특별승진 등 다양한 제도를 시행하고 있는데도 기대한 만큼의 효과를 거두지 못하는 것은 공무원의 행태를 바꿀 만큼의 충분한 유인설계가 이루어지지 않았기 때문이다. 포터와 롤러의 기대이론을 바탕으로 동기 부여차원에서 현행 제도의 한계점을 분석하면 다음과 같다.

첫째, 일관성 있고 공정한 인센티브가 부재하다. 2019년 3월 보도된 범정부 적극행정 추진 방안을 보면, 정부는 적극행정 우수공무원에 대해 특별승진·승급, 성과급 최상위 등급 등 인센티브를 부여하도록 의무화 하겠다고 했다. 하지만, 우수공무원을 발굴하는 과정에 일관성이 없고, 인센티브가 달성한 성과 수준에 따라 공정하게 분배될지 의문이다. 포터와 롤러의 기대이론에 따르면, 보상의 절대적인 수준뿐만 아니라 공정성도 동기 부여에 영향을 미친다. 열심히 노력한 공무원이 아니라 어쩌다가 눈에 띄어 적극행정 우수사례로 발굴된 공무원이 파격적인 인센티브를 받는다면 오히려 동기부여에 악영향을 끼칠 수 있다.

둘째, 업무 당당자의 능력과 자질을 높이는 방안이 부족하다. 포터와 롤러의 기대이론에 따르면, 조직원의 능력과 자질 그리고 역할에 대한 인식이 동기 부여에 큰 영향을 미친다. 이런 시각에서, 소극행정이 발생하는 주요 원인으로 담당자가 관련 업무를 잘 모르는 것을 꼽을 수 있다. 예를 들어, 복잡한 인·허가 업무를 담당하는 공무원은 법령이 신설된 경우, 선례가 없는 경우, 불명확한 요건이 있는 경우 판단을 내리지 못하고 책임을 회피하려는 행태를 보인다. 담당자가 능력과 자질을 갖추지 않는 한, 어떤 상벌제를 도입해도 효과를 보기 힘들 것이다.

하지만 정부의 적극행정 촉진 제도는 사후적으로 소극행정을 처벌하거나 적극행정을 포상하는 것에만 집중하고 있다는 한계가 있다.

셋째, 직무의 특성상 노력을 해도 성과가 가시적이지 않을 수 있다. 포터와 롤러의 기대이론에 따르면, 노력에 따라 성과가 발생해야 개인은 열심히 일할 동기가 있다. 하지만, 행정업무 중에는 여러 가지 이유로 성과가 노력에 비례하지 않을 수 있다. 저출산·고령화 문제와 같은 '사악한 문제(wicked problem)'는 개인의 노력으로 유의미한 변화를 일으키기 힘들다. 팀 차원에서 실적을 내는 경우, 개인이 열심히 해도 다른 팀원으로 인해 성과가 나지 않을 수 있다. 단순하고 반복적인 행정업무의 경우, 개인이 혁신을 일으키는 데 한계가 있다. 하지만, 성과가 가시적이지 않은 업무일수록 공무원이 자발적으로 적극행정을 실천하는 것이 중요하다. 따라서, 눈에 띄게 잘한 공무원들만 발굴해서 포상하는 제도보다 공직문화 전반을 개선할 수 있는 포용적인 제도를 고안해야 한다.

Ⅳ. 향후 적극행정 촉진 방안

향후 적극행정 촉진 방안은 궁극적으로 공직 사회에 활력을 불어넣고 경직된 조직문화를 유연하게 하며, 국민이 정부가 일을 잘한다고 신뢰할 수 있도록 구체적인 전략을 세워 추진되어야 한다.

단기적으로는 효과적이고 공정한 인센티브를 제도화하여 적극적으로 일하는 공무원에게 합당한 보상을 지급해야 한다. 이를 위해 정부는 적극행정 관련 상벌기준을 구체적으로 마련하고 필요한 사항을 법제화하여 강제력 있고 지속가능한 유인구조를 설계할 필요가 있다. 현재 정부는 모든 부처·지자체·공공기관을 대상으로 '적극 행정 경진대회'를 개최하고 기관별로 적극행정 우수 공무원을 반기마다 발굴한다고 한다. 하지만, 이런 경진대회 형식의 포상제도로는 일관성과 공정성을 확보하기 힘들다. 오히려 무관심한 태도, 소외감으로 인한 의욕감소, 보여주기식 적극행정 등의 역기능이 발생할 수 있다. 따라서, 이런 경진대회 방식의 포상보다 기관별로 기관의 사정에 맞는 적극행정 포상제도를 운용하는 것이 더 효과적일 수 있다. 이때 각 기관장은 직무에 대한 정확한 분석과 조직원들의 인식조사를 통해 효과적이고 공정한 인센티브를 설계할 수 있어야 하며, 중앙정부는 필요한 권한을 부여하고 적극적으로 지원해야 한다.

중기적으로는 전문성을 높일 수 있는 인사교육과 제도를 통해 담당자가 자신감 있게 업무를 처리할 수 있도록 지원해야 한다.

공무원의 전문성을 강화하는 것은 상당한 시간과 노력이 요구된다. 특히, 공무원의 전문성이 낮은 원인으로 잦은 순환보직이 지목되는 등 인사제도와도 밀접한 관련이 있으므로, 전문성 강화 방안은 거시적인 시각에서 채용, 교육, 승진, 보직관리 등 인사제도 전반을 고려해서 추진되어야 한다. 우선, 사전컨설팅 제도를 확대하여 담당자의 신청이 있을 때뿐만 아니라, 필요하다고 여겨지는 경우 적극적으로 컨설팅을 하는 방법을 고려할 수 있다. 중요한 인·허가 업무와 관련하여 법령이 신설되거나 개정되는 경우, 담당자가 온라인 교육을 받도록 의무화 하는 것도 하나의 방법이 될 수 있다. 궁극적으로는 직위분류제를 확대하고, 현재 시행 중인 전문직위제의 한계를 보완하여 공무원의 전문성을 높일 수 있는 제도적 조치가 이루어져야 한다.

장기적으로는 공직 사회 내외의 인식 변화를 유도해야 한다. 인센티브 제도나 전문성 강화 방안보다 중요한 것은 공무원이 가지고 있는 자신의 역할에 대한 인식일 수 있다. 그리고 그런 역할 인식을 형성하도록 하는 것은 조직문화라 할 수 있다. 조직문화는 조직 내의 개인과 집단이 상호작용하고 고객 등 외부의 사람들과 상호작용하는 방법을 통제하는 일련의 비공식적 가치, 규범, 신념으로 정의할 수 있다. 공무원이라면 모름지기 국민의 불편함을 외면해서는 안 되고 공익을 위해 적극적으로 일해야 한다는 신념이 뿌리내린다면 어떠한 상벌제나 인사제도보다 효과적으로 공직사회를 바꿀 수 있을 것이다. 이때 중요한 것은 리더의 역할이다. 조직문화는 하루아침에 만들어지는 것이 아니므로, 중앙정부와 지방자치단체 그리고 공공기관의 장들은 적극행정의 가치를 내재화하고 실천하여 본보기가 되어야 한다.

V. 결 론

우리나라 소극행정의 원인을 규칙에 대한 동조과잉으로 규정하고, 현행 적극행정제도의 한계를 지적한 뒤, 공무원의 무사안일 행태를 개선할 수 있는 구체적인 방안을 살펴보았다. 적극행정은 앞으로 공직 사회가 나아가야 할 하나의 비전이라는 점에서 구체적인 촉진 전략을 당장 시행할 수 있는 것부터 장기적인 노력이 필요한 것까지 차근차근 뚝심 있게 추진해나가야 할 것이다.

강평

전체적으로 볼 때 작성자가 문제를 정확히 이해하고 논리적으로 잘 작성한 것으로 평가함. 다만, 강평자의 입장에서 느낀 바를 몇 가지 적어보도록 한다.

1. 소극행정 행태의 발생원인 부분

군더더기 없이 깔끔하게 문제를 파악하고 정리를 하고자 하는 노력은 좋다고 생각하나 행정현상의 경우, 간단하게 정리할 수 없는 복잡한 성격의 문제가 많을 수 있다. 이러한 복잡한 성격의 행정문제를 다루는 경우에 답변을 너무 단선적으로 하는 것보다는 다소의 여지를 남겨주는 방법도 필요하다고 생각한다. 이러한 관점에서 이 답안에 대해서 보완할 점은 첫째, Ⅱ. 소극행정 행태의 발생원인을 서술해 가는 도입부에서 "… 관료제의 역기능에서 찾아 보면 크게 규칙에 대한 동조과잉과 권한위임에 따른 이해분립이 있다." 로 서술하고 있다. 그런데 이렇게 두 개로 제한하여(규칙에 대한 동조과잉과 권한위임에 따른 이해분립) 위에서 적시된 위반사항을 다 포함할 수 있는지는 의문이다. 가령 민원처리 지연 부분은 규칙에 대한 동조과잉 보다도 오히려 레드 테이프(red tape, 교과서에서는 번문욕례로 번역하나, 여기서는 '많은 규정과 번잡한 절차'로 사용함)와 더 관계가 된다고 할 수 있으며, 대표적인 관료제 역기능 현상으로 간주되고 있다. 규칙과 절차가 많은 것과 규칙에 대한 동조과잉은 서로 다르다. 따라서, 레드 테이프도 별도로 추가하여 3개로 나누어 설명하는 것이 더 타당할 것으로 생각한다. 그런데 작성자의 경우 지나치게 두 개로 단순화하여 제시하였다. 둘째, 앞의 첫째 부분과 관련되는 것으로서 관료제의 역기능에 대해서는 Merton, Caiden, Bozeman 등을 비롯한 많은 학자들이 지금까지 지적해 오고 있다. 따라서, 소극행정 원인에 대한 설명을 하기 위하여 원인 수자를 지금처럼 너무 단호하게 두 가지로 제한하지 않는 편이 좋다.

즉, "… 관료제의 역기능에서 찾아본다면, 규칙에 대한 동조과잉, 레드테이프, 권한위임에 따른 이해분립, 형식성(formality)에 대한 지나친 강조 등 다양하게 제기되고 있으나 이하에서는 특히 소극행정과 깊이 관계된다고 생각되는 규칙에 대한 동조과잉과 권한위임에 따른 이해분립을 중심으로 살펴보기로 한다."는 식으로 하거나 또는 만약 레드 테이프를 포함한다면 이를 포함하여 같은 식으로 논리를 전개하면 더 좋을 것 같다.

2. 현행 적극행정 제도의 한계 부분

첫째, 제1문의 Ⅲ. 현행 적극행정 제도의 한계 1분석틀 후반부에 "… 설명력이 높은 분석틀을 제공하였다." 로 되어 있는데, 여기서 그치지 말고, Vroom의 이론과 Porter & Lawler 모형이 어떤 차별성이 있는지를 간단히 언급할 필요성 있다. 즉, "… 분석틀을 제공하였다. 포트와 롤러 모형은 브룸의 기대이론과 아담스의 공정성 이론을 결합시킨 것으로서 중요한 차이는 성과에 대한 보상이 높으면 동기부여가 높아진다는 기존이론과 달리 보상과 보상에 대한 공정성 인식이 동기부여에 영향을 미친다는 것이다."와 같은 차이점을 앞부분에서 간단하게 라도 언급하는 것이 좋을 것 같다.

둘째, Ⅲ. 2. 현행 적극행정 한계점 제시를 보면 "둘째, 업무 담당자의 능력과 자질을 높이는 방안이 부족하다."로 되어 있는데 이는 너무 당연하고 평범한 표현이다. 이것을 쓰더라도 좀 더 모형과 관련지어서 작성하는 것이 좋을 것 같다. 예를 들어서 "보상과 연계된 능력과 자질방안이 부족하다." 등과 같은 방법도 가능할 것이다.

셋째, Ⅳ. 향후 적극행정 촉진방안 부문을 보면, 개선방안을 단기·중기·장기적 관점에서 제시하고 있다. 이 방법도 충분히 가능할 것이다. 그러나, 체계성이라는 관점에서 보면, 현황–문제점–개선방안은 같은 순서와 같은 맥락에서 논리를 전개하는 것이 좋다. 위에서 한계점을 세 가지 제시하고 있는데 본 강평자 생각으로는 촉진방안에서 단기적·중기적·장기적으로 대안제시를 해도 되지만, 각 한계에 매칭이 되게 전개하는 것이 더욱 체계적이라고 생각한다. 즉, "첫째, 일관성 있는 공정한 인센티브 시스템의 구축과 이의 활용이다. 이를 실현하기 위해서 단기적으로는… 장기적으로는… 등이다." 이런식으로 하는 것이 좀 더 체계성 면에서 낫다고 생각한다.

| 제2문 | 행정서비스에 대한 만족도를 높이기 위해서는 국민이 원하는 바를 찾아 서비스에 반영시킬 필요가 있다. 이에 대응하여 정부는 행정서비스 전달과정에서 다양한 국민참여 방안을 시행하고 있다. 다음 물음에 답하시오. (총 30점, 선택 총 15점)

(1) 행정서비스 전달과정에 국민의 참여를 제고하는 것이 중요한 이유를 정치적 관점과 관리적 관점에서 설명하시오. (20점)

(2) 행정서비스 전달과정에서 활용할 수 있는 국민참여 방안 2가지를 제시하고 그 의의를 설명하시오. (10점)

Ⅰ. 서 론
Ⅱ. 국민참여의 중요성
　1. 정치적 관점
　2. 관리적 관점

Ⅲ. 국민참여 확보를 위한 제도적 방안
　1. 주민·국민참여예산제도
　2. 국민·공익감사청구 제도
Ⅳ. 결 론

답안작성　　　　　　　　　　　　　　　　　　　　최 ○ ○ / 2018년도 5급 공채 일반행정직 합격

Ⅰ. 서 론

행정서비스에 대한 만족도 향상을 위해 정부는 국민의 참여를 높이는 방안을 지속적으로 추진해왔다. 단순히 국민의 만족도를 설문조사하는 단계를 넘어, 행정서비스의 기획, 집행, 평가 등 모든 단계에서 국민과 소통하는 것을 목표로 하고 있다. 이런 국민 참여 방안은 정치적·관리적 차원에서 행정의 민주성과 능률성을 높이는 데 이바지를 한다. 하지만 무분별한 참여는 오히려 행정의 효율성을 떨어트리는 저해 요인으로 지목되기도 한다. 따라서, 행정서비스 전달과정에 국민이 효과적으로 참여할 수 있는 제도적인 방법을 모색하는 것이 어느 때보다 중요하다고 할 수 있다.

Ⅱ. 국민참여의 중요성
1. 정치적 관점

정치적 관점에서 국민 참여는 대의 민주주의의 한계를 보완하고 관료제의 민주성을 높일 수 있다는 점에서 중요하다. 구체적으로 살펴보면, 행정서비스 전달과정에서 국민의 참여는 주인-대리인 문제를 완화할 수 있다. 행정서비스 전달을 담당하는 일반직 공무원은 국민의 대리인인 정무직 공무원의 대리인이라고 할 수 있다. 이러한 이중 대리인 구조는 공무원과 진짜 주인인 국민의 거리를 멀어지게 해 주

인-대리인 문제를 심화시킨다. 국민이 직접 행정서비스 전달에 참여하여 공무원을 통제한다면 주인과 대리인의 거리가 가까워지고 이중 대리인 문제를 완화할 수 있다.

또한, 국민에게 정치 참여의 경험을 제공하여 시민적 덕성을 육성할 수 있다. 시민적 덕성은 자기 이익을 뛰어넘는 공공의 이익을 우선하는 자세를 의미하며, 정치 참여를 통해 발현될 수 있다. 시민적 덕성이 중요한 이유는 행정서비스 전달이 효과적으로 이루어질 수 있는 문화적·사회적 자본으로 기능하기 때문이다. 하지만 이런 시민적 덕성은 하루아침에 길러지지 않는다. 시민이 다방면으로 정치에 참여할 수 있는 제도적 창구를 열어두고, 정치 참여를 독려하는 사회적 분위기가 형성되어야 한다. 따라서, 정부가 먼저 나서 국민 참여를 촉진해야 시민적 덕성이 발현되고 더 많은 참여가 이루어지는 선순환이 일어날 수 있을 것이다.

2. 관리적 관점

첫째, 국민 참여를 통해 관료제의 역기능을 극복할 수 있다. 베버(Weber)는 정무직 공무원의 계층제적 통제를 통해 민주적인 행정이 가능하다는 취지로 관료제를 옹호했다. 하지만, 엄격한 계층제 하에서 관료가 지나치게 규칙에 몰입하고, 상관의 눈치를 보며 '수용가능한 행태'만을 보이면서 오히려 공익을 해치는 역기능을 발생하였다. 따라서, 행정서비스 전달에 있어 국민 참여를 통해 관료가 규칙이나 상관의 명령뿐만 아니라 서비스 수요자의 요구사항을 들을 수 있도록 해야 한다. 이는 행정서비스 전달에 있어 사각지대를 해소하고, 공무원이 적극적으로 일하도록 동기를 부여할 수 있다.

둘째, 시민사회의 역량을 행정서비스 전달에 활용하여 한정된 자원으로 효과적인 정책 집행이 가능하다. 한정된 조직·인력으로 인해 정부가 대응하지 못하는 사회적 문제를 지역사회가 나서 공동생산을 통해 정부와 함께 해결한 사례가 있다. 행정안전부는 2018년 행정서비스 공동생산 우수사례로 고양시의 '의료기관 협업으로 커뮤니티케어' 실현을 선정했다. 이 사례는 25개 지역 의료기관이 고양시와 협업하여 돌봄 서비스가 필요한 독거노인 등 취약계층에게 맞춤형 의료서비스를 제공한 사례이다.

Ⅲ. 국민참여 확보를 위한 제도적 방안

앞서 살펴본 바와 같이, 행정서비스 전달체계에 국민의 참여를 확보하는 것은 정치적·관리적 차원에서 매우 중요하다. 하지만 그 방법이 제도화되지 않으면 지속적이고 효과적인 국민참여가 이루어지기 힘들다.

행정서비스 전달에서 국민의 참여를 확보할 수 있는 제도적인 방법으로 참여예산제도와 감사청구제도를 꼽을 수 있다.

1. 주민·국민참여예산제도

주민참여예산제도는 지방예산 편성 등 예산과정에 주민이 참여할 수 있는 제도로 그동안 지방자치단체가 주도해 오던 지방예산의 과정에 주민이 직접 참여할 수 있도록 하여 주민의 행정수요를 반영한 효과적인 자원 배분과 재정운용의 투명성, 책임성, 건전성 등을 제고하기 위해 도입되었다. 또한, 국민참여예산제도는 주민참여예산제와 마찬가지로 국가예산 편성에도 국민의 의사와 목소리가 직접 반영될 수 있도록 국민이 예산사업의 제안, 심사, 우선순위 결정 과정에 참여함으로써 재정운영의 투명성을 제고하고, 국민의 예산에 대한 관심도를 높이기 위한 제도이다.

주민·국민참여예산제도는 행정서비스의 본격적인 전달에 앞서 예산 편성 단계에서 국민이 의견을 제시할 수 있다는 점에서 의의가 있다. 국회의 예산안 심의·확정을 거쳐야 하는 국가 예산의 성격상, 국민의 요구가 행정서비스 전달에 효과적으로 반영되기 위해서는 사전에 정부 예산안으로 반영될 필요가 있다. 참여예산제도는 행정서비스의 사각지대를 해소하고 형평성과 효과성을 높이는 방안으로 주목받고 있다.

2. 국민·공익감사청구 제도

국민감사청구 제도는 공공기관의 사무가 법령위반 또는 부패행위로 공익을 현저히 해하는 경우 19세 이상의 국민 300인 이상의 청구로 감사원에 감사를 요구하는 제도이다. 공익감사청구 제도는 주요정책·사업추진과정의 낭비와 행정, 시책 등의 제도개선 사항이 있는 경우 19세 이상의 국민 300인 이상 등의 청구로 감사원에 감사를 요구하는 제도이다.

국민·공익감사청구 제도는 행정서비스 전달과정에 비위 사실이 있거나 재정의 낭비가 있는 경우 또는 개선사항이 있는 경우 국민이 감사원을 통해 이를 바로잡을 수 있도록 했다는 점에서 의의가 있다. 참여예산제도를 통해 행정서비스 전달 사업의 기획단계에서 국민의 의견을 반영하고, 감사청구제도를 통해 그 전달 과정을 지속적으로 관리한다면 행정서비스 전달과정 전반에 효과적인 국민참여가 이루어질 수 있다.

Ⅳ. 결론

행정서비스 전달체계에 국민의 참여를 촉진하는 것은 정치적·관리적 차원에서 매우 중요하다. 행정서비스가 더욱 민주적이고 효과적으로 수요자에게 전달되려면 수요자의 요구에 반응할 수 있는 메커니즘이 필요하다. 시장에서 공급되는 서비스와 달리 행정서비스는 가격과 경쟁이라는 강력한 신호를 받지 못한다. 따라서, 앞으로 다양한 국민의 목소리가 행정서비스 전달에 반영되고 평상시에도 책임성(accountability)을 확보할 수 있는 제도적 방안을 개발·개선해나가야 한다.

| 강 평 |

1. 첫째, 국민참여에 대한 사전적 정의가 필요하다. 사회과학에서는 무엇보다도 개념의 명확화
가 필요하며 따라서 읽는 사람에 따라서 다소 혼란이 있을 것이라고 생각되는 경우에는 사전
에 작성자 나름대로의 개념정의가 필요하다. 여기서 사용되는 '국민참여'가 바로 여기에 해
당된다. 국민참여가 무엇을 의미하는지 사전적 정의를 내리는 것이 필요하다. 물론 대부분은
어느 정도 이해하고 있다고 하더라도, 가령 국민참여와 자치단체에서 많이 사용하는 주민참
여와는 어떻게 다른 지, 대의제와 어떤 차이점이 있는 지 등 개괄적으로라도 개념정의와 주
민참여와의 구분이 필요하다. 따라서 Ⅱ. 국민참여의 중요성 제목을 Ⅱ. 국민참여의 의의와
중요성으로 설정하고 국민참여의 의의를 위에서 제기한 대로 사전적으로 정의하고, 주민참
여와의 구분을 해 줄 필요성이 있다.

2. 둘째, 국민참여의 중요성을 정치적 관점과 관리적 관점에서 다루고 있는 내용들은 체계성
이 있고 논리적이라고 생각한다. 다만, 정치적 관점에서 중요성을 다룰 때에는 첫째, 둘째
의 구분없이 두 가지 중요성을 제시하고 있는 반면 관리적 관점에서는 첫째, 둘째로 구분하
여 중요성을 제시하고 있다.
본 강평자 입장에서는 가독성을 위하여 첫째, 둘째 등으로 구분하는 것을 선호한다.
주장의 간결성 등 입장에서 첫째, 둘째 등으로 구분하는 것이 더 낫다고 생각하며, 일관성을
유지하는 것이 필요하다고 생각한다.

3. 셋째, 결론부분이다. 물론 본 시험문제가 중요성 위주로 제시되었다고 하더라도 국민참여제
도를 실시하기 위해서는 많은 문제점도 있을 수 있다. 예를 들어 국민참여 예산제도라고 하
지만, 예산배분을 위해서 지역주민들 끼리 갈등이 생길 수 있는 등 문제점이 엄청날 수 있을
것이다. 또 어떤 사안에 대해서 국민참여 방식으로 할 것인지, 대의제와의 충돌문제는 어떻
게 할 것인지 등 다양한 문제점이 많이 있을 것이다. 정치적 문제점과 관리적 문제점 등 예상
되는 문제점이 있을 터이니 결론 부분에서는 장점이나 중요성도 있지만 이러이러한 문제점
도 있을 수 있기 때문에 시기나, 주제·운영 방법 등에 대한 제도적 고려도 같이 균형있게 이
루어질 필요성도 있을 것이다 등의 간단한 언급이 필요하다고 생각된다.

다음 제시문을 읽고 물음에 답하시오. (총 20점, 선택 총 10점)

탄소배출권거래제는 교토의정서를 이행하기 위한 주요 경제적 수단의 하나이다. 각 국가는 할당된 감축량 의무달성을 위해 자국의 기업별·부문별로 배출량을 할당하고, 기업들이 할당된 온실가스 감축의무를 이행하도록 하고 있다. 탄소배출권거래제는 정부가 일정 탄소 배출량의 상한선을 정하고 각 기업들에게 배출량을 할당하여 배출권을 주고 시장을 통해 거래할 수 있도록 하는 제도이다.

---

(1) 탄소배출권거래제가 사회적 규제 유형 중에서 시장유인적 규제로 분류될 수 있는 이유를 설명하고, 이 제도의 장점과 한계를 기술하시오. (12점)

(2) 시장유인적 규제의 관점에서 탄소배출권거래제가 원활히 작동할 수 있는 조건 또는 필요 조치를 제시하시오. (8점)

Ⅰ. 탄소배출권제의 특징 및 장단점	Ⅱ. 탄소배출권거래제가 원활히 작동할 수 있는 조건
1. 시장유인적 규제로서 탄소배출권제	1. 달성 가능한 배출허용총량 설정
2. 장 점	2. 효과적인 감독
3. 문제점	3. 공정한 제도 시행

답안작성

최 ○ ○ / 2018년도 5급 공채 일반행정직 합격

I. 탄소배출권제의 특징 및 장단점

1. 시장유인적 규제로서 탄소배출권제

규제에는 명령지시적 규제와 시장유인적 규제가 있다. 명령지시적 규제는 기준이나 규칙 등을 설정하고 이를 위반할 시 강제력을 동원하여 처벌하는 것을 말한다. 반면, 시장유인적 규제는 어떤 의무를 부과하되 달성방법은 개인이나 기업이 자신의 경제적 판단에 따라 합리적으로 선택할 수 있는 여지를 부여하는 것을 말한다.

탄소배출권 거래제는 시장유인적 규제에 해당한다. 정부가 경제 주체들을 대상으로 배출허용총량을 설정하고, 기업은 보유한 배출권의 범위 내에서 온실가스를 배출할 수 있다. 배출권은 정부로부터 할당받거나 구매할 수 있으며, 대상 기업 간 거래를 통해 취득할 수 있으므로, 기업은 경제적 판단에 따라 합리적으로 배출권 구매 여부를 결정할 수 있다.

2. 장 점

탄소배출권 거래제가 명령지시적 규제와 비교하여 갖는 장점으로는 첫째, 각 기업이 자신의 공해물질 처리에 소요되는 비용이나 공해물질배출량을 속이지 않고 시장에 모두 드러내고자 하므로 정보비대칭 문제를 완화할 수 있다. 둘째, 환경오염저감목표를 신속하게 달성할 수 있다. 셋째, 탄소배출권 판매수입으로 환경규제기관의 경비 또는 공해방지시설 건설 등 환경 보호에 유용하게 사용할 수 있다. 넷째, 탄소배출권은 오염행위를 일으키는 당사자뿐만 아니라 누구에게나 팔 수 있으므로 환경단체도 배출권을 구입해서 폐기하는 등 자신의 선호를 나타낼 수 있다. 다섯째, 개별기업별로 오염물질 배출허용량을 정해줄 필요가 없어 운영비용이 크게 절약될 수 있다. 여섯째, 새로운 환경오염방지기술 채택유인이 존재한다.

3. 문제점

위와 같은 장점에도 불구하고 탄소배출권을 현실에 적용하는 데는 다음과 같은 문제점들이 있다. 첫째, 시장형성을 위해서는 충분한 공급자와 수요자가 있어야 하는데, 일반적으로 대상기업만으로는 그 규모가 부족하다. 둘째, 배출권의 매점매석 또는 시장 참여자의 부족 등으로 경쟁가격 형성이 어려울 수 있다. 셋째, 점오염원일 경우에만 활용이 가능하고 농약 살포와 같은 비점오염원의 경우 적용이 어렵다. 넷째, 점오염일 경우에도 넓은 지역에 무수히 많은 배출장소가 있을 경우 감시와 집행비용이 비싸 실행하기 어렵다. 다섯째, 탄소배출권을 이용하여 경쟁기업에 대한 견제수단으로 악용될 가능성이 있다. 여섯째, 환경에 가격을 매긴다는 사고로 인해 일부 환경단체와 일반인들로부터 저항을 받을 수 있다.

Ⅱ. 탄소배출권거래제가 원활히 작동할 수 있는 조건
1. 달성 가능한 배출허용총량 설정

정부는 배출권거래제 하에서 허용가능한 총 배출량을 정하는데, 이를 배출허용총량이라 한다. 배출허용총량이 지나치게 높다면 환경 효과성을 달성하지 못할 것이고, 지나치게 낮다면 과도한 비용을 유발하여 기업에 부담이 되고 제도의 지속가능성이 의심될 것이다. 따라서, 정부는 배출허용총량을 어느 정도 수준으로 할 것인지, 온실가스의 범위는 어디까지로 할 것인지, 규제 대상 주체는 누구인지를 신중하게 결정해야 한다.

2. 효과적인 감독

배출권거래제의 효과성을 보장하기 위해서는 기업체의 배출량을 정확하게 관측할 수 있어야 한다. 감독기관은 기업체가 배출권거래제 규제를 준수하고 있는지 단속하고 문제가 있는 기업에 벌금 등의 제재를 부과할 수 있어야 한다. 특히, 배출관 관련 거래사기 및 금융조작 위험에 대비한 감독기관의 안전장치가 요구된다.

3. 공정한 제도 시행

정부는 거래 가능한 배출권을 할당할 때, 기업 간 형평성을 고려해야 한다. 배출권 할당 방법으로는 과거배출량을 기준으로 무상할당하는 방법, 경매를 통해 할당하는 방법 등이 있는데, 어떤 방법을 선택하는가에 따라 기업의 순응도가 달라질 수 있다. 또한, 상대적으로 재무 사정이 열악하고 기술개선이 어려운 중소기업에 혜택을 주는 방법을 고려할 필요가 있다.

강 평

1. 탄소배출권거래제에 대한 이해와 그에 따른 장점과 한계, 필요조치 등을 잘 제시하였다고 생각한다. 약간만 첨언한다면, 첫째, 탄소배출권거래제는 기본적으로 시장의 힘을 많이 활용한다는 취지의 제도이니 장점에서 비용효율성 측면에 대한 언급이 필요하다고 생각한다. 즉, 시장의 힘은 궁극적으로 가능한 적은 비용을 들이면서 오염배출량을 저감하고 개별 오염원들은 가장 적은 비용이 소요되는 방안을 선택하게 하기 때문일 것이다. 예를 들면 오염원들은 오염배출량을 저감하고 잉여분은 다른 기업에 판매하도록 하는 등 유인작용이 되기 때문일 것이다. 둘째, 본 작성자의 문장 작성 취향과 관련되는 것으로 생각되는데, 글을 쓸 때 상당히 직선적으로 글을 쓰는 것 같다(위의 문항 모두에 적용). 간결성이나 명료함 면에서는 좋으나 사안의 복잡성을 특히 감안해야 되는 경우에는 다소의 여지를 남겨주는 것도 방법이라고 생각한다.

2. 예를 들면, Ⅱ장에서도 세 가지 조건을 제시하고 있으나 이 세 가지 조건외에 다른 조건들도 있을 수 있다는 것이다. 이러한 경우에는 4. 기타라는 항목을 하나 만들어서 약간의 부연설명을 하면서 여지를 남겨줄 필요성도 있다고 생각한다.

2019년 입법고등고시 기출문제와 어드바이스 및 답안구성 예

| 제1문 (40점) |

다음 제시문을 읽고 물음에 답하시오.

> 국민의 정부신뢰, 정부와 국민 소통은 전통적인 행정학의 주제로 자리매김하고 있다. 정부는 행정제도와 규제에 대하여 국민을 포함한 다양한 이해관계자들의 행정불응에 대한 대책 마련에 부심하고 있다.
>
> [사례 1] 2017년 말 기준으로 전국폐수배출 업체 57,180개 중 40%인 22,872개가 폐수를 불법방류 하였고, 산업폐수 유입 하수처리장 634곳 중 26%인 167개소의 COD(화학적 산소요구량)가 기준치를 상시 초과하였던 것으로 나타났다. 이로 인한 환경오염 실태가 매우 심각한 것으로 드러났다.
>
> [사례 2] 정부 통계조사 응답률도 지난 10년 동안 지속적으로 떨어지고 있다. 공무원들이 통계 현장 조사를 수행할 때 사업체 응답자나 일반 국민들로부터 가장 많이 듣는 이야기가 "통계가 중요하다는 것도 잘 알고 좋은 통계생산을 위해 응답자의 협조가 필요하다는 것도 충분히 이해는 하지만 여기 말고 다른 곳에 가서 조사하세요."라고 한다.

(1) 위 제시문은 행정제도와 규제에 대한 순응이론으로 설명될 수 있다. 순응주체를 국민을 포함한 이해관계자와 공무원으로 구분하여 각각의 대표적인 행정불응의 형태를 제시하고 설명하시오. (10점)

Advice

정책과정에서 이해관계자와 공무원의 순응 문제를 묻는 문제이다. 서론에서 제시문의 [사례1]과 [사례2]를 활용하여, 효과적인 정책 집행을 위해서는 국민을 포함한 다양한 이해관계자들의 순응이 필요하다는 것을 강조한다. 본론에서 순응이론의 내용을 간략하게 언급하고 순응주체 별로 각각 대표적인 행정불응의 형태를 제시한다.

(2) 위 제시문의 두 가지 사례에 함축되어 있는 행정불응의 원인과 대책을 커뮤니케이션이론, 사회자본이론, 합리적 선택이론을 활용하여 논하시오. (30점)

Advice

1. 행정이론을 활용하여 정책불응의 원인과 대책을 분석하는 문제이다. 정책불응의 원인으로는 소통의 부족, 정보와 자원의 부족, 인센티브의 부족 등이 있다. 먼저, 커뮤니케이션이론, 사회자본이론, 합리적 선택이론의 내용을 간략하게 제시하고 각 이론에서 강조하는 정책불응의 원인이 무엇인지 설명한다.

2. 그리고 각각의 원인을 해결하기 위한 대책을 행정이론을 활용하여 제시한다. 커뮤니케이션 이론에서는 정책과정의 소통 문제를 지적하고, 사회자본이론에서는 이해관계자 간 사회자본의 부재를, 합리적 선택이론은 유인구조가 미흡한 점을 다루면 될 것이다.

답안구성 예

Ⅰ. 서 론

Ⅱ. 행정불응의 형태
   1. 순응이론
   2. 국민을 포함한 이해관계자의 행정
      불응
   3. 공무원의 행정불응

Ⅲ. 행정불응의 원인과 대책

   1. 커뮤니케이션 이론의 시각: 불통의
      문제
   2. 사회자본이론의 시각: 사회자본의
      부재
   3. 합리적 선택이론의 시각: 유인구조
      의 미비

Ⅳ. 결 론

| 제2문 (30점) |

공공조직은 사조직과 달라서 다양한 목표를 추구한다. 공공조직이 추구하는 목표는 때로는 서로 충돌하기도 한다. 이런 까닭에 다양한 목표를 추구하는 공공조직의 성과를 평가하는 일은 대단히 어렵다. 공공조직의 특성을 반영한 조직성과평가와 관련하여 다음 물음에 답하시오.

(1) 공공조직의 성과평가에 있어서 균형성과평가(BSC)의 의의를 설명하시오. (10점)

Advice

1. 균형성과표(BSC)는 단기 재무성과에 치중될 수 있는 맹점을 보완하기 위해 재무/비재무 지표의 균형, 단/장기의 균형, 내/외부의 균형을 통한 성장을 강조하는 성과관리 기법이다. 균형성과표가 사조직에서 개발된 기법인 만큼, 공공조직에 적용하기 위해서는 사조직과 공공조직의 차이를 고려하여야 한다.

2. 먼저, 균형성과평가의 내용을 간략하게 제시하고, 공공조직이 다양한 목표를 추구하므로 다양한 지표를 균형 있게 평가하는 균형성과표(BSC)가 효과적일 수 있음을 설명한다. 마지막으로 정합성을 높이기 위해 균형성과표의 지표를 공공조직의 목표에 적합하도록 선정해야 한다는 점을 강조한다.

(2) 균형 잡힌 평가를 위한 네 개의 관점과 각각의 대표적인 성과지표를 설명하시오. (20점)

Advice

균형성과표의 네 개의 관점은 재무 관점, 고객관점, 프로세스 관점, 그리고 학습과 성장 관점이다.

각 관점의 내용과 상호 간 연관성을 설명한다. 그리고 관점별 주요 관리지표를 제시한다. 이때, 공공조직에 적합한 관리지표를 제시할 필요가 있다. 예를 들어, 고객 관점의 경우 공공조직의 고객이 누구이며 어떻게 고객만족도를 평가할 것인지 제시할 필요가 있다. 내부 프로세스 관점에서는 행정처리 시간, 재무적 관점에서는 부채비율, 학습 및 성장 관점에서는 교육 이수율 등의 관리지표를 제시하면 될 것이다.

답안구성 예

Ⅰ. 서 론

Ⅱ. 균형성과평가(BSC)의 의의
  1. 균형성과평가의 정의
  2. 의 의

Ⅲ. 균형성과평가의 네 개의 관점

  1. 고객 관점 : 행정 만족도
  2. 내부 프로세스 관점 : 행정처리 시간
  3. 재무적 관점 : 부채비율
  4. 학습 및 성장 관점 : 교육 이수율

Ⅳ. 결 론

| 제3문 (30점) |

다음 제시문을 읽고 물음에 답하시오.

> 최근 정부는 총사업비 24조원의 규모가 소요되는 전국 23개 사업에 대하여 예비타당성조사를 면제하겠다고 발표했다. 이는 현행 「국가재정법」상 지역 균형발전, 긴급한 경제·사회적 상황 대응 등을 위해 국가 정책적으로 추진이 필요한 사업의 경우, 예비타당성조사를 면제할 수 있도록 규정하고 있는 것을 적극적으로 활용한 것이다.
>
> 그러나 예비타당성조사제도의 본래 취지에 따라 예비타당성조사 면제는 무분별하게 남용되어서는 안된다는 비판이 있다. 즉, 선심성 퍼주기라는 비판과 국가 전반에 부담을 지울 수 있는 대형사업을 성급하게 추진한다는 우려가 있는 것이다. 이러한 견지에서 예비타당성조사 면제 요건을 강화하는 「국가재정법」 개정안이 발의되기도 하였다.

(1) 예비타당성조사제도의 필요성을 주인-대리인 이론의 관점에서 논하시오. (10점)

Advice

예비타당성조사제도는 대규모 개발사업에 대해 우선순위, 적정 투자 시기, 재원조달 방법 등 타당성을 검증하여 재정투자의 효율성을 높이기 위한 제도이다. 주인-대리인 이론에 따르면, 주인인 국민이 낸 세금을 대리인인 정부가 효율적으로 집행하여야 하지만 정보의 비대칭으로 인해 역선택(adverse selection)과 도덕적 해이(moral hazard)의 문제가 발생할 수 있다. 따라서 예비타당성조사제도를 통해 정보비대칭을 해소하여 주인-대리인 문제를 완화할 수 있다는 취지로 서술하면 될 것이다.

(2) 정부의 예비타당성조사 면제에 대하여 재정 및 예산 분야 국회 당국자의 입장에서 찬반의
견해를 각각 밝히고, 그 근거들을 체계적으로 논하시오. (20점)

Advice

예비타당성조사제도는 재정의 효율성을 위해 필요한 제도이지만, 국가 정책적으로 추진이 필요한
경우 예비타당성조사제도를 면제해야 할 필요가 있다. 예비티당성조사 면제를 찬성하는 입장은 대
규모 개발사업이 성급하게 추진되면 국가 전반의 부담이 될 수 있다는 것을 강조하고, 반대하는 입
장은 예비타당성조사로 인해 국가 정책적으로 반드시 필요한 사업이 시의적절하게 추진될 수 없다
는 것을 설명할 필요가 있다.

답안구성 예

Ⅰ. 서 론

Ⅱ. 예비타당성조사제도의 필요성: 주인-
대리인 이론의 관점에서
 1. 주인-대리인 이론
 2. 예비타당성조사제도의 필요성

Ⅲ. 예비타당성조사 면제 찬반
 1. 찬성 견해 : 지역 균형 발전과 긴급
 한 경제·사회적 상황 대응에 효과적
 2. 반대 견해 : 성급한 사업추진으로 인
 한 예산 남용

Ⅳ. 결 론

| **제1문** | 최근의 행정변화 추세를 기술한 다음의 제시문을 읽고 물음에 답하시오. (총 50점, 선택 총 25점)

최근 한국 행정의 대안적 모델을 탐색하려는 시도가 다양하게 이루어지고 있다. 이러한 흐름은 크게 목표(행정이념), 수단(추진체제), 성과(구현사례)의 측면으로 구분하여 이해할 수 있다. 목표의 측면에서는 공공성을 추구하고, 수단의 측면에서는 개방과 협력 및 자율을 강조하며, 성과의 측면에서는 결과나 영향을 중시하는 행정사례들이 보고되고 있다.

(1) 현재 시점에서 왜 공공성이 중요한지를 설명하고, 한국 행정이 지향하여야 할 공공성의 의미를 기술하시오. (10점)

(2) 공공성을 실현하기 위한 행정개혁 추진체제를 대내적 관점과 대외적 관점으로 구분하여 설명하시오. (20점)

(3) 공공성을 구현한 최근의 행정사례를 중앙정부와 지방자치단체로 구분하여 각 1건씩 제시하고, 해당 사례의 성과를 평가하시오. (20점)

Ⅰ. **서 론**

Ⅱ. **공공성의 중요성 및 한국 행정의 지향점으로서의 공공성**
  1. 공공성의 개념 및 중요성
   (1) 공공성의 개념
   (2) 공공성의 중요성
  2. 한국행정의 지향점으로서의 공공성

Ⅲ. **공공성 실현을 위한 행정개혁 추진체제**
  1. 대내적 관점: 협업행정
   (1) 협업행정의 개념
   (2) 공공성 실현을 위한 추진체제로서의 협업행정
   (3) 협업행정의 방안들

  2. 대외적 관점: 협력적 거버넌스
   (1) 협력적 거버넌스의 개념 및 의의
   (2) 협력적 거버넌스에서 정부의 역할
   (3) 협력적 거버넌스의 예: 사회적 기업

Ⅳ. **공공성 구현의 행정사례들**
  1. 중앙정부의 사례: 출소예정자의 취업·창업 지원사업
   (1) 사례의 개요
   (2) 사례의 성과
  2. 지방정부의 사례: 서울시 희망온돌사업
   (1) 사례의 개요
   (2) 사례의 성과

Ⅴ. **결 론**

Ⅰ. 서 론

오늘날 행정환경의 급속한 변화에 발맞추어 우리 행정의 흐름도 변화하고 있다. 특히 행정가치로서 공공성에 대한 관심이 부각되고 있으며, 공공성을 달성하기 위한 수단으로서 개방과 협력, 자율을 기반으로 한 추진체계의 발굴이 활성화 되고 있다. 이러한 흐름은 행정 내부뿐만 아니라 외부적 측면에서도 확장되고 있으며, 향후에도 지속 될 것이다. 따라서 이러한 변화에 대해 살피고 그 성과를 평가해보는 것은 우리 행정의 현실을 파악하고, 나아가야 할 지향점을 모색하는 데에 도움이 되리라 생각한다.

Ⅱ. 공공성의 중요성 및 한국 행정의 지향점으로서의 공공성

1. 공공성의 개념 및 중요성

(1) 공공성의 개념

공공성(publicness)의 개념에 대해서는 학자마다 의견이 다르나, 형평성, 공개성, 정부연관성 등의 개념을 공통적으로 포함하고 있다. 형평성(equity)이란 특정 상황에 관계없이 동등하게 적용되는 공평한 것이 아니라, 서로 다른 욕구를 파악하여 차별적인 대우를 해야 한다는 것(Hart)으로서 사회적 약자에 대한 배려를 의미한다. 공개성은 정부활동이 국민에게 투명하게 드러나고 국민으로부터 평가받을 자세에 놓여있어야 함을 말한다. 최근 이러한 공공성의 의미와 중요성에 대해서 관심이 대두되고 있다.

(2) 공공성의 중요성

현재 시점에서 공공성이 중요한 이유로는 첫째, 최근의 환경 변화와 관련이 있다. 현대사회는 20세기 산업사회와는 구별되는 저성장, 저소비로 특징지어지는 뉴노멀(New Normal)시대라고 할 수 있다. 뉴노멀 시대에서는 한정된 성장의 몫을 소수가 독점하게 되면서 과거보다 양극화 격차가 심각해질 우려가 있다. 이로 인해 복지정책의 필요성이 커졌고, 복지 정책과 관련된 행정가치가 사회적 약자에 대한 배려를 의미하는 공공성인 것이다.

둘째, 신공공관리(New Public Management; NPM)적 행정개혁으로 인한 공공성훼손의 문제(Haque)를 완화하기 위해서이다. 시장지향적 행정개혁은 행정서비스 대상집단을 축소시키고, 공공서비스의 책임성을 약화시키면서 공공성의 약화라는 문제를 초래했다. 이러한 문제를 해결하고 국민에 대한 정부 신뢰를 회복하기 위해 공공성이 중요하게 다루어지는 것이다.

2. 한국행정의 지향점으로서의 공공성

최근 한국 행정목표로서 공공성의 근간은 바로 보장성이라고 할 수 있다. 앞서 언급했듯이 시장지향적 개혁 정책들이 초래한 도구적 효율성과 선택적 보장성은 공적 기능의 약화를 초래했다(Haque). 보장성이란 사각지대 없이 모든 국민들이 최소한의 인간다운 삶을 살 수 있도록 하는 것이다. 국민들이 인간다운 삶을 살 수 있도록 보장하고 보호하는 것이야말로 정부의 기본적인 역할이라고 할 수 있다. 이러한 점에서 보장성은 한국행정의 목표로서의 가치가 된다.

둘째, 행정의 책임성과 자율성의 범위로서 공유적 자율성이다. 다수의 주체가 관여하는 상황에서는 문제를 공동으로 인지하고, 대안탐색 후 공동으로 책임지는 방식의 공유된 자율성이 필수적이다. 특히 현대행정이 직면하고 있는 난해한 사회문제들을 해결하기 위해서 요구되는 협력적 상황에서 공동의 책임성은 상당히 중요하다.

셋째, 서비스 제공 절차와 내용 관련한 가치로서 타인이 겪는 고통과 불행에 대한 감정이입을 통한 상호이해로 나아가는 포용적 공감성이 공공성의 지향점 중 하나이다. 객관적인 입장에서 공공서비스를 제공하는 것이 아니라, 타인의 어려움에 대해 진정성있게 공감하는 자세가 요구된다. 이러한 포용적 공감성을 통해 상호 신뢰 기반의 포용적 사회로 나아갈 수 있을 것이다.

III. 공공성 실현을 위한 행정개혁 추진체제

1. 대내적 관점: 협업행정

(1) 협업행정의 개념

협업행정이란 복수의 행정기관들 사이의 협의와 역할분담, 협업을 통해 상호간의 기능을 연계하거나 시설, 장비, 정보 등의 자원을 공동 활용함으로써 행정의 효과성을 제고하고 비용은 낮추는 업무수행방식으로 정의된다. 이러한 협업행정은 과거 행정 칸막이(silo)의 문제를 극복하고 대부처주의의 한계를 보완하기 위한 수단으로서 최근 주목 받고 있다.

(2) 공공성 실현을 위한 추진체제로서의 협업행정

공공성의 핵심인 보장성을 강화하기 위해서는 사각지대 없는 행정서비스의 제공이 중요하다. 이를 위해서는 이전처럼 분업화와 경쟁을 기반으로 분절적인 행정조직이 아닌 총체적 접근이 중요하다(Gregory).

이러한 맥락에서 강조되는 협업행정은 다수기관의 연계를 통해 공공서비스의 이음매를 없애고(seamless), 사각지대를 해소하여 사회적 약자에 대한 보장성을 제고시킬 수 있게 한다. 뿐만 아니라 협업행정에 참여하는 다수 부처들에 대한 정기적인 성과 평가과정을 통해 공유적 책임성을 담보할 수 있을 것이다.

(3) 협업행정의 방안들

원활한 협업행정을 위해 고안 또는 실행되고 있는 방안들은 다음과 같은 것들이 있다.

첫째, 선도기관의 지정이다. 선도기관(lead agency)이란 과제참여 기관들 중에서 가장 핵심적이고 주도적은 역할을 맡고 있는 조직을 말한다. 정책추진 전체를 조율하고, 협의체를 구성·운영하는 등 업무를 진행하며 협력적 리더십(cooperative leadership)을 발휘한다.

둘째, 통합인사의 구현이다. 특정 소속 없이 부처 간 경계를 넘나들며 리베로 역할을 하는 서울시 두

루일꾼제도가 그 예이다. 통합인사를 위해서는 별도의 인력을 두는 것 외에도 인사교류 방안을 고려해 볼 수 있다.

최근 인사혁신처가 추진하고 있는 인사교류자에 대한 승진임용 시 우선권 부여나 고위공무원단 진입 시 가점 부여 등의 인센티브지급 등이 인사교류 활성화를 위한 노력이다. 그 외에도 부처 간 통합정보시스템을 구축하여 상호 간 정보 및 의견의 교환을 원활히 하는 방안이 실시되고 있다.

2. 대외적 관점: 협력적 거버넌스
(1) 협력적 거버넌스의 개념 및 의의

협력적 거버넌스(cooperative governace)란 정부조직과 기업, 시민사회 등 다양한 주체들이 공동으로 문제를 해결하기 위해 신뢰를 바탕으로 상호 협력하는 과정에 대 한 것이다. 이러한 협력적 거버넌스는 단일주체가 해결하기 어려운 소위 '사악한 문제(wicked problems)'에 대한 적응력을 제고시키고 사회자본(social capital)을 축적시켜 사회 통합을 진전시킨다는 의의가 있다. 특히 사악한 문제 중 하나인 빈곤이나 실업문제에 대해 협력적 거버넌스를 통해 대처하는 과정에서 우리 행정이 지향해야 할 공공성에 근접해 갈 수 있을 것이다.

(2) 협력적 거버넌스에서 정부의 역할

협력적 거버넌스는 본질적으로 수평적 지위를 지닌 다수의 주체가 연계된 네트워크(network)의 특성을 가지고 있다. 이러한 네트워크는 주도적인 권력과 지위를 가진 주체가 없기 때문에 자칫 쉽게 와해되고 네트워크 내 혼란이 가중될 우려가 있다. 이 때 정부는 공공성 제고라는 공동의 목표 수행에 적절한 네트워크 파트너를 선정하고 네트워크를 구조화하는 역할을 수행한다. 또한 네트워크 구축 후에도 네트워크가 원활히 운영될 수 있도록 보유한 자원과 권위를 바탕으로 규칙을 설정하고, 리더십을 발휘하며 다수 주체들 사이 책임의 공백 현상이 일어나지 않도록 조정한다.

(3) 협력적 거버넌스의 예: 사회적 기업

사회적 기업(social enterprise)이란 사회적 목적과 이윤 추구라는 경제적 목적을 동시에 추구하는 제3의 경제주체를 말한다. 사회적 기업은 기업이라는 시장적 주체를 구심점으로 정부와 시민사회가 공동으로 사회적 목적달성에 대해 고민한다는 점에서 협력적 거버넌스의 사례라고 볼 수 있다. 이러한 사회적 기업은 과거 정부 주도의 일자리사업의 한계를 보완하여 보다 효율적으로 공공적 목적을 달성할 수 있도록 도입·추진되었다. 사회적 기업은 주로 사회적 약자를 고용하거나, 그들에게 서비스를 제공한다. 이러한 활동을 통해서 사회적 약자를 보장(보호)하고, 정책 문제의 근원에서 대상자들과 진정으로 교감하며, 그들에 대한 책임성에 대해 공감한다.

Ⅳ. 공공성 구현의 행정사례들

1. 중앙정부의 사례: 출소예정자의 취업·창업 지원사업

(1) 사례의 개요

정부는 출소예정자 등의 조속한 사회복귀를 위한 취업·창업 지원을 시도했다. 법무부를 주축으로 행정안전부, 고용노동부, 농촌진흥청, 중소기업청 등 부처는 2010년 출소예정자 등의 취업·창업 지원을 위한 업무협약을 체결했다. 이 협약을 맺은 부처는 출소예정자 등에 대한 직업훈련의 다양화 및 체계화, 출소자 고용기업에 대한 고용촉진지원금 지급, 교도소 내 창업보육센터 설치 및 시범농장 운영, 재소자 맞춤형 프로그램 신설등에 적극 협력하기로 했다.

(2) 사례의 성과

법무부는 정책 대상인 출소예정자가 겪는 낙인효과 및 숙련도 상실로 인한 노동시장 복귀로의 어려움을 협업행정을 통해 완화할 수 있었다. 취업·창업과 관련된 많은 행정적 인프라와 전문지식을 가지고 있는 고용노동부, 중소기업청, 농촌진흥청과 협력은 법무부의 부족한 역량을 보완할 수 있었기 때문이다. 뿐만 아니라 고용노동부와 중소기업청, 농촌진흥청의 입장에서도 사각지대에 있던 분야에 정책영역을 확장시킬 수 있게 했다.

이러한 사례는 출소예정자들이 구직 활동에 어려움을 겪으면서 경제적 약자가 될 가능성이 높은 대상이라는 점에서 보장성, 즉 공공성 증진에 이바지했다고 평가된다. 특히 출소예정자들은 기존 경제지원이나 고용지원 정책의 사각지대에 놓여있었다는 점에서 이들에 대한 지원은 보장성 강화에 기여했으며, 대상자들이 실제적으로 겪는 어려움에 대한 포용적 공감을 바탕으로 한 정책이었다는 점에서도 좋은 평가를 내릴 수 있다.

2. 지방정부의 사례: 서울시 희망온돌사업

(1) 사례의 개요

희망온돌사업은 서울시의 복지사각지대 해소를 목적으로 2011년부터 추진된 협력적 거버넌스의 사례이다. 사업의 특징은 지역사회 복지 사각실태를 지역 내 시민들이 발굴하고, 이를 지원하는 데 다양한 주체들(시민, 민간단체, 종교단체, 풀뿌리 단체 등)의 주도하에 기부, 나눔을 활성화 하는 것이다.

(2) 사례의 성과

서울시 희망온돌 사업은 다양한 주체들이 참여하여 시의 인력만으로는 어려운 복지 사각지대 발굴 및 해소를 통해 정책 보장성을 증진시켰다. 또 적은 인력만으로 수행되는 복지정책은 대상자의 적격성을 파악하기에 어려움을 겪을 수 있는데, 시민 사회가 직접 정책대상자와 접촉할 수 있기 때문에 이러한 문제를 완화될 수 있다. 또 이렇게 정책주체와 대상자 간의 접촉점이 늘어나면서 상호교감과 포용적 공감성을 제고시킬 수 있다는 측면도 긍정적으로 평가할 수 있다.

뿐만 아니라 이러한 사업 자체가 포용적 사회에 대한 관심을 제고시켜 사회 전체의 공공성 증진에 기여했다. 기업, 단체, 개인의 민간기부가 사업시행 이후 늘어나 작년 처음으로 1,000억원을 돌파하기도 했다. 이러한 사업은 서울시 내의 관심 뿐만 아니라 다른 지방자치단체로의 파급효과 측면에서도 의의가 있다. 이러한 사업의 구조와 성과가 좋은 선례로서 다른 지방자치단체에 전파되어 공공적 목적을 위한 협력적 거버넌스의 활성화를 이끌어 낼 수 있을 것이다.

V. 결 론

사회 내 공공성 증진을 위한 정부 내·외적협력이 지속되고 있으며, 그 성과 역시 긍정적으로 평가되고 있다. 앞으로 이러한 정책의 효과성을 증진시키기 위한 다양한 주체들간의 협력적 노력이 더욱 기대된다. 이러한 노력은 우리 사회가 포용적 사회(inclusive society)로 나아가고, 더욱 발전하고 통합되는 발판이 될 것이다.

강 평

1. 논리적 일관성의 측면에서 우수한 답안이다. 최근 한국행정의 공공성 근간을 보장성과 협력성의 강조로 파악하면서 (1), 문항 (2)와 (3)의 답을 보장성과 협력 가치 중심으로 일관되게 서술한 점이 우수하다. 그러나 공공성이 최근에 강조되고 있긴 하지만, 기실 시기와 무관한 행정의 보편가치이자 존재이유가 되는 개념이다. 따라서 우선, 공공성의 개념적 이해에 대한 보강이 필요하다. 공공성은 무차별성 또는 보편주의를 내포하는 행정(정부)활동의 본질이다. 모든 정부정책은 본질적으로 공공성을 추구해야한다. 이 점에서 사익추구논리와의 차이를 답안에 추가하면 좋다.

2. 둘째, 제시문에서 '(한국)행정의 대안적 모델'을 언급하고 있기 때문에 (한국)행정의 기존 모델에서는 공공성을 어떻게 이해했는지를 특히, NPM과 관련하여 상술하면 좋다. NPM의 공공성 훼손여부는 학자마다 의견이 다를 수 있다. 그래서 무한 시장경쟁가치가 공동체와 협력의 가치를 절하하고 양극화를 초래했음을 명백히 제시하는 논리가 필요하다.

3. 셋째, "공공서비스를 객관적인 입장에서 제공하지 말고 타인의 어려움에 대해 진정성 있게 공감하는 자세로 제공해야한다."고 서술한 점은 재고해야한다. 한국 상황에서 공공서비스의 객관적 제공은 공공성의 실현을 위해 여전히 강조되어야 한다. 그래서 공공서비스를 객관적일 뿐만 아니라 고객과 공감하는 자세로 제공해야한다고 서술하는 것이 더 좋다.

4. 넷째, 협업행정방안으로서 협업조직의 목표·성과평가·인센티브의 명확화 등을 제시하면 좋다. 왜냐하면 조직 자체 또는 조직상 협동조건에서 가장 기본적인 요소가 목표의 달성과 평가이기 때문이다.

| 제2문 | 최근 우리나라에서는 대의민주주의 대안으로 숙의민주주의(deliberative democracy) 논의가 활발하게 진행되고 있다. 다음 물음에 답하시오. (총 30점, 선택 총 15점)

(1) 숙의민주주의 활성화 관점에서 정부와 시민사회 간 의사소통(communication)의 중요성과 문제점에 대하여 논하시오. (20점)

(2) 정부와 시민사회 간 효과적인 의사소통을 통해 숙의민주주의를 강화할 수 있는 방안을 논하시오. (10점)

I. 서 론

II. 정부와 시민사회 간 의사소통의 중요성과 문제점: 숙의민주주의 활성화 관점에서
  1. 숙의민주주의의 개념 및 의의
  2. 정부와 시민사회 간 의사소통의 중요성과 문제점
    (1) 의사소통의 개념 및 의의
    (2) 정부와 시민사회 간 의사소통의 중요성

(3) 정부와 시민사회 간 의사소통의 문제점

III. 숙의민주주의 강화를 위한 효과적인 의사 소통 방안
  1. 공공가치 기반의 행정문화를 통한 수평적 관계 구축
  2. 다양하고 일상적인 참여기제의 활성화
  3. 시민단체 역할의 재정립

IV. 결 론

답안작성 김 0 0 / 2017년도 5급 공채 일반행정직 합격

I. 서 론

최근 숙의민주주의에 대한 사회 각층의 관심이 제고되고 있다. 특히 작년의 신고리 5·6호기 공론화 위원회 구성 및 정부의 수용은 우리 사회의 발전된 숙의민주주의를 기대할 수 있는 좋은 시발점이었다고 생각한다.

이렇게 숙의민주주의에 대한 이론적·실제적 관심이 부각되는 가운데 이를 활성화 시킬 수 있는 통로로서의 의사소통의 중요성과 현황을 살피고, 개선 방안에 대해 살펴보고자 한다.

II. 정부와 시민사회 간 의사소통의 중요성과 문제점: 숙의민주주의 활성화 관점에서

1. 숙의민주주의의 개념 및 의의

숙의민주주의(deliberative democracy)란, 심의 또는 숙의가 의사결정의 중심이 되는 민주주의의 형식을 말한다. 숙의는 단순한 다수결을 넘어서 상호 수용 가능한 대안을 모색하여 정책의 정당성과 수용

가능성을 제고시킨다. 또한 숙의 과정에서의 토론과 상호교류는 사회적 자본을 구축하여 향후 있을 갈등의 정도를 완화하고 거래비용(transaction cost)을 감소시킨다.

2. 정부와 시민사회 간 의사소통의 중요성과 문제점

(1) 의사소통의 개념 및 의의

일반적으로 정부와 시민 사이의 의사소통이란 양자가 의견, 정보, 지식 등을 상호 교환함으로써 서로의 입장을 이해하고 공감대를 형성하는 과정을 말한다. 이러한 의사소통은 정부정책의 오류를 줄이고 정책 순응비용을 감소시키는 동시에, 시민사회의 욕구나 정책의견을 표출하는 통로가 된다는 면에서 의의가 있다.

(2) 정부와 시민사회 간 의사소통의 중요성

숙의민주주의 활성화의 관점에서 정부와 시민사회 간 의사소통이 중요한 이유는 첫째, 적절한 심의 주제를 선정하는 데 의사소통이 필수적이기 때문이다. 숙의민주주의는 다양한 주체의 폭넓은 참여를 기반으로 하는 과정인 만큼 지나치게 전문적인 주제에 적용하는 것은 타당성이 낮다. 또한, 정책이슈의 포괄성, 즉 특정 집단에만 적용되는 것이 아니라 불특정 다수 집단에 고루 적용될 수 있는 문제가 심의 주제로 타당한데, 정부와 시민사회 간 의사소통을 통해서 이러한 측면을 반영한 적절한 주제 선정이 이루어질 수 있다.

둘째, 심의 과정에서의 집합적 합리성을 확보하기 위해서이다. 집합적 합리성은 집단이 직면하고 있는 문제를 풀기 위한 구성원들의 협력적 노력을 말한다(Townley). 이는 숙의 과정에서 다양한 견해가 제시될 수 있도록 하는 조건들(문제 해결의 다양한 대안등)이 충족될 때 달성되는데, 이러한 조건들은 정부와 시민사회 간의 개방적이고 심도 있는 의사소통이 전제되어야만 한다는 것은 분명하다.

셋째, 의사소통은 숙의 과정에서의 외부비용(external cost, Tullock)을 절감시킬 수 있다. 외부비용이란 채택된 대안에 반대하는 주체들이 겪는 불만이나 피해와 관련된 비용이다. 대표성을 갖춘 다양한 구성원들이 참여하는 의사소통은 정책 대안에 대한 외부비용을 낮춘다. 뿐만 아니라, 의사소통 과정에서 증진되는 정부와 시민사회 상호 간의 신뢰는 숙의에 대한 긍정적 인식을 심어주고, 향후 숙의 과정이 적용될 가능성을 제고시킨다는 점에서도 의의가 있다.

(3) 정부와 시민사회 간 의사소통의 문제점

위와 같이 정부와 시민사회 간의 의사소통이 중요함에도 불구하고, 현재 몇 가지 문제점을 지적할 수 있다. 첫째, 왜곡된 의사소통구조이다. 정부는 근본적으로 보유한 자원이나 권력적 위치 상 시민사회보다 우위를 점하고 있다. 이러한 상황에서는 상호 간 수평적이고 개방적인 의사소통이 이루어지기 힘들고, 자칫 숙의가 정부정책의 정당성 확보수단으로 전락할 우려가 있다.

둘째, 의사소통을 위한 참여 기제가 부족하다는 것이다. 지방정부 차원에서는 시민사회의 다양한 의사표출 통로가 점차 마련되고 있으나, 중앙정부와의 관계에서는 아직도 미흡하다는 지적이 제기되고 있다. 특히 일상적인 차원에서의 의사소통 경로가 부족하고, 정부와 시민사회 간의 권력적 거리로 인한 정책 효능감이 낮다는 면에서 개선이 필요하다.

셋째, 의사소통 주체의 대표성이 부족하다는 점도 문제가 된다. 대표성이란 숙의에 참여하는 주체가 공공 문제와 관련된 국민 구성을 잘 반영하고 있는 정도를 의미한다. 진정한 숙의가 이루어 지기 위해서는 의사소통에 참여하는 시민사회 주체들의 대표성이 담보되어야 한다. 그러나 현실적으로 참여에 필요한 자원의 불균등으로 인해 평등하고 대표성 있는 숙의위원의 구성이 힘든 것이 사실이다. 이러한 경우 도출된 대안이 특정집단의 이해를 과대 대표하게 되고, 피해를 보는 집단은 주로 사회적 약자일 가능성이 높다는 것이 더욱 문제가 된다.

Ⅲ. 숙의민주주의 강화를 위한 효과적인 의사소통 방안

1. 공공가치 기반의 행정문화를 통한 수평적 관계 구축

공공가치 기반의 행정문화란, 부처 등 자기 중심적 사고에서 과감히 탈피하여 국민이 원하는 것을 달성하기 위해 무엇이 필요한가를 국민의 입장에서 파악하고자 하는 것을 말한다. 이러한 문화적 기반을 통해서 권위주의적 자세를 지양하고 의사소통에 보다 개방적이고 적극적인 관료의 태도를 이끌어 낼수 있을 것이다.

이러한 문화형성 노력은 시민사회의 욕구에 대한 정부의 수용도를 제고시키고, 시민사회의 정부에 대한 신뢰도 증진시킬 수 있다. 그리고 이를 바탕으로 그간의 왜곡된 의사소통 구조를 극복하고, 보다 수평적인 참여를 전제로 포괄적인 이슈들이 제안되는 공론의 장(public sphere)을 구축할 수 있을 것이다.

2. 다양하고 일상적인 참여기제의 활성화

숙의민주주의를 강화하기 위해서는 다양한 의사소통 창구를 발굴할 수 있도록 노력해야 한다. 특히 일상적인 차원에서의 숙의를 위한 다양한 참여기제가 필요하다. 예컨대 최근의 발달된 정보통신기술을 이용할 수 있는 전자적 의사소통 플랫폼(flatform)등의 구축을 통해 자유로운 의견교환을 지원하는 방안을 고려할 수 있다. 이러한 플랫폼 내에서 시민사회 내에서의 자유로운 소통을 촉진시키고, 소통의 결과 도출된 숙의 주제에 대해서 지방정부와 중앙정부가 진정성 있는 피드백을 줄 수 있는 메커니즘을 구현시킬 수 있도록 해야 할 것이다. 서울시 '천만상상오아시스'는 이와 같이 전자적 시민 정책 제안 및 서울시의 피드백을 구체화 한 사례로 플랫폼 구축의 좋은 모델로 삼을 수 있으리라 생각한다.

3. 시민단체 역할의 재정립

시민단체는 시민사회의 구성원(시민)이 자발적으로 결성한 단체를 말한다. 비정부기구이며, 자발적 조직이고 영리단체와 달리 사회의 공공가치 실현을 목표로 한다는 점에서 비영리 단체이다. 시민단체가 수행해야 할 역할의 중요성에도 불구하고, 우리 사회에서는 다수는 대중으로 남아있고 소수만이 시민단체에 참여하기 때문에 '시민 없는 시민단체'라는 비판에 직면하고 있다. 따라서 이러한 한계를 극복하기 위한 시민사회 및 시민단체의 자발적인 노력이 필요하다.

이러한 노력을 통해 시민단체는 정부와 시민사회 간의 의사소통의 조정자 역할을 수행하고, 특히 사회적 약자의 권익을 효과적으로 대변할 수 있어야 한다. 뿐만 아니라 적절한 시민교육을 수행하여 숙의에 대한 시민사회의 긍정적 기대를 이끌어내고, 보다 다양한 의사소통이 이루어질 수 있도록 해야 할 것이라 생각한다.

Ⅳ. 결 론

수평적이고 포괄적인 참여가 전제되는 의사소통은 진정한 숙의민주주의의 출발이 된다. 공론화 위원회의 좋은 선례를 이어나갈 수 있도록 정부와 시민사회 간의 진정성 있는 의사소통을 보다 활성화 시켜야 할 것이다. 향후 우리 사회가 한 단계 더 나아가기 위한 발판으로서 숙의민주주의의 정착을 위한 노력을 기대해 본다.

┤ 강 평 ├

1. 내용과 논리적 일관성 측면에서 다음과 같은 점들이 보강된다면 좋을 것이다. 첫째, 숙의민주주의에 대한 이해이다. 숙의민주주의 개념에 대한 이해를 대의민주주의와의 비교를 통해 제시하면 더 좋다. 그리고 사회(적) 자본과 거래비용 등의 개념이 언급되어 있는데, 이것들이 숙의민주주의와 어떻게 연결되는지를 명확하게 서술할 수 없으면, 차라리 언급하지 않는 것이 낫다. 대신 하버마스등이 제시한 의사소통적 행위 또는 합리성(communicative action/ rationality)을 언급하는 것이 좋다. 그리고 거버넌스(또는 뉴거버넌스)와 숙의민주주의를 연결시키면 논점이 명료해질 것이다.

2. 둘째, 문항 (1)의 문제점과 (2)의 강화방안 간의 연계성을 높일 필요가 있다. 특히, (1)에서 적시한 문제점과의 일관성을 유지하기 위해, 공공가치기반의 행정문화를 통한 수평적 관계구축을 제시하는 것보다 정보비대칭의 해소 또는 정보공유를 방안으로 제시하는 것이 낫다. 그리고 문화의 형성과 변화는 장시간을 요한다는 점에서, 공공가치기반의 행정문화는 숙의민주주의가 활성화되면서 나타나는 후속결과로도 이해될 수 있다.

| 제3문 | 다음 제시문을 읽고 물음에 답하시오. (총 20점, 선택 총 10점)

△△공공기관의 A과장, B과장, C과장은 입사 동기이다. A과장은 조직의 비전을 제시할 뿐만 아니라, 구성원에게 긍정적 영향을 미치는 롤모델(role model)로서 부서 운영의 혁신과 변화를 주도하고 있다. B과장은 경제적 보상과 인센티브 등을 바탕으로 구성원의 동기를 유발하고, 규칙이나 기준에서 벗어나는 구성원의 행위를 교정(correction)하려고 노력한다.
C과장은 구성원의 고민이나 요구사항에 귀를 기울이며, 구성원의 성장과 발전을 장려하고 권한 위임을 중시한다.

---

(1) 거래적 리더십(transactional leadership)과 변혁적 리더십(transformational leadership) 이론을 토대로 A과장과 B과장의 리더십 스타일을 비교하여 설명하시오. (10점)

(2) 변혁적 리더십과 로버트 그린리프(Robert K. Greenleaf)가 창안한 서번트리더십(servant leadership)의 공통점과 차이점을 기술하시오. (10점)

I. 서 론

II. 거래적 리더십과 변혁적 리더십
  1. 리더십의 개념 및 의의
  2. 거래적 리더십과 변혁적 리더십의 개념
    (1) 거래적 리더십: B과장의 리더십 스타일
    (2) 변혁적 리더십: A과장의 리더십 스타일
  3. 거래적 리더십과 변혁적 리더십의 비교

III. 변혁적 리더십과 서번트 리더십
  1. 서번트 리더십의 개념
  2. 서번트 리더십과 변혁적 리더십의 공통점과 차이점
    (1) 공통점
    (2) 차이점

IV. 결 론

답안작성

김 ○ ○ / 2017년도 5급 공채 일반행정직 합격

I. 서 론

리더십은 조직의 성과 달성에 지대한 영향을 미친다는 점에서 조직론에서 관심 있게 다루어져 온 주제이다. 바람직한 리더십은 고정적인 것이 아니고 다양한 형태로 존재할 수 있다. 이러한 맥락에서 최근 행정환경 흐름에 따른 다양한 공공부문의 리더십 유형에 대해 살펴보고자 한다.

II. 거래적 리더십과 변혁적 리더십

1. 리더십의 개념 및 의의

리더십(leadership)이란, 조직의 미션이나 비전을 달성하기 위해 리더와 부하의 동태적인 상호관계에 의해 형성되는 영향력이라고 정의된다. 이러한 리더십은 한 사람의 행위가 다른 사람들의 태도, 가치, 신념, 행동에 일으킨 변화라는 영향력을 포함하는 개념이며, 적절한 리더십은 조직의 성과를 증진시킨다는 의의가 있다.

2. 거래적 리더십과 변혁적 리더십의 개념

(1) 거래적 리더십: B과장의 리더십 스타일

거래적 리더십(transactional leadership)이란, 리더와 부하간의 상호 '교환'에 초점을 맞춘다. 즉, 리더는 부하의 욕구나 직무수행에 필요한 자원을 파악하여 그에 대한 보상과 지원을 제공하고, 부하는 그에 상응하는 노력을 통해 리더가 제시한 과업목표를 달성하는 것이다. 특히 이러한 교환은 주로 경제적이고 물질적인 보상을 매개로 이루어진다는 점에서 '거래'라고 표현된다.

(2) 변혁적 리더십: A과장의 리더십 스타일

변혁적 리더십(transformational leadership)은 리더의 영향력에 의한 부하의 변화 측면에 초점을 맞춘다. 감정 및 가치관이나 상징적인 행태를 통해 부하들의 마음과 노력을 이끌어내는 리더의 역할을 강조한다. 환경의 급속한 변화와 함께 조직 변화가 중요한 화두로 부각되기 시작하면서 거래적 리더십과 대비되는 개념으로서의 변혁적 리더십의 개념이 대두되었다.

3. 거래적 리더십과 변혁적 리더십의 비교

거래적 리더십과 변혁적 리더십 모두 조직의 긍정적 성과를 제고시키기 위한 리더십유형이다. 그러나 그 구체적인 방향이나 가치는 차이가 있다. 우선, 거래적 리더십은 조직 혹은 리더와 부하간의 물질적인 교환을 강조한다. 반면 변혁적 리더십은 감정과 도덕적 가치에 대한 호소를 통해서 구성원들의 자발적 노력을 추구한다.

둘째, 거래적 리더십은 기본적으로 부하가 미성숙인, 혹은 X이론적 인간임을 전제한다. 따라서 그러한 구성원들의 행동을 조직 목표에 일치되도록 유도하기 위한 수단을 중시한다.

반면 변혁적 리더십은 부하에 대한 신뢰를 바탕으로 그들 스스로 조직을 위해 노력하고, 리더가 되도록 촉구하는 과정을 보다 중시한다.

셋째, 거래적 리더십이 강조하는 교환적 과정을 통해서 리더의 요구에 부하가 순응하는 결과를 이끌어 낼 수 있으나, 부하들의 과업목표에 대한 열의와 몰입까지 발생시키기는 어렵다. 반면 변혁적 리더십은 부하들에게 영감(inspiration)을 제공함으로써 기대이상의 성과를 이끌어내고자 하며, 스스로 자신의 과업과 조직 목표에 몰두할 수 있도록 유도한다.

Ⅲ. 변혁적 리더십과 서번트 리더십

1. 서번트 리더십의 개념

서번트 리더십(servant leadership)은 타인을 위한 봉사에 초점을 두며, 조직 구성원과 고객 및 커뮤니티를 우선으로 여기고 그들의 욕구를 만족시키기 위해 헌신하는 리더십을 말한다. 이러한 서번트 리더십은 경청과 공감, 치유, 스튜어드십(stewardship), 부하의 성장을 위한 헌신 등을 특징으로 한다.

2. 서번트 리더십과 변혁적 리더십의 공통점과 차이점

(1) 공통점

서번트 리더십과 변혁적 리더십의 공통점은 첫째, 리더와 부하간 수직적인 관계를 전제로 하지 않는다는 점이다. 과거의 리더십이론이 리더와 부하의 상하관계를 전제하고 리더가 모든 권한과 책임을 독점했으나, 변혁적 리더십과 서번트 리더십은 수평적 관계에서의 영향력을 중시한다.

둘째, 변혁적 리더십과 서번트 리더십은 부하를 리더로 육성하고자 한다. 이러한 리더십의 방향은 조직 구성원의 조직 목표에 대한 몰입을 더욱 증진시키며, 자기 효능감을 제고시켜 내적 동기 부여를 촉진시킨다.

(2) 차이점

양자의 공통점에도 불구하고, 서번트 리더십과 변혁적 리더십은 다음과 같은 차이점이 있다. 첫째, 서번트 리더십은 변혁적 리더십보다 더 수평적인 관계를 지향한다. 즉 서번트 리더십에서 리더와 구성원 간의 관계는 수평적인 동료관계에 가깝다. 부하와 리더는 같이 토의하고 결정하며, 책임과 권한을 위임하는 관계가 된다.

둘째, 서번트 리더십은 리더의 헌신과 봉사를 강조한다. 그린리프는 헤르만헤세의 소설 속 레오의 역할에서 서번트 리더십의 모티브를 얻고 "다른 사람의 요구에 귀기울이는 하인이 결국 모두를 이끄는 리더가 된다."고 강조했다. 즉 서번트 리더십은 타인을 위한 봉사에 초점을 두며 그들의 욕구를 만족시키기 위해 헌신하는 것이다.

셋째, 변혁적 리더십의 궁극적인 목표는 조직성과의 제고이다. 반면 서번트 리더의 가장 중요한 목표는 타인의 욕구 충족을 위해 봉사하는 데 있다. 그리고 이러한 서번트 리더십은 그들이 속한 조직뿐만 아니라 공동체를 이루도록 이끌어가는 리더십이라고 정의된다.

Ⅳ. 결론

공공부문에서의 리더십은 정부조직 내에서 뿐만 아니라 사회 전체에 영향을 미친다는 점에서 매우 중요하다. 우리가 직면한 행정 환경과 내부적 특성을 잘 파악하여 공공부문의 리더들이 적절한 리더십을 발휘할 수 있도록 지원과 관심을 아끼지 말아야 할 것이다.

| 강평 |

1. 세 개 유형의 리더십을 무난하게 구별하여 서술한 답안이다. 보다 명확한 구별을 위해 보완할 내용을 제시해본다면, 첫째, 행정환경과 기능의 성격에 따른 거래적 리더십과 변혁적 리더십의 구별을 상술하는 것이 좋다. 그래서 안정적이고 일상적인 환경에 적합한 것이 거래적 리더십이고, 변화하고 비일상적인 환경에 요구되는 것이 변혁적 리더십이라는 점을 명시할 수 있다. 둘째, 거래적 리더십은 전통적인 리더십 유형으로서 조직과 구성원의 유인(inducement)과 기여(contribution)의 교환관계에 기반하여 성립된 유형이다. 한편 변혁적 리더십은 카리스마, 영감, 개인적 배려, 지적 자극 등 네 가지 구성요소에 의해 개념화된다. 이러한 내용이 보충되면 나은 평가를 받을 수 있다. 셋째, 서번트 리더십과 변혁적 리더십 간 차이의 핵심은 부하를 어떤 존재로 인식하고 리더의 초점이 어디에 있느냐이다.

2. 답안에 의하면, '리더와 구성원 간의 관계에 있어 서번트 리더십이 변혁적 리더십보다 더 수평적'이라면서 두루뭉술하게 기술하고 있다. 변혁적 리더십이 부하에 대해 영감이나 지적 자극, 개인적 배려를 통해 카리스마를 현시하지만, 궁극적으로 기존 리더십 유형들과 마찬가지로 부하를 조직목표달성을 위한 지휘·통솔의 관점에서 인식한다. 반면, 서번트 리더십에서는 부하중심으로 양자관계를 이해한다.

3. 즉, 부하에 대한 리더의 봉사와 희생 등을 통해 부하중심의 양자관계가 형성되고, 이때 신뢰가 생성됨으로써 리더십이 발휘될 수 있다는 것이다. 부언하면, 변혁적 리더십에서 리더의 초점은 조직(organization)에 맞춰진다. 그래서 궁극적으로 조직목표달성에 대한 부하의 몰입을 강조한다. 반면 서번트 리더십에서 리더의 초점은 부하(the followers)에게 놓인다. 여기에서 조직목표달성은 부하의 결과변수 중 하나(a subordinate outcome)로 취급된다. 그래서 서번트 리더는 조직(목표달성)보다는 부하를 우선시한다.

2018년 입법고등고시 기출문제와 어드바이스 및 답안구성 예

| 제1문 (40점) |

A시 공기업은 지하철 신호체계 및 시설물의 유지보수를 위한 관리를 민간 기업에 위탁운영하였다. 이에 지하철의 운영과 시설물의 관리가 이원화되어 실행되었고, 시설물 유지보수업체와 지하철 운영자 간의 의사소통 미흡, 시설관리의 부실 등의 문제가 발생함에 따라 지하철 운영의 기계적 결함과 안전사고가 자주 발생하였다. 이러한 상황은 전통적 관료제 이론, 신공공관리론, 협력적 거버넌스 이론에 입각하여 설명할 수 있다.

(1) 민간위탁 도입의 배경이 된 이론이 강조하는 행정혁신의 가치 및 원칙을 설명하시오. (10점)

Advice

1. 민간위탁위탁이 활성화 된 계기는 신공공관리론(New Public Management; 이하 NPM)이다. 이러한 NPM에서 강조하는 가치는 당연 효율성이다. 효율성에는 투입 대비 산출을 의미하는 운영적 효율성과, 자원의 분배와 관련된 배분적 효율성이 있다. 민간위탁은 정부–민간 간의 역할 분담이라는 점에서 배분적 효율성과, 민간의 전문성을 적극 활용하는 측면에서 운영적 효율성 모두 관련되어 있다.

2. 한편 행정혁신의 원칙이란 시장의 경쟁원리를 도입하고, 그 과정에서 고객중심의 경영을 수행하며, 성과중심의 관리를 위해 분권화(중앙에서 민간으로의)의 원칙을 강조한다고 서술하면 무난할 것이다.

(2) 위 상황은 행정이 추구해야 할 다양한 가치 중 어떠한 가치들이 충족되지 못하여 발생한 것인지 설명하시오. (10점)

Advice

1. NPM의 문제점으로 우선 떠오르는 것은 Haque가 지적했던 형평성의 저해이다. 퇴직공무원들은 큰 업무관련성이 없는 직위에서 높은 연봉을 받았지만, 하청 직원들은 낮은 보수와 충분하지 않은 인력과 휴식시간에 어려움을 겪으며 근무를 하다가 사고가 발생했다. 이는 사회적 약자의 필요에 공감하지 않고 배려가 부족했던 사례라고 볼 수 있다.

2. 형평성 외에 한 가지 더 서술해야 한다면 민주성을 언급해 볼 수 있겠다. 유지보수업체와 지하철 운영자 간의 의사소통이 부족했다는 것은 절차적 민주성이 결여되었다는 것이다. 행정학의 경우에는 제시문이 있는 경우 제시문에서 서술할 내용에 대한 힌트를 얻을 수 있는 경우가 많다.

(3) 제시된 세 가지 이론을 활용하여 위 상황의 바람직한 해결방안을 논하시오. (20점)

Advice

제시된 세 가지 이론이란 관료제이론, NPM, 협력적 거버넌스 이론이다. 제시문은 효율성만을 강조하다가 형평성과 민주성이 훼손된 사례이다. 이러한 문제는 3가지 중 협력적 거버넌스 이론을 통해 해결할 수 있다. 협력적 거버넌스의 의의 외에도 문제에 제시 된 관료제론과 NPM의 개념을 간략히 언급해도 좋다. 그리고 협력적 거버넌스가 어떻게 효율성과 형평성, 민주성을 조화할 수 있는지 서술한다.

답안구성 예

Ⅰ. 서 론

Ⅱ. 이론적 배경 : 신공공관리의 가치 및 원칙
  1. 민간위탁의 이론적 배경 : 신공공관리
  2. 신공공관리의 가치 및 원칙

Ⅲ. 지하철 민간위탁이 충족하지 못한 행정가치
  1. 논의의 필요성

  2. 합법성
  3. 민주성
  4. 효율성

Ⅳ. 바람직한 해결방안
  1. 신공공관리론의 시각
  2. 전통적 관료제 이론의 시각
  3. 협력적 거버넌스 이론의 시각
  4. 종 합

Ⅴ. 결 론

| 제2문 (30점) |

최근 '연방제 수준에 버금가는 강력한 지방분권'을 만들어야 한다는 주장이 제기되고 있다. 지방분권이란 중앙정부와 지방정부 간의 관계에서 중앙의 권한을 지방에 이양하는 것이다.

(1) 국가 간 비교의 관점에서 중앙과 지방의 관계 모델을 설명하시오. (10점)

Advice

1. 관련된 주제를 따로 공부하지 않았다면 당황했을 것이다. 일반적인 수험생 수준에서 떠올릴 수 있는 것은 단방제, 낮은 수준의 연방제, 높은 수준의 연방제 정도일 것이다. 다만 관련된 이론을 알고 있다면 가장 일반적으로 적용 가능한 것은 D.Wright의 정부간 상호관계이론일 것이다. 미국의 정부간 관계에 관한 모형이지만 다른 국가에도 적용 가능하다.

2. 무라마츠가 제시한 수직과 수평모형, 그리고 상호의존모형으로 유형화하는 것도 가능하다. 그러나 이러한 내용이 떠오르지 않더라도 배점이 10점이고, 현실적으로 익숙하지 않은 주제임을 고려

한다면 너무 당황하지 말고 자신이 아는 한도 내에서 충분히 서술하는 것이 중요하다.

(2) 우리나라의 정부간 관계 모델은 어떠한 형태이며, 문제점은 무엇인지 설명하시오. (10점)

⚠️dvice

1. 제시문에서 '강력한 지방분권을 만들어야 한다'는 주장이 나온 배경을 생각한다면 방향을 설정하기 쉽다. 즉 현재 우리나라는 비교적 강한 중앙집권형이라는 것이다. 따라서 우리나라 정부간 관계모델은 무라마츠의 수직관계나 라이트의 포함권위모형, 혹은 단방제 국가라고 할 수 있다.

2. 문제점은 중앙집권형 조직의 한계에 대해 서술하면 된다. 균형있는 서술을 위해 장점을 살짝 언급해주고 이어서 민주성의 문제, 지방의 수요 파악이 어렵고 지방간 경쟁을 통해 효율적인 자원배분을 유도하기 힘든 점 등의 문제점을 서술한다.

(3) 우리나라의 바람직한 정부간 관계 모델이 무엇이라고 생각하는지 서술하고, 이를 달성하기 위한 방안을 논하시오. (10점)

⚠️dvice

1. 바람직한 관계모델은 본인의 생각을 서술하되, 극단적인 형태보다는 각 극단의 장점을 살린 모델을 선정하는 것이 용이하다. 중앙과 지방의 협력을 촉진시키는 상호의존적인 모델이 바람직해 보인다.

2. 이러한 관계모델을 달성하기 위해서는 현재 지적되고 있는 우리나라의 중앙-지방 간 비대칭을 유발하는 요인들을 언급한다. 사무의 법적 배분이나 지방 재정 수입 불균등의 문제(지방-지방간, 중앙-지방 간) 그리고 지방정부의 책임성을 보장할 수 있는 방안에 대해서 생각해 본다.

답안구성 예

I. 서 론

II. 중앙-지방 관계 모델: 엘코크 모형을 중심으로
   1. 대리인 모형
   2. 동반자 모형
   3. 지배인 모형

III. 현재 우리나라의 정부 간 관계 모델
   1. 대리인 모형
   2. 문제점

IV. 우리나라의 바람직한 정부 간 관계 모델
   1. 지배인 모형
   2. 달성 방안

V. 결 론

| 제3문 (30점) |

최근 정부와 국회에 대한 국민들의 신뢰수준은 높지 않은 편이다. 하지만 일자리, 교육, 보건과 복지 등 국가가 해야 할 일에 대해서는 책임을 지고 정책을 추진해야 한다는 목소리가 높다. 이러한 요구를 반영하기 위한 방안의 하나로 정부는 국민참여예산제도를 도입하여 예산과정의 투명성을 제고하고 참신한 사업을 발굴하려고 시도하고 있다.

(1) 국민참여예산제도가 도입되기 이전의 대의민주주의 방식의 예산과정의 장점과 단점을 설명하시오. (10점)

Advice

1. 대의민주주의 방식의 예산과정의 장·단점은 대의민주주의가 직접민주주의와 비교하여 가지는 장, 단점을 서술하면 된다. 장점은 예산 과정이 비교적 빠르고, 의견 수렴을 위한 비용이 적으며, 지나친 의견의 분열을 예방하고 통일적인 재정활동이 가능하다는 것이다.

2. 반면 단점은 대표자들의 대표성 문제이다. 특히 대표자들이 국민의 의사를 잘 대변하고 있는지 및 그에 대한 신뢰문제와 소수의 이익이 배제될 위험도 언급할 수 있겠다.

(2) 국민참여예산제도의 의의와 한계를 설명하시오. (10점)

Advice

국민참여예산제도에 대해서 정확히 알고 있는 수험생이 많지는 않았을 것이다. 다만 그간 배웠던 주민참여예산제도를 생각한다면 좋다. 주민참여예산제도의 의의는 진정한 재정민주주의를 확립할 수 있는 기회, 국민의 선호 반영 가능성 제고 등을 언급할 수 있겠고, 한계는 의사결정 비용의 과다 문제, 참여 국민의 대표성문제, 예산편성이 단기성, 복지성 위주로 이루어질 우려 등을 서술 할 수 있다. 다만 주민참여예산제도와 다른 것은 주체가 '국민'이므로 지방예산이 아닌 국가 전체 예산에 관한 것이라는 것이다.

(3) 예산이론을 활용하여 국민참여예산제도의 안정적 정착을 위한 보완방안을 논하시오. (10점)

Advice

1. 앞서 설문 (2)에서 언급했던 제도의 한계와 연계 가능한 예산이론을 생각 해 본다. 예산과정에서는 합리성과 본질적 정치성을 모두 고려해야한다. 그런데 국민참여예산제도의 경우에는 합리성에 대한 안배가 다소 미흡한 부분이 있어 이를 보완해야 한다. 보완방안은 공공선택론 중 수요이론(중위투표자정리)을 활용한다면 중위투표자들의 선호를 합리적으로 유도하기 위한 정보제공 등의 방안을 고려해 볼 수 있다.

2. 한편 공공선택론 중 공급이론(Niskanen 등) 측면에서는 국민참여예산제도가 관료들의 예산극대화 행위를 감시하여 최적의 예산 배정이 가능하리라는 점을 홍보하여 제도의 유익성에 대한 국민 인식 개선 방안을 제안할 수 있다. 만일 거래비용이론을 이용한다면 참여자들의 증가에 따른 거래비용의 증가를 제한하기 위한 방법 을 제안하는 것도 가능할 것이다.

답안구성 예

I. 서 론

II. 대의민주주의 예산과정의 장단점
   1. 대의민주주의 방식의 예산과정의 특징
   2. 장 점
   3. 단 점

III. 국민참여예산제도의 의의와 한계

   1. 의 의
   2. 한 계

IV. 국민참여예산제도의 안정적 정착을 위한 보완방안
   1. 관련 예산이론
   2. 국민참여예산 제도 보완방안

V. 결 론

| 제1문 | 공무원 행태에 대한 다음 제시문을 읽고 물음에 답하시오. (총 50점, 선택 총 25점)

○ 이전 정부의 정책을 적극적으로 추진해오던 관료들이 새 정부의 기조에 맞춰 주요 정책의 방향을 선회하는 일이 빈번하게 발생하고 있다. 이에 대해, 직업 관료들은 '영혼 없는 공무원'이라는 자조의 목소리가 나오기도 한다.

○ 하지만, 관료제 하에서 정해진 규칙과 절차에 따라 주어진 업무를 전문성에 입각하여 추진하는 것은 직업 관료의 역할이다. 이런 측면에서 공무원은 영혼이 없어야 한다.

(1) 위에서 제시된 상반된 입장이 나타나게 된 원인과 배경에 대하여 설명하시오. (20점)

(2) 위와 같은 서로 다른 입장에서 관료들이 선택할 수 있는 가치 판단의 기준을 행정이론에 근거하여 설명하시오. (20점)

(3) 두 가지 입장 중 하나를 선택해서 자신의 주장을 정당화하시오. (10점)

Ⅰ. 서 론

Ⅱ. 정치적 중립의 상충성 - 원인과 배경 - 설문 (1)
  1. 정치적 중립의 두 가지 측면
  2. 두 의무 간 상충성의 원인
  3. 상충성이 나타나게 된 배경

Ⅲ. 관료들이 선택할 수 있는 가치판단의 기준 - 설문 (2)
  1. 논의의 필요성

2. 합법성
3. 공 익
4. 명백성

Ⅳ. 바람직한 방향 - 설문 (3)
  1. 바람직하게 생각되는 방향
  2. 행정환경의 변화
  3. 내부 인적 구성의 측면
  4. 시민 대응성 측면

Ⅴ. 결 론

I. 서 론

공무원의 정치적 중립은 근대 정부 관료제의 본질로 여겨진다. 이러한 정치적 중립의 의미는 관료의 정치권력화를 막고 복종을 유인하기 위한 '정치적 대응의무'와 관료의 정치도구화를 막고 자율성을 확보하기 위한 '전문직업적 의무'로 나타나는데, 이들의 상충관계는 공무원들을 딜레마에 빠지게 만든다. 특히 2008년 전개되었던 언론에서의 '영혼없는 공무원' 논쟁은 이러한 정치적 중립의 딜레마를 보여주는 대표적인 사례이다. 이하에서는 상충성의 원인 및 배경을 살펴보고, 이러한 상황에서의 가치판단 기준 및 바람직한 방향을 제시한다.

II. 정치적 중립의 상충성 - 원인과 배경 - 설문 (1)

1. 정치적 중립의 두 가지 측면

공무원(관료제)은 민주정체의 일부로서 대의기관의 의사에 복종하고, 또한 전문성을 지닌 중립적 존재로서 기능하기 위해 정치적 중립 의무를 지닌다. 공무원의 정치적 중립 의무는 일반적으로 특정 정파의 이익을 추구하지 않고 국민전체에 대한 봉사자로서 공평무사한 입장을 유지해야 한다는 것을 말하며 그 구체적 내용은 다양한 의미로 통용되고 인식되고 있다. 그 중 특히 집권 정부에 대한 정치적 대응을 강조하는 '정치적 대응의무'와 비파당적 객관성에 근거한 공무원의 전문성을 강조하는 '전문직업적 의무'의 상충관계가 설문에서 쟁점이 되고 있다.

2. 두 의무 간 상충성의 원인

공무원은 '영혼없는 존재'여야 한다는 제시문의 두 번째 입장은 공무원이 자신의 정치적 철학이나 의견과 무관하게 집권 정부의 정책실현에 충실해야 한다는 의미로서 앞서 언급한 '정치적 대응의무'를 중시하는 입장이다. 반대로 '영혼 없는 공무원'이라는 말에 자조적 입장을 드러내는 제시문의 첫 번째 입장은 공무원이 집권 정부의 행태와는 무관히 독립적이고 전문직업적인 판단에 입각해 정책과 행정문제에 접근해야 한다는 의미로서 '전문직업적 의무'를 강조하는 입장이다.

대의민주주의 원칙과 M.Weber의 관료제 이론에 따르면 공무원은 분명히 집권 정부의 정책과 정무직 상관의 지시에 충실할 의무가 있다. 그러나 R.Cooper의 지적대로 공무원은 집권정부 뿐만 아니라 일반 시민에 대해서도 책임을 진다. 이런 측면에서는 전문가로서 일반시민을 위해 독자적 판단을 해야 한다는 전문직업적 의무도 함께 가지고 있는 것이다.

결국 현대 대의민주주의 체제하에서 진정한 민주주의의 실현은 대의기관의 의사를 왜곡없이 실현함으로써 달성할 수 있느냐, 혹은 직접 전문성에 입각한 판단으로써 달성할 수 있는 것이냐는 문제로써 본질적으로 상충할 수 밖에 없으며 공무원에게 딜레마를 부여하고 제시문과 같은 상반된 입장이 나타나게 되는 것이다.

3. 상충성이 나타나게 된 배경

이론적으로, 정치적 대응 의무는 W.Wilson과 M.Weber로 대표되는 고전적 정치행정이원론에서부터 나타났다. 국민으로부터 권한을 부여받은 대의기관 및 최고관리자의 의사가 집권적 행정구조 하에서 왜곡 없이 실현됨으로써 민주주의를 달성할 수 있다는 Redford의 '위로부터의 민주주의(overhead democracy)'는 이러한 입장을 잘 나타낸다. 이러한 정치적 대응의무는 최근까지 관료제의 핵심으로 여겨지며 우리나라에서도 국가공무원법 제57조(복종의 의무) 등으로 실체화 되어 있다.

또한 전문직업적 의무는 정무직 공직자들에 대한 과도한 복종으로 인한 부작용을 극복하기 위해 1883년 Pendleton법에 도입된 실적제로부터, 공무원의 적극적 정책판단을 강조하는 신행정학, 신공공서비스론 등 적극적 정치행정일원론에 이르기까지의 이론적 흐름에서 강조되고 있다. 이러한 의무는 우리나라에서 명문으로 규정하고 있지는 않으나 비공식적 규범으로 작용하고 있으며 헌법 제7조 제1항의 "공무원은 국민전체에 대한 봉사자이며, 국민에 대하여 책임을 진다."는 규정은 간접적 근거가 되고 있다.

Ⅲ. 관료들이 선택할 수 있는 가치판단의 기준 - 설문 (2)

1. 논의의 필요성

앞서 살펴봤듯이, 공무원에게는 상충되는 의무가 있으며 이러한 의무는 실제 행정현실에서 다양하게 충돌하고 있다. 2012년 18대 대선 당시 국정원의 온라인 정치개입 사건은 정치적 대응의무와 전문 직업적 의무가 상충하는 상황에서 대응의무만을 지나치게 강조해 벌어진 안좋은 사례로 볼 수 있다. 공무원이 상반된 입장에 직면했을 때, 가치판단의 기준이 필요한 것이다.

2. 합법성

먼저 정무직 상관의 정책 혹은 판단이 법에 위배되는지 여부를 통해 선택할 수 있을 것이다. M.Weber는 공무원들이 법규와 규칙에 종속되어야 한다고 보았다. 법은 구체화된 민의로써 법에 따른 행정, 즉 법치행정을 통해 민주주의의 실현이 가능하고 예측가능성 및 일관성을 확보할 수 있기 때문이다. 따라서 만약 정무직 상관의 판단이 법에 위반된다면 관료들은 실무적 법해석에 있어서의 전문성을 바탕으로 이에 대항할 수 있다고 보아야 한다.

3. 공익

형식적 의미에서 법 위반 뿐만 아니라 전문성에 기초한 판단에 따라 현저하게 '공익'에 반한다고 생각되는 경우도 대항할 수 있다고 보아야 한다. 공익은 단순히 말하면 사회 전체의 이익 혹은 일반적 이익이라는 뜻으로, 이론적으로는 사익을 초월하는 독자적 개념으로 보는 실체설 및 사익의 총합 또는 조정의 산물로 보는 과정설이 있다. 공무원이 가치판단의 준거로서 활용할 수 있는 공익 개념은, 자의적으로 해석될 여지가 있는 실체설적 의미에서의 공익이 아니라, 신공공서비스론 등에서 강조하는 바와 같이 공유가치로서의 공익개념이어야 한다. 따라서 폭넓은 시민들의 참여를 통한 공유가치로서의 공익개념에 부합하지 않는 경우 관료제는 그러한 담론의 장으로써 시민의 의사를 대표해 대항할 수 있다고 볼 수 있다.

4. 명백성

정무직 상관에의 복종을 통한 계층질서의 확보는 앞서 말했듯이 '위로부터의 민주주의'를 실현하고 행정의 효율성 및 능률성을 확보하기 위한 필수적 요소이다. 따라서 정치적 대응의무를 기본으로 하되 진정한 민주주의의 실현을 위해 법이나 공익에 위반함이 명백한 경우에만 전문직업적 판단에 의한 대응이 가능하다고 보아야 한다. Hirshman은 이러한 대항수단을 항의(voice), 이탈(exit) 등으로 유형화 한 바 있다. 전자는 행정현실에서 회의실에서나 보고서 등으로 합법성과 공익을 근거로 대항하는 것이며, 후자는 사퇴나 인사이동 등으로 대항하는 방식이 될 수 있다.

Ⅳ. 바람직한 방향 - 설문 (3)
1. 바람직하게 생각되는 방향

상술한 두 가지 의무는 모두 민주주의의 핵심요소로서 균형 있게 지켜져야 한다. 그러나 상충의 딜레마 상황에서 꼭 한 가지 입장이 보다 중시되어야 한다면 전문직업적 의무에 보다 충실해야 한다는게 현재 행정이 직면한 내외적 환경에 비추어 타당하다고 생각된다. 논거는 아래와 같다.

2. 행정환경의 변화

불확실성이 고조되고 저성장, 저소비 등이 고착되는 이른바 뉴 노멀 행정환경하에서, 사회문제는 복잡해지고 있으나 예산 등 가용자원은 오히려 축소되는 상황이다. 이러한 행정환경의 복잡성·불확실성의 증대는 거대한 전문가 집단인 관료들의 적극적 정책개입과 전문성 확보를 요구하고 있다. 법규나 정무직 상관에의 명령에의 무조건적인 종속은 환경이 안정적일 때 특히 효과가 있다. 따라서 두 가지 의무가 대등하게 상충하고 한 가지 가치만을 선택해야 하는 상황이라면 전문성에 기반 한 전문직업적 의무에의 충실함이 필요한 상황이다.

3. 내부 인적 구성의 측면

최근 사회 전체적 분위기가 변함에 따라, 행정 내부의 구성원 역시 과거의 집단주의, 권위주의 성향에서 개인주의, 합리주의, 민주주의적 성향을 가진 구성원으로 바뀌고 있다. 또한 경쟁 강화로 인해 학력, 경력 등이 향상되며 인적구성원의 질적개선으로 전문성 역시 향상되고 있다. 이러한 상황에서 과거의 명령과 지시위주의 통제보다는 전문성에 따른 자유를 부여하고 사후책임을 지는 방식이 신자유주의(NPM)적 관점에서 선호되고 있다. 따라서 Y이론의 관점에서 공무원에게 자유와 전문적 판단을 하게하는 전문직업적 의무가 강조될 필요가 있으며, 인지평가이론인 자기결정이론이나 자기효능감이론에 따라서도, 공무원이 중요한 정책문제에 대해 스스로 결정하게 하는 것은 공무원의 내적동기를 자극하여 공직봉사동기(PSM; Public Service Motivation)등을 향상시키는데도 도움이 될 것이다.

4. 시민 대응성 측면

정치적 대응 의무는 위로부터의 민주주의(overhead democracy) 개념에 따라 국회 등 대의기관을 통해 전달되는 국민의 의사를 실현하는 것을 목적으로 한다. 반면 전문직업적 의무는 직접 전문성에 기반한 판단을 통해 실질적으로 국민에게 보다 적합한, 이익이 되는 결정을 하는 것을 목적으로 한다. 현재 관료제는 과거에 비해서도 훨씬 많은 정보와 예산, 인력을 보유하고 있으며 전문성 역시 강화되어 정보와 역량이 부족한 국회 등 대의기관에 비해 적절한 의사결정을 할 수 있을 가능성이 높다. 또한 신공공서비스론 및 뉴거버넌스 등에서 강조하는 바와 같이 담론의 장으로 기능함으로써 직접 민의를 수용하고 보다 문제의 원천에 가까운 곳에서 민의에 부합하는 판단을 내릴 수도 있다. 따라서 대응성의 측면에서도 전문직업적 의무를 보다 중시하는 편이 타당해 보인다.

V. 결 론

정치적 대응의무와 전문직업적 의무는 모두 민주주의의 중요한 요소로서 균형 있게 달성되어야 한다. 정치적 대응의무만을 강조하는 경우 관료제는 집권정부의 명령에만 복종하며 정치권력의 사유물이 되는 '정치도구화'의 우려가 있으며, 전문직업적 의무만을 강조하는 경우 관료가 가진 다양한 공적자원을 사적으로 전용한 권력집단이 되는 '정치권력화'의 우려가 있다. 따라서 양 의무의 조화를 위해 우선 정치적 대응의무를 기본으로 하되, 법이나 공익에 명백히 반하는 경우에 한해 전문직업적 의무의 발현을 통한 대항이 가능한 것으로 보아야 할 것이다. 또한 변화하는 행정 내외의 환경에 따라 점진적으로 전문직업적 의무의 발현기회를 넓히는 방향이 바람직한 것으로 생각된다.

| 강 평 |

1. 이 답안은 논점을 뚜렷하게 제시하고, 답안에서 요구되는 대로 문제의 원인과 배경, 관료들이 선택할 수 있는 가치판단의 근거, 자신의 주장을 잘 정리하였다. 좋은 평점을 받을 수 있다. 몇 가지 쟁점을 보다 분명히 이해하고 논의하였다면 보다 높은 점수를 받을 수 있다.

2. 첫째, M.Weber는 세세한 규정에 의해서 작동하는 관료조직에서 공무원이 기계적으로 규정만을 따르게 될 것을 염려하며 영혼없는 공무원이라는 표현을 사용하였다. 관료사회에서 어쩔 수 없이 나타날 수 밖에 없다는 의미다. 현재 우리나라에서 자조적으로 사용되는 영혼없는 공무원이란 자신의 전문성을 훼손하면서 규정을 어기는 현상을 지적한다. 이런 구체적인 이해를 바탕으로 문제의 원인과 배경을 논의할 필요가 있다.

3. 한편, 가치판단의 기준에 대한 논의(설문 2)는 첫째에서 지적한 쟁점을 잘 이해하고 있기 때문에 답이 명확하게 제시되고 있다.

4. 셋째, M.Weber가 시사하고 있는 것은 공무원이 규정의 준수에만 매몰되는 것에 대한 아쉬움이고, M.Weber는 정치적 판단에 대해 주의할 것을 요구하고 있다. 이런 쟁점에 대한 이해를 바탕으로 설문 3에 대해 답할 것이 요구된다.

5. 넷째, NPM, Y이론, 공직봉사동기 등이 언급되었는데, 쟁점과 분명하게 연결지을 수 없다면, 논의하지 않는 편이 낫다.

| 제2문 | 다음 제시문을 읽고 물음에 답하시오. (총 30점, 선택 총 15점)

새 정부가 들어서면서 일자리위원회가 설치되고, 앞으로도 여러 위원회의 설치가 예정되면서 과거 회자되던 '위원회 공화국'이 재현되는 것이 아니냐는 비판의 목소리가 있다. 그러나 '위원회 공화 국'이라는 표현은 다양한 유형의 위원회가 존재함에도 불구하고 모든 위원회를 부정적으로만 보는 시각으로, 문제가 있다는 주장 또한 제기되고 있다.

(1) 정부의 위원회조직에 대한 유형을 권한기준에 따라 분류하되, 구체적인 위원회의 예를 중심 으로 설명하시오. (10점)

(2) 위원회조직의 증가는 행정의 효율성과 민주성의 측면에서 어떠한 효과가 있는지에 대하여 서술하시오. (10점)

(3) 위원회조직에 대한 부정적 시각을 극복하기 위한 방안에 대하여 서술하시오. (10점)

I. 서 론

II. **위원회의 개념 및 유형 - 설문 (1)**
  1. 위원회의 개념 및 필요성
  2. 위원회의 유형

III. **위원회조직의 효율성·민주성 측면에서의 효과 - 설문 (2)**
  1. 효율성 측면
   (1) 긍정적 효과

   (2) 부정적 효과
  2. 민주성 측면
   (1) 긍정적 효과
   (2) 부정적 효과

IV. **부정적인 시각의 극복방안 - 설문 (3)**
  1. 정부위원회의 난립 해소
  2. 정부위원회의 남용 해소
  3. 정부위원회의 투명성 확보

V. 결 론

I. 서 론

　과거 참여정부 이후 위원회 형태의 조직이 확대되어 다양한 순기능을 가져오기도 했지만 '식물위원회', '위원회공화국' 등의 비판이 나타내듯이 위원회 조직이 난립하고 남용됨에 따른 부작용에 대한 우려도 컸다. 행정환경의 불확실성 증가 및 민주화의 요구에 대응하기 위해 활용되는 위원회조직이 가져올 수 있는 효율성과 민주성 측면에서의 긍정적·부정적 효과를 살펴보고 부정적인 인식을 개선할 수 있는 방향을 제시한다.

II. 위원회의 개념 및 유형 – 설문 (1)

1. 위원회의 개념 및 필요성

　위원회는 결정권한이 모든 위원에게 분산돼 있고 이들의 합의에 의해 결론을 도출하는 합의제 조직유형이며 전문성·민주성·투명성·공정성 등을 제고하고 국민의 행정참여 기제로서 작용하는 것을 목적으로 한다. 위원회조직 유형은 특히 과거 참여정부 시절 부각 되었으며, 기존의 계층적 관료제 구조 하에서 제대로 대응하기 힘들었던 행정환경 변화를 위원들의 전문성 및 다양성 그리고 민주적 의사결정을 통해 대응하기 위해 그 필요성이 커지고 있다.

2. 위원회의 유형

　우리나라의 정부위원회는 크게 '행정위원회'와 '자문위원회'로 구분된다. 먼저 행정위원회는 "행정기관 소관사무의 일부를 독립하여 수행할 필요가 있을 때 법률이 정하는 바에 따라 설치되는 합의제 행정기관"으로서 결정권한과 아울러 집행까지 책임지는 유형이다. 국가의 의사를 결정하고 대외적으로 이를 표시할 권한이 있으며, 사무국 등 필요한 하부조직을 설치할 수 있다. 이러한 행정위원회는 무소속기관 성격, 중앙행정기관 성격, 중앙행정기관의 소속기관 성격의 위원회로 구분된다. 무소속기관 성격으로는 국가인권위원회 등, 중앙행정기관 성격으로는 공정거래위원회, 금융위원회 등, 소속기관 성격으로는 소청심사위원회, 복권위원회 등을 들 수 있다.

　다음으로 자문위원회는 "행정기관의 자문에 응하여 전문적인 의견을 제공하거나 자문을 구하는 사항에 관하여 심의·조정·협의하는 등 행정기관의 의사결정에 도움을 주는 위원회"를 말한다. 대부분 비상설 위원회로 구성되며 원칙적으로 사무기구를 둘 수 없으며 결정사항을 대외적으로 표시하거나 집행할 수 있는 권한이 없다. 법령에서 규정된 위원회의 기능과 성격에 따라 '위원회 결정이 행정기관을 법적으로 기속하는 위원회'와 '기속하지 않는 위원회'로 구분된다. 전자로는 최저임금위원회, 중앙징계위원회 등이 있으며 후자로는 공공기관운영위원회, 중앙도시계획위원회 등이 이에 속한다.

Ⅲ. 위원회조직의 효율성·민주성 측면에서의 효과 - 설문 (2)

1. 효율성 측면

(1) 긍정적 효과

효율성은 일반적으로 정책효과성과 비용대비 산출을 의미하는 능률성을 포함하는 개념으로 위원회 조직의 증가는 다양하고 전문성을 갖춘 위원들의 협의를 통해 정책효과성을 제고할 수 있다. 또한 전문성과 합의라는 권위에 기초하여 정당성을 확보할 수 있으며 정책에 대한 순응 비용을 낮추어 능률성을 개선시킬 수 있다.

(2) 부정적 효과

위원회가 그 목적과는 달리 거수기 역할만을 하며 난립하게 되면 행정비용만을 높이게 된다. 또한 위원들이 합의하여 결정하는 방식임에 따라 의사결정비용이 높아져 효율성이 저해될 수 있다. 특히 공무원의 전문성과 대표성이 상충함에 따라 대표성이 높아질수록 전문성이 낮아져 그 효과성이 떨어지는 문제가 있을 수 있다.

2. 민주성 측면

(1) 긍정적 효과

먼저 위원회는 다양한 위원들의 협의와 투표에 기초한다는 점에서 그 자체로 민주주의 원리에 부합한다. 또한 위원들을 사회의 다양한 집단을 대표하도록 구성함으로써 간접적으로 민의를 전달하는 통로로써 기능하게 할 수 있다. 마지막으로 다양한 민의를 반영함으로써 대응성의 측면에서도 긍정적 역할을 할 수 있다.

(2) 부정적 효과

보통 투표 또는 거수에 의해 의사결정을 하게 되나 그것이 항상 바람직한 결과로 이어지는 것은 아니다. 투표의 역설, 중위투표자 정리, 다수의 횡포 등 다양한 투표 방식의 문제점이 발생할 수 있으며 선택되지 않은 의사가 무시될 수 있다. 또한 참여자 들간 권력자원의 불균형이 있는 경우 '오도된 합의(deceived consensus)'의 문제가 있을 수 있다. 마지막으로 민주성을 달성하기 위한 요소인 대표성 역시, 형식적으로 인적 구성만 맞추는 형식적 대표성의 문제나 참여할 만한 여유가 있는 사람만 참여하게 되는 편향적 대표성의 문제 등이 있을 수 있다.

Ⅳ. 부정적인 시각의 극복방안 - 설문 (3)

1. 정부위원회의 난립 해소

'위원회공화국'이라는 말이 있듯이 우리나라의 위원회는 양적으로 지나치게 팽창했고 필요이상으로 난립하고 있다는 비판이 있다. 이는 정부위원회의 종결메커니즘의 부재로 일어난 문제로서 이로 인해 다양한 식물위원회가 존속하게 되었다. 따라서 위원회제도의 일몰법 등을 통해 필요이상으로 존속하지 못하게 하고, 현재 운영되고 있는 위원회도 위원회 점검을 위한 임시조직을 태스크 포스 등의 형태로 설치함으로써 체계적으로 진단하고 평가하여 부적절한 경우 해산할 필요가 있다.

2. 정부위원회의 남용 해소

현재 정부위원회는 형식적 정당성 및 전문성을 통해 정책의 바람막이용 혹은 책임회피 수단으로 악용되는 경우가 많다. 따라서 행정안전부 등 관리기관에서 전담조직을 마련해 위원회제도의 운영기준 등을 체계적으로 설정하고 위원회 성과평가 제도 등을 도입해 단순한 회의 건수 등이 아닌 실질적 정책효과를 평가해 존속여부, 예산지원 등과 연계함으로써 이러한 남용문제를 해소할 필요가 있다. 또한 투표방식 뿐만 아니라 합의형성 방식 등을 적극적으로 활용하도록 하여 투표의 문제점을 극복하고 숙의에 기반 한 합의를 통해 모두가 이익이 되는 대안마련을 고심하는 위원회문화의 구축이 필요하다.

3. 정부위원회의 투명성 확보

정부위원회의 남용을 해소하기 위한 유용한 방법은 위원회의 투명성을 확보하는 것이다. 현재 위원회의 활동에 대한 일반시민의 접근성이 매우 낮다. 따라서 일반 시민들이 보다 쉽게 접근 할 수 있도록 회의록 공개 등 적극적인 정보공개제도를 마련하고, 이해관계자들의 참여 및 방청 등이 가능하도록 투명하게 개방할 필요가 있다. 또한 대의기관인 국회가 위원회를 적절하게 통제할 수 있도록 위원회 운영실태 및 예산운용현황에 대한 보고서 등의 제출을 정례화 하는 방안을 생각해 볼 수 있다.

V. 결 론

위원회는 기존의 계층적 조직구조가 달성하기 어려웠던 전문성·민주성 등의 가치를 실현하기 위한 조직형태로서 다양한 긍정적 역할을 하고 있다. 그러나 형식적 대표성 및 편향된 대표성 그리고 필요이상의 난립 등 많은 문제점 역시 나타내고 있었다. 따라서 이러한 문제를 극복하고 본래의 목적에 따라 효율적으로 운영되기 위해 전담조직을 통해 그 운영 및 평가기준을 마련하고 투명성을 확보할 필요가 있다.

| 강평 |

1. 좋은 점수를 받으려면 각 설문에 대해 꼼꼼히 검토하고 논점 중심으로 답해야 한다. 이 답안은 이런 답안 쓰기의 정석을 잘 따르고 있다. 문제의 설정에 이어서, 위원회의 개념 및 유형(설문 1), 위원회주직의 효율성과 민주성(설문 2), 부정적 시각을 극복하기 위한 방안(설문 3)을 잘 설명하고 있다.

2. 다만, '위원회공화국'이라는 부정적인 의미를 지니는 표현이 주로 자문위원회에 적용된다는 점을 인식하고, 답안을 작성하였다면, 논점이 더욱 뚜렷하였을 것이다. 특히 설문 3에 대한 답변이 분명해진다. 다른 한편, 행정위원회가 지닌 긍정적인 효과를 자문위원회와 연결된 부정적 이미지와 구분하며 더 잘 설명할 수도 있다.

| 제3문 | 다음 제시문을 읽고 물음에 답하시오. (총 20점, 선택 총 10점)

정부재정은 재정 건전성을 확보하는 것이 매우 중요하다. 재정 건전성을 확보하는 방법은 크게 ① 재정수입을 증대하거나, ② 재정지출을 절감하는 방법이 있다. 재정수입이 주로 조세수입에 의해서 충당되고 있는 상황에서 조세정책에 대한 국민의 동의를 확보할 필요가 있으며, 재정지출의 절감을 위해서는 사업의 타당성에 대한 검증 제도가 적절히 작동될 필요가 있다.

(1) 증세의 기대 효과를 경제적 후생의 분배와 경제활동 기회의 균등을 중심으로, 그리고 증세의 기대 효과를 제약하는 요인을 누수효과와 조세저항등을 중심으로 설명하시오. (10점)

(2) 사업의 타당성을 확보하기 위한 제도로서 운용되고 있는 현행 재정사업 자율평가 제도의 문제점과 개선 방안을 설명하시오. (10점)

Ⅰ. 서 론

Ⅱ. 증세의 기대효과 및 제약요인 - 설문 (1)
 1. 증세의 개념 및 유형
 2. 증세의 효과
 3. 증세효과의 제약요인

Ⅲ. 재정사업자율평가의 문제점 및 개선방안 - 설문 (2)
 1. 재정사업자율평가제도의 개념 및 내용
 2. 재정사업자율평가제도의 문제점
 3. 재정사업자율평가제도의 개선방안

Ⅳ. 결 론

답안작성

최 ○ ○ / 2016년도 5급 공채 일반행정직 합격

I. 서 론

최근 저출산, 저성장, 저소비 등 뉴노멀 행정환경 하에서 복지수요 증가 등으로 정부지출의 수요가 급증하여 그 재원마련 및 재정건정성의 달성의 중요성이 커지고 있다. 따라서 정부예산의 효율적 조달 및 사용을 위해 증세의 다양한 효과를 분석하고, 사업타당성 평가를 위해 재정사업자율평가제도의 문제점 및 개선방안을 살펴본다.

II. 증세의 기대효과 및 제약요인 - 설문 (1)

1. 증세의 개념 및 유형

증세는 조세수입을 늘리는 것으로서 세원의 확대 및 세율의 증대를 통해 실행할 수 있다. 증세의 효과는 일률적으로 말할 수 없고 늘어나는 세원이나 세율의 유형에 따라 달리 판단해야 한다. 일반적으로 조세는 크게 직접세와 간접세로 구분되는데 직접세는 납세자와 담세자가 일치하는 조세로서 소득세, 법인

세 등이 대표적이며, 간접세는 일치하지 않는 조세로써 부가가치세, 특별소비세 등이 있다. 이하에서는 증세의 효과 및 제약요인을 직접세와 간접세 중 어떤 조세를 증세하는 것인지에 따라 구분하여 살펴본다.

2. 증세의 효과

우선 증세의 효과를 경제적 후생 분배의 측면에서 살펴보면, 직접세는 주로 소득이 증가할수록 평균세율이 높아지는 '누진적 조세'인 경우가 많다. 따라서 직접세 위주의 증세는 일반적으로 고소득층이 더욱 크게 부담함으로써 그 지출은 균등하게 누린다고 했을 때, 경제적 후생을 고소득층에서 저소득층으로 재분배하는 기능을 한다. 즉 형평성을 도모할 수 있다. 반면 최근의 담배세 인상 등과 같은 간접세 위주의 증세는 일반적으로 물건의 소비성향이 높은 저소득층에게 보다 크게 귀속됨으로써 오히려 형평성을 악화시킬 우려가 있다. 다음으로 경제활동 기회의 균등 측면에서 살펴보면, 직접세는 주로 근로소득 등에 연계해 부과됨으로써 직접세 위주의 증세는 고소득 근로자의 근로의욕을 강하게 저해할 수 있다. 반면 저소득층은 이러한 직접세 부담이 적거나 전혀 지지 않고 있다. 따라서 근로기회의 균등 측면에서 살펴보았을 때 직접세는 일자리 나눔을 통해 근로기회를 재분배 할 수 있다. 또한 소비활동의 기회라는 측면에서 보았을 때 직접세는 이와 무관하나 물건에 주로 부과되는 간접세는 물건가격 상승으로 저소득층의 소비의 기회를 박탈하여 경제활동 기회균등에 부정적 영향을 줄 수 있다.

3. 증세효과의 제약요인

상술한 바와 같이 증세의 효과는 주로 직접세의 경우에 달성할 수 있다. 그러나 직접세는 일반적으로 평률세인 간접세와 달리 근로활동 등에 비례해 누진적으로 부과되어 경제활동에 왜곡을 유발할 수 있다. 결국 직접세 위주의 증세는 '오쿤의 새는 양동이'의 비유처럼 조세과정에서의 누수효과가 유발되어 형평성 증대를 위한 과도한 비용을 치르게 될 수 있다. 또한 납세자와 담세자가 다른 간접세와 달리 직접세 위주의 증세는 조세저항에 보다 크게 직면하게 되는데 이로 인한 문제 역시 증세효과를 제약할 수 있다. 결국 조세의 효과를 누리기 위해서는 직접세 위주의 증세가 바람직하나 그 제약요인은 보다 크게 직면하는 딜레마가 있는 것이다.

Ⅲ. 재정사업자율평가의 문제점 및 개선방안 - 설문 (2)
1. 재정사업자율평가제도의 개념 및 내용

재정사업자율평가제도는 사업시행부처가 재정사업을 자율적으로 평가하고 그 결과를 재정당국이 예산심사에 활용하는 제도를 말한다. 이를 통해 성과중심의 예산배분을 확보하고자 하는 것을 목적으로 하며, 보다 구체적으로는 기획재정부가평가기준 및 평가지표를 제시하고, 이를 토대로 각 부처가 매년 재정사업 중 1/3에 해당하는 사업을 자율평가하여 제출하면, 기획재정부가 이를 다시 확인·점검 하는 방식으로 진행된다.

2. 재정사업자율평가제도의 문제점

재정사업 자율평가제도는 자율성 및 공정한 보상에 따른 동기부여 및 책임감을 상승시킬 수 있다는 긍정적 효과가 기대되나 아래와 같이 몇 가지 문제점이 지적된다.

첫째, 기재부와 일반부처 간 정보비대칭성으로 인한 문제이다. 현재 기획재정부는 부처의 자율평가 결과를 사후에 확인점검 하는 메타평가 방식을 취하고 있으나, 부처의 사업수행이나 평가과정에 대한 정보와 자료의 부족으로 정확한 재평가를 하기 어려운 상황이다.

둘째, 자율평가에 따른 도덕적 해이의 문제이다. 상술한 바와 같이 정보비대칭 상황 하에서 미흡-매우 미흡으로 평가된 사업에 대해 예산삭감 등 네거티브 방식의 피드백이 이루어 지다 보니 자율평가결과의 관대화 경향이 발생하고 있다.

셋째, 획일적 평가기준에 따른 문제점이다. 기획재정부 위주의 일원화된 평가체계로 인해 개별 부처의 특성을 반영하지 못하는 문제가 있다. 이로 인해 유형적이고 결과지향적인 사업을 많이 포함하고 있는 청단위의 기관이 좋은 평가점수를 얻고 있는 실정이다.

마지막으로 성과중심의 공정한 보상에 대한 의문이 있을 수 있다. 평가결과와 예산배분을 연계하는 보상체계를 형식적으로는 갖추고 있지만 예산의 정치적 성격으로 인해 대통령의 정책적 우선순위나 정치인들의 자기 사업 챙기기 행태 등으로 평가결과가 예산배분에 그대로 적용되기가 어렵다.

3. 재정사업자율평가제도의 개선방안

먼저, 기획재정부의 재평가역량의 강화가 필요하다. 현재 획일적으로 책정되고 있는 평가기준의 다양성과 신축성을 확보하기 위해 각 부처의 참여를 통한 기준마련이 필요하다. 이를 통해 평가결과에 대한 순응 및 도덕적 해이등을 방지할 수 있을 것이다.

둘째, 평가대상사업에 대한 선택과 집중이 필요하다. 현재 주어진 인력과 예산에 비해 피평가기관이 너무 많은 상황이다. 따라서 우리나라에서도 미국 오바마 정부의 선별적 평가방식을 벤치마킹해 평가대사사업을 정비하여 목적이 비슷한 사업을 프로그램으로 묶어서 중요사업 중심으로 평가할 필요가 있다.

셋째, 긍정적 보상을 확대할 필요가 있다. 현재 예산삭감이나 사업구조조정의 등 네거티브 위주의 평가보상을 성과우수사업에 대한 예산인센티브 확대 등 인센티브 위주의 보상으로 전환할 필요가 있다.

넷째, 사업의 결과에 대한 관심을 제고할 필요가 있다. 현재 재정사업자율평가에서 제시된 조직의 비전이나 성과목표, 지표 등은 상당히 형식적인 성격을 띠고 있다. 따라서 행정기관장 주도로 조직의 비전, 전략목표, 성과목표 등을 재검토, 수정하여 재정사업의 목표와 성과 자체가 지닌 바람직성이나 타당성을 확보하려는 노력이 수반되어야 할 것이다.

Ⅳ. 결 론

최근 많은 OECD 국가들과 같이 재정절벽에 직면하여 재정건전성의 확보를 위한 노력이 계속되고 있다. 단순히 덜 쓰는 것이 아니라 효과적으로 걷어서 효율적으로 사용하기 위한 고민이 있어야 한다. 하지만 직접세 위주의 증세는 효과적일 수 있으나 다양한 제약에 직면할 수 있고, 재정사업자율평가제도 역시 많은 문제점을 지니고 있으므로 이를 보완해갈 필요가 있다. 최근 도입된 통합재정사업평가는 이러한 문제를 극복하기 위한 좋은 시도라고 생각된다.

┤ 강평 ├

1. 주요 개념을 이해하고 있는지를 묻는 문제로서, 증세효과(설문 1)와 재정사업자율평가(설문 2)에 대해 충실하게 논의하고 있다. 조세를 기본적으로 직접세, 간접세로 나누어, 증세할 때 나타나는 효과를 직접세와 간접세로 나누어 살펴보고 있다. 다만 증세효과의 제약요인을 다룰 때는 누수효과의 의미와 조세저항의 의미를 보다 명확하게 표현할 필요가 있다. 예를 들면, '오쿤의 새는 양동이'의 비유처럼 누수효과가 유발되어 — 라는 답안은 누수효과를 설명하기 보다는 누수효과를 언급하는 것이다. 조세저항에 대한 논의도 같다. 평가자가 안다고 생각하지 말고, 친절하게 답안을 작성하는 게 좋다.

2. 재정사업자율평가제도에 대해서는 문제점을 잘 지적하고 있다. 개선방안도 잘 제시하고 있다. 그런데, 제시하고 있는 개선방안이 지적한 각각의 문제점에 대응하지 않고 있다. 문제점을 지적할 때와는 다른 측면에서 개선방안을 제시한다면, 기존의 문제점은 그대로 남는다는 뜻이 된다. 각각의 문제점에 대응하는 개선방안을 제시할 필요가 있다.

2017년 입법고등고시 기출문제와 어드바이스 및 답안구성 예

| 제1문 (40점) |

다음 제시문을 읽고 물음에 답하시오.

> 뉴노멀(New Normal)이란 2000년대 이후 만연된 저성장, 저소비, 저물가, 저수익률과 같은 경제사회상황을 종합적으로 지칭한다. 특히 다양한 분야의 뉴노멀 현상을 관통하는 한 가지 특징을 주목한다면 위험(risk)을 들 수 있다. 현대국가는 과거와 비교할 때 거의 대부분의 분야에서 스케일이 더 크고 발생가능성이 더 높은 수준의 위험에 직면하고 있다. 복잡하고 다양한 위험을 어떻게 효과적으로 관리해 나가야 하는지는 모든 정부가 직면하고 있는 가장 큰 과제라고 할 수 있다.

(1) 뉴노멀 행정환경에서 협력적 거버넌스의 필요성에 대해 논하시오. (20점)

Advice

1. 제시된 키워드를 중심으로 먼저 저성장, 저소비, 저물가, 저수익률 즉 4低의 경제상황에서 협력적 네트워크는 정부부문만이 아니라 민간부문의 전문성과 창의성을 활용해 보다 낮은 비용으로 보다 효과적인 사회문제 해결기제로서의 역할을 할 수 있음을 서술한다.

2. 또한 고위험 사회와 관련해, 다양한 조직이 참여하여 다수의 책임자가 관여하는 협력적 네트워크의 구축은 공동으로 문제를 인지하고 대안을 탐색하여 공동으로 책임지는 공유된 자율성을 바탕으로 위험을 분산하는 역할을 할 수 있음을 차례로 서술한다.

(2) 위의 협력적 거버넌스 필요성에 근거하여 우리나라 국회의 기능의 중요성을 확인하시오. (20점)

Advice

1. 우선 국회의 대표적 기능을 입법, 예산, 행정부 견제 기능으로 분류하여 접근하면 체계적일 것이다. 먼저 입법 및 예산 기능을 통해 행정의 투입(Input)측면, 즉 협력적 거버넌스를 위한 정부의 활동근거 및 기반을 마련하는 기능을 함을 서술한다.

2. 또한 행정부 견제 기능을 통해 행정의 산출(Output)측면에서, 협력적 거버넌스의 필요성이자 한계가 될수 있는 '공유된 책임성'의 문제를 해결하는 기능을 할 수 있음을 서술한다.

| 제2문 (40점) |

행정개혁과 관련하여 '큰 정부'와 '작은 정부'에 대한 논란이 지속적으로 증가하고 있다. 이와 관련하여 아래의 문제에 답하시오.

(1) 작은 정부의 등장배경과 행정학적 의의를 설명하시오. (20점)

Advice

작은 정부의 등장배경은 단순히 표현하면 '큰 정부'에 대한 반성이라고 볼 수 있다. 1930년대 이후 선진국에서의 케인지안 복지국가, 개도국에서의 발전국가 패러다임이 전 세계적으로 '큰 정부'로의 흐름을 형성했고, 1970년대 이후 오일쇼크 및 신자유주의 바람에 따라 '작은 정부'를 지향하게 되었다. 이에 행정학에 있어서도 효율성의 추구를 위해 정부부문에 시장원리와 기업문화를 도입하는 '신공공관리'의 유행을 불러왔다.

(2) 작은 정부의 등장배경과 행정학적 의의를 토대로, 우리나라 정부의 크기를 비판적으로 논하시오. (20점)

Advice

1. 정부규모의 판단기준은 주로 양적 측면과 질적 측면으로 나눠지는데, 전자는 재정 및 인력의 규모를, 후자는 규제 및 법령의 건수를 의미한다. 우리나라의 정부규모에 대해서는 양적으로는 크지 않으나 질적으로는 강한 정부라는 견해가 일반적이다.

2. 따라서 외형적 규모의 축소보다는 내부적 효율화를 추구하고, 불필요한 경제규제는 줄이고 사회규제는 확대하는 형태의 조정이 필요하다는 방향을 제시한다.

답안구성 예

Ⅰ. 서론

Ⅱ. 작은 정부의 등장배경과 행정학적 의의
1. 등장배경: 큰 정부에 대한 반성
2. 행정학적 의의: 신공공관리의 유행

Ⅲ. 우리나라 정부의 크기
1. 양적 측면
2. 질적 측면
3. 비판적 검토

Ⅳ. 결론

| 제3문 (20점) |

공무원 경력개발제도(career development program: CDP)의 개념과 의의, 성공적인 운영을 위한 전제조건 등에 관하여 서술하고, 우리나라에서 공무원 경력개발제도를 시행하는 과정에서 나타나는 부작용을 논하시오.

Advice

1. 경력개발제도의 개념과 함께, 최근 직업안정성이 저하되고 노동시장의 유연성이 증대됨에 따라 지속적 능력개발이 중요해 지고 있다는 중시 배경을 서술한다. 경력개발제도의 성공적인 운영을 위한 전제조건과 관련해서는 먼저 제도적 측면에서 공직분류체계에 있어서는 직위분류제가 기반이 되어야 하며 전략적 인적자원관리의 차원에서 다른 인사제도와의 연계가 필요하다. 또한 문화적 측면에서 공무원의 자기개발에 대한 노력 및 자율성과 상급자의 의지 등이 조화되어야 한다.

2. 따라서 부작용도 이에 맞추어 직위분류제가 아닌 계급제 기반으로 인한 Z자형 보직이동의 문제점, 고위공무원단 등 다른 제도와의 충돌, 문화적 부적응으로 인한 형해화 등을 서술한다.

답안구성 예

Ⅰ. 서론

Ⅱ. 공무원 경력개발제도
1. 공무원 경력제도의 개념과 의의
2. 성공적인 운영을 위한 전제조건
3. 우리나라 행정 현실과의 정합성

Ⅲ. 결론

| 제1문 | 다음 제시문을 읽고 물음에 답하시오. (총 40점, 선택 총 20점)

관료제와 민주주의의 관계를 조화가능하다고 보는 견해에서부터 양립불가능하다고 보는 견해에 이르기까지 양자의 관계에 대하여 많은 논란이 있다. 즉 관료제와 민주주의는 딜레마 관계에 있다고 할 수 있다. 민주주의는 관료들이 정치적이어서는 안 된다는 규범을 내세우면서도, 다른 한편으로는 정치적이어야 한다는 상반되는 신호를 동시에 보낸다는 것이다.

(1) 민주주의적 관점에서 관료제의 긍정적 측면과 부정적 측면에 대하여 설명하시오. (20점)

(2) 공직자의 행정책임성을 민주주의적 관점에서 논하시오. (20점)

Ⅰ. 서 론

Ⅱ. 민주주의적 관점에서 관료제의 긍정적 측면과 부정적 측면
　1. 관료제의 긍정적 측면
　　(1) '위로부터의 민주주의'의 가능성
　　(2) '이념형 관료제'와 민주주의 조화

2. 관료제의 부정적 측면
　(1) 선출되지 않은 권력의 문제
　(2) 지나친 공식화와 집권화의 문제

Ⅲ. 민주주의적 관점에서 공직자의 행정책임성
　1. 행정책임성의 개념 및 유형
　2. 공직자에게 필요한 행정책임성

Ⅳ. 결 론

답안작성　　　　　　　　　　　　　박 ○ ○ / 2015년도 5급 공채 일반행정직 합격

Ⅰ. 서 론

　관료제와 민주주의의 관계에 대한 논의는 많은 논란이 존재한다. 관료제의 높은 공식화와 집권화가 민주주의에 반할 수 있다는 견해와 오히려 관료제를 통한 효율성이 민주주의에 긍정적으로 작용할 수 있다는 견해가 대립하고 있다. 그러나 어느 한 견해가 절대적 우위를 가지지는 못하며 시대와 행정환경에 따라 설명력이 각각 다르게 나타난다고 볼 수 있다. 최근에는 관료제 뿐만 아니라 그 구성원인 공직자의 행정책임성 또한 민주주의에 영향을 미칠수 있다는 점에서 관심이 증가하고 있다. 따라서 이에 대해 자세히 논하고자 한다.

Ⅱ. 민주주의적 관점에서 관료제의 긍정적 측면과 부정적 측면

1. 관료제의 긍정적 측면

(1) '위로부터의 민주주의'의 가능성

민주주의란 국민의 의사가 정치와 행정에 반영되는 것을 의미한다고 볼 수 있으며, 관료제란 관료에 의해 운영되는 비교적 규모가 큰 계층적 조직을 말한다. 한 사회에서 법이나 정책은 선출된 권력인 대표(정치인)에 의해 제정되며, 선출된 대표는 본인의 의사가 아닌 국민의 의사를 법과 정책에 반영한다.

관료제는 집권적 구조를 통해 국민의 의사가 반영된 법과 정책의 집행을 효율적으로 달성할 수 있는 기제로 작동할 수 있으며 이를 통해 민주주의를 달성할 수 있다. 우드로 윌슨은 행정은 경영과 유사하며 정치와는 분리되어야 한다고 주장하였고, 관료제는 정치권에 의해 제정된 법과 정책을 효율적이고 기계적으로 집행하는 데에 머물러야 한다고 주장했다. 효율적인 집행이 곧 국민의 의사를 실행한 것이며, 이를 통해 민주주의를 달성할 수 있다고 본 것이다.

레드포드(Redford)는 이를 '위로부터의 민주주의'(overhead democracy)라고 언급한 바 있다.

(2) '이념형 관료제'와 민주주의 조화

베버(M. Weber)는 관료제의 이상적인 모습을 상정하여 '이념형 관료제'(ideal type of bureaucracy)를 주장했다. 이념형 관료제는 몇 가지 특징들을 통해 민주주의와 조화를 이룰 수 있다.

첫째, 경쟁시험을 통한 채용은 사회의 기득권 세력에 의한 관료제 독점을 방지함으로써 사회적 신분의 차이를 완화시킬 수 있다. 또한 경쟁시험을 통해 채용된 관료들은 업무수행을 위해 지속적인 훈련을 받기 때문에 전문성을 갖추게 되고, 이를 업무에 적용함으로써 국민을 위한 행정이 가능해진다.

둘째, 법규의 공정하고 몰인정적(impersonal)인 적용은 법 앞의 만민평등이라는 민주주의적 이상과도 일치한다. 행정업무가 자의성이나 개인적 선호가 배제된 채 규정된 법규에 따라 처리되기 때문에 국민 모두에게 공평무사한 행정을 제공할 수 있다.

2. 관료제의 부정적 측면

(1) 선출되지 않은 권력의 문제

관료들은 직접적으로 국민에 의해 선출되지 않으며, 경쟁시험을 통해 선발되거나 선출된 대표에 의해 임명된다. 최근 행정환경이 복잡해지고 국민들의 행정수요가 급증하면서 전문성을 가진 관료제의 역할이 점점 증가하고 있다. 이러한 가운데 선출되지 않은 관료들의 권한과 '재량' 또한 증가하였다. '주인-대리인 이론'에 의하면 주인인 국민과 국민에 의해 선출된 대표는 '정보의 비대칭'으로 인해 관료들의 행위를 전부 파악하지 못한다. 따라서 관료들은 공익이 아닌 사익을 추구할 유인을 갖는 도덕적 해이가 나타날 가능성이 존재한다. 국민을 위한 행정이 아닌 관료 개인을 위한 행정을 함으로써 민주주의에 반하는 모습이 나타날 수 있는 것이다.

(2) 지나친 공식화와 집권화의 문제

관료제는 국민의 대표인 의원이 만든 법과 절차에 구속된다. 이는 선출되지 않은 관료들의 자의적인 행정을 방지하지 위해서 강조되며, 표준운영절차(SOP)의 마련이 대표적이다.

그러나 지나친 공식화는 국민 개개인의 상황에 신속하고 탄력적으로 대응할 수 없으며, 법규가 마련되어 있지 않은 사각지대가 존재하는 경우 국민을 위한 행정서비스를 제공하지 못하는 문제가 발생할 수도 있다. 지난 '송파 세 모녀 사건'에서도 차상위 계층의 지원 법규가 미비하여 불행한 결과가 나타났음을 확인할 수 있다.

그리고 관료제는 집권화를 특징으로 갖는다. 계층제적 구조 속에서 상의하달과 복종의 의무가 강조된다. 그러나 지나친 집권화는 관료들에게 부당한 명령에도 복종하게 함으로써 국민의 의사와는 반하는 행정이 나타날 수 있다. 몇 년 전 '영혼 없는 공무원'이 문제가 되었던 것처럼 상관의 명령에 복종하기만 하는 공무원이 양산될 수 있다는 점에서 민주주의에 반할 가능성이 있다.

Ⅲ. 민주주의적 관점에서 공직자의 행정책임성

1. 행정책임성의 개념 및 유형

행정책임성은 책임의 성격에 따라 '법적 책임성'과 '윤리적 책임성'으로 구분이 가능하며, 책임의 소재에 따라 '계층제적 책임성'과 '개인적 책임성'으로 구분할 수 있다. 먼저 법적 책임성이란 '위법 행위를 하지 않아야 할 의무'와 '법에 요구된 행위를 해야 할 의무'를 의미한다. 공직자의 윤리적 책임성이란 '위법하지 않으나 부당한 행위'를 피할 의무와 '법적 의무를 넘어선 옳은 행위'를 할 의무를 뜻한다.

공직자의 계층적 책임성이란 '공무원이 상관의 지시에 충실할 의무'를 말한다. 그리고 공직자의 개인적 책임성이란 '공무원이 직무 수행과 관련하여 스스로 판단하고 선택할 의무'를 뜻한다.

Romzek과 Dubnick은 통제의 정도와 통제의 원천에 따라 책임성을 관료제적 책임성, 법적 책임성, 전문가적 책임성, 정치적 책임성으로 구분했다. 이는 각각 앞서 언급한 계층제적 책임성, 법적 책임성, 개인적 책임성, 윤리적 책임성과 각각 상응한다고 볼 수 있다.

2. 공직자에게 필요한 행정책임성

공직자에게는 일반 사기업에 종사하는 사람들과는 다르게 상대적으로 높은 수준의 행정책임성과 행정윤리가 요구된다. 이는 공직자들이 맡은 업무의 성격이 공익과 관련된 경우가 대부분이며, 행정의 파급력이 전체 국민에게 미치기 때문이다. 따라서 행정책임성을 갖추지 못할 경우 국민의 의사에 반하는 결과가 나타날 수 있으며 이는 곧 민주주의에 반하는 것으로 해석할 수 있다.

공직자에게 요구되는 행정책임성은 앞서 언급한 4가지 행정책임성이 모두 요구된다. 특정책임성에만 경도될 경우 병리현상이 나타날 수 있기 때문이다. 법적 책임성이 지나치게 강조될 경우에는 목표대치 현상이 나타나거나 무사안일과 같은 도덕적 해이가 나타날 수 있다. 또한 정책과정에 수많은 공무원들이 다양한 방식으로 관여하는 관계로 법적 의무를 위반한 특정공무원을 명확히 가려내기가 어려운 다수 손의 문제가 나타날 가능성이 있다. 이를 억제하기 위해서는 윤리적 책임성과 개인적 책임성이 요구된다.

윤리적 책임성에 경도될 경우 개인적 가치관이나 편협한 전문성을 앞세워 합법적 권위를 부정하는 행태가 나타날 수 있다. 이를 억제하기 위해서는 법적 책임성과 계층적 책임성이 요구된다.

계층적 책임성에 경도될 경우에는 업무와 관련된 판단과 책임을 상관에 종속시키고, 자신이 연루된 정책의 결과 등에 대해 관심을 가지지 않는 가치판단의 배제가 나타날 수 있다. 또한 개인적 이득을 위해 상관에 대해 아부적인 복종을 하는 기회주의가 나타날 수도 있다.

이를 억제하기 위해서는 윤리적 책임성과 개인적 책임성을 통해 상관의 지시에만 충실하려고 하는 모습을 자제시켜야 한다.

마지막으로 개인적 책임성에 경도될 경우 개인의 양심과 판단을 근거로 조직의 요구나 상관의 지시에 쉽게 저항하는 행태가 나타날 수 있다. 이를 억제하기 위해서는 법적 책임성과 계층적 책임성이 요구된다. 결국 불균형적인 행정책임성의 이행은 여러가지 병리현상을 가져올 수 있다는 것을 예상할 수 있으며, 이 경우 국민의 의사에 반하는 것이기 때문에 민주주의에 부정적인 영향을 끼친다고 볼 수 있다. 따라서 이를 억제하기 위해서는 다양한 행정책임성이 요구되며, 그래야만 행정책임성을 통해 민주주의에 확보가 가능할 것이다.

Ⅳ. 결 론

관료제는 민주주의와 조화를 이룰 수도 있고 양립이 불가능할 수도 있다. 그러나 관료제를 완전히 대체할 수 없는 현실에서 관료제가 민주주의와 조화를 이룰 수 있도록 방법을 강구하는 것이 보다 현실적이고 합리적이라고 할 수 있을 것이다. 그리고 관료제의 구성원인 공직자들은 공익의 담지자라는 소명의식을 가지고 여러 가지 행정책임성을 갖추고 이행할 수 있어야 관료제의 병리현상을 막고 민주주의에 긍정적인 결과를 가져올 수 있을 것이다.

강평

1. 문제의 핵심을 이해하고 매우 잘 작성된 답안이다. 목차의 흐름만 보면 논리가 뚜렷하게 제시된다. 다만 목차 내에서 문장이 너무 길어 채점자의 인내심을 요구한다. 그리고 문단에서 논지가 여러 개 등장하여 따라가기가 어렵다. 첫째, 둘째 등으로 구분할 필요가 있다.

2. 이 문제의 핵심은 관료조직이 민주적으로 결정된 내용을 효율적으로 집행하는 조직으로서 민주주의에 기여할 수 있으나, 관료조직이 결정권한을 가지게 되면 시민의 요구를 반영하지 못할 우려가 있다는 것이다.

3. 최근 우리나라에서 행정 중심에서 정치 중심으로 권력이동이 이루어지고 있는 현상이 그러한 모습을 반증한다. 이럴 경우 행정책임을 무엇으로 정리할 것인지가 쟁점이 된다. '법적 책임성' '윤리적 책임성' '계층제적 책임성' '개인적 책임성'으로 잘 구분하고 있다. 다만 서술이 ①, ②, ③, ④ 등으로 구분하고 간단하게 핵심적 내용을 정리할 필요가 있다.

| 제2문 | 다음 제시문을 읽고 물음에 답하시오. (총 30점, 선택 총 15점)

성과관리는 성과중심주의에 입각한 통합적 관리로서 공공부문에 긍정적인 기능을 할 수 있다. 하지만, 성과관리의 목표달성에 불확실성이 존재하고 많은 요인들의 영향으로 당초 의도와 달리 부정적 결과를 초래할 수 있다는 지적이 있다.

(1) 공공부문의 성과관리 도입목적에 대하여 설명하고, 성과관리의 의도하지 않은 결과에 대하여 논하시오. (18점)

(2) 위의 부정적 결과를 통제하기 위한 방안에 대하여 논하시오. (12점)

Ⅰ. 서론

Ⅱ. 공공부문의 성과관리 도입 목적과 의도하지 않은 결과
 1. 공공부문의 성과관리 도입 목적
 2. 성과관리의 의도하지 않은 결과
  (1) 지나친 경쟁으로 인한 기관의 상호협력을 저해
  (2) 성과달성 여부 판단의 어려움과 소극적 행정의 가능성

 (3) 성과평가의 어려움과 병리

Ⅲ. 성과관리의 부정적 결과의 통제 방안
 1. 기관 간 협력을 위한 제도적 정비와 인센티브 제공
 2. 업무 특성에 따른 정성평가의 적절한 사용
 3. 객관적인 성과평가 기준 및 측정 방법의 마련

Ⅳ. 결론

답안작성   박ㅇㅇ / 2015년도 5급 공채 일반행정직 합격

Ⅰ. 서 론

1990년대 이후 신공공관리론에 기초를 두고 OECD 가입 국가를 중심으로 이루어진 행정개혁의 흐름을 성과 중심의 행정개혁이라고 한다. 성과관리는 이러한 성과 중심의 행정개혁 중 하나에 해당하며, 우리나라도 신공공관리론적 행정개혁을 하나로 성과관리를 도입하기 시작했다. 성과관리는 일부 긍정적인 결과를 가지고 왔지만, 의도하지 않은 부정적 결과들도 나타내었는데 그 내용과 통제방안에 대해 논하고자 한다.

Ⅱ. 공공부문의 성과관리 도입 목적과 의도하지 않은 결과
1. 공공부문의 성과관리 도입 목적
성과관리는 조직의 비전과 목표를 구현하기 위한 성과 체계로 조직을 재구조화하기 위한 시도를 의미

한다. 그리고 성과관리는 조직의 비전과 목표로부터 이를 달성하기 위한 부서단위의 목표와 성과지표, 개인단위의 목표와 성과지표를 제시한다는 점에서 연역적·하향식 접근이다.

이러한 성과관리를 공공부문에 도입한 목적은 관료제의 비효율성과 같은 역기능을 해소하기 위해서 이다. 즉 시장의 관리기법을 도입하여 정부비효율성으로 인한 정부실패를 해소하기 위해서 성과관리를 도입한 것이다.

2. 성과관리의 의도하지 않은 결과

성과관리는 공공부문에 성과 향상을 위한 경쟁의 분위기와 절차보다는 성과 중심의 업무분위기를 가져왔고, 업무의 효율성이 향상되는 등의 긍정적인 결과를 가져왔다고 볼 수 있다. 그러나 이와는 반대로 성과관리는 의도하지 않은 결과를 수반하였다.

(1) 지나친 경쟁으로 인한 기관의 상호협력을 저해

행정 목표의 복잡성과 불확실성으로 인해 여러 정부기관들 간의 협력이 필요하지만 성과에 대한 분절적 평가로 인해 경쟁이 심화될 수 있다. 현재 정부업무평가기본법에 의하면 성과평가는 부처단위로 평가하도록 되어있기 때문에 부처 간 협력이 쉽게 이루어지지 못하고 있다.

이는 행정의 비효율성과 예산낭비 뿐만 아니라 국민에 대한 대응성이 낮아진다는 점에서 부정적인 결과라고 할 수 있다.

(2) 성과달성 여부 판단의 어려움과 소극적 행정의 가능성

정부활동은 정치·사회·경제 등 다양한 외부요인에 노출되어 있고 그 성과가 장기간에 걸쳐 나타나는 경우가 많다. 따라서 특정한 성과에 대한 인과적 추론이 힘들며, 이로 인해 성과달성 여부에 대한 분명한 책임 소재를 가리기도 쉽지 않다. 나아가 노력에 의한 정당한 성과평가가 이뤄지지 않을 경우 공무원들의 무사안일과 복지부동과 같은 소극적인 행정이 나타날 가능성이 있다. 이는 국민들에 대한 대응성을 약화시키고 신뢰를 저하시키는 문제를 초래할 수 있다.

(3) 성과평가의 어려움과 병리

성과관리의 목표가 추상적이고 성과평가를 위한 성과지표 및 평가방법이 객관적이지 못하거나 계량적인 방법의 마련이 어려운 경우에 공공부문의 구성원들의 행태적 반응에 따라 각종의 병리현상이 나타날 수 있다.

먼저 톱니효과(ratchet effect)가 나타날 수 있다. 개인 또는 집단은 현재 시점에서 더 많은 성과를 달성하면 차기에 더 높은 성과목표를 설정해야 하기 때문에 미래의 좋은 평가결과를 위하여 현재의 성과목표 설정 수준이나 달성된 성과를 낮추려는 유인이 발생하게 된다.

다음으로 성과의 계량화되지 않는 부분은 고려하지 않고 계량화될 수 있는 영역의 성과만을 강조하는 계량지표의 지나친 강조(tunnel vision) 현상이 나타날 수 있다.

마지막으로 관리자가 당장의 성과지표나 성과평가에 집착하여 장기적이고 전략적인 목표보다는 단기적으로 달성 가능한 목표만을 추구하게 되는 근시안적(myopia) 관리가 나타날 수 있다.

Ⅲ. 성과관리의 부정적 결과의 통제 방안

1. 기관 간 협력을 위한 제도적 정비와 인센티브 제공

정부 기관 간, 부처 간 협력을 유도하기 위해서 정부업무평가기본법의 부처단위 평가를 협업의 경우 협업 기관 간 공유가 가능하도록 개정할 필요가 있다. 또한 협업의 경우에 예산과 인력을 우선 배정하고, 성과평가에 있어서도 가점을 주는 방법도 고려해 볼 수 있다. 이로 인해 협업과 협력이 이루어질 경우 기관 간, 부처 간의 성과도 더욱 향상될 수 있을 것이며 국민에 대한 대응성도 높아질 것으로 기대할 수 있을 것이다.

2. 업무 특성에 따른 정성평가의 적절한 사용

공공부문의 업무를 특성에 따라 분류하여 계량적 평가가 어려운 부문에는 정성평가를 사용할 필요가 있다. 또한 다양한 요인에 의해 영향을 받거나 성과가 장기간에 걸쳐 나타나는 경우에는 사안에 따른 새로운 성과평가 방법을 마련하는 것도 생각해볼 수 있다. 그리고 소극적 행정을 방지하고 적극적 행정을 유도하기 위해서 적극적 행정을 행한 경우에 발생하는 문제에 대해 해당 공무원에게 책임을 묻지 않는 규정을 확대 시행할 필요가 있다.

3. 객관적인 성과평가 기준 및 측정 방법의 마련

톱니효과(ratchet effect) 등과 같은 각종의 병리현상들은 성과평가에 대한 비합리성과 불만에서 기인한 것이라고 볼 수 있다. 따라서 평가자와 피평가자 사이에 합리적이고 객관적인 성과목표와 성과지표를 설정하고 객관적인 측정 방법을 도입한다면 각종 병리 현상들을 억제할 수 있을 것이다. 다른 부처나 민간 부문의 측정 방법을 도입하거나 외부 용역을 통해 새로운 측정 방법을 마련하는 것 등이 대안이 될 수 있을 것이다.

Ⅳ. 결 론

공공부문의 성과관리의 도입은 공직사회의 성과중심의 가치관 및 인식의 전환을 가져왔고, 경쟁의 분위기를 가져왔다는 점에서 긍정적으로 기능하고 있다고 볼 수 있다. 그러나 성과지표나 측정지표 및 평가방법의 마련 등과 같은 충분한 준비가 없는 상태에서의 성과관리의 도입은 예기치 못한 부정적 결과를 가져오기도 했다. 더구나 집단주의 문화가 강한 우리나라의 행정에서 성과관리는 경쟁이 활발히 이루어지지 않거나 혹은 지나친 경쟁으로 인해 부작용이 나타나는 모습이 빈번하게 나타나고 있다. 따라서 성과관리의 의도한 목적을 달성하고 부정적 결과를 억제할 수 있는 방안들을 마련하여 시행하는 것이 시급한 과제일 것이다.

강 평

1. 매우 잘 정리된 답안이다. 문제를 정확하게 분석하여 3개의 목차로 구분하여 쟁점별로 설명하고 있다. 목차 정리도 잘 되어 있고, 내용 설명도 충분하다.

2. 성과와 관련하여 가장 쟁점이 되는 것은 어떻게 측정하느냐의 문제이다. 최근 성과 연봉제의 도입과 관련하여 성과 평가가 정착되지 못한 것을 지적하는 것이 그것이다. 그리고 개인주의화를 초래한다는 것이다. 조직은 협력을 통해 업무를 수행하는데 과당 경쟁을 유발하여 조직의 협동을 위협하게 된다는 것이다.

3. 이에 성과 평가를 합리화하는 성과 지표 개선, 성과 평가자와 관리 체계 등의 개선이 필요하다. 특히 개인별 성과가 아니라 조직의 성과를 개인에게 연동하는 성과 공유의 도입이 필요하다는 것도 지적할 필요가 있다.

| 제3문 | 다음 제시문을 읽고 물음에 답하시오. (총 30점, 선택 총 15점)

경제적·사회적 규제를 포함하는 행정규제는 정부의 기본적인 기능이라고 할 수 있다. 1997년 규제영향분석 등을 내용으로 하는 행정규제기본법이 제정된 이후 정부의 규제개혁은 더욱 가속화되고 있다.

(1) 규제개혁의 의의를 설명하고, 규제개혁의 단계를 규제 완화, 규제품질관리, 규제관리로 구분하여 설명하시오. (12점)

(2) 규제영향분석의 의의와 기능에 대하여 설명하시오. (18점)

> Ⅰ. 서 론
> Ⅱ. 규제개혁의 의의와 규제개혁의 단계
> 1. 규제개혁의 의의
> 2. 규제개혁의 단계
>
> Ⅲ. 규제영향분석의 의의와 기능
> 1. 규제영향분석의 의의
> 2. 규제영향분석의 기능
> Ⅳ. 결 론

답안작성 박 ○ ○ / 2015년도 5급 공채 일반행정직 합격

Ⅰ. 서 론

정부규제는 정부가 바람직한 경제사회의 질서를 구현하기 위해 민간의 의사결정과 행위를 강제로 제약하는 것을 말한다. 정부규제가 적절하게 이뤄질 경우 공익이라는 목적을 달성할 수 있지만, 규제가 부적절한 경우에는 오히려 공익을 해칠 가능성이 높아진다. 따라서 적절한 규제가 이루어질 수 있도록 규제개혁과 규제영향분석에 대한 중요성이 점차 커지고 있다.

Ⅱ. 규제개혁의 의의와 규제개혁의 단계

1. 규제개혁의 의의

규제개혁이란 불합리한 규제를 개선하기 위해 규제의 생성, 운용, 소멸의 모든 과정에서 정부가 체계적으로 개입하는 것을 의미한다. 정부가 규제개혁에 나서는 이유는 규제 수준이 국가 간 경제·사회적 격차를 유발시키는 중요한 요인이라는 점이 밝혀졌기 때문이다.

정부의 정책 수단으로 규제의 중요성을 이해한 주요 국가들은 규제개혁에 일찍부터 관심을 기울였다. 미국은 1980년대에 규제정보관리실(OIRA ; Office of Information and Regulatory Affairs)을 통해 규제영향분석을 의무화했고, 유럽의 경우 행정부담의 측정과 감축을 위해 표준비용모델(SCM ;

Standard Cost Model)과 같은 방법을 통해 규제개혁을 위해 적극적으로 움직이고 있다. 우리나라는 1998년 규제개혁위원회가 설치되어 현재까지 운영되고 있다.

2. 규제개혁의 단계

규제개혁은 규제 완화, 규제품질관리, 규제관리의 세 단계로 구분할 수 있다. 규제 완화(deregulation)란 절차와 구비서류의 간소화, 규제순응비용의 감소 및 규제 폐지를 통한 규제총량의 감소에 대한 것이다. 김대중 행정부 초기 규제총량을 50% 감소시킨 사례와 이명박 정부시기에 민간에 부담을 주는 규제부담을 한시적으로 유예시켜주었던 한시적 규제유예가 대표적인 정책이었다.

규제품질관리(regulatory quality management)란 규제 완화를 통해 총량적 규제관리가 이뤄지고 난 후 개별 규제의 질적관리에 초점을 두는 단계를 말한다. 규제개혁의 관심사가 좀 더 유연하고 단순한 규제 수단 및 대안적 규제 수단의 설계, 신설 혹은 강화된 규제의 품질을 검토하는 규제영향분석이나 규제기획제도를 시행하는 것이 대표적이다.

규제관리(regulatory management)는 총량적 개혁이나 개별 규제의 질 문제에만 국한하지 않고 한 국가의 전반적인 규제 체계까지 관심을 갖는 것이다. 규제관리에서는 하나의 규제가 아니라 규제와 규제 사이의 상호 관계와 전체 국가규제 체계에서의 정합성과 같은 거시적인 관점을 가지고 있다. 따라서 규제관리의 차원에서는 전체 규제 체계의 정합성이 중요해진다.

개인정보보호법에서 온라인 개인정보와 정보통신망에서 개인정보 보호 사이의 균형성 등에 대한 포괄적인 검토를 통해 정보보호규제 전반이 보호하려는 개인정보 각각의 위험이나 해악에 비례해서 규제의 강도나 밀도가 균형을 가지도록 설계됐는지 검토해야 한다는 주장이 대표적인 것이다.

Ⅲ. 규제영향분석의 의의와 기능

1. 규제영향분석의 의의

규제영향분석이란 '새롭게 만들어지거나 현존하는 규제의 사회적 편익과 비용을 점검하고 측정하는 체계적인 의사결정 도구'를 말한다. 규제는 한번 도입되면 쉽게 없어지지 않기 때문에 도입 과정에서 실효성을 면밀히 분석해 보는 것이 중요하다. 정책결정자는 규제영향 분석결과를 의사결정에 반영해 좀 더 체계적이면서도 효율적인 규제설계를 할 수 있다.

규제영향 분석은 1970년대 이후 세계의 여러 국가에서 도입했으며 OECD에서도 회원국들에게 규제영향분석의 채택을 적극적으로 권고하고 있기도 하다. 우리나라에서도 1998년 규제개혁위원회를 통한 신설·강화 규제심사에 규제영향분석을 중요한 항목으로 포함시켰다.

2. 규제영향분석의 기능

규제영향분석이 필요한 이유는 네 가지로 구분할 수 있다.

첫째, 규제영향분석은 사회적 자원의 효율적 배분을 위해 필요하다. 규제의 편익만을 고려하고 비용을 고려하지 않을 경우 효율적인 자원 배분 상태를 만들 수 없다. 예를 들어, 작업장 안전을 위해 위험을 완전히 없애는 규제 대안을 채택하는 것은 편익 측면에서는 타당할 수 있지만 이로 인해 발생하는 사회적 비용에 대해 무관심한 결과 오히려 사회 전체로는 높은 비용을 초래하는 규제가 도입될 수 있다.

둘째, 규제영향분석은 정부가 합리적인 의사결정을 할 수 있도록 정보를 제공한다. 규제영향 분석은 규제의 경제·사회적 영향을 과학적으로 분석해 타당성을 평가한다. 이를 통해 정부의 규제에 대한 객관적 정보를 전달하여 불필요하고 불합리한 규제 도입의 가능성을 차단하고 질 높은 규제를 선택할 수 있게 한다.

셋째, 규제영향분석은 정치적 이해관계의 조정과 수렴의 기회를 제공한다. 이해관계가 얽힌 규제의 경우 이해당사자들은 상이한 측정방법을 통해 비용과 편익을 측정하고 상반된 주장을 한다. 이때 다양한 분석기법의 존재를 인정하는 가운데 정치적 협상 혹은 조정과 선택이 필요하다. 규제영향분석의 핵심이라 할 수 있는 비용편익분석은 이러한 정치적 협상과 조정을 구현할 수 있는 기회를 제공한다.

넷째, 규제영향분석은 관료에게 규제 비용에 대한 관심과 책임성을 갖도록 유도한다. 규제당국은 규제의 비용을 규제의 목표를 달성하기 위해 당연히 수반돼야 하는 것으로 인식해서 규제의 비용에 무관심하거나 비용보다는 편익을 중심으로 판단하는 경향이 있다. 그런데 규제영향분석에서 규제대안의 비용과 편익을 계산하도록 요구하면 관료 역시 이에 관심을 갖지 않을 수 없게 된다. 규제영향분석은 그 자체가 관료들에게 규제비용에 대해 관심을 갖도록 유도할 뿐만 아니라 도입하려는 규제가 초래할 사회적 부담에 대해 책임성을 가지도록 유도한다.

IV. 결 론

우리나라의 규제개혁 체계는 1998년 '행정규제기본법'이 제정되면서 이에 근거해 규제개혁전담기관, 규제개혁 대상, 규제개혁 전략 등이 구체화되면서 갖춰졌다. 그리고 대통령 직속의 규제개혁위원회가 신설·강화 규제에 대한 심사와 기존 규제에 대한 개혁 기능을 포괄적으로 가지고 있다. 규제개혁은 단순이 부적절한 규제를 개혁하는 것에 그치지 않고 국가경쟁력을 향상시키는 동력으로 작동할 수 있다. 그러나 행정규제기본법이 마련되고 규제개혁위원회가 존재하는 등의 형식적인 부분이 충족되었다고 해서 규제개혁이 적절하게 이루어지는 것은 아니다. 실질적으로 공익에 이바지할 수 있는 규제개혁이 이루어지기 위해서는 규제영향분석과 같은 과정들이 현실적이고 합리적으로 이루어져야 할 것이다. 그래야만 국가경쟁력의 향상으로도 이어질 수 있을 것이다.

이 원 희 / 한경국립대학교 행정학과 교수

┤ **강 평** ├

1. 매우 잘 작성된 답안이다. 내용을 잘 알고 있고 핵심적 사항을 정리하고 있기 때문이다.

2. 다만 답안을 작성하면서 사례를 제시하는 연습이 필요하다. 이럴 경우 논거가 강화되고 설득력이 제고된다.

3. 규제를 경제적 규제와 사회적 규제로 구분할 필요가 있다. 경제적 규제는 경쟁을 제한하는 요인이 있기 때문에 완화해야 한다. 한편 사회적 규제는 안전유지 또는 사회적 약자를 보호하기 때문에 적절한 규제가 필요하다. 다만 규제에는 비용이 유발되기 때문에 비용편익분석이 필요하다.

2016년 입법고등고시 기출문제와 어드바이스 및 답안구성 예

| 제1문 (50점) |

사회적으로 영향이 큰 대형 안전사고가 발생하면 정부는 그 원인을 진단하고 대책을 마련하여 이후에 동일한 문제가 발생하지 않도록 조치한다. 이와 관련하여 관료의 책임성과 협업행정이 주목된다. 아래 질문에 답해 보시오.

(1) 관료의 책임성을 행정통제의 수준과 행정책임의 원천에 따라 유형을 구분하여 설명하시오. (10점)

ⓐdvice

행정책임성의 대표적 분류기준인 Romzek&Dubnick의 책임성 유형에 대해 서술하면 된다. 통제의 수준이 높고 낮음에 따라, 그리고 통제의 원천이 내부인지 외부인지에 따라 계층제적 책임성, 법적 책임성, 전문가적 책임성, 정치적 책임성의 개념을 설명한다.

(2) 협업행정의 개념을 거버넌스 관점(governance), 협력이론(theory of cooperation), 자원의존이론(resource-dependency theory)등을 적용하여 제시해 보시오. (20점)

ⓐdvice

협업행정의 일반적인 개념을 서술하고, 각 관점에서 바라본 협업행정의 개념을 제시한다. 먼저 거버넌스 관점에서의 협업행정은 '신뢰'에 기반한 네트워크적 협력행위로 정의된다. 그러나 협력이론은 협업행정을 개인의 '이기적 동기'로 인해 발생하는 '용의자의 딜레마' 문제를 해결하기 위한 협조의 진화의 결과로 파악한다. 자원의존이론은 '이기적 동기'를 전제로 하면서도 조직간 자원의존관계로 인해 협력이 가능함을 설명한다.

(3) 우리나라는 정부 산하에 여러 유형의 공공기관을 설립하여 운영하고 있다. 공공기관의 공적 책임성을 확보하기 위한 정부와 공공기관 간 협업을 활성화 할 수 있는 방안을 촉진요인 중심으로 논의하시오. (20점)

ⓐdvice

1. NPM등으로 인한 정부부처와 공공기관간의 관계변화(수직-)수평)로 공공기관의 책임성 확보방안이 문제된다. 설문 (2)에서 제시한 세 가지 이론적 틀을 토대로, 먼저 거버넌스 관점에서 정부부처와 공공기관 간 협의체를 제도적·문화적으로 구비해야 한다. 협력이론의 관점에서는 정부부처 및 공공기관의 기관장이 장기적 시각을 가질 수 있도록 임기를 확대·보장하는 노력이 필요하다.

2. 자원의존이론에서는 상호 인적, 물적 자원을 교류하고 공유할 수 있도록 정보공개시스템 및 인사 교류 제도의 보완이 필요하다.

답안구성 예

Ⅰ. 서 론

Ⅱ. Romzek과 Dubnick의 책임성 유형
　1. 계층제적 책임성
　2. 법적 책임성
　3. 전문가적 책임성
　4. 정치적 책임성

Ⅲ. 협업행정의 개념
　1. 거버넌스(governance) 관점

2. 협력이론(theory of cooperation) 관점
3. 자원의존이론(resource-dependency theory) 관점

Ⅳ. 정부 공공기관 간 협업 촉진 요인
　1. 문제점: 책임성의 공백
　2. 정부와 공공기관 간 협의체 마련
　3. 공공기관장의 임기 보장
　4. 상호 인적, 물적 자원 교류 촉진

Ⅴ. 결 론

| 제2문 (25점) |

공공갈등에는 정부 및 공공기관과 함께 다수의 당사자들이 관련되는 특징을 갖고 있다. 이러한 공공갈등의 해소를 위해서 다수의 이해당사자들이 참여하는 대화협의체 또는 다자간협의체가 구성되어 운영된다.

(1) 이 협의체의 의사결정방식으로 다수결방식이 바람직하지 않을 수 있다. 그 이유는 무엇이며 갈등관리 관점에서 바람직한 의사결정방식은 무엇인가? (15점)

Advice

1. 다수결방식은 민주주의의 기본원리인 '다수의 지배'에 기초한다. 그러나 선호의 강도를 반영하지 못하는 문제, 승자독식의 다수의 횡포, 투표의 역설 등 투표제도 자체의 한계 등 다양한 문제를 지닌다.

2. 이러한 문제점은 갈등을 잠복시키거나 오히려 증폭 시킬 수도 있는바, 최근 떠오르는 의사결정방식으로 '합의형성방식'이 대안이 될 수 있다. 다양한 이해당사자 간 숙의를 통해 의사결정(숙의민주주의)을 하는 합의형성방식으로는 공론조사, 합의회의, 시민배심원제 등의 제도를 들 수 있다.

(2) 이 협의체에서 전문가(들)는(은) 어떠한 역할을 하는 것이 바람직한가?(10점)

Advice

준비단계에서는 협의의 원칙과 절차에 대한 조언을 통해 공정성과 신뢰성을 확보하는 역할을, 쟁점 준비단계에서는 의제와 쟁점을 설정하고 전문지식을 제공하는 역할을, 합의 단계에서는 대안을 제시하는 역할을 할 수 있다.

Ⅰ. 서 론   Ⅲ. 전문가의 역할

Ⅱ. 협의체의 바람직한 의사결정 방식   Ⅳ. 결 론
   1. 다수결 방식의 문제점
   2. 대안적 합의형성방식

| 제3문 (25점) |

정치적 중립은 복수정당제에 입각한 민주정부가 운영하는 실적제 하의 공무원들에게 지배적인 행동규범이다. 이와 관련하여 아래 질문에 답해 보시오.

(1) 정치적 중립은 복합적인 개념으로 다양한 견해가 있는데, 정치적 중립의 의미를 공무원의 권리 관점과 의무 관점으로 구분하여 설명해 보시오. (10점)

Advice

정치적 중립의 개념을 권리 관점에서는 외부의 정치권으로부터 부당한 압력을 받지 않을 권리를(헌법 제7조), 의무 관점에서는 정치적 활동 금지의무, 정치적 순응 의무, 전문직업적 의무(국가공무원법 관련 규정) 등을 서술한다.

(2) 우리나라 공무원의 정치적 중립의 필요성과 발전방안을 제시해 보시오. (15점)

Advice

필요성으로는 공익달성, 행정의 지속성 및 안정성 증대, 부패방지 등을 들 수 있고, 발전방안으로는 권리관점의 정치적 중립 확보를 위해 공정한 인사체계의 구축을, 의무관점에서의 정치적 중립 확보를 위해, 행정윤리의 확립 등을 제시할 수 있다.

Ⅰ. 서 론   Ⅲ. 정치적 중립의 필요성과 발전방안

Ⅱ. 정치적 중립의 의미   1. 필요성
   1. 공무원의 권리로서 정치적 중립   2. 발전방안
   2. 공무원의 의무로서 정치적 중립   Ⅳ. 결 론

| 제1문 | 행정개혁의 내용에는 서로 상충하는 다양한 방향들이 혼재되어 있다. 예컨대 시장주의적 방향이 주장되는가 하면, 공동체적 참여도 주장되고 있다. 이와 관련하여 다음 물음에 답하시오. (총 40점, 선택 총 20점)

(1) 시장주의와 공동체적 참여의 원리가 된 맥락을 신공공관리론과 뉴거버넌스의 관점에서 약술하고, 불확실성·위험성·복잡성이 증대되는 행정환경의 변화에 대응하기 위한 사회적 문제의 해결방안으로 시장주의와 공동체적 참여의 유용성을 비교하시오. (20점)

(2) 최근 주목을 받고 있는 '사회적 기업'의 의의를 시장주의와 공동체적 참여의 관점에서 설명하시오. (20점)

Ⅰ. 서

Ⅱ. **시장주의와 공동체주의의 등장 맥락 및 유용성**
　1. 등장 맥락의 검토
　　(1) 시장주의의 등장 맥락 : 신공공관리 관점에서
　　(2) 공동체주의의 등장 맥락 : 뉴거버넌스 관점에서

　2. 유용성의 검토
　　(1) 공통점
　　(2) 차이점

Ⅲ. **사회적 기업의 의의 설명**
　1. 시장주의적 측면
　2. 공동제주의적 측면

Ⅳ. **결 어**

I. 서

작년 세월호의 비극은 그 자체로도 많은 시사점을 남겼지만 한국 관료제에 대한 날선 비판이 제기된 배경이 되기도 하였다. 이에 관료제 자체를 대체할 수는 없겠지만 관료제의 한계를 극복하기 위한 노력으로서 행정개혁은 앞으로도 계속될 것이라 보인다. 이러한 행정개혁은 내부적인 시스템의 개혁측면도 있지만 거버넌스적 측면에서 참여의 주체를 다변화하는 시장주의적 측면과 공동체주의적 측면이 제시될 수 있을 것이다. 이하에서는 이러한 두 측면을 각각 신공공관리와 뉴거버넌스적 측면에서 등장 맥락을 검토하고 그 유용성을 살피며, 양자가 반영되어 있는 대표적 사례로서 사회적 기업에 대해 검토하고자 한다.

II. 시장주의와 공동체주의의 등장 맥락 및 유용성

1. 등장 맥락의 검토

(1) 시장주의의 등장 맥락 : 신공공관리 관점에서

시장주의는 신관리주의와 함께 신공공관리의 핵심 기반으로서 등장하였다. 기본적으로 신공공관리의 등장은 현실적 측면에서는 1970년대 미국 및 유럽 등의 재정적자에 기반한 정부실패에 대한 비판에서 이루어졌다고 할 수 있다. 미국 캘리포니아주의 제안 제13호는 대표적인 조세저항의 예라고 할 수 있고, 큰 정부의 방만함에 따른 재정적자를 해결하기 위해 정부의 역할을 축소하고 시장의 경쟁과 수익자부담의 원칙을 도입하고자 한 것이다. 이론적 측면에서는 Charles Wolf의 정부실패론과 관련이 있다. 울프는 특히 정부 부문은 수익과 비용이 절연되어 있기 때문에 방만하게 운영될 수 있음을 지적하였다. 시장주의는 이윤극대화를 목표로 하는 시장의 행위자들을 행정에 참여시켜 경쟁의 과정에서 보다 질 좋은 서비스를 저렴한 가격에 제공하고자 한다. 그리고 이는 정부 내에서도 경쟁을 유도하여 책임운영기관화 등의 양상으로도 이어지기도 하였다.

(2) 공동체주의의 등장 맥락 : 뉴거버넌스 관점에서

공동체주의는 뉴거버넌스의 주요 기반이라 할 수 있다. 뉴거버넌스는 기본적으로 시민사회, 시장, 정부의 제 주체가 행정의 영역에 협력적으로 참여하는 것을 의미한다. 이러한 공동체주의 등장은 1980년대에 이루어졌는데, 전통적인 계층제에 의존하여 해결하기 어려운 사악한 이슈(wicked issue)를 해결하기 위해 정부조직과 기업, 시민사회 등 다양한 구성원으로 이루어진 네트워크를 형성하는 것이다. 그리고 이러한 구성원들의 공유된 가치가 문제해결에 중요한 역할을 한다. 특히 이러한 공동체주의의 가치는 1968년 즈음에 이루어진 6. 8 혁명(5월 혁명) 등 참여에 대한 의식 제고와 그에 따른 민주주의의 성숙이 뒷받침하였다고 볼 수 있다.

2. 유용성의 검토

(1) 공통점

우선 시장주의와 공동체주의 모두 공공서비스 수요자에 대한 대응성이 제고되는 한편 효율성을 확보할 수 있다는 유용성이 있다. 기존 관료제는 법규 중시나 계층제의 경직성 등으로 인해 공급자 중심 서비스가 이루어지고 편익과 비용의 절연에 따른 비효율도 노정한 바 있다. 이는 행정수요의 복잡성에 제대로 대응하지 못하고, 재정적자의 위험성이 가중되는 결과를 가져왔다. 그러나 시장주의의 경우 대표적 사례로서 민간위탁이나 바우처와 같이 시장의 주체들 간 경쟁을 통해 고객 만족도를 높이고, 이윤 증대를 위한 비용절감 노력이 나타날 수 있다.

더불어 공동체주의의 경우에도 가령 공동생산의 경우 서비스 대상자인 시민이 직접 생산에 참여하여 자신들의 수요를 반영할 수 있고, 시민의 노동력 투입으로 행정서비스 생산비용이 절감되어 위와 같은 관료제의 문제를 해결할 수 있다.

(2) 차이점

양자는 효율성과 대응성 측면에서 공통점을 찾을 수 있지만 본질적인 면을 살피면 유용성에 있어 차이점을 보이기도 한다. 이는 크게 고객모형과 주인모형 그리고 결과중심의 효율성과 과정중심의 민주성의 구도로 살펴볼 수 있다. 시장주의는 고객모형에 기반하여 시민을 수동적인 고객으로 본다. 이에 지불능력이 있는 시민에게는 최적의 서비스를 제공한다는 장점이 있다. 이는 불확실한 시민수요를 적극적으로 충족하는 방안이 될 수 있다. 그러나 공동체주의는 참여의 과정 그리고 형평성의 측면도 강조하기에 참여과정이 가져올 수 있는 비효율은 나타날 수 있지만 주인인 시민에 봉사하고자 하여 다양한 시민이 얽힌 복잡한 이슈를 해결하고자 한다. 가령 뉴거버넌스의 대표적 사례인 김해시 대포천 수질개선 사례는 시간이 걸리더라도 시민의 참여를 돕고 서로간의 대화를 통해 모두가 만족할 수 있는 결과를 가져온 사례라 할 수 있다.

한편 시장주의는 결과중심의 효율성을 강조하여 경쟁에 의해 효율적 결과가 나올 수 있는 부문에 주로 적용된다. 가령 교통, 항공, 통신 등이 그 예라고 할 수 있다. 반면 공동체주의는 민주성, 형평성 같은 과정적 측면에서 주로 고려되는 가치와 관련이 깊다. 이에 서울시 천만상상 오아시스와 같은 정책결정에의 참여나 사회적 협동조합, 사회적 기업과 같이 공존 및 연대가 중요시되는 부문에 주로 적용된다고 할 수 있다. 이를 통해 기존 관료제가 도구적 가치를 강조하여 배제한 민주성이나 형평성의 가치를 회복하고자 한다. 이로 인해 갈등이 잠재되어 있는 위험성이 있는 상황을 사전에 방지하고 공존과 신뢰를 이어 나가고자 한다.

Ⅲ. 사회적 기업의 의의 설명

사회적 기업이란 사회적 기업 육성법 제2조 제1호에 의하면 취약계층에게 사회서비스 또는 일자리를 제공하거나 지역사회에 공헌함으로써 지역주민의 삶의 질을 높이는 등의 사회적 목적을 추구하면서 재화 및 서비스의 생산판매 등 영업활동을 하는 기업을 의미한다. 이러한 사회적 기업은 최근 협동조합과 함께 사회적 경제의 대표적 분야로 주목받고 있으며, 기존 정부중심의 사회적 서비스 제공을 대신하면서 행정에 있어 그 역할을 강화하고 있다.

1. 시장주의적 측면

사회적 기업은 우선 기존에 비용과 편익이 절연된 관료제와 달리 이윤창출 활동을 통해 조직을 운영하는 시장의 원리에 따르는 시장주의적 성격을 갖는다. 가령 사회적 기업이 주로 활동하는 사회복지 분야에 있어 정보의 비대칭이나 비용-편익 절연으로 인해 복지예산의 누수와 낭비가 이루어지는 것이 관료제의 한계로 지적될 수 있다. 사회적 기업은 그러한 낭비가 이윤추구에 저해가 되기 때문에 적극적으로 낭비를 줄이고 비용절감을 위해 노력함으로써 사회적 서비스의 효율적 제공을 가능케 할 수 있다.

다른 한편 시장주의의 경쟁 측면을 고려해볼 수 있다. 독점적인 공급으로 인해 소비자 편의보다는 공급자 중심의 행정이 나타나는 관료제와 달리 사회적 기업 또한 경쟁의 영역에서 살아남기 위해 소비자 중심의 서비스 제공을 추구하게 된다. 가령 성남시의 행복 도시락의 경우에도 국군복지단 예비군 도시락 공급업체위탁사업에 있어 사업자로 선정되기 위해 도시락의 질을 높이고 예비군의 입맛을 고려한 도시락 개발을 함으로써 경쟁에 따른 소비자 중심 서비스 공급의 예로 제시될 수 있다.

2. 공동체주의적 측면

우선 공동체주의적 측면에서 사회적 기업은 사회적 기업 육성법에서 알 수 있듯이 사회적 약자에 대한 배려가 기반이 된다. 특히 사회적 약자의 고용을 목표로 하는 경우도 있어 자칫 사회적 활동에서 배제될 수 있는 약자들까지 포용하는 공동체주의의 모습을 보여준다. 특히 사회적 기업은 기존의 정부 관료제나 시장에서 효율의 원리에 의해 서비스가 배제되기 쉬운 집단에게 집중적으로 사회적 서비스를 제공하여 공동체주의가 지향하는 연대나 공존의 가치를 실현하고자 한다. 가령 성남시 행복 도시락의 경우에도 성남시 결식아동 위탁급식사업을 통해 사회적 약자인 결식아동에게 사회적 서비스를 제공한다고 볼 수 있다.

다른 한편 사회적 기업은 사회적 기업 육성법과 같이 별도의 법적·제도적 지원을 통해 보호를 받고 있으며, 이는 시장의 경쟁원리에 의해 탈락할 수 있는 사회적 조직에 대한 보호와 그들의 행정 및 사회 참여를 보장함을 보여준다고 할 수 있다. 실제로 정부기관이나 국공립 대학등에서 사회적 기업의 물품을 일정 비율 구입하도록 하는 것이 그 예라고 할 수 있다.

Ⅳ. 결 어

시장주의와 참여주의는 모두 관료제의 한계를 극복한다는 측면에서 의의가 있지만 서로 상이한 이론적 기반을 가지고 있다. 어느 한 쪽이 더 우월하다는 사고가 아니라 행정의 제 영역에서 보다 효과적이고 추구하는 가치에 부합하는 방향을 선택한다면 현재의 관료제 문제를 보다 효과적으로 개혁해나갈 수 있을 것이다.

강 평

1. 매우 훌륭한 답안이다. 자신이 가지고 있는 다양한 지식을 잘 활용하여 답안을 작성하고 있다. 다양한 사례를 소개한 것도 돋보인다. 다만 문단이 길어서 읽는 사람의 인내심을 요구하는 아쉬움은 있다. 첫째, 둘째 등으로 문단을 구분하거나 ①, ② 등으로 구분했으면 보다 깔끔한 답안이 되었을 것이다.

2. 문제 지문 중에 '불확실성·위험성·복잡성이 증대되는 행정환경의 변화에 대응하기 위한 방안'으로서 대안이 제시되어 있다. 시장주의와 공동체 주의를 이와 관련하여 설명할 필요가 있다. "관료적 질서는 폐쇄적인 모형이다. 따라서 불확실성·위험성·복잡성의 변화에 신속하게 대응하지 못한다. 이에 계층적 질서인 관료제의 대안으로 제시된다."는 정도의 표현은 필요하다.

3. 사회적 기업이 공유경제로서 시민사회가 스스로 시민사회의 문제를 해결하는 기제라는 표현도 포함되었으면 좋았을 것이다.

| 제2문 | 정부예산은 전년도 예산을 기준으로 편성하여 해마다 증가하는 경향이 있다. 종래에는 이러한 예산증가 현상을 '점증주의(incrementalism) 이론'으로 설명해 왔지만 최근에는 일정기간 점증적으로 증가하다가 어느 순간 균형이 무너지면서 예산증가 요인이 발생하여 예산이 증가되는 '단절적 균형(punctuated equilibrium) 이론'이나 역사적 제도주의의 핵심개념인 '경로의존성(path dependency) 이론'으로 설명하는 경향이 있다. (총 30점, 선택 총 15점)

(1) 점증주의 이론, 단절적 균형 이론, 경로의존성 이론의 등장 배경과 내용을 설명하시오. (14점)

(2) 사회복지예산 변화의 사례를 들어 점증주의 이론, 단절적 균형 이론, 경로의존성 이론을 비교하시오. (16점)

Ⅰ. **각 이론의 등장 배경과 내용의 설명**
　1. 점증주의의 등장 배경과 내용
　2. 단절적 균형의 등장 배경과 내용

　3. 경로의존성 이론의 등장 배경과 내용
Ⅱ. **각 이론의 비교 - 사회복지예산 변화를 사례로**

답안작성　　　　　　　　　　　　　　　정 0 0 / 2014년도 5급 공채 일반행정직 합격

Ⅰ. 각 이론의 등장 배경과 내용의 설명
1. 점증주의의 등장 배경과 내용

　예산과정의 점증주의는 A.Wildavsky와 F.Fenno등이 점증주의 이론을 예산과정에 적용하고자 주창한 것으로 미국과 같은 국가의 예산은 매년 전년도 예산에 비하여 크게 증감하지 않는다는 것이다. 점증주의는 특히 기존의 합리주의를 비판한 것으로 20세기 중반에 대두되어 정치적 협상의 결과로서 예산을 설명하고자 한다.

　구체적인 내용으로는 예산과정의 참여자들은 인지능력의 한계로 인해 결정을 단순화할 수 있게끔 몇 가지 대안만을 고려하고, 현실적으로 활용가능한 정보만을 사용하며, 경험에 의거하여 만족할 만한 수준에서 결정을 한다. 즉 제한된 합리성의 존재를 인정하는 것이며, 예산을 둘러싼 이해관계자들간의 정치적 협상과정과 상호조정 작용을 고려한다. 이에 예산은 참여자들이 공정하다고 생각하는 수준에서 결정되며 이에 매년 소폭의 변화만이 이루어진다.

2. 단절적 균형의 등장 배경과 내용

단절적 균형 이론의 등장은 기존 점증주의 모형의 한계를 보완하기 위한 것이다. 즉 점증주의 모형이 소폭의 안정적 변화는 잘 설명하지만 공황이나 전쟁 등에서 비롯된 급격한 예산변화를 잘 설명하지 못했기에 이를 보완하기 위해 등장한 것이다.

단절적 균형 이론은 안정적으로 유지되던 정책이나 제도가 특정 시점에서 급격하게 변한 후 새로운 균형상태가 유지된다는 이론이다. 이 이론을 체계화한 Krasner에 따르면, 안정적으로 유지되던 제도가 전쟁이나 공황과 같은 외생적인 사건에 의해 촉발된 '결정적 전환점(critical juncture)'에 이르러서는 기존의 경로에서 벗어나 급격하게 변할 수 있다고 한다. 여기서 전환점이 결정적인 이유는 그것이 제도적 장치를 본질적으로 바꾸기 어려운 경로 내지 궤적에 놓기 때문이다. 일례로 미국의 경우 1930년대 대공황으로 인한 뉴딜정책의 실시가 있다.

3. 경로의존성 이론의 등장 배경과 내용

경로의존성 이론은 역사적 신제도주의의 핵심개념으로서 1970~1980년대에 기존의 행태주의적 접근이 제도적 특수성을 간과하고 과소사회화된 개인을 상정하여 제도의 역할을 과소평가한 것에 반발로서 등장했다고 볼 수 있다.

경로의존성 이론을 예산과 관련하여 설명한다면 예산도 일종의 제도로서 일단 특정 경로가 선택된 이후에는 지속되는 경향이 있고, 변화가 되더라도 기존의 경로에 의존한다. 즉 과거의 선택이 제도의 경로를 제약한다는 것이다. 예산이 일정한 압력을 받으면 일시적으로 그 규모등이 변할 수는 있지만 이후에는 다시 이전의 상태로 회귀하게 되는 것이다.

Ⅱ. 각 이론의 비교 - 사회복지예산 변화를 사례로

사회복지예산을 점증주의에 비추어 그 전반적 변화를 살펴보면 사회복지예산 또한 다양한 이해 관계자가 제한된 합리성을 가지고 결정하기 때문에 점증적으로 증가하였다고 볼 수 있다. 복지예산은 1980년대부터 1990년대를 거쳐 증가추세를 보이며 2014년에는 복지예산 100조원 시대를 맞이하게 되었는데, 이처럼 점진적 증가추세를 보인 것은 예산이 합리적으로 결정되기 보다는 다양한 이해관계자들의 흥정과 협상에 의해 이루어지기 때문이다. 행정의 불확실성 및 위험성의 증대는 복지예산의 큰 폭의 증대를 요구하지만 한정된 재원을 둘러싼 타 부처와 복지부처의 예산게임이나 의회 차원에서 이루어지는 정치적 예산 산정 등은 점차적인 예산 증대를 가져왔다.

한편 이러한 점증적인 예산증가가 설명하지 못하는 큰 폭의 복지예산 증가 사건은 단절적 균형이론을 통해 설명을 할 수 있다. 즉 급진성의 측면에서 차이를 보인다고 할 수 있다. 특히 민주당의 지방선거에서의 복지 플랜 제시 및 무상 급식 화두 제시에 따라 복지예산 증대가 정치적 이슈가 되었고, 이는 이후 노인 기초노령연금 확대 및 무상 급식 실시 등으로 복지예산이 급증하여 지방자치단체와 중앙 정부 간의 갈등이 빚어지는 배경이 되기도 하였다.

마지막으로 경로의존성의 측면에서는 위와 같은 단절적 균형에도 복지예산이 큰 폭으로 증가한 상태가 계속 유지되지 못하는지를 설명할 수 있다. 이는 단절적 균형과 다른 점진성 혹은 현상 유지적 측면을 설명한다. 최근 증가된 복지예산을 둘러싼 무상급식 폐지 논쟁 등 다양한 논쟁들은 기존의 복지예산 수준 혹은 증가 경로로 회귀하기 위한 시도라 할 수 있다.

이는 기존의 기획재정부 및 여러 부처와 예산 참여자의 예산결정 방식이 지속적인 영향을 미친다고 볼 수도 있는데, 다만 경로의존성은 기존 방식이 비효율적이었더라도 다시 회귀할 수 있다는 점에서 비효율이 야기될 수 있다. 특히 단절적 균형의 경우 그러한 급격한 변화가 효율적 방향으로의 예산결정 방식의 변화를 의미할 수 있는데, 다시 기존의 방식으로 회귀하여 비효율적일 수 있다는 것이다. 가령 기존 예산 결정이 선심성 지역 사업 중심으로 이루어져 필요한 복지예산이 적정히 배정되지 못하였던 것이라면 기존 방식으로 회귀는 비효율적이라 볼 수 있다.

| 강 평 |

1. 전체적인 논리의 설계가 잘 되어 있다. 주어진 문제를 잘 이해하고 쟁점별로 구분하여 목차를 구성하고 이론을 정리하고 있다.

2. 점증주의는 전년도 대비 일정하게 증가하는 것이다. 달리 말하면 감소하지도 못하고 또한 크게 변화를 하지 못하는 것이다. 재정 부담의 증가에 한계가 있고, 예산 사업이 다양한 이해관계자의 합의에 의해 이루어지기 때문에 합의 구조를 크게 변화시키지 못하기 때문이다.

3. 단절적 균형이론은 2004년부터 시작된 재정개혁으로 설명된다. 소위 top-down 방식이 도입되면서 복지비의 대폭 증가가 가능하게 되었다. 그리고 참여정부에서 다양한 복지 사업을 추진하면서 대폭 증가하게 되었다. 2004년 이후의 3+1 재정 개혁을 설명했으면 좋았을 것이다.

4. 경로 의존은 기존의 제도가 없어지기가 어렵다는 것을 의미한다. 즉 복지비는 법적 근거에 의해 집행되는 의무적 경비이기 때문에 기존 제도가 존재하면서 누적적으로 증가하는 모습을 보이는 것이다. 법적 근거에 의한 의무적 경비, 그리고 수혜자 갖는 이해관계의 형성이 경로 의존성을 유발하는 요인이다.

| 제3문 | 다음은 정부조직에서 발생하는 '저(低)성과자'의 관리와 대책의 필요성을 보여주고 있다. 물음에 답하시오. (총 30점, 선택 총 15점)

공직의 안전성과 지속성을 위해 공무원에게 신분을 보장하였지만, 일각에서는 '철밥통' 이라는 비판이 제기되고 있다. 특정 기관에서는 '현장시정추진단'을 설치해서 능력이 떨어지거나 근무 태도가 불량한 공무원들을 재교육하는 시책을 도입한 바 있다. 1차로 OOO명을 선발하여 쓰레기를 줍거나 환경감시와 같은 업무를 하면서 '반성의 시간'을 갖도록 하였다.

---

(1) 정부조직에서 저성과자가 발생하는 일반적 배경과 원인을 설명하시오. (16점)

(2) 저성과자 관리개선 방안과 쟁점을 제시하시오. (14점)

Ⅰ. 정부조직에서 저성과자가 발생하는 일반적 배경과 원인
1. 정부조직에서 저성과자가 발생하는 일반적 배경
2. 정부조직에서 저성과자가 발생하는 원인
   (1) 조직차원

(2) 제도차원
Ⅱ. 저성과자 관리개선 방안과 쟁점
1. 인재유지 측면
2. 성과관리 측면
3. 보상의 측면

답안작성
정 O O / 2014년도 5급 공채 일반행정직 합격

Ⅰ. 정부조직에서 저성과자가 발생하는 일반적 배경과 원인

1. 정부조직에서 저성과자가 발생하는 일반적 배경

정부가 수행하는 공공서비스의 공급에 있어 성과관리가 중요한 이유는 성과의 달성을 통해 정부의 궁극적 목표인 국민의 행정수요 만족을 달성할 수 있기 때문이다. 이에 저성과자에 대한 관리가 중요하다고 할 수 있다. 이러한 저성과자 발생의 일반적 배경은 우선 공공부문의 특수성을 제시할 수 있다. 공공부문은 공익이라는 추상적 가치 달성을 목표로 하기 때문에 이윤을 중심으로 목표를 계량화하기 쉬운 사부문과 달리 성과목표 설정이나 측정이 어렵다. 더불어 이해관계자가 다양하고 다양한 변수가 있기 때문에 개인의 능력과 무관히 저성과가 나타날 수도 있다.

한편 설문에 제시된 것처럼 정부조직은 나라마다 정도의 차이는 있지만 행정의 계속성을 위해 직업공무원제적 속성 하에서 신분보장이 이루어진다. 이러한 신분보장이 강하게 이루어지는 경우 고성과 달성에 대한 동기부여가 부족하고 저성과에 대한 책임을 묻기도 어려워 저성과가 나타나기 쉽다.

2. 정부조직에서 저성과자가 발생하는 원인

정부조직에서 저성과자가 발생하는 원인을 개인의 저조한 동기부여 혹은 개인의 내재적 특성에서 우선 찾아볼 수 있다. 그러나 이러한 요소를 관리가능한 것으로 본다면 조직차원 그리고 제도차원에서 검토해 볼 수 있다.

(1) 조직차원

저성과자의 발생은 조직목표의 적용이나 관리자의 역할, 조직구성원 간의 관계, 조직문화등에서도 비롯되기도 한다. 성과지향적이지 못한 조직문화, 특히 우리나라의 경우 집단주의에 기반하여 성과를 달성하기 위한 경쟁보다는 다 같이 무사안일에 빠지는 경향을 보인다는 비판이 제기된다. 더불어 명확하지 못한 조직 목표나 높은 난이도의 업무 특성 및 직무와 개인간의 불일치 등으로 인해 저성과자가 발생하기도 한다. 특히 우리나라의 경우 직무분석이 높은 수준까지 이루어지지 못하였고, 계급제 중심으로 운영되어 개인과 직무간 불일치가 나타나고 있다. 이는 개인의 능력을 제대로 발휘하지 못하게 하여 저성과로 이어질 수 있다.

(2) 제도차원

제도적 차원에서는 특히 성과평가제도 및 보상제도에 대해 살펴볼 수 있다. 성과평가제도에 있어 각종 평정오류에 따른 잘못된 평정이 이루어지게 되어 피평가자의 성과 달성 동기를 저하시킬 수 있고, 성과 평가가 피드백 없이 일방향적으로 이루어지는 경우도 개인에게 있어 불공정한 평가로 인식될 수 있어 사기를 저하시킬 수 있다. 보상에 있어서도 민간부문과 비교하였을 때 성과급간 차이가 지나치게 작다고 느껴지거나 보상이 적절히 이루어지지 못하였다고 인식되는 경우 저성과로 이어질 수 있다.

Ⅱ. 저성과자 관리개선 방안과 쟁점
1. 인재유지 측면

우선 성과를 잘 달성할 수 있는 역량 있는 인재를 선발하는 것이 중요하겠지만 이미 발생한 저성과자를 어떻게 유지하는지가 중요하다. 이 때 직무분석을 강화하여 적절한 직무에 인재를 배치할 필요가 있다. 더불어 경력개발제도의 실시를 통해 개인의 일정 영역에서 전문성을 쌓게 할 수 있고, 개인의 역량에 비해 직무의 수준이 높은 경우에는 교육훈련을 통해 양자를 일치시킬 수 있을 것이다.

그런데 이러한 개선방안에 있어 직무분석은 공공부문의 추상성으로 인해 적절한 직무분석이 사부문에 비해 쉽지 않다는 쟁점이 제기될 수 있을 것이다. 더불어 경력개발제도의 경우에는 기존의 연공서열 중심의 보직관리제도와 충돌하여 실효성이 부족할 수 있다는 비판이 제기 될 수 있다. 더불어 오히려 교육훈련이 단순히 형식적으로 이루어지거나 이론에 치우친다면 저성과가 심해질 수 있다는 쟁점이 제기될 수 있다.

2. 성과관리 측면

성과관리 측면에서 우선 보다 명확하고 달성가능한 성과목표 설정을 위해 Smart한 성과목표 설정이 이루어져야 한다. 이는 구체적이고, 측정가능하며, 달성가능하고, 관련성이 있고, 시간 범위내에 있어야 함을 의미한다. 더불어 성과 목표 설정에 있어서도 피평가자도 참여하는 참여형 성과관리가 되어 보다 구체적이고 현실적인 목표설정이 이루어져야 한다.

평정에 있어서도 평정오류를 방지하기 위해 평정 기법들을 개선하고 평정자에 대한 평정교육이 이루어져야 할 것이다. 더불어 평정 이후에도 피드백을 강화하여 개인이 수긍할 수 있도록 해야 한다.

성과관리 측면에서의 쟁점은 여전히 공공부문의 추상성으로 인해 성과관리 자체의 개선에는 한계가 있다는 비판이 제기될 수 있고, 참여형 성과관리 또한 특히 한국의 경우 권위주의적 성격으로 인해 형식화 될 수 있다는 비판이 제기될 수 있다.

3. 보상의 측면

보상의 측면에서 금전적 보상의 폭을 넓히고 강화하여 저성과자로 하여금 고성과를 달성하려는 유인을 제공할 수 있을 것이다. 그러나 이는 금전적 보상이 오히려 개인의 공익적 봉사동기를 저해한다는 공공동기 구축효과에 따르면 이를 비판적으로 보는 쟁점이 발생할 수 있다.

다른 한편 신분 보장 자체를 약화시키는 측면을 고려할 수 있다. 실제로 고위공무원단의 경우 적격심사에서 부적격 판정을 받고 그것이 일정 기준에 해당하는 경우 직권면직을 당할 수 있다. 그러나 이는 신분 불안정에 따른 개인의 스트레스로 인해 오히려 동기부여가 저해될 수도 있다는 비판이 제기될 수 있다. 더불어 사안의 경우처럼 쓰레기 줍기와 같은 징벌적 차원의 피드백은 저성과자로 하여금 고성과를 추구하도록 유도할 수 있지만, 오히려 개인의 자존감을 낮추고 그에 따라 봉사동기를 낮추어 오히려 저성과를 심화시킬 수 있다는 점에서 쟁점이 제기될 수 있다.

| 강평 |

1. 문제에서 방향성을 제시하고 있다. 첫째 저성과자의 기본 원인을 "공직의 안전성과 지속성을 위해 공무원에게 신분을 보장하였지만, 일각에서는 '철밥통'이라는 비판이 제기되고 있다."로 제시하고 있다. 둘째, 현재 진행 중인 대처 방안이 "공무원들을 재교육하는 시책을 도입한 바 있다. 1차로 OOO명을 선발하여 쓰레기를 줍거나 환경감시와 같은 업무를 하면서 반성의 시간을 갖도록 하였다." 등이라는 것을 전제로 하고 있다.

2. 원인과 관련하여 직업공무원으로 신분을 보장하니 입사 전에는 열심히 시험 준비를 하지만, 입사하고 나면 연공서열의 안일함에 빠져 능력이 개발되지 못하는 것을 우선 지적해야 한다. 그리고 그러한 행태를 통제하지 못하는 제도적 기반을 소개하는 것이다. 성과 관리, 평가제도 등이 이유가 될 것이다. 이런 것의 핵심은 계급제에 근간을 두고 있기 때문이다. 그리고 정부가 능력 발전을 위한 효율적인 교육 훈련을 체계적으로 실시하지 않은 것도 지적되어야 한다. 답안은 이러한 취지를 잘 이해하고 있다.

3. 개선 방안과 관련하여 우선 현재는 처벌 중심으로 이루어지고 있다는 문제점을 지적해야 한다. 그러나 체계적인 방안이 마련되어야 한다. 이에 관해서 답안을 체계적으로 정리하고 있다. 다만 문단이 너무 길다. 쟁점별로 구분하는 노력이 필요하다. 채점자의 권익도 배려할 필요가 있다.

2015년 입법고등고시 기출문제와 어드바이스 및 답안구성 예

| 제1문 (40점) |

'공공부문 부채 작성지침(PSDS)'에 따른 우리나라 국가부채를 국가채무, 일반정부 부채, 공공부문 부채로 구분하여 그 대상 범위와 상호 관계를 설명하시오. 이러한 새로운 국제기준에 따른 우리나라 국가부채의 현황과 문제점을 설명하고, 재정건전성과 지속가능성을 확보하기 위한 재정규율 강화 및 재정지출의 효율성 제고 방안들을 제시하시오.

Advice

1. 공공부문 부채 작성지침(PSDS; Public Sector Debt Statistics Gudie for Compilers and Users)의 구체적 내용을 알고 있어야 하는 문제였다. 먼저 대상 범위와 상호관계에 대하여 PSDS는 국가부채를 국가채무, 일반정부 부채, 공공부문 부채로 구분하는데, 국가채무는 일반정부 부채에, 일반정부 부채는 공공부문 부채에 포함되는 관계에 있음을 설명한다.

2. 우리나라 국가부채의 현황과 문제점에 대하여, 2014년 국가부채 규모가 957조원에 달하며 특히 이명박 정부 시절 4대강 사업 등 국책사업 추진에 따라 SOC 관련 공기업 부채가 대폭 증가해 공공부문 부채 관리가 필요하다는 점을 설명한다.

3. 마지막으로 재정규율 강화방안으로는 총량적 재정규율로서 국가재정운영계획의 실효성 확보를, 재중전칙으로서 Pay-go제도, 재정지출총량제, 국가채무 총량관리제 등을 제시한다. 재정지출의 효율성 제고방안으로는 배분적 효율성 제고를 위한 Top-down예산제, 운영적 효율성 제고를 위한 성과관리 예산제 등의 개선을 제안할 수 있다.

답안구성 예

I. 서 론

II. PSDS의 국가부채 구분
1. 국가부채의 구분 범위
2. 상호관계

III. 우리나라 국가부채의 현황과 문제점
1. 현 황
2. 문제점

IV. 재정규율 강화 및 재정지출의 효율성 제고 방안
1. 재정규율 강화 방안
2. 재정지출 효율성 제고 방안

V. 결 론

우리나라는 역대 정부마다 정부조직을 개편하여 왔다. 이렇게 역대 정부가정부조직을 개편한 이유를 환경결정론적 관점에 근거하여 설명하고, 이러한 설명 방식의 한계점을 신제도주의 이론(new institutionalism)의 관점에서 보완하시오.

Advice

1. 먼저 역대 정부의 조직개편 이유를 환경결정론적 관점에서 설명한다. 환경결정론은 정부 조직의 구조와 관리에 영향을 미치는 독립변수로서 '외부환경'의 중요성을 강조한다. 대표적 환경결정론으로는 조직군생태학 이론이 있다. 환경결정론에 따르면 정부조직 개편은 정치적 환경(정치적 목적에 의한 개편), 경제적 환경(경제상황의 변화), 사회문화적 변화(사회구조의 변화)등에 대한 반응의 결과로 볼 수 있다.

2. 그러나 조직개편을 단순히 환경변화에 대한 반응으로 보기는 어렵고, 신제도주의는 '제도'라는 변수의 중요성을 강조한다. 역사적 제도주의에서는 제도변화를 중대한 사회적 변화(단절 균형점)으로 설명한다. 따라서 조직개편 역시 이러한 단절균형의 결과이며, 장기적으로는 경로의존적일 수 있다.

3. 합리적 선택 제도주의는 제도변화를 전략적 선택의 결과로 본다. 따라서 조직개편을 의사결정자의 비용편익 분석의 결과로 볼 수 있다. 마지막으로 사회학적 제도주의에 따르면 제도변화는 동형화의 결과이므로 조직개편을 사회적 정당성을 확보하기 위한 행위로 파악할 수 있다.

답안구성 예

Ⅰ. 서 론

Ⅱ. 환경결정론적 관점에서 본 정부조직 개편 이유
   1. 환경결정론의 특징
   2. 정부조직 개편의 외부환경 변수
   3. 한계점

Ⅲ. 신제도주의 이론 관점
   1. 신제도주의 이론의 특징
   2. 역사적 제도주의
   3. 합리적 선택 제도주의
   4. 사회학적 제도주의

Ⅳ. 결 론

어느 나라 정부든 공무원의 부정부패를 방지하기 위하여 많은 노력을 기울이고 있다. 부정부패 행위를 한 공무원이 얻을 수 있는 이익과 지불해야 할 비용의 개념을 활용하여 부정부패를 통제할 수 있는 방법들을 예를 들어 설명하시오.

1. 공무원의 부패행위에 대해 행태주의적으로 접근하는 문제이다. 부패행위 역시 합리적 선택의 결과로서 순편익극대화의 과정일 수 있다. 먼저 공무원이 부패행위를 통해 얻을 수 있는 이익과 비용을 열거한다. 이익으로는 부패로 얻어지는 직접적이고 금전적인 이익, 퇴직 후 재취업 기회 등 간접적 이익, 인간관계의 유지 등 사회적 이익 등을 제시한다. 비용으로는 부패 과정에서의 거래비용, 부패 적발 시 징계로 인한 비용, 양심 갈등 등으로 인한 내적비용 등을 제시한다.

2. 이러한 접근법에 따를 때 부패의 원인은 부패로 인한 비용보다 이익이 더 크기 때문이다. 따라서 해결방안으로는 부패를 통해 얻을 수 있는 이익보다 비용을 더 크게 만들어야 한다. 목차를 이익의 축소방안, 비용의 확대방안으로 구분 제시한 후, 전자로는 직접적 이익 제거를 위한 부당이익 환수제도, 간접적 이익을 막기 위한 퇴직 공직자 재취업 금지제도 등을 제시할 수 있다. 또한 비용확대를 위해 징계강화, 윤리교육확대 등을 들 수 있다.

답안구성 예

I. 서 론

II. 합리적 선택의 관점으로 본 공무원의 부패행위
  1. 순편익극대화의 과정으로서 공무원의 부패행위
  2. 부패행위의 이익

  3. 부패행위의 비용
  4. 종 합

III. 부정부패를 통제할 수 있는 방안
  1. 이익 축소의 방안
  2. 비용 증가의 방안

IV. 결 론

| 제1문 | 공공서비스의 생산과 제공은 정부의 기본적인 역할이다. 이와 관련하여 다음 물음에 답하시오. (총 40점, 선택 총 20점)

(1) 공공서비스의 생산과 제공을 위해 정부조직, 준정부기관, 공기업이 수행하는 역할의 차이점을 기술하고, 최근의 공공서비스 전달체계 개혁 동향을 설명하시오. (16점)

(2) 준정부기관과 공기업이 공공서비스를 생산·제공하는 과정에서 발생하는 문제점을 공공성과 책임성 관점에서 설명하고, 이를 해결하기 위한 방안을 제시하시오. (14점)

(3) 수요자 중심의 공공서비스 제공을 위해 최근 새롭게 도입한 바우처(voucher)방식의 장단점을 설명하시오. (10점)

Ⅰ. 서 론

Ⅱ. 공공서비스 생산과 제공을 위해 조직별 역할의 차이
1. 정부조직 – 안정성과 책임성이 강하게 요구되는 공공서비스
2. 준정부기관 – 비용 중심의 공공서비스
3. 공기업 – 수익 창출이 가능한 공공서비스

Ⅲ. 최근의 공공서비스 전달체계 개혁 동향

Ⅳ. 준정부기관 등의 공공서비스 생산·제공 과정의 문제점과 해결방안
1. 공공서비스 생산·제공 과정의 문제점

(1) 공공성 측면
(2) 책임성 측면
2. 해결방안 – 공공성과 책임성의 측면에서
(1) 공공성 측면
(2) 책임성 측면

Ⅴ. 바우처 방식의 장단점 – 수요자 중심의 공공서비스 제공 측면
1. 바우처의 의의
2. 바우처 방식의 장점 – 공공서비스의 수요친화성과 효율성, 형평성
3. 바우처 방식의 단점 – 효율성과 책임성

Ⅵ. 결 론

Ⅰ. 서 론

공공서비스와 관련하여 정부와 시장, 시민사회와의 관계는 시대적 환경이나 그 필요성에 따라 지속적으로 변화하여 왔다. 최근 신공공관리론(New Public Management)의 기조에 따라 민간위탁, 민영화 등 시장 기제를 활용한 다양한 공공서비스 공급방식이 행하여지고 있지만 여전히 비용중심의 서비스나 공공성, 안정성이 요구되는 부분에서는 정부조직이나 준정부기관, 공기업 등 거시적인 정부구조를 활용한 공공서비스 공급방식이 이루어지고 있다. 그러나 준정부기관이나 공기업의 경우, 정부조직의 행정법 분봉조직에 해당하며 주인-대리인 이론(Principle - Agent theory)의 측면에서 공공성과 책임성의 문제가 발생하며 시장 수요를 제대로 파악하지 못한 공급자 중심의 서비스는 이러한 문제점을 보다 가속화 시켰다. 이에 수요자중심의 공공서비스 제공으로서 새롭게 도입한 바우처 방식이 최근 주목받고 있다는 점에서 이러한 문제의 해결을 통한 수요 친화적이고 공공성과 책임성을 조화한 공공서비스 공급 방향을 모색하고자 한다.

Ⅱ. 공공서비스 생산과 제공을 위해 조직별 역할의 차이

1. 정부조직 – 안정성과 책임성이 강하게 요구되는 공공서비스

정부조직은 공공서비스 공급의 최종적 책임자이다. 따라서 이를 통한 공공서비스의 공급은 서비스의 안정성과 책임성이 강하게 요구되는 경우에 이루어지게 된다. 일례로 정부가 행하는 조세지출이나 기초 연금과 같이 많은 재정이 소요되면서 정책적 안정성과 그로 인한 책임이 정부로 귀책되는 경우, 정부조직이 이러한 서비스를 추진하게 된다.

2. 준정부기관 – 비용 중심의 공공서비스

공단 등 준정부기관은 공공서비스를 통해 수익금이 창출되는 경우보다는 정부로부터 재정을 출연 받아 비용 중심의 공공서비스를 제공하는데 초점을 둔다. 준정부기관인 근로복지공단의 경우 근로자 창업 지원, 근로자 대부업과 같이 별도의 수익을 창출하기 보다는 비용을 지출하는 방식의 공공서비스를 제공한다.

3. 공기업 – 수익 창출이 가능한 공공서비스

철도, 공항 등 공공서비스 제공으로 수입을 얻고 이를 통해서 지출되는 비용을 충당할 수 있는 공공서비스를 공기업이 제공한다. 비용중심의 준정부기관과는 상이하며 안정성과 책임성은 일정수준 요구되기는 하지만 공기업을 통한 공공서비스에 있어서 수익성은 중요한 부분을 차지한다.

코레일이나 인천국제공항공사 등의 공기업이 공공서비스 제공을 통해 일정한 요금을 징수하여 서비스 제공을 통한 수익 창출의 모습을 보여주고 있다.

Ⅲ. 최근의 공공서비스 전달체계 개혁 동향

우리나라의 경우, 정부 운영의 전반에 신공공관리론적 정부개혁이 행하여 졌으며 공공서비스 전달체계 부분에서 이는 예외가 아니었다. 과거 정부나 정부의 분봉을 통한 공공서비스 제공은 과도한 대리인 문제와 비용과 수익의 절연으로 인한 비효율성의 문제가 발생하였다. 이러한 문제를 해결하기 위해 시장기제를 활용하는 방식으로 공공서비스 전달체계의 개혁이 나타났으며 민영화나 민간위탁을 통해 비용과 수익을 일치시키고 복대리의 문제를 해소하여 대리인 문제의 부작용을 감하는 방향으로 변화하였다.

Ⅳ. 준정부기관 등의 공공서비스 생산·제공 과정의 문제점과 해결방안

1. 공공서비스 생산·제공 과정의 문제점

(1) 공공성 측면

공공성이란 공개성·공익성·보편성·권위 등을 내용으로 하며 그 외에 다양한 정의가 있지만 궁극적으로 행정의 본질적인 정체성을 의미하는 가치를 말한다. 준정부기관이나 공기업의 경우 시장기제에 비해 공공성을 갖는 정도가 높지만 정부출연재원으로 운영되는 준정부기관의 경우 지출되는 비용과 수익 또는 비용 대비 성과가 절연되어 있는 경우가 많다. 또한 공기업의 경우 과도한 경영효율화라는 명목하에 공공서비스 제공 과정에서 요금 인상이 나타날 가능성이 큰데 이는 공익이라는 사회 전반적인 가치를 고려하기 보다는 조직 자체나 구성원들의 사적 목표의 내재화가 나타날 가능성이 크다는 점에서 공공성의 훼손이 나타날 수 있다.

(2) 책임성 측면

주인대리인 이론에 따르면 준정부기관이나 공기업의 경우, 국민 – 정부 – 준정부기관, 공기업으로 이어지는 복대리의 구조를 갖추고 있다. 이에 주권자인 국민이 준정부기관이나 공기업을 직접 통제하기 어려우며 정보의 비대칭성(information assymmetry)으로 인해 도덕적 해이(moral hazard)가 나타날 가능성이 크다. 이러한 문제점은 준정부기관이나 공기업이 공공서비스 제공을 통해서 국민의 행정만족도 향상 등을 추구해야 한다는 책임성의 측면에서 벗어나 수요자이자 주권자인 국민을 고려하지 않는 공급자 중심의 공공서비스 제공의 모습을 통해 효과성 저하와 책임성의 문제로 이어지는 경우가 나타날 가능성이 크다.

2. 해결방안 – 공공성과 책임성의 측면에서

(1) 공공성 측면

비용 대비 성과의 절연으로 인한 공익 훼손의 문제를 해결하기 위하여 단순히 사업 추진수 등으로 평가되는 공공기관의 성과평가 합리화가 필요하다. 이를 위해 기획재정부의 알리오시스템을 통해 공개되는 정보의 범위를 확대하고 일괄적인 성과평가의 기준보다는 개별 준정부기관, 공기업의 특수성에 부합하는 성과평가 기준의 적용이 요구된다. 또한 이를 바탕으로 한 성과평가과정에서 과연 공익적 가치에 어느 정도 기여하였는지에 대한 평가가 곁들여져야 할 것이다. 공기업의 경우, 과도한 경영효율화로 인해 공공성 훼손이 나타날 가능성이 큰바, 공기업의 적자성 부채에 대한 합리적인 분석 등을 통해 공공기관 자체의 부채인지 정부로부터 이전된 부채인지, 지속성이 있는지 여부 등을 종합적으로 고려하여 경영효율화를 추진할 필요가 있다.

(2) 책임성 측면

복대리의 구조에서 벗어나 국민이 직접 공공서비스를 제공하는 공기업, 준정부기관을 관리하고 통제하는 차원에서 민영화 등의 수단을 강구해 볼 수 있다. 이는 정보의 비대칭성을 해소하여 공공서비스 제공 과정에서 도덕적 해이의 문제점을 줄일 수 있는 방안이 될 것이다. 또한 수요중심의 공공서비스 제공이 가능해져 주권자이자 수요자인 국민의 공공서비스에 대한 만족도 및 효과성 향상에 기여할 수 있을 것이다.

V. 바우처 방식의 장단점 – 수요자 중심의 공공서비스 제공 측면

1. 바우처의 의의

정부가 지불을 보증하는 일종의 전표로서, 일정한 자격을 갖춘 대상자에게 특정 재화나 서비스를 구입할 수 있도록 구매력을 높여주는 소득지원의 한 형태를 말한다. 사용자의 공공서비스 선택권을 시장기제 내에서 발생하는 경쟁원리에 따라 효율적으로 보장한다는 점에서 수요자 중심의 공공서비스 제공 수단으로서 최근 주목받고 있다.

2. 바우처 방식의 장점 – 공공서비스의 수요 친화성과 효율성, 형평성

먼저 바우처 방식은 소비자가 직접 공급업체를 선택한다는 점에서 공공서비스의 수요 친화성이 강하게 나타난다. 또한 시장 기제를 활용하여 서비스 제공자간 경쟁을 통한 서비스 공급의 효율성을 담보할 수 있다. 끝으로 바우처는 저소득층, 사회적 소수자를 중심으로 제공되는 현물보조의 양태를 띈다는 점에서 형평성 측면에서도 바람직하다.

3. 바우처 방식의 단점 – 효율성과 책임성

공급기관이 소수에 한정되어 있거나 공급기관 간 담합의 양태가 나타나는 경우 시장 경쟁이 제대로 이루어지지 않아 효율성 측면에서 문제가 발생할 수 있다. 또한 책임성 측면에서 공급기관이 공급을 통한 수요자 만족도에 초점을 맞추기 보다는 바우처 수급액을 늘리기 위한 부정수급 등의 문제점도 지적할 수 있다.

VI. 결 론

공공서비스의 제공과 관련하여 정부중심, 시장중심, 새로운 수요자 중심의 공공서비스 제공으로서 바우처는 모두 나름의 장단점을 갖는다. 따라서 공공서비스 제공의 One best way는 존재하지 아니하며 공공서비스의 특성과 시장의 상황, 공익에 기여할 수 있는 추구해야 할 다양한 행정가치에 대한 종합적인 판단이 선행되어야 할 필요가 있다.

| 강 평 |

1. 출제 의도를 파악하고 잘 정리된 답안이다. 정부–준정부기관–공기업의 관계를 파악하기가 쉽지 않을 수 있으나 잘 정리하고 있다. 준정부기관은 정부의 위탁 업무를 수행하고 비용을 출연금으로 받는 기관이다. 법상으로는 전체 수입에서 매출액이 50%를 넘지 않는 기관이다. 반면 공기업은 시장에서 요금을 징수하는 기관으로 전체 수입에서 매출액이 50%를 넘는 기관이다.

2. 정부의 공권력에 의한 관료적 집행에서 시장 지향적인 공급 체계로 전환하기 위한 노력이 진행 중이다. 시장 지향적 공급이 갖는 의미는 경쟁이다. 그리고 가장 중요한 것은 소비자의 관점에서 공공서비스가 제공(provision)되는 것이 중요하지, 누가 생산(production)하느냐는 중요하지 않다.

3. 바우처에 대해서도 잘 정리하고 있다. 소비자에게 선택권을 준다는 것이 핵심이다. 다만 문제점은 소비자에게 선택권을 주었을 때, 이를 잘 활용하느냐의 문제이다. 즉 black market이 형성되는 문제가 있다.

| 제2문 | 다음을 읽고 물음에 답하시오. (총 30점, 선택 총 15점)

1990년대 후반 경기 북부지역에 대규모 홍수피해가 발생하자 정부는 한탄강댐 건설을 추진하였다. 그러나 시민단체와 주민들의 지속적인 반대로 한탄강댐 건설은 표류하였다.

찬성하는 주민들은 댐 건설을 통해 반복되는 홍수피해를 방지할 것을 기대하였고, 반대하는 주민들은 댐 건설로 인한 경제적·환경적 피해를 지적하였다.

---

(1) 공공갈등을 해결하기 위한 갈등관리 수단을 설명하시오. (10점)

(2) 사회자본(social capital)의 개념을 기술하고, 공공갈등 해결에서 사회자본의 순기능과 역기능을 설명하시오. (20점)

Ⅰ. 서 론

Ⅱ. **공공갈등을 해결하기 위한 갈등관리 수단**
　1. 전통적 접근 (conventional approach)
　2. 대체적 접근 (alternative approach)

Ⅲ. **사회자본의 개념**

Ⅳ. **공공갈등 해결에서 사회자본의 순기능과 역기능**
　1. 순기능 – 강한 가교적 사회자본
　2. 역기능 – 강한 결속적 사회자본

Ⅴ. **결 론**

답안작성

최 O O / 2013년도 5급 공채 일반행정직 합격

Ⅰ. 서 론

　공공갈등이란 정부가 특정 정책을 수행하는 과정에서 발생하는 다양한 가치나 이해 관계의 충돌을 의미한다. 특히 민주화의 가속화로 인해 공공갈등은 피할 수 없는 과제로 나타나는데 우리나라의 경우 환경문제, 소고기 파동, 4대강 등 주요 정책이슈마다 공공갈등이 구체화되고 심각하게 나타나는 경향이 있다. 이에 현 정부의 '갈등 점검 위원회', '공공갈등의 예방 및 해결에 관한 규칙' 등 해결의 가능성과 필요성 측면에서 적절한 갈등관리 수단이 제시되는 추세이며 공공갈등의 해결 양식이 점진적으로 변화하고 있다. 또한 공공갈등의 해결적 측면에서 R.Putnam이 제시한 사회자본의 개념이 중요시 되고 있는 바 사회자본이 공공갈등의 지속가능한 해결을 가능케 하는 key로서의 역할을 할 수 있을지에 대해서 고민해볼 필요가 있다.

Ⅱ. 공공갈등을 해결하기 위한 갈등관리 수단

1. 전통적 접근 (conventional approach)

공공갈등의 해결에 대하여 과거에는 정부의 독자적인 정책관리나 사법절차를 통해 이루어졌다. 정부는 공공갈등의 해결을 위해 무시, 강압, 시혜 등의 추가적인 정책수단을 활용하는데 경주 방폐장 사례에 따르면 시민들의 반발에 대하여 금전적 지원이라는 시혜적인 수단이 공공갈등을 해결하는 수단으로 작용하였다. 또한 새만금 사례처럼 공공갈등이 정부와 시민사이에 해결되지 못하고 궁극적으로 사법절차에 의해 해결되는 모습을 보이기도 하였다.

2. 대체적 접근 (alternative approach)

독자적인 정책관리나 사법절차는 당사자 간의 합의에 의한 갈등의 궁극적 해결보다는 갈등의 잠정적 해소와 함께 갈등이 지속적으로 내재화되는 모습을 보이고 있다. 이에 새로운 대체적 접근은 당사자간의 합의를 중요시하여 갈등의 궁극적인 해결을 지향하고 있으며 그 대표적인 수단으로 ADR(Alternative Dispute Resolution)이 있다. ADR은 협조·조정·중재의 과정으로 이루어지며 당사자 간의 합의 도출을 궁극적으로 지향한다는 점에서 갈등 해결의 대체적 수단으로 주목받고 있다.

Ⅲ. 사회자본의 개념

사회자본(Social Capital)이란 사람들의 협조를 활발하게 함으로써 사회의 효율성을 개선할 수 있는 신뢰, 호혜성의 규범, 네트워크와 같은 사회조직의 속성을 의미한다. R. Putnam은 남부에 비해 북부 이탈리아 지역이 경제적으로 성장한 것에 대한 연구에서 신문구독률, 투표율, 결사체수 등을 요인으로 들면서, 사회자본 개념을 제시하였으며 사회자본은 크게 폐쇄된 네트워크에서의 구성원간 결속력인 결속적 사회자본(bonding social capital)과 결속적 사회자본의 폐쇄성을 보완, 이질적인 네트워크 간 수평적 유대를 말하는 가교적 사회자본(bridging social capital) 그리고 권력자와 비권력자간, 엘리트와 대중간 또는 사회계급간 수직적 유대를 말하는 연계적 사회자본(linking social capital)으로 구분된다.

사회자본은 사회구성원들이 공동목적을 위해 협력하도록 하여 사회의 효율성을 높일 수 있고 스스로 창출되면서도 오랜 기간에 걸쳐 구축되고 나면 짧은 기간 내에 쉽게 사라지지 않는다는 특징이 있다.

Ⅳ. 공공갈등 해결에서 사회자본의 순기능과 역기능

1. 순기능 – 강한 가교적 사회자본

가교적 사회자본이 존재하는 경우 이질적인 네트워크간의 수평적 유대가 강하게 나타나므로 공공갈등의 예방과 해결 측면에서 방향의 민주성과 시간의 신속성이 고려된 해결이 가능할 수 있다. 사례를 토대로 할 때 시민단체, 주민 상호 간, 그리고 정부 사이에 가교적 사회자본이 존재하는 경우였다면 상호간의 대화를 통해 갈등의 가능성을 최소화 할 수 있었을 것이다.

2. 역기능 - 강한 결속적 사회자본

결속적 사회자본이 존재하는 경우 폐쇄된 네트워크 내에서의 결속적 유대만 강하게 나타날 뿐 집단 간의 상호교류에는 네트워크의 특수성상 어려움을 갖는다. 따라서 결속적 사회자본이 강하게 나타나는 경우라면 사회자본이 존재하는 경우라 하더라도 자신의 집단 이익만을 고려한 채 갈등의 대립과 증폭의 양상이 나타날 수 있다.

사례의 경우, 찬성하는 주민들과 반대하는 주민들이 각각 강한 결속적 사회자본을 갖는 경우라면 공공갈등이 대화나 ADR을 통해 해결되기 어렵고 합의점을 도출하는데 문제가 클 것이다.

V. 결 론

이처럼 공공갈등의 해결에 있어서 단순히 사회자본의 존재만으로는 문제가 해결되지 아니한다. 공공갈등의 해결에 있어 가교적 사회자본의 강화를 위해 정부의 공론장적 제도적 디자인을 바탕으로 한 지속적인 교류가 필요하다. 또한 갈등은 해결과 함께 예방도 중요하다는 점에서 갈등의 조기포착과 사전관리가 중요시 되며 갈등공개나 ADR제도 등의 재정비, 지식관리 역량제고 등을 고려해 볼 수 있다.

┤ 강평 ├

1. 문제의 핵심을 잘 정리하고 있다. 특히 ADR(Alternative Dispute Resolution)을 잘 소개하고 있다.

2. 과거에는 정부 주도형으로 갈등을 관리하였다. 초기에는 일방적이고 폐쇄적인 과정이었다. 소위 일방적 결정(Decision) - 공표(Announce) - 방어(Defense)의 과정이었다. 그러다가 민주화가 되면서 참여, 공개, 협상의 과정이 개발되었다. 그리고 보상의 원리도 개발되었다. 그러나 정부에 대한 불신이 있는 상황에서는 이러한 정부 주도형의 과정은 본질적인 한계를 드러내었다. 이러한 정부 주도형의 과정을 좀 더 설명하는 것은 필요하다.

3. 이에 제3자의 중재에 의한 전문적인 조정 기능이 강조된 것이다. 이를 잘 이해하고 잘 설명하고 있다.

4. 그리고 사회 자본도 사회 공동체 의식에 기반해야 한다는 것도 잘 정리하고 있다.

| 제3문 | 다음을 읽고 물음에 답하시오. (총 30점, 선택 총 15점)

○○시청은 최근 근무성적평정, 역량평가 등을 기준으로 전 직원을 S, A, B, C등급으로 나눠 성과급을 차등지급(기본급 기준 185%~0%)하였다. 그러나 성과급이 지급된 이후, 직원들은 성과급의 전체 평균을 계산하여 S등급자가 B, C등급자에게 평균 차액만큼을 돌려주는 사례가 발생하였다.

---

(1) 동기이론 중 기대이론(expectancy theory)의 주요 내용을 기술하고, 이 이론의 관점에서 성과급제도가 성공적으로 작동하기 위한 요건을 설명하시오. (20점)

(2) 정부 성과급제도의 한계를 민간부문과 대비되는 정부부문의 특성에 기초하여 설명하시오. (10점)

Ⅰ. 서 론

Ⅱ. 기대이론의 주요 내용

Ⅲ. 성과급 제도의 성공적 작동요건 - 기대이론에 비추어
  1. 기대치의 강화
  2. 수단치의 강화

3. 유인가의 강화

Ⅳ. 성과급제도의 한계 - 정부부문의 특성에 비추어
  1. 온정주의적 문화의 문제
  2. 성과평가 제도의 문제

Ⅴ. 결 론

답안작성

최 ○ ○ / 2013년도 5급 공채 일반행정직 합격

Ⅰ. 서 론

신공공관리적 정부개혁의 일환으로 도입된 성과급제는 공무원의 동조과잉과 복지부동의 행태를 해결하고 성과 중심의 행정을 구현하는데 그 취지가 있다. 이를 위해서는 성과급이라는 금전적 인센티브가 공무원의 동기부여를 유발해야 하는데 공공부문의 특수성과 근무성적평정의 문제, 성과급의 낮은 보수차 등은 그러한 효과를 제한하고 있다는 지적이 있다.

성과급제도가 성공적으로 작동하기 위한 요건을 V. Vroom의 기대이론측면에서 분석하고 공공부문의 특수성 측면에서 성과급제도가 어떠한 문제점을 갖고 있는지 논하는 것은 성과급제의 실효성 확보와 공공부문의 동기부여 강화 측면에서 유의미하다 할 것이다.

Ⅱ. 기대이론의 주요 내용

V. Vroom의 기대이론에 따르면 노력을 통해 얻게 될 결과물에 대한 기대에 따라 동기의 정도가 결정된다고 본다. 구체적으로 기대이론은 기대치, 수단치, 유인가가 동기부여를 유발한다고 보는데 기대치란 성과에 대한 기대로서 노력하면 얼마나 성과를 향상시킬 수 있는지에 대한 기대를 의미한다. 수단치란 목표달성 시 주어지는 보상에 대한 기대에 해당하며 끝으로 유인가란 보상이 얼마나 만족스러운지에 대한 기대를 말한다.

Ⅲ. 성과급 제도의 성공적 작동요건 – 기대이론에 비추어

1. 기대치의 강화

달성할 수 없는 목표를 부여하면 동기를 유발할 수 없다. 따라서 기대치의 강화를 위해서는 공무원이 달성 가능한 목표를 성과목표로 설정하여야 한다. 구체적으로 기대치를 높이기 위해서는 개인의 능력과 직무수행의 성과목표를 일치시켜야 하는데 이는 구성원의 참여를 기반으로 성과목표 설정 시 목표의 명확화와 더불어 능력과의 일치를 유도하는 방향으로 이루어져야 한다.

2. 수단치의 강화

수단치의 강화를 위해서는 성과와 보상의 연계를 강화하여 성과에 상응하는 적절한 보상을 하여야 한다. 이 때 중요한 것은 목표달성에 대한 평가가 정확하게 이루어지고, 평가에 따라 공정한 보상이 이루어진다는 평가와 보상의 신뢰성을 확보하는 것이 중요하다.

3. 유인가의 강화

유인가는 공무원의 보상에 대한 만족도를 의미한다는 점에서 공무원이 성과급이라는 금전적 측면에 의해서 동기부여가 가능한 지에 대한 검토가 선행되어야 한다. 만약 공무원이 금전적 측면이 아닌 공직봉사 동기, 사명감, 사회적 인정감등에 의해서 동기부여가 이루어지는 경우라면 성과급제는 효과적인 보상 수단이 될 수 없다.

Ⅳ. 성과급제도의 한계 – 정부부문의 특성에 비추어

1. 온정주의적 문화의 문제

G. Hofstede의 연구에 따르면 우리 행정조직 내에는 집단적·온정적 행정문화가 강하게 나타난다. 이는 조직에서의 업무수행이나 대인관계에서 개인을 우선시 하는지 조직을 우선시 하는지에 따라 판단하는데 조직에 대한 소속감과 충성심을 중시하는 우리나라의 경우, 위 행정문화는 지켜져야 할 불문율로 여겨진다.

이러한 온정주의적 문화는 조직 내에서 성과 경쟁을 어렵게 하며 성과급 나눠먹기 등의 비합리적인 행태가 나타나는 원인이 된다. 사례의 경우에도 시청 내 성과 평가가 차등적으로 나타나지만 결국 평균

차액만큼 돌려주는 행태를 보이고 있으며, 이러한 상황에서 금전적 동기부여가 가능하다 하더라도 성과급제는 효과적인 동기부여 수단이 될 수 없다.

2. 성과평가 제도의 문제

사례의 경우 S, A, B, C로 나누어 평가, 성과급을 차등지급하는데 이러한 과정에서 성과 평가 제도가 비합리적이거나 객관적 평가가 어려운 경우, 성과급제는 효과적인 동기부여 수단이 될 수 없다. 특히 정부부문의 특수성 측면에서 근무성적평정 중심의 성과평가는 개인의 능력보다는 연공서열이 중요시 되는 성향을 보이고 있는데, 이러한 상황에서 개인의 성과는 제대로 평가되기 어렵다. 또한 정부부문에서는 관리·기획·집행 등 다양한 업무가 존재하는데 이러한 업무적 특성을 반영하지 않은 일원적인 성과평가 제도는 성과급제도의 비합리성을 가중한다. 끝으로 정부부문의 특수성상 공익적 측면은 객관적 평가가 어렵다는 점에서 성과급제의 기준이 되는 평가의 문제점은 성과급 제도의 한계로 지적될 수 있다.

V. 결 론

성과급 제도는 공공부문에서 성과를 독려하는 핵심적 수단이지만 공공부문의 특수성등의 문제로 인해 그 효과가 제대로 담보되지 못하고 있다는 것을 확인하였다. 이에 성과급제도의 개선적 측면에서 근무성적평정의 연공서열 비중을 낮추고 객관적 성과를 파악할 수 있는 지표마련을 통해 보다 성과 친화적인 평가가 될 수 있게 할 필요가 있다. 또한 공공부문의 다양한 업무 특성을 고려하여 성과 평가가 이루어질 수 있도록 할 필요가 있으며 공익적 측면과 질적 측면을 성과평가에 반영할 수 있는 수단의 모색 역시 필요하다. 과거 해양경찰청에서 실시한 정성적 평가시스템인 QES4u는 성과급제의 개혁적 측면에서 좋은 본보기가 될 것이다.

이 원 희 / 한경국립대학교 행정학과 교수

| 강평 |

1. 문제의 핵심을 이해하고 잘 정리하고 있다. Vroom의 기대 이론을 정확하게 정리하고 변수별로 쟁점을 잘 정리하고 있다. 특히 하나의 생각에 매달려 만연체의 문장으로 이어지지 않고, 간단하면서 핵심을 정리하는 문장력도 돋보인다.

2. 성과급이 배분된 다음에 다시 나누어가지는 행태를 온정주의적 문화로 설명하고 있다. 그리고 연공서열이 작용하고 있는 한계도 지적한다. 아마 직급이 낮은 직원이 보수를 많이 받게 되었을 경우에 다시 나누는 과정이 있었다면 이러한 논거는 더욱 강했을 것이다. 그러나 한편 내가 성취한 성과가 나 혼자만의 노력이 아니라, 공동 노력의 결과라는 생각이 있었다면 이를 반영하는 노력도 있어야 한다는 것도 지적할 필요가 있다. 그래서 조직의 성과와 개인의 성과를 동시에 고려하는 성과 공유(performance sharing)도 고려할 필요가 있다.

2014년 입법고등고시 기출문제와 어드바이스 및 답안구성 예

| 제1문 (45점) |

최근 우리 사회의 중요한 화두 중 하나는 규제완화이다. 규제에 대해서는 여러 가지 학설이 존재하는 것이 사실이지만, 규제 혹은 규제완화도 일종의 제도변화라고 볼 수 있다. 그러므로 규제완화에 대해 신제도주의적 세 분파라고 할 수 있는 역사적 제도주의, 합리적 선택 제도주의, 그리고 사회학적 제도주의에서 여러 가지 처방을 내놓을 수 있을 것이다. 이런 측면에서 규제완화에 관련된 쟁점은 무엇이며 이를 해소하기 위해서는 어떻게 해야 하는지에 대해 신제도주의의 세 분파가 어떤 이론적·실제적 시사점을 제공해 줄 수 있는지를 논의하시오.

Advice

1. 우선 '규제완화와 관련된 쟁점'이 무엇인지 명시적으로 제시한다. '규제완화가 의도한 대로 이루어지지 않는 이유'를 쟁점으로 제시하면 무난할 것이다. 이에 대하여 역사적 제도주의는 규제도 일종의 제도로써 규제가 형성된 역사적 맥락에 의해 '경로의존성'을 지니고 유지된다는 점, 사회학적 제도주의는 규제완화가 이루어지기 위한 동형화 요인이 부족하다는 점을, 합리적 선택 제도주의는 완화주체의 순편익 체계의 미흡함을 그 원인으로 들 수 있다.

2. 쟁점에 대한 개선방안으로는 역사적 제도주의의 관점에서는 '단절균형점' 형성을, 합리적 선택 제도주의의 관점에서는 '유인체계'의 형성을, 사회학적 제도주의의 관점에서는 '동형화의 정당성' 확보를 구체적 사례를 들어 제시하면 된다.

3. 단절균형점의 예로는 정치리더의 적극적 정책 추진을, 유인체계의 예로는 규제비용총량제, 규제개혁성과급제 등을 들 수 있다. 동형화 정당성의 예로는 외국사례에 대한 연구 및 규제개혁 필요성 홍보 등을 제시할 수 있다.

답안구성 예

Ⅰ. 서론

Ⅱ. 신제도주의의 특징
　1. 역사적 제도주의 특징
　2. 합리적 선택 제도주의의 특징
　3. 사회학적 제도주의의 특징

Ⅲ. 규제완화가 의도한 대로 이루어지지 않는 이유
　1. 역사적 제도주의: 경로의존성
　2. 합리적 선택 제도주의: 순편익 미흡
　3. 사회학적 제도주의: 동형화 요인 부족

Ⅳ. 규제완화가 의도한 대로 이루어지기 위한 방안
　1. 역사적 제도주의: 단절균형점 형성
　2. 합리적 선택 제도주의: 유인체계 미련
　3. 사회학적 제도주의: 동형화의 정당성 확보

Ⅴ. 결론

| 제2문 (20점) |

정부 3.0은 정부운영패러다임의 변화에 따라 나타나게 되었으며, 시민들의 위상이 높아지고 정부의 시민에 대한 책임성이 높아지게 되면서 더욱 중요하게 되었다. 정부 3.0의 정부운영방향, 핵심가치 그리고 정부운영의 수단을 설명하고, 정부 3.0의 성과를 내기 위해 공무원들에게 요구되는 역량을 제시해 보시오.

Advice

1. 정부 3.0의 구체적 내용에 관한 시사문제이다. 정부 3.0의 정부운영방향에 대해 정부에서 제시한 핵심키워드대로 '투명한 정부', '유능한 정부', '서비스 정부'의 내용을 서술한다. 또한 핵심 가치로서 '개방', '공유', '소통', '협력'에 대해 구체적으로 제시한다.

2. 정부운영수단에 대해서는 정책수단의 유형을 간략하게 제시하며 직접성, 강제성이 낮은 '간접적이고 비강제적인' 정책수단을 활용함을 말한다. 마지막으로 공무원들에게 요구되는 역량은 '소통하는 자세', 'IT활용능력', '공감능력', '전문성' 등을 들 수 있다.

답안구성 예

Ⅰ. 서 론

Ⅱ. 정부 3.0의 특징
  1. 정부운영방향
  2. 핵심가치

3. 정부운영의 수단

Ⅲ. 정부 3.0의 성과를 위한 공무원의 역량

Ⅳ. 결 론

| 제3문 (20점) |

21세기 정부는 현대사회가 첨예한 이해관계 대립의 사회가 되어 감에 따라 갈등조정 또는 갈등관리역할을 요구 받고 있다. 이에 따라 효과적인 갈등관리기구의 형성이 필요한 바, 효과적인 갈등관리시스템을 설계하기 위해 고려되어야 할 설계의 원칙으로 어떤 것들이 있는지를 설명하시오.

Advice

논의에 앞서 과거의 ADD방식이 아닌 DAD(Decide – Announce – Defend)방식의 갈등관리가 필요한 현실을 서론으로 설명한다. 이어 갈등관리시스템 설계를 위해 고려해야하는 원칙으로 우선 갈등관리기구에 이해관계자의 참여가 보장되어야 한다는 '참여의 원칙', 의사결정이 숙의에 기반해야 한다는 '숙의의 원칙', 갈등관리의 모든 과정이 공개되어야 한다는 '공개의 원칙' 등을 제시할 수 있다.

Ⅰ. 서 론	1. 의 의
Ⅱ. DAD 방식의 특징과 한계	2. 효과적인 설계의 원칙
Ⅲ. 대안적 갈등관리 기법	Ⅳ. 결 론

| 제4문 (15점) |

예산운용의 문제점으로 최근 주목받고 있는 현상 중 하나가 정보의 비대칭(information asymmetry)이다. 정보의 비대칭 문제란 무엇이며 이 문제를 해결하기 위해 나타난 예산제도와 예산의 원칙들로서는 어떤 것들이 있는지를 설명하시오.

🅰️dvice

1. 우선 정보비대칭의 개념을 제시한 후, 예산운용상 정보비대칭의 문제를 역선택(예산할당 문제)과 도덕적 해이(예산의 낭비) 개념에 포섭하여 서술한다. 이 문제를 해결하기 위한 예산제도와 관련해서는 3대 재정개혁인 국가재정운용계획, Top-down 예산제도, 성과관리 예산제도가 정보비대칭 문제 해결을 돕는 기능을 한다. 국가재정운용계획은 정보비대칭으로 인한 예산총액의 확대 경향을 예방하고 Top-down 예산제와 성과관리 예산제는 도덕적 해이 문제에 대해 '유인체계'의 기능을 함으로써 예산의 낭비를 막는다.

2. 예산원칙과 관련해서는 모든 예산운영 과정이 공개되어야 한다는 '공개의 원칙', 예산이 쉽게 이해될 수 있도록 단일 예산으로 편성되어야 한다는 '예산 단일의 원칙', 모든 세입과 세출이 예산에 계상되어야 한다는 '예산 완전성의 원칙' 등이 예산상 정보 비대칭 문제를 해결하는 기능을 한다.

Ⅰ. 서 론	3. 정보의 비대칭을 해결하기 위한 예산의 원칙
Ⅱ. 예산운용에서의 정보의 비대칭 문제	
1. 문제점	Ⅲ. 결 론
2. 정보의 비대칭을 해결하기 위한 예산제도	

| 제1문 | 현대의 정부조직은 파트너십, 네트워크, 위탁계약, 컨소시엄 등 다양한 형태로 다른 조직들과 협업(collaboration)의 관계를 형성하여 재화와 서비스를 시민들에게 공급하고 있다. 특히 우리나라의 정부조직들은 산하에 여러 유형의 공공기관들을 설립하여 이들과 협업관계를 유지하고 있다. 예를 들어 「공공기관의 운영에 관한 법률」에 따른 공기업 및 준정부기관, 「책임운영기관의 설치·운영에 관한 법률」에 따른 책임운영기관 등을 운영하고 있다. 다음 물음에 답하시오.(총 40점, 선택 총 20점)

(1) 정부조직과 산하기관 간 협업의 필요성은 무엇인지 설명하시오. (26점)

(2) 산하기관의 공적 책임성을 확보하기 위한 정부조직과 산하기관 간 바람직한 협업방안에 대해 논의하시오. (14점)

Ⅰ. 서 론

Ⅱ. 정부조직과 산하기관 간 협업의 필요성
  1. 협업의 의미 및 대두 배경
  2. 정부조직과 산하기관 간 협업의 필요성
   (1) 급변하는 환경 및 행정수요에 대한 대응성 제고
   (2) 합리적 분담 및 공조를 통한 자원배분 효율성 및 경제성 제고
   (3) 정보통신기술의 발달과 전자정부 고도화

   (4) 공적 기능의 유지와 책임성 확보

Ⅲ. 산하기관의 공적 책임성 확보를 위한 바람직한 협업방안
  1. 공적 책임성의 의미
  2. 바람직한 협업방안
   (1) 기본적 방향
   (2) 구체적 방안
Ⅳ. 결 론

답안작성   박 0 0 / 2012년도 5급 공채 일반행정직 합격

Ⅰ. 서 론

 현대의 정부조직은 공기업 및 준정부기관의 설립 혹은 책임운영기관의 운영 등 다양한 모습으로 그 형태를 달리하는 시도를 하고 있다. 또한 복잡성이 증대하는 행정환경 속에서 다양한 행정수요에 직면하고 있는 정부조직은 공공기관 간 다양한 형태의 협업관계를 유지하고 있다. 더불어 우리나라의 경우

여러 공공기관의 세종시 이전과 관련하여 위치적·지리적으로도 협업은 앞으로 중요한 문제가 될 것으로 보인다. 협업은 수요에 대한 대응성을 높여주고 경제성을 확보하는 등 여러 장점이 있으나 명확한 책임소재가 구별되지 못한다면 공적이익보다는 개별이익을 추구하게 되는 등 공적 책임성이 저해되는 문제점도 나타내고 있는 실정이다. 정부조직 간 바람직한 협업방안에 대하여 고민할 필요가 있는 시점이다.

II. 정부조직과 산하기관 간 협업의 필요성

1. 협업의 의미 및 대두 배경

협업(collaboration)이란 둘 이상의 조직의 자율적인 상호작용을 통하여 업무의 효율을 비롯한 새로운 가치를 창출하는 활동이라고 할 수 있다. 현대의 정부조직의 경우 업무협조를 통한 파트너십, 이해당사자 간 수평적 네트워크의 구축, 민간위탁, 책임분담을 통한 컨소시엄 등의 형태로 협업이 이루어지고 있다.

최근 지식정보화, 융합화 등 행정을 둘러싼 급격한 환경변화와 다양한 형태의 행정수요 증대는 이러한 협업의 필요성을 증대시키고 있으며 또한 기존 형평성, 공익 등의 행정가치에 최근 효율성 및 대응성 등의 가치가 중요해지는 시기가 맞물려 정부조직의 협업의 필요성이 증대되고 있다.

2. 정부조직과 산하기관 간 협업의 필요성

(1) 급변하는 환경 및 행정수요에 대한 대응성 제고

앞서 지적하였듯 행정을 둘러싼 환경은 시시각각 변화하고 정부 행정에 국민들이 기대하는 행정수요는 단일정부기관만으로 감당하기 어려운 수준이 되었다. 즉, 계서제하 경직적인 정부조직만으로 이러한 수요에 대응하기 어렵게 되었고 다양한 공공기관이 그 역할을 나누어 대신하는 것이 필요하게 된 것이다. 이렇듯 하나의 부처 혹은 기관으로만 대응하기 어려운 복합적인 문제 등에 대해 컨소시엄, 네트워크 구축 등 협업을 통해 여러 기관이 문제의 해결에 참여하는 것은 문제해결의 대응성을 높이고자 하는 필요성이 있기 때문이라고 보인다.

(2) 합리적 분담 및 공조를 통한 자원배분 효율성 및 경제성 제고

협업의 과정은 업무 분담 및 공조의 과정에서 자율적인 상호작용을 통해 자원배분의 효율성을 제고할 수 있게 해준다. 산하기관은 대체로 맡은 바 영역에 관해 실무적인 전문성을 확보하고 있는 경우가 많다. 또한 정부기관의 경우 그 부분에 대한 정책 결정기능을 확보하고 있어 네트워크 구축 등을 통한 협업에서 효율적인 자원배분이 이루어질 수 있다고 보인다.

또한 정부기관과 산하기간의 공조는 다양한 측면에서 비용절감을 통해 경제적일 수 있다.

예컨대 사회문제 등에 대해 컨소시엄 구축을 하여 다양한 기관 간 정보공유를 활성화한다면 정보획득 및 유지 관리에 대한 비용을 감소시킬 수 있고 지속적인 업무공조를 통해 쌓이는 경험 등은 기관간 갈등 비용의 감소에도 기여할 수 있다.

(3) 정보통신기술의 발달과 전자정부 고도화

정보통신기술의 발달은 관련 집단 간의 네트워크화와 쌍방향 소통을 강화시킨다. 이러한 네트워크 사회는 상호작용과 상호의존성이 증대됨에 따라 협력의 필요성이 더욱 커지게 한다.

이러한 이유로 정부기관 간에도 네트워크화 되어 감에 따라 협력의 필요성이 더욱 증대되고 있다. 또한 우리나라의 경우 전자정부 시스템이 고도화되고 행정정보공동이용, 빅데이터 등의 활용으로 협업의 가능성이 더욱 높아지고 있다고 보인다.

(4) 공적 기능의 유지와 책임성 확보

산하기관은 공공영역의 일을 하고 있지만 민간부분과도 연관되어 있기 때문에 공·사 영역이 혼재되어 있다고 볼 수 있다. 따라서 공적 책임이 중요시 되는 업무 등에 있어서 때로는 그 책임과 역할을 다하지 못하고 공익이 아닌 사익추구 등의 행태가 나타날 수 있는 우려가 있다.

이러한 상황하에서 정부조직과 산하기간 간 협업은 정부조직이 산하기관과 업무공조를 함으로써 책임성을 확보할 수 있는 하나의 방법이 되기도 한다.

그러나 정부조직은 산하기관의 업무를 정확히 알 수 없고 쉽게 관여할 수 없는 문제가 있어 공적 책임성을 담보하기에 한계를 지닌다. 또한 협업과정에서 책임소재가 명확하지 못한 경우가 많고 서비스의 질이 저하되는 등 산하기관의 공적 책임성을 담보하기가 쉽지 않은 실정이다.

Ⅲ. 산하기관의 공적 책임성 확보를 위한 바람직한 협업방안

1. 공적 책임성의 의미

공적 책임성이란 우선 공공일반을 위한 공익에 대한 책임이라고할 수 있다. 공적인 일을 하는 기관으로서 기관의 이익이나 개인의 사익이 아닌 공공일반을 위한 일을 해야하는 책임이다. 또한 공적 책임성이란 투명하고 안정된 공공서비스 제공에 대한 책임이다. 공공부문은 공공문제의 해결 및 공공서비스의 생산과 배분도 그 목적으로 하고 있는바 이러한 부분에 대한 책임도 공적 책임의 일부분이라고 할 수 있다.

2. 바람직한 협업방안

(1) 기본적 방향

산하기관의 공적 책임성을 확보하기 위한 바람직한 협업이 이루어지기 위해, 기본적인 방향설정이 필요하다. 바람직한 협업은 공적 책임이 무엇인지에 대한 명확한 이해를 바탕으로 책임소재를 분명히 한 협력적인 관계일 것이다. 즉, 공적 책임에 대한 이해와 책임소재의 명확한 확립이 선행된 협력파트너십 구축이 기본적인 방향이 된다.

(2) 구체적 방안

1) 사전조정단계 – 합리적인 협업파트너의 선정, 책임소재의 명확화

협업을 크게 세 가지 단계로 구분하였을 때 사전단계에서 합리적인 협업파트너의 선정이 선행되어야 한다. 해당 사안에 가장 알맞은 협업파트너가 어느 기관이 될지 투명한 선정절차를 통해 선정되어야 공공서비스의 적절한 생산 및 분배가 가능하기 때문이다. 또한 사전 단계에서 명확히 책임소재를 규정해 놓을 필요가 있다. 협업의 경우 그 특성상 공조하게 되는 경우가 많아 책임소재가 불분명한 경우가 많다. 참여자간 합의를 통해 분야별로 세분화하여 그 책임소재를 분명히 한다면 향후 책임성 문제가 발생한 경우 이에 대한 근거가 될 수 있다.

2) 협업실행단계 – 상호견제의 협력적 파트너십 구축

협업의 실행단계에서 공적책임성을 확보하기 위해서는 상호견제를 할 수 있는 협력적 파트너십 구축이 필요하다고 본다. 다만 이때 정부조직은 주도적으로 조정자의 역할을 수행함이 바람직하다고 보인다. 업무적 측면에서는 대등한 관계일지라도 산하기관에 대해서 실질적인 견제가 되려면 정부조직에 힘의 비중이 좀 더 필요하기 때문이다. 다만 산하기관 끼리는 상호견제의 구도가 되어야 한다.

이러한 상호견제의 파트너십이 구현되기 위해서는 업무의 진행상황이 체계적으로 공유되어야 하며 지속적인 협업공간이 필요하다고 생각된다. 전자정부, 스마트기기 등을 활용해 온라인상에서 이러한 과정들이 체계적으로 공유되고 소통의 협업공간이 마련되는 것도 한 가지방법일 것이라 생각된다.

3) 사후평가단계 – 명확한 평가기준의 설립, 시민의 참여

협업이 종료된 이후의 단계로서 사후 평가 및 피드백 역시 중요하다고 보인다. 명확한 평가기준을 세우고 협업에 대한 사후적 평가를 통해 결과에 대한 확실한 책임을 묻거나 평가를 통해 나타난 부분에 대하여 다시금 협업에 반영할 수 있게 보고서나 메뉴얼을 만드는 방안도 생각해 볼 수 있다. 또한 이러한 전 과정에 시민들이 주도적으로 참여할 수 있게 한다면 주인이자 제3자로서 공적 책임성을 담보할 수 있게 하는 감시자가 될 수 있다.

Ⅳ. 결 론

환경의 복잡성 증대, 정보통신기술의 고도화 등에 따라 현대의 행정에서 정부조직과 산하기관 간 협업은 더욱 증대될 것으로 보인다. 다만 더 효율적이고 공적 책임성을 담보할 수 있게하는 협업방안에 대한 고민이 더욱 필요한 시점이라고 보인다. 공적 책임성에 대한 당사자 및 시민들의 이해정도가 높아지고 협업이 1회적인 행사가 아닌 시스템적으로 접근하며, 지속적인 피드백이 이루어질 때 정부조직과 산하기관 간 바람직한 협력구도가 점차 정착되어갈 것이다.

조 선 일 / 국립순천대학교 사회과학대학 행정학과 교수

| 강 평 |

1. 답안은 대체로 질문에 대한 필요한 답을 제시하고 있다. 답안의 경우 협업필요성으로 대응성, 효율성, 책무성 외에 전자정부 고도화를 제시하고 있는데 제목 간 균형을 위한 적절한 변경이 있으면 좋을 듯하다. 특히 문제의 내용이 공적 책임성에 초점이 있으므로 이 부분을 강조하는 것도 도움이 될 것으로 생각된다.

2. 바람직한 협업방향의 서술에서는 공적 책임성을 공익에 대한 책임, 문제해결, 서비스의 생산배분 등의 측면을 앞에서 이야기 하고 있으므로 협업방안도 일관성을 위해 여기에 일치시키거나, 아니면 뒤에 나오는 구체적인 방안(단계별 접근)을 토대로 재구성해서 일관성을 갖추는 것이 더 나을 것으로 생각된다.

| 제2문 | 일반시민의 시민윤리와 조직구성원의 직업윤리는 공통기반이 있지만 동일하지는 않다. 또한 민간조직 종사자와 공직 종사자에게 요구되는 직업윤리에도 차이가 있다. 다음 물음에 답하시오. (총 30점, 선택 총 15점)

(1) 민주국가에서 공직 종사자에게 요구되는 윤리와 민간조직 종사자에게 요구되는 윤리의 차이점을 설명하시오. (14점)

(2) 이에 근거하여 공직 종사자의 비윤리적 행위에 대한 전통적 통제방안으로 외부통제와 내부통제에 대해 설명하고, 새로운 통제방안으로 내부고발제도의 적용 가능성 및 한계에 대하여 논의하시오. (16점)

Ⅰ. 서 론
Ⅱ. 공·사 조직 종사자의 윤리 비교
 1. 시민윤리와 직업윤리
 2. 공·사 조직 종사자에게 요구되는 윤리의 차이점
Ⅲ. 공직 종사자의 비윤리적 행위에 대한 통제방안
 1. 전통적 통제방안으로서 외부통제와 내부통제

 (1) 외부통제 - 입법부, 사법부, 시민, 대중매체에 의한 통제
 (2) 내부통제 - 감사원, 국무총리실, 계층제에 의한 통제
 2. 새로운 통제방안으로서 내부고발제도의 가능성 및 한계
 (1) 내부고발제도의 의미
 (2) 내부고발제도의 적용가능성 및 한계
Ⅳ. 결 론

답안작성

박 0 0 / 2012년도 5급 공채 일반행정직 합격

Ⅰ. 서 론

공직자의 청문회과정에서 윤리문제로 종종 낙마하거나 공인이 도덕성 문제로 뉴스에 등장하는 것을 자주 볼 수 있음을 감안할 때에 우리 사회는 지난 과거부터 늘 윤리에 대한 관심이 높았다고 볼 수 있다. 다만 최근 해외에 세금포탈을 위한 페이퍼컴퍼니 등의 설립 등의 문제에서 이러한 윤리에 대한 관심은 개인윤리에서 직업윤리 이상으로 더욱 확대되어가고 있는 실정이다. 또한 이러한 탈세 등의 문제에 사기업뿐만 아니라 공직자 등도 연루되어 사회적으로 더 큰 지탄을 받고 있다. 직업인으로서 민간조직 종사자에 비해 공조직 종사자에게 요구되는 윤리는 다른 것인지, 그렇다면 공조직 종사자의 비윤리적 행위에 대해서는 어떤 통제방안이 필요한지 검토해 보고자 한다.

Ⅱ. 공·사 조직 종사자의 윤리 비교

1. 시민윤리와 직업윤리

일반시민들에게 요구되는 윤리를 개인적 윤리라고 볼 때에 개인윤리는 개인이 사회생활에서 마땅히 지켜야할 행동규범이라고 할 수 있을 것이다. 그렇다면 직업윤리는 직업을 가진 개인이 자신의 직장에서 마땅히 지켜야할 행동규범이라고 할 수 있다.

민간조직과 공조직의 직업윤리는 개인적 윤리를 넘어 이렇듯 조직이라는 단체생활 속에 지켜야 할 규범이라는 점에서 공통점을 가지나 공조직과 민간조직의 추구하는 목적에서 비롯된 몇 가지 차이점을 지니기도 한다.

2. 공·사 조직 종사자에게 요구되는 윤리의 차이점

양 조직 종사자에게 요구되는 윤리는 각 조직이 추구하는 목적에 따라 다를 수 있다. 공조직은 공익을 달성하기 위한 공공문제의 해결 및 공공서비스의 생산과 분배를 목적으로 하고 민간조직은 주로 시장경제 하에서 기업의 이윤창출과 사재화의 생산 및 판매를 목적으로 한다.

이러한 각 조직의 목적을 고려해 볼 때 이들 조직에서 종사하는 종사자들의 윤리의 차이점은 다음과 같다.

첫째, 공직 종사자에게는 민간조직 종사자와는 달리 공익을 추구할 것이 요구된다. 공익이 특정 사회의 구성원의 이익만이 아닌 공공일반의 이익과 관계된다고 볼 때에 공직 종사자는 개인만을 위한 윤리가 아닌 공공일반을 위한 윤리가 요구된다고 볼 수 있다.

둘째, 공공문제를 정책적으로 해결한다는 측면에서 개인의 행동뿐만 아니라 국가의 정책에 대한 책임까지 진다고 볼 수 있다. 이는 개인적 책임을 넘어선 정책적 책임성까지 요구된다고 볼 수 있는 것이다. 반면 민간조직 종사자의 경우는 자신의 행동에 대한 책임을 지거나 그 행동으로 인해 미친 결과에 대한 책임을 질 뿐 정책적 책임성이 있다고 보기는 어렵다.

셋째, 공직 종사자의 윤리는 민간조직 종사자에 비해 더 엄격한 기준이 요구된다. 공조직이 가지는 공공서비스의 생산 및 분배 등과 관련된 정책은 민간의 생산 및 분배에 비해 사회적으로 큰 영향력을 지니기 때문이다.

Ⅲ. 공직 종사자의 비윤리적 행위에 대한 통제 방안

1. 전통적 통제방안으로서 외부통제와 내부통제

공직 종사자에게는 공공일반을 위하고 책임이 따르는 엄격한 윤리가 요구되나 이를 공직자 개인의 책임으로만 맡기기엔 어려움이 있다. 이와 관련해 전통적으로는 행정 내·외적으로 다양한 통제방안을 두고 있다.

(1) 외부통제 - 입법부, 사법부, 시민, 대중매체에 의한 통제

공조직의 외부적 통제는 우선 삼권분립에 의한 입법부에 의한 통제, 사법부에 의한 통제가 있다. 입법부는 정책에 대한 검토 및 심사, 국정감사, 공직자에 대한 임면, 예산에 대한 통제 등으로 비윤리적 행위에 대해 사전적으로 통제하는 성격이 강하다. 사법부는 비윤리적 행위를 한 공직자에 대해서 사후적으로 법적 책임을 묻는 방식으로 통제한다. 선거 이후 공공연하게 불법자금이나 세금탈루 등이 드러나 사법부에 의해 자격이 박탈당하는 사건을 종종 접할 수 있는데 이는 사법부의 사후 통제라고 볼 수 있다.

또한 주인으로서 시민의 통제, 매스컴 등 대중매체를 통한 통제 등도 외부적 통제에 해당한다. 공조직에게 권한을 위임한 주인으로서의 시민은 옴부즈만 등의 활동으로 공조직을 감시하거나 각종 위원회에 참여해 공조직 내 비윤리적 행위를 감시할 수 있다. 또한 대중매체들은 여론 조성을 통해 비윤리적 행위를 한 공직자에 대하여 사회적인 경각심을 일깨워줄 수 있다.

(2) 내부통제 - 감사원, 국무총리실, 계층제에 의한 통제

내부통제는 공식적인 통제와 비공식적인 통제로 나누어 볼 수 있다. 공식적 통제로서 대표적으로 감사원 및 국무총리실의 통제가 있다. 비윤리적 행위를 한 공직자에 대하여 감사원은 행정감사를 통해 공직자의 비윤리성 여부를 판단할 수 있고 국무총리실의 공직윤리지원관실은 공직자 윤리기강 확립을 위한 목적으로 공직자 윤리점검 등을 실시한다.

비공식적으로는 계층제, 동료집단의 평가와 비판으로서 비윤리적 행위에 대한 통제가 이루어진다. 계층제를 통한 통제는 내부적 인사관리제도를 통하여 윤리에 대한 책임을 묻거나 하향식 교육·지시 등을 통하여 윤리에 대한 경각심을 일깨워 줄 수 있다. 동료집단의 평가와 비판은 상호 간 견제와 감시 등으로 윤리를 지킬 수 있게 하는 것으로서 내부고발자 제도 등과 연계되어 하나의 제도로서 자리매김하여 가고 있다.

2. 새로운 통제방안으로서 내부고발제도의 가능성 및 한계
(1) 내부고발제도의 의미

내부고발제도는 비윤리적 행위에 대한 내부적 관계자가 그 행위를 밝히는 것이라고 볼 수 있다. 이는 일반적인 고발행위가 아니라 공익적 행위이자 도덕적 행위이며 외부를 향한 행위이다. 최근 공직자 윤리에 대한 외부통제에 한계가 나타나고 있고 모 대기업 내부고발사건에서 드러나듯 제도의 효과나 여파가 상당히 커 사회적 관심이 늘어나고 있는 실정이다.

(2) 내부고발제도의 적용가능성 및 한계

내부고발제도는 조직 내 윤리에 대한 경각심이 확대되고 부패억제의 효과가 있을 것이라는 측면에서 그 적용가능성이 크다. 최근의 여러 사건들을 볼 때에 기존의 관행들로 인한 비윤리적 행위들은 내부고발자에 의한 고발이 아니고서는 잘 드러나지 않는 경우가 많았다.

내부고발자제도가 원활히 운영된다면 비윤리적 행위에 대한 매우 적실성 있는 대안이 될 것이다. 또한 외부적 통제에 대한 어려움도 내부고발제도의 필요성을 더해가고 있다. 비윤리적 행위가 점차 고도화 되어가고 국회나 감사기구 등을 통한 감사로서 밝혀지지 않는 문제가 늘어감에 따라 내부고발자제도는 그 유용성이 더욱 커질 전망이다.

다만 내부고발제도는 몇 가지 측면에서 현실적인 한계를 노정하고 있다. 우리나라의 경우 우선 문화적 측면에서 제도가 잘 활용되지 못하고 있다. 즉 공익을 추구하는 공직자라 하더라도 개인보다는 집단을 중시하는 문화 때문에 쉽게 내부고발자로서 나서지 못하는 경우가 많다. 내부고발을 한 경우 오히려 그 이후 더 조직에 적응하지 못하는 경우도 많다. 또한 공익제보자로서 내부고발자에 대한 보호가 아직 제도적으로 취약하다. 외국의 제도와 비교할 때 신고자의 신분보호 등에 대한 규정 등이 아직 엄밀하지 못하고 강제력을 지니지 못하고 있다고 판단된다.

종합적으로 볼 때에 내부고발제도의 효과 등을 감안한다면 공직 종사자의 비윤리적행위를 감시하기 위한 제도의 필요성 및 적용가능성은 충분하다. 다만 여러 한계가 아직 존재하는 만큼 제도를 점차 보완해 나가야할 것이다.

Ⅳ. 결 론

개인적 윤리와 마찬가지로 직업인으로서의 윤리 역시 마땅히 지켜져야 할 규범이다. 공익을 목적으로 하고 그 사회적 파급력이 큰 공조직 종사자에게는 더욱 이러한 윤리가 요구되는 것 또한 마땅하다. 다만 최근 비윤리적 행위가 늘어나고 있는 시점에서 윤리를 담보하기 위한 대안이 강구되고 있는데 내부고발제도 등의 내실화가 필요한 시점이다.

이와 관련 공익제보자를 보호하기 위한 강제력 있는 규정이 필요하며 국내적으로도 이에 대한 관심 증대 및 여론조사가 선행되어야 할 것이다.

강 평

1. 답안에서 공·사 조직 종사자에게 요구되는 윤리의 차이에 대한 서술은 조직론 교과서의 공·
   사 조직의 차이를 토대로 영향력의 차이 등 더 많은 내용이 보완될 필요성이 있으며, 기존의
   전통적 통제에 대한 설명에서는 최종질문이 내부고발이라는 점을 고려해서 전통적 통제의
   한계나 보완방안에 서술이 추가될 필요성이 있다.

2. 결론 부분에서는 내부고발의 한계에 대한 서술과 더불어 보다 근본적인 다른 대안도 결론에
   추가하면 더 나을 듯하다.

| 제3문 | 정부정책을 성질별로 분류하면 규제정책, 조장(지원)정책, 중재(조정)정책으로 분류할 수 있는데, 규제정책은 다른 두 유형과 비교하여 독특한 특징을 갖는다. 다음 물음에 답하시오. (총 30점, 선택 총 15점)

(1) 규제정책의 특징을 조장정책 및 중재정책과 비교하여 설명하시오. (10점)

(2) 정책대상집단 요인이 규제정책 집행에 미치는 영향을 보호적 규제정책과 경쟁적 규제정책으로 구분하여 논의하시오. (20점)

Ⅰ. 서 론

Ⅱ. 규제정책의 개념 및 특징
　1. 규제정책의 개념
　2. 규제정책의 특징 – 조장정책, 중재정책과 비교하여

Ⅲ. 정책대상집단 요인이 규제정책 집행에 미치는 영향

1. 보호적 규제정책과 경쟁적 규제정책
2. 규제정책집행에서 정책대상집단 요인의 의미
3. 정책대상집단이 규제정책 집행에 미치는 영향 – J.Q Wilson의 견해에 따라
　(1) J.Q.Wilson과 규제정책
　(2) 정책대상집단 요인과 규제정책

Ⅳ. 결 론

답안작성　　　　　　　　　　　박 ㅇㅇ / 2012년도 5급 공채 일반행정직 합격

Ⅰ. 서 론

　정책은 정부가 바람직한 사회상태를 만들기 위하여 설정한 정책목표를 달성하는 과정을 말한다고 할 수 있다. 이러한 정책은 기능별·대상 집단별로도 나뉠 수 있을뿐더러 이미 Lowi, Almond와 Falwell 등 많은 학자들이 다양하게 분류한바 있다. 많은 분류 방법에서 공통적인 항목으로 주로 등장하는 것이 규제정책인데 규제정책은 그만큼 정책의 많은 부분을 차지하고 있음을 보여준다. 이러한 규제정책이 조장정책이나 중재정책과 어떤 차이를 갖는지를 살펴보고 정책대상집단 요인이 규제정책 집행에 미치는 영향과 관련하여 J.Q.Wilson의 규제정치론을 통해 논의해 보고자 한다.

Ⅱ. 규제정책의 개념 및 특징
1. 규제정책의 개념

　규제정책이란 개인이나 특정집단에 대해 일정한 행동의 자유를 제한하는 정책으로서 정부가 공익목

적을 위하여 개인이나 사회를 통제하는데 쓰인다. 이러한 정책으로는 불공정 거래에 대한 규제, 그린벨트 규제 등이 대표적이다.

2. 규제정책의 특징 – 조장정책, 중재정책과 비교하여

조장(지원)정책이란 세금이나 보조금을 활용하여 민간의 활동을 지원하는 정책을 비롯하여 재화와 서비스의 공급 등을 포함한 정책이라고 볼 수 있고 중재(조정)정책은 사회의 다양한 갈등상황에 대해 중재 및 재조정하는 정책이라고 볼 수 있다. 규제정책은 이러한 정책들과 비교하여 다음과 같은 몇 가지 특징을 가진다.

첫째, 규제정책의 주요 특징 중 하나는 정책결정과정에서 정책으로부터 혜택을 받는 자와 피해를 보는 자가 나뉘게 되고 이는 갈등상황으로 연결될 수 있다는 점이다. 이익과 손해가 분명하게 나뉘는데 혜택을 얻는 대상집단과 손해가 발생하는 대상집단간 충돌이 발생할 수도 있다. 조장정책에서도 정책적으로 보조금이나 세금을 조정하는 과정에서 갈등상황이 발생할 수 있는 점과 유사한 부분이 있다.

둘째, 규제정책은 편익과 비용이 분명해 이익집단과의 관계에서 대규모 로비 및 포획현상이 나타날 수 있다. 특히 경제규제와 관련하여 기업들의 로비가 있을 수 있다. 중재정책에서도 갈등의 재조정과정에서 이익이 발생하는 집단은 로비를 할 수도 있다는 점에서 유사한 부분이 있다.

Ⅲ. 정책대상집단 요인이 규제정책 집행에 미치는 영향
1. 보호적 규제정책과 경쟁적 규제정책

리플리(R.B.Ripley)와 프랭클린(G.A.Franklin)은 규제정책을 보호적 규제정책과 경쟁적 규제정책으로 구분하였다. 보호적 규제정책은 일반대중을 보호하기 위해 개인이나 집단의 권리행사, 자유를 제한하는 정책으로 정의될 수 있고 경쟁적 규제정책은 많은 수의 경쟁자 중에서 특정한 몇몇 개인이나 집단에게만 재화와 서비스의 공급을 허용하는 정책이라고 정의된다.

예컨대 전자의 정책으로는 공정거래 규제, 식품위생관련규제 등이 있을 수 있고 후자의 정책으로는 항공노선허가 등이 있을 수 있다.

2. 규제정책집행에서 정책대상집단 요인의 의미

정책대상집단이란 정책을 집행함으로서 이익이나 손해를 보는 직접적 대상이 되는 사람들을 말한다. 이들은 자신의 집단이 이익을 얻게 되는 경우에는 정책을 적극적으로 환영하고 심지어 로비까지 하는 경우도 있지만 손해가 심하게 되는 경우 정책추진에 반대하는 경우도 공공연히 발생하게 된다. 규제정책은 혜택을 입는 자와 입지 못하는 자가 확연히 구분되는 정책인바 이익과 손해에 따라 정책대상집단은 순응 혹은 저항의 형태로 행동하게 된다.

3. 정책대상집단이 규제정책 집행에 미치는 영향 – J.Q Wilson의 견해에 따라

(1) J.Q.Wilson과 규제정책

윌슨은 규제를 통해 감지된 비용과 편익의 범위에 따라 4가지의 정치적 상황을 구분하였다.

즉 감지된 비용과 편익이 분산되어있는지 혹은 집중되어있는지에 따라 다른 상황을 가정하는 것이다. Wilson에 따르면 보호적 규제정책의 경우 일반대중에게 편익이 넓게 분산되는 반면 비용은 특정집단에 좁게 집중되어있는 특징을 가진다. 반면 경쟁적 규제정책의 경우 편익은 혜택을 받는 일부 집단에게 집중되는 반면 그에 조달되는 비용은 여러 불특정 집단에 걸쳐 이루어지는 특징을 가진다.

(2) 정책대상집단 요인과 규제정책

우선 보호적 규제정책의 경우 비용이 좁은 집단에 집중되어있기에 이들 집단의 반발이 일어날 수 있다. 이들 집단은 자신들의 비용을 인지하기 쉽기에 정책에 대한 저항 및 반발의 행태로서 자신들의 이익을 대변하려고 할 것이다. 이러한 경우 규제정책 집행과정에서 혼선이 있을 수 있다. 실제로 독과점 금지와 같은 공익규제정책이 있는 경우 정책대상집단으로서 비용이 발생하는 집단은 이에 잘 따르지 않고 담합을 하는 경우가 종종 발생한다. 편익이 발생하는 집단의 경우 편익이 넓게 분산되기에 조직화되기 어렵다. 이런 상황에서는 일반대중을 대표하는 시민단체 등의 공익집단의 중요성이 더욱 커진다. 이러한 공익집단이 대표하여 이러한 정책을 지원하고 여론을 조성한다면 보호적 규제정책의 집행이 오히려 수월하게 이루어질 수 있다.

경쟁적 규제정책의 경우 편익이 좁은 집단에 집중되어 있기에 편익이 생기는 집단의 대규모로비가 있을 수 있다. 이러한 로비가 이루어지는 경우 규제기관과 피규제기관 사이의 철의 삼각이나 포획현상이 발생할 수 있다. 다만 비용이 넓게 분산되어 있어 그것을 인지하지 못할 수 있고 이러한 경우 정책의 집행과정에서 큰 갈등이 없이 수월하게 정책이 집행될 수 있다. 다만 비용은 넓게 분산되기 때문에 대다수 비용부담자들은 이를 인지하지 못하여 정책과정에 참여하지 못하는 경우가 발생하여 사후적으로 정책에 대한 반발이 발생할 수도 있다.

Ⅳ. 결 론

정책은 정책목표에 따라 사회를 방향성 있게 변화하는 것을 목적으로 한다. 이 과정에서 다양한 유형의 정책이 사용되는데 규제정책의 경우 편익과 비용이 괴리되는 경우가 많아 사회적으로 갈등상황을 유발할 수 있는 특징을 지닌다. Wilson의 규제정치이론은 정책으로 인한 여러 상황을 예견할 수 있게 해주고 대응할 수 있게 해주는 바 일종의 규제영향평가의 효과를 나타낸다고 볼 수 있다. 갈등상황을 미리 예견하여 정책집행에 만전을 기한다면 규제정책을 비롯한 여러 정책의 효과가 더욱 높아질 것이라 생각한다.

조 선 일 / 국립순천대학교 사회과학대학 행정학과 교수

| 강 평 |

　답안은 규제정치이론을 토대로 서술한 것은 좋으나, 문제가 비교서술이므로 먼저 비교기준을 먼저 제시하면 더 나을 것으로 생각되며, 정책대상집단요인의 서술도 정책유형별로 행태, 상호작용 측면이 보다 더 드러나게 서술하면 보다 더 명확할 것이라고 판단된다.

| 제1문 | 다음을 읽고 물음에 답하시오. (총 40점)

우리나라는 2006년 「국가공무원법」을 개정하여 1~3급의 계급을 폐지하고 고위공무원단 제도를 도입하였다. 이 제도는 당초에는 5등급으로 구분하여 운영되었으나 2009년부터는 2등급으로 구분하여 운영되고 있다.

이러한 고위공무원단에 속해 있는 공무원은 공정하고 합리적인 성과관리를 위해 개인의 성과목표를 설정하고 평가 기준 등에 대해 합의하여 계약을 체결하는 성과계약평가제의 적용을 받고 있다. 그리고 그 성과평가 결과가 보수에 반영되는 직무성과급적 연봉제의 적용도 받고 있다.

(1) 고위공무원단 제도의 도입 취지에 대해 설명하시오. (단, 직업공무원제도 및 실적제와의 관계를 고려한 설명을 반드시 포함하시오) (10점)

(2) 고위공무원단 제도의 효과에 대해 논란이 일고 있는데, 그 운영상의 문제점에 대해 설명하시오. (10점)

(3) 고위공무원단에 적용되는 직무성과급적 연봉제가 적절한 동기부여 방법인지의 여부에 대해 다양한 이론들을 이용하여 평가하시오. (20점)

Ⅰ. 서 론

Ⅱ. **고위공무원단제도의 개념 및 도입취지**
  1. 고위공무원단제도의 개념 및 현황
  2. 고위공무원단의 도입취지

Ⅲ. **고위공무원단제도의 운영상의 문제점**
  1. 채용측면에서 인력유인의 부재
  2. 유지·관리측면에서 교육의 질 문제 및 기존 제도와의 부정합성 문제

3. 성과평가측면에서 측정의 문제

Ⅳ. **직무성과급적 연봉제의 적절성 논의**
  1. 동기부여로서 직무성과 연봉제의 의미
  2. 직무성과급적 연봉제의 적절성 여부
    (1) 욕구계층론에 따른 경우(Maslow, Alderfer)
    (2) 기대이론에 따른 경우(Vroom)
  3. 직무성과급적 연봉제의 보완

Ⅴ. 결 론

Ⅰ. 서 론

우리나라는 2006년 「국가공무원법」을 개정하여 일부 계급에 대하여 고위공무원단제도를 도입하였다. 고위공무원단의 도입과 함께 성과계약평가제가 적용되었는데 이는 기존 연공서열위주의 인사제도 및 계급제 하 안정된 공직사회에 새로운 개혁으로서 의미가 있는 제도라고 평가된다. 그러나 아직 일부 계급에 대하여 계급제가 시행되고 있는 시점에서 양 제도의 병존은 제도적 부정합을 낳고 있고 공직에의 유인 부재 등 그 운영상의 문제점이 지적되고 있다.

더불어 성과위주의 평가측정 및 보상이 기존 공직사회에 있어서 적절한 동기부여 방법인지 여부에 대해서도 문제가 제기되고 있는 시점이다. 이러한 내용을 감안할 때 고위공무원단 제도를 현시점에서 적절히 검토해 보고 어떠한 방향으로 나아가야하는지에 대하여 논의해볼 필요가 있다.

Ⅱ. 고위공무원단제도의 개념 및 도입취지

1. 고위공무원단제도의 개념 및 현황

고위공무원단제도는 기존 폐쇄적인 고위직 공무원 인사제도의 틀을 벗어나 국장급 고위공무원을 개방과 경쟁을 통해 임용하고, 개별적 맞춤식 교육과 역량평가를 통해 공직의 경쟁력을 강화하기 위한 제도이다.

정부조직법 및 지방자치법에 의거 중앙행정기관의 실장, 국장 등의 직위에 적용하고 있으며 2011년의 경우 우리나라의 고위공무원단은 1500여명으로서 1300여 기관이 참여하고 있다.

2. 고위공무원단의 도입취지

기존 공직사회는 계서제적 구조 하에서 안정적인 신분보장을 받고 일반행정가로서 성장하는 '직업공무원제도'와 실적에 의한 평가를 강조하는 '실적제'가 그 작동원리로서 내재되어 있다. 다만 두 제도는 고위공무원단이 도입되는데 있어서 조금 다른 양상으로 연관된다.

우선 직업공무원제는 공직사회가 안정적으로 유지되는 기틀이 되기도 하였으나 폐쇄적인 운영 및 직업안정으로 인한 무사안일, 경쟁유인의 부재로 인한 민간과의 경쟁력 상실 등의 부정적 결과를 낳기도 하였다. 고위공무원단은 이러한 공직사회의 대안 중의 하나로서 도입되었다고 볼 수도 있는데 우선 채용측면에서 민간의 우수한 인력을 공직사회로 유입하고 부처간 교류를 통해 개방성 및 이동성을 강화하여 공직사회 폐쇄성을 극복하고자 하였고, 인재의 유지관리 측면에서 직위중심의 성과평가를 강화하고 맞춤식 역량교육을 통해 안정 속에 경쟁을 도입하고자 하였으며 보상측면에서 엄격한 성과측정을 통하여 무사안일 행태에 책임을 강화하고자 하는 취지로 도입되었다고 볼 수 있다.

또한 정부적 차원의 정책결정을 위한 폭넓은 시각을 가진 일반행정가를 육성하기 위하여 도입된 측면도 있다. 이러한 점을 감안할 때 고위공무원단제도가 일반행정가주의와 관련된다는 점을 제외하면 직업공무원제도와 주로 차이성이 근거해 도입되었다고 볼 수 있다.

공직사회의 구성원리로서 또 다른 하나는 공무원의 임용·승진·평정 등이 개인의 실적에 근거하여 평가되어야 한다는 실적제이다. 고위공무원단제도가 직업공무원제도와 주로 차이성에 근거해 도입되었다면 실적제와 고위공무원단제도는 주로 유사성에 기인하여 도입되었다고 평가될 수 있다. 실적에 대한 책임을 강조하는 실적제의 원리는 고위공무원단이 엄격한 성과평가를 통해 책임성을 강화하는데 있어서 근거로서 작용하였다. 즉, 기존 공직사회에서의 실적은 개인의 능력, 자격 등을 포괄하는 개념으로서 측정이 모호하다는 단점이 있었는데 이를 기반으로 고위공무원단제도에서 성과라는 보다 명확한 개념을 제시함으로서 평가를 강화할 수 있게 해주는 근거가 된 것이다.

Ⅲ. 고위공무원단제도의 운영상의 문제점

고위공무원단제도는 공직사회에 개방성·이동성을 제고하고 성과주의 강화를 통해 책임성을 제고하며, 공직자 개인이 스스로 경쟁력을 쌓기 위해 역량개발 노력을 하는 등 많은 긍정적인 영향을 낳았다. 그러나 한국적 여러 특수성에 의해 그 운영상에 몇 가지 문제점이 드러나고 있는 실정이다.

1. 채용측면에서 인력유인의 부재

우선 채용측면에서 민간의 우수한 인재가 공직에 유입되지 못하고 있다. 아직 민간과 비교해 공직에서의 급여 및 복지 등의 이익이 우수인재를 유입시키기에 부족하다고 보이는 대목이다. 또한 타 부처 소속 공무원에게도 직위를 개방하는 개방형 직위공모라고 하지만 계급제하에서 형성된 폐쇄적 조직문화, 일반행정가로서 전문성의 부족 등이 쉽게 타 부처 공모에 도전하기 어렵게 하고 있다.

2. 유지·관리측면에서 교육의 질 문제 및 기존 제도와의 부정합성 문제

고위공무원으로서 충원되었다고 하더라도 역량을 높일 수 있는 적절한 교육이 이루어지지 못하고 있고 하위직의 계서제적 구조가 잔존하여 직위중심의 외부상관이 상급자로 온 경우 문화 등에 있어서 충돌하는 부분이 생기게 되는 등의 문제도 지적되고 있다.

또한 부처 간 이동의 경우에도 이동성의 취지에 알맞게 적절한 인사교류 혹은 인재선발이 되어야 하나 부처간 협의에 의한 숫자 맞추기에 치중하는 등 비합리적 행태가 종종 발생하고 있다.

3. 성과평가측면에서 측정의 문제

성과평가 및 보상의 측면에서 볼 때에 공공부문의 특성상 성과측정이 쉽지 않아 적절한 성과평가가 쉽지 않다. 공공부문의 성과는 단기간에 가시적으로 평가될 수 있는 부분이 아니기 때문이다.

또한 성과평가의 객관성 및 공정성에 대해서도 신뢰를 높일 만한 장치가 더 필요하며 성과에 부합하는 적절한 인센티브 역시 여러 우수 인재의 유입 등과 관련해 제도의 유지에 반드시 필요하다고 보인다.

IV. 직무성과급적 연봉제의 적절성 논의

성과평가측면에서 고위공무원단 제도의 운영과 함께 성과목표 등에 관해 합의하고 평가결과를 반영하는 직무성과급적 연봉제가 운영되고 있는데, 이러한 제도가 동기부여 측면에서 과연 적절한지에 대한 문제제기가 있다.

1. 동기부여로서 직무성과 연봉제의 의미

직무성과 연봉제는 성과연봉을 결정시에 직무성과계약의 결과가 연봉에 반영되는 제도이다. 즉, 고정급 등의 호봉제가 아닌 성과급이 연봉에 반영되는 것이라고 볼 수 있다. 이러한 성과연봉의 의미는 A.H. Maslow나 C.P. Alderfer에 따르면 욕구계층에서 하위단계인 안전욕구나 생존욕구에 해당한다고 볼 수 있을 것이며 V.H.Vroom 등의 기대이론에 따른다면 기대치(E)·수단치(I)·유인가(V) 중 수단치와 주로 연관된다고 할 수 있을 것이다.

2. 직무성과급적 연봉제의 적절성 여부

(1) 욕구계층론에 따른 경우(Maslow, Alderfer)

마슬로우나 앨더퍼는 사람의 욕구는 계층적 단계로 이루어진다고 한다. 주로 하위계층의 욕구는 생리적 욕구나 안전욕구와 같은 생존과 관련된 것이라면 보다 상위의 욕구는 사회적인 관계를 맺고자 하거나 타인의 인정을 받고자 하는 욕구이다. 가장 상위의 욕구는 자아실현과 같은 성장욕구이다. 이들은 동기부여와 관련 하위욕구의 충족 시 상위계층의 욕구 충족으로 이어진다고 한다.

앞서 지적한 바대로 고위공무원단에서의 직무성과급적 연봉제는 동기부여 측면에서 하위계층의 욕구와 관련된다. 즉 물리적 측면의 성과와 그에 대한 보상으로 욕구를 충족시켜준다.

그러나 성과라는 것만으로 고위공직자의 역량을 강화하고 동기를 부여하기에는 부족한 점이 있을 수 있다. 고위공직자에게는 생존과 관련된 하위계층의 욕구이외에도 사회적 관계개선이나 자신의 자아실현과 같은 보다 상위계층의 욕구가 있을 수 있기 때문이다. 욕구계층론에 따른다면 직무성과급적 연봉제는 적절한 동기부여방법이라고 보기는 어렵고 좀 더 상위계층의 욕구와 관련된 동기부여가 필요하다고 보인다.

(2) 기대이론에 따른 경우(Vroom)

브룸은 개인의 노력이 실적달성과 어떻게 연관되고(기대치, E) 그것이 보상과 연계되며(수단치, I) 또한 개인적 만족에 어떤 관계를 가지는지(유인가, V)에 주목하였다. 이에 따라 동기부여는 기대치와 수단치·유인가의 곱으로 나타내었다.

직무성과급적 연봉제는 상호간 계약을 통해 성과수준을 정한다는 측면에서 개인의 측정하기 어려운 기대치나 유인가 등이 반영되어 동기부여에 긍정적일 것이라 생각된다. 그러나 성과달성에 대한 보상, 즉 수단으로서 성과가 과연 적절한지에 대해서는 문제점이 지적될 수 있다. 성과연봉이 지나치게 작다거나 주변과 비교하였을 때 합리적이지 못하다면 개인에게는 오히려 비동기요인으로 작용할 수 있다. 또한 개인들이 성과결과를 받아들이는 측면에서 합리적인 성과평가지표의 문제, 측정의 문제가 보다 강화되어야 할 것이라고 생각된다.

3. 직무성과급적 연봉제의 보완

직무성과급 연봉제가 그 사람의 능력에 대해 적절한 보상으로 이어진다면 개인의 동기부여 측면에서 긍정적인 효과를 가져올 수 있다. 다만 성과에 대한 물리적인 보상만으로는 부족하다고 보인다. 이와 관련 보다 상위욕구로서 공직에 대한 자부심과 헌신 등을 강조하는 공직봉사동기(PSM)의 강화, 적절한 성과평가지표의 개발 및 측정의 강화가 필요하다고 보인다.

V. 결 론

한국 공직사회에 고위공무원단제도가 도입된 이래로 그 이전의 행정과는 다른 양상으로 행정패러다임이 전개되고 있다. 다만 현 시점에서 볼 때에 공직사회에 개방성 및 이동성을 강화하고 성과평가를 통해 책임성을 강화하고자 하는 고위공무원단의 도입취지에 맞게 과연 적절히 운영되고 있는지는 꾸준히 검토가 되어야 할 필요가 있다.

이와 관련 채용 및 유지 측면에서, 인력 유인 및 제도의 적절성이 보완되고 보상측면에서 평가의 합리성 문제 등이 개선되며, 공직자 동기부여측면에서 보다 다양한 욕구를 반영할 수 있는 방향으로 나아가야할 것이다.

| 강 평 |

1. 답안은 전반적으로 질문내용에 충실히 답하고 있으며 과정중심으로 문제점을 서술한 점이 높게 평가된다. 다만 문제점의 제시를 제도의 변화과정과 내용과 함께 설명하면 더 좋을 것으로 생각된다. 동기부여와 관련한 설명은 두 가지 이론을 기초로 제도의 적절성을 충실히 논의하고 있다.

2. 추가적으로 왜 이러한 이론을 주로 이야기 하는지가 제시될 필요가 있으며, 내용이론 과정이론 등에 언급과 함께 보다 다양한 이론을 적용하여 주장을 더 강하게 뒷받침하면 더 좋으리라고 생각된다. 또한 질문이 제도의 적절성이므로 이론을 선정하여 적절성에 대한 논의나 주장이 보완되면 더 좋을 것이다.

| 제2문 | 다음을 읽고 물음에 답하시오. (총 40점)

중앙정부나 지방자치단체는 수행하는 정책이나 사업들의 성과를 시민들의 입장이 아닌 자신들의 입장에서 이해하려는 경향을 보이는 경우가 많다.

(가) 중앙정부나 지방자치단체들이 서로의 정책정보를 공유하여 협력하려 하지 않고 자신들의 목표만을 바라보고 가는 경향으로 인해 기관의 목표들이 서로 충돌하거나 엇박자를 내는 경우를 보게 된다.

(나) 역할을 부여받은 협력기관들 사이에서도 단순한 분업의 논리를 넘지 못하고 협력이 잘 이루어지지 않는 경우를 보게 된다.

(1) 지문의 (가)와 같이 기관간 '칸막이 행정'이 극복되지 못하는 원인들과 이에 대한 해결방안을 조직구조와 관리, 행태의 측면에서 사례를 들어 설명하시오. (20점)

(2) 지문의 (나)와 같이 복수의 기관들이 관여하는 사업에서 '책임 떠넘기기 행정'이 나타나는 원인들과 이에 대한 해결방안을 조직구조와 관리, 행태의 측면에서 사례를 들어 설명하시오. (20점)

Ⅰ. 서 론

Ⅱ. '칸막이 행정'의 원인과 해결방안 - 조직구조와 관리, 행태의 측면에서
  1. 칸막이 행정의 원인
   (1) 폐쇄적 조직구조로 인한 공감대 형성미비
   (2) 수동적 조직관리로 인한 위험회피적 조직문화
   (3) 집단이기주의 행태로 인한 불통의 문제
  2. 칸막이 행정의 해결방안
   (1) 네트워크조직 및 컨소시엄의 활용
   (2) 적극적 리더십 및 능동적 조직문화 형성
   (3) 협의기구설치·인사교류 등 소통의 장 마련

Ⅲ. '책임 떠넘기기 행정'의 원인과 해결방안 - 조직구조와 관리, 행태의 측면에서
  1. 책임 떠넘기기 행정의 원인
   (1) 임기응변적 임시조직구조
   (2) 하향식 조직관리로 인한 의사소통 문제
   (3) 기관장의 책임회피 행태
  2. 책임 떠넘기기 행정의 해결방안
   (1) 지속성 있는 협의기구의 설립
   (2) 쌍방향 조직관리를 통한 의사소통 강화
   (3) 기관장 성과평가의 강화 및 인센티브 부여

Ⅳ. 결 론

I. 서 론

최근 정부행정이 직면하는 문제는 복잡·다양해지고 있고 이에 따른 행정수요 역시 양적·질적으로 비대하게 증대하고 있다. 이러한 상황하에서 중앙정부와 지방정부, 그리고 각 부처는 개개의 역량만으로 행정수요에 온전히 대응하기 어려운 실정이다. 이에 따라 부처 간 신뢰, 협력, 업무공조 등은 행정에서 매우 중요한 것으로 자리 매김하고 있다. 그러나 현실은 기관 간 정책정보를 공유하여 협력하지 못하는 '칸막이 행정', 협력업무를 부여받은 기관사이에도 단순한 분업의 원리를 넘어서지 못하는 '책임 떠넘기기 행정'이 나타나고 있다. 현재의 행정을 둘러싼 환경 하에서 위와 같은 문제를 해결할 방안에 대하여 모색할 필요가 있다.

II. '칸막이 행정'의 원인과 해결방안 - 조직구조와 관리, 행태의 측면에서

1. 칸막이 행정의 원인

(1) 폐쇄적 조직구조로 인한 공감대 형성미비

우리나라 행정의 조직구조를 본다면 대체적으로 계서제구조로서 경직적이고 폐쇄적인 조직구조를 보인다. 이는 중앙과 지방간의 관계뿐만 아니라 상위기관과 하위기관과의 관계에서도 나타난다. 이러한 경직적이고 폐쇄적인 조직구조는 각 기관들이 정책공조를 함에 있어서 정보를 공유하기 어려운 환경을 만들어 준다.

예컨대 지난 청소년 심야 PC방 이용과 관련해 문화체육관광부는 '온라인 게임시간선택제'를 여성가족부는 '강제적 셧다운제'를 내놓은바 있다. 정책목표가 유사하여 적절한 공조가 있었다면 두 제도의 장점을 살린 하나의 제도 실현으로 혼선을 사전에 예방할 수 있었을 것이나 정책공조가 쉽게 이루어지지 못해 두 제도로 갈리게 되는 결과를 낳은바 있다.

(2) 수동적 조직관리로 인한 위험회피적 조직문화

조직관리를 리더십 혹은 조직문화와 관련된다고 볼 때에 조직 내 인사 등에 있어서 수동적인 관리는 조직 내 문화와도 연관되어 위험회피적인 문화를 만들어낼 수 있다. 이처럼 위험회피적인 모습이 나타나게 되는 경우 다른 기관이나 지방정부 등과 정책정보를 공유하여 협력하려 하기보다는 단일 기관 스스로 정책을 해결하려하여 칸막이 행정이 나타나게 될 수 있다.

(3) 집단이기주의 행태로 인한 불통의 문제

일찍이 니스카넨(W.Niskanen)이나 파킨슨(N.Parkinson) 등의 학자는 예산을 극대화하거나, 끊임없이 커지는 관료조직 규모와 관련해 관료조직 내 이기주의에 대해서 이야기한 바 있다. 이에 따른다면 각

기관은 자신의 예산이나 규모를 증대시키려 하며 이는 집단이기주의와도 연결될 수 있다. 집단이기주의가 있는 상황에서 소통을 통해 협력하고 업무공조를 실현하기란 쉽지 않다.

실제로 지난 정부 여성가족부와 보건복지부는 0~2세 보육료 지원과 관련해 자신들의 정책대상집단의 이익을 위해서 정책을 만들어 내려다보니, 여성가족부는 여성을 위주로, 보건복지부는 어린이집 위주의 정책을 내놓아 업무공조가 잘 이루어지지 못해 적실성있는 정책이 나오지 못한 바 있다.

2. 칸막이 행정의 해결방안
(1) 네트워크조직 및 컨소시엄의 활용
폐쇄적·경직적 조직구조가 문제가 된다면 좀 더 개방적이고 유연한 조직구조로 바뀌어갈 필요가 있다. 계서제적 구조의 예외로서 작용하는 네트워크 조직이나 다양한 기관이 참여하여 함께 논의를 이어갈 수 있는 지속적 컨소시엄을 개발한다면 이러한 정보공유의 문제 역시 해결의 실마리를 찾을 수 있을 것이라 생각한다.

다만 협력조직의 특성상 지속적으로 유지되기 어려운 측면이 있는데 이때에는 상위기구 등이 함께 참여하여 조정자 역할을 한다면 지속적으로 협력조직이 유지되는데 기여할 것이라 생각된다.

(2) 적극적 리더십 및 능동적 조직문화 형성
수동적이고 위험회피적인 조직문화 개선을 위해 기관장의 적극적 리더십이 필요하다. 업무공조를 적극 장려하는 분위기를 형성하고 정보의 공동이용 혹은 업무공조의 장소제공 등을 통해 지원을 지속적으로 한다면 지나치게 위험 회피적인 문화는 개선될 여지가 생기고, 조직 내 능동적 문화의 형성으로 칸막이 행정의 해결에 밑거름이 될 것이다.

(3) 협의기구설치·인사교류 등 소통의 장 마련
집단이기주의의 근본적인 해결이 어렵더라도 기관 간 업무의 성격 및 상호의 입장에 대하여 이해할 필요가 있다고 생각된다. 예컨대 업무협의 기구를 통해서 이러한 장을 마련할 수 있다.

기관 간 갈등과 관련해서는 갈등조정협의회 등을 활용할 필요도 있다. 이러한 협의기구를 통해 자주 접촉하여 소통의 장을 만들고, 상호 격리되고 단절된 기관이 아닌 수평적 네트워크를 적절히 구축할 수 있을 것이라 기대된다. 또한 상호간 인사교류 등을 통해서 다른 기관에 근무경험을 쌓아 업무이해도를 높이고 그 과정에서 부처 내 서로의 이해 기반을 마련할 수 있을 것이다.

Ⅲ. '책임 떠넘기기 행정'의 원인과 해결방안 - 조직구조와 관리, 행태의 측면에서
1. 책임 떠넘기기 행정의 원인
(1) 임기응변적 임시조직구조
정책공조가 이루어진 경우에도 역할을 부여받은 기관들 사이에 서로 분업의 원리를 넘지 못하는 것은 협력기관들 사이의 조직구조가 단순히 문제해결만을 위한 임시조직구조인 경우가 많기 때문이다. 임시조직기구는 단기적 현상의 문제만 해결되면 쉽게 해체하게 되어 자신의 기관의 눈앞 이익에만 집중하게 하는 환경을 제공해 준다고 볼 수 있다.

예컨대 뉴타운문제 해결을 위해 서울시와 국토해양부의 공조의 경우에도 지속성있는 공조체제이기보다는 임시적 문제해결 기구에 불과해 진정성있는 공조가 이루어지지 못하고 서로 책임 떠넘기기에 급급한 경우가 많았다.

(2) 하향식 조직관리로 인한 의사소통 문제

조직 내 관리적 측면에서 볼 때 지나치게 하향식 조직관리가 이루어진다면 소통의 문화형성이 쉽지 않고 의사소통 과정에서 문제점이 발생할 수 있다. 역할을 부여받은 협력기관들은 지속적인 의사소통 과정을 통해 업무공조를 하고 문제점의 해결을 찾아가야 하는데 이러한 의사소통에 문제점이 발생하는 경우 단순한 정도의 업무공조만 이루어지고 그 이상의 해결책을 찾기 어렵게 되어 책임 떠넘기기 행정이 나타날 수 있다.

(3) 기관장의 책임회피 행태

우리나라의 기관장인 장관은 자신의 임기를 다 채우지 못하고 1~2년 남짓한 짧은 임기만을 마치고 물러나는 것이 관례처럼 굳어있다. 이러한 짧은 임기 때문인지 성과평가에 민감하고 책임회피 행태가 나타나기도 한다. 또한 짧은 임기뿐만 아니라 업무의 복잡성이 심화되어 가고 있는 시점에서 기관 간 권한이 명확히 주어지지 않아 책임회피가 나타나기도 한다.

최근 가습기 살균제문제와 관련해 환경성질환에 대해 환경부, 산업통상자원부, 보건복지부가 서로 책임을 떠넘기는 행태를 보여주며 서로 책임을 지지 않으려는 모습에서도 그러한 양상을 볼 수 있다. 이러한 책임의 회피는 업무공조에서 지속적이고 심도 깊은 관계를 만들어내기 어렵게 하며 단순한 분업의 원리를 넘지 못하게 하는 원인이 된다.

2. 책임 떠넘기기 행정의 해결방안
(1) 지속성 있는 협의기구의 설립

문제해결형 임시적 기구가 아닌 지속성 있는 협의기구가 필요하다. 지속적 협의 과정에서 각 조직 간 권한 및 책임소재의 구분이 가능하게 되고 협의를 통하여 이를 확정할 수도 있을 것이다 자신의 기관이 명확한 책임이 있고 지속적으로 협의해온 전통이 생긴다면 이렇듯 책임 떠넘기기 행정이 쉽게 발생하지는 않을 것이라 생각한다. 예컨대 관광정책관련 오랜 정책 공조의 전통을 보여주는 인천광역시와 한국관광공사의 사례에서도 책임 있는 정책공조는 신뢰가 형성된 행정을 가능하게 함을 보여준다.

(2) 쌍방향 조직관리를 통한 의사소통 강화

일방향의 조직관리가 아닌 상·하위 간 혹은 수평적 관계 간 쌍방향소통을 강화하는 조직관리를 실시하게 된다면 조직 내 의사소통의 활성화를 통해 업무공조에 있어서도 긍정적인 역할을 할 수 있다. 조직 내 대화를 할 수 있는 쉼터와 같은 공간을 제공하고 온라인 등을 이용해 소통할 수 있는 공간을 제시하는 등 쌍방향 소통 강화를 위한 적극적 리더십이 필요하다고 할 수 있다.

(3) 기관장 성과평가의 강화 및 인센티브 부여

우리나라의 경우 정실적 인사로서 기관장이 임명되고 면직되는 경우가 많다. 이에 따라 짧은 임기상 책임을 묻기가 쉽지 않은데 보다 확실한 임기 보장을 하거나 정책사안별로 기관장의 이름 및 책임을 명시하는 방안도 고려해 볼 수 있다.

최근에는 책임운영기관의 도입으로 기관에 대한 자율 및 책임을 중시하는 경향이 있는데 이러한 책임운영기관제도를 적절히 활용하는 것도 좋은 방법이라고 생각된다. 이렇듯 보장된 임기에 자율권을 주고 책임을 강조하게 되는 경우 단기성과에 급급하여 표면적 공조가 나타나는 것이 아닌 보다 합리적이고 지속적인 공조가 이루어질 것이라 기대된다.

IV. 결 론

급증하는 행정수요에 단일 기관만으로는 대응하기 어려워지고 있는 만큼 행정에 있어서도 협력 및 공조가 매우 중요해 지는 시기이다. 이에 따라 기관간 칸막이 행정, 책임 떠넘기기 행정의 극복은 매우 중요한 사안중의 하나가 되었다.

다만 이는 어느 한 개인의 문제이거나 조직의 문제만은 아니라고 보인다. 조직구조, 조직관리 등과 관련된 조직문화, 조직행태가 조금씩 변화된 방향으로 나아갈 때 정책공조가 이루어질 수 있는 토양이 마련될 것이라 생각한다.

┤ 강 평 ├

1. 답안은 조직구조와 관리 행태의 측면에서 원인과 문제점을 전반적으로 잘 지적하고 있는 것으로 평가된다. 추가적으로 불통 외에도 전례답습이나 무사안일 고객지향의식 부족 등 보다 다양한 측면 제시되면 더 좋을 듯하다.

2. 해결방안 또한 문제점과 병립되게 적절히 제시하고 있으며 협력, 교류확대, 인센티브부여 등도 추가하면 어떨까 생각한다. 책임 떠넘기기 행정의 원인에서 구체적인 행정사례의 제시는 좋으며, 추가적으로 대안제시에서 지속성 있는 협의기구의 설립은 제대로 작동되지 않는 경우가 많으므로 이를 고려한 대안의 제시가 보완될 필요가 있다.

| 제3문 | 최근 많은 지방자치단체에서 지방공기업 등의 설립을 통해 다양한 자체사업을 추진 하면서 상당한 수준의 재정위기 상황이 보고되고 있다. 다음 물음에 답하시오. (총 20점)

(1) 재정위기의 원인을 행정통제의 관점에서 분석하시오. (5점)

(2) 이를 해결하기 위한 행정통제의 개선방안을 지방자치단체장 등 선출직 공무원에 대한 논의 를 포함하여 기술하시오. (15점)

Ⅰ. 서 론

Ⅱ. 재정위기의 원인분석 – 행정통제의 관점에서
　　1. 내부적 통제측면 – 중앙정부의 실질적 권한 부재
　　2. 외부적 통제측면 – 의회의 통제 및 시민참여 미비

Ⅲ. 재정위기 해소를 위한 행정통제의 개선방안
　　1. 중앙정부의 실질적 통제권 강화 및 유인구조 설계
　　2. 지방의회의 내실화 및 전문성 강화
　　3. 시민의 참여 강화 및 납세자 주권 제고
　　4. 사후적 대안으로서 사법적 통제 강화

Ⅳ. 결 론

답안작성　　　　　　　　　　　　　　　박 O O / 2012년도 5급 공채 일반행정직 합격

Ⅰ. 서 론

　　최근 인천광역시를 비롯한 많은 지방자치단체에서는 다양한 자체사업 추진, 무분별한 지방채 발행 등 으로 인해 재정위기 상황이 큰 문제로서 부각되고 있다. 중앙정부에서는 예산대비 채무발행비 40%이상 의 단체를 재정위기 지방자치단체로 지정하는 가이드라인을 제시하는 등 하향식 통제의 관점에서 부단 히 노력중이나 아직 그 효과는 미미한 실정이다. 주인-대리인 이론에 따르면 주인과 대리인의 유인이 괴리된 경우 대리인은 주인의 이익과는 다른 자신의 이익을 추구하는 현상을 보여준다. 지방정부의 경 우 지자체장은 짧은 임기로 인해 선심성 지출 및 사업이 늘리게 되고 이와 관리 감독관계에 있는 중앙정 부나 시민, 의회 등은 이러한 실정을 올바로 통제하기 어렵다. 즉, 지자체의 재정위기는 통제하기 어려 운 위임관계에서 나타나는 책임성 부재의 문제와 연관된다고 보인다. 이러한 측면을 감안하여 재정위기 의 원인과 개선방안을 행정통제의 측면에서 논의해보고자 한다.

Ⅱ. 재정위기의 원인분석 – 행정통제의 관점에서
1. 내부적 통제측면 – 중앙정부의 실질적 권한 부재

재정위기의 원인을 행정통제의 측면에서 볼 때에 우선 내부적 통제 측면에서 살펴 볼 수 있다. 중앙정부와 지방정부의 관계에서 중앙정부는 지방정부의 사업을 실질적으로 통제할 수 있는 권한이 부족함을 지적할 수 있다. 인천광역시의 경우에도 도시철도 제2호선, 제3연륙교, 신도시 건설 등 다양한 사업을 단기간에 시행하면서 많은 지방채를 발행하였음에도 중앙정부는 이에 대한 실질적인 통제권한이 있지 못하였다.

2. 외부적 통제측면 - 의회의 통제 및 시민참여 미비

시민의 대리인으로서 지방의회 역시 지자체 장에 대한 엄격한 관리 감독 및 통제를 하지 못한 측면이 있다. 이와 관련 의원의 사업평가에 대한 전문성의 문제가 지적되며 지방의 경우 혈연 및 지연으로 얽힌 특수성에 대한 문제가 지적되기도 한다. 또한 실질적인 사업의 통제가 이루어지지 못하는 큰 이유로서 지자체 장과 의회의 다수당이 같은 당인 경우와 같은 정치적인 문제가 한국적 현실에서 의회의 통제권을 약화시키는 큰 이유로 지적된다.

또한 시민이 주인으로서 지방자치단체에 참여할 수 있는 경로 역시 부족하다. 과거 지방자치가 시행된 이후 아직까지 납세자 주권이 온전히 존중되지 않고 있는 실정이다.

Ⅲ. 재정위기 해소를 위한 행정통제의 개선방안

앞서 지적한 바 있듯이 재정위기의 큰 원인 중 하나는 지방공기업의 설립 등을 통한 무분별한 자체사업으로 인한 지출일 것이다. 이러한 지출은 4년간의 짧은 임기로 선출되어 성과를 높이고자 하는 지방자치단체장과 연관됨이 크다. 재정위기에 대한 통제는 이렇듯 지자체의 장 등 선출직 공무원에 대한 통제와 연관된다.

1. 중앙정부의 실질적 통제권 강화 및 유인구조 설계

지방정부의 무분별한 자체사업과 관련해 일부분의 사업이나 일정예산 범위에 한 해서 중앙정부의 실질적인 통제권을 강화할 필요가 있다. 예컨대 기획재정부와 KDI가 주관하는 예비타당성조사와 같은 제도를 좀 더 확대 적용하여 규모조정을 통해 지방자체사업도 상당수 포함되게 하는 방안도 고려해 볼 수 있다.

또한 지방자치단체에 대한 국고보조금 지원의 재조정을 유인으로 삼아 지방정부가 자체적으로 사업조정을 할 수 있게 만들 수 있다. 다년간 연속되는 사업에 대해서 엄격한 평가를 통해 우수사업이나 열등한 사업에 대해 국고보조금을 늘리거나 줄이는 방안이 시행될 수 있을 것이다.

2. 지방의회의 내실화 및 전문성 강화

지방의회는 시민의 대리인으로서 지자체 장을 통제할 실질적인 권한을 위임받고 있다. 다만 이러한 권한이 올바로 사용되지 못하는 데에 그 문제가 있다. 의원의 전문성을 강화할 수 있게 정책보좌관 등 필요 범위 내에서 지원을 강화해야할 것이다. 의회는 PAYGO(Pay as you go)원칙에 입각해 재원조달이 적절히 계획된 사업여부인지를 엄밀히 판별하여야 함을 명문화하거나 이러한 내용의 실천을 지속적으로 감시해야할 것이다. 무엇보다도 학연·지연으로 얽히고 정치적 색깔로 얽혀 내실있는 통제가 되지 못하는 점의 개혁이 필요한데 의원들 스스로 노력해야할 부분이기도 하지만 결국 시민의 감시 등의 역할과도 관련된다고 보인다.

3. 시민의 참여 강화 및 납세자 주권 제고

시민들은 자신들의 예산이 올바로 집행되고 있는지 지속적인 참여 및 관심을 유지해야 한다. 최근 서울시의 경우 주민참여예산제도를 확대하여 예산편성과정에서 일부시민들이 참여하여 예산삭감 등에 기여한 바 있다. 이러한 측면에서 시민의 참여는 통제측면에서 효과적이고 재정민주주의 측면에서도 바람직하다고 보인다. 주민참여예산제도를 적극 활용하는 등 예산편성 및 결정 과정에 다양한 주민들의 참여 통로가 필요하다.

더불어 주민소송 등과 같은 납세자 소송 등의 제도를 통한다면 실질적인 주인으로서 통제의 권한을 실행할 수 있을 것인바, 납세자 소송제도의 요건완화 및 이와 관련한 정보제공 등이 필요하다고 할 것이다.

4. 사후적 대안으로서 사법적 통제 강화

지자체 장의 경우 선출직 공무원으로서 임기를 마치면 그 이후의 책임이 크게 문제가 되지 않는 경우가 많았다. 이는 지자체 장의 책임성 강화와 관련 바람직하지 않다고 보인다. 임기 이후에도 사법적인 책임을 물을 수 있게 사법적 통제를 강화한다면 임기 중에 무분별한 사업확장 등 단기적·가시적 성과에만 매몰되는 일이 적어질 것이라 생각한다.

Ⅳ. 결 론

최근 지방자체단체 재정위기에 대한 관심이 뜨겁다. 이는 그만큼 위기상황임을 반증한다고 보인다. 앞서 이러한 재정위기의 원인을 지자체의 무분별한 사업확장 그리고 이와 관련 통제의 관점에서 분석해 보았다. 통제가 필요함은 곧 책임을 가진 자의 책임성이 부재하고 있는 것이라고 볼 수 있다. 무엇보다도 권한을 가진 지자체 장의 책임 있는 역할이 선행되어야 할 것이며, 이후 통제적 관점에서 관련 이해당사자의 감시 및 참여 역시 필요하다고 할 것이다.

조 선 일 / 국립순천대학교 사회과학대학 행정학과 교수

| 강 평 |

　답안은 행정통제의 관점에서 적절한 서술을 하고 있으나 다만 용어상 내부통제와 외부통제에 대한 개념정의나 구분을 먼저 언급한 후 체계적으로 제시하면 더 나을 듯하고, 자체통제와 감사 등 자율 통제의 활용과 중앙정부통제와의 균형 등의 언급도 추가되면 좋을 것으로 평가된다.

2013년 입법고등고시 기출문제와 어드바이스 및 답안구성 예

| 제1문 (40점) |

2015년 도입되는 온실가스 배출권거래제 시범사업이 중복 추진돼 혼선이 일고 있다. 시범사업을 A, B 부처가 동시에 하다 보니 기업은 혼란스럽다는 반응이다. 두 부처의 시범사업은 △ 감축 초과 온실가스의 거래방식 △ 인센티브 및 벌칙에서 약간의 차이(표 참조)를 보였지만 핵심내용은 같았다. 부처 간 '밥그릇 싸움'이라는 비판도 제기됐다. A 부처는 녹색성장기본법상 탄소배출 규제권한이 있다는 점에서, B 부처는 기업들의 에너지와 온실가스 관리를 과거부터 해왔다는 점에서 주도권을 쥐려는 신경전을 벌이고 있다.

〈표〉 부처별 온실가스 배출권거래제 시범사업

	A부처 배출권거래제 시범사업	B부처 배출권거래제 시범사업
참여업체수	23개 업체	67개 업체
거 래	현금 거래	사이버상 가상거래
감축 기준	총량제한 (온실가스 감축 절대치 지정)	총량제한+원단위 (생산량당 온실가스 감축량 지정)
벌 칙	미준수 업체 명단 공개	없음
인센티브	참여업체 온실가스 감축컨설팅,교육지원	운영경비 지원

(1) 지문에서 나타난 바와 같이 정부조직 간 갈등이 빈번하게 발생하는 원인을 설명하시오.(20점)

Advice

1. 먼저 정부조직 간 갈등의 개념과 그로 인한 문제점을 제시한다. 정부조직 간 갈등의 원인은 근본적으로 '업무가 분화되어' 이해가 상충하는데 '자원은 한정적'이기 때문이다.

2. 또한 의사소통상 오해로 인한 갈등도 발생할 수 있다. 따라서 ① 업무의 수평적 분화 ② 한정된 자원 ③ 의사소통의 문제 등으로 그 원인을 제시한다. Philip Selznick의 이해분립현상을 언급하는 등 이론과 더불어 각 갈등 원인별 사례를 곁들여 준다면 답안의 완성도를 높일 수 있다.

(2) 위에서 제시한 정부조직 간 갈등원인을 해결할 수 있는 방안에 관해 논하시오. (20점)

Advice

1. 갈등원인에 맞추어 해결방안을 제시한다. 업무의 수평적 분화로 인한 갈등 문제를 해결하기 위해 상급기관 및 공식갈등해결제도 등을 들 수 있다. 한정된 자원 문제의 해결을 위해서는 자원배분(인력, 예산 등)의 규칙을 명확히 하고 규칙형성 및 배분과정에 각 이해부처가 참여하는 기제를 마련한다.

2. 의사소통 문제의 해결을 위해 상시적 협업체계를 구축하고 정부부처간 정보공개 및 정보공유 시스템 마련을 제안할 수 있다.

답안구성 예

Ⅰ. 서 론

Ⅱ. 정부조직 간 갈등의 원인
  1. 업무의 수평적 분화
  2. 한정된 자원
  3. 의사소통의 미흡

Ⅲ. 정부조직 간 갈등 해결 방안

  1. 상급기관 및 공식갈등해결제도를 통한 해결
  2. 자원배분 규칙의 명확화 및 참여 기제 강화
  3. 상시적 협업체계 및 정보공유 시스템 마련

Ⅳ. 결 론

| 제2문 (30점) |

민간부분에서 활용되는 성과관리기법 중 하나인 균형성과표(BSC: balanced scorecard)를 정부부문에 적용할 경우 예상되는 효과와 문제점을 한국 정부사례를 활용하여 논하시오.

Advice

1. 전형적인 문제이기 때문에 BSC의 개념을 제시하면서 핵심 키워드인 '재무적·비재무적'성과지표를 통합한 성과관리 도구라는 점과 더불어 Kaplan&Norton이 기존의 재무중심 성과관리를 비판하며 개발했고, 우리나라에는 NPM의 일환으로 2001년에 도입되었다는 맥락을 언급하면 차별화를 할 수 있다. 또한 효과와 문제점과 관련해서는, BSC가 미션·비전과 연계하여 미래지향적이고, 내부프로세스 관점 및 성장 관점 등을 함께 고려하여 지속가능하며, 참여에 기반한 바 문화를 개선한다는 점을 말한다. 우리나라의 사례로는 대표적 BSC 성공사례인 부천시와 해양경찰청 등을 함께 언급한다.

2. 예상되는 문제점과 관련해서는 공공영역에서의 성과관리의 어려움(목표의 모호성, 가용자원의 한계)등으로 인한 문제와 하향식 추진으로 인한 수용성의 문제 등을 서술한다. 특히 국가보훈처의 경우 성과지표 개발에 참여가 저조해 대표적 실패사례로 꼽힘을 곁들여 쓸 수 있다.

답안구성 예

Ⅰ. 서 론

Ⅱ. 균형성과표(BSC)의 정부부문 적용
  1. 개 념

  2. 예상 효과
  3. 문제점

Ⅲ. 결 론

| 제3문 (30점) |

최근 복지재정지출의 증대를 위한 재원마련에 대한 고민이 깊어지고 있다. 잠재성장율 이하의 경제성장이 예상되는 환경 속에서 증세는 대안에서 제외하고 있다. 세출구조조정 및 비과세 감면의 축소와 함께 하나의 대안으로 지하경제양성화방안이 거론된다. 실현가능성 진단과 실천대안을 제시하시오.

Advice

1. 서론에서 재정지출 수요는 늘고 있으나 세입은 줄고 있어 새로운 재원마련이 필요한 상황에서, 지하경제 양성화는 세수를 확대할 수 있어 좋은 대안이 될 수 있으나 그 실현가능성이 문제된다는 점을 언급한다. 이어 지하경제양성화의 개념을 음지에서 이루어지던 불법거래를 양지로 끌어내는 것을 의미한다고 제시한다.

2. 지하경제 양성화의 실현가능성과 관련해서는 이것도 정책의 일종인 바, 체제론적 관점에서 투입(Input)(환경의 지지 및 인적·물적 자원)의 확보와 산출(Output)이 의도한 결과(Outcome)으로 이어져야 한다는 것을 분석틀로써 제시한다. 지하경제 양성화는 여론, 최고지도자의 관심 등 주변환경의 지지는 충분할 것으로 보이나 인적·물적자원을 확보함에 있어 지하경제주체들의 로비 등으로 국회 및 시민단체 등이 저항할 수 있는 바 투입측면에서의 문제가 있을 수 있음을 말한다. 또한 산출이 결과로 이어지기 위해서는 감시체계 마련 및 정책대상자의 순응 등이 필요하나 실제로는 어려울 것이라는 점을 지적한다.

3. 이에 해결방안과 관련해서는 이러한 문제해결을 위해 대국민 홍보 등을 통해 국민적 여론을 확보하여 투입측면을 강화하고 다양한 인센티브 및 포지티브 규제 제도등을 활용해 순응성을 높이는 방은 등을 제시할 수 있다.

┌─ **답안구성 예** ─

Ⅰ. 서 론

Ⅱ. 분석틀: 체제론적 관점
  1. 개 념
  2. 특 징

Ⅲ. 지하경제양성화의 예상되는 문제점
  1. 인적·물적 자원의 확보 어려움
  2. 정책 대상의 순응 문제

Ⅳ. 해결 방안
  1. 국민적 여론을 확보하여 투입측면 강화
  2. 다양한 인센티브 및 규제 개선을 통해 순응 확보

Ⅴ. 결 론

(필수/선택)

| 제1문 | 행정학에서 지배적이었던 관료제적 패러다임이 정부 실패(government failure)의 주된 원인으로 간주됨에 따라, 1970년대 후반부터 이를 극복하기 위한 대안적 패러다임들이 등장하기 시작했다. 예컨대, 신공공관리론(new public management theory)과 신공공서비스론(new public service theory) 등이 그것이라 할 수 있다. (총 50점, 선택 총 25점)

(1) 기존 관료제적 패러다임에 가해진 비판에 대해 기술하시오. (10점)

(2) 신공공관리론적 패러다임이 한국 행정에 끼친 영향에 대해 설명하시오.(20점)

(3) 신공공서비스론적 관점에서 한국 행정의 개혁방향을 논하시오. (20점)

Ⅰ. 서 론

Ⅱ. 기존 패러다임으로서 관료제의 한계
  1. 공급자 중심의 행정서비스 공급으로 인한 다양한 수요의 미반영
  2. 지나친 분업화와 공식화로 인한 낮은 대응성
  3. 자체증식성으로 인한 비대화 문제

Ⅲ. 관료제의 해결방안으로서 신공공관리론과 한국 행정에의 영향
  1. 신공공관리론의 의의
  2. 신공공관리론의 영향과 한계
   (1) 경쟁 개념의 도입과 공공성 가치의 침식 문제

   (2) 성과 개념의 도입과 현실과의 괴리 문제
   (3) 고객 개념의 도입과 민주성의 침해 문제

Ⅳ. 신공공관리론의 대안으로서 신공공서비스론과 한국 행정의 개혁방안
  1. 신공공서비스론의 의의
  2. 신공공서비스론의 관점에서 본 한국 행정의 개혁 방안
   (1) 정책 결정과정에서 시민 참여의 강조
   (2) 정책 집행과정에서 공동생산의 도입
   (3) 정책 평가과정에서 시민참여에 기반을 둔 평가 및 다면적 책임의 제도화

Ⅴ. 결 론

I. 서 론

산업화 시대를 배경으로 형성된 관료제는 분업화, 계층제, 합법적 권위를 바탕으로 발전해 왔다. 그러나 탈 모더니즘, 다양화, 민주화로 대표되는 현대 행정환경의 변화 속에서 관료제적 패러다임은 대응성 약화 및 경직성으로 인해 비판의 대상이 되고 있다.

전 세계적 경쟁의 심화와 함께 정부의 역량이 국가 경쟁력으로 직결되는 상황에서 관료제적 패러다임에 대한 개혁이 지속적으로 요구돼 왔으며, 이를 바탕으로 신공공관리론이 전 세계적 동형화를 보이고 있다. 그러나 신공공관리론 역시 한계를 보이고 있는바 신공공관리론 및 대안적 패러다임으로서 신공공서비스론에 대한 검토가 요구된다.

II. 기존 패러다임으로서 관료제의 한계

베버(M.Weber)에 따르면 관료제란 고도의 계층구조(hierarchy)에 기반을 두어 법적 근거를 바탕으로 고도의 안정성과 대규모성을 갖는 조직 형태를 의미한다. 현대 사회에서 관료제에 대한 비판은 다음과 같다.

1. 공급자 중심의 행정서비스 공급으로 인한 다양한 수요의 미반영

관료제는 거대한 피라미드 형태의 계서제 조직 형태를 띠고 있으며, 상층부의 명령을 기계적으로 집행한다. 이러한 윌슨-베버식(Wilsonian-Weberian)의 공급자 중심의 행정서비스 공급방식으로 인해 시민사회의 다양한 수요를 제대로 반영하지 못한다는 비판을 받고 있다.

2. 지나친 분업화와 공식화로 인한 낮은 대응성

한편 관료제적 패러다임 하에서 조직은 기능에 따라 세분화 되어 있으며 공식적 규정에 따라 업무를 처리하도록 구성된다. 거대 관료제 하에서 지나친 분업화는 정보의 수평적 흐름을 차단하여 조직이 외부환경 변화에 적절하게 대응하지 못하도록 한다. 또한 법적 규칙에 근거한 공식성에서 비롯된 번문욕례(red-tape) 및 목표대치 현상 역시 정부가 비정형적인 현대 사회 문제에 제대로 대응하지 못하도록 하고 있다.

3. 자체증식성으로 인한 비대화 문제

파킨슨(Cyril Northcote Parkinson)이 지적하는 것처럼 관료제의 자기보존 및 세력 확장에 대한 추구로 인해 관료제는 본래의 업무량과는 상관없이 규모가 확대되는 경향을 보인다. 이로 인해 예산의 낭비 및 비효율성이 초래된다는 비판이 존재한다.

Ⅲ. 관료제의 해결방안으로서 신공공관리론과 한국 행정에의 영향

1. 신공공관리론의 의의

신공공관리론이란 오스트롬(V.Ostrom)의 공공선택론(Public Choice Theory) 이후 비시장적 영역인 정부부문에 시장적 이념을 도입하고자 한 일련의 흐름을 의미한다. 관료제적 패러다임에 기반을 둔 정부운영이 공공재정의 구조적 위기와 행정에 대한 불신누적을 초래했다고 보아 시장주의, 신관리주의를 통해 행정의 효율성 증진을 도모하고자 한 것이다.

신공공관리론은 행정에 있어서 경쟁·성과·고객이라는 요소를 강조하고 있으며, 한국에는 1997년 외환위기를 기점으로 본격적으로 도입되기 시작했다.

2. 신공공관리론의 영향과 한계

(1) 경쟁 개념의 도입과 공공성 가치의 침식 문제

신공공관리론의 도입과 함께 한국 행정에서도 경쟁의 개념이 본격적으로 반영되기 시작했다. 특히 정책의 결정을 담당하는 고위층을 대상으로 한 고위공무원단(Senior Excutive Service)과 개방형 임용제가 도입됐으며, 정부 산하의 조직을 공기업화 민영화함으로써 경쟁에 노출시켰다. 이를 통해 침체되어있던 공직 사회에 활력을 주고, 공기업 및 민영화된 기업에서 일정 부분 효율성을 제고한 것으로 평가된다.

반면 공직에 대한 불안정성 증가로 인한 사기저하와 공공성 가치의 저하는 한계로 지적되고 있다. 공직에 대한 불안정성의 증가는 내부적으로는 사기저하를, 외부적으로는 우수한 인재의 공직 지원을 낮추는 효과를 초래한다. 또한 최근 서울 지하철 9호선 사례에서 보듯 민영화는 공공성 침해를 초래할 우려가 있으며, 이른바 그림자 영역인 공기업의 확대는 정부 규모를 은폐하는 수단으로 활용되기도 한다.

(2) 성과 개념의 도입과 현실과의 괴리 문제

기존의 한국 행정은 주로 투입(input) 통제에 초점이 맞춰져 있었으며, 상대적으로 성과(performance)에 대한 관심은 낮았다. 그러나 신공공관리론의 '성과' 개념에 바탕을 둔 예산성과금제, 성과연봉제 및 직무성과계약제, 성과상여금제및 성과감사제 등이 도입되면서 정부부문에서 성과를 높이기 위한 다양한 노력이 나타났다.

그러나 정부 업무에서 성과 개념 및 측정에 대한 도구적 수단이 미비한 상태에서 성과가 무분별하게 강조되면서 정치적 구호에 그치고 있다는 한계가 지적되고 있다. 성과연봉제, 성과상여금제의 경우 집단적 업무가 많은 공공분야의 특수성과, 홉스테드(G.Hofstede)가 지적한 집단주의적 문화의 경향으로 인해 이른바 나눠 먹기식으로 전락했다는 비판을 받고 있다. 뿐만 아니라 직무성과계약제 및 책임운영기관(executive agency)은 성과창출을 위한 권한 위임이 적절하게 이뤄지지 않아 형식적 제도에 그치고 있다는 비판이 제기되고 있다.

(3) 고객 개념의 도입과 민주성의 침해 문제

신공공관리론적 패러다임은 시민을 고객으로 간주하고, 수요자 중심의 행정과 고객지향적 행정을 통해 고객만족을 극대화 하고자 한다. 한국에서도 1998년 행정서비스 헌장제도의 도입, 현장 맞춤형 민원실과 같은 고객지향적 행정이 도입되고 있다. 이를 통해 정부의 지향점을 분명하게 하고, 시민의 수요 반영을 통한 만족도 제고는 긍정적으로 평가되고 있다.

한편 시민개념의 형해화, 현실과의 괴리로 인한 제도의 형식화는 행정의 민주성을 침해하는 요소로 지적된다. 행정부의 주인은 시민임에도 불구하고 신공공관리론적 고객 개념의 도입은 시민 개념을 약화하고, 특정 이익집단의 이익만을 반영할 우려가 존재한다. 또한 행정서비스 헌장제도의 운영에서 나타나는 것처럼 시민의 인식 부족 및 일선 의견수렴 미비로 인한 현실과의 괴리와 제도의 형식화 문제가 존재한다.

신공공관리론은 경쟁·성과·고객 개념의 도입을 통해 행정에 활기를 불어놓고 능률성을 높였다는 점에서 일정부분 긍정적인 점이 존재한다. 그러나 지나친 능률성의 강조로 인한 공공성의 침해, 민주성에 대한 침식이 초래되는바, 이를 극복할 수 있는 패러다임이 요구된다.

Ⅳ. 신공공관리론의 대안으로서 신공공서비스론과 한국 행정의 개혁방안

1. 신공공서비스론의 의의

덴 하트&덴 하트(J.V.Denhardt&R.B.Denhardt)에 따르면 신공공서비스론이란 시민사회와의 대화와 담론에 기반을 둔 시민중심의 행정 운영 패러다임을 의미한다. 신공공관리론이 초래한 공공성과 민주성의 침식은 행정의 정당성 문제로 이어졌으며, 이에 참여주의와 폭스&밀러(Fox&Miller)의 담론 이론에 기반을 둔 신공공서비스론이 제기된 것이다.

2. 신공공서비스론의 관점에서 본 한국 행정의 개혁 방안

(1) 정책 결정과정에서 시민 참여의 강조

신공공서비스론은 정책 결정과정에서 정책과 관련된 다양한 구성원의 참여를 통해 정책의 정당성 및 능률성을 달성할 수 있다고 본다.

구체적으로 행정 운영의 핵심이 되는 예산 및 정책 결정에 있어서 시민참여의 확대가 요구된다. 2011년 지방자치법 개정으로 주민참여 예산제도가 의무화되었으나 실질적인 참여 수단이 되는 시민참여 예산위원회가 없는 지방자치단체가 40%에 달하고 있다. 뿐만 아니라 중앙정부의 정책결정 과정에 참여할 수 있는 제도가 부재하며, 실용정부 들어 위원회마저 대폭 축소되고 있다. 따라서 주민참여 예산제도의 실질화와 중앙정부의 정책 결정에 참여할 수 있는 제도적 방법의 마련이 요구된다.

(2) 정책 집행과정에서 공동생산의 도입

공동생산(co-production)이란 정책 집행 과정에 정책 대상자가 직접 참여하여 일정 부분 역할을 수행하는 것을 의미한다. 대전 무지개 마을의 사례에서 보듯 시민과 시민단체, 기업이 행정 서비스의 생산과 전달에 직접 관여하는 것이다. 이는 정책 집행의 민주적 정당성의 부여와 실질적 능률성의 강화라는 측면에서 신공공서비스론적 이념을 구현하는 좋은 방법이 된다.

(3) 정책 평가과정에서 시민참여에 기반을 둔 평가 및 다면적 책임의 제도화

정책 평가과정에서는 시민참여에 기반을 둔 다면적 책임에 바탕을 둔 평가제도의 도입이 필요하다. 정부 일방에 의한 평가는 정부의 책임을 은폐하는 수단으로 오용될 가능성이 높다. 따라서 평가 과정에서 시민과 정보를 적극적으로 공유하고, 시민의 참여에 기반을 둔 정책 평가제도가 도입되어야 한다. 뿐만 아니라 정책 주체들 간에 책임을 공유할 수 있는 기제를 구성하여 정책 결정에서 집행까지의 과정에서 정책 주체의 책임의식을 확보할 수 있는 제도적 방안이 요구된다.

V. 결론

행정에 있어서 민주성과 능률성은 어느 하나도 소홀히 할 수 없는 행정이념이다. 관료제의 비능률성에 대한 비판으로 나타난 신공공관리론은 행정의 능률성을 높이는데 일정부분 기여하였으나 행정의 공공성과 민주성을 침해하는 한계가 존재한다. 성장 중심의 패러다임에서 벗어나 민주성과 성찰성의 가치가 강조되는 현대 행정 패러다임의 전환기에서 신공공서비스론의 적극적 도입이 요구되며, 실천적·수단적 대안이 부족한 신공공서비스론의 한계를 인식하고 이를 극복하기 위한 적극적인 노력이 필요하다.

┤ 강 평 ├

1. 제1문의 경우 최근 학계에 많은 관심을 불러일으키고 있는 신공공서비스론을 어느 정도 알고 답을 하느냐가 점수를 얻는데 중요한 부분으로 사료된다. 이와 같이 최근 학계에서 많이 관심을 가지고 있는 이론에 대해서 수험생들도 정리할 필요가 있다.

2. 일단 본 문제의 경우 기본적인 문제로서 제시된 답안이 충실하게 답을 해주고 있다.

3. 우선 (1)의 답에 대해서는 기본적인 문제로서 정부실패에 근거하여 적시해 주면 될 것 이다. Wolf. Jr의 비시장실패이론을 언급해서 이야기 해주는 것도 좋은 방법이다.

4. (2)의 경우 신공공관리론적 패러다임이 한국행정에 끼친 영향을 서술하는 것으로서 제시된 답안은 잘 설명해주고 있다.

5. (3) 신공공서비스론적 관점 부분에서는 많은 개도국 등의 국가에서 공공관리론적 패러다임에 의한 행정개혁의 효과없음에 따라서 행정과 경영은 차이가 있다는 점을 강조하면서 나온 역사적 맥락을 언급해주고, 신공공서비스론이란 주로 공공서비스의 동기, 공공서비스의 윤리, 공공서비스의 가치 등의 문제 등에 중점을 두고 사익과 구분되는 공익의 추구와 시민들의 시민의식, 공무원들의 책임성에 바탕으로 두고 공공을 위한 행정서비스는 시장에서 거래되는 사적재와 다르다는 가정 하에 출발하는 것이다.

6. 의의에 포스트 모던주의의 이야기 외에 이러한 맥락을 서술해주었으면 좋겠다. 답안의 행정개혁방안은 잘 정리되어 이야기 되고 있다.

| 제2문 | 민주성과 형평성을 추구하는 대표관료제는 실천 사례가 많지만, 그에 대한 반대 논리 및 주장도 상당한 편이다. 대표관료제의 의미와 이에 따른 '역차별'의 쟁점을 서술하고, 이를 완화시킬 수 있는 대안을 제시하시오. 단, 논의과정에서 다음 두 사례를 반드시 포함하시오. (30점, 선택 15점)

〈사 례〉

---

① 우리나라의 지역인재 추천 채용제 또는 중증장애인 경력경쟁채용시험
② 미국의 로스쿨(law school) 입학 전형에서 소수계 인종에 대한 혜택

Ⅰ. 서 론

Ⅱ. 대표관료제의 의의와 논쟁점
　1. 대표관료제의 의미
　2. 대표관료제에서의 쟁점 : 실적주의와 공평성의 침해 가능성
　　(1) 실적주의의 침해 및 역차별의 가능성에 대한 쟁점
　　(2) 형평성 확보 가능성에 대한 쟁점

Ⅲ. 대표관료제의 개선 방안
　1. 기본 방향
　2. 구체적 개선 방안
　　(1) 선택적 적용을 통한 실적주의와의 조화
　　(2) 위원회를 통한 민주성과 공정성의 확보

Ⅳ. 결 론

답안작성

정○○ / 2011년도 5급 공채 일반행정직 합격

Ⅰ. 서 론

　양차 세계대전을 거치면서 행정부의 양적·질적 확대 경향이 두드러지게 나타났음에도 불구하고 내적 통제 기제는 제대로 갖춰지지 않았다. 한편 1970년대 등장한 신행정학은 사회적 적실성(relevance)에 근거하여 행정부 내부의 민주적 통제와 정당성 확보를 위한 수단으로서 대표관료제(representative bureaucracy)를 제안하였다.

　현재 한국에서도 사회적 불평등성, 지역적 불균형 발전의 심화와 함께 이를 해결하기 위한 방안으로서 대표관료제적 제도에 대한 관심이 높아지고 있다. 그러나 미국에서 역차별(reverse discrimination) 및 실적주의의 침해 우려가 제기됐던 것처럼 한국에서도 대표관료제의 이상과 실제에 대한 논쟁이 제기되고 있는바, 이에 대한 검토가 요구된다.

Ⅱ. 대표관료제의 의의와 논쟁점

1. 대표관료제의 의미

대표관료제란 관료의 인적 구성 및 정책 운용에 있어서 국가의 인구 구성에 비례하도록 하는 것을 의미한다. 킹즐리(D.Kingsley)에 의해 주창된 대표관료제는 초기 관료의 인적 구성을 사회적 집단의 구성에 비례하도록 하는 수동적 대표성을 의미했으나, 이후 모셔(E.Morsher)에 의해 국가정책까지 사회적 구성을 반영하는 적극적 대표성을 의미하는 것으로 발전했다.

2. 대표관료제에서의 쟁점 : 실적주의와 공평성의 침해 가능성

대표관료제는 사회적 구성을 관료 및 국가 정책에 반영함으로써 민주성과 형평성을 추구한다. 그러나 이로 인해 실적주의 및 공평성을 침해할 수 있다는 비판이 제기되고 있다.

(1) 실적주의의 침해 및 역차별의 가능성에 대한 쟁점

사례1의 지역인재 추천 채용제 및 중증장애인 경력 경쟁채용 시험에서 보듯이 대표관료제에서는 실적주의의 침해 가능성이 존재한다. 실적제(merit system)는 공정한 시험을 통해 우수한 인재들을 경쟁 선발하고, 실적에 따라 인사제도를 운영하는 것을 기본으로 한다. 그러나 지역인재 추천 채용제 및 중증장애인 경력 경쟁채용 시험의 경우 특정 집단에 인원을 할당(quota)함으로써 더 우수한 인재가 선발되지 못할 가능성이 존재한다. 이로 인해 실적주의의 침해 및 역차별의 가능성이 제기되고 있다.

한국의 경우 과거 '여성관리자 임용목표제'의 시행과정에서 남성에 대한 역차별 및 여성 관리자의 질적 문제가 제기된바 있다.

(2) 형평성 확보 가능성에 대한 쟁점

사례2의 미국 로스쿨 입학 전형에서 소수계 인종에게 혜택을 부여한 것은 사회적 약자인 소수계 인종에게 혜택을 부여함으로써 사회적 형평성을 확보하기 위한 것이다. 대표관료제에서는 사회적 약자에 대해 일부 우선권을 부여함으로써 사회 기득권 세력에 의해 관직이 독점되는 것을 방지하고자 한다.

그러나 공직 내의 재사회화 가능성과 실질적 대표성 확보의 어려움으로 인해 대표관료제가 형평성을 담보할 수 있는지는 미지수이다. 조직 내의 영향력은 권력관계, 지위 등 다양한 변수에 의해 결정되며, 동태적 사회변화를 그대로 반영하기도 어렵다. 뿐만 아니라 공직문화에 의한 관료의 재사회화는 관료의 사회적 배경이 공직 내부에 반영되는 것을 막는다.

제도의 정당성은 그 제도가 목표하고 있는 이념을 제대로 구현해 낼 수 있느냐에 따라 결정된다. 실적주의에 대한 침해, 형평성과 관련된 논쟁에도 불구하고 현재 한국사회가 직면하고 있는 불평등 및 지방 불균형, 행정부에 대한 민주적 통제의 필요성을 감안할 때 대표관료제의 정당성 확보를 위한 방안이 요구된다.

III. 대표관료제의 개선 방안

1. 기본 방향

대표관료제가 정당성을 확보하기 위해서는 실적주의와의 적절한 조화가 필요하다. 뿐만 아니라 담론을 통해 사회적 공감대 형성해나가는 것이 요구된다.

2. 구체적 개선 방안

(1) 선택적 적용을 통한 실적주의와의 조화

관료제는 균질한 하나의 조직체가 아니며, 다양한 층위에 대한 고려를 통한 선택적 적용을 통해 실적주의와의 조화를 도모할 수 있다. 예를 들어 정책을 최종적으로 결정하는 고위층의 경우 형평성이 강하게 요구되므로 대표관료제를 강화하고, 효율성이 요구되는 중간이하 계층에 대해서는 실적주의적 요소를 강화할 수 있다. 이는 직무의 성격에 따라서도 적용될 수 있다.

(2) 위원회를 통한 민주성과 공정성의 확보

대표관료제의 운영이 행정부에 의해서만 이뤄질 경우 민주적 통제 및 정당성 확보가 제대로 이뤄지지 못할 수 있다. 따라서 사회의 다양한 계층의 대표로 구성된 위원회를 통해 민주적 정당성과 공정성을 확보할 수 있어야 한다.

우선 위원회의 구성과 관련해 기득권, 사회적 약자 및 학문적 소양과 전문적 능력을 갖춘 전문가 등을 다양하게 포함시킴으로써 민주적 정당성 및 위원회의 능력제고가 필요하다. 또한 위원회에 적절한 권한을 부여함으로써 관료에 대한 민주적 통제가 이뤄질 수 있도록 해야 한다.

IV. 결 론

현재 한국사회는 양성불평등, 장애인에 대한 차별, 수도권 중심의 불균형 발전 등의 문제에 직면해 있다. 이를 극복하고 사회 통합 및 발전을 위해서 대표관료제의 적극적 활용이 필수불가결한 상황이다. 따라서 대표관료제의 적극적 도입에 대한 고려와 더불어 대표관료제가 직면하고 있는 역차별의 문제를 해소하기 위한 방안의 적극적 실천이 요구된다.

┤ 강 평 ├

1. 제2문의 경우 공정한 사회, 공정성이 사회의 핵심적 가치로 인식되었다. 이러한 공정성도 실
   체적 공정성과 절차적 공정성 사이에 혼란이 있고 서로 상충되는 부분도 있다. 본 문제의 의
   도는 실체적 정당성을 추구하는 대표관료제가 과연 절차적 공정성과 전체 행정의 효율성 차
   원에서는 어떠한 문제가 있는지를 논의하는 것이 핵심이다.

2. 제시된 답안에서는 대표관료제와 실적주의와 공평성, 형평성 기준에 의해 잘 서술되었지만
   위와 같은 공정성의 관점을 조금 더 보강하여 논리적으로 서술해준다면 더 좋을 것 같다. 본
   지문에서 '역차별의 쟁점을 서술'하고 완화시킬수 있는 대안을 제시하라고 했는데 결국 역
   차별의 쟁점과 개선방안에 주요 배점이 배정된 것이다. 따라서 해결방안에 동시대의 성공한
   제도는 공유되는 가치의 문제이고, 이에 따른 국민적 합의의 문제라는 것도 언급되었으면
   한다.

| 제3문 | 한국 재무행정의 개혁은 예산제도의 투명성과 건전성을 강화하는데 초점을 두어 왔다. (총 20점, 선택 총 10점)

(1) 예산제도의 건전성과 투명성을 설명하시오. (10점)

(2) 예산제도의 건전성을 확보하기 위해 도입한 통합재정의 의미와 기본구조를 설명하시오. (10점)

Ⅰ. 한국 예산제도의 건전성과 투명성
 1. 예산제도의 건전성과 투명성의 의의
 2. 국가재정법에서의 재정 건전성과 투명성을
  위한 예산제도
 (1) 국가 재정법에서의 재정 건전성 유지 방안
 (2) 국가 재정법에서의 재정 투명성 확보 방안
 (3) 한계점

Ⅱ. 건전성 확보를 위한 통합재정
 1. 통합재정의 의의
 2. 통합재정의 기본구조
 3. 재정 건전성과 통합재정과의 관계
 (1) 통합재정의 필요성
 (2) 통합재정의 단점

답안작성
정 ○ ○ / 2011년도 5급 공채 일반행정직 합격

Ⅰ. 한국 예산제도의 건전성과 투명성
1. 예산제도의 건전성과 투명성의 의의

예산제도의 건전성이란 재정의 수입과 지출을 같게 하여 균형을 유지하는 것을 말한다. 이는 곧 재정 민주주의를 의미한다. 또한 예산제도의 투명성이란 재정 정보가 명백하게 인식되도록 하는 것을 의미한다.

2. 국가재정법에서의 재정 건전성과 투명성을 위한 예산제도

세계화, 정보화 등의 환경변화로 인하여 과거 단년도, 투입, 통제지향, 칸막이식의 재정운용의 변화 필요성이 제기되었다. 따라서 재정 건전성, 투명성을 확보하기 위하여 국가재정법에서는 다음의 규정을 두었다.

(1) 국가 재정법에서의 재정 건전성 유지 방안

우선 재정 건전성을 유지하기 위해서 첫째, 추경편성 요건을 강화하였다. 전쟁이나 대규모 자연재해 발생, 대내외 여건의 중대한 변화 등이 발생한 경우에만 추경예산을 편성하도록 한 것이다. 둘째, 세계 잉여금 사용처를 지방교부금 정산, 국가 채무 상환, 추경 사용, 국가 배상금에 사용하도록 규정하였다. 셋째, 국가채무관리계획을 수립하여 10월 초 국회에 의무적으로 제출하도록 하였다. 넷째, 조세지출예산서의 국회 제출 의무화를 통하여 조세지출 예산의 엄격한 관리를 시행하고 있다.

(2) 국가 재정법에서의 재정 투명성 확보 방안

다음으로 재정 투명성을 확보하기 위해서 첫째, 주민참여 예산제도를 시행하였다. 둘째, 매년 1회 이상 재정 정보를 공개하도록 하였으며, 셋째로 불법 재정지출에 대한 국민감시제도를 도입하여 불법지출에 대해 해당부처 책임자에 시정요구를 할 수 있도록 하였다.

(3) 한계점

하지만 재정의 건전성 측면에서 국회의 정치적 특성으로 인한 문제로 예산의 과다 지출이 이루어질 수 있다는 문제점이 존재한다. 예를 들어 조세지출 예산제도의 경우 2012년 한 해 30조원이 예상되어 국세 수입액의 13.7%를 차지한다. 또한 재정의 투명성 측면에서는 형식적 수준의 참여예산제도와 국민 감시제도라는 점에서 한계가 존재한다.

Ⅱ. 건전성 확보를 위한 통합재정

1. 통합재정의 의의

통합재정이란 한 국가의 정부부문에서 1년 동안 지출하는 재원의 총체적 규모를 의미한다. 이는 IMF 기준에 따라 작성되어 국민경제에서 정부부문의 재정활동이 차지하는 규모를 나타낸다. 즉 복잡다기한 공공부문 재정을 하나로 망라하여 파악하는 제도로 예산은 단일한 회계내에서 정리되어야 한다는 예산 단일성의 원칙에 근거하고 있다.

2. 통합재정의 기본구조

통합재정은 중앙재정, 지방재정, 지방교육 재정을 합산한 후에 각 재정간 이전거래를 제거하여 통합 재정통계를 통해서 관리한다. 통합재정은 중앙과 지방의 일반회계, 특별회계, 기금과 지방교육 재정인 교육특별회계를 그 범위로 한다.

3. 재정 건전성과 통합재정과의 관계

(1) 통합재정의 필요성

예산 제도의 건전성은 예산 지출과 수입의 균형을 맞추는 것을 목적으로 하므로 단일한 회계 내에서 예산을 지출하는 통합재정이 필요하다. 기존의 일반회계, 특별회계, 기금을 칸막이 식으로 분리하여 운용하였지만 통합재정으로 인하여 회계 및 기금 간, 내부 간 거래를 차감한 순계로 작성할 수 있게 된다. 예를 들어 순수재정수입에서 순수재정지출을 감한 통합재정수지로 재정을 운용하게 되는 것이다. 이를 통하여 재정 건전성을 명확하게 판단할 수 있게 된다. 또한 재정에 대한 이해가능성이 증진되며 재정파악이 용이하므로 재정 투명성 역시 제고시킬 수 있게 된다.

(2) 통합재정의 단점

하지만 발생주의, 복식부기의 회계 방식으로 인하여 융자 지출도 적자로 파악하는 한계가 존재한다. 또한 산하기관, 준 정부조직, 공공기관의 예산은 통합되지 않는다는 점에서 예산 건전성의 유지가 어려울 수 있다는 문제점이 존재한다.

박 형 준 / 성균관대학교 사회과학대학 행정학과 교수

강 평

이 문제의 경우는 평이한 문제로서 예산제도의 건전성과 투명성에 대해서 설명하고, 이의 확보를 위한 통합재정의 의미와 기본구조를 설명하는 되는 것으로 예산제도의 기본 원칙과 개념을 잘 알고 통합재정에 대한 의미와 기본구조, 통합재정이 왜 재정건전성을 확보할 수 있는지 제시된 답안과 같이 적시해 주면 될 것이다.

2012년도 기출문제 (일반행정)

| 제1문 | 국내외적으로 신공공관리적 행정개혁이 강화되면서 적극국가(positive state)에서 규제국가(regulatory state)로의 전환이 가속화되고 있다. 이에 따라 기존에 정부가 직영하던 상·하수도, 철도, 공항, 병원 등 공공서비스의 민영화(자산매각＋민간위탁) 시도가 자주 목격되고 있다. (총 40점)

(1) 공공서비스 민영화 시도가 유발하는 유용성과 부작용을 설명하시오. (20점)

(2) 공공서비스 민영화의 부작용을 극복하기 위해 고안된 제도적 장치들을 국내외 행정현장의 실제 사례를 활용하여 설명하시오. (20점)

I. 서 론

II. 적극국가와 규제국가의 비교

III. 민영화의 유용성과 부작용

IV. 민영화의 부작용을 해소하기 위한 제도적 방안

V. 결 론

답안작성 강 ○ ○ / 2011년도 5급 공채 일반행정직 합격

I. 서 론

2010년을 전후로 한 남유럽발 재정위기 이후 나타난 재정건전성에 대한 관심과 2011년 이명박 대통령의 광복절 기념사로 균형재정을 언급 등 정부재정 긴축에 대한 노력이 지속되고 있다. 그러나 역설적으로 지난 지방선거와 총선 등 대규모 선거에서 주된 화두는 단연 복지였다.

무상급식을 비롯한 보편적 복지가 사회적으로 지지를 얻는 등 정부재정 긴축과 복지확충이라는 모순적인 상황에 직면하게 되었다. 양쪽의 절충될 수 있는 요구사항을 관철하기 위해서 자본매각 및 민간위탁을 위시한 민영화에 대한 논의 역시 활발해지고 있으며, 실제로 서울지하철 제9호선은 민간자본을 통해 건설되었으며, 고속철도의 일부구간을 민간에 위탁하여 운영하고자 하며, 인천공항공사를 민간에 매각하고자 하는 실제적인 움직임 역시 관측되고 있다. 비록 정치적 관점은 논외로 하더라도 민영화는 행정의 새로운 패러다임인 규제국가를 구성하는 가장 중요한 제도적 틀이므로 행정학적 관점에서 그 중요성이 매우 크다고 할 것이다. 사회기간산업들을 민간에 매각하는 정책은 이명박 정부뿐만 아니라 역대

정부들에서 공통적으로 볼 수 있는 현상이므로 이를 무조건적으로 반대하기에는 근거가 부족하다. 그러므로 이하에서는 민영화의 근거가 되는 규제국가의 의미를 적극국가와의 차이점을 통해서 고찰하며, 이후에는 민영화의 유용성과 부작용을, 그리고 부작용을 최소화하기 위한 제도적 방안을 실제 운영되고 있는 제도를 통해 검토해 보겠다.

Ⅱ. 적극국가와 규제국가의 비교

적극국가는 정부주도의 재정정책 및 통화정책을 통해 소득재분배와 경제안정화를 달성하고자 하는 거버넌스의 유형이다. 반면에 규제국가는 민영화를 중심으로 하여 공공부문에 경쟁체제를 도입해 효율성을 확보함과 동시에 시장실패를 방지하기 위한 제약을 가하는 거버넌스의 유형이다. 역사적으로 제2차 세계대전 이후 대공황이라는 대규모 불황을 해결하기 위해 미국에서는 '뉴딜정책'이라고 불리는 대규모 정부지출 및 사회간접자본 건설사업이 진행되었다. 이렇듯 시장실패의 해결방안으로 정부의 적극적인 재량권 행사 및 정부정책을 이용한 경기부양과 소득재분배를 중시하였다. 이러한 적극국가는 서구에서 대공황의 탈출을, 우리나라에서는 한강의 기적이라고 부르는 경제성장을 가져오는 등 성과를 거두었다.

그러나 1970년대 대규모 오일쇼크 및 그에 따른 스테그플레이션, 그리고 기존에 지속된 정부적자 누적은 오히려 정부에 큰 부담으로 돌아오게 되었다. 그리고 시장실패를 해결하기 위한 정부부문에서 오히려 정부실패라는 더 큰 문제를 가져왔다. 그로 인해서 정부재정의 축소에 대한 공감대가 전 세계적으로 형성되었다. 이에 유럽은 마스트리히트조약을 통해서 무분별한 재정지출을 억제하기로 합의하였다. 이러한 현상은 기존의 적극적인 정부의 재량권 행사가 아닌 민간을 통한 자원배분을 이용하는 대신 제도적 차원에서 개입하여, 민간에 간접적인 제약을 가하게 되었으며, 이러한 규제국가의 경향은 1990년대부터 불어닥친 신공공관리(NPM)의 영향으로 전 세계적인 확산을 보였다.

결국 규제국가와 적극국가의 차이점을 요약하면 다음과 같다.

1. 적극국가는 소득재분배 및 경제성장을 주요기능으로 하는 반면에, 규제국가는 시장실패의 교정을 주된 목적으로 한다.

2. 또한 적극국가는 그 수단으로 조세나 보조금 등의 확장적 총수요관리정책에 두고 있지만, 규제국가는 민간이 지켜야 하는 규칙을 제정함으로서 목적을 달성하고자 한다.

3. 그러므로 적극국가는 정치인, 기업, 행정부 등이 주된 역할을 수행하는데 반하여, 규제국가는 상대적으로 이익집단이나 전문가, 사법부와 같은 법률적 판단이나 제도를 만들도록 영향력을 행사할 수 있는 단체들의 영향력이 강하다.

Ⅲ. 민영화의 유용성과 부작용

민영화는 여러 가지 형태로 진행되고 있으므로, 그 유용성과 부작용 역시 여러 가지 형태로 나타난다. 먼저 민영화의 유용성을 언급해보면 다음과 같다.

1. 민영화는 공공부문에 시장의 경쟁체제를 도입함으로서 정부실패를 예방하고 파레토 효율적인 상태를 만들 수 있도록 해준다. 민영화된 공공부문은 기존에 가지고 있던 주인 – 대리인 문제가 훨씬 덜 나타나므로 운영과정에서 이윤극대화의 동기를 가진다. 그리고 민간부문의 경쟁을 유발함으로서 상대적으로 비용최소화를 위한 노력들을 기대할 수 있다. 특히 시장주의에 입각해볼 때, 시장에 맡길 수 있는 부분에 한해서는 적극적인 시장 메커니즘의 도입을 통해 정부부문의 비효율성을 해소하는 것이 효율성 측면에서 바람직하다.

2. 민영화는 정부부채와 정부지출을 감소시키는데 도움을 준다. 일반적으로 부채가 자본을 잠식하고 있는 공기업의 재무구조로 미루어 보았을 때, 공기업을 매각함으로서 정부부채를 감소시킬 수 있으며, 이후 장래에 필요한 정부재원을 지출하지 않을 수 있으므로 정부적자를 줄이는데 도움을 준다. 영국에서는 대처수상이 집권한 이후에 대대적인 신공공관리적 행정개혁이 이루어졌을 때 많은 공기업들이 민간부문에 매각되었다. 그 결과로 영국은 IMF에 구제금융을 신청해야 하는 상황에서 벗어나 재정건전성을 확보할 수 있게 되었다.

3. 민영화는 정부의 규모를 축소시키는데 도움을 준다. 특히 정부부문에 요구되는 수요의 범위를 줄임으로서, 정부규모를 축소시킬 수 있게 된다. 즉, 철도, 항만, 통신 등의 사회기간망들의 민영화는 정부에 대한 수요를 민간에 대한 수요로 이전시킬 수 있기 때문에, 정부를 상대적으로 작은 규모로 운영하는 경우에도 사회기간망들이 차질 없이 공급될 수 있다. 또한 민영화를 통해서 정부는 관리 · 감독의 기능을 주로 담당하게 되는바, 상대적으로 정책의 집행보다는 정책의 설계 및 구상에 전문성을 발휘할 수 있다. 그러므로 정부와 민간이 이원적인 체제하에서 자신들이 강점을 가지고 있는 분야에서 최대한의 능력을 발휘하여 X–비효율성을 해소하는데 도움을 준다.

4. 민영화는 공공재 공급의 다각화를 통해서 민주적인 의사결정을 도모할 수 있게 된다. 그 동안 공공재의 공급주체는 정부라는 단일 공급자에 한정된 것으로 인식되었고, 그로 인해서 정부가 오히려 공급독점자로 행동할 수 있는 여지를 남기게 된다. 그러므로 정부는 공공성을 자의적으로 해석할 여지가 생긴다. 그러나 민영화를 통해서 공급주체를 다양화하게 되면, 그러한 독점력이 해소됨과 동시에 행정서비스를 이용하는 국민들의 선호를 좀 더 다양하게 반영할 수 있게 됨으로서, 국민들의 의사를 반영하는 민주적인 공공서비스의 제공을 가능하게 해준다.

반면에 민영화의 부작용은 이러한 유용성들이 제대로 발휘되지 못함으로서 발생할 수 있다.

1. 먼저 민영화가 반드시 효율성을 담보하지 못하는 경우가 있다. 특히 공공서비스의 특성상 자연독점의 가능성이 있는 경우에는 자유방임과 시장경제체제에 의한 운영을 하더라도, 기업의 이윤극대화 원리에 의해서 사회적 비효율성이 발생할 수 있다. 그리고 공급주체의 다각화 측면에서도 자연독점 하에서는 시장에 존재하는 기업의 수를 자연발생적으로 늘릴 수 없으므로 기존에 공급독점 상황을 해소하지 못하게 된다. 이는 정부의 비효율을 시장의 비효율로 이전시키는 결과만을 가져오게 된다.

2. 그리고 정부부채의 절감 측면에서 비록 공공부문이 민영화되더라도 그 특성은 공공성이 매우 강한 재화들이기 때문에, 공공재의 원활하지 않은 경우에 정부는 해당 기업을 일반 사기업과 동일하게 대우하기 어려운 상황에 놓인다. 그러므로 민영화 기업들은 오히려 이전보다 더욱 방만한 운영을 할 가능성이 있다. 특히 기존에 의회의 승인을 통해 운영되는 예산 혹은 현재 강화되고 있는 기금의 건전성 재고의 조류와는 반대로 민영화된 기업에 대해서는 법적·제도적 제약들이 상대적으로 약해질 수밖에 없으므로 방만한 경영을 가속화시킬 우려가 상존하고 있다. 그러므로 경제위기 상황에서 정부의 지출규모의 감소 폭은 크지 않을 수 있다.

3. 공공부문의 민영화는 해외자본들의 유입을 가속화시켜 자주적인 정책의 수립을 어렵게 만들 수 있다. 특히 자본매각의 형식으로 민영화를 진행하는 경우에 금융자유화의 시대에서는 외국자본들이 유입될 가능성이 존재한다. 이러한 상황에서 민간 공급주체들이 외국자본의 소유가 되는 경우에 운영상의 문제를 들어 공공재 공급을 거부하거나 가격을 터무니없이 높게 책정하는 등의 이윤극대화 추구 행위를 지속하는 경우에 오히려 사회후생을 감소시킬 수 있다.

4. 공공재의 공급을 다양화 하는 경우에 나타날 수 있는 문제점으로는 일정한 품질 보증의 어려움이다. 공공재는 동시에 가치재적인 성격을 가지는 재화들이 많은 바, 상품평등주의에 입각해서 모든 국민들은 동질의 재화를 누릴 수 있는 권리가 있다. 그런데 공급주체가 다양화 되는 경우에 이윤극대화를 추구하는 기업들은 오히려 비용을 극소화 시키는 과정에서 품질을 낮추어버리는 행태를 보이게 된다. 예를 들어 연구개발부서의 폐지, 교육훈련등의 축소를 통해서 비용을 절약하는 등 현상유지적인 태도를 보인다면, 시장에 공급되는 공공재의 품질은 기존에 정부가 공급하는 경우에 비해서 훨씬 떨어질 것이다. 실제로 얼마 전 민간위탁의 형태로 운영되는 어린이집의 경우에 보조금을 횡령하여 원생들에게 저질의 급식을 제공하는 행태가 언론을 통해 보도됨으로서 국민들에게 충격을 주었던 사건이 있다. 이처럼 현재 이윤에 집착하는 행태가 일반 사기업에게 더 강하게 나타나므로 민영화의 결과가 항상 품질의 향상을 기대하기는 어렵다.

Ⅳ. 민영화의 부작용을 해소하기 위한 제도적 방안

민영화의 부작용을 해소하기 위해서 사용할 수 있는 방법으로

1. 위원회 제도를 활용하는 것이 있다. 위원회 제도는 민영화에 적합한 종목들을 분류하고, 기존에 민영화가 이루어진 부문에 대해서 지속적으로 관리·감독하는 제도이다. 실제로 이명박 정부는 공기업 선진화 방안을 구상함에 있어서 공기업선진화추진위원회를 구성하여 공기업 중 민영화하기 적합한 분야를 선정하였다. 공기업의 민영화는 그 규모 및 파급효과가 크기 때문에 일선관료들 보다는 전문적인 지식을 가진 전문위원들이 참여하는 것이 바람직하다. 외국의 사례를 보더라도 민영화를 추진하기 이전에 적합한 분야를 선정하는 과정에 사회 각계각층에서 전문적인 식견을 가진 위원들이 참여하고 있다.

2. 자본매각의 경우에 정부의 영향력이 배제되지 않는 선에서 자본을 매각하고, 특히 외국자본의 잠식을 방지하기 위해서 외국자본의 주식보유 비율을 일정 수준이하로 제한하는 방법이 있다. 실제로 인천공항공사의 민영화 과정에서 정부는 정부지분이 과반을 넘도록 하는 수준에서 매각하기로 하였으며, 매각하는 과정에서 국민주의 형식으로 매각하기로 하였다. 이를 통해서 외국자본의 영향력을 제한하고 있다.

3. 단계적 민영화를 통한 점진적인 도입이다. 멕시코는 외환시장의 혼란으로 야기된 경제위기를 극복하기 위해 민영화를 추진하였으며, 1차적으로 소기업을 중심으로 민영화를 추진하였고, 이후에 약 5년의 기간을 두어 점차 민영화의 규모를 확대시켜 나가 최종적으로 공기업의 상당부분이 민영화되었다. 이러한 결과로 멕시코는 중남미 국가 중에서 짧은 기간에 가장 획기적인 공기업 민영화를 달성한 나라라고 평가받고 있다. 그러므로 우리나라와 같이 민영화에 대한 반대여론이 높은 국가에서 좀 더 외부적 저항을 줄이고, 시행착오를 줄여나가는 방법이 될 수 있다.

4. 민영화 이후에도 정부가 가격 상한에 대해서 제동을 걸 수 있도록 하는 장치가 필요하다. 이번 서울 지하철 제9호선 요금인상 사건에서도 볼 수 있듯이 요금인상에 대해서 정부가 감독 및 승인권을 가지도록 하는 것이 국민들의 공공재 접근 가능성을 확보할 수 있도록 하는 방안이 될 수 있다. 이러한 권리는 공공재 공급에서 적절한 가격 수준을 유지하도록 하여, 효율성과 공평성을 동시에 추구할 수 있는 수단이 된다.

5. 마지막으로 영국 정부가 국영 통신사를 민영화 하는 과정에서 실시한 바 있는 황금주 제도가 있다. 황금주란 단 한주의 주식만으로도 거부권을 행사할 수 있도록 하는 제도로 정부가 이 황금주를 보유하는 경우에 충분히 자본잠식으로 인한 공공성 훼손을 막을 수 있다. 이러한 제도는 앞서 언급한 자본비율의 조정과 함께 외국자본의 과도한 유입을 막을 수 있는 방편으로 작용할 수 있다.

V. 결 론

적극국가 이후에 규제국가로 넘어가는 과정에서 시장실패를 교정하기 위해서는 민영화 이후에 별도의 규제장치를 통해 기업의 과도한 사익추구를 억제해야 한다. 이를 위해서는 규제의 성립이 중요하며, 이 과정에서 협력적 거버넌스의 필요성이 강조된다. 특히 복잡한 사안일수록 민영화 과정, 그리고 그 이후에 발생하는 문제점들이 증가하므로 다양한 이해집단의 협력을 통해서 시장의 공평성을 적게 훼손하는 가운데 효율성을 최대한으로 확보할 수 있도록 하는 것이 중요하다. 즉, 소유권의 주체와 정부가 모두 함께 노력하는 방안이 필요하다.

강평

1. 제1문의 경우 (1)의 민영화 시도가 유발하는 유용성과 부작용을 명확히 설명해주어야 할 것이고, 이것이 목차로 반영되어서 나와야 할 것이다.

   (2)의 민영화 부작용을 극복하기 고안된 제도적 장치들이 무엇이 존재하고, 국내외 행정현장의 실제 사례를 활용 설명해 주어야 할 것이다.

   여기서 문제 (2)에서 보듯이 출제자는 (1)문의 경우 민영화의 시도가 발생할 수 있는 부작용에 더 초점을 맞추어 주어야 한다는 것을 알 수 있고, 수험생은 (1)에서 언급한 문제점들과 (2)에서 물어본 민영화 부작용 극복 제도들을 매칭하여 답안을 전개해야 할 것이다. (1)에서 언급한 민영화의 부작용을 (2)에서 어떻게 극복할 것인지 논리적으로 전개되어야 할 것이다. 특히 지문에서 언급한 자산매각과 민간위탁의 문제점에 대해서 중점적으로 이야기 해주는 것이 중요할 것이다. 출제자들은 본인이 물어본 것이 궁금한 것이고 이에 대한 답을 명확히 해주기를 원하고 이 부분에 대한 배점이 많을 것이다.

2. 제시 답안의 경우 서론과 적극국가와 규제국가의 비교에 대한 부분이 많다. 이미 문제에서는 적극국가에서 규제국가로 전환이 가속화되고 이에 따라 민영화의 시도가 많다고 제시하고 있다. 따라서 이에 대한 논의보다는 서론과 민영화의 유용성에서 규제국가로의 전환 문제는 언급해주면 될 것이다(사실 이 부분은 그리 큰 배점이 안 될 것이다).

   즉 민영화의 필요성과 신공공관리적 기법과 연계되어 더 설명이 되었으면 좋을 것 같다.

   다음으로 여기서는 민영화가 핵심이므로 오히려 민영화에 대해서 서론, 유용성과 관련하여 다음에 좀 더 언급해 주는 것이 좋을 듯하다. 많은 학생들에게 혼동이 되는 것이 민영화이다. 영국의 시장성 테스트를 언급해 주면서 민영화가 공적서비스 제공의 소유권 주체가 민간으로 넘어가는 것임을 적시해 줄 필요가 있다. 즉 provision(공급의 권한)이 민간으로 넘어가는 것을 말한다. 이것은 국가의 업무가 아니고 시장의 업무이고, 시장에서 국가가 서비스를 공급안해줘도 이미 시장이 형성되어 공급자가 있는 경우를 말한다. 즉 행정서비스의 생산(production)이 민간으로 넘어간 경우는 공급권한은 국가가 가지되 단순히 생산을 누가 담당해야 되는가에서 민간 또는 제3의 기관이 계약에 의해서 하는 것을 말하는 것으로 이는 단지 생산만을 계약에 의해 민간 영역에 의해서 하는 것이다. 이러한 논의 하에서 한국에서 실시되고 있는 민영화와 그 문제점을 이야기 해주는 것이 좋을 듯하다.

   더불어 민영화의 문제점을 이야기해 줄 때는 신문에서 이야기한 것 위주보다는 왜 민영화를 하여 효율성을 확보하려고 했는지에 중점을 두어서 이야기해야 할 것이다. 즉 민영화를 하기 위한 조건인 기존에 유사 서비스가 민간에 존재하여 경쟁이 가능한 것과, 정부가 민영화 이후에는 정부가 민영화된 서비스의 독점으로 인해서 관련 서비스의 폐지를 걱정하여 보조금의 제공 등의 일체의 간섭행위가 없어야 한다는 것 등이 과연 최근 언급되고 있는 민영화 대상과 조건들이 일치하는지를 살펴보아야 할 것이다. 그리고 관련 제도적 보완장치도 현재 실시하고 있는 정책수단, 규제등의 제도적 보완을 언급해주고, 그 실효성에 대해서도 언급해주어야 할 것이다.

3. 더불어 결론부분에서 갑자기 협력적 거버넌스의 필요성 중요라고 했는데, 위에서는 언급한 것을 바탕으로 민영화의 원칙, 즉 민영화가 어떤 서비스 분야에 어떠한 방식으로 어떠한 효과를 얻을 것이라는 것에 대해 언급해 주어야 할 것이다.

| 제2문 | 다음 대화에서 나타난 내용을 보고 물음에 답하시오. (총 30점)

> 학생 A : "행정을 비직업공무원 혹은 정치인들에게 맡기지 않고, 직업공무원 들에게만 맡기게 된 이유는 무엇인가요?"
>
> 교수 B : "… 반드시 직업공무원들에게만 행정을 맡기지 않고, 유능한 외부 전문가들에게 행정을 맡기기도 해요."

(1) 학생 A의 질문과 관련하여 직업공무원제의 형성과 발전과정을 유럽과 미국으로 나누어 비교하고, 이 제도가 갖는 장단점은 무엇인지 설명하시오. (20점)

(2) 교수 B의 응답과 관련하여 개방형임용제의 도입이 우리나라 행정현실에 미친 성과와 한계를 논하시오. (10점)

Ⅰ. 서 론

Ⅱ. 직업공무원제의 형성과 발전방향

Ⅲ. 직업공무원제의 장단점

Ⅳ. 개방형임용제의 제도적 특성과 우리나라 행정에 미친 영향

Ⅴ. 결 론

답안작성 강 0 0 / 2011년도 5급 공채 일반행정직 합격

Ⅰ. 서 론

최초에 야경국가 시절에는 국가의 규모도 작았으며, 국가는 주로 국방이나 치안과 같은 핵심적인 요소들만을 담당하고 있었기 때문에, 행정학과 정치학의 구별이 명확하지 않았으며, 정치인들이 행정을 대신해서 집행하기도 하였다. 그러나 국가의 범위 및 역할이 확대되는 과정에서 행정은 복잡한 일들을 요구하였다. 특히 중세 유럽에서는 중상주의 사상이 지배하였기 때문에, 각국은 무역을 통해서 부를 축적하였고, 이렇게 부를 축적하기 위해서는 강력한 국력이 필수적으로 요구되었다. 때문에 왕권은 자연스럽게 강화되었고, 왕권을 보좌하기 위한 여러 조직들이 만들어지기 시작하였다. 이를 통해서 본격적으로 도입된 것이 관료제와 상비군이다. 이 중 행정에 직접적인 영향을 미친 제도는 관료제로, 관료들은 왕의 명령에 복종하며, 자신의 분야에서 전문성을 가지고 왕의 왕명을 집행하는 역할을 담당하였다. 때문에, 오히려 정치적인 사람들 보다는 기술적이고 전문적인 사람들이 관료에 적합하였고, 신분이 보장된 가운데 안정적인 행정의 집행이 중요하였다. 이후 입헌군주국의 시대에 접어든 이후에도 정치적 결정 및 정책 결정은 의회가 담당하고, 상대적으로 행정부는 이러한 정책을 집행하는 역할이 강했기 때문에, 직업적으로 신분을 보장받아 종신으로 복무하는 직업공무원제도가 도입되었다. 그러나 최근에 신분보장으로 인한 공무원제도의 단점이 상대적으로 부각되는 과정에서 변화를 겪고 있다. 특히 우리나라와

같은 계급제적 요소를 가지고 있는 국가에서는 이러한 현상이 더욱 심화되고 있다. 때문에 외부전문가들을 계약의 형식으로 한시적으로 공무원이 되도록 하거나 특별한 능력이나 특별한 자격이 있는 하급공무원을 한시적으로 상급공무원에 해당하는 직위에 근무하도록 하여 전문성을 발휘하도록 하는 개방형직위제의 도입이 활성화되고 있다. 그러므로 이하에서는 직업공무원제의 역사적 발전방향 및 개방형임용제의 도입이 행정현실에 미친 성과와 한계에 대해서 검토해보겠다.

Ⅱ. 직업공무원제의 형성과 발전방향

직업공무원제란 젊고 유능한 인재가 공직에 들어와 국민에 대한 봉사를 보람으로 알고 공직을 일생의 본업으로 하여 일할 수 있도록 준비된 인사제도이다. 유럽의 경우에는 서론에서 언급한 바와 같이 관료제를 근간으로 하여 행정의 효율적이고 전문적인 집행을 위해서 도입된 이론이다. 그러나 미국에서는 유럽과는 조금 다른 방향으로 직업공무원제가 발전해왔다. 미국에서는 종래 잭슨민주주의에 의한 엽관제 하에서 행정부의 공무원들은 선거로 인한 전리품으로 인식되어 왔다. 때문에 전문성이 떨어지는 정치인 출신의 공무원들의 행정의 효율성은 떨어져갔으나, 거꾸로 행정의 규모는 확대되어갔다. 또한 선거에 패배하는 경우에는 정권교체가 일어나면서 공무원들이 대거 교체되는 등 행정의 연속성이 떨어졌다. 그 밖에도 선거철이 되면 공무원들의 이른바 '줄 대기' 현상으로 인해 업무공백이 발생하는 등의 비효율이 발생하였다. 그로 인해서 미국에서는 공무원들의 정치적 중립성을 강화하자는 목소리가 커져갔으며, 결국 팬들턴법의 제정을 통해서 실적주의가 미국의 인사행정의 중심이 되는 요소로 명확하게 자리잡게 되었다. 즉 유럽과 미국의 직업공무원제의 발달 과정을 요약하면, 유럽의 경우에는 강력한 왕권을 보좌하기 위한 안정적이고 전문적인 보좌관으로서의 직업공무원제도가 만들어진 반면에, 미국에서는 외부의 정치적 영향력에서 벗어나 공무원의 임용이 실적에 근거한 객관적이고 공정한 기준에 이루어질 수 있도록 하기 위해 제정된 것으로 볼 수 있다.

Ⅲ. 직업공무원제의 장단점

직업공무원제의 장점을 먼저 살펴보면 다음과 같다.

1. 전문적인 행정의 집행을 가능하게 함으로서 정책의 효율성을 높일 수 있게 해준다. 기존의 정치인들의 주먹구구식 정책집행에서 벗어나 정책에 필요한 전문성을 가지는 공무원들이 정책을 집행함으로서 정책을 최초 결정한 대로 집행하도록 하고, 최종적인 결과가 의도된 대로 나올 수 있도록 해준다.

2. 직업공무원제는 신분이 보장됨으로서 젊고 유능한 인재들이 공직에 입문할 수 있는 공직입문동기를 제공한다. 실제로 많은 나라들을 살펴보면, 직업공무원제를 도입한 많은 나라에서 공직은 상대적으로 능력이 있는 인재들이 많이 지원하는 경향을 보이고 있다. 이는 안정적인 신분보장을 통해서 사적 영역에 비해 구직자들의 위험부담을 줄여주는 바, 능력 있는 구직자들이 공직에서 능력을 발휘하고자 하는 경향이 강하게 나타날 수 있다.

3. 직업공무원제는 정치적 상황에도 불구하고 정책의 안정적인 집행을 가능하게 해준다.

특히 정책 중에서는 10년 이상씩 장기적인 계획을 요하는 것들이 많은 바, 이보다 권력주기가 짧은 경우에 정책이 도중에 변경되거나 없어지는 경우에는 정책 수혜자들의 피해가 매우 커질 수 있으므로 직업공무원제는 이를 해소하는 역할을 한다.

반면에 단점으로 지적될 수 있는 점은 다음과 같다.

1. 강력한 신분보장으로 인해서 능력개발의 요인이 떨어지게 된다. 즉, 해고의 위험이 사기업에 비해 적고, 대리인의 지위에서 주인에 대한 유인일치가 이루어지지 않는 경우에는 대리인인 공무원 자신의 이익을 극대화 하고자 하는 유인이 커진다. 그러므로 자연스럽게 복지부동의 행태가 나타날 가능성이 높다. 특히 우리나라의 경우에는 순환보직제를 채택하고 있기 때문에, 비록 공무원 자신이 능력개발에 대한 의지가 있다고 하더라도 잦은 보직변경으로 인해 특정 업무에 대해서 기술적인 전문성을 가지기에는 어려운 부분이 존재한다.

2. 책임성의 결여가 있다. 비록 공무원에게는 복종의무가 존재하지만 복종의무 자체가 주인인 국민에 대한 의무가 아니라, 대리인인 상급공무원에 대한 복종의무이기 때문에, 이른바 복수의 대리인 문제가 발생하는 등 진정한 의미의 책임성을 확보하기 어려워진다. 특히 공무원들 간에 결탁이 나타나는 경우에는 국민이 그 피해를 고스란히 안게 된다.

3. 행정환경에 대한 대응성이 약화된다. 행정환경이 급변하는 반면, 행정은 직업공무원제로 인해 신분보장이 확보되는 과정에서 오는 괴리는 공무원사회가 보수적으로 변화하는 원인이 된다.

Ⅳ. 개방형임용제의 제도적 특성과 우리나라 행정에 미친 영향

개방형임용제란 행정외부의 전문가 또는 행정내부의 공무원들을 일정 기간 동안 계약을 통해서 전문성을 요하는 직위에 보하여 직무를 수행하도록 하는 혼합형임용의 한 종류이다. 특히 시험에 의한 평가보다 실제 업무에 종사하여 전문성을 발휘할 수 있는지 여부를 평가하는 것에 주안점을 둔다. 그리고 개방형직위에 임용된 이후 성과를 평가하여, 재계약 여부를 결정한다. 그러므로 개방형임용제는 실적주의와 성과관리를 강화하기 위해, 직위별로 필요한 요소들을 분석하고, 거기에 해당하는 전문가들을 공직 내외부에서 충원하는 방식이다. 이러한 개방형임용제가 우리나라 행정에 미친 영향은 다음과 같다.

1. 직무분석의 필요성의 증대를 들 수 있다. 개방형임용제는 그 특성상 전전을 요하는 분야가 많으며 모집단위를 정함에 있어서 해당 직위가 어떤 전문성을 요하는지 명확하게 알 수 있어야 한다. 그러므로 전략적 인적자원관리에 의한 직무분석을 실시하여, 개방형임용제를 통해 인력을 충원할 것인지 여부를 결정해야 한다.

2. 성과관리가 매우 중요시된다. 개방형임용제를 통해서는 최초 임용 당시에 기간 내에 달성해야 하는

성과를 미리 계약하는 성과계약 등 평가제를 병용하는 경우가 있으며, 이 경우에 성과를 명확하게 측정해야 이를 통한 보상 및 피드백을 원활하게 수행할 수 있다. 그러므로 성과지표의 개발, 균형성과표의 작성, 성과와 보상의 연계, 업무수행 결과의 사후관리 등의 요소들이 매우 중요해진다.

3. 개방형임용제는 필연적으로 전략적 인적자원관리의 도입을 낳게 된다. 즉 인력을 채용하는 경우에 조직의 목표와 연계시켜 채용하는 경우가 많아질 것이고, 특히 하급공무원이 이 제도를 통해 상위의 직위에 임용되는 경우에는 그 사후관리가 필수적으로 요구되는 바, 이러한 공무원들이 사후적으로도 자신의 전문성을 지속적으로 발휘할 수 있도록 경력개발제도의 활성화 역시 요구된다.

이러한 장점에도 불구하고 개방형임용제는 그 시행과정에서 요구되는 사항들이 많은바, 형식적으로 운영되고 있다는 지적이 많다.

1. 먼저 기존의 계급제적 요소에 익숙해져 있는 공무원 사회에 외부인사가 영입되는 것 자체만으로 공무원들이 사기를 떨어뜨리는 요인이 된다.

2. 그리고 성과관리가 근본적으로 어려운 부분이 많으며, 실제 제도의 운영상 현재 고위공무원단의 일정비율을 개방형직위제도로 운영하고 있는데, 이와 같이 고위공무원단에 해당하는 직위들은 상대적으로 성과측정이 어렵고, 오히려 전문성 보다는 일반행정가적인 능력을 요구하는 직위가 많아, 제도가 정착되기 어렵게 하고 있다.

3. 그리고 계약기간이 상대적으로 단기이므로, 오히려 단기적인 성과에 집중하는 경우가 많다.

4. 또한 행정의 전문성은 기본적으로 공익적인 판단을 요구하는데, 민간의 전문가는 상대적으로 기술적인 전문성만을 갖춘 경우가 많아 민간의 전문성을 온전히 공공부문에 적용하기는 어려운 부분이 존재한다.

V. 결 론

전통적으로 인사행정은 막스 웨버의 이념형 관료제를 중심으로 하여 효율성을 강조해왔다.

이러한 사상의 영향으로 유럽과 미국에서 직업공무원제가 정착되었고, 각국의 인사행정에 넓게 보급되었다. 하지만 직업공무원제가 가지는 여러 문제점을 해결하기 위해 신공공관리의 영향으로 민간의 인적자원을 활용하는 개방형직위제가 도입되었다. 비록 개방형직위제는 민간의 우수한 인력을 활용하고 공무원 내부사회에 경쟁체제를 활용하는 등 긍정적인 영향을 미쳤지만, 호손실험(Hawthorne Experiment)에서도 알 수 있듯이 인간의 효율성에는 기계적 효율성이나 경쟁 이외에도 문화적 요인이 매우 중요하게 작용한다. 그러므로 개방형직위제의 장점을 살리고, 단점을 보완하기 위해서는 행정문화적인 접근을 통해 개방형임용제로 공직에 입문한 공무원이 기존조직에 잘 융화될 수 있도록 장·차관 등 정책결정자들의 지속적인 관심이 필요하다. 그리고 민간의 전문성은 경제적 효율성을 의미하는 경우가 많으므로, 외부 전문가들이 공익적 측면을 염두에 둘 수 있도록 교육훈련을 지속적으로 제공해야 한다.

| 강 평 |

1. 제2문의 경우 모범답안에서 직업공무원제의 형성과 발전과정을 미국의 엽관제의 폐해로 인한 직업공무원제의 형성과정과 직위분류제의 발전과정, 유럽의 절대군주국가하에서 관료제의 형성과 계급제의 발전과정을 통해 설명한 것은 바른 접근방법이다. 여기서 비교를 하고 각각의 장단점을 설명하라고 했는데, 비교를 하라고 하는 것은 어떠한 기준에 의해서 비교를 하는 것이므로 나열식의 장단점 비교가 아닌 기준에 의한 비교를 해줄 필요가 있다.

2. 다음으로 개방형 임용제의 도입의 성과와 한계를 논할 때는 앞에서 언급한 계급제와 직위분류제의 성과와 한계를 적용해서 설명할 필요가 있다. 제시된 답안에서는 성과부분보다는 한계에 초점을 맞추어 서술되고 있는데 성과와 한계이기에 성과 부분도 충분히 언급되어야 할 것이다(점수 배점은 성과와 한계가 일정함). 또한 최근 도입된 민간경력자 채용의 경우 직위분류제와 계급제적은 요소의 혼합을 통해 시도하려는 제도인 만큼 그것에 대한 언급을 할 필요가 있겠다.

| **제3문** | 공공선택론은 경제학적 분석도구와 방법을 집합적 의사결정 및 비시장적 의사결정까지 확대하여 적용하는 접근방법으로, 1960년대 이후 행정학 연구에서도 본격적으로 활용되기 시작하였다. (총 30점)

   (1) 공공선택론의 출현이 가져다 준 행정이론사적인 의미를 설명하시오. (10점)

   (2) 공공선택론의 주요 내용을 설명하고, 행정 현실에 적용함에 있어 발생가능한 문제점을 논하시오. (20점)

답안작성　　　　　　　　　　　　　　　　강 0 0 / 2011년도 5급 공채 일반행정직 합격

Ⅰ. 서 론

사회가 발달하고 복잡해지면서 개인의 선호와 집단의 선호가 서로 다른 경우가 나타나기 시작하였다. 그리고 행태주의 이후 행정학과 과학의 접목은 기존의 시장적 의사결정에 비시장적 의사결정까지 포괄하는 수준에서 새로운 논의를 가능하게 해주었다. 이 두 현상을 통해 공공재 공급의 의사결정을 과학적으로 접근하고자 하는 공공선택론이 발생하는 원인이 되었다.

이는 기존의 행정학이 가지고 있던 딜레마를 어느 정도 해결해 주었지만, 지나치게 기술적인 측면에 치중하고 있다는 비판에 직면하기도 하였다. 그러므로 이하에서는 공공선택론의 행정사적인 의미와 주요 내용, 그리고 문제점등을 검토해 보겠다.

Ⅱ. 공공선택론의 의미

행정이론의 전개는 효율성과 공평성을 어떻게 조화시킬 것인지에 대한 논쟁이라고 할 수 있다. 특히 행태주의로서 과학적 방법론을 도입한 이후에 이에 대한 반발로 나타난 신행정학은 비록 공평성과 같은 가치를 중시하였지만, 구체적으로 어떤 결정을 내려야 하는지에 대한 견해 차이로 인해서 실질적인 해결방안이 분명하지 못한 부분이 존재하였다. 그러므로 공공선택론은 신행정학에 비해서 구체적인 해결방안을 제시하고 현상을 분석하는 도구로서의 역할을 했다는 점에서 그 의미를 찾을 수 있다.

또한 기존의 행태주의를 비롯한 과학적 관리방법론에서 말하고 있는 수단들은 주로 실험을 통해 관측

된 사실이나 귀납적 탐구방법을 이용해서 도출한 원리중심으로 이루어져 있는 반면에, 공공선택론은 연역적 탐구방법을 이용해 산술적이고 통계적인 결론을 이끌어 냈다. 이는 방법론적 개인주의에 바탕을 두고 있으며, 집단의 의사결정을 비용과 편익을 분석함으로서 최적의 대안을 도출하였다는 점에서 기존의 비시장적 의사결정의 경제학적 연구를 가능하게 하였다. 그러므로 공공선택론은 투표행태, 정당정치, 정책분석 등에 있어서 정치학과는 다른 별개적인 결론을 이끌어 내게 되었다. 그리고 공공선택론은 제도주의적 관점에서 의사결정구조가 집합적 행위에 미치는 효과를 분석하였다. 또한 오스트롬 부부가 주장한 민주행정 패러다임은 공공재의 공급에 있어서 분권화된 공급이 중앙정부에 의한 일률적인 공급보다 훨씬 효율적임을 주장하고 있다. 즉, 관할권의 중복을 방지하는 수준에서의 공공서비스 공급은 개별 집단들에게 최적의 효용을 가져다 주게 되어 사회적인 낭비를 방지하고, 적절한 자원배분 역시 알 수 있게 해주는 점에서 규범적 이론을 실증적 이론으로 전환시킨 바, 이러한 부분에서 행정사적 의의를 가진다.

Ⅲ. 공공선택론의 주요 내용

공공선택론의 주요 내용은 가장 먼저

1. 방법론적 개인주의가 있다. 즉, 합리적 개인의 목적함수를 극대화 하고자 하는 동기를 가진다는 점이다. 이때 목적함수를 구성하는 변수는 그 개인이 속한 집단이 무엇인지에 따라서 달라진다. 관료의 경우에는 예산극대화 경향, 정치인의 경우에는 득표 극대화, 그리고 정책의 대상인 국민의 경우에는 자신의 효용을 극대화하는 수준에서 개인의 행동을 결정하게 된다.

2. 그리고 집단의 의사결정을 분석하는 경우에는 개별 집단의 대표적 개인을 상정하여 이 개인의 의사결정을 분석하게 된다. 그러므로 공공선택론에서의 공익이란 개인의 의사결정에서 실재하는 개념이므로 공익 실제설의 관점에서 공익을 극대화 하고자 한다. 이 때 공익은 사회적 선호체계의 집계방식에 의해 결정되는 바, 이 부분에서 의사결정구조가 집합적 의사결정에 영향을 미친다.

3. 또한 개인주의적 분석은 거대화된 관료제가 가지는 비효율적 행태를 설명하며, 이는 시장매커니즘을 통해서 공공서비스를 제공하는 것에 긍정적인 입장을 보인다. 특히 비시장적 의사결정에 있어서도 시장적 요소를 도입한다. 이러한 현상은 투표를 통한 의사결정에서 최적 의사결정 수, 헌법에서 규정하고 있는 권력구조에 관한 부분에서 역시 경제적으로 가장 최적의 권력구조를 도출해 내는데 이 역시 비용과 편익을 이용해서 분석하고 있다.

Ⅳ. 공공선택론의 한계점

공공선택론은 비록 연역적 탐구방법에 의해 명확한 대안을 도출해 내고 있지만, 그만큼 많은 반론에 직면하고 있다.

1. 가장 큰 한계로 언급할 수 있는 것은 개인의 합리성이 과연 적절한 가정인가 하는 것이다. 경제주체는 비록 합리적일 수 있으나, 행정에서 상정하는 개인은 정책의 주체임과 동시에 객체로서 또는 투표행위라는 행위를 통해서 주인으로서의 역할을 수행하는 등 다층적 구조를 가지고 있다. 그러므로 이러한 상황에서 개인이 합리적이라는 가정은 설득력이 떨어진다고 할 것이다.

2. 그리고 공공선택론은 공익이 실존한다고 주장하지만, 공익이 실존하는 개념인지에 대해서는 회의적인 부분이 있다. 특히 협의의 거버넌스 이론에서 보는 바와 같이 공익이라는 것은 과정 속에서 찾아지는 실재하지 않는 개념으로 생각해볼 수 있다. 이러한 관점에서는 공익의 극대화라는 관점은 생각하기 어렵다.

3. 또한 오스트롬이 제시하는 민주행정 패러다임에서 분권화된 의사결정의 효율성이 반드시 보장되는 것은 아니다. 특히 공공재의 외부성이 큰 경우에는 한 집단에서 분권화된 의사결정이 다른 집단에 영향을 미칠 수 있으며 이는 효율성을 무너뜨리는 시장실패의 원인이 되기도 한다. 예를 들어 국방이나 치안과 같은 공공재는 분권화된 의사결정이 오히려 효율성을 떨어뜨릴 수 있다. 그리고 공공재의 공급은 집단에 대한 정보 이외에도 집단 간의 정보 역시 중요한데, 이를 환원주의의 관점에서 접근하면 간과하기 쉬워진다는 주장이다.

4. 뿐만 아니라 산술적으로 계산되기 어려운 요소들은 배제되었다. 예를 들어 도덕성과 같은 개념들은 공공선택론에서 고려되는 사항이 아니다. 상기 개념의 특징은 수치적으로 나타내기 어려우며 개인의 행태로 들어나는 것 역시 일정하지 않기 때문에 대표적 개인으로 분석하기 어렵기 때문이다. 이러한 점들은 공공선택론의 장점인 효율성을 무력화 시킬 수 있는 요인이 된다.

V. 결 론

공공선택론은 구체성이라는 장점 때문에 행정현실에서 넓게 이용되고 있다. 예를 들어 정책을 평가하는 과정에서 요구되는 비용 - 편익 분석은 정책의 효과를 산술적으로 측정하여 정책의 타당성 여부를 평가하고 있다. 그리고 우리나라의 헌법원리인 다수결의 원칙과 지방자치 역시 공공재 공급의 의사결정 과정에서 발생하는 비용과 그에 따른 편익을 비교분석하여 가장 높은 효용을 달성하는 수준의 의사결정 인원을 근거로 하고 있다. 뿐만 아니라 선거제도하에서 나타나는 여러 전략 역시 정치인들의 투표극대화 행태를 잘 반영하고 있는 예라고 할 수 있다. 즉 효율성 또는 산술적인 수치로 나타낸 것들은 눈에 명확하고, 우리에게 어떻게 행동해야 하는지를 보여주는 역할을 하기 때문에, 행정이 복잡해질수록 더욱 선호되는 경향을 보이고 있다. 그러나 행정가치적 관점에서 효율성 이외에 공평성 역시 매우 중요한 행정가치이다. 분배적 공평성은 비록 사회적 효율성을 단기적으로는 해칠 수 있으나 장기적으로는 오히려 효율성을 보완하는 역할을 할 수 있으며, 개인중심적인 분석 역시 여러 가지 문제를 가지고 있다. 끝으로 도덕률과 같은 윤리적 관점 역시 공공선택론은 도외시 되고 있기 때문에, 행정현실에서 공공선택론은 어떤 부분에서 적용되고 어떤 부분에서 배제되어야 하는지, 혹은 공공선택론을 수정하여 행정현실을 좀 더 잘 반영하는 모델을 고안하는 작업이 필요할 것이다.

┤ 강 평 ├

1. 제3문의 경우 일단 공공선택론이 무엇인가에 대한 개념정립과 공공선택론의 출현이 가져다준 행정이론사적인 의미를 일단 설명해야 한다. 즉 행정이론사에서 제시된 답안에서처럼 민주사회의 발전과 민주행정의 발전에 따라 도래된 분절적 행정단위에서 행정서비스의 집합적 결정을 합리적으로 분석하고, 제도설계에 영향을 주었다는 점에서 의의가 있다는 점을 이야기 해야 한다.

2. 주된 내용은 제시된 답안과 같이 적고, 한계에 있어서도 제시된 답안에서 잘 제시되고 있다. "행정현실의 적용함에 있어 발생 가능한 문제들을 논하시오."에 대해서는 앞서 공공선택론의 가정의 합리성과 방법론적 개체주의에 대한 실제 현상에서 문제점에 대해서 이야기 해주면 될 것이다.

2012년 입법고등고시 기출문제와 어드바이스 및 답안구성 예

| 제1문 (40점) |

다음 지문을 읽고 물음에 답하시오.

──────────── 〈지문 1〉 ────────────

금융위기, 재정위기 등으로 세계적인 경제불황을 겪고 있다. 이와 함께 빈부격차, 청년실업, 비정규직 확산 등으로 양극화 현상은 더 극심해지고 있다. 신자유주의적 자본주의 제도에 대한 문제점 지적의 목소리가 높아지고, 최근 정의 정의로운 국가에 대한 담론이 재조명되면서 정의로운 사회를 만들기 위한 국가의 역할에 대해서도 많은 관심이 집중되고 있다. 사회문제를 해결하기 위한 국가의 바람직한 역할은 무엇인지, 정부의 주도적 역할은 어느 정도 정당화될 수 있는지, 정부와 시장의 역할분담은 어떠해야 하는지도 논의의 쟁점이 되고 있다.

──────────── 〈지문 2〉 ────────────

바람직한 미래의 정부의 모습은 정책역량이 강화된 형태의 정부일 것이다. 분석, 예측, 관리라는 3대 요소를 중심으로 정책역량을 강화시킴과 동시에 미래 정부는 기업가적 정부, 성과중심 정부, 고객중심 정부, 뉴거버넌스 정부에서 제시하는 신공공관리적 요소(효율성)와 거버넌스적 문제해결(민주성)의 조화를 추구해 나갈 필요가 있을 것이다.

(1) 위의 두 지문에서 제시된 배경을 활용하여 최근 사회문제를 해결하기 위한 정부(행정부와 입법부)-시장-시민사회의 적절한 역할 분담의 필요성을 설명하고, 정의로운 국가의 실현을 위해 적극적으로 추구해야 할 현대행정이념을 제시하시오. (20점)

Advice
1. 최근 사회문제가 복잡해지고(사악한 문제) 다변화 되고 있음을, 그리고 정의로운 국가에 대한 담론이 형성되고 있음을 들어 정책문제 해결역량 및 국가의 도덕성 강화를 위해 정부-시장-시민사회 간에 적절한 역할 분담과 네트워크 방식의 협력이 필요함을 역설한다.

2. 이어 정의로운 국가 실현을 위해 추구해야 할 행정이념으로 '민주성' 및 '형평성' 등을 들 수 있다. 정의는 국민이 공유하고 있는 관념으로 민주성을 통해 확보할 수 있고, 형평성은 보편적 정의 관념에 부합하기 때문이다.

(2) 기업가적 정부, 성과중심 정부, 고객중심 정부, 뉴거버넌스 정부의 특징들을 설명하고, 효율성과 민주성이 충돌하는 경우에 대한 해결방안 및 전략을 구체적인 사례를 들어 제시하시오. (20점)

1. 기업가적 정부와 성과중심 정부, 고객중심 정부 모두 NPM적 요소가 반영된 정부형태로서 효율성을 추구한다. 기업가적 정부는 정부 관계자가 기업가적 마인드를 통해, 성과중심 정부는 성과관리를 통해, 고객중심 정부는 고객지향성을 통해 효율성을 확보하고자 하는 정부이다.

2. 뉴거버넌스 정부는 정부-시장-시민사회가 협력적 네트워크를 통해 '민주성'을 확보하고자 하는 특징을 갖는다. 부안 방폐장 사례 등을 들어, 효율성과 민주성이 충돌하는 경우 양자가 장기적으로는 상호 보완적으로 기능할 수 있음을 언급하며 민주성 추구를 통해 효율성을 달성하는 전략을 제시한다.

답안구성 예

Ⅰ. 서 론

Ⅱ. 행정환경변화에 따른 바람직한 거버넌스와 현대행정이념
  1. 행정환경의 변화
  2. 정부-시장-시민사회의 역할분담 필요성

3. 추구해야 할 현대행정이념

Ⅲ. 거버넌스별 특징과 현대행정이념의 조화 방안
  1. 거버넌스별 특징
  2. 효율성과 민주성의 조화 방안

Ⅳ. 결 론

| 제2문 (30점) |

최근 정부가 공익을 목적으로 정책을 수립하고 추진하는 과정에서 공공갈등의 빈도가 급격히 증가하고 있다. 따라서 공공갈등에 대한 적극적인 관리가 더욱 중요해지고 있다.

(1) 공공갈등의 관리방안으로서 대안적 분쟁해결(Alternative Dispute Resolution)방안들을 적용 대상 갈등에 따라 구분하여 설명하시오. (15점)

먼저 대안적 분쟁해결의 의의와 대표적인 예로써 협상, 조정, 중재의 개념을 설명한다. 협상의 경우 제3자의 개입 없이 당사자 간 갈등해결 방식인 바 갈등해결이 비교적 쉬운 이익갈등 및 초기갈등의 해결에 적합하다. 조정 및 중재의 경우 제3자의 개입을 통한 갈등해결 방식으로 당사자 간 해결이 어려운 가치갈등이나 장기갈등의 해결에 적합 할 수 있다.

(2) 갈등관리를 위해 필요한 바람직한 정부와 공무원의 역량에 대해 기술하라. (15점)

우선 갈등관리를 위해 필요한 역량을 정부의 역량으로는 권위체로서의 '신뢰성', 참여기제로서의 '개방성', 정당성 확보를 위한 '윤리성' 등을 들 수 있다. 공무원의 역량으로는 적절한 중재역할을 위한 '커뮤니케이션 역량', 전문가로서의 '전문성' 등을 제시할 수 있다.

Ⅰ. 서 론

Ⅱ. 대안적 분쟁해결(ADR) 방안
 1. 대안적 분쟁해결의 구체적인 방안
 2. 적용 대상 갈등별 ADR

Ⅲ. 갈등관리를 위해 필요한 정부와 공무
   원의 역량
 1. 정부의 역량
 2. 공무원의 역량

Ⅳ. 결 론

| 제3문 (30점) |

최근 들어 행정개혁이 강조되면서 민간기업의 전략기획이 공공조직의 관리에서도 강조되고 있다.

(1) 전략기획(strategic planning)의 의의와 특징을 서술하고, 공공조직에서 전략기획이 적용
  될 수 있는 근거를 제시하시오. (15점)

Advice
전략적 기획의 의의를 제시하고 특징과 관련해서는 전략적 기획에서 특히 강조되는 '환경에 대한 고
려', '미래지향성', '선택과 집중' 같은 핵심 키워드를 중심으로 서술한다. 공공조직에 전략기획이 적용될
수 있는 근거에 대해서는, 원래 사조직에 적용되던 기법인바 행정과 경영의 유사점을 역설함으로써 논
증할 수 있다. 행정과 경영이 특히 '관리'에 있어서는 유사성을 지닌다는 점을 중심으로 서술하면 된다.

(2) 전략기획의 절차를 단계별로 구분하여 사례를 들어 설명하시오. (15점)

Advice
1. 전략적 기획은 ① 전략기획의 기획 ② 미션과 비전의 확인 ③ 환경분석 ④ 전략적 이슈의 결정 ⑤
 전략형성의 단계로 이루어진다. 사례로서는 가상의 상황을 설정하여, 한 부처가 직면하는 전략적
 기획의 상황을 상정한다.

2. 전략기획의 기획은 전략 추진조직을 꾸리는 것으로, 미션과 비전의 확인은 조직의 미션과 비전을
 확인하는 과정을, 환경분석은 조직이 처한 내·외부 환경의 강점 약점을 분석하는 작업을 의미한
 다. 전략적 이슈의 결정은 조직의 미션 비전 달성을 위해 중요한 요소를 판단하는 단계이며 전략
 형성은 구체적인 전략을 세우는 단계이다.

Ⅰ. 서 론

Ⅱ. 전략적 기획의 의의와 특징
 1. 전략적 기획의 의의
 2. 전략적 기획의 특징
 3. 공공조직에 적용될 수 있는 근거

Ⅲ. 전략적 기획의 절차

 1. 전략적 기획의 기획
 2. 미션과 비전의 확인
 3. 환경분석
 4. 전략적 이슈의 결정
 5. 전략형성

Ⅳ. 결 론

| 제1문 | 다음 지문을 읽고 물음에 답하시오. (총 40점, 선택 총 20점)

〈지문 1〉

양극화 문제는 우리만이 아니라 세계경제의 공통된 현안이다. 세계화와 사회정책의 후퇴로 다시 불안의 시대가 다가온다는 경고가 제기되고, 세계경제가 미세조정을 넘어 근본적인 재검토에 들어갔다는 진단이 나오는 것도 이 때문이다. 이런데도 여전히 시장에 맡기기만 하면 만사형통이라는 낡은 언설이 우리 경제담론을 지배한다는 비판도 있다.

낡은 패러다임으로 새로운 경제틀을 짤 수 없는 것이다. 정부와 시장이 변화한 상황을 정확하게 읽고 새로운 발상을 하지 않으면 안 된다. 성장과 복지를 양자택일의 문제로 보는 것은 20세기적 사고일 뿐이다. 지금 세계가 고민하는 것은 성장(효율)과 안정(형평)의 조화이고, 그를 위한 다양한 실험들이 전개되고 있다.

〈지문 2〉

공공성의 본질은 전체 사회를 위해 손해나거나 돈벌이가 되지 않는 일을 감당하고, 사회약자의 편에 서며, 불특정 다수의 이익을 생각하고, 장래의 이익을 위해 현재의 이익을 희생하는 자세라고 할 수 있다. 이러한 공공성이 견고하게 터전을 닦고 자리를 잡을 때에 시장의 논리가 활성화될 수 있는 것이다.

(1) 위의 두 지문을 활용하여 최근 공공성에 대한 관심이 높아지고 있는 배경을 설명하고, 공공성 제고를 위해 적극적으로 추구해야 할 행정이념과 가치를 제시하시오. (20점)

(2) 효율성과 공공성이 충돌하는 구체적인 정책사례를 선정하여 이 양자 간의 갈등을 해결하기 위한 전략을 제시하시오. (20점)

Ⅰ. 서론

Ⅱ. 공공성의 의의와 공공성의 강조 배경
　1. 공공성의 의의
　2. 공공성의 강조 배경

Ⅲ. 공공성 제고를 위해 적극적으로 추구해야 할 행정이념
　1. 공공성과 행정이념
　2. 공공성과 민주성
　3. 공공성과 형평성

Ⅳ. 효율성과 공공성의 충돌 사례

　1. 효율성과 민주성의 충돌 사례 – 미국산 쇠고기 수입 논란
　2. 효율성과 형평성의 충돌 사례 – 초과이익공유제 도입 논란

Ⅴ. 효율성과 공공성의 조화 방안
　1. 이론적 방안 – 가치 간 우선순위 설정
　2. 구체적 방안
　　(1) 민주적 협의과정의 보강
　　(2) 의사결정규칙과 사회적 합의형성 메커니즘의 설계

Ⅵ. 결론

I. 서 론

　1970~1980년대부터 전 세계적인 흐름으로 여겨져오던 경제적 신자유주의의 영향으로 인해, 공공영역에서도 효율성을 중시하는 신관리주의(NPM: New Public Management)가 행정영역에서도 주요한 흐름으로 자리잡아 왔다.

　그러나 미국발 금융위기의 발생으로 인해 신자유주의에 대한 비판의 목소리가 높아졌으며 행정영역에서도 효율성과 더불어 다시금 공공성을 추구하려는 움직임이 증가하고 있다. 따라서 이러한 맥락을 배경으로 행정의 공공성이 필요한 이유와 함께 공공성이 구체적으로 어떤 가치들을 지향해야 하는지, 그리고 효율성과 공공성이 충돌할 경우 이를 조화시킬 수 있는 방안이 있는지에 대한 검토가 필요하다고 여겨진다.

II. 공공성의 의의와 공공성의 강조 배경
1. 공공성의 의의

　공공성(publicness)은 '사회 일반의 많은 사람들과 관계되는 성질'로 정의 할 수 있다. 조금 더 구체적으로 논의하자면 공공성은 곧 '공익', 즉 사회 전체의 이익을 추구하는 성질로 볼 수 있다.

2. 공공성의 강조 배경

　공공성은 공적 영역인 행정에서 본질적으로 추구되어야 할 가치라고 볼 수 있다. 그러나 최근 신자유주의와 신관리주의에서는 효율성(effectiveness)을 특히 강조하여 공공성이 상대적으로 약화되는 경향이 나타났다. 그러나 이러한 효율성의 추구는 양극화, 복지의 축소와 같은 결과를 초래하였으며, 미국발 금융위기에서 볼 수 있듯 공공성의 담보 없이는 시장 효율성마저도 유지될 수 없다는 시사점을 제공하였다. 따라서 효율성의 논리에 의해 희생되어왔던 공공성의 회복을 위한 논의가 다시금 활발해지고 있다.

III. 공공성 제고를 위해 적극적으로 추구해야 할 행정이념
1. 공공성과 행정이념

　공공성은 본래 공적 영역인 행정에서 추구해야 할 모든 가치를 포괄하는 개념이라고 할 수 있다. 그러나 최근 논의되는 공공성의 회복 논의에서는 효율성의 지나친 추구로 인해 훼손된 공공성의 회복이 중심을 이루고 있다. 따라서 문제의 해결을 위한 공공성의 회복은 효율성 외의 기타 다른 공적인 가치들을 추구하는 방향으로 이루어져야 한다.

2. 공공성과 민주성

최근 공공성의 회복과 관련하여 가장 중요하게 논의되어야 할 행정이념 중 하나는 민주성이라고 할 수 있다. 효율성이 행정의 결과가 주는 효과에 초점을 맞추어 가치판단을 하는 반면에, 민주성은 아무리 효율적인 결과를 가져오는 행정이라도 행정의 과정 또한 민주적으로 진행될 필요가 있다는 점을 강조한다. 미국산 쇠고기 수입을 둘러싼 갈등 사례에서 보듯이, 정책의 효율성 여부와 무관하게 정부 부처 간, 정부와 국민 간 민주적 협의의 과정이 부족할 경우 심각한 갈등을 초래할 수 있으며 정책의 정당성 확보 및 국민의 지지 획득이 어렵기 때문이다.

3. 공공성과 형평성

행정이념으로서 민주성이 정책의 형성과정을 중시하는 반면, 형평성은 결과적 측면을 강조한다. 그러나 효율성이 정책효과의 크기를 강조하는 반면에 형평성은 정책효과의 결과적 분배를 강조한다. 신자유주의 논리에서는 부의 집중이 결국 확산되어 사회 전체가 성장의 이득을 누리게 된다는 이른바 '확산효과(spillover effect)'가 발생한다고 하여 효율적 성장을 뒷받침하는 근거를 제시한다. 그러나 지니 계수가 지속적으로 상승하는 등 확산효과는 실제로 거의 없는 것으로 보이며 양극화로 인한 서민층의 고통이 악화되고 있다.

따라서 현 정부에서도 계속적으로 '친서민 정책'을 강조하여 형평성의 확보를 위해 노력하고 있다.

Ⅳ. 효율성과 공공성의 충돌 사례

1. 효율성과 민주성의 충돌 사례 – 미국산 쇠고기 수입 논란

효율성과 민주성의 충돌 사례로 2008년 크게 문제가 되었던 미국산 쇠고기 수입을 둘러싼 갈등사례를 제시할 수 있을 것이다. 미국산 쇠고기 수입은 국내에 싼 값의 미국산 쇠고기를 들여와 쇠고기를 효율적으로 공급하는 동시에 미국과의 우호적인 관계를 유지할 수 있는 정책수단이었다. 그러나 미국산 쇠고기의 수입허가과정에서 국민과 관계부처 간 협의가 부재한 상태로 협상이 진행되었고, 국민의 식품 안전에 대한 요구가 제대로 반영되지 못하여 정부와 국민 간 커다란 갈등을 초래하였다.

2. 효율성과 형평성의 충돌 사례 – 초과이익공유제 도입 논란

최근 초과이익공유제를 둘러싼 논란에서 효율성과 형평성의 충돌 양상을 찾아볼 수 있다.

초과이익공유제는 대기업의 초과이익을 일부 환수하여 중소기업을 지원하는 등의 목적에 충당하는 것을 의미한다. 이는 효율성보다 공공성을 중시하는 정책으로 볼 수 있다. 그러나 초과이익공유제는 대기업에 대한 이중과세와 같은 효과를 가지며, 기업의 활동목적인 이윤추구를 제한함으로서 대기업의 투자의욕을 저하할 수 있는 등 효율성을 저하할 염려가 있어 제도의 도입을 둘러싸고 갈등이 발생하고 있다.

V. 효율성과 공공성의 조화 방안

1. 이론적 방안 – 가치 간 우선순위 설정

효율성과 공공성이 충돌할 경우 가치의 우선순위를 설정하여 문제를 해결할 수 있다. 두 가치를 비교할 때, 공공성은 공적 영역인 국가가 존립하기 위한 근본적인 가치인 반면에 효율성은 공공성을 효과적으로 달성하기 위한 수단적 가치를 지닌다. 공공성이 확보되지 않은 상황에서 효율성은 방향을 상실하게 된다. 따라서 공공성을 우선순위에 두되 부차적으로 효율성을 달성할 수 있는 수단을 모색하는 것이 근본적인 해결책이 되어야 할 것이다.

2. 구체적 방안

(1) 민주적 협의과정의 보강

미국산 쇠고기 사례에서처럼 아무리 효율적인 정책이라고 해도 정책의 정당성을 확보하지 못하고서는 효율적으로 집행되기 어렵다. 따라서 정책의 형성과 집행과정에서 민주성을 확보하는 것은 공공성의 제고 뿐 아니라 장기적인 효율성도 제고할 수 있는 방안이라 할 수 있다.

정책과정에서 국민과 관계부처의 의견 수렴과 폭넓은 토론과 토의 과정을 통해서 정책수행시 예상되는 문제점 및 갈등을 사전에 예방할 수 있도록 함이 바람직할 것이다.

(2) 의사결정규칙과 사회적 합의형성 메커니즘의 설계

다양한 참여와 배제 없는 참여가 반드시 공익을 담보하는 것은 아니다. 오히려 집단이기주의 등으로 인한 정책 지연과 같은 비효율을 양산할 수 있는 문제 또한 우려된다. 따라서 효율적인 의사결정을 위한 규칙 마련과 합의를 도출해낼 수 있는 메커니즘의 설계가 필요하며, 정부는 담론을 제공함과 동시에 조정과 중재의 역할을 담당함으로서 갈등 해결의 중추적 역할을 담당해야 한다.

VI. 결 론

더욱 심화되고 있는 한국 사회의 양극화와 복지 축소의 문제를 해결하기 위해서 한국에서 공공성의 회복에 대한 논의는 큰 의미를 가진다고 볼 수 있다. 그러나 공공성을 훼손하지 않는 범위 내에서 효율성 또한 행정이 추구해야 할 중요한 가치 중 하나이다. 따라서 공공성과 효율성을 적절히 조화하기 위해 효과적인 갈등관리기제를 형성하고 정부가 거버넌스(governance)의 중심에서 조정자적 역할의 성공적인 수행이 필요한 시점이라 할 수 있다.

| 강 평 |

1. 제1문은 행정의 지도 원리이면서 정책가치로서 공공성에 대한 인식수준, 이해, 적용능력을 측정하기 위한 문제다. 모범답안은 서론에서 공공성의 등장배경과 서술방향을 제시하고, 본론에서 공공성 제고를 위해 추진해야 할 행정이념, 공공성과 효율성의 충돌사례와 조화방안을 설명하고, 결론에서는 공공성과 효율성의 조화를 위한 관리기제로서 거버넌스 중심에 조정자 역할을 강조하고 있다. 나름대로 공공성의 제고를 위해 추진해야 할 행정이념과 효율성과의 조화방안을 체계적으로 서술하였다고 볼 수 있다. 다만, 아쉬운 점은 공공성을 제고하는 행정이념으로서 사회적 효율성, 책임성, 응답성, 적실성 등에 관하여 집중적이고, 논리적인 논의가 미흡했다는 점에서 높은 점수를 받기는 힘든 답안으로 평가한다. 출제자 의도를 반영하는 충실한 답안이 되기 위해서는 전반적으로 문제를 명확히 파악하여, 의도에 적합한 내용을 중심으로 논리적이고 심층적인 답안을 작성할 필요가 있다.

2. 본 문제의 핵심질문은 공공성을 제고하기 위한 행정이념과 효율성과의 조화방안이 무엇이냐는 것이다. 따라서 좋은 답안이 되기 위해서는 이러한 내용을 중심으로 답안이 작성되어야 한다. 서론에서는 왜, 공공성이 필요한지 구체적으로 제시하고, 어떻게 하면 이러한 문제를 극복할 수 있을까에 대한 방향제시가 이루어져야 한다. 아울러 본문에서는 공공성과 효율성과의 조화를 위한 방안이 제시되어야 적절하다고 판단된다. 또한 사례에서 드러난 공공성의 개념과 취지를 설명하면서 갈등상황과 극복방안을 함께 설명하는 것이 필요하다. 결론에서는 사회문제의 확대와 심화와 함께 정부 및 정치를 중심으로 한 공공부문의 책임성이 필요한 상황임을 강조하면서 본론의 분석내용을 반영하여 구체적인 정책제언 등이 포함되어야 할 것이다. 보다 구체적으로 문제항목에 초점을 두어 살펴보면 다음과 같다.

(1) 첫째, 공공성의 관심고조 배경과 추구되어야 할 행정이념과 가치정립에 관한 문제이다. 어느 국가든 정부와 시장은 사회를 움직이는 양축이다. 양 제도는 상호작용적이면서 보완적으로 기능하는 사회양식이다. 여기서 정부는 공공성을 담보하는 장치다. 지금까지 행정학 연구는 정부를 비롯한 공공부문에서 벌어지는 행정현상을 주된 연구대상으로 해왔다.
   그럼에도 불구하고 끊임없는 정체성 위기에 빠졌다. 신자유주의 시장화에 기반을 둔 신공공관리의 특성들이 행정에 도입되면서 심화되었다. 이러한 행정학 위기의 근원에는 공공성 개념이 자리한다. 국가, 사회, 정부를 지탱하는 이념으로 공공성에 대한 관심이 근자에 이르러 새롭게 조명되고 있다. 과거 신자유주의를 공세적으로 제기해온 World Bank와 IMF조차 2000년대 들어 기존 입장을 수정하여 공공부문과 사회적 인프라의 중요성을 인정하기 시작했으며, 시장중심적 신자유주의적인 정부개혁의 한계를 인식했다. 그래서 이들이 내걸고 있는 모토 또한 기존의 최소 국가에서 좋은 거너번스(good governance)로 변했다. 그 동안 시장·경쟁·효율성의 이름으로 경멸되었던 공공성의 가치가 국제적 토론의 장으로 재진입 하였다. 그리고 전 세계적으로 확산되고 있는 신자유주의 개혁에 대한 저항운동이 지향하 거나 혹은 방어하고자 하는 핵심가치는 바로 공공성이었다. 한국사회에서 공공성의 실현이 란, 단지 공공부문이라고 부르는 특정한 조직과 제도를 방어하거나 확대를 의미하지는 않는 다. 한국사회 구성원들의 사회적 행위범례를 정의하고 이들의 사회적 관계를 조직하는 지도 원리로서 공공성의 철학에 입각한 재구성을 의미한다. 시장주의의 범지구적 확산에 따라 국 가의 공적 복지기능이 약화되면서 공공성은 일종의 위기에 직면해 있다. 이런 상황에서 공 공성의 재정립은 공공성 위기에 대응하는 거시적 사회질서의 자기 조절적 대응을 의미한다. 이는 국가·시장·시민사회의 공적구조가 단순히 축소되거나 확장되는 것이 아니라 각 영역 내부에 고유한 공적 기능이 다른 영역으로 할당되거나 새로운 기능적 공공성이 형성됨으로 써 각 영역 간에 공적 기능의 호환성이 발생하면서 나타나는 구조적 경계의 불명확성을 의 미한다. 따라서 주로 국가 및 정부에 의해 전유되었던 영역뿐만 아니라 비국가적인 영역에 서 공공성을 찾으려는 노력도 끊임없이 계속되어야 할 것이다.

그 동안 우리나라의 공공부문에서 유행하였던 쇄신·개혁이나 혁신의 논리는 공공성의 제 고에 초점을 맞추기보다는 민간부문의 특성인 생산성·효율성의 극대화에 초점을 맞추는 관리지향의 개혁논리가 중심을 이루었다. 단순히 민간부문에서 활용되고 있는 기법들을 수 입하는 것에 머무는 것이 아니라 가치까지도 채용하는 것을 의미한다. 모범답안에서는 공 공성의 의의, 강조배경을 서술하고 있지만 공공성 개념·유형을 보완하여 보다 적극적이면 서 폭넓게 제시될 필요가 있다. 또한 모범답안에서는 민주성과 형평성을 공공성 제고를 위 한 행정이념으로 제시하고 있지만 보다 충실한 답안이 되기 위해서는 공공부문 또는 공공 서비스의 규범 또는 기준으로 대표성(representation), 책임성(accountability), 공정성 (impartiality), 공개성(openness), 대응성(responsiveness), 정의(justice), 인간의 존엄성 (human dignity) 등을 언급한다면 좋은 인상을 줄 수 있다. 더 나아가 신자유주의적 시장주 의의 반성으로서 창조적 자본주의가 지닌 공공성 의미와 함께 공공부문의 창조적 역할을 통 한 공공성 제고를 논한다면 보다 창의적 답안으로 인정받을 수 있을 것으로 판단된다.

(2) 둘째, 효율성과 공공성의 충돌사례와 갈등 해결전략과 관련하여 그 동안 행정현상에 공공 성과 효율성은 충돌이 발생했지만 명료한 해결은 찾기가 어려웠다. 모범답안에서는 효율성 과 공공성의 충돌 사례로서 미국산 쇠고기 수입 논란, 초과이익공유제 도입 논란을 제시하 였다. 그리고 갈등해소를 위한 이론적 방안으로 가치 간 우선순위를 제시하면서 공공성을 우선순위에 두되 부차적으로 효율성을 달성할 수 있는 수단을 모색하는 것이 근본적인 해결 책이 되어야 한다는 답안은 적절하다고 판단된다. 공공성에 관한 출제자 의도는 지문 2에서

제시되었듯이 공익과 거의 등가적 개념으로 이해된다. 공익이란 정책을 통해 구체적으로 실현되어야 할 핵심가치다. 이러한 맥락에서 볼 때 미국산 쇠고기수입논란은 정책과정 상에서 국민과의 소통이나 합의과정을 결여한 것으로 민주성이 확보되지 못한 사례로서 행정효율과 절차적 공정성 간 갈등사례로 이해할 수 있다. 이에 따른 구체적 방안으로 제시된 민주적 협의과정의 보강, 의사결정규칙과 사회적 합의형성 메커니즘 설계 등은 의미를 지니지만 절차적 공공성에 한정된다. 실제적 공공성의 사례로서 정책이 함축하는 가치갈등으로서 방송통신융합, 우정사업본부 체제개편 등의 사례도 함께 제시된다면 충실한 답안이 될 것이다. 가령 방송통신융합의 경우, 방송의 공공성과 산업적 효율성이라는 가치의 충돌이 대표적이다. 두 개의 가치는 서로를 죽이고 포기함으로써 달성되는 것이 아니라 함께 조화를 이루면서 합의점을 찾아야 한다. 방송통신융합의 공익성·공공성 측면과 산업적 효율성 측면의 줄다리기 속에서 최선의 접점을 찾는 것, 그것이 정치행정기능의 기본원칙이자 가치다. 공공적 가치가 충돌하는 경우, 가치 간 우선순위를 선정하는 것이 필요하다. 가치의 성격에 따라 목적적 가치가 수단적 가치를 우선한다. 이외에도 가치의 중요도에 따라 배점을 다르게 하는 가중치부여에 의한 가치갈등을 조정하는 방법이 활용될 수 있다.

| 제2문 | 최근 정부관료제에 의한 독점적 공공서비스 공급방식의 한계를 극복하기 위한 새로운 공급방식이 도입되고 있다. 그 대표적 사례로 민영화, 민간위탁, 공동생산, 공사협력(public-private partnership) 등이 있다. (총 40점, 선택 총 20점)

(1) 최근 정부가 공공서비스 공급방식을 다원화하고 있는 배경과 목적을 구체적으로 설명하시오. (10점)

(2) 새로운 공공서비스 공급방식이 도입되면, 공공서비스 공급을 위한 정부(공공)부문과 민간부문 간 역할분담체계가 변하게 된다. 현재 우리나라에서 활용되고 있는 수익형 민자사업(BTO)과 임대형 민자사업(BTL)을 대상으로 정부(공공)부문과 민간부문의 역할분담체계를 비교하고, 그 차이점을 설명하시오. (16점)

(3) 공공서비스 공급방식의 다원화에 따른 책임성 확보 방안을, 위에서 예시한 새로운 공공서비스 공급방식 중 하나를 선택하여 이를 중심으로 제시하시오. (14점)

Ⅰ. 서 론

Ⅱ. 공공서비스 공급주체 다원화의 배경과 목적
　1. 공급주체 다원화의 배경 – 행정수요의 증대와 정부역량의 부족
　2. 공급주체 다원화의 목적 – 업무의 분산과 생산의 효율화

Ⅲ. 수익형 민자사업(BTO)과 임대형 민자사업(BTL)의 역할분담 체계 비교
　1. 민자사업의 개념

　2. 수익형 민자사업의 역할분담 체계
　3. 임대형 민자사업의 역할분담 체계
　4. 양자의 역할분담체계의 비교

Ⅳ. 공급방식 다원화에 따른 책임성 확보방안 – 민영화를 중심으로
　1. 민영화 이후 책임성 확보의 중요성
　2. 책임성 확보방안
　　(1) 황금주 방식의 도입
　　(2) 재규제를 통한 시장제어

Ⅴ. 결 론

I. 서 론

　과거에는 공공서비스를 공적 주체인 국가가 모두 제공하는 것을 당연하게 여겼으나, 최근에는 민영화, 민간위탁, 공동생산과 같이 사적 주체인 민간이 공공서비스의 일부를 분담하여 공급하는 현상이 빈번하게 나타나고 있다. 이러한 민간에 의한 공공서비스의 공급은 '정부실패(government failure)'의 문제를 해결하기 위한 효과적인 수단으로 볼 수 있으나, 공공성보다 시장효율성이 중시되는 민간영역에 의한 공공서비스의 생산을 우려하는 목소리 또한 적지 않다.

　따라서 이러한 공급주체의 다원화에 대한 배경을 살펴봄과 함께, 정부와 민간영역의 적절한 역할배분을 수익형 민자사업(BTO; Build-Transfer-Operate)과 임대형 민자사업(BTL; Build-Transfer-Lease)을 비교함으로서 살펴보고, 마지막으로 민간영역에서 특히 문제가 되는 책임성 확보방안에 대해 논의해 보기로 하겠다.

II. 공공서비스 공급주체 다원화의 배경과 목적

1. 공급주체 다원화의 배경 - 행정수요의 증대와 정부역량의 부족

　세계화·민주화·정보화의 흐름 속에서 행정수요는 과거의 어느 때보다 증대되고 있다. 처리해야 할 정보의 양은 폭주하고, 민주화와 함께 이익단체의 요구들을 폭넓게 수용해야 할 필요성이 증대되었다. 또한 사회의 전문화 수준이 높아져 모든 분야에 대한 전문지식을 갖추는 것은 불가능에 가까워졌다.

　그러나 이러한 행정수요를 감당하기 위한 자원은 부족하고 정부역량 또한 모자라기 때문에 정부 단독으로는 늘어나는 행정수요를 감당할 수 없게 되었다.

2. 공급주체 다원화의 목적 - 업무의 분산과 생산의 효율화

　행정서비스의 생산은 그 성질에 따라서 정부가 생산하는 것이 효율적인 영역도 존재하지만 민간이 오히려 효율적으로 생산하고 공급할 수 있는 영역 또한 존재한다. 따라서 민간영역이 역량을 발휘할 수 있는 분야는 민간에 생산을 위탁함으로서 과중한 정부업무를 분담하고, 민간역량을 최대한 발휘함으로서 생산의 효율성을 달성할 수 있다.

III. 수익형 민자사업(BTO)과 임대형 민자사업(BTL)의 역할분담 체계 비교

1. 민자사업의 개념

　민자사업은 정부의 공공서비스 생산에 필요한 자본과 기술을 충당하기 위해 민간영역에 생산을 위탁한 뒤 공공서비스를 제공하면서 발생하는 수익금으로 민간영역에 대한 보상을 제공하는 사업형태를 의미한다.

2. 수익형 민자사업의 역할분담 체계

수익형 민자사업(BTO: Build Transfer Operate)은 민간이 정부를 대신하여 공공사업을 수행한 후 민간이 직접 운영수익을 취하는 사업형태이다.

수익형 민자사업에서 정부는 어떤 공공사업을 수행할 것인지에 대한 결정 이외에는 사업과정에 관여하지 않는다. 민자사업을 담당한 기업은 직접 공공서비스의 수요자에게 사용료를 부과하여 투자비를 회수하게 된다.

3. 임대형 민자사업의 역할분담 체계

임대형 민자사업(BTL: Build Transfer Lease)에서는 민간이 생산만을 담당한다. 민간은 공공시설물을 생산한 후 정부에 시설물을 기부채납하며 정부는 그 시설물을 직접 운영하고 생산기업에 일정한 임대료를 지불한다. 인천공항 고속도로와 같은 시설물이 임대형 민자사업에 의해 건설되었다.

4. 양자의 역할분담체계의 비교

BTL은 비배제성(Non-Exculsiveness)을 가진 공적 서비스의 경우에 적합하다. BTO의 경우 비배제성을 가지는 공공재는 사용료 부과가 어려우므로 기업이 투자비를 회수하지 못할 가능성이 크다. 따라서 비배제성을 가지는 공공재의 경우 기업이 직접 이용료를 부과하는 방식의 보상방법보다는 정부가 직접 기업에게 임대료를 지불하는 BTL방식이 기업의 수요위험을 줄여준다는 측면에서 적절하다. 그러나 정부가 모든 위험을 부담하는 경우 민간이 리스료를 목적으로 무리한 투자를 하는 등 도덕적 해이(moral hazard)의 문제가 발생할 수 있는 반면, BTO방식에서는 기업이 수요위험을 부담하므로 효율적인 수익창출구조의 설계가 가능하다.

Ⅳ. 공급방식 다원화에 따른 책임성 확보방안 - 민영화를 중심으로
1. 민영화 이후 책임성 확보의 중요성

과거 정부가 소유하고 있던 공기업을 통해 생산하던 공공서비스에 대한 소유권을 매각하여 민간이 대신 생산하게 하는 소유권의 이전을 민영화라 한다.

그러나 민영화가 진행될 경우 책임성의 측면에서 문제가 발생할 소지가 많다. 과거 정부가 담당하던 사업은 그 특성상 시장논리보다는 공공성에 밀접하게 관련되어 있을 가능성이 높은데, 민간영역의 경우 시장논리에 충실하게 되므로 공공성의 훼손이 우려되기 때문이다. 따라서 민영화 이후에도 민간영역의 책임성 확보를 위한 제도적 설계가 필수적이다.

2. 책임성 확보방안

(1) 황금주 방식의 도입

황금주(golden scales) 방식은 정부가 특별한 권리를 가진 황금주를 보유함으로서 정부가 다른 여타 주주들이 행사할 수 없는 영향력을 행사하여 공공성의 훼손을 방지하는 것이다. 특히 공공서비스의 특성상 규모의 경제나 서비스의 특수성으로 인해 시장영역에서 독점이 일어날 가능성이 커 소비자의 피해가 우려될 수 있다. 이러한 경우 정부의 황금주를 이용해 독점의 횡포를 방지할 수 있다.

(2) 재규제를 통한 시장제어

재규제(reregulation)란 규제를 다시 강화하는 것이 아니라, 민간과 시장영역을 활성화하되 공공성을 훼손하지 않고 시장규칙을 준수할 수 있도록 제한을 두는 규칙을 설정하는 규제를 의미한다. 즉, 과거의 공기업에 대한 제한적 규제가 아닌 민간영역에서의 시장경쟁을 원칙으로 하되, 그 안에서의 규제를 다시 합리적으로 재설정하는 과정을 통해 민영화로 인한 자유방임의 상황에서 나타나는 문제를 해결할 수 있다. 이러한 규제들의 합리적 재설정을 위해 독립규제위원회를 적극적으로 활용할 필요가 있다.

V. 결 론

최근 자주 논의되고 있는 정부–민간–시장의 3자 협력 거버넌스(governance)의 관점에서, 어느 한 주체의 공공서비스의 독점적인 생산과 공급보다는 3자의 협력을 통한 행정서비스를 통해 다변화하는 행정수요에 효과적으로 대응할 수 있을 것이다. 그러나 이러한 과정에서 사적 영역의 책임성을 담보하기 위한 노력을 기울여야 효과적인 거버넌스를 유지할 수 있을 것으로 보인다.

┤ 강 평 ├

1. 제2문은 공공서비스의 현상에 대한 이해, 분석, 응용능력을 파악하는 문제에 해당된다. 동시에 공공서비스가 지켜야 할 가치로서 책임성에 대한 인식과 지식능력의 측정에 초점이 있다.

2. 공공서비스 공급방식의 다원화 배경과 목적에 대해서 모범답안이 잘 정리하고 있다고 본다. 모범답안에서 공급주체의 다원화 배경으로 제시된 행정수요의 증대와 정부역량의 부족은 적절하다고 판단된다. 아울러 목적으로 업무분산과 생산 효율화를 예시한 점도 의미가 있지만 심층성이 미약하다. 오늘날 공공서비스 공급에서 두드러지게 나타나는 특징은 순수한 공공재 보다는 공유재와 요금재인 준공공재의 증가라고 볼 수 있다. 즉, 비배제성과 비경쟁성을 모두 갖춘 전형적인 공공재 보다는 개별적으로 소비되나 배제가 불가능한 공유재와 집합적으로 소비되면서 배제가 가능한 요금재가 증가하고 있는 추세다. 이러한 준공공재는 가치재 (merit goods)로 볼 수 있다. 여기서 가치재란 민간부문에서 생산·공급되고 있으나 이윤극대화 논리에 따라 생산량이 최적수준에 미치지 못하여 공공부문이 직접 공급에 개입하는 재화로써 교육·의료·주택공급 등이 해당된다. 그런데 이러한 가치재는 정부가 개입하여 공급하는 재화이지만 필요최소한 만큼만 공급하게 되며 필요최소한의 수준을 넘어서는 재화의 경우 민간부문에서 공급한다. 그러므로 각 재화나 서비스별로 정부가 개입하여 공급해야 하는 필요최소한의 수준이 어느 정도인가의 문제가 중요하다.

3. 민영화, 규제완화, 시장의 지배 등은 이러한 수준을 낮추는데 영향을 미치고 있다. 반면에 양극화, 노령화, 환경보호 등은 정부의 개입수준을 높이는데 커다란 영향을 주고 있다. 그런데 준공공재 공급에 대한 뚜렷한 경향성을 띠지 못하고 혼재되는 양상을 보이는 것이 특징이라고 할 수 있다. 어떤 부문에서는 민영화나 규제완화, 정부의 철수 등을 요청하지만 어떤 부문에서는 오히려 정부의 개입이 필요하다고 인식하고 있다. 공공서비스의 수급조절을 위해 논의해야 하는 중요한 내용 중의 하나가 공공서비스의 공급방식이다. 공공서비스의 공급방식에 따라 공공서비스에 대한 인식이 달라질 수 있기 때문이다. 전통적으로는 공공부문이 공급자이면서 생산자일 경우에 공공서비스로 인식하지만 최근에는 민간이 생산자이면서 공급자이기도 한 서비스까지도 공공서비스로 인식할 수 있기 때문이다. 따라서 공공서비스의 전통적인 공급방식의 경우에는 정부기관이 공공서비스를 내부적으로 생산(internal production)하는 것이었지만, 오늘날 사회가 점차 복잡·다양해지면서 정부는 국민의 사회적 욕구와 수요에 대응하고 행정의 효율성을 개선하기 위해 공공서비스 생산 내지 제공 주체로 민간부문이 개입되면서 공공서비스 공급방식의 다각화가 이루어지고 있다.

4. 주지하다시피 우리나라에서 공공재 혹은 가치재로서의 성격을 가지는 의료, 즉 공중보건, 예방, 건강증진 서비스 등은 의문의 여지없이 공공부문이 공급을 담당하는 것이 타당하다. 이에 대해서 정책결정자나 연구자 사이에서도 별다른 이론이 없는 것으로 보인다. 다만, 공공서비스의 다원화와 관련하여 민간부문의 역할이 강조되는 경우, 정부(공공)부문과 민간부문의 역할분담체계의 정립을 위해 민간부문의 역할을 정부실패의 보완이라는 관점에서 접근할 수 있다. 가령 공공부문의 개입정도가 가장 강한 수단임에도 불구하고 효율적이지 못하거나 다른 모든 수단들이 제대로 작동하지 않을 때 민간역할이 고려되어야 한다.

5. 보다 실제적이며 현실적인 문제로서 새로운 공공서비스 공급방식이 도입에 따른 정부(공공)부문과 민간부문 간 역할분담체계에 관한 문제다. 달리말해 공공서비스를 민간부문이 공급하는 것이 바람직한가 하는 것이다. 이에 대해 다음과 같이 순차적인 질문들에 대한 응답과정에서 답안작성이 이루어지는 것이 바람직하다. ① 정부실패가 있는가? ② 정부실패가 있을 경우, 정부실패를 개선할 수 있는가? ③ 형평성에 문제가 없는가? ④ 민간부문에 의한 공급이 공공부문에 비하여 효율적인가? 등 일련의 기준에 대한 문제가 인정되는 부분에 대해서 민간부문의 역할이 정당화될 수 있다. 공공과 민간부문의 역할 분담은 사업의 종류에 따라, 그리고 문제 상황에 따라 다소간 변화가 있을 수 있다. 그러나 공공과 민간부문이 공동으로 어떤 사업에서 역할을 하더라도 공공부문의 관리책임에는 변함이 없다.

6. 또한 문제 중 수익형 민자사업(BTO)과 임대형 민자사업(BTL)의 차이에 대한 비교분석은 변별력을 갖춘 문제라고 할 수 있다. 현재 시행중인 국가재정운용계획상 정책과 우선순위에 입각한 전략적 재원배분방식의 맥락에서 SOC분야에 대한 정부재정이 불가피하게 축소되고 있다. 이에 따라 공공시설에 대한 사회적 인프라 확충을 민간자본으로 건설하고 정부가 임대하여 사용하는 방식으로 BTL(Build Transfer Lease)과 민간자본으로 건설하고 일정기간 민간사업시행자가 시설사용자로부터 사용료를 받아 투자비를 회수하는 방식으로 BTO(Build-Transfer-Operate) 방식이 활용되고 있다. 양자는 ① 진행과정 ② 소유권 이전 여부 ③ 사업제안자 ④ 투자유치방식 ⑤ 투자비용 회수 ⑥ 사업리스크 ⑦ 수요량 추정절차 등으로 일목요연하게 구분하여 비교분석하는 것이 바람직하다고 사료된다. 역할분담체계에 대한 서술은 다음과 같은 점을 고려하여 보완될 필요가 있다. 공공부문과 민간부문간의 역할분담은 개념적으로 모호하기 때문에 구체화시킬 필요가 있다. 모범답안에서는 이러한 내용이 언급되고 있으나, 재배치하여 강조하는 것이 좋겠다. 또한 공공부문이 추구하는 궁극적인 목표와 역할이 강조될 필요가 있다. 이밖에 모범답안의 결론에서 제시한 정부-민간-시장의 3자 협력 거버넌스(governance)의 필요성을 간단하게 언급하고, 셋째 지문에 대한 답안에서 보다 구체적으로 제시된다면 더 좋은 답안이 되리라 본다. 공공부

문과 민간부문간의 역할분담과 관련하여 새로운 형태의 공급방식으로 공공-민간의 연합 (publicprivate partner ships, PPP)을 검토할 수 있다. 이러한 방식은 민영화나 민간위탁 등과 달리 사업의 목표가 문서로 정의되고 산출물이 미리 정확하게 규정되며, 비용과 수익 등은 시장이나 명시적인 규제에 의해 결정되는 것이 아니라 계약에 의해 소극적으로 규제되는 형식을 갖는다. 공공부문과 민간부문의 조합이 어떻게 되든 공공부문의 관리기능 역시 필요하다.

7. 공공서비스 도입방식의 다원화에 따른 책임성 확보에 관한 문제다. 모범답안에서는 민영화를 중심으로 황금주 방식의 도입, 재규제를 통한 시장제어를 제시하였다. 여기서 황금주방식은 소유분산으로 인한 문제를 해결하기 위한 제도적 보완장치다. 소유권이나 제도를 통한 책임성 확보 외에도 경영시스템이나 성과관리체제 확보를 통한 책임성 확보방안이 고려되어야한다. 즉 민간기업과 동일한 기업경영체제를 도입하고 내부경영시스템을 이윤목표 달성에 적합하게 설계하거나 종업원의 성과를 최대한 객관적으로 평가할 수 있는 회계, 재무 등 정보시스템 마련 등을 들 수 있다. 물론 재규제의 일환으로 민영화시 새로운 규제기구 설립을 통해 서비스의 질, 가격규제, 그리고 고객의 권익보호를 위한 규제가 검토될 필요가 있다. 영국과 뉴질랜드의 민영화사례에서 알 수 있듯이 민영화와 공공성 확보 간의 조화방안 모색에 대한 시사점을 남겨준다. 민영화 추진과정에서 공공성 확보와 관련된 핵심적 쟁점으로 ① 보편적 서비스 확보 ② 민영화된 공기업에 대한 요금규제 ③ 요금규제 이외에 정부규제의 재설계 방안 등으로 집약될 수 있다. 특히, 민영화의 성공적 추진을 위해서 단계적 자본주의 관리기법 이용, 서비스 성격에 따른 차별적 민영화 방법 도입, 종합적이고 장기적인 계획수립 및 정치적 논리 축소, 민간자원 활용을 통한 공동생산 방안 적극 도입, 모니터링 강화를 통한 계약불이행·부정부패·공공성 저해 등 엄격한 통제방식의 병행이 검토될 수 있다. 간단하게 정리하면 성공적인 민영화 추진을 위해서 민영화의 준비단계, 민영화 실행 단계, 민영화 이후 단계 등으로 나누어 체계적인 대안 마련이 필요하다. 특히 민영화 후의 경쟁시장조건 사전구상, 독점공기업에 대한 민영화 후의 가격규제 등 공익적 규제장치의 사전 개발 등이 필요하다. 동시에 노동시장을 유연화하고 공공성 유지를 위한 사전장치를 마련 등이 책임성 확보를 위해 필요한 사항으로 제시될 수 있겠다. 아울러 공공영역에서 공공서비스의 책임성 확보를 위해서 서비스수요 마케팅 부서 설치에 의거한 공공서비스의 완벽한 메뉴 갖추기와 적정한 서비스기준의 설정이 필요하다. 또한 서비스 전달체계의 효율성을 확보하기 위해서는 수요자 반응적이면서 신축적 서비스형 조직구조로의 재설계, 일선조직의 주류화, 서비스절차의 간소화, 정보통신 기술 등 새로운 서비스기술의 집약화 및 과정상의 혁신, 공공서비스 동기 및 서비스문화의 학습 등 행정수행 방식들의 지속적 혁신을 도모하는 것도 책임성을 확보하기 위한 노력으로 제시할 수 있겠다.

| 제3문 | 정부혁신에서는 조직구조 차원의 변화 외에도 권위주의 조직문화의 개선을 강조하고 있다. 이와 관련하여 인사행정 분야에서는 학습동아리, 역량기반 교육훈련 등의 교육훈련제도를 활용해 왔다. (총 20점, 선택 총 10점)

(1) 정부 내에서 권위주의 조직문화를 초래하는 요인을 인사행정의 맥락에서 설명하시오. (8점)

(2) 위에 제시된 교육훈련제도가 조직문화 개선에 미치는 영향을 설명하시오. (12점)

Ⅰ. 서 론

Ⅱ. 정부 내 권위주의 문화의 초래 원인
  1. 계급제에 따른 조직문화
  2. 상급자 위주의 평가방법

Ⅲ. 교육훈련이 조직문화 개선에 미치는 영향
  1. 공무원의 행태개선을 통한 문화개선
  2. 조직구성원 간의 친밀감 형성을 통한 문화 개선

Ⅳ. 결 론

답안작성

최 ○ ○ / 2010년도 행정고시 일반행정직 합격

Ⅰ. 서 론

한국은 1990년대 중·후반에 군부 독재의 지배를 받아 권위주의적 행정이 지속되어 왔다.

1987년 이후 민주정부가 들어선 이후에도 관료집단은 여전히 권위주의적인 행태를 보여 왔으며, 지속적으로 개선되고 있는 추세이나 여전히 권위주의 문화의 잔재가 남아 있다. 이러한 권위주의적 문화를 극복하는 작업은 민주화 시대의 행정에 있어서 필수적인 과제라 할 수 있다.

따라서 이러한 권위주의의 잔재를 극복하기 위해서 권위주의적인 문화가 어떤 맥락에서 발생하는지를 인사행정의 관점에서 고찰해본 뒤, 이러한 문제의 극복 방안으로서의 교육훈련제도의 효과에 대해서 검토해 보기로 하겠다.

Ⅱ. 정부 내 권위주의 문화의 초래 원인

1. 계급제에 따른 조직문화

한국의 공직구조는 기본적으로 계급제를 근거로 하고 있다. 계급제는 사람을 중심으로 공직을 분류하는 것으로서, 연공에 따라 공무원의 계급이 상승하는 연공서열과 깊은 관련이 있다.

따라서 이러한 공직구조 하에서 연공이 높은 사람과 낮은 사람 간의 계급이 발생하여 수직적인 인간관계가 형성되며, 상급자와 하급자 간의 격의 없는 토론보다는 상명하복 식의 일방향적인 의사결정구조가 형성되기 쉽다.

2. 상급자 위주의 평가방법

공무원 평정은 공무원의 성과급, 승진 등에 큰 영향을 미치는 중요한 평가이다. 이러한 평가가 상급자로부터 하급자로의 일방적인 방향으로 이루어지기 때문에 하급자의 입장에서는 상급자의 평가에 보수와 승진 여부가 좌우된다. 따라서 하급자는 상급자의 뜻을 쉽사리 거스르거나 다른 의견을 개진하는 데에 부담을 느끼게 되고 권위주의적인 조직문화가 형성된다.

III. 교육훈련이 조직문화 개선에 미치는 영향
1. 공무원의 행태개선을 통한 문화개선

공무원의 교육훈련을 통해 권위주의적 문화를 개선해 나가려는 노력이 필요하다. 역량기반 교육훈련(CBC: Competency Based Curriculum)을 통해 상급자와 하급자는 민주적 조직문화 속에서 토의와 협의를 통한 업무 수행방식에 대해 훈련받게 된다. 이러한 훈련을 겪은 후에 상급자는 과거에 비해 하급자의 의견을 경청하고 의견의 수렴을 중시하는 태도를 보일 수 있으며, 하급자 또한 자신의 의견을 적극적으로 개진하려는 행태 개선을 이룰 수 있을 것으로 보인다.

2. 조직구성원 간의 친밀감 형성을 통한 문화개선

정부조직 내에서 업무시간 외에 인간적인 교류가 없을 경우 경직된 분위기가 형성되어 권위주의적인 조직문화가 유지될 가능성이 커진다. 따라서 학습동아리와 같은 인간적 교류 활동을 활성화할 경우 조직구성원 간의 인간관계가 형성될 수 있다. 상급자와 하급자 간의 친밀한 인간관계가 형성될 경우 정부조직내의 민주적인 조직문화가 자리잡을 수 있는 가능성이 더욱 커지게 될 것이다.

IV. 결론

한국 행정에 오랜 시간 뿌리내려 온 권위주의적 조직문화에서 탈피하기 위해서는 이러한 교육훈련을 통한 구성원들의 의식 변화와 행태 개선 외에도 제도개선 등을 통한 개혁이 반드시 동반되어야 한다. 특히, 계서제적 조직구조를 완화할 수 있는 수평적 조직구조로의 개혁, 직위 분류제적 요소의 적극적 도입, 평정에서 상급자 뿐 아니라 하급자나 동료들도 평가에 참여할 수 있는 다면평가제의 부분적 도입 등이 동반될 경우 권위주의적 문화의 개선에 더욱 도움이 될 수 있을 것으로 보인다.

강 평

1. 제3문은 작은 문제로서 조직문화 시각에서 정부혁신을 다루면서 그 구체적 수단으로 교육 훈련을 제시하였다. 정부혁신에서는 조직구조 차원의 변화외에도 권위주의 조직문화에 대한 개선 필요성의 설명능력을 검증하는 문제다. 흔히 조직은 사람이듯 혁신의 성패는 인적 변화에 달렸다. 조직문화에 영향을 미치는 범주 및 요인으로 인사행정의 관행과 권위주의를 연결시켰다는 점에서 단순히 조직문화만 암기한 수험생들은 접근하기 어려울 것이다.

2. 권위주의 조직문화의 초래원인을 인사행정의 맥락에서 살펴볼 필요가 있다. 모범답안에서 제시된 계층제조직과 상급자 위주의 평가방법을 주요원인으로 적절하게 제시하고 있다고 본다. 하지만 문제에서 거시요인과 미시요인에 대한 집중적이고, 논리적인 논의전개가 미흡하다. 사실 인사행정은 행정의 큰 틀 속에 있는 개별하위체제로 이해해야 한다.

(1) 행정이 급속하게 변하는데 인사행정만이 홀로 고고하게 전통적인 방법만을 고수할 수 없음은 당연하다. 인사행정 역시 환경변화에 부응하여 경쟁적이고 개방적이며 성과지향적인 체제로 바뀌어야 할 것이다. 집단주의에서 개인주의로 행정문화가 바뀌고 있는 징후를 설명하면서 인사행정도 위로부터의 하향적 접근(top-down approach)보다는 아래로부터의 상향적 접근(bottom-up approach)이 필요한 시대에 이르렀다. 행정조직에서 리더십도 부하들의 순응(compliance)이 아니라 적극적인 참여를 유도하는 쪽으로 발휘되어야 한다. 종래와 같은 중앙집권적, 획일적, 폐쇄적 행정은 그 실효성이 점차 희박해지고 있기 때문이다.

(2) 과거 수요자에 머물렀던 시민계층이 이제는 공급자와 대등한 위치에서 각종 정책과 정부 인사 행정에도 영향을 미치는 비판의 시대에 접어들었다. 따라서 관료제의 중앙집권적, 획일적인 통제위주의 인사행정은 통하기가 어렵게 될 것이다. 예컨대 획일적인 봉급의 시대에서 각 개인의 능력에 따른 차별화 보수체제로, 호봉산정이나 근무평가역시 각 개인에 적합한 인사행정 관리 체제로의 정립이 필요하다. 통일적이고 획일적인 명령적·수직적 인사 관리체제는 세계화, 지식정보화시대 그리고 동태적인 변화가 많은 행정환경에는 적응할 수가 없게 된 것이다. 직업공무원제에 대한 탄력적 운영이 필요한 상황이다. 공무원 신분이 독자적으로 두텁게 보호되던 시대에서 벗어나 민간부문과 상호경쟁하고 보완하는 관계에 접어들고 있음을 강조하면서 교육훈련제도의 필요성을 강조하는 전개방식이 필요하다.

3. 교육훈련제도가 조직문화 개선에 미치는 영향은 본질적이면서 장기적 방향에서 구사될 수 있는 혁신전략이다. 모범답안에서 제시된 공무원의 행태 개선, 조직구성원 간의 친밀감 형성 등은 전형적인 내용이다. 교육훈련에 대한 새로운 인식과 전략적 관점에서 다룰 필요가 있

다. 최근 조직의 전략적 자산으로서 인적자원 관리와 함께 조직문화의 중요성이 재인식되고 있다. 조직문화는 조직구성원이 가지는 내면화된 가치관, 사고방식, 행동양식 등을 좌우하기 때문이다. 특히 감성과 같은 소프트요소가 중시되는 지식정보사회가 본격화 되면서 차별화된 개성과 이미지를 창출하는 조직문화의 중요성은 날로 확대되고 있다. 반면 조직문화는 개념도 모호하고 형체도 쉽게 드러나지 않기 때문에 문화를 만들거나 변화시키기 어렵다. 조직마다 고유한 조직문화, 혁신적 조직문화를 만들기 위해 다양한 노력을 기울이고 있으나 노력들이 구성원들의 호응을 얻지 못하거나 시작한지 얼마 되지 않아 사라져 버리는 경우를 경험하고 있다. 그 원인은 근본적인 문화변혁이 아닌 제도나 시스템 변화만을 중심으로 시도되었기 때문이다. 이러한 활동들은 일시적인 사기 진작이나 분위기 쇄신은 할 수 있어도 구성원들의 가치관이나 마인드를 근본적으로 개혁하기는 어렵다.

4. 교육훈련을 통한 인적자원개발이나 조직문화 형성은 조직목표 달성에 영향을 미친다. 공공조직의 역할은 단순히 정책결정과 집행보다는 사회변화 관리를 위한 기획기능과 이해관계자 간 갈등의 조정기능이 핵심이 되고 있다. 그래서 공무원의 역할은 전문가로서의 역할뿐 아니라 과거와 같이 위로부터의 지시, 예를 들면 중앙정부나 상사의 지시, 규정, 관례나 매뉴얼에 따르기보다는 스스로 생각하고 해당 업무에 대해 스스로 책임을 질 것이 요구된다. 인적자원 개발을 위해 교육훈련이 갖는 중요성에도 불구하고 우리나라 공공조직의 교육훈련여건은 반드시 유리한 것은 아니다. 우선 공무원 개개인들이 공무원 교육훈련에 대해 승진을 위한 점수취득용으로 인식하고 있으며 담당하고 있는 직무수행을 위한 능력향상이나 새로운 환경변화에 대한 적응의 의미보다는 잠시 업무에서 벗어나 휴식을 취하는 기회로 인식하는 등 소극적인 의미로 인식하고 있다. 이러한 인식은 인재확보에 그대로 반영되어 공공조직에서 필요한 인재를 확보하는 방법으로 시간과 비용이 많이 소요되는 교육훈련을 통하기보다는 주로 능력 있는 신규인력을 조직외부에서 확보하는 방식을 선호하였다는 현실의 문제점 개선의 바탕에서 교육훈련의 중요성이 강조되어야 좋은 답안이 될 것이다.

5. 결론에서는 모범답안은 적절하게 제시되었다고 판단된다. 본론에서 강조한 내용을 다시 한 번 정리하면서 관료주의 극복을 위한 정책적 시사점을 제시되었으면 좋을 것이다. 아울러 단순히 교육훈련차원을 넘어 인적자원 혁신의 맥락에서 적절한 조직관리가 정부생산성과 행정의 능률성 및 창조성에 지대한 영향을 미칠 수 있다는 사항을 언급하면서 시대 변화와 행정수요에 부응한 인사행정의 발전방향을 강조하는게 충실한 답안으로 사료된다.

| **제1문** | 최근 정부 기능의 중요성이 커지고 있는 반면, 정부에 대한 신뢰는 오히려 낮아지고 있다는 주장이 있다. 관료제와 정부신뢰의 긍정적 관계와 부정적 관계를 설명하고, 정부신뢰의 확보방안을 서술하시오. (40점)

Ⅰ. 서 론

Ⅱ. 관료제와 정부신뢰의 의의
  1. 관료제의 의의
    (1) 관료제의 개념
    (2) 관료제의 원리적 특성
  2. 정부신뢰의 의의
    (1) 정부신뢰의 개념
    (2) 정부신뢰의 중요성

Ⅲ. 관료제와 정부신뢰의 관계
  1. 관료제와 정부신뢰의 긍정적 관계
    (1) 관료제의 비정의성과 정부신뢰
    (2) 관료제의 책임성과 정부신뢰
    (3) 관료제의 효율성과 정부신뢰

  2. 관료제와 정부신뢰의 부정적 관계
    (1) 관료제의 분업화 및 전문화와 정부신뢰
    (2) 불신뢰
    (3) 관료제의 권력집단화와 정부신뢰

Ⅳ. 정부신뢰의 확보방안
  1. 정부신뢰의 현주소
  2. 정부신뢰의 확보방안
    (1) 분권적 정부운영 및 행정능력의 향상
    (2) 정책과정의 개선
    (3) 부패방지 거버넌스의 확립
    (4) 정부의 책임의식 제고
    (5) 행정문화의 개선

Ⅴ. 결 론

답안작성　　　　　　　　　　박 ○ ○ / 2010년도 행정고시 일반행정직 합격

Ⅰ. 서 론

급속한 경제성장과 민주화를 이뤄낸 한국사회는 최근 사회적·정치적 위기의 악순환을 겪고 있다. 많은 학자나 전문가들은 이러한 위기의 악순환의 원인으로 신뢰의 결여를 지적하고 있으며 그 진원지에 정부관료제가 있다는 것을 문제로 삼고 있다.

정부에 대한 신뢰는 민주주의 정치제도의 원활한 작동을 위해 필수불가결한 요소로서 시민이 정부를 신뢰하지 못하면 정책수행을 원활히 수행하지 못하게 된다. 정부신뢰의 이러한 중요성에도 불구하고 최근 정부의 부동산 정책에 대한 국민적 불신, 천안함 사태를 둘러싼 의혹제기, 세종시 이전을 둘러싼 갈등 등 일련의 사례에서 보는 바와 같이 한국행정 현실에서 정부행정에 대한 신뢰가 극도로 저하되어 가

는 모습이 나타나고 있다. 국민과 정부의 일체감의 확보를 통해 의도한 정책효과가 발휘되어 국가경쟁력의 확보와 국민의 삶의 질 제고라는 행정의 기본목표를 효과적으로 달성하기 위해서는 하루 빨리 저신뢰의 덫에서 탈출하기 위한 방안모색이 필요하다고 하겠다.

Ⅱ. 관료제와 정부신뢰의 의의

1. 관료제의 의의

(1) 관료제의 개념

관료제는 일반적으로 대규모 조직의 많은 업무를 신속하고 효율적으로 수행하기 위하여 미리 정해진 규정과 절차에 의하여 처리하는 권위 구조로 정의할 수 있다. 따라서 행정관료제만을 의미하는 것은 아니나 공공조직이 논의의 중심이 되고 있다.

(2) 관료제의 원리적 특성

관료제는 권한의 계층이 뚜렷하게 구획되는 계서제 속에 모든 직위들이 배치되고 관료의 업무수행에 있어서는 반드시 문서로 근거를 남겨야 한다. 관료는 지위·권한에 따라 최선을 다해야 하고 법규에 따라 행동하여야 한다. 또한 관료제하 관료들은 전문화에 의해 채용 및 관리되고 연공서열이 중시된다.

2. 정부신뢰의 의의

(1) 정부신뢰의 개념

정부신뢰란 불확실한 상황 하에서 국민이 정부행정에 대하여 취하는 긍정적 기대나 심리적지지 또는 정부가 국민들의 기대에 부응하여 운영되고 있는가에 대한 국민들의 긍정적 평가·태도라 할 수 있다. 오늘날 정부신뢰는 행정의 민주화·인간화를 이룩하고 아울러 진정한 능률성과 효과성을 가져올 수 있는 중요한 행정이념으로 인식되고 있다.

(2) 정부신뢰의 중요성

정부신뢰는 정책수행에 있어 하나의 자원이 되기 때문에 효과적인 정부업무 수행에 있어 필수불가결한 요소라 할 수 있다. 또한 정부행정에 대한 높은 신뢰성은 행정의 예측가능성을 높여주어 시민들이 이를 믿고 각종 행동을 결정할 수 있게 됨으로써 효율적 경제활동을 수행할 수 있게 되고 정부관료제와 시민간의 관계유지를 위한 거래비용을 감소시켜 정부기관과 시민간 협력증진 및 정보공유를 촉진시키게 된다.

Ⅲ. 관료제와 정부신뢰의 관계

1. 관료제와 정부신뢰의 긍정적 관계

(1) 관료제의 비정의성과 정부신뢰

관료제하 관료는 자신의 지위·권한에 따라 업무를 수행하는바 공과 사를 철저히 분리하여 임의적이거나 자의적인 행동을 하여서는 안된다. 또한 관료는 반드시 법규에 따라 행동하여야 하고 시민과의 관계에서는 공평무사 비정의적이어야 한다. 관료제의 이러한 특징은 정실에 의한 행정을 막을 수 있게 해주고 감정주의 온정 및 파벌주의를 억제하여 객관적 행정을 가능하게 해준다. 관료가 관료적 편견에 휩싸이지 않고 객관적 행정을 추구할 가능성이 높아진다는 사실은 정부행정에 대한 예측 가능성을 높이고 행정의 일관성을 기대할 수 있게 하여 정부에 대한 신뢰형성에 긍정적 영향을 끼치게 된다.

(2) 관료제의 책임성과 정부신뢰

관료제는 업무와 권한의 명확한 분할과 분배를 추구하고 업무수행에 있어 문서주의를 바탕으로 하기 때문에 업무추진시 명확한 책임확보를 가능하게 하여 행정의 책임성을 담보하여 준다.

분명한 책임소재와 명확한 업무구분은 관료의 성실한 업무수행을 유도할 수 있는 기제로 작용하게 되어 정부에 대한 신뢰형성에 긍정적 영향을 미치는 요인이 될 수 있다.

(3) 관료제의 효율성과 정부신뢰

관료제는 전문성의 기초 및 신속성, 표준화된 절차를 통해 정해진 목표에 대해 신속한 수행이 가능하도록 하여 효율성을 제고시키게 된다. 주어진 목표에 대한 신속하고 효율적인 일처리는 정부의 업무수행능력에 대한 국민적 기대수준을 충족시켜줄 가능성을 높이므로 정부에 대한 신뢰 형성에 긍정적 영향을 미치는 요인이 된다.

2. 관료제와 정부신뢰의 부정적 관계
(1) 관료제의 분업화 및 전문화와 정부신뢰

관료제에서는 분업화와 전문화로 인해 관료들의 할거주의와 부처이기주의 등의 문제가 발생할 수 있다. 관료들은 자기의 전문성을 과신하고 부처의 이익을 추구하는 과정에서 누구와도 타협하려 하지 않는 태도를 보이기도 하며 이로 인하여 조정이 곤란하게 된다. 또한 지나친 전문화는 시야의 협소와 단편적 사고로 자신의 업무와 소속단위만 생각하고 타조직과 타 업무에 대해서는 무지하게 되는 전문화로 인한 무능을 초래하기도 한다. 관료제가 초래할 수 있는 이러한 폐해들은 정부에 대한 신뢰를 저하시키는 결과로 연결되게 된다.

(2) 불신뢰

관료제의 계층제적 속성 하에서 관료들은 자기유지에 대한 불안감 때문에 본능적으로 보수성을 띠며 변화 및 변동에 대해 저항하려는 동기를 가지므로 조직의 경직성으로 인해 조직발전에 제약이 가해진다. 이러한 경직성 때문에 법치행정이념이 규정, 지침, 규칙에의 집착으로 변질할 가능성이 높아지며 이로 인해 대응성은 저하되게 된다. 결국 국민에 대한 봉사라는 궁극적 행정 목적보다 하위 규정을 더 중시하는 결과가 발생하게 되는데 이러한 계층제적 폐해는 정부신뢰 형성에 부정적 영향을 미치게 된다.

(3) 관료제의 권력집단화와 정부신뢰

행정의 전문화는 권력행사로부터 국민을 유리시켜 권력 집단화하여 자기들의 이익만을 위해서 권력을 행사하고 국민에 대해 우월성을 가지게 하여 민주주의를 제약하는 결과를 초래한다.

관료제가 이처럼 특권집단화 될수록 관료들은 기득권 수호에 집착하게 되고 부패 가능성이 커지며 국민이익보다 관료이익을 더욱 중시하게 되는데 이러한 권력화와 국민에 대한 우월의식은 국민의 자유와 권리를 위협하는 것이므로 정부신뢰 형성에 있어 부정적 영향을 미치는 요인으로 작용하게 된다.

Ⅳ. 정부신뢰의 확보방안

1. 정부신뢰의 현주소

그간 정부주도의 불균형적 발전전략과 행정역할의 팽창과정에서 나타난 관료의 독선, 자의적 정책결정 및 집행, 즉흥적이고 졸속적인 행정은 국민의 정부에 대한 불신을 야기한바 있다.

최근 KDI의 조사결과에 따르면 정부에 대한 신뢰점수는 3.35점으로 처음 본 낯선 사람의 경우인 4.00점보다도 낮은 수준을 나타내고 있어 정부에 대한 불신의 정도가 심각한 수준에 있음이 드러나고 있다. 관료제가 가진 구조적 폐해와 비민주성, 관료들의 부패와 무사안일주의, 복지부동행태 등은 정부신뢰 저하를 가속화하는 요인이 되어 그 결과 정부의 부동산정책, 교육정책 등 최근의 국가 정책과 관련하여 빈번한 정책파행이 나타나고 있는 상황이다.

2. 정부신뢰의 확보방안

(1) 분권적 정부운영 및 행정능력의 향상

행정구조 측면에서 정부신뢰를 확보하기 위해서는 기존의 계층제적 관료제 조직을 수평조직 등 분권적 행정구조로 개편하는 것은 물론 국민들에게 불편을 주고 행정효율을 저해해 왔던 기존 제도의 개혁이 필요하다. 열린정부의 구현, 전자정부의 내실화를 통한 참여행정, 개방된 정책공동체의 활성화 등을 통해 행정의 투명성, 민주성을 높여 정부신뢰를 제고할 수 있다.

또한 관료제하 관료들의 전문화된 무능이 정부신뢰 저하의 한 원인임을 인식하여 관료들의 행정능력을 향상시키기 위해 적절한 정부영역을 설정한 후 설정된 정부영역에 대한 혁신을 추구함으로써 효율적인 행정체제를 구축하는 동시에 교육훈련의 강화, 순환보직의 개선 등이 이뤄져야 할 것이다.

(2) 정책과정의 개선

먼저 정책결정 과정에서의 비밀주의 방식의 정책결정에서 벗어나 시민들에게 정보를 제공하고 국가정책에 의한 담론을 형성하여 이를 바탕으로 한 정책결정을 도모할 필요가 있다. 이를 위해서는 참여의 장으로서의 활성화 및 공청회, 주민투표 등의 활성화를 통한 참여의 촉진이 이뤄져야 할 것이다. 또한 정책집행 측면에서는 잦은 정책변동이 정부불신의 가장 큰 원인 중 하나임을 인식하고 일관성 확보를 위한 적극적 노력을 기울여야 한다. 최근 신공항건설백지화 사례에서 보인 정책집행의 비일관성이 정부신뢰를 극도로 저하시키는 요인으로 작용하였음을 주지 할 필요가 있다.

(3) 부패방지 거버넌스의 확립

정부 관료제의 경직성과 폐쇄성, 권력집단화 현상은 관료들의 부패가능성을 높이고 이는 정부신뢰의 저하요인으로 작용하게 되는바 정부신뢰 확보에 있어 부패문제는 반드시 해결해야 할 과제라 할 수 있다. 한국 행정에서 부정부패의 문제는 구조화·체제화되어 있기 때문에 공무원들의 개별적 노력 혹은 행정체제 혼자만의 노력으로는 해결될 수 없다. 정부, 시장, 시민사회의 자가 협력을 통해 부패를 척결하고자 하는 부패방지 거버넌스의 작동을 통해 부패를 뿌리뽑기 위한 전방위적 노력을 기울여야 할 것이다.

(4) 정부의 책임의식 제고

정부관료제가 정책의 책임소재를 명확하게 해주고 이를 통한 책임성 제고는 정부신뢰 형성에 긍정적 영향을 미칠 수 있음에도 정부가 스스로 책임을 회피하는 모습을 보인다면 이는 불신을 야기하는 요인으로 작용할 수 있다. 정부는 특정정책을 추진함에 있어 환경적인 어려움이 있다하더라도 그 최종적 결과책임은 정부에게 있음을 인식해야 한다. 비록 정부자체의 과실이 없거나 불가항력적인 정책실패가 있더라도 이를 제자에게 책임전가하지 않고 정부 스스로가 책임지고자 하는 모습을 보여준다면 국민의 정부에 대한 신뢰는 제고될 수 있을 것이다.

(5) 행정문화의 개선

정부신뢰를 제고하기 위해서는 정부관료제 내에 깊이 뿌리박힌 무사안일주의와 복지부동, 정책과정의 비일관성, 불투명성 등의 문제를 해결해야만 하고 이를 위해서는 민주적 관료문화의 정립이 이루어져야한다. 행정문화를 개선하기 위해서는 행정윤리 확립을 위한 교육훈련, 시민 중심의 공직관의 지속적 주입 등 행정내부의 노력이 더욱 강화되어야 할 것이다.

V. 결 론

정부신뢰 없이는 거버넌스 체제의 구축도 국가경쟁력 확보 및 국민의 삶의 질 향상도 불가능하다. 정부신뢰는 정책이 성공적으로 수행되고 행정개혁이 의도한 효과를 발휘하기 위한 전제 요건으로 작용하는 것이다.

정부는 정부불신의 확산의 원인이 정부 관료제의 구조적 문제들 이외에도 정책추진의 비일관성과 각종 부정부패 등 불신을 부르는 안이한 행태에 있음을 깊이 인식하고 국민이 절대 안믿는 정부에서 국민이 전폭적으로 신뢰하는 정부로 환골탈태하도록 노력해야 할 것이다. 광범위하게 확산되어 있는 정부불신을 극복하고 신뢰받는 행정을 이룩하기 위해서는 국민을 위한 행정이라는 사고가 행정조직 내부에 확산되어야 하고 당면한 문제들을 적절히 해결할 수 있는 행정능력을 갖춰야 할 것이며 정책과정이 좀 더 개방되고 투명해져야 한다. 정부신뢰를 확보하기 위한 정부의 계속적 노력이 이어진다면 정부신뢰 저하의 문제는 장기적으로 해결이 가능할 것이다.

┤ 강 평 ├

1. 답안은 관료제와 정부신뢰의 관계에 대해 나름대로 체계적으로 서술한 중간 수준으로 판단된다.

2. 더 좋은 답안이 되기 위해서는 다음과 같은 개선이 필요할 것으로 보인다. 첫째, 서론에서 정부신뢰와 대비되는 정부불신의 사례를 4대강, 구제역, 원전 등 최근 사례를 중심으로 제시하고, 정부불신의 원인과 관료제의 관계를 밝힐 필요가 있음을 강조할 필요가 있다. 둘째, 본론의 구성은 관료제의 특성을 일목요연하게 정리하고, 이러한 특성이 정부신뢰에 미치는 영향을 설명하는 구조로 이루어질 필요가 있다.

3. 현재 답안은 관료제에 대한 특성을 좀 더 추가적으로 정리하고, 이러한 특성이 정부신뢰에 긍정적·부정적으로 어떻게 영향을 미치는지 논리적으로 설명하는 방식으로 재구성될 필요가 있다. 특히 정부신뢰(불신)의 영향요인을 추가적으로 포함하고, 다양한 요인 중에서 관료제의 특성이 어떻게, 어떤 과정을 거쳐 정부신뢰(불신)에 영향을 미치는지 설명해 줄 필요가 있다. 셋째, 정부신뢰의 확보방안은 정부신뢰의 영향요인에 기초하여 일반적인 서술을 하고 한 후에, 본론에서 검토한 관료제와의 관계를 중심으로 설명할 필요가 있다. 특히 정부신뢰에 영향을 미치는 개념적 요소로서 정책의 투명성, 일관성, 전문성 등을 강화하기 위해 필요한 관료제의 개혁방안을 체계적으로 포함하면 더 좋은 답안이 될 것이다.

| 제2문 | 사회가 점점 더 복잡하고 다양하게 변화됨에 따라 행정이 추구하는 가치도 지속적으로 변화되어 왔다. (총 30점)

(1) 행정가치의 시대적 변화과정에 관하여 서술하시오. (15점)

(2) 행정가치의 변화에 따른 정부역할의 변화에 관하여 서술하시오. (15점)

Ⅰ. 서 론

Ⅱ. 행정가치의 의의와 시대적 변화과정
  1. 행정가치의 의의
    (1) 행정가치의 개념
    (2) 행정가치의 종류
  2. 행정가치의 시대적 변화과정
    (1) 19세기 말부터 1920년대까지 과학적 관리론의 시대 – 기계적 능률성
    (2) 1930년대부터 1940년대까지 대공황 시대 – 사회적 능률성
    (3) 1950년대부터 1960년대까지 행정국가의 시대 – 효과성

    (4) 1970년대 신행정론의 시대 – 사회적 형평성
    (5) 1980년대 신공공관리론의 시대 – 생산성
    (6) 1990년대 이후 거버넌스의 시대 – 민주성

Ⅲ. 행정가치의 변화에 따른 정부역할의 변화
  1. 고전적 자유주의 하 최소국가
  2. 현대 복지국가 하 정부역할의 증대
  3. 행정국가 하 정부역할의 최대화
  4. 신공공관리론 하 작은 정부의 강조
  5. 거버넌스의 시대 정부의 역할 변화

Ⅳ. 결 론

답안작성
박 ○ ○ / 2010년도 행정고시 일반행정직 합격

Ⅰ. 서 론

행정가치는 그 우선순위를 엄격히 구별할 수 있는 것이 아니라 상호보완적·상대적 성격을 띠고 있으며 역사적·정치적·상황적 요인에 따라 그 평가 기준이 달라진다. 즉 행정가치는 당대의 분위기, 사회상황, 유행하는 이론등에 따라 시대적으로 강조되는 초점이 달라된다.

전후 한국 행정의 최우선 가치였던 능률성과 효과성 위주의 행정도 세계화, 정보화, 시민사회의 성장 등 행정환경의 변화 속에서 변화의 압력에 직면하게 되었다. 사회 현실의 변화에 따라 행정가치의 강조점도 달라질 필요가 있게 된 것이다. 현대 한국 행정에서 행정가치의 새로운 우선순위를 찾고 이를 달성하기 위한 정부역할을 발견하는 과정은 국민이 원하는 행정, 국민의 삶의 질을 제고하는 행정달성을 위한 필수적 선행절차라 할 것이다.

Ⅱ. 행정가치의 의의와 시대적 변화과정

1. 행정가치의 의의

(1) 행정가치의 개념

행정가치란 행정이 목표하는 지향 점으로서 흔히 행정은 어떠하여야한다 또는 바람직한 행정은 어떤 것이다라고 말하는 경우의 지침이 되는 것을 말한다. 즉 행정가치는 이상적인 미래상 또는 행정철학, 행정의 지도정신, 나아가 공무원의 행동지침 및 방향을 의미한다.

(2) 행정가치의 종류

행정가치는 그 도구성을 기준으로 하여 본질적 행정가치와 도구적·수단적 행정가치로 분류할 수 있다. 본질적 행정가치는 행정을 통해 이룩하고자 하는 궁극적 가치이며 가치 자체가 목적이 되는 가치를 의미하는데 정의, 공익, 형평, 자유, 평등 등이 여기에 속한다. 반면 도구적·수단적 가치는 목적실현을 가능하게 하는 가치로서 실제적인 행정과정에 구체적 지침이 되는 규범적 기준을 의미하는데 능률성, 효과성, 민주성, 합법성, 생산성, 합리성 등이 여기에 속한다.

2. 행정가치의 시대적 변화과정

(1) 19세기 말부터 1920년대까지 과학적 관리론의 시대 – 기계적 능률성

엽관주의라는 행정의 극단적인 민주화로부터 야기되는 행정의 비능률, 무능, 부패 등을 제거하고 절약과 능률을 제1의 목표로 하는 과학적 관리운동이 전개된 이 시기 행정에 있어 능률성이 중요 가치로 강조되었다. 능률성은 최소의 비용과 노력으로 최대의 효과를 가져오는 것을 의미하는데 특히 과학적 관리론에서 강조한 능률은 기계적 능률로서 기계적·물리적·금전적 측면만을 강조하여 목적의식과 방향감각이 결여된 능률을 말한다.

(2) 1930년대부터 1940년대까지 대공황 시대 – 사회적 능률성

시장실패로 인해 야기된 대공황을 극복하기 위하여 정부의 적극적 역할이 강조되던 1930년대 행정기능의 확대에 따라 많은 예산이 소요되게 되고 이러한 예산을 효율적으로 사용하기 위해 능률성의 가치는 여전히 강조되었다.

하지만 이 시기 강조되는 능률성은 행정의 사회목적 실현, 다원적인 이익들 간의 통합 및 조정, 인간적 가치의 실현이 포함된 능률 개념으로서 사회적 능률성을 의미한다.

(3) 1950년대부터 1960년대까지 행정국가의 시대 – 효과성

제2차 대전 이후 정부 기능이 확대되고 행정부 우위의 체제가 보편화 되던 행정국가의 시대 효과성의 가치가 중시되었다. 효과성은 목표에 치중하여 그 달성도를 나타내는 개념으로 비용대비 산출의 극대화를 의미하는 능률성 개념과 차이를 갖는다. 특히 발전행정 패러다임을 채택하여 정부주도의 산업화를 추구하던 우리나라를 비롯한 개도국에서 효과성은 그 중심 가치로 자리한바 있다.

(4) 1970년대 신행정론의 시대 – 사회적 형평성

'위대한 사회 프로그램'의 실패 등 행정부가 사회적 문제를 해결하지 못함으로써 나타난 불신과 실망은 새로운 행정 패러다임을 요구하게 하였다. 종전 행정의 지배적 가치였던 능률성, 효과성 등 계량적이고 몰가치적인 이념을 대체할 새로운 가치가 필요하게 된 것이다. 이러한 문제의식 하에 기존의 가치중립적 행정을 극복하기 위한 행정인의 적극적인 역할을 강조한 신행정론이 등장하였고 신행정론 하에서 사회적 형평성이 행정의 중요 가치로 강조되었다.

(5) 1980년대 신공공관리론의 시대 – 생산성

1980년대 신공공관리론의 등장은 행정에 있어서 시장의 기능을 신뢰하고 행정이 경영과 같이 운영됨으로써 생산성을 제고할 수 있다는 믿음을 전제한다. 특히 미국, 영국 등의 국가에서 불기 시작한 정부 살 빼기의 바람은 예산이나 인력의 축소 뿐만 아니라 작은 정부로 보다 양질의 서비스 제공을 목표로 하는 것으로써 능률성과 효과성을 포괄하는 생산성의 가치가 중요 가치로 대두하게 되었다.

(6) 1990년대 이후 거버넌스의 시대 – 민주성

1990년대 들어 정부와 시장, 시민사회가 협조하여 보다 효과적이고 민주적으로 국가를 운영하고자 하는 거버넌스 패러다임이 등장하면서 민주성이 행정의 중요 가치로 등장하게 되었다. 거버넌스 체제는 민주주의 패러다임 하의 주인모델에 근거하고 있으며 민주적 시민들의 참여와 상호신뢰를 강조하는바 민주성이 중요 가치로 강조되게 된다.

Ⅲ. 행정가치의 변화에 따른 정부역할의 변화

1. 고전적 자유주의 하 최소국가

A. Smith가 시장의 자기 조절적 기능을 강조한 이래 최대시장, 최소국가의 이념이 한동안 구현되었고 이는 대공황에 의해 무너지기 까지 지배적인 이념으로 작동하였다. 능률성의 가치는 시장이 가장 강점을 갖는 부분이므로 정부는 최대한 간섭을 배제하고 시장에 모든 것을 위임하는 것이 타당하다고 여겨졌기 때문에 기계적 능률성이 중요 행정가치로 강조되던 시대는 치안 등 질서유지와 재산권보호 정도로 정부역할이 최소화된바 있다.

2. 현대 복지국가 하 정부역할의 증대

고전적 자유주의의 폐해로 말미암아 사회적 약자에 대한 형평성 문제가 대두되고 자본주의의 모순이 심각하게 드러나자 유럽에서 복지국가의 이념이 대두되게 되었다. 이러한 복지국가의 이념은 대공황으로 자유주의가 몰락하게 되자 전면에 등장하여 시장실패를 치유하기 위한 정부역할 증대를 강조하였다. 그 결과 미국의 뉴딜정책과 유럽의 사회보장, 교육지원 등 복지정책들을 통해 정부역할의 확장이 이뤄지게 되었다. 인간적 가치를 중시하던 사회적 능률성이 강조되던 시대는 정부의 활동영역과 역할이 확장되어 가는 시대였다고 말할 수 있다.

3. 행정국가 하 정부역할의 최대화

큰 정부로 표현되는 행정국가는 강한 시장 개입적 성향과 기획을 근간으로 한다. 이러한 행정국가는 행정체제가 공공부문의 운영을 주도하고 행정체제의 기구와 인력이 팽창되며 국민의 행정의존도도 높아지는 특성을 갖는다. 선진국에서는 경제성장에 따른 행정기능 확대의 필요성과 복지정책의 증대로 인해 정부역할이 더욱 늘어나게 되었고 개도국은 정부주도 산업화를 추구하는 과정에서 정부기능이 팽창하게 되었다. 결국 효과성, 형평성 등의 행정가치가 중시되던 시대는 정부역할이 최대화된 시기라 할 수 있다.

4. 신공공관리론 하 작은 정부의 강조

1980년대 들어 자원난에 따른 감축관리의 필요성, 복지국가의 위기, 각종 정부실패의 발생등은 행정국가에 대한 강한 비판과 도전을 야기했고 그 결과 작은 정부를 지향하면서 다른 한편으로는 강력한 행정적 리더십을 강조하는 신행정국가의 시대를 도래시켰다. 이러한 작은 정부정책은 정부실패와 사회적 비능률을 제거하기 위해 복지국가에서 정부가 하던 영역을 시장에 돌리는 것을 추구하게 된다. 따라서 과거 행정국가에 비해 정부의 역할은 자연히 축소되게 되었다.

5. 거버넌스의 시대 정부의 역할 변화

과거 행정국가의 시대가 정부로 하여금 직접 모든 일을 해결하는 노 젓기(rowing)역할을 수행하도록 하였다면 신공공관리론은 시장의 기능을 적극적으로 활용하면서 정부는 방향잡기(steering)역할에 치중하는 역할 변화를 강조하였다고 할 수 있다. 거버넌스 시대 정부역할 역시 기본적으로 방향잡기 역할이라고 할 수 있다. 그러나 거버넌스패러다임 하에서 민주성을 향상시키기 위해 정부는 시민의 민주적 참여를 보장하는 제도를 마련하고 국민에게 봉사하는 행정을 추구하며 네트워크 관리자의 역할을 수행하는 등 민주성을 확보하기 위한 역할을 추가로 수행해야 할 필요가 있다고 할 수 있다.

Ⅳ. 결 론

행정가치는 정부기관의 행동지침이 된다는 점에서 매우 중요하며 모든 행정가치가 중요하게 고려되어야 할 것이지만 현실적으로 모든 행정이념이 동일한 가치로 고려될 수 없다는 문제가 있다. 따라서 시대적 요청에 따라 중심이 되는 행정가치를 설정하는 것은 필수 불가결한 문제라고 할 수 있을 것이다. 이러한 측면에서 볼 때 그간 한국 행정은 정부주도형 산업화 과정에서 효과성의 가치 하에 큰 정부의 기조를 유지해 왔다고 할 수 있다. 그러나 급변하는 환경 하에서 이러한 기조는 더 이상 유지되기 힘들다고 할 것이므로 그 동안 소홀히 다뤄져 왔던 민주성, 형평성의 가치를 중요 가치로 설정함과 동시에 거버넌스 체제하 적절한 정부역할에 대한 고민이 이뤄져야 할 것이다.

┤ 강 평 ├

1. 행정가치와 정부역할의 변화에 대한 문제로서 답안은 중간 수준으로 평가된다. 더 좋은 답안으로 평가받기 위해서는 다음과 같은 개선이 필요하다.

2. 답안은 전통적인 교과서에서 다루고 있는 내용을 잘 정리한 수준으로 본문이 미국행정의 내용으로 구성되어 있다. 그러나 미국의 사례를 간략히 정리해주고, 우리나라의 사례를 역사적으로 검토하는 내용을 포함했으면 더 좋은 평가를 받을 수 있었을 것이다. 특히 김영삼—김대중—노무현—이명박 정부가 추구하는 행정가치에 따라 정부역할에 대한 인식과 실제 행태가 어떻게 달라졌는지 구체적으로 언급했으면 더 좋았을 것이다.

| 제3문 | 공무원 생활 20년에 접어든 ○○부 △△관리과 A사무관은 지난 6월에 총 400만원의 급여를 받은 반면 공무원 생활 3년째인 ○○부 □□정책과의 B사무관은 총 200만원의 급여를 받았다. (총 30점)

(1) A, B 두 사람 간의 보수차이를 정당화하는 제도적 근거를 설명하고, 이를 비판하시오. (15점)

(2) (1)에서 제시한 문제점을 극복하기 위한 다양한 방안들을 설명하고, 적용상의 한계를 서술하시오. (15점)

I. 서 론

II. 보수차이의 제도적 근거 및 비판
  1. 보수체계의 구성
  2. 보수차이의 제도적 근거
   (1) 보수 차이의 근거
   (2) 연공급과 생활급의 의의
  3. 연공급과 생활급에 대한 비판
   (1) 직무의 전문성과 난이도의 고려 배제
   (2) 보수의 동기부여 역할 형해화

  (3) 인재확보의 곤란 및 사기저하

III. 보수제도의 문제점 극복방안 및 적용상 한계
  1. 대안적 제도의 모색
   (1) 직무급 제도의 도입
   (2) 성과급 제도의 도입
  2. 적용상의 한계
   (1) 직무급 적용상의 한계
   (2) 성과급 적용상의 한계

IV. 결 론

답안작성
박○○ / 2010년도 행정고시 일반행정직 합격

I. 서 론

보수란 공무원이 근로한 대가로 정부로부터 받는 금전적 보상을 의미하며 이는 공무원의 생계유지수단이 되므로 보수의 수준은 공무원들의 가장 큰 관심사가 된다. 적정 수준의 보수는 우수한 인재를 공직에 유입할 수 있게 하는 동시에 공무원들의 업무에 대한 동기부여의 수단으로 기능할 수 있게 된다.

또한 공무원의 이직률도 낮아지게 되어 직업공무원제의 확립에도 기여할 수 있게 된다.

최근 신공공관리론(NPM : New Public Management)의 영향을 받아 성과주의를 이론적 기초로 한 인사행정개혁이 추진되고 있는데 보수체계에 있어서도 기존의 연공급과 생활급 위주에서 직무급과 성과급 중심의 보수개혁이 시도되고 있다. 그러나 성과주의에 기반을 둔 보수제도들도 제도적 약점과 운영상 제약요인 등 한계를 갖고 있는 것이 사실이므로 이에 대한 면밀한 검토가 필요하다 할 것이다.

II. 보수차이의 제도적 근거 및 비판
1. 보수체계의 구성

공무원의 보수는 대통령령인 공무원보수규정에 의하여 지급되며 본 규정에 따르면 보수는 봉급과 그 밖의 각종 수당을 합산한 금액을 의미한다. 여기서 봉급이란 직무의 곤란성과 책임의 정도에 따라 직책별로 지급되는 기본급여 또는 직무의 곤란성과 책임의 정도 및 재직기간 등에 따라 계급별, 호봉별로 지급되는 기본급여를 말하고, 수당이란 직무여건 및 생활여건 등에 따라 지급되는 부가급여를 말한다.

2. 보수차이의 제도적 근거

(1) 보수 차이의 근거

A와 B간 급여 차이는 급여제도가 연공급과 생활급 체계를 취하고 있기에 발생하는 현상이라 할 수 있다. 두배의 급여 차이가 나타나는 A와 B는 중앙부처의 5급 사무관으로서 동일 계급에 위치해 있지만 근속년수에서 큰 차이가 발생하고 있는데 이로 인해 A와 B의 호봉 격차가 크다고 유추할 수 있다. 또한 A의 경우는 그 연령으로 인해 가족부양비 등 생활비용이 B에 비해 월등하다고 유추할 수 있다. 연공급과 생활급 체계 하에서 양자 간의 호봉 차이에 의한 봉급 및 수당의 차이가 두배에 이르는 급여차의 원인이 되었다고 말할 수 있다.

(2) 연공급과 생활급의 의의

연공급이란 근속년수, 연령, 경력 등 속인적 요소의 차이에 따라 급여의 격차를 두는 체계를 의미한다. 연공급은 생계지출의 증가를 반영하여 생활을 보장하고 근속을 장려하여 종신고용으로 연결함으로써 공직에의 귀속감을 높이고 연장자가 우대되는 가부장 사회의 서열중심적 보수체계라 할 수 있다. 또한 생활급은 공무원과 그 가족의 기본적인 생계유지를 보장하기 위한 것으로 공무원의 연령, 가족 수, 자녀들의 교육비 등이 고려되어 결정된다.

3. 연공급과 생활급에 대한 비판

(1) 직무의 전문성과 난이도의 고려 배제

연공급 및 생활급은 공무원 개인의 속인적 요소에 의해 보수가 결정되는 체계이므로 직무의 전문성과 직무 난이도가 고려되지 않는다. 즉 요구되는 전문성의 수준이 높고 난이도도 높은 직무를 수행하는 경우라 하더라도 근속년수가 얼마 되지 않아 호봉이 낮은 경우 적은 보수를 감수할 수밖에 없게 된다. 이는 동일노동에 대한 동일임금의 지급을 불가능하게 하여 보수의 공정성을 심각하게 침해하는 결과를 낳는바 제도적 맹점이라 할 수 있다.

(2) 보수의 동기부여 역할 형해화

보수는 공무원의 직무 수행 대가이기도 하지만 공무원의 직무수행에 있어 동기부여 수단으로도 작동한다는데 그 의의가 크다. 공무원이 더욱 전문성 있고 난이도 있는 직무를 수행하여 성과를 창출하고 그에 상응하는 높은 보수를 받게 된다면 성과창출에 대한 동기부여가 확대될 수 있을 것이나 연공급 체계 하에서는 성과창출이 보수 결정의 변수가 아니기 때문에 열심히 일할 유인이 없어지게 된다. 이러한 문제로 인해 연공급 제도는 개인의 성과는 물론 정부조직 전체의 성과 창출에 있어 저해 요인으로 작용할 소지가 커지게 된다.

(3) 인재확보의 곤란 및 사기저하

연공급은 보수가 능력과 무관하게 결정되기 때문에 능력 있는 인재의 공직유입을 유도하기 위한 수단으로서의 효용성이 떨어진다. 또한 정부 조직 내 능력 있는 젊은 인재들의 사기를 저하시켜 정부생산성을 떨어뜨리는 요인으로 작용할 수 있다.

Ⅲ. 보수제도의 문제점 극복방안 및 적용상 한계

1. 대안적 제도의 모색

(1) 직무급 제도의 도입

직무급은 직무의 난이도와 책임의 정도에 따라 직무의 가치를 결정하고 그 가치를 보수와 연결시킨 보수체계이다. 즉 속인적 요소에 의해 보수수준이 결정되는 연공급제와 달리 직무자체의 특성에 의해 보수수준이 결정되는 보수체계라 할 수 있다. 직무급 체계의 도입 시 동일직무에 대한 동일보수의 원칙이 구현되게 되어 보수의 공정성이 확보될 수 있다. 직무급이 도입될 경우 비록 호봉이 적은 B의 경우도 높은 난이도와 책임성을 갖는 직무를 수행한다면 높은 보수수준을 얻을 수 있게 될 것이다.

(2) 성과급 제도의 도입

성과급 제도는 개인의 실제 근무실적과 보수를 연결시킨 제도이다. 실제 개인이 실현시킨 직무수행의 산출결과를 보수기준으로 삼는다는 점에서 개인적 요소인 연공이나 능력요소를 기준으로 삼는 것과 차이가 있다. 이러한 성과급 제도는 개인 차원의 성과급, 집단 차원의 성과급, 조직 차원의 성과급 등이 있을 수 있는데 우리나라는 1999년 3급 이상의 실·국장급 공무원에게 연봉제에 성과급을 도입한 이후 현재 1급 내지 4급 또는 1급 내지 4급 상당 공무원과 계약직공무원에게 성과급적 연봉제를 적용하고 있다. 또한 모든 직종의 5급 이하의 공무원을 대상으로 성과 상여금을 지급하고 있다.

2. 적용상의 한계

(1) 직무급 적용상의 한계

직무급 도입을 위해서는 직위분류제의 확립이 선행되어야 한다. 즉 성공적인 보수체계 개편이 되기 위해서는 직무분석과 직무평가를 실시하여 각 직무에 대한 상대적 가치를 평가하는 작업이 선행되어야 한다. 직무분석과 직무평가는 직위분류를 위한 구체적 기법으로서 주관성과 연공서열에 기초한 현재의 인사제도를 객관성과 합리성에 근거한 선진형 인사제도로 전환하는 기본토대가 된다.

그러나 계급제를 근간으로 하는 우리 인사행정 체제에서 직위분류제는 아직 확립되어 있지 않으며 직위분류제를 시행하기 위한 선행작업으로서 직무분석과 직무평가가 고위공무원단을 제외하고는 실시되어 있지 않다. 결국 직무급 도입을 위한 제도적 여건의 미비로 인해 직무급의 전면적 적용은 아직 한계를 가질 수밖에 없는 상황이다.

(2) 성과급 적용상의 한계

1) 문화적 정합성의 문제

성과급 제도가 성공적으로 도입·운영되려면 무엇보다도 조직문화, 행정문화를 그에 적합하게 개혁하여야 한다. 성과급 제도는 성과를 중시하는 성과주의 문화와 경쟁친화적인 조직문화와 정합성이 높다고 할 수 있으므로 이러한 방향으로의 문화변동이 선행될 필요가 있다.

그러나 한국의 행정문화·조직문화는 가족주의에 근거한 권위주의적 문화가 잔존해 있고 온정주의와 정의적 행동성향이라는 특징을 가지고 있어 아직 성과지향적 문화와는 거리가 있는 상황이라 할 수 있다. 따라서 성과급제의 확대 도입 시 문화충돌로 인한 문제가 발생할 소지가 다분하다.

2) 공정한 성과평가의 문제

성과급 제도가 원활하게 운영되기 위해서는 공정한 성과평가가 전제되어야 하고 이를 위해 평가영역의 설정, 적절한 평가기준 및 평가지표의 개발, 공정한 평가단의 구성과 운영, 평가결과의 활용 등이 체계적으로 연계되어 운영되어야 한다. 그러나 공공부문에서 행정의 대부분은 서비스라는 점에서 성과측정이 어렵고 기획업무 등에는 명확한 성과지표를 설정하기 어려운 문제가 있는 등 공정하고도 객관적인 성과평가를 위한 제도적 여건을 갖추기가 쉽지 않다.

3) 장기적 공익의 손상 가능성

계량화 가능한 가시적 성과지표를 근거로 하여 성과급을 지급하는 경우 그러한 가시적 목표추구에만 집중하는 현상이 빚어질 수 있다. 즉 교통위반 단속이 목적이 되고 원활한 교통소통 및 사고예방이 수단이 되어버리는 것과 같은 목표·수단의 대치 현상이 빚어질 수 있어 단기적·가시적 목표 추구에만 집중한 나머지 장기적 공익은 손상되는 퇴행적 능률성이 나타날 가능성이 높아진다.

4) 보상과 동기부여, 노력과 성과 간 연계성 문제

성과급 제도를 도입하려는 가장 큰 이유는 직무 수행에 있어 동기 유발을 통해 개인 및 조직의 성과를 제고하려는 의도라 할 수 있으나, 보상이 곧 동기부여로 연결된다는 기대이론은 아직 검증되지 않은 명제이다. 또한 동기부여에 의한 노력이 있다고 해서 곧바로 성과로 연결된다는 보장도 없다. 공공업무의 경우 법적·절차적 제약, 지역적 특성 등 외부 환경적 요인에 의해 성과가 좌우되는 경우가 많이 발생한다.

IV. 결 론

세계화와 지식정보화 사회로 표현되는 현재의 행정환경 하에서 다양한 기능이나 역할의 차별성을 무시한 연공서열과 부가적인 수당중심의 보수체계로는 더 이상 정부경쟁력과 생산성을 담보할 수 없다는 의미에서 보수제도의 개혁은 그 의미가 크다. 그러나 제도적 맥락과 문화적 정합성을 고려하지 않은 무분별한 도입은 제도도입 실패로 연결될 수 있으므로 성과지향적 행정문화로의 문화변동, 직무급 및 성과급 제도 자체에 대한 충분한 이해와 도입을 위한 제도적 여건의 조성 등이 선행되어야 할 것이다.

또한 공무원의 보수는 생활보장의 원칙과 노동대가의 원칙이 동시에 작용하고 있음을 인식하여 성과주의에 기반을 둔 제도를 도입하더라도 공무원의 기본적 생활 여건을 보장할 수 있도록 적절한 조화지점을 찾을 필요가 있다고 할 것이다.

┤ 강 평 ├

1. 현행 공무원 보수제도에 대한 간략한 사례문제로 답안은 중상 수준으로 평가된다.

2. 답안은 사례에서 제시된 A, B 공무원의 보수 차이를 현행 제도에 기초하여 잘 설명하고, 문제점도 체계적으로 제시하고 있다. 또한 대안적 보수제도로서 직무급과 성과급의 적용 가능성과 한계를 적절히 제시하고 있는 것으로 평가된다.

2011년 입법고등고시 기출문제와 어드바이스 및 답안구성 예

| 제1문 (30점) |

다음 지문을 읽고 물음에 답하시오.

> 게임이론가들은 집단행동의 딜레마를 논리적으로 설명하고 있다. 그러나 다른 이론에서는 이러한 입장이 자발적인 협력의 가능성을 지나치게 낮게 보고 있다고 비판한다.
> 예를 들어, 신제도주의자들은 어떤 제도가 집단행동의 딜레마를 극복할 수 있게 한다고 주장한다. 또한 사회자본론에서는 집단행동의 딜레마는 사회자본이 충분히 축적된 공동체에서 더 쉽게 극복될 수 있다고 한다.

(1) 집단행동의 딜레마 극복과 관련된 신제도주의의 주장과 그 한계를 설명하시오. (15점)

Advice

먼저 집단행동의 딜레마의 개념을 설명한다. 신제도주의의 3가지 분파 중 합리적 선택 제도주의에 기초하여 순편익의 극대화를 추구하는 개인에게 적절한 유인체계(제도)를 부여하여 개인의 합리적 선택이 사회적으로도 바람직한 결과를 초래할 수 있음을 설명한다. 그러나 합리적 선택 제도주의는 개인의 외생적 선호를 가정하고, 제도형성의 독립변수를 누락(권력관계 및 문화)하는 등 한계를 보인다는 것을 제시한다.

(2) 집단행동의 딜레마 극복과 관련된 사회자본론의 주장과 그 한계를 설명하시오. (15점)

Advice

Putnam의 정의에 기초한 사회자본을 정의한다. 사회자본론의 호혜적 규범, 사회적 신뢰, 교량형 네트워크를 통해 개인에서 사회로의 인식전환이 집단행동의 딜레마를 극복할 수 있음을 서술한다. 그러나 배타적 규범, 제한된 신뢰, 결속형 네트워크는 집단행동의 딜레마를 심화시킬 수 있으며, 사회자본은 단기에 형성하기 어렵다는 한계가 존재함을 제시한다.

Ⅰ. 서 론

Ⅱ. 집단행동의 딜레마: 신제도주의의 시
    각에서
    1. 집단행동의 딜레마의 특징
    2. 신제도주의의 주장과 한계

Ⅲ. 집단행동의 딜레마: 사회자본론의 시
    각에서
    1. 사회자본론의 특징
    2. 사회자본론의 주장과 한계

Ⅳ. 결 론

| 제2문 (30점) |

다음 질문에 대해 답하시오.

(1) 정부의 규모를 평가할 수 있는 기준을 제시하시오. (10점)

Advice
정부규모를 평가할 수 있는 기준으로 양적 기준과 질적 기준을 제시한다. 양적 기준으로 예산 및 공
무원 수를, 질적 기준으로 규제정도와 정책 및 서비스의 다양성을 서술한다.

(2) 자신이 제시한 기준(들)에 입각하여 현재 우리나라 정부가 큰 정부인지 작은 정부인지 평
    가하시오. (20점)

Advice
우리나라는 양적 기준으로 예산규모와 공무원 수(OECD 기준, 비중) 등의 수치에 비추어 작은 정부이
며, 질적 기준으로 사회경제적 규제가 많고 제공되는 정책 및 서비스의 종류가 다양하기에 큰 정부라
고 판단할 수 있다. 이 때, 각 기준으로 제시된 수치나 사례를 언급하여 평가의 타당성을 높일 수 있다.

Ⅰ. 서 론

Ⅱ. 정부의 규모를 평가할 수 있는 기준
    1. 양적기준
    2. 질적기준

Ⅲ. 우리나라 정부 규모 평가
    1. 큰 정부라는 주장
    2. 작은 정부라는 주장
    3. 종 합

Ⅳ. 결 론

| 제3문 (25점) |

발생주의회계와 현금주의회계의 장단점을 체계적으로 논의하여 발생주의 회계도입이 정부
회계제도 개혁의 일환이 될 수 있음을 입증하라.

1. 현금주의회계와 발생주의회계의 개념을 서술하고, 현금주의회계의 장점으로 회계처리가 쉽고 이해가 용이함을, 단점으로 자산과 부채에 대한 개념부재로 재정상태 파악이 어렵고 자산관리의 비효율성이 초래될 수 있다는 것을 서술한다.

2. 발생주의회계는 재정상태 파악이 정확하고, 자산관리의 효율성을 도모하기 쉽다는 장점을 지니나 예측과 추정으로 인한 회계정보의 객관성 결여와 관리비용이 발생하는 단점을 지닌다는 것을 서술한다. 발생주의회계를 도입하여 정부부문의 효율성 증대 및 재정의 건전성 강화라는 정부회계제도 개혁의 결과를 달성할 수 있음을 제시한다.

답안구성 예

Ⅰ. 서 론	Ⅲ. 발생주의 회계도입의 필요성
Ⅱ. 발생주의회계와 현금주의회계의 장단점	Ⅳ. 결 론

| 제4문 (15점) |

최근의 전 세계적인 기후변화에 대응한다는 차원에서, 정부는 온실가스 감축을 위해 배출권거래제를 도입하였다. 배출권 거래제가 정책수단으로서 갖는 장단점을 설명하시오.

1. 배출권 거래제의 개념과 제도의 기본방식을 설명하고, L. Salamon의 정책수단에 관한 4가지 특징(강제성, 직접성, 자동성, 가시성)에 기초하여 장단점을 설명한다. 배출권 거래제는 강제성에 기초하여 온실가스 감축수준 달성이 가능하며, 간접적으로 시장거래의 유인을 통해 효율성 제고가 가능하다는 장점이 있다.

2. 그러나 배출권 거래시장을 새롭게 형성해야 하는 낮은 자동성의 요소와 초기 배출권 배분의 문제 및 가격의 담합가능성 등의 문제는 비가시적이라는 단점을 지닌다.

답안구성 예

Ⅰ. 배출권 거래제의 특징 및 배경	1. 장 점
Ⅱ. 배출권 거래제의 장단점	2. 단 점

| **제1문** | 최근 사회적 이슈를 둘러싼 정책갈등이 빈번해지면서 공공갈등관리가 시급한 사회적 과제로 대두되고 있다. (총 50점, 선택 총 25점)

(1) 공공정책으로 인해 발생할 수 있는 정책갈등의 원인을 구체적 사례를 들어 정책의제설정단계, 정책결정단계, 정책집행단계로 설명하시오. (30점)

(2) 정책갈등을 해소할 수 있는 방안을 다양한 정책행위자들(policy actors)의 정책참여양태(樣態)와 관련하여 제시하시오. (20점)

Ⅰ. 서

Ⅱ. 공공정책갈등의 원인 – 의약분업사례를 바탕으로
1. 정책갈등의 정의
2. 사례개요 – 의약분업 사례
3. 정책갈등의 원인
　(1) 정책의제설정단계 : 대상집단의 권력관계로 인한 정책의제화 저해
　(2) 정책결정단계 : 자의적 대안 분석으로 인한 합리적 정책결정 저해
　(3) 정책집행단계 : 관료 및 대상집단의 불응으로 인한 정책집행 지연
4. 소 결

Ⅲ. 정책갈등을 해소하기 위한 정책행위자들의 역할
1. 최고의사결정자 : 동원형으로 사회문제를 정책의제화
2. 관 료
　(1) 정치과정의 합리화와 권력관계의 균등화 도모
　(2) 적극적 보상 및 소통을 통한 순응 확보
3. 이익집단 : 절차준수 등을 통해 정책통로로서의 기능
4. 시민단체 : 사회의 다양한 의견 반영 및 정책조정자로서의 역할

Ⅰ. 서

현대 행정환경이 다원화·복잡화됨에 따라 사회적 이슈에 대한 정책갈등이 빈번해지고, 그 정도 또한 심화되고 있다. 이에 따라 이러한 공공정책갈등을 해소하고 관리하는 것이 정부의 주요 과제가 되고 있는바, 본 글에서는 우리나라의 의약분업 사례를 바탕으로 공공정책갈등의 원인을 정책과정별로 알아본다. 나아가 정책갈등을 해소할 수 있는 방안을 정책행위자들의 정책참여 양태와 관련하여 논한다.

Ⅱ. 공공정책갈등의 원인 - 의약분업사례를 바탕으로

1. 정책갈등의 정의

공공정책은 사회문제가 정책의제화되는 정책의제설정단계, 정책의제에 대해 여러 대안을 비교한 뒤 정책을 결정하게 되는 정책결정단계, 결정된 정책을 집행하는 정책집행단계로 나뉜다. 이 때 정책갈등이란 이러한 공공정책의 단계가 원활히 수행되지 못하는 것으로 정의할 수 있다.

2. 사례개요 - 의약분업 사례

우리나라의 의약분업은 대한약사회 및 대한의사협회의 심한 반발로 인해 장기간 표류하다가 실행된 정책이다. 우선 정부가 약물 오남용 방지, 비용 절감 등의 필요성을 들어 의약분업을 추진하였으나, 이에 대해 의약단체 모두가 반대하였다. 이후 시민단체가 조정안을 제시, 의약단체가 모두 이에 동의하였으나 의사협회의 집단 휴진 등 지속된 반발로 여러 차례 법령이 개정된 후에야 비로소 정책이 집행될 수 있었다.

3. 정책갈등의 원인

(1) 정책의제설정단계 : 대상집단의 권력관계로 인한 정책의제화 저해

우선 정책의제설정단계에서는 정책대상집단의 불균등한 권력관계로 인해 사회문제가 정책의제화가 되지 못함으로써 정책갈등이 발생한다. 즉 다수 국민이 해결이 필요한 문제라고 인식하는 사회문제임에도 불구하고 대상집단의 반대로 의제화되지 못하는 것이다.

R.Cobb과 C.Elder에 의하면 정책의제설정은 사회문제 → 공중의제 → 정책의제의 단계를 거쳐 이루어진다. 이 때 특정 집단이 더 큰 권력을 보유, 관료 및 정책결정자에 대한 접근성이 높다면 다수 국민이 사회문제라고 인식하지 않는 문제임에도 불구, 권력집단에 의해 정책의제가 설정될 수 있다. 또한 다수 국민이 사회문제라고 인식함에도 불구, 비용부담집단이 권력을 이용하여 의도적으로 이러한 사회문제가 정책의제화되는 것을 막는 무의사결정(non-decision making)이 발생할 수도 있다. 이처럼 권력집단에 의해 정책의제가 설정되거나 무의사결정이 발생하는 경우 다수 국민이 문제라고 인식하는 사회문

제가 정책의제화되지 못하거나, 여러 권력집단 간에 각자 자신의 이해를 정책의제에 반영하기 위한 경쟁이 발생, 정책갈등이 발생한다.

예를 들어 의약분업 사례에서, 한의사와 한약사간 분업이 이루어졌을 때부터 정부는 의약분업을 정책의제화하고자 했으나 의약단체의 무의사결정 행태가 있었다면 정책의제화가 지연되었을 수 있다. 또한 정부가 의약분업을 정책의제화하고자 할 때 의약단체가 권력을 이용, 의약분업은 국민의 불편을 초래한다는 편견의 동원이나 강화를 통해 이에 저항, 정책갈등이 발생하였다.

(2) 정책결정단계 : 자의적 대안 분석으로 인한 합리적 정책결정 저해

또한 정책결정단계에서는 역시 대상집단의 권력관계로 인해 자의적인 대안간 비교가 이루어져 합리적 정책결정이 저해, 정책갈등이 발생한다. 즉 정책을 결정함에 있어서 현실적으로 여러 대안을 비교분석해야 하는바, 행정의 특성상 이러한 비교분석은 객관적이고 절대적으로 이루어지기 어렵고 따라서 자의가 개입할 여지가 많다. 이 때 권력을 보유한 대상집단이 저마다 유리한 방향으로 대안을 비교분석하고 정책을 결정하려 경쟁하는바, 그 결과 합리적 정책결정이 이루어지지 못해 정책갈등이 발생한다.

예를 들어 의약분업 사례에서, 의약분업은 우리나라에서 시도해본 적 없는 정책이므로 그 효과와 부작용을 객관적으로 예상하는 데 한계가 있다. 이에 따라 이를 추진하고자 하는 정부부처나 시민단체는 의약분업이 가져올 전문성 제고나 의약품의 오남용 방지 등을 과대평가할 유인이 있다. 반면 이에 반대하는 의약단체는 자신들이 보유한 전문성을 바탕으로 의약분업으로 인해 처방과 약 조제가 이원화됨으로써 유발되는 국민의 불편을 과대평가할 유인이 있다. 따라서 의약분업이라는 정책의 찬반집단 각각이 정책의 편익과 비용을 달리 평가함에 따라 집단간 의견대립이 발생하고, 정책결정이 지연되는 등 정책갈등이 발생하게 된다.

(3) 정책집행단계 : 관료 및 대상집단의 불응으로 인한 정책집행 지연

정책집행단계에서는 정책에 의해 비용 및 편익에 영향을 받는 이해관계자와 관료의 불응이 발생하여 정책집행이 지연됨에 따라 정책갈등이 발생한다. 이 때 불응이란 정책의 이해관계자가 정책의 취지에 따라 행위하지 않는 것을 의미한다.

구체적으로 정책집행단계에서 정책으로 인해 비용을 부담하게 되는 대상집단은 이에 강력하게 저항하여 정책집행을 저해하고자 하여 정책갈등이 발생한다. 이러한 저항은 정책집행단계에 밀접해 있고 재량을 보유하는 일선관료(steet-level bureaucrats)에 대한 로비 등 포획으로 나타날 여지가 높은바, 일선관료의 불응이 발생해 정책갈등이 발생한다. 때로 정책이 본래 의도와는 달리 변질되기도 하는데, 대표적으로 재분배정책의 경우 비용부담집단이 강력하게 저항하는 정책갈등이 발생, 결과적으로 편익만을 제공하는 분배정책으로 변질되어 집행되는 경우가 많다.

의약분업 사례의 경우 시민단체의 조정안에 의약단체와 정부가 합의한 후에도 대한의사협회의 불응이 지속, 정책집행이 지연되고 정책갈등이 발생하였다. 대한의사협회는 집단 휴진이나 총파업을 선언하는 등 불응하여, 결국 법령이 여러 차례 개정된 형태로 정책이 변경되어 시행되었다.

4. 소 결

이처럼 공공정책의 경우 그 특성상 다양한 이해관계자를 가지고 이들간 가치를 권위적으로 배분하는 정치성으로 인하여 의제설정단계에서 정책의제화가 저해되고, 정책결정단계에서 합리적 결정이 저해되며, 집행 단계에서 불응이 발생하여 정책갈등이 발생한다. 따라서 이러한 공공정책갈등을 해소하기 위한 정책행위자들의 역할이 요구되는바 이하에서 논한다.

Ⅲ. 정책갈등을 해소하기 위한 정책행위자들의 역할

1. 최고의사결정자 : 동원형으로 사회문제를 정책의제화

우선 정책의제설정단계에서부터 사회문제가 제대로 정책의제화되지 못해 정책갈등이 발생하는바, 최고의사결정자는 자신의 권한을 이용하여 사회문제를 정책의제화할 것이 요구된다.

즉 외부주도형으로 국민에게 정책의제화를 맡기는 경우 무의사결정이나 권력집단간 경쟁으로 의제화에 실패할 수 있는바, 최고의사결정자가 사회문제에 대한 관심을 바탕으로 직접 정책의제화하는 것이다.

예를 들어 앞서의 의약분업 사례에서 만약 국민의 의약분업 요구가 있어 왔음에도 의약단체의 반대로 인한 정책갈등으로 의제화가 지연되고 있었다면 최고의사결정자가 의약분업을 직접 의제설정, 정책갈등을 해결할 것이 요구된다.

2. 관 료

(1) 정치과정의 합리화와 권력관계의 균등화 도모

관료의 경우 정치과정의 합리화를 통해 권력관계의 균등화를 도모, 정책갈등을 해결할 것이 요구된다. 앞서 논한 바와 같이 대상집단의 권력관계의 불균등으로 인해 사회문제가 정책의제화되는 것이 저해되고 자의적인 대안 비교로 합리적 정책결정이 저해, 정책갈등이 발생하는바 권력관계를 균등화하기 위한 관료의 역할이 요구된다.

구체적으로 관료는 절차규정을 준수함으로써 사회의 다양한 집단의 의견이 반영될 수 있도록 하여야 한다. 또한 절차규정의 준수만으로는 다양한 의견이 반영됨을 보장할 수 없으므로 정책관련 정보를 투명히 공개함으로써 이를 바탕으로 다양한 집단이 발언권을 가질 수 있도록 하여야 한다. 이를 통해 사회의 다양한 사회문제가 정책의제화될 수 있도록 하고, 다양한 의견 반영을 바탕으로 객관적인 정책결정이 이루어질 수 있도록 하여 정책갈등을 해결할 수 있다.

예를 들어 의약분업사례에서 관료는 의약단체뿐만 아니라 시민단체에 의해 대표되는 일반시민의 목소리에 귀기울여, 시민들이 의약분업을 요구한다면 이를 정책의제로 설정할 필요가 있다. 또한 정책결정단계에서 의약단체의 의견에 따라 대안의 선택이 이루어지지 못하도록 시민단체나 언론에도 의약분업의 정책효과에 대한 정보를 투명히 공개, 객관적인 대안의 비교분석이 이루어지도록 할 수 있다.

(2) 적극적 보상 및 소통을 통한 순응 확보

또한 집행 단계에서 비용부담집단의 강력한 저항 및 불응이 발생, 정책갈등이 발생하는바 관료는 적극적 보상 및 소통을 통해 이들의 '인식된 비용'이 낮아지게 하여 정책순응을 확보할 필요가 있다. 구체적으로 비용부담집단은 그들의 프레임을 통해 정책비용을 인식, 비용을 과대평가하는 경우가 많으므로 소통을 통해 프레임을 재조정할 필요가 있고 필요한 경우 적극적으로 금전적 보상 또한 행할 필요가 있다.

예를 들어 의약분업의 경우 대한의사협회의 반발로 여러 차례 법령이 재개정되는 등 정책갈등이 발생하였다. 이에 관료는 의약분업의 기대효과 및 필요성 등에 대해 대한의사협회와 소통하고 정부의 정책의도를 투명히 공개하여 이들의 인식된 비용을 낮출 필요가 있다. 또한 정책을 시범적으로 실시하고 점차 확대하면서 점진적으로 실시해나가면서 이들의 순응을 확보, 정책갈등을 해결할 수 있다.

3. 이익집단 : 절차준수 등을 통해 정책통로로서의 기능

이익집단의 경우 집단이익을 주장, 공공정책에 저항하여 정책갈등을 유발하는 경우가 많은 바, 정부는 이익집단이 절차규정을 엄격히 준수하도록 하여 정책통로로서의 순기능을 발휘하도록 해 정책갈등을 해결할 필요가 있다. 예를 들어 의약분업사례에서 의약단체가 총파업을 한다던지 관료를 포획하려고 하는 등 법규 및 절차를 준수하지 않는 경우 이를 엄격히 제재할 필요가 있다. 이를 통해 이익집단이 절차규정을 준수하도록 한다면 이익집단을 통해 사회의 여러 이해가 대변되는 정책통로로서 순기능을 할 수 있다. 이를 바탕으로 다양한 의견이 반영된 정책의제화 및 정책결정이 이루어져 정책갈등이 해결될 수 있다.

4. 시민단체 : 사회의 다양한 의견 반영 및 정책조정자로서의 역할

시민단체의 경우 권력을 보유하지 못한 사회의 다양한 의견을 반영하고, 정책조정자로서의 역할이 기대된다. 예를 들어 의약분업사례에서 일반국민은 의약단체와 달리 조직화된 응집력을 갖지 못하는바 시민단체가 일반국민의 의견을 정책의제설정 및 결정 단계에 반영하고자 노력, 이러한 정책과정이 성공적으로 이루어질 수 있도록 하여 정책갈등을 완화할 수 있다. 또한 의약분업사례에서 시민단체의 조정안에 의약단체가 합의한 것처럼 정책조정자로서 기능함으로써 직접 정책갈등을 해결할 수도 있을 것이다.

이 원 희 / 한경국립대학교 행정학과 교수

| 강 평 |

1. 매우 훌륭한 답안이다. 문제를 구조화하여 질문별로 답안을 작성하고 있다. 그리고 답안의 구성에서 다양한 행정학적 개념과 이론 그리고 지식을 활용하고 있다. 그러다 보니 매우 화려한 문장들이 등장한다.

2. 사례로 의약분업을 제시한 것도 이러한 답안이 구성되도록 설계하는 중요한 요인이었다. 행정학 학습을 하면서 우리 사회의 문제에 대해 관심을 가지고 행정학적 지식을 접목하여 보는 노력은 매우 중요하다.

3. 정책 행위자별 행태 설명도 잘 되어 있다. 다만 이를 좀 더 유형화했으면 하는 아쉬움이 있다. 국회, 언론, 외부전문가 등의 참여자도 중요하기 때문이다.

| 제2문 | 최근 일부지방자치단체에서 '주민참여예산제도'를 채택하고 있다. '주민참여예산제도'의 필요성을 '사회적 자본(social capital)'의 관점에서 논하고, 이 제도의 성공적인 정착방안을 제시하시오. (30점, 선택 15점)

Ⅰ. 주민참여예산제도와 사회자본

Ⅱ. 주민참여예산제도의 필요성 – 사회자본 관점에서

  1. 지방정부의 독점적 예산편성과 주인 – 대리인 문제

  2. 주민참여제도의 필요성 – 사회적 자본 형성을 통한 주인 대리인 문제의 해결

    (1) 주민의견 반영을 통한 수평적 네트워크 형성

    (2) 예산의 투명성을 통한 상호 신뢰 형성

    (3) 주민의 적극적 참여를 통한 호혜적 규범 형성

Ⅲ. 주민참여예산제도의 성공적인 정착방안

  1. 주민의 실질적 참여 촉진

  2. 주민예산과정 전반으로의 확대

  3. 주민의 대표성 및 전문성 확보

답안작성

이 ㅇ ㅇ / 2010년도 행정고시 일반행정직 합격

Ⅰ. 주민참여예산제도와 사회자본

주민참여예산제도는 예산과정에 주민의 직접적인 참여를 보장하려는 제도이다. 지방정부가 독점적으로 행사해 온 예산편성권을 지역사회 주민들에게 분권화하는 제도로, 우리나라의 경우 2011년 3월 지방재정법 제39조 주민참여제도를 임의규정에서 강제규정으로 개정하였으며, 시행령 제46조에서 주민참여예산의 범위, 주민의견수렴 절차나 방법 등을 조례로 규정하도록 하고 있다.

한편 사회적 자본이란 사회구성원 상호간의 이익을 위해 조정 및 협동을 촉진하는 규범, 신뢰, 네트워크라 할 수 있다. 사회자본의 주요 요소로 규범, 신뢰, 네트워크가 있는바 규범이란 사회구성원들이 공유하고 있는 가치로 상호작용을 규율하는 규칙을 의미한다. 신뢰란 타인이나의 이해를 고려하여 행위할 것이라는 믿음을 의미한다. 마지막으로 네트워크란 사람 사이의 유대를 기반으로 연결된, 개인이나 집단 등 행위자 간의 전반적인 관계구조를 의미한다.

주민참여예산제도는 지방정부와 지역사회 주민 간 관계에 영향을 미치는 제도이기 때문에, 양자 간 사회적 자본에 영향을 미친다. 따라서 주민참여예산제도의 필요성을 사회적 자본 관점에서 조망해볼 수 있을 것인바, 본 글에서는 사회자본 관점에서 그 필요성을 논한 후 성공적인 정착 방안을 모색해본다.

II. 주민참여예산제도의 필요성 – 사회자본 관점에서

1. 지방정부의 독점적 예산편성과 주인 – 대리인 문제

주민참여예산제도가 도입되기 전 우리나라에서는 지방정부에서 거의 독점적으로 예산을 편성해왔다. 이 때 지역사회 주민과 지방정부 간에는 주인 – 대리인 문제가 발생한다. 지역사회 주민은 지역사회의 주인으로서 예산편성에 있어서도 세금을 통해 재원을 제공하는 주인에 해당한다. 반면 지방정부는 주인인 지역사회 주민을 대리, 이들의 의사를 반영해 전문성과 대표성을 띠고 예산을 편성해야 하는 대리인에 해당한다. 이 때 지방의회 의원들로 구성된 지방정부가 지역 사회의 발전을 고려하기보다는 자신의 이해를 우선적으로 고려하는 도덕적 해이(moral hazard)가 발생하게 된다. 구체적으로 주민들이 원하는 사업을 우선적으로 추진하기보다는 내년에 중앙정부로부터 더 큰 예산을 따올 수 있도록 사업을 추진하는 것을 들 수 있다.

2. 주민참여제도의 필요성 – 사회적 자본 형성을 통한 주인 대리인 문제의 해결

주민참여제도는 지방정부와 지역사회 주민간 교량형 사회적 자본 형성을 도움으로써 이러한 주인 – 대리인 문제를 해결할 수 있기 때문에 그 필요성이 인정된다. 교량형 사회자본이란 수평적 네트워크, 상호신뢰, 호혜적 규범을 특징으로 하여 구성원간 상호작용을 촉진하는 사회자본이다. 수직적이거나 폐쇄적인 네트워크, 배타적 신뢰 및 규범을 특징으로 하는 결속형 사회자본과 상충되는 개념이라 할 수 있다.

(1) 주민의견 반영을 통한 수평적 네트워크 형성

주민참여예산제도 하에서는 주민이 직접적으로 예산 편성에 참여하기 때문에 그들의 의견을 반영할 수 있다. 즉 주민들도 지역의회 의원들과 대등한 위치에서 참여하는 것이 제도적으로 보장되기 때문에 수평적 네트워크가 형성된다. 수평적 네트워크가 형성되면 이를 토대로 지속적으로 주민들이 자신의 의견을 반영할 수 있기 때문에 감독(monitoring)이 가능해져 지방정부의 도덕적 해이를 막을 수 있다.

(2) 예산의 투명성을 통한 상호 신뢰 형성

주민참여예산제도 하에서는 주민이 예산편성에 참여해야 하기 때문에 예산편성 과정을 투명하게 유지할 수밖에 없다. 투명성이 보장되면 주민 입장에서 지방정부가 자신들의 이해를 고려하여 예산을 편성할 것이라는 신뢰를 가지기 용이해진다. 이러한 신뢰는 지방정부에 대해 자기 구속적인 제약으로 작용, 형성된 신뢰를 저버리지 않도록 노력할 것이므로 도덕적 해이 및 주인 – 대리인 문제 해결에 도움이 된다.

(3) 주민의 적극적 참여를 통한 호혜적 규범 형성

주민참여제도는 주민이 예산편성 과정에 적극적으로 참여하게 함으로써 본래 자신의 역할을 다하도록 하는 제도라고 볼 수 있다. 즉 지방정부에 맡기는 것이 아니라 주민 또한 의견 표출과 토론에 참여할 것을 요구하는 제도인 것이다. 이를 통해 주민 또한 지역사회의 발전 방안을 꾀하도록 하고, 지방정부는 주민의 의견을 성실히 반영하도록 함으로써 각자 자신의 역할을 다하도록 하여 호혜적 규범 형성에 기여한다. 이러한 규범 하에서 지방정부의 도덕적 해이는 억제될 것이다.

Ⅲ. 주민참여예산제도의 성공적인 정착방안

마지막으로 앞서 논한 바와 같이 그 필요성이 인정된 주민참여예산제도의 성공적인 정착방안을 논해 본다.

1. 주민의 실질적 참여 촉진

주민참여예산제도가 형식화되지 않도록 주민의 실질적인 참여를 초긴할 필요가 있다. 공청회, 설명회, 토론회를 빈번히 개최하는 한편 이에 대한 대주민 홍보가 요구된다. 또한 예산과정에 적극적으로 참여하는 주민에게 소액의 지방세 감면 등 제도적인 인센티브 부여가 요구된다.

2. 주민예산과정 전반으로의 확대

현 주민참여예산제도는 예산 편성 과정에만 도입되어 있으나 이를 성공적으로 정착시킨 이후에는 점차 다른 과정에도 확대할 필요가 있다.

3. 주민의 대표성 및 전문성 확보

단순히 주민 참여를 양적으로 늘릴 것이 아니라 대표성 및 전문성 확보를 통해 질적으로도 양질의 참여를 보장할 필요가 있다. 지속적 모니터링을 통해 소수의 주민만 계속적으로 참여하는 것을 방지, 대표성을 확보할 필요가 있다. 또한 주민을 대상으로 예산편성 과정에 대한 강좌를 개최하는 등 전문성 확보를 위해서도 노력하여야 할 것이다.

| 강평 |

1. 주민참여예산제도는 관료 중심의 폐쇄적인 편성 과정을 극복하고 주민의 의견을 반영하기 위한 절차이다. 중요한 것은 외국의 경우에는 주민에 의한 투표로 정하는 데 반해 우리는 주민참여예산위원회를 두고 결정하는 장치를 두고 있다.

2. 예산에 의견을 반영하는 과정이 중요하다. 이에 정부가 시민에게 권한을 부여하는 권한위임(empowerment)과 공유 정부(sharing government)가 발생한다. 그리고 지역의 문제를 토론하는 숙의민주주의(deliberation democracy)가 가능해진다. 그리고 지역의 문제를 토론하는 과정에서 지역의 토착화된 민주주의가 강화되는 지역민주주의(neighborhood democracy)가 정착된다는 개념도 중요하다.

3. 정착방안과 관련하여 보완이 필요하다.
(1) 대표성 확보는 매우 중요하다. 외국은 주민의 투표를 하지만, 우리는 위원회로 하기 때문이다.

(2) 그리고 반드시 언급되어야 할 부분은 의회와의 관계이다. 직접선거로 선출된 의회의 권한과 달리 위원회는 주민 대표성이 없기 때문이다. 따라서 의회와의 관계 형성이 매우 중요하다.

(3) 또 하나 주민이 예산에 대한 정보와 지식확보가 중요하다. 물론 전문적인 지식을 의미하는 것이 아니라, 예산 사업은 우리 주위에서 발생하는 사업에 대한 이해를 전제로 하기 때문에 지역 사회에 대한 관심과 애정을 필요로 한다.

(4) 특히 참여하는 주민도 내 지역만 생각하는 편협한 이기주의가 아니라 지역 공동체의 삶을 증진시킨다는 공동체 의식을 가져야 한다. 시민교육이 필요한 이유이다.

| 제3문 | '정보의 비대칭(information asymmetry)'이 초래한 행정부패의 구체적 사례를 제시하고 그 극복방안을 서술하시오. (20점, 선택 10점)

Ⅰ. 정보비대칭의 의의 및 행정부패와의 관련성

Ⅱ. 정보비대칭으로 인한 관료부패와 해결방안
　1. 관료부패의 발생
　2. 관료부패의 해결방안

Ⅲ. 정보비대칭으로 인한 공기업 부패와 해결방안
　1. 공기업 부패의 발생
　2. 공기업 부패의 해결방안

답안작성　　　　　　　　　　　　　　　이 ○ ○ / 2010년도 행정고시 일반행정직 합격

Ⅰ. 정보비대칭의 의의 및 행정부패와의 관련성

정보비대칭이란 주인-대리인 관계에서 주인의 의사를 대변해야 할 대리인이 더욱 많은 정보를 보유하는 현상을 의미한다. 행정에 있어서는 궁극적 주인이 국민이라고 할 수 있는데, 대리인이 더 많은 정보를 보유하여 국민의 의사를 대변하기보다는 대리인의 이익을 추구하는 도덕적 해이가 발생, 행정부패가 초래될 수 있다.

이하에서는 그 구체적 예로서 (1) 정보비대칭으로 인한 관료부패 (2) 정보비대칭으로 인한 공기업 부패를 제시하고 그 해결방안을 논한다.

Ⅱ. 정보비대칭으로 인한 관료부패와 해결방안

1. 관료부패의 발생

행정에 있어서 주인을 국민이라 한다면 관료는 국민의 의사를 대변하도록 위임받은 대리인이라고 할 수 있다. 이 때 관료는 국민보다 행정문제에 더욱 밀접해있기 때문에 더욱 많은 정보를 보유한다. 이로 인해 국민의 의사를 충실히 반영하기보다는 자신의 이익을 추구하는 등 도덕적 해이가 발생한다. 이 때 도덕적 해이의 일환으로써 관료가 자신의 직무상 권한을 남용하여 사익을 추구하는 행정부패가 발생한다.

예를 들어 최근 방산비리 사건이 대두되었는바, 국방부 공무원은 국민보다 군수업체에 대해 더 많은 정보를 보유하고 있다. 이에 국방부 공무원은 가장 비용효율적인 업체를 선정하기보다는 뇌물수수, 재취업 등의 대가를 받고 특정 업체에게 특혜를 베푸는 등 관료부패가 발생하였다.

2. 관료부패의 해결방안

이러한 관료부패를 해결하기 위해서는 우선 정보비대칭을 해소할 필요가 있다. 즉 행정정보를 투명하게 공개하여 국민의 이에 대한 통제가 가능하게 한다면, 정보비대칭을 이용한 관료부패가 발생하지 않을 것이다.

예를 들어 앞에서의 방산비리 사례에서, 국방부의 입찰 과정을 공개 가능한 범위 내에서 최대한 공개한다면 국민 입장에서 가장 비용효율적 기업이 어느 기업인지 알 수 있으므로 관료의 권한 남용의 여지가 줄어든다.

정보공개뿐만 아니라 관료부패 발생시 징계 및 형사처벌을 엄격히 규정하여 부패의 비용을 높이고, 공직자 윤리법상의 재취업금지를 엄격히 실시, 부패의 편익을 낮추는 것 또한 대안이 될 수 있다.

Ⅲ. 정보비대칭으로 인한 공기업 부패와 해결방안

1. 공기업 부패의 발생

공기업의 경우 국민−정부 부처−공기업에 이르는 복대리인 구조가 형성되는바, 공기업이 자신의 업무에 대해 많은 정보를 보유하고 있어 정부 부처 입장에서 이에 대한 통제가 어렵고 따라서 궁극적으로 국민에 의한 통제도 이루어지지 않아 공기업 부패가 발생한다.

구체적으로 공기업은 정보비대칭적 지위를 이용, 공공서비스를 효율적으로 공급해야 하는 의무를 다하기보다는 성과급 잔치를 벌이거나 방만경영을 하여 문제가 된다.

2. 공기업 부패의 해결방안

공기업 부패의 경우에도 정보의 공개를 통한 정보비대칭의 해소가 요구된다. 예를 들어 현행 알리오 시스템과 같이 공기업의 경영정보를 공시하도록 하여 이에 대한 정부부처의 통제가 가능하도록 한다면 성과급 잔치나 방만 경영을 막을 수 있다. 또한 공기업운영위원회를 활성화, 이를 통해 정부부처가 공기업의 경영정보를 파악하도록 하여야 한다. 이 밖에도 정부부처와 공기업 간 인사교류나 파견 근무를 통해 공기업의 경영정보를 취득·감독할 수 있다.

또한 정보비대칭 하에서 공기업의 유인구조를 정부부처와 일치시키는 것도 대안이 될 수 있다. 예를 들어 공기업이 공공서비스 공급 비용을 절감하는 경우 임금인상률을 상향조정하거나 기관장 성과급을 인상하는 방안을 생각해볼 수 있다.

│ 강 평 │

1. 정보비대칭과 역선택이 도덕적 해이를 유발하게 된다는 것에서 출발할 필요가 있다. 차분하게 잘 정리하고 있고 특히 무기체계와 관련하여 원가와 공정가격을 알 수 없는 정보 비대칭으로 인해 행정부패가 발생하는 것을 소개한 것은 매우 적절하다. 이로 인해 지대추구(rent seeking)가 발생한다는 것을 소개할 필요가 있다.

2. 해결 방안을 소개하는 것도 잘 정리되어 있다. 다만 방산비리의 문제를 제기했으면 상호견제의 기능을 설계할 필요가 있는 것을 지적할 필요가 있다. 이를 위해 국방부―합참―방위사업청 간의 견제 기능 강화를 지적하는 것이 필요하다.

3. 정보공개도 중요하지만 이에 앞서 정보를 체계적으로 DB로 잘 축적하여 관리하는 것도 필요하다.

4. 공기업 부패를 별도로 구분하여 설명하는 것이 꼭 필요한 것은 아니다. 다만 대리인과 달리 복대리인 구조를 가지고 있다고 설명한 것은 의미가 있다. 특히 대리인 이론의 관점에서 공공기관 부패의 관리를 위해서는 경영평가와 알리오 시스템은 중요한 의미가 있다. 소유권 집중의 관점에서 기획재정부와 공공기관운영위원회가 공공기관의 총괄 관리하는 기능을 갖추고 있는 것도 우리나라의 특징이다.

| 제1문 | 현재 우리나라는 정부조직의 업무성과 증진을 위해 개인과 조직차원에서 다양한 성과관리제도를 도입하여 운영하고 있다. 목표관리제(MBO : Management By Objectives), 전략기획(Strategic Planning), 균형성과표(BSC : Balanced Score Card)등이 그 대표적 예이다. 공공부문 성과관리의 개념과 취지를 설명하고 개인성과, 부서성과, 조직전체성과 간의 연계측면에서 소기의 목표를 달성하는데 나타날 수 있는 장애요인과 극복방안을 논하시오. (50점)

I. 서 론

II. 공공부문의 성과관리의 개념과 취지
  1. 성과관리의 개념
   (1) 공공부문에서의 성과의 개념
   (2) 공공부문의 성과관리의 개념
  2. 성과관리의 취지

III. 성과관리에 있어서 장애요인
  1. top - down식의 성과배정에 있어 환원주의적 문제
  2. 개별 구성원 및 부서의 체계적 사고(systemic thinking)의 부재
  3. 전략과의 연계성부족의 문제

  4. 개인성과중시의 문제점
  5. 기관장의 도덕적 해이의 문제
  6. 목표나 이해관계의 정치적 조정의 문제

IV. 성과관리에 있어 장애요인의 극복방안
  1. 기관의 미션과 비젼의 정립
  2. 기관의 전략목표의 수립
  3. 기관의 성과목표의 수립
  4. 평가단위에 따른 목표체계와의 연계
  5. 목표체계에 입각한 성과지표의 개발 – SMART 조건의 충족
  6. 개인성과와 조직성과의 유기적 연계

V. 결 론

답안작성   최 0 0 / 2010년도 행정고시 일반행정직 합격

I. 서 론

  20세기의 석유파동등과 같은 공급충격 및 경기불황시대의 도래는 기존의 정부가 복지의 실현 및 개입정부적인 '역할' 차원에 중점을 맞추어 관리되던바와는 달리 정부조직영역도 특정의 성과를 내야한다는 '성과' 측면에 초점을 맞춘 성과관리관점에서 접근이 필요하다는 인식이 대두되었다.

  특히 정부의 비효율성을 극복하기 위하여 1990년대 초 구미선진국에서 시작된 신공공관리(NPM ; new public management)운동은 그 핵심이 정부조직의 성과관리에 있다. 따라서 성과관리는 정부재

창조(reinventing government)를 위한 관리방식이다.

우리나라 역시 이러한 관점하에 MBO, SWOT, BSC등을 활용하고 있으나 정부의 성과를 도출·측정·배분하는 과정에서 개인성과와 부서성과, 그리고 전체 성과 간의 연계측면에서 개인 간의 차이점, 성과지표의 문제, 부서 간의 희소자원이나 불균등한 배분에 따른 여러 장애 요인이 생길 수 있는 바 이를 검토하고 극복할 수 있는 방안으로서 미션, 비젼, 전략목표 및 성과목표의 수립등의 방안을 검토하겠다.

Ⅱ. 공공부문의 성과관리의 개념과 취지

1. 성과관리의 개념

(1) 공공부문에서의 성과의 개념

일반적으로 성과란 산출(output)과 결과(outcome)를 내포하는 생산성이라는 포괄적 개념으로 이해된다. 이 때 산출은 행정활동의 직접적인 결과물을, 결과는 행정활동의 궁극적 목적을 의미한다.

이 경우 성과는 산출인가 결과인가의 문제가 있는데 산출이 행정활동의 성실성을 비교적 충실히 반영하는 장점이 있으나, NPM의 기본적인 취지가 고객지향성이라는 점을 고려할때 행정성과는 결과측면에서 궁극적인 목표달성도로 보는 것이 최근의 일반적인 경향으로 나타나고 있다.

(2) 공공부문의 성과관리의 개념

성과관리란 기존의 투입요소 중심으로서 단순한 기계적 집행으로서의 행정에서 벗어나 명확한 업무목표를 세우고 이를 달성하기 위한 추진전략을 마련함으로써 성과를 향상시키고자 하는 결과중심의 관리방식이다. 최근의 성과관리는 투입이 자동으로 산출로 연결된다는 단선적 가정에서 벗어나 성과는 적극 관리되어야 한다는 인식하에 조직·인사·예산·환류 등 조직영역에만 한정되지 않고 국정전반에 걸쳐 통합적으로 균형적으로 연계하여 추진되고 있다.

2. 성과관리의 취지

합법성·합규성 통제에서 재량을 부여하고 성과에 의해 통제하고자 하는 관료해방론에 입각한 관리주의와 본인-대리인 관계의 도덕적 해이를 극복하는 유인구조설계에 관심이 있는 합리선택적 제도주의가 이론적 기반이 되고 있다. 즉, 기존의 정부영역의 정부실패요인으로서 지적되는 독점적 구조 및 비용과 편익의 괴리 등으로 인해 적극적으로 성과를 추구할 유인이 부재한 상황에서 유사소유권(QPR ; quasi property right)등의 부여 등을 통해 성과달성의 유인구조를 제공하며 성과추구에 있어 관료에 재량을 주어 자율성을 높이는 대신 성과 평가를 통해 자율적 행정에 대한 책임을 물어 궁극적으로 공조직의 목표달성을 목표로 한다.

Ⅲ. 성과관리에 있어서 장애요인

1. top - down식의 성과배정에 있어 환원주의적 문제

조직성과나 부서성과의 경우 개인성과보다 그 추상성이나 일반성이 높음으로 인해 이를 구체화하여 개인별로 배분·분배함에 있어 구체화 수준이 높아질수록 조직성과 및 부서성과와 괴리가 생길 수 있는 가능성이 높아진다. 예를 들어 경찰업무에 있어 최근에 특정 경찰서장이 추진하고 있는 계량적 목표의 지정 등은 결국 개인에 있어서 개량적 목표의 추구는 목표의 등 전위 효과 등을 통해 개별성과의 합이 전체성과가 아닐 수 있음에도 이를 같게 간주하는 환원주의적인 결과가 나올 수 있다는 점에서 궁극적 목표 달성에 있어 장애가 생길 수 있다.

2. 개별 구성원 및 부서의 체계적 사고(systemic thinking)의 부재

개별 구성원의 제한된 합리성이나, 혹은 부처이익의 추구 등의 행태는 조직 전체적 관점의 시각을 구축하여 정부 전체의 성과를 등한시 할 수 있는 결과를 초래할 수 있다. 즉 조직이나 집단이 외부 부서나 조직과의 경쟁이나 마찰 등의 갈등관계에 있는 경우 중복사업의 추진 등으로 인해 비용의 과다계상 등의 문제가 있을 수 있다.

3. 전략과의 연계성부족의 문제

현재 한국은 조직의 전략과 미션, 비젼 등이 연계되지 않는 단순 정책나열식의 보고체계 및 개인성과 또는 목표와의 연계부족의 문제로 인해 개인성과가 조직성과로 이어지지 않으며, 단기성과의 치중으로 인해 조직의 장기적 비젼, 전략등과의 연계가 소홀하여 조직 내의 학습이나 프로세스 등의 관점이 부족하다.

4. 개인성과중시의 문제점

개별성과급제등의 도입 등은 조직 내의 구성원 간의 경쟁을 유도하여 발전적인 방향으로 발전할 수도 있으나 경쟁의 심화에 따른 구성원 간의 위화감의 조성이나, 성과급의 편차 등에 따른 조직의 단결성의 와해 등의 문제점이 생길 수 있으며, 또한 한국적 상황에서 사실상 성과급이 나눠 먹기식의 운영을 통해 결국 전반적인 공무원의 보수만 높아짐을 감안할 때 문화적인 요소 역시 장애요인이 될 수 있다.

5. 기관장의 도덕적 해이의 문제

현재 시행중인 총액인건비제도와 같은 경우 이를 통해 절약된 재원이 고위직의 직무급으로 지급되거나, 혹은 고위직위의 신설 등을 통해 직급인플레이션의 문제등이 지방자치단체 등에서 발생하고 있는 점 및 총액배분자율편성예산제도의 경우 기관장이 역점사업 등에 재원이 배분되는 등의 선심성 예산의 배정의 문제 등 성과관리에 있어 상당한 재량의 부여가 기관장의 도덕적 해이 등으로 인해 조직전체의 성과에 장애가 되고 있다.

6. 목표나 이해관계의 정치적 조정의 문제

공공조직의 경우 목표의 설정이나 이해관계의 조정이 정치적으로 이뤄지기 때문에 성과를 평가하는 기준이 매우 다양하며, 성과에 대한 합리적 기대수준을 설정하기도 매우 어렵다.

Ⅳ. 성과관리에 있어 장애요인의 극복방안

1. 기관의 미션과 비전의 정립

미션은 사회속에서 조직의 기본 기능을 산출물과 서비스의 관점에서 기술한 것이며, 조직의 관리자와 운영자들 사이에서 광범위하고 심도 깊게 공유되는 하나의 문화로서 미션의 정립 등을 통해 개인이 체계적 사고(systemic thinking)을 유도하여 조직전체적인 관점을 지니게 할 수 있다. 또한 비전은 현재 상태와 대비되는 조직이 추구하는 장기적인 목표와 바람직한 미래상으로서 비전에 대한 전사적 공감대의 형성을 위해 조직구성원의 참여 속에서 수립되어야 하며 조직내의 다양한 시각이 반영되어야 한다.

2. 기관의 전략목표의 수립

비전이 "조직이 무엇을 할 것이냐?"에 해당한다면 전략목표는 "비전을 어떻게 달성할 것이냐?"에 해당한다. 전략목표는 비전과 성과목표의 연결고리로서, 정책수단으로서의 성과목표가 조직임무 달성에 기여할 수 있도록 해주는 나침반의 역할을 한다. 이러한 전략목표의 구성에 있어 조직구성원의 참여를 확대하고 또한 합의를 도출해내며, 전문가 및 구성원 등의 의견을 수렴하여 설정하는 것이 바람하다. 또한 전략목표들 간의 인과관계나 연계를 구성함으로써 조직전반의 성과관리에 있어 전략목표간의 성과가 다른 전략목표들 간의 우선순위를 고려토록 해야 한다. 이 과정에서 SWOT분석 등의 기법이 사용될 수 있다.

3. 기관의 성과목표의 수립

성과목표는 비전과 전략목표의 달성을 위한 도구로서 구체적인 행동방향을 나타내며, 전략목표를 실현하기 위한 연간단위의 단기적이고 보다 구체화된 것으로 기관의 연간단위 활동계획을 리드하는 역할을 한다. 따라서 전략적·표별로 복수의 성과목표가 도출될 수 있는데 가능한 한 해당 기능분야 내지는 임무와 관련하여 궁극적으로 성취내지는 실현코자 하는 결과상태가 제시되어야 한다.

이 과정에서 크게 기관의 전사적 성과목표로부터 아래로 설정하는 top-down방식과 단위조직(개인)으로부터 확장하여 전사적 성과목표를 성정하는 bottom-up방식의 두 가지가 구분되나, 어느 방법을 택하던 설정과정에서 구성원 모두의 참여를 통한 논의와 합의 과정이 매우 중요하다.

4. 평가단위에 따른 목표체계와의 연계

성과관리를 추진함에 있어 가장 중요한 요소의 하나는 바로 목표체계를 수립하는 것으로서, 평가대상이 되는 기관별로 기관의 임무에 기초하여 최상위의 비전을 비롯하여 전략목표 등 상위목표와 성과목표 등 하위목표를 포함한 종합적이고 단일화 된 목표체계를 의미한다. 이를 구축함에 있어 조직, 부처, 개인 간의 목표의 인과관계 분석을 통해 조직의 전략지도(strategy map)를 구현하여 하위목표의 달성이 상위목표의 달성에 기여할 수 있도록 하여 개별적인 목표의 달성이 궁극적으로 조직의 가치 증진에 기여하도록 해야 한다.

5. 목표체계에 입각한 성과지표의 개발 - SMART조건의 충족

성과지표는 성과목표의 달성정도를 계량적·질적으로 측정하는 잣대를 의미한다. 핵심성과 지표(Key Performance Index)는 너무 많으면 안 되며, 주로 결과(outcome)지표를 중심으로 구성하여야 하며, 그 개발단계에 있어 첫째로 조직의 미션과 전략을 확인한 후 조직의 전략목표 확인을 통해 성과목표를 설정하는 방식을 통해야 한다. 이를 통해 개발된 성과지표는 구체적이며(specific), 측정가능하며(measurable), 달성가능하고(achievable), 적합하며(relevant), 시간적범위(time-bound)내에서 설정되어야한다.

6. 개인성과와 조직성과의 유기적 연계

개인의 성과기대(performance expectation)와 조직의 목표의 분명한 연계는 개인으로 하여금 자신의 활동과 조직의 목표 간의 유기적 연계를 확인하는데 도움이 되며, 성과기대를 조직간 목표와 연계하여 조직의 경계를 넘어선 조직간 협력·협조·팀워크 등은 결과에 대한 책임성을 높이는데 기여하게 된다. 이를 위해 조직의 우선순위 확인을 위해 성과정보가 지속적으로 제공되어야 하며 개인은 상시적으로 성과정보를 활요하여 성과미흡부문을 확인하고 개선을 모색하는 방향으로 활용해야 한다.

또한 개인의 임금과 조직의 성과를 연계하고 성과평가는 효과적인 차등화를 기반으로 하여야 한다. 이를 위해 조직구성원이 성과관리체제의 구축 및 관리에 참여가 필요하며, 성과관리체제로의 변화기간 동안 연속성이 확보될 필요가 있다.

V. 결 론

우리나라 전자정부사업의 경우를 보면 통합적인 조정이나, 연계의 관점이 부족하여 각 부서별로 별도의 시스템의 구축 및 중복시스템 등의 구축 등으로 인해 매년 이의 유지비용이 전체 전자정부예산의 상당수를 차지하고 있다. 성과관리의 개념은 자원난의 시대에 지출가치의 증대 및 정부업무성과의 증대라는 측면에서 시도되고 있는 것으로 전체 정부의 관점 혹은 조직관점의 체계적 사고를 바탕으로 이루어질 필요가 있다. 이를 위해 기관별로 미션과 비젼 그리고 전략 및 성과 목표의 수립을 통해 각 단계가 상호 인과관계 하에 연계되도록 해야 하며, 이 과정에서 개인의 참여를 통해 정당성을 확보하고 구성원의 시야를 확보하여 정부전체의 성과관리가 이루어지도록 하는 노력이 더욱 필요한 시기이다.

| 강 평 |

1. 문제의 취지를 정확하게 이해하고 이에 따라 답안의 흐름을 정리하는 것이 매우 중요한 문제이다. 이에 형식과 내용을 맞추어 매우 잘 정리된 답안이다.

2. 성과 관리의 개념과 취지를 하나의 목차로 구성하고, 그 다음에 장애 요인과 극복 방안을 각각 잘 구성하고 있다.

3. 성과 관리와 관련하여 대리인 이론, 도덕적 해이를 통제하기 위한 장치로 접근하는 것은 매우 훌륭하다.

4. 성과 관리 그 자체의 어려움을 질문하는 것이 아니라, 개인의 성과 관리를 하지만 그것이 조직의 성과로 이어지지 않을 위험에 대해서 질문하고 있는 문제의 취지에 맞추어 잘 정리하고 있다.

5. 개인의 성과를 제고하는 과정에서 발생하는 과당 경쟁을 방지하기 위해 조직의 성과를 공유하는 성과 공유(performance sharing)을 소개했으면 금상첨화이었을 것이다.

| **제2문** | 조직 내에서 관리자가 부하직원에 대해 근무평정을 할 때 다양한 평정오류를 범할 수 있는데, 이러한 오류의 유형을 설명하고 이를 극복할 수 있는 방안에 대해 설명하시오. (25점)

Ⅰ. 서 론

Ⅱ. 평정오류의 종류

  1. 평정자에 의한 오류

    (1) 연쇄효과(halo effect)

    (2) 집중화 경향(central tendency)과 관대화 경향(leniency tendency)

    (3) 총계적 오류(total error)

    (4) 논리적 오류(logical error) 와 규칙적 오류(systematic error)

    (5) 근접효과(recency effect)와 선입견(personal bias or prejudice)

  2. 피평정자에 의한 오류

    (1) 평정에 대한 편견

    (2) 투사 또는 주관의 객관화

    (3) 지각방어

  3. 평정제도 및 사회·문화적 특성에 의한 오류

    (1) 직무분석의 부족

    (2) 근무성적평정 기법의 신뢰성

Ⅲ. 평정오류의 극복방안

  1. 평정자의 평정능력의 향상

  2. 다면평가제도의 활용 – 평정자의 복수화

  3. 강제배분법의 활용

Ⅳ. 결 론

답안작성

최 ○ ○ / 2010년도 행정고시 일반행정직 합격

Ⅰ. 서 론

근무성적평정은 공무원이 일정기간 수행한 근무실적·잠재적 능력·가치관 등을 객관적으로 판정·기록하여 이를 공식적이고 체계적으로 평가하는 것을 의미한다. 이러한 근무성적평정은 실적주의에 따른 능률주의적 인사행정관의 대두와 함께 인사행정의 객관적 기준의 발견이라는 기술적 요청으로 발달하여 인사행정의 기준을 제공하고 공무원의 능력발전을 위해 활용된다.

그러나 이러한 근무성적평정에 있어 상급자의 인식과정에서 이용가능 한 정보, 대표적인 정보만을 이용하기 때문에 인지(평가)의 객관성이 약화되거나 왜곡되어 객관적 기준의 발견이라는 근무성적평정의 목표에 장애가 될 수 있는 바, 인지과정상의 오류 및 피평정자의 차원 및 제도 차원에서의 오류가능성을 검토 후 이의 극복방안을 검토하고자 한다.

Ⅱ. 평정오류의 종류

1. 평정자에 의한 오류

(1) 연쇄효과(halo effect)

연쇄효과란 피평정자에 대한 전체적인 막연한 인상, 또는 피평정자가 어떤 하나의 평정요소에 대해서 탁월하다거나 또는 미흡하다는 특수한 인상 때문에 다른 모든 평정요소가 영향을 받게 되는 경향을 말한다.

(2) 집중화 경향(central tendency)과 관대화 경향(leniency tendency)

집중화 경향은 평정자가 피평정자들에게 아주 높거나 낮은 평정을 피하고 중간범위의 점수 또는 가치를 주는 심리적 경향을 말한다. 이러한 집중화 경향은 평정에 필요한 정보가 부족할 때 나타난다.

관대화 경향은 집중화 경향과 비슷하나 상관이 부하와의 인간관계를 고려하여 실제보다 후한 평정을 하는 현상을 말한다.

(3) 총계적 오류(total error)

총계적 오류는 동일한 피평정자에 대한 관대한 또는 엄격한 일관성이 없는 평정으로서 실제 평점과 평균치간의 차이의 총계를 의미한다. 총계적 오류의 계산식은 Σ(실제적 평정 − 평균적 평정) ÷ 평정자의 수로 나타낼 수 있다.

(4) 논리적 오류(logical error) 와 규칙적 오류(systematic error)

논리적 오류는 두 가지 평정요소 간에 논리적인 상관관계가 있는 경우 어느 한 요소가 우수하면 다른 요소도 우수하다고 판단해 버리는 경향이다. 예를 들어 IQ가 높으면 성적도 우수할 것이라고 판단하는 경우이다.

규칙적 오류는 한 평정자가 다른 평정자보다 일반적·지속적으로 과대 또는 과소 평정되는 현상을 의미한다.

(5) 근접효과(recency effect)와 선입견(personal bias or prejudice)

근접효과는 평정대상기간 중에서 평정시점에 가까운 실적이나 사건일수록 평정에 더 크게 반영되는 경향을 말하는데, 이는 평정대상기간 중의 모든 실적과 능력을 종합적으로 같은 비중으로 평가되어야 하지만, 시간이 지난 것일수록 평정자의 기억에 남아있지 않거나 중요하지 않은 것으로 인식하는데서 오는 오류이다.

선입견은 평정대상자의 개인적 특성인 종교, 성, 연령, 교육수준, 출신학교나 지역 등에 대하여 평정자가 평소에 가지고 있던 편견이 평정과정에 반영되는 것을 말한다.

2. 피평정자에 의한 오류

(1) 평정에 대한 편견

근무성적평정은 주로 상벌결정이나 통제에 목적을 두고 있어 피평정자들사이에 부정적 인식이 높다. 또한 신뢰성과 타당성에 관한 문제가 제기되면서 평정에 대한 인식도가 낮아진다.

(2) 투사 또는 주관의 객관화

자기 자신의 특성이나 관점을 다른 사람에게 전가시키는 것을 투사 또는 주관의 객관화라 한다. 즉, 자기의 잘못이나 실패 또는 원인에 대한 책임을 다른 사람에게 있다고 전가시키는 것이다. 이러한 투사는 평정결과에 대한 왜곡현상을 유발하여 오류가 발생한다.

(3) 지각방어

피평정자에게 유익한 것은 선호하고, 불리한 것은 외면해 버리는 심리현상을 지각방어라 한다. 따라서 지각방어도 근무성적평정의 결과를 왜곡함으로써 피평정장에 의한 오류가 발생한다.

3. 평정제도 및 사회·문화적 특성에 의한 오류

(1) 직무분석의 부족

근무성적평정에 있어서 명확한 직무분석이 선행되어 있지 않으면 평정자의 주관과 편견 등 각종의 오류가 발생하기 쉽다.

(2) 근무성적평정 기법의 신뢰성

근무성적평정제도의 목적이 모호하고 미분화되어 있기 때문에 평정방법의 타당성을 평가하기 곤란하다. 평정요소와 평정항목의 정의는 단순한 평어, 즉 단어로 되어 있어 그 의미가 모호하면 이는 평정의 신뢰성과 객관성을 저해할 수 있다.

Ⅲ. 평정오류의 극복방안

1. 평정자의 평정능력의 향상

평정의 신뢰성과 타당성을 제고할 수 있도록 평정자의 훈련을 강화해야 하며, 무엇보다도

사적인 것과 공적인 것을 구분하는 감수성을 제고하고 근무성적평정의 중요성을 인식하고 각종 착오와 편견의 개입에 대해 경각심을 가지고 대응할 수 있는 능력을 증진하여야 한다.

2. 다면평가제도의 활용 – 평정자의 복수화

다면평정법은 여러 사람을 평정자로 활용함으로써 평가에 참여하는 소수인의 주관과 편견, 그리고 이들 간의 개인 편차를 줄이고 객관성과 공정성을 높일 수 있는 제도이다. 다면평정법은 일반적으로 360도 평정법, 집단평정법 또는 복수평정법이라는 말을 사용하기도 한다. 우리나라에서는 개별적인 근무성적평정이 완료되고 승진 결정, 보직 임용, 모범공무원 선발, 성과상여금 결정시에 다면평정법을 많이 활용하고 있다.

이러한 다면평정에 있어 평정자는 피평정자의 상급자, 동료, 부하, 고객 등이 평정자에 해당하게 된다.

3. 강제배분법의 활용

강제배분법은 도표식에서 흔히 나타나기 쉬운 집중화 경향이나, 관대화 경향, 연쇄효과 등의 오류를 시정하고자 사용하는 방법이다. 즉 평정대상자가 부여한 종합평정점수에 대한 분포를 보았을 때 중간 등급 또는 상위 내지 하위 등급에 빈도수가 몰리는 현상을 방지하고 종형의 정규분포에 가깝게 하기 위하여 평정등급에 일정한 비율을 강제로 배분하는 방법이다. 우리나라는 평정자와 확인자의 평정단계에서는 강제배분을 적용하지 않고 있다. 대신, 승진결정시에 근무성적을 반영하기 위해서 근무성적평정위원회에서 기관의 전체 평정대상자를 대상으로 등급과 평점을 부여해야 하는데 이 때 강제배분을 적용하고 있다.

Ⅳ. 결 론

근무성적평정의 객관화와 타당성 그리고 수용성을 높이려면 근본적으로 직무중심의 직위분류제가 정착되어야 한다. 즉 피평정자가 행하는 직위에 대한 명확한 직무분석이 선행되어 있으면 그만큼 평정자의 오류과 주관 등이 개입할 여지가 적어지기 때문에 명확한 직무분석이 있어야 하며, 피평정자의 입장에서도 근무성적평정이 단순한 상벌대상이 아닌 자신의 능력발전을 위한 기초자료로서 이에 대한 긍정적인 인식과 수용가능성을 높여야 한다.

결국 근무성적평정의 오류의 극복은 평정자 혼자의 문제가 아니라, 조직구성원 전체적인 차원에서 상호간의 신뢰 및 참여를 통한 명확한 기준의 마련을 통해 극복되어야 할 것이다.

┤ 강 평 ├

1. 교과서 학습이 충실하게 되어 있는지를 질문하는 문제이다.

2. 답안은 평정자, 피평정자, 사회제도적 기반으로 나누어 잘 서술하고 있다. 그리고 각 쟁점을 잘 정리하고 있다.

3. 문장도 그리 길지 않으면서 개념을 정확하게 전달하고 있다.

4. 전형적인 암기 문제에 대해서는 철저한 대비가 필요하다.

┃ 제3문 ┃ 우리나라에서도 복식부기 발생주의 회계제도의 도입이 논의되어 왔다. 단식부기와 복식부기, 현금주의와 발생주기의 개념을 설명하고, 기존의 단식부기 현금주의 회계제도가 가지고 있는 문제점을 지적하면서, 이러한 문제점을 극복하기 위한 대안으로 복식부기 발생주의 회계제도의 장점과 정착조건을 설명하시오. (25점)

Ⅰ. 서 론

Ⅱ. 단식부기와 복식부기
  1. 단식부기와 복식부기의 개념
    (1) 단식부기
    (2) 복식부기
  2. 단식부기의 단점
  3. 복식부기의 장점

Ⅲ. 현금주의와 발생주의
  1. 현금주의와 발생주의의 개념
    (1) 현금주의(現金主義)
    (2) 발생주의(發生主義)
  2. 현금주의의 단점
  3. 발생주의의 장점

Ⅳ. 정착조건 – 결론에 대신하여

답안작성

최 ○ ○ / 2010년도 행정고시 일반행정직 합격

Ⅰ. 서 론

정부회계란 정부조직의 경제적 정보를 식별·측정하여 정부의 정보이용자가 적절한 판단과 의사결정을 할 수 있도록 전달 내지 보고하는 과정이다. 정부회계는 경제적 거래의 인식시점을 기준으로 현금주의와 발생주의로, 정부의 기록방식을 기준으로 단식부기와 복식부기로 기록된다.

최근의 재무행정의 패러다임의 변화에 따라 유량(flow)중심에서 저량(stock)중심으로 관점이 변화와 더불어, 재량부여에 대한 책임 확보 측면에서 우리나라도 2009년 〈국가회계법〉의 개정을 통해 발생주의와 복식부기가 적용되고 있는바 이의 바람직한 정착조건을 검토해 보도록 하겠다.

Ⅱ. 단식부기와 복식부기

1. 단식부기와 복식부기의 개념

(1) 단식부기

부기란 거래를 일정한 원리에 따라 자산, 부채, 수입, 비용 등으로 구분하여 회계장부에 기입하는 과정으로 단식부기는 현금, 채권, 채무 등을 대상으로 발생된 거래의 한쪽 면만을 기입하는 방식으로 현금출납장이나 가계부방식 등의 장부기록방식을 말한다. 즉 거래의 영향을 단한 가지 측면에서 수입과 지출로만 파악하여 기록하는 방식을 말한다.

(2) 복식부기

복식부기는 하나의 거래를 대차평균의 원리에 따라 차변과 대변에 이중 기록하는 기록방식으로, 일정한 원리원칙에 의해 재화의 증감은 물론, 손익의 발생을 조직적으로 기록·계산하는 기장방식이다. 복식부기는 [자산 = 부채 + 자본(순자산)]의 구조를 갖는다. 즉, 복식부기는 경제의 일반현상인 거래의 이중성을 회계처리에 반영하여 기록하는 방식이다.

2. 단식부기의 단점

단식부기는 이해하기 쉬우며 외형상으로 수지균형을 통한 재정운영의 건전성을 확보하기 유용한 측면이 있으나, 정확한 재무상태의 파악이 곤란하며, 수익과 비용의 개념이 없어 성과분석이 곤란하므로 합리적 재정운영이 곤란하다. 또한 중간에 누락된 내용의 판단이 불가능하기 때문에 투명한 회계정보의 제공에 있어 한계가 있다. 그리고 현금만을 파악하므로 재정운영의 종합적인 내용을 판단할 수 없는 단점이 있다.

3. 복식부기의 장점

우선 기록범위에서 복식부기는 자산, 부채, 자본 등 모든 재산의 범위를 기록한다는 점에서 총량 데이터의 작성에 유리한 특징을 지니고 있다. 또한 기록방식측면에서 대차평균의 원리에 의해 작성되며, 이에 따라 차변과 대변을 계상하고 그 결과 차변의 합계와 대변의 합계가 반드시 일치하는 자기검증기능을 갖는다.

따라서 복식부기는 총량 데이터 작성에 유리할 뿐만 아니라 대차평균의 원리와 내부통제기능의 원리에 의해 자기검증기능을 갖추고 있어 데이터의 신뢰성을 증진할 수 있으며 회계정보의 이해가능성을 증진시킬 수 있다. 이를 통해 결산 및 회계감사의 효율성을 증진할 수 있게 되며, 회계부정의 방지 등이 가능해지게 된다.

Ⅲ. 현금주의와 발생주의
1. 현금주의와 발생주의의 개념
(1) 현금주의(現金主義)

현금주의와 발생주의는 기본적으로 거래의 발생에 대한 인식시점에 의해 구분 되는데 현금주의의 경우, 재화나 용역의 인수나 인도 시점보다는 현금의 지급과 수취의 시점만이 기준이 된다. 또한 현금의 수납사실을 기준으로 회계정리 된다.

(2) 발생주의(發生主義)

발생주의는 현금주의와 상반된 개념으로서 현금의 수수와는 관계없이 수익은 실현되었을 때 인식되고 비용은 발생되었을 때 인식되는 개념이다. 따라서 현금의 투자와 관계없이 수익의 경제적 사실이 발생한 때에 이에 관련된 가치의 희생이 발생한 사실에 입각하여 손익계산을 하는 방식을 말한다.

2. 현금주의의 단점

현금주의에 의한 회계처리는 미수수익이나, 미지급비용 등의 거래를 반영시켜 주지 못한다.

즉, 한 기간에 제공한 서비스의 원가 중에서 현금이 수반되지 아니한 항목은 모두 제외되고 현금이 수반된 사항은 기간의 귀속에 관계없이 당기의 활동원가를 구성하는 모순이 있어 그만큼 재무상태의 왜곡이 있게 된다.

또한, 지급의무의 발생과 실제의 현금지급사이에 상당한 시간적 차이(time lag)가 있는 경우, 제공한 서비스의 정확한 원가를 산정할 수 없을 뿐만 아니라, 허용된 예산액과 지출액과의 비교를 무의미하게 만든다.

3. 발생주의의 장점

첫째, 회계정리의 기준 차원에서 발생주의는 자산의 변동 및 자산 증감의 발생사실에 따라 회계정리한다. 따라서 미수금, 미수수익 등이 명확히 장부에 나타난다.

둘째, 경제적 거래시점과 책임간의 명확성이 확보된다. 발생주의 회계제도 하에서는 경제적 사건을 기준으로 거래를 인식하므로 경제적 거래시점과 책임(또는 성과)간의 괴리가 발생하지 아니한다. 이는 수입요인이나 지출요인이 발생한 시점에서 회계정보를 기재한다는 측면에서 의사결정행위자의 책임성이 명백하게 드러난다는 점에서 정보의 지불행위 시점 조정에 따른 정부결정의 영향력 은폐를 방지할 수 있는 방안이 된다.

Ⅳ. 정착조건 – 결론에 대신하여

국가재정에 발생주의 회계를 도입함에 따라 국가재정 전반에 대한 종합적인 파악 관리, 성과 중심의 재정운용 체계 구축, 국가자산에 대한 관리강화, 투명하고 양질의 국가 재정정보 제공 등 다양한 긍정적 효과가 있다. 하지만 민간부분의 방식이 정부회계제도의 특성과 접목되지 못하고 단순히 새로운 회계제도의 채택으로 그친다면 제도 도입에 따른 혼란과 비용의 낭비만이 초해될 것이다. 따라서 다음과 같은 조건이 고려되어야 한다.

첫째, 정부부문에 복식부기, 발생주의 회계제도의 도입은 정부부문의 성과관리 제도를 위한 프로그램 예산제도와 연계되어야 한다. 예산제도의 허브(hub)로서 프로그램 예산제도를 위한 뒷받침으로서 발생주의, 복식부기가 기능해야 한다.

둘째, 정부회계제도의 안정적 정착을 위해서는 공무원의 인식변화와 회계공무원의 전문성 확보가 필요하다. 대학에서 복식부기 이수에 있어 9학점이상이 소요됨을 감안할때 정부회계에 대한 교육의 기회를 확대하고 외부에서 회계전문인을 공개모집하는 것을 고려해볼 필요가 있다.

마지막으로 새로운 회계제도의 원리를 반영함과 동시에 정부부문의 활동을 정확히 규정해 주는 회계과목의 설정과 설정된 회계과목을 예산과목과 연계시켜 나가는 작업이 필요하다.

강평

1. 문제의 구조를 잘 분석하고 있다.
   ① 단식부기와 복식부기, 현금주의와 발생주기의 개념을 설명, ② 기존의 단식부기현금주의 회계제도가 가지고 있는 문제점을 지적, ③ 이러한 문제점을 극복하기 위한 대안으로 복식부기 발생주의 회계제도의 장점, ④ 정착조건을 설명해야 한다.

2. 이러한 문제의 구조를 잘 파악하고 잘 정리하고 있다. 서론에서 단식부기과 복식부기는 장부의 기록 방식이고, 현금주의와 발생주의는 거래의 인식 방식이라는 정리가 매우 중요했다.

3. 현금주의 금고에 있는 현금을 관리하는 수준이라면 발생주의 기관의 활동과 성과를 측정하기 위한 목적이라는 것을 강조할 필요가 있다.

4. 복식 부기에서 중요시되는 거래의 이중성, 대차 평균, 자기 검증의 논리적 구조도 잘 설명하고 있다. 특히 발생주의는 활동을 중요시하는 인식이라는 것도 강조되고 있다. 여기에 나아가 이럴 경우 기관을 이해하고 분석할 수 있는 재정상태표, 재정운영표 등 재무제표가 생산되어 재정 활동에 대한 다양한 분석이 가능해 진다는 것을 포함할 필요가 있다.

5. 정착 조건도 잘 정리하고 있다. 특히 프로그램 과목 체계가 정착되어야 한다는 것도 매우 중요하다. 예산 과목과 회계 과목이 일치할 수는 없지만, 예산 과목의 체계화는 회계 과목과의 연계성 강화를 위해 매우 중요하기 때문이다. 나아가 복식부기 발생주의가 정착되기 위해서는 기존의 예산과 결산과정에서 생산된 통계와 달리 다양하고 알기 쉬운 정보가 생산되어 국민에게 전달되고 정책 개발에 유의미할 수 있도록 해야 한다는 것도 강조될 필요가 있다.

2010년 입법고등고시 기출문제와 어드바이스 및 답안구성 예

| 제1문 (50점) |

2008년 가을 전 세계는 미국발 금융위기로 인해 세계적인 경제불황을 겪고 있다. 미국발 금융위기의 원인에 대해서는 대체로 신자유주의의 문제점이 노정된 것이라는 지적이 많다. 정치경제체제로서의 신자유주의 하에서 행정관리의 기조는 신공공관리라고 한다. 세계금융위기로 인해 신자유주의의 당위성이 도전 받고 있고, 이에 따라 신공공관리의 타당성도 의심받고 있다는 주장이 있다. 또한 신공공관리로의 전환뿐만 아니라 신공공관리로부터의 탈피도 전 세계적 차원의 정부개혁이라는 동형화현상으로 나타날 가능성이 높다. 그런데 한 나라에서 성공한 개혁이 다른 나라에서도 성공한다는 보장은 없다. 그렇다면 정부개혁을 추진하는데 있어 다른 나라의 성공사례를 수입할 경우 고려해야 할 점은 무엇이며, 어떤 전략을 활용하는 것이 바람직한가? 신공공관리에 초점을 맞추어 설명하라.

Advice

1. 서론에서 신자유주의의 문제점이 금융위기로 나타나면서 정부개혁모델로서 신공공관리에 대한 적용이 신중해져야 함을 언급한다. 금융위기로 인해 신공공관리로부터의 탈피가 논의되나 신공공관리에 기초한 정부개혁이 성공적으로 정착할 수 있는지가 여전히 유효하다는 점을 밝혀 신공공관리에 초점을 맞추어 논의함을 제시한다.

2. 이어 정부개혁에 대한 시장주의와 신관리주의를 포괄하는 신공공관리에 관해 개념을 제시하고, 특성(고객, 경쟁, 성과)을 제시한다. 다른 나라의 성공사례 수입 시 고려해야 할 사항을 정부개혁의 목적(가치)과 정합성(문화 및 기존 제도)으로 나누어 서술한다. 정부개혁의 목적을 추구하는 과정에서 공공성 내지 형평성 등의 가치가 저해되는지, 또한 성공사례를 수입했을 때 기존 행정문화(온정주의, 집단주의, 권위주의 등)와의 조응성, 기존 제도와의 충돌여부(성과급과 연공급), 선행되어야 할 제도의 존재 등을 고려하여야 한다.

3. 신공공관리에 기초한 정부개혁을 위한 전략은 크게 2가지로 분류할 수 있다. 먼저, 정부개혁과정에서 다른 가치를 저해하지 않고 문화 및 제도간 정합성이 있는 경우, 시장성테스트에 기초한 조직이원화 전략을 통한 경쟁 확보 등을 신속하게 추진한다. 다음으로 정부개혁과정에서 다른 가치를 저해하고 문화 및 제도간 부정합성이 있는 경우, 가치보완적 제도의 도입, 제도의 점진적 도입 및 선행제도의 구비 등을 통해 성과관리체계를 마련하는 전략이 요구된다. 2가지 전략에 대해서 조직·인사·재무부문별로 도입되거나 도입이 예정된 정책사례를 활용하여 서술하는 것이 필요하다.

Ⅰ. 서 론

Ⅱ. 신공공관리의 개념

1. 배 경
2. 고객, 경쟁, 성과의 핵심가치
3. 해외 사례

Ⅲ. 성공사례 수입 시 고려해야할 점

1. 정부개혁의 목적
2. 기존 제도와의 정합성

Ⅳ. 신공공관리에 기초한 정부개혁 전략

1. 문화 및 제도간 정합성이 있는 경우
2. 문화 및 제도간 정합성이 없는 경우

Ⅴ. 결 론

| 제2문 (30점) |

이른바 공유자원 혹은 공유재(common pool resources)를 둘러싸고 나타나는 시장실패의 현상을 공유지의 비극(the tragedy of the commons)라고 표현하고 있다. 최근 예산에 관한 연구에서는 예산편성과 배분에 있어서도 이러한 공유지의 비극 현상이 나타나기 때문에 이를 해소하기 위한 제도적 장치로서 top-down 예산제도를 도입하는 것이 필요하다는 주장을 펼치고 있다. 예산편성과 배분에서 나타나는 공유지의 비극은 어떤 현상을 의미하며, 또 이를 해소하기 위해 왜 top-down 예산제도가 도입되어야 하는지를 설명하라.

Advice

1. 공유지의 비극의 개념을 제시하고, 공유지의 비극이 발생하는 원인을 공유자원 혹은 공유재가 지니는 비배제성과 경합성의 특징으로부터 비롯됨을 서술한다. '예산' 또한 경합적이고 비배제성을 지닌다는 점을 언급하고, 예산편성과 배분과정에서 소유권 부재에 따른 예산과다요구 및 운용이 비효율성을 심화시킨다는 점을 공유지의 비극과 관련지어 설명한다.

2. Top-Down 예산제도의 개념을 제시하고, Top-Down 예산제도를 통해 개별 부처단위로 예산총액을 배분하고 자율적인 편성을 가능하게 하기에 유사소유권을 부여하는 효과로 예산과다요구의 행위가 줄어들고 운용상 효율성을 도모하게 된다는 점을 서술한다.

Ⅰ. 서 론

Ⅱ. 공유지의 비극의 개념 및 발생원인

1. 공유지의 비극 개념
2. 예산에서 공유지의 비극 발생원인

Ⅲ. Top-Down 예산제도의 도입 효과

1. Top-Down 예산제도의 개념
2. Top-Down 예산제도 도입의 효과

Ⅳ. 결 론

| 제3문 (20점) |

인사과에 A과로부터 정원상 결원이 있으므로 보충해달라는 요청이 왔다. 인사과는 정원과 현원을 대비하여 보고, 실제로 현원이 정원에 미치지 못하는 것을 확인하면서, 결원을 보충해 주기로 결정하였다. 이러한 인사과의 결정은 무슨 문제가 있는가?

Advice

1. 인사과는 인적자원관리를 전담하는 곳으로, 인적자원의 확보와 개발 및 유지관리를 체계적으로 운영하는 점을 서술한다. 지문에서 인사과의 결정은 인적자원의 확보차원에서 인력계획의 미흡, 유지관리차원에서 퇴직관리의 부재 등 지원조직으로서의 역량부족을 노출한다는 점을 지적한다. 또한 사업조직과의 의사소통이 원활하게 이루어지지 않음을 유추해 볼 수 있다.

2. 따라서 인력계획을 수립할 때 사업조직의 의견이 반영되도록 하며, 퇴직관리체계를 구성하여 인적자원의 변동사항을 미리 파악하고 대비할 수 있는 제도적 개선이 필요함을 언급한다.

│ 답안구성 예 ├

Ⅰ. **인사과의 역할**

Ⅱ. **지문에서 인사과 결정의 문제점**
  1. 전략적 인적 관리의 미흡

2. 퇴직관리의 부재
3. 사업조직과의 의사소통 미흡

| 제1문 | 다음 지문을 읽고 물음에 답하시오. (총 50점, 선택 총 25점)

〈지문 1〉

'작은 정부'의 정책기조도 유지돼 올해 국가공무원 정원은 지난해 말 60만 7,628명 수준으로 동결된다. 하지만 중앙정부 기능에 대한 '아웃소싱' 형태인 법인화와 지방이양이 이루어질 경우 국가공무원 정원은 상당 부분 줄어들 수 있다. … 우선 00의료원, 00병원, 00청 등을 법인화 우선추진 대상기관으로 선정했고, 00부 산하 00본부와 00대학교 등에 대해서도 법인화 추진방안을 논의하기로 했다.   - 00신문, 2009. 1. 21. -

---
〈지문 2〉

최근에 중앙정부와 각 지방자치단체가 도입하고 있는 균형성과관리제도(BSC)는 기존 성과평가 방식에서 벗어나 고객관점 등 비재무적 활동을 평가한다는 점에서 새로운 평가시스템으로 주목되고 있다. 특히 지방자치단체의 체계적인 성과관리를 위해서는 '성과'와 '과제'를 통합 관리하는 시스템이 필요하다는 의견이 제시됐다. … 00시는 통합 성과관리시스템을 통해 조직의 발전전략과 성과지표를 개발하고 부서 및 개인별로 목표를 설정한 뒤 달성정도를 체계적으로 관리하고 평가해 인사와 성과급 지급에 반영할 계획이다.   - 00신문, 2009. 2. 5. -

(1) 신공공관리론의 관점에서 위 두 지문의 사례가 갖는 공통점과 차이점을 논하시오. (30점)

(2) 위 두 지문에서 제시된 행정개혁 사례의 적실성과 한계에 관하여 다음 주장에 유의하면서 논하시오. (20점)

"2008년 이후 세계적인 금융 및 경제위기로 인해 사회과학 전반 그리고 행정학에서도 정부와 시장의 역할 및 가치가 새롭게 조명되고 있다."

Ⅰ. 서 론
Ⅱ. 〈지문 1〉과 〈지문 2〉의 공통점과 차이점: NPM 관점
  1. NPM의 개념 및 특징
  2. 두 지문의 공통점: 시장 경쟁논리에 기반한 행정 효율성 확보
  3. 두 지문의 차이점: 효율성 확보를 위한 개혁의 방향 차이

Ⅲ. 두 지문 사례의 적실성과 한계: 정부 및 시장의 새로운 역할 및 가치를 토대로
  1. 공조직 법인화 사례의 적실성과 한계: 시장 중심적 정부역할 증대와 정부의 책임적 역할 부재
  2. BSC 사례의 적실성과 한계: 관리적 효율성 증대와 경쟁의 몰가치화

Ⅳ. 결 론

I. 서 론

공조직에 대한 개혁과 관련하여 최근 신공공관리론적 행정개혁이 불고 있다. 행정과 경영의 관계를 차이점보다 유사성이 더 크다고 보면서 접근하는 신공공관리론(New Public Manangement : 이하 NPM이라 한다) 기조에 따라 정부기관의 법인화와 성과관리제도의 도입은 시사하는 바가 크다 할 수 있다. 따라서 이하에선 먼저, 제시된 〈지문 1〉과 〈지문 2〉의 사례가 갖는 공통점과 차이점을 NPM관점에서 논하고자 한다. 다음으로 두 지문의 사례가 갖는 적실성과 한계를 '정부와 시장의 역할 및 가치 변화'에 초점을 두어 논하고자 한다.

II. 〈지문 1〉과 〈지문 2〉의 공통점과 차이점: NPM 관점

1. NPM의 개념 및 특징

NPM은 작지만 효율적인 정부를 지향하는 시장주의적 성격과 관리주의적 성격이 결합된 공공관리의 새로운 형태를 말한다. 1970년대 오일쇼크 이후 세계 경제는 정부 실패에 대한 비판을 필두로 하면서 무너지고 있었다. 기존의 정부 개입적인 관료제적 사고에서 탈피하여 민간영역인 시장이 주류가 되어 패러다임을 이끌어가야 한다고 보는 것이 신공공관리론이다.

기본적으로 NPM은 경쟁과 분권화를 통한 효율성 제고를 표방하는 시장주의적 특징을 지닌다. 시장의 영역을 행정에 접목시켜 경쟁을 유도하고, 분권화된 행정공급 시스템을 구축하여 효율성을 제고하고자 하는 특징이 존재한다. 또한, 성과관리를 통하여 정부조직 등의 생산성을 제고시키려는 관리주의적 특징을 지니기도 한다. 개인 역량 강화에 대한 평가와 조직 차원에서의 목표 달성 여부를 측정하여 성과 수준만큼 보상해야 한다고 보는 것이다.

2. 두 지문의 공통점: 시장 경쟁논리에 기반한 행정 효율성 확보

〈지문 1〉의 경우는 정부조직의 슬림화를 나타내는 법인화 사례를 제시한다. 이는 새로운 공공서비스 공급방식과 연관된다. 기존에는 정부 관료제에 의해서 정부조직이 모든 행정 서비스를 공급하는 방식이었다. 그러나 그러한 정부조직 중심적 조직구조는 경직성을 야기하고 X비효율성과도 같은 행정의 비효율성을 야기한다는 이유로 중앙정부 기능의 '아웃소싱'이 새롭게 대두되었다. 그 대표적 사례가 위의 〈지문 1〉 사례인 공조직의 법인화 사례이다. NPM관점에서 볼 때 정부조직이 모든 역할을 수행하려 하고 행정 서비스의 공급을 일원화시키려 하는 것은 지대추구의 폐해가 발생할 수 있다. 따라서 정부조직의 기능 일부를 시장에 이양하여 자유로운 법인의 형태로 경쟁하여 서비스의 질 개선 등을 도모해야 한다고 본다.

〈지문 2〉의 경우는 균형성과관리제도인 BSC(Balanced Score Card) 사례를 제시한다. 기본적으로 BSC는 재무적 성과지표와 비재무적 성과지표를 통합한 균형된 관점의 성과관리도구이다. BSC의 기본적인 목적은 부서와 개인을 시장 논리에 기반하여 경쟁시스템에 놓이게 하고자 하는 것이다. 위의 〈지문 1〉과 같이 NPM관점에서 볼 때 BSC사례는 경쟁이 부재한 정부조직에 효율성을 불어넣을 수 있다.

〈지문 1〉과 〈지문 2〉는 이처럼 시장의 원리인 경쟁을 토대로 기존의 관 주도적 행정이 가지는 비효율성을 개선할 수 있다는 공통된 의사를 반영한 행정개혁 사례라 할 수 있다.

3. 두 지문의 차이점 : 효율성 확보를 위한 개혁의 방향 차이

〈지문 1〉의 경우에는 '작은 정부'를 지향하면서 국가기관의 기능을 외부 시장에 이양하고 있다. 법인화를 통해서 행정서비스의 공급방식을 외부 시장과의 경쟁을 유도하고자 함이다. 이는 신공공관리론의 기조인 시장주의에 입각한 효율성 확보 방향이다. 정부가 운영할 경우 오히려 불필요한 지대추구행위나 행정의 비효율성이 야기할 수 있다고 판단했기에 외부 민간시장과의 경쟁을 유도하는 방식을 취한 것이다.

그러나 이와 달리 〈지문 2〉의 경우에는 내부에서 효율성을 확보하려는 방향이라는 점에서 앞선 〈지문 1〉의 경우와 차이가 있다. BSC라는 성과평가 시스템을 도입해서 내부조직의 성과를 관리하고 향상시켜 효율성을 기하고자 하는 것이다. 이는 신공공관리론의 기조 중에서 신관리주의에 해당한다고 할 수 있다. 개혁의 방향을 외부로 돌리는 것이 아니라 내부에서 비효율성이 야기된 부분을 진단하고 그 부분을 관리 및 조정하여 효율성을 확보하고자 하는 것이 〈지문 2〉의 사례이다. 이렇듯 같은 신공공관리론의 기조라 하더라도 개혁의 방향이 차이가 날수 있다는 것을 두 지문은 보여주는 것이다.

III. 두 지문 사례의 적실성과 한계 : 정부 및 시장의 새로운 역할 및 가치를 토대로

2008년의 세계 금융 위기 이후로 행정학에서도 정부와 시장의 역할 및 가치가 새롭게 조명되고 있다는 주장이 존재한다. 이러한 주장은 "행정개혁에 새로운 바람이 불 것이다."라는 전망과 일맥상통한다. 앞서 분석해본 두 지문의 사례 역시 행정개혁에 해당한다 할 수 있다. 개혁은 바람직한 방향을 추구하고자 하는 적실성에 기반 하나 역시 한계도 존재할 수 있다. 따라서 이하에선 두 지문에서 제시된 행정 개혁 사례를 제시한 주장에 유의하며 적실성과 한계가 어떠한지 논하도록 한다.

1. 공조직 법인화 사례의 적실성과 한계 : 시장 중심적 정부역할 증대와 정부의 책임적 역할 부재

〈지문 1〉에서 제시된 공조직의 법인화 사례는 정부조직의 불필요한 증대를 막고 시장 중심적 행정으로 거듭날 수 있는 적실성을 지니고 있다. 공조직이 법인화를 통해 자유롭게 시장의 원리를 도입할 수 있게 되면 서비스 측면에서 많은 개선이 일어날 수 있다. 예를 들어 의료원의 경우에 중앙정부 중심적 운영에 의하면 많은 부채를 양산하고 서비스의 질 개선이 어려웠을 수 있다. 그런데 법인화를 통한다면 시장자본을 유입시키고 수요자 중심의 서비스 질 개선을 이뤄낼 수 있다. 즉 관 주도적인 정부역할을 시장으로 이양시켜 시장 중심적인 정부역할로 변화를 이끌어 낼 수 있는 적실성이 있다.

그러나 현실적으로 정부의 역할이 시장 중심적 사고로 변하게 된다면 정부가 수행하여야 하는 최소책임의 영역이 줄어들게 되는 한계가 있다. 예를 들어 법인화를 통해 의료원이 서비스 수준이나 조직 개혁을 성공적으로 이뤄냈다고 하더라도 정부가 사회약자들의 보호막으로서 최소한의 책임을 다하지 않아도 되는 상황을 야기시킬 수 있다. 즉, 정부가 반드시 수행해야 하는 서비스 제공이 시장 논리에 의해서 이뤄지지 않을 수 있는 것이다. 수익성이 나지 않는다는 이유로 사회약자계층에게 서비스가 제공되지 않을 수 있는 등 정부의 책임적 역할이 회피될 수 있는 한계를 가지는 것이다.

2. BSC 사례의 적실성과 한계 : 관리적 효율성 증대와 경쟁의 몰가치화

〈지문 2〉에서 제시된 BSC 사례는 정부의 비효율성을 개선하기 위해 도입된 새로운 평가시스템이다. 기존의 정부 역할은 관주도적인 위치에서 수행되었다. 그러다 보니 정부조직에 의한 무사안일이나 경직적 조직운영 등으로 인해 정부의 생산성이나 효과성 등이 저하되었다.

그러나 정부의 역할이 변화해 나가야한다는 반응에 따라서 정부내부 조직의 관리적 개혁이 시도된 것이 바로 BSC 사례이다. 평가를 통한 개인과 조직을 관리하고 평가는 성과에 기반하여 이뤄지므로 관리적 효율성을 제고시킨다는 적실성이 있는 사례이다.

그러나 성과 중심적인 평가시스템이다보니 경쟁이라는 가치에 매몰되어 효율성 지상주의에 빠지는 한계를 지닌다. 정부조직의 성격상 측정 불가능한 성과가 존재할 수 있다. 그런데 철저히 성과에 기반하여 효율성을 제고하고자 한다면 측정 가능한 요소들만 평가에 반영되고 그러한 부분에만 경쟁이 심화될 수 있다. 결국 효율성이라는 가치가 조직 내에서 절대적으로 중시되고 정부조직이나 그 구성원들은 정부의 필수적 역할을 수행하지 않고 성과에만 매몰되는 몰가치적 태도를 보일 수 있다. 이러한 점들이 〈지문 2〉의 사례가 가지는 한계라고 지적할 수 있다.

Ⅳ. 결 론

행정은 변화의 패러다임 속에서 끊임없이 변화하고 있다. 신공공관리론 역시 그러한 변화의 패러다임에서 기인하여 행정의 변화를 주도하고 있다. 정부조직이란 시대적 흐름과 서비스대상자의 인식 및 역할, 그리고 외적 변수인 환경에 따라서 끊임없이 개혁을 시도해 나가야하고 지금도 그렇게 하고 있다. 하지만 행정개혁이라는 것이 항상 완벽하게 적실성을 가지고 본래 의도한 바대로 성공을 거두기란 어렵다고 생각한다. 정부와 시장의 역할이 변화하고 있다는 인식과 가치가 변하고 있다는 인식에 반응하여 이뤄진 개혁이다 보니 한계 역시도 존재하는 것이 사실이다. 따라서 행정은 이러한 한계를 인지하고 패러다임에 맞는 개혁을 완성해나 가야 할 것이다.

⊣ 강 평 ⊢

1. 전체적으로 내용을 잘 숙지하고 있는 답안이다. 내용과 관련하여 몇 가지 체크 포인트를 제시한다.

2. 〈지문 1〉의 지문은 작은 정부의 기조로서 정부기능을 축소하고 정부기능을 민간의 영역으로 이양하기 위한 방안을 제시하고 있다. 공무원 조직으로 운영되는 책임운영기관이나 공기업 형태가 아니라 별도 법인체로 운영되는 법인화를 통해 시장의 주체로 운영되도록 하는 것이다. 소위 서비스가 제공(provide)되도록 하되 정부가 직접 생산(produce)하는 않는 방식을 채택하는 것이다. 이에 대해 잘 정리하고 있다.

3. 〈지문 2〉의 지문은 조직 내부에서 경쟁을 통한 성과 제고의 방안으로 성과 평가를 도입하는 방안을 제시하고 있다. 특히 BSC를 Balanced Score Card로 풀어서 제시하여 개념을 알고 있다는 것을 보여 준 것은 좋은 접근이다. 다만 BSC에 대한 설명이 필요했다. BSC는 재정 측면, 학습과 성장 측면, 내부관리 측면, 고객 측면을 균형적으로 평가하고, 계량화하여 성과관리를 하는 방식이다.

4. 차이점과 관련하여 〈지문 1〉의 지문은 외부화, 〈지문 2〉의 지문은 내부 관리방안의 방안이라는 점도 잘 지적하고 있다.

5. 설문 (2) 질문의 핵심은 신공공관리가 시장지향과 경쟁을 강조하다보니 오히려 위기를 초래한 측면을 부각하는 것이다. 규제없는 금융시장이 시장의 질서를 무너뜨리고 경제위기를 초래했기 때문이다. 따라서 적절한 정부의 개입이 필요하다는 것이 다시 강조되고 있는 것이다. 답안에서 내용은 충실하게 잘 정리되어 있다. 다만 이러한 핵심적 내용을 지적한 다음에 내용을 풀어나갔으면 더욱 좋았을 것이다.

| 제2문 | 정부 예산의 기능이 변하면 이를 수행하는 데 적합한 새로운 예산제도가 등장하였다. 예산의 기능과 예산제도의 변화와 관련하여 다음 질문에 답하시오. (총 30점, 선택 총 15점)

(1) 예산이 수행하는 통제, 관리, 계획, 감축 기능 등을 중심으로 정부예산제동의 발전과정을 설명하시오. (10점)

(2) 각 예산제도를 통해 특정의 예산기능이 어떻게 수행되고 있는가를 예산편성방식을 중심으로 설명하시오. (20점)

Ⅰ. 정부예산제도의 발전 과정 : 통제, 관리, 계획, 감축

1. 예산의 통제기능 : 품목별 예산
2. 예산의 관리기능 : 성과주의 예산
3. 예산의 계획기능 : 계획주의 예산
4. 예산의 감축기능 : 영기준 예산

Ⅱ. 각 예산제도의 예산기능 수행 방식 : 예산 편성 방식 중심

1. 예산의 통제기능
2. 예산의 관리기능
3. 예산의 계획기능
4. 예산의 감축기능

답안작성
신 0 0 / 2009년도 행정고시 일반행정직 합격

Ⅰ. 정부예산제도의 발전 과정 : 통제, 관리, 계획, 감축

A.Schick에 따르면 예산은 단계를 가지고 개혁을 거친다고 말할 수 있다. A.Schick은 예산을 기능 및 정향에 따라 통제, 관리, 계획, 감축 지향 등으로 구분한다. 즉, 정부의 예산 기능과 정향 등이 변하면 그러한 기능에 맞게 새로운 예산제도 등이 등장하기 마련이다. 이하에서는 이러한 4가지 기준에 따라 정부예산제도의 발전 과정을 설명하고자 한다.

1. 예산의 통제기능 : 품목별 예산

예산의 통제 지향적 기능은 정부가 이용 가능한 예산의 한도를 준수하여 예산 운영의 합법성을 지키도록 만드는 기능이다. 정부는 의회에서 승인받은 세출의 권한 내에서 재정을 지출하고 사업에 필요한 예산은 주로 전년도 지출 수준을 비교하여 타당성을 확보한다.

이러한 통제기능을 보여주는 정부예산제도는 품목별 예산제(Line Item Budget System)라 할 수 있다. 세입과 세출을 표시하면서 기관별 예산, 기관의 운영과 행정활동에 소요되는 품목 등을 나열하여 그 내용을 금전적으로 표시하는 예산통제제도이다. 품목에 투입되는 비용에 대한 통제를 주된 목표로 삼고 있다. 그러나 이러한 목표로 인해 개별 사업 항목들이 얼마나 증가했는지 표면적으로만 확인가능하다. 또한, 품목에 따라 비용이 관리되므로 사업별 예산의 신축성이 결여되는 단점 역시 존재한다.

2. 예산의 관리기능 : 성과주의 예산

예산의 관리 지향적 기능은 기관에서 구입하는 투입요소나 자원보다는 정부 활동의 성과에 초점을 맞추도록 만드는 기능이다. 물품, 실비 등 자원에 초점을 두는 것이 아니라 이루어지는 사업이나 제공되는 서비스 성격의 상대적인 중요성에 초점을 두도록 한다.

이러한 관리기능을 보여주는 정부예산제도는 성과주의 예산제(Performance Budget System)라 할 수 있다. 사업의 목적과 목표에 대한 기술서가 포함되고, 업무량에 대한 측정, 사업의 효과성 등이 포함되는 예산제도를 말한다. 주어진 재원 수준에서 성취한 산출 수준이 성과지표에 표시되면서 어느 사업에 얼마나 투입되었고, 얼마나 산출을 냈는지 평가함으로써 관리자의 일반적 통제에 초점을 둔다.

3. 예산의 계획기능 : 계획주의 예산

예산의 계획 지향적 기능은 정부의 재정운영에서 효율성 달성을 유도하는 기능이다. 장기적인 기획목표의 설정과 프로그램 비용과 편익 분석에 초점을 둔다.

이러한 계획기능을 보여주는 정부예산제도는 계획주의 예산제(Planing, Programming and Budget System)라 할 수 있다. 예산편성에 계장기법 도입, 목적을 설정하고 이를 달성하기 위한 프로그램들을 결정하는 방식이다. 프로그램의 범주와 하위 범주 그리고 프로그램 요소로 체계화하여 예산을 계획하도록 만드는 기능을 보여준다. 이러한 프로그램적인 제도로 인해 예산을 유용하는 부서들로 하여금 임무와 기능을 재평가하게 만들고 투입 및 산출 그리고 목표와의 관계 등에 대한 양호한 정보를 축적하여 고위층에게 계획, 예산, 그리고 성과에 대한 관심을 증진하게 하는 기능 역시 지닌다.

4. 예산의 감축기능 : 영기준 예산

예산의 감축 지향적 기능은 정부의 재정팽창을 억제하고 능률성을 제고시키는 기능을 말한다. 물가 상승, 재정적자, 경기 침체 등의 영향에 따른 조세저항이 작용하여 재정 낭비를 줄이는 역할을 하는 것이다.

이러한 감축기능을 보여주는 정부예산제도는 영기준 예산제(Zero-Base Budget System)라 할 수 있다. 영기준 예산제는 이론상 모든 예산 지출제안서를 영점에서 근본적으로 재검토하겠다는 것을 목표로 하는 예산제도이다. 이는 우선수위를 정하여야 하는데 이 과정에서 의사결정자의 주관적 판단이 매우 중요하다고 할 수 있다. 다만, 지나치게 많은 문서작성 및 관리 등의 부담으로 인해 실제 집행에는 제약적 요소가 존재한다고 할 수 있다.

Ⅱ. 각 예산제도의 예산기능 수행 방식 : 예산 편성방식 중심

앞서 제시한 A. Schick의 4가지 기준에 따른 예산의 기능은 새로운 예산제도의 발전과정을 제시해준다. 통제, 관리, 계획, 감축 등의 기능을 담고 있는 각 예산제도 방식이 어떻게 수행되고 있는지를 예산 편성 방식을 중심으로 살펴보는 것은 예산에 대한 심도 높은 이해를 위해서 중요하다고 할 수 있다. 따라서 이하에선 각 예산제도의 기능 수행 방식을 예산편성 방식 중심으로 제시하고자 한다.

1. 예산의 통제기능

예산의 통제기능을 보여주는 품목별 예산제도는 예산 편성 과정에서 예산을 책정하는 중앙부처에서 예산의 품목을 먼저 파악한다. 예산을 편성할 때 개개의 사업이나 전체 사업과 관련된 거시적인 예산 편성은 이뤄지지 않는다. 오히려 특정 품목과 관련된 미시적 수준의 예산안이 기획되어 예산 편성 과정에 반영된다.

2. 예산의 관리기능

예산의 관리기능을 보여주는 성과주의 예산제도에선 사업 성과와 연관되는 것들을 중심으로 예산이 편성된다. 예산 편성부처는 각각의 사업들이 사업성과가 명시적으로 제시될 수 있는 부분들인지 먼저 검토한다. 편성 과정에선 사실상 예산 투입에 따른 성과가 나오지 않은 사업들도 존재한다. 따라서 이미 성과가 나온 사업에 대해서 예산 편성이 이루어지는 경우가 많으며, 이전의 성과가 뚜렷한 사업에 대해서 그렇지 못한 사업보다 더 많은 예산이 편성된다.

3. 예산의 계획기능

예산의 계획기능을 보여주는 계획주의 예산제도에선 하향식 (top-down) 방식으로 예산편성이 이뤄진다. 예산 편성 단계에서 도입 목적 등이 설정되고 이를 달성하기 위한 프로그램 항목들이 결정된다. 각각의 프로그램의 범주와 하위범주 등이 체계적으로 구성되며 해당 프로그램에 대한 평가를 기반으로 예산이 편성된다.

4. 예산의 감축기능

예산의 감축기능을 보여주는 영기준 예산제도는 원점에서 재검토하는 방식으로 예산 편성이 이뤄진다. 예산을 편성해주는 중앙부처는 각각의 부처들이 상향식으로 올린 예산 요구안을 그대로 수용하지 않고, 영점에서 완벽히 재검토하게 된다. 따라서 각각의 부처들이 올린 예산 요구안대로 예산이 편성될 가능성은 낮다. 오히려 편성 기관에서 예산 관련 근거 자료들을 토대로 주관적인 판단을 통해 예산을 실질적으로 재편성하는 과정을 거치게 된다. 이렇다보니 실제 영기준 예산제도에선 매년 예산이 원점에서 재검토되기도 한다.

이 원 희 / 한경국립대학교 행정학과 교수

강 평

1. 각 예산제도의 핵심적 의미를 파악해야 하는 매우 좋은 문제이다. 설문 (1)의 문제에 대해서는 잘 작성하였다. 다만 설문 (2)은 핵심을 정리하기 위한 보완이 필요하다.

2. 품목별 예산제도는 구입하려는 물품이나 서비스를 중심으로 편성한다. 따라서 전년도 예산을 중심으로 점증하는 방식이 된다.

3. 성과주의 예산은 단위 사업과 원가를 중심으로 편성한다. 예컨대 도로 10㎞를 건설하는데, 1㎞당 1억이 소요되기 때문에 10억원의 예산을 계상하는 것이다. 따라서 단위 사업을 관리하기에 유리하다.

4. 계획예산은 장기적인 계획을 수립하고 이러한 대안의 체계적인 검토를 통해 예산이 배정된다. 따라서 참여에 의한 예산의 편성과정보다는 일부 유능한 기획가의 능력이 중요하다.

5. 영기준 예산은 전년도 예산을 "영"으로 두고 편성하는 과정에서 사업 담당자가 자신의 사업을 원점에서 평가하는 방식이다. 따라서 개별 담당자의 참여가 활성화되는 과정을 가진다.

| 제3문 | 오늘날 인사행정에서 강조되고 있는 '전략적 인적자원관리(Strategic Human Resource Management)'에 관한 다음 물음에 답하시오. (총 20점, 선택 총 10점)

(1) 현대 인사행정의 패러다임 변화에 근거한 '전략적 인적자원관리'의 의의와 특징을 설명하시오. (10점)

(2) '전략적 인적자원관리'의 개념인 인사행정의 하위 활동과정(인적자원의 확보, 개발, 활용, 평가, 보상 등)에 적용된 대표적인 제도 또는 사례를 통해 '전략적 인적자원관리'의 적실성과 한계를 논하시오. (10점)

Ⅰ. **전략적 인적자원관리의 의의 및 특징**

Ⅱ. **전략적 인적자원관리의 적실성과 한계 : 확보, 개발, 활용, 평가, 보상**

1. 전략적 인적자원관리의 적실성
2. 전략적 인적자원관리의 한계

답안작성

신 ○ ○ / 2009년도 행정고시 일반행정직 합격

Ⅰ. 전략적 인적자원관리의 의의 및 특징

전략적 인적자원관리(Strategic Human Resource Management)란 인적자원관리를 기반으로 조직전략을 기획하고, 전략을 수립하며 실행하는 것을 말한다. 조직은 어떤 가치와 성과를 달성하고자 하는데 이러한 목적들을 달성하기 위해서 인적자원에 대한 계획, 전개, 실행을 전략적으로 수립하고 지속적으로 적용하는 관리방식을 뜻한다.

전략적 인적자원관리는 크게 두 가지 정도의 특징을 지닌다고 할 수 있다. 기존의 인적자원관리방식이 채용, 교육, 평가, 보상 등의 미시적 수준에서의 관리였다면 전략적 인적자원관리는 거시적 차원에서 이러한 미시적 수준의 요소들을 통합하려는 특징을 지닌다. 과거 인사행정패러다임은 주로 인적 요소들을 단순히 인사관리메커니즘에 투입해야하는 요소로 인식하는 방식이었다. 따라서 미시적 수준에서 각각의 단계별 인사관리들은 인력을 투입하고 해당 수준에서 산출을 뽑아내야 한다는 것에 그쳤다. 그러나 전략적 인적자원관리는 그러한 각각의 인사관리시스템을 통합해서 바라보아야 한다고 본다. 채용이 교육으로 이어지고 교육에 따라 성과가 도출되며, 그 성과에 따라서 보상이 이루어져야 한다고 본다. 거시적으로 볼 때 모든 단계들이 연관이 있고 전단계가 후단계의 관리에 독립변수로 작용할 수 있다고 보는 특징을 지닌 것이다.

다음으로는 전략적 인적자원관리는 개인과 조직을 연계하려는 특징을 지닌다. 과거의 인사행정패러다임에서는 인적관리가 실질적으로 조직의 전략과 동떨어진 상태로 이루어졌다. 그러나 현대 인사행정패러다임은 조직이라는 거시적 차원의 요소들과 개인이라는 미시적 차원의 요소들이 서로 연관성이 높다고 본다. 따라서 조직의 관점에서 다양한 인적자원관리방식을 통합하려는 특징을 지닌다. 즉, 조직의 비전이나 목표, 조직을 둘러싸고 있는 외부 환경, 조직 내부의 분위기, 조직의 제반사정 등을 다방면으로 고려하여 조직의 목표와 성과 달성을 위한 자원관리를 시도하는 것이다.

Ⅱ. 전략적 인적자원관리의 적실성과 한계 : 확보, 개발, 활용, 평가, 보상
1. 전략적 인적자원관리의 적실성
전략적 인적자원관리 개념은 인사행정의 하위 활동과정인 확보, 개발, 활용, 평가, 보상에 따라 적실성을 논해볼 수 있다.

먼저, 확보단계에서는 개방형 임용제라는 대표적 제도를 고려해볼 수 있다. 인적자원을 확보하는 단계는 반드시 내부 승진이나 채용 등으로 이루어질 필요는 없다. 당해 부처 외의 전문가를 경쟁방식으로 채용함으로써 조직의 목표에 부합하는 전문 인력을 끌어들일 수 있는 적실성을 가질 수 있다.

다음으로 개발단계에서는 액션러닝(action learning) 등과 같은 새로운 교육훈련방식을 통해서 적실성을 논해 볼 수 있다. 전략적으로 외부 전문 인력을 확보하였다면 해당 인력이 조직의 목표에 부합하는 인력으로 발전하기 위해선 교육훈련을 통해 개발시켜 주어야 한다. 이러한 교육훈련은 인적자원 개개인들이 자신들의 수준과 현실적인 상태를 점검하게 해주고 조직의 목표에 더 부합하는 인력으로 거듭날 수 있게 해준다는 점에서 적실성을 가질 수 있다.

개발 단계 이후인 활용단계에서는 선택적으로 인력을 각각의 분야에 배치하는 제도들을 생각해볼 수 있다. 개발단계를 거친 인적자원들은 전문성과 조직의 목표에 대한 내재화된 인식을 모두 함축하고 있다. 그러한 인력들을 적절히 활용하기 위해선 적재적소에 배치하는 방안을 고려해야 한다. 그렇게 된다면 인적자원의 불필요한 활용을 막을 수 있고 조직운영의 효율성을 기할 수 있다는 점에서 적실성이 크다할 수 있다.

활용 이후에는 평가와 보상이 이뤄지는데 해당 단계에서는 근무성적평정과 성과급 지급제도 등을 고려해볼 수 있다. 전략적 인적자원관리시스템에 따라 인적자원들의 평가요소를 각각의 직위에 맞게 분류하고 해당 직위에서 일정정도의 성과를 낸 경우에 한해 성과에 맞게 차등적으로 보상을 해준다는 점에서 공정성이나 조직의 능률성 증진 등의 적실성을 살필 수 있다.

2. 전략적 인적자원관리의 한계

먼저, 확보단계에서 전략적 인적자원관리에 해당하는 개방형 임용제는 내부 조직구성원들이 반감을 살 수 있다는 한계가 있다. 전략적으로 조직의 성과와 목표달성만을 위해서 조직 내부 구성원들의 인정과 인식 전환없이 개방형 임용제 등의 자원관리방식이 도입된다면 내부조직 상황을 보다 잘 이해하는 인력 등이 채용되지 못하는 한계를 보일 수 있다.

또한, 개발단계에서 구성원들이 갑작스럽게 새로운 교육훈련을 하게 된다면 교육훈련이 본래 거두고자 하는 성과를 거두지 못할 수 있는 한계를 지닌다. 현실적으로 새로운 교육훈련을 내부구성원들이 제대로 인식하지 못하고 있고 복잡한 시스템으로 이루어지다보니 유연하게 적용되기 어려운 한계도 있다.

개발단계뿐만 아니라 활용단계에서도 한계는 존재한다. 전략적 인력배치는 정부조직의 연공에 따른 지위 배정과 충돌할 수도 있다. 인적 자원을 효율적으로 활용한다는 면에선 분명히 긍정적이나 경험과 연륜이 있는 인력들이 전략적 배치라는 명목으로 원치 않는 방향으로 활용될 수도 있는 것이다.

마지막으로 평가와 보상단계에서 성과급제도 등은 성과 매몰주의로 치우치게 만드는 한계를 지닐 수 있다. 전략적 인적자원관리 하에서 평가와 보상은 측정가능한 성과를 중심으로 실시된다. 그러다보니 구성원들은 조직의 분위기는 고려하지 않고 개인의 성과에만 매몰되어 조직이 본래 의도하고자 한 목적을 달성하기 어려울 수도 있다.

| 강 평 |

내용에 대해서는 잘 정리된 우수한 답안이다. 몇 가지 보완사항을 정리한다.

1. 기존의 인사관리라고 하여 통제 지향적 접근이었으나, 최근에는 인력이 조직의 성과를 결정하는 매우 중요한 요소라고 인지하고 인적 자원관리의 개념으로 전환하고 있다. 이러한 핵심적 방향을 맨 앞에 정리하는 것이 좋다.

2. 확보, 개발, 활용, 평가, 보상의 주제별로 특징과 한계를 잘 정리하고 있다. 다만 목차로 ①, ②, ③ 등으로 구분하면 가독성이 높아서 깔끔한 답안이 될 것이다.

3. "전략적 인력배치는 정부조직의 연공에 따른 지위 배정과 충돌할 수도 있다."는 문구는 옥에 티라고 할 수 있다. 충돌이 아니라 "보완을 위한 방안이 필요하다."는 정도로 완화되었으면 좋을 것 같다. '지금 대한민국은 연공에 의한 인사관리의 질서를 극복하기 위한 노력'을 하고 있다.

2009년도 기출문제 (일반행정)

| 제1문 | 행정학을 포함한 현대 사회과학에서 새로운 연구방법으로 자리매김하고 있는 신제도주의이론에는 강조점이 서로 상이한 세 가지 접근방법(합리적 선택 신제도주의, 역사적 신제도주의, 사회학적 신제도주의)이 있다. (총 50점)

(1) 신제도주의가 등장하게 된 이론적 배경을 기술하시오. (10점)

(2) 신제도주의이론의 세 가지 접근방법을 제도의 개념, 주요 특징, 이론적 한계 등을 중심으로 상호 비교하시오. (20점)

(3) 아래 제시된 정부조직개편 사례의 원인과 대책을 신제도주의의 세 가지 접근방법으로 설명하시오. (20점)

> 정부는 1990년대 후반 내무부와 총무처를 통합하였고, 부총리·정무장관·공보처·민주평화통일자문회의 사무처를 폐지하는 등 대대적인 조직통폐합을 단행하였으며, 14만여 명의 공무원을 감축하였다. 그러나 정부는 2001년 이후 경제부총리와 교육부총리, 여성부를 부활 또는 신설하였고, 감축하였던 공무원을 다시 증원하기 시작하였다.

Ⅰ. 서론
Ⅱ. 신제도주의 등장의 이론적 배경
  1. 행태주의에 대한 비판
  2. 구제도주의와의 차이점
Ⅲ. 신제도주의이론의 세 가지 접근방법
  1. 역사적 제도주의
   (1) 개념
   (2) 주요 특징
  2. 합리적 선택 제도주의
   (1) 개념
   (2) 주요 특징
  3. 사회학적 제도주의
   (1) 개념
   (2) 주요 특징
  4. 각 이론들의 한계

   (1) 역사적 제도주의
   (2) 합리적 선택 제도주의
   (3) 사회학적 제도주의
Ⅳ. 신제도주의의 현실 적용
  1. 사례분석
  2. 역사적 제도주의의 시각
   (1) 사례의 원인
   (2) 사례의 대책
  3. 합리적 선택 제도주의
   (1) 원인
   (2) 사례의 대책
  4. 사회적 제도주의
   (1) 원인
   (2) 사례의 대책
Ⅴ. 결론

Ⅰ. 서 론

행정학은 살아있는 학문으로서 비판을 통해 발전한다. 행정학은 국민의 행복증진과 국가경쟁력강화, 공적 갈등의 해결이라는 목표를 달성하기 위해 처방을 제시하는데, 적실성 있는 처방을 제시하지 못할 경우, 행정학은 사회와 다른 학문으로부터 비판을 받게 된다. 오늘날 새로운 연구방법으로 자리매김하고 있는 신제도주의 역시 과거의 이론들이 지니는 문제점을 보안하기 위해 태동한 행정학의 연구방법이라고 할 수 있다.

신제도주의(new institutionalism)는 정치·경제·사회현상을 설명함에 있어서 제도를 중심개념으로 지칭하는 학파이다. 신제도주의가 어떤 이론들에 대한 비판으로 등장한 것인지, 구제도주의와 어떤 차이점이 있는지를 보다 자세히 살펴보고, 신제도주의이론의 세 가지 접근방법의 내용을 살펴본 후, 이 이론이 지니는 한계를 고찰하겠다. 또한 설문에 제시된 사례를 통해 신제도주의 이론이 실제 행정에 어떻게 적용될 수 있는지를 논의한 후, 이 글을 마치도록 하겠다.

Ⅱ. 신제도주의 등장의 이론적 배경

1. 행태주의에 대한 비판

1950~60년대의 행정이론은 행태주의적 접근방법을 바탕으로 한다. 행태주의는 인간의 행위를 설명함에 있어 분석단위를 개인으로 설정함으로써, 사회적인 맥락과 완전히 유리되어 존재하는 '원자화된 개인'으로부터 사회현상을 설명하는 이론이다. 행태주의는 정치현상의 보편성과 객관성을 강조하는 일반법칙을 발견하는데 주력하는데, 이러한 보편성과 객관성의 강조는 국가별 또는 시기별 정책의 다양성을 설명하는데 한계를 지니며, 각 국가에 필요한 적실성 있는 처방을 제시하지 못하였다.

신제도주의는 분석단위를 원자화된 개인으로 설정하는 것을 비판하고, 사회적인 맥락 속에 존재하는 개인을 상정하며, 연구에 있어 기존의 주류 사회과학 이론들과 달리 개인의 행위에 대한 공식적·비공식적 제도의 영향력을 강조한다. 신제도주의는 행태주의가 한계점을 극복하기 위해 각 국가별로 상이한 역사와 문화를 고려함으로써 정책의 국가별 차이에 대한 설명을 제시하고, 국가 내의 정책의 지속성과 다양성을 설명하고자 한다.

2. 구제도주의와의 차이점

신제도주의는 제도를 중시한다는 점에서 구제도주의와 공통점이 있다. 그러나 신제도주의의 3가지 접근방법은 다음과 같은 측면에서 각각 구제도론과 차별성을 지닌다.

구제도론은 이익극대화라는 합리적이고 원자적인 개인관을 부정했다는 측면에서 합리적 선택 제도주의와 차별성을 지닌다. 또한 공식적인 구조와 법체계를 정태적으로 단순 기술했다는 점에서 역사적 제도주의와 차별성을 지니며, 개별 조직의 규범적 측면을 강조하고 인지적 측면을 인식하지 못했다는 점에서 사회학적 제도주의와의 차별성을 지닌다. 신제도주의의 세 가지 접근방법에 대해서는 다음 목차에서 보다 상세히 다루도록 하겠다.

Ⅲ. 신제도주의이론의 세 가지 접근방법

1. 역사적 제도주의

(1) 개 념

역사적 제도주의(historical institutionalism)에서의 제도는 장기간에 걸친 인간행동의 정형화 된 패턴을 의미하며, 정체(polity) 또는 정치경제의 조직구조에 포함되는 공식적 또는 비공식적 절차, 일상의 과정, 규범, 관습으로 정의된다.

제도는 정책을 형성하고 집행하는 정부의 능력을 제약하고, 행위자들이 그들의 이익 혹은 선호를 어떻게 정의할 것인가에 영향을 미침으로써 행위자들이 추구하는 목적을 구체화하는 역할을 담당한다.

(2) 주요 특징

역사적 제도주의자들은 제도 발전에 있어 경로의존(path-dependancy)과 비의도적인 결과를 강조한다. 제도는 전기의 종속변수지만, 차기에는 독립변수가 되어 행위를 제한한다. 역사적 제도주의자들은 또한 과거로부터 유래하는 주어진 상황의 맥락적 특징을 중시하며, 제도가 기존 제도에 의해 만들어진다는 의도되지 않은 결과를 강조하며, 제도가 목적에 더욱 합치되고 효율적이라기보다는 현존하는 제도에 의해 일반화되는 제도의 비효율성을 강조한다.

2. 합리적 선택 제도주의

(1) 개 념

합리적 선택 제도주의(rational choice institutionalism)는 신고전경제학의 영향을 받아 신고전경제학의 합리적 경제인의 가정을 계승하고 있다. 방법론적 개체주의에 근거하여 인간을 사회현상을 만들어내는 존재로 인식하고, 다른 신제도주의와 달리 규칙이나 제약이 개인의 선택을 결정하는 것이 아니라 영향을 미치는 것으로 본다.

합리적 선택 제도주의에서의 제도는 균형점을 이루는 공유되는 전략, 규칙, 그리고 규범에 의해서 구조화되는 상황에서 나타나는 인간 행태의 지속적인 규칙성이다.

(2) 주요 특징

합리적 선택 제도주의는 다른 학과와 달리 개인에 대해서 특정한 전제를 수용하고 있다. 개인은 효용 극대화를 위해 자발적인 합의에 의해 제도를 발생시키고, 변화시키며, 결과성의 논리에 따라 개인의 선호를 극대화하기 위한 수단으로 제도를 이용한다.

합리적 선택 제도주의에서 정치는 집합적 행동에 대한 딜레마의 연속이며, 제도는 게임의 규칙이자 사회적 딜레마의 해결책으로 상정된다.

3. 사회학적 제도주의

(1) 개념

사회학적 제도주의(sociological institutionalism)는 각종 관료제 조직이 공식적 목표-수단의 합리성을 반영한다는 전통적 조직이론에 반론을 제기하면서 등장하였다. 사회학적 제도주의자들은 현대조직에서 제도와 절차들이 단순히 합리적이고 효율적이기 때문에 채택된 것은 아니며, 많은 경우 그 사회의 신화 및 의식과 같은 맥락에서 출발하여 조직에 동형화된 것으로, 문화적인 특정 관습으로 이해한다.

사회학적 제도주의에서의 제도는 공식·비공식적 규칙에 상징 및 인지 등을 포함하여 이해되어야 한다고 보며, 물리적인 실체가 아닌 인지적·문화적·상징적 차원에서 존재하는 사회적 질서이다.

(2) 주요 특징

사회학적 제도주의는 문화적·상징적 차원을 강조하기 때문에 선택할 수 있는 대상보다는 당연시 되는 인지 대상에 관심을 갖는다. 여기서 문화는 공유되는 의미(shared meaning)를 지니며, 의미해석의 틀이며, 관계 그 자체이다. 사회학적 제도주의에서는 문화와 제도를 구분하기가 어려우며, 역사적 제도주의와 합리적 선택 제도주의보다 제도의 의미 폭이 넓다. 또한 합리적 선택 제도주의와 달리 개인의 정체성과 개인의 선호는 오직 제도적 맥락 속에서만 그 의미를 파악할 수 있다고 본다.

사회학적 제도주의에서는 조직이 적절하다고 사회적으로 인정받는 조직형태나 제도를 선택함으로써 조직의 정당성(ligitimacy)을 높이는 동시에 조직의 생존(survival) 가능성을 높일 수 있다는 적절성의 논리를 채택하여, 조직의 동형화(isomorphism)를 설명한다.

4. 각 이론들의 한계

신제도주의 이론은 기존의 주류 행정학 이론들이 설명하지 못했던 영역까지 설명이 가능하고, 분석의 현실성이 높다는 점에서 강점이 있다. 하지만 신제도주의의 세 가지 이론은 다음과 같은 한계점을 가진다.

(1) 역사적 제도주의

역사적 제도주의의 경우, 합리적 제도주의와 사회학적 제도주의에 비해 개인의 행태에 대한 설명이 부족하다. 즉 제도와 행태 간 영향의 인과관계에 대한 설명이 미흡하며, 인간행동의 정형화된 패턴을 제도라고 봄으로써, 인간행동의 어디서부터 어떤 동기에 의해 나타나는지 설명하지 못하고 있다.

(2) 합리적 선택 제도주의

합리적 선택 제도주의의 경우 인간 동기부여를 과도하게 단순화시키고 있다. 신고전파 경제학의 가정을 다소 완화시키고는 있지만, 여전히 효용이라는 단어에 많은 것은 포함시켜 설명하고 있어, 동기의 원인을 제대로 설명해주지 못하고 있다.

(3) 사회학적 제도주의

사회학적 제도주의는 행정부가 모방적 동형화를 통해서 정당성을 확보해 감으로써 제도 자체의 비효율성이 존재할 수 있다는 설명을 가능하게 하지만, 제도를 사회·문화적 질서로 파악함으로서, 제도형성 및 개혁이 권력투쟁의 과정이라는 점을 간과하고 있다.

Ⅳ. 신제도주의의 현실 적용
1. 사례분석

주어진 사례는 김대중 정부 시절의 정부혁신에 대한 내용으로, 김대중 정부는 1998년 2월부터 2003년까지 3차례의 정부조직 개편을 하였다. 이 시기의 정부조직 개편을 요약하면, 김대중 정부 역시 집권 초기 전 정권과 다른 조직형태를 추구하였다가, 역대 정권들과 마찬가지로 집권 후기에 접어들면서 정부조직을 확장하였다.

김대중 정부는 1997년 말에 발생한 외환위기가 개혁방향을 제약하는 중대한 전환점이 되었으며, 당시 해결해야 할 시급한 당면과제는 경제위기 극복을 통해 국민에게 안정감과 신뢰감을 심어주는 것이었다는 인식 하에, 이하에서는 김대중 정부의 정부조직 개편을 신제도주의의 이론 틀 안에서 분석해 보겠다.

2. 역사적 제도주의의 시각
(1) 사례의 원인

역사적 제도주의적 시각에서 보았을 때, 집권 후기에 정부조직의 확대 경로가 나타나게 된 이유는, 집권 후기로 갈수록 전시적인 효과를 위한 조직개혁에 따른 이익이 줄어들고, 국민의 관심도가 감소되면서 관료제 조직의 근원적인 확대지향적 제도적 속성이 더 많은 영향을 끼쳤기 때문이라고 해석된다. 이는 김대중 정부 역시 관료제 조직의 근원적인 제도적 속성에 의해 제약받고 있음을 의미하며, 과거 정권에서 나타나게 된 축소에서 확대라는 행정개혁의 제도적 속성이 각 정권의 행정개혁을 지속적으로 제약하기 때문이라고 할 수 있다.

(2) 사례의 대책

우리나라는 정권 교체시에 정부조직 개편이 있어왔고, 이는 국민들에게 무엇인가 기존의 정부와는 다른 정부라는 것을 가시적으로 보여주기 위한 수단으로 이용되어왔다. 김대중 정부 1차 조직개편 이후 시행된 사전조사가 경로에 삽입되었는데, 이 사전조사를 모든 정권의 정부조직 개편 이전에 시행하도록 하고, 사전조사 결과에 충실히 따라 개편의 필요성이 있는 조직만 개편되는 합리적인 조직 개편의 경로를 정착시키는 것이 필요할 것이다.

3. 합리적 선택 제도주의

(1) 원 인

김대중 대통령과 개혁을 담당한 장관들의 경우, 과거 정권보다 작아진 정부제도를 채택하는 것이 외환위기 극복을 위해 정부가 노력한다는 것을 보여주는 것으로서 그들의 개인적 효용 극대화를 위해 도움이 되었다고 볼 수 있다.

집권 후기에는 외환위기 극복을 위한 국민들의 지지가 서서히 상실되어 가면서 정부조직 확장과 인력 확충을 통해 개혁의 힘을 확보하고, 대통령에게 더 많은 권한이 집중될 수 있도록 하는 것이 효용극대화를 위한 선택이었다고 해석할 수 있다.

(2) 사례의 대책

제도 개혁에 대한 국민들의 불신이 정권 지지도에 악영향을 미친다는 것을 인식시키고, 과거 정권에서 잘한 업적을 명시적으로 수용하는 것이 오히려 대통령과 핵심행정부, 정치인에게 좋은 영향을 가져올 수 있다는 것을 인식시켜야 한다.

조직 개편과 같은 양적인 개혁이 아니라, 행정 서비스와 제도 개선과 같은 질적 개혁이 국민들에게 더 큰 신뢰와 개혁에 대한 확신을 주는, 즉 행정 수반에 더 큰 이익을 가져다 주는 주요한 선택 대안으로 제시되어야 할 것이다.

4. 사회적 제도주의

(1) 원 인

김대중 정부는 정권 초기 외환위기 극복이라는 과제를 안고 출범하였다. 집권 초기의 작은 정부를 표방하는 조직 개편은 신자유주의라는 세계적 사조를 수용하면서, 조직의 정당성을 인정받고자 하는 개혁이라고 할 수 있다. 신자유주의는 작은 정부, 큰 시장을 강조하는 것으로 민간 영역이 아닌 정부의 영역에도 경쟁과 성과와 같은 시장원리를 적용하고자 하는 패러다임이다. 정부는 외환위기 극복을 위한 정부의 움직임으로서 최초로 정부조직 개편을 들고 나왔으며, 이는 모방적 동형화(mimic isomorphism)라고 해석할 수 있다.

집권 후기로 갈수록 정부를 확대해 간 것은 경제가 어려울 때 공직부문에 젊은 인력을 흡수함으로써 실업난을 해결해야 한다는 우리나라의 비공식적인 규칙이나, 문화적 인식에서 기반하였다고 볼 수 있으며, 조직 확충의 경우 집권초기에 쏟아지는 국민의 관심이 집권 후기에 시들해지면서 상대적으로 대통령의 권한을 강화함으로서 조직의 생존 가능성을 높이고자 하는 변화로 이해할 수 있을 것이다.

(2) 사례의 대책

우리나라 국민들은 개혁피로에 시달리고 있다. 정부 개혁에 대한 비판적 사고, 그 어떤 개혁도 우리나라와 같이 권력이 강한 정부의 형태를 바꾸지 못할 것이라는 국민의 인지를 정부가 인식하여야 한다. 조직개편이라는 시각적 개혁보다는 규제 완화와 공무원들의 친절한 서비스 제공을 통해서 공공부문의 문화를 바꾸고, 정부에 대한 국민의 인지를 전환하는 것이 필요할 것이다.

V. 결 론

여러 사회 현상에 대해 적실성 있는 처방을 제시해야 하는 학문인 행정학은 사회가 변화하는 속도보다 더욱 빠르게 진보하여 그 사회변화를 바람직한 방향으로 이끌어야 할 사명을 가지고 있다. 신제도주의 이론은 복잡하고 다양한 각국의 행정현실에 합리적인 설명과 대안을 제시하지 못한 행태주의에 대한 비판으로 대두되었으며, 역사와 사회·문화, 개인의 합리성 등 다양한 측면에서 행정 현실을 고찰할 수 있는 시각을 제공해 주고 있다.

신제도주의의 시각에서 과거 김대중 정부를 고찰할 때, 집권 초기 습관적으로 나타나는 정부조직 개편의 경로를 따르고 있으며, 이러한 조직 개편은 작은 정부를 추구한다는 신자유주의적 모방적 동형화라고 할 수 있을 것이다. 집권 후기에 나타난 정부 확장은 대통령 권력 집중을 위한 합리적 선택으로 볼 수 있으며, 이 역시 경로 의존의 결과라고도 해석할 수 있다.

김대중 정부 뿐만 아니라 역대 정부에서 나타나는 가시적이고 습관적인 조직 개편에 대해 국민은 피로감을 느끼고 있으며, 이러한 개혁보다는 행정서비스의 질적 개선과 과거 정부의 정책과 조직형태를 존중하는 모습을 통해 국민에게 신뢰감을 심어주어야 한다는 신제도주의적 처방을 따라야 할 것이다.

┤ 강 평 ├

1. 제공된 답안에 대한 평가는 출제자에 따라 다를 수 있으나, 강평자로서 중립적인 입장에서 간략히 검토해보면 다음과 같다. 신제도주의에 관한 답안의 내용은 키워드(key word)의 제시가 다소 미약했다고 본다. 1980년대 이후 제도에 대한 관심이 다시 등장하게 된 배경은 잘 설명되었으나, 구제도주의와의 차이점에 대한 설명은 다소 부족하였다고 본다. 특히 구 제도주의와의 비교는 신제도주의를 주어로 하여 이루어질 필요가 있고, 행위자가 일정한 자율성을 가지고 제도변화에 영향을 미칠 수 있음을 강조하고 있다는 점이 지적될 필요가 있다.

2. 세 가지 접근방법에 대한 개념, 주요 특징, 이론적 한계에 대한 설명은 이론적 한계를 별도로 작성하였으나, 각 접근방법 말미에 작성하는 것이 좋았다고 본다. 내용적으로는 역사적 제도주의 핵심개념인 정치성, 경로 의존성, 비의도적 결과, 합리적 선택 제도주의의 핵심개념인 경제적 합리성, 균형, 게임의 규칙, 신뢰, 사회학적 제도주의의 핵심개념인 비공식제도, 문화, 적절성의 논리(logic of appropriateness) 등이 부각되도록 답안을 작성할 필요가 있다고 본다.

3. 사례분석에 대한 답안은 원인과 대책을 중심으로 작성되었으나, 문제에서 세 가지 접근방법을 통한 설명만을 요구하였으므로, 위에서 제시한 핵심개념을 중심으로 정부조직변동을 설명하고, 그 설명의 한계를 간략히 언급해 주는 것으로 족하다고 본다.

| 제2문 | 우리나라 고위공무원단제도의 개념과 특징을 기술하고, 직업공무원제·개방형 임용제와의 관계를 설명하시오. 나아가 고위공무원단제도의 성과와 한계를 논하고, 현행 고위공무원단제도를 보완할 수 있는 구체적인 방안을 제시하시오. (30점)

답안작성

정 0 0 / 2009년도 행정고시 일반행정직 합격

I. 서

인사가 만사(萬事)라는 말이 있듯이, 정부운영의 성공 여부를 결정하는 것은 인재를 어떻게 등용하고, 관리하느냐에 있다. 특히 핵심 행정부(core executive)는 행정부의 정점 및 심장부에서 국가정책결정을 관장하는 역할을 하기 때문에 더 유능한 사람을 더 바람직한 곳에 배치할 수 있는 제도가 필요하다. 더 나은 인사를 위해 우리나라에서는 고위공무원단제도를 도입하였는데 직업공무원제와 개방형 제도와 같은 큰 틀 안에서 함께 이 제도를 검토하고 이 제도의 성과와 한계를 논하겠다.

II. 고위공무원단의 개념과 특징
1. 고위공무원단의 개념

고위공무원단이란 현행 1~3급 공무원에 대해 계급제를 폐지하고 인력 Pool을 활용하여 행정환경이 급격하게 변화하고 있는 시대에 발맞추어 인력 운영의 신축성과 전문성을 동시에 제고하고자 하는 제도이다. 미국에서는 1978년 공무원개혁법에 의해 Senior Executive Service를 최초 도입하였고, 영국에서는 1996년 Senior Civil Service를 도입하여 시행중인데, 우리나라에서도 선진국의 제도를 일정 부분받아들여 2006년 7월 1일부터 고위공무원단제도를 시행하게 되었다.

2. 특 징
(1) 개방과 경쟁
고위공무원단제도의 구성원은 국장급 이상의 공무원으로 구성되는데, 민간과 경쟁하는 개방형제도와함께 타 부처 공무원과 경쟁하는 직위공모제를 도입하여 운영하고 있다. 고위공무원직위를 개방형 직위20%, 공모직위 15%, 부처 자율인사직위 65%로 구분하여 구성함으로써 부처간에 경쟁, 부처내부의 경쟁, 민간과의 경쟁을 가능하게 하여 공직의 경쟁력을 재고하고자 한다.

(2) 성과와 책임
고위공무원단제도는 현행 1~3급의 계급을 폐지하고 직무와 직위에 따라 인사관리를 하고 있다. 직무에 따라 성과를 평가하고, 직무성과급적 연봉제를 통해 보수를 지급함으로써 성과와 보수를 연계시키고자 한다.

(3) 강력해진 인사권
행정안전부 인사심사는 고위공무원단 진입 시에만 실시하여 각 부처 장관의 인사권을 강화하였다. 또한 인사권자는 정기적격심사에서 최하위등급평정을 총 2년 이상 받고 정당한 사유없이 직위를 총 1년이상 부여받지 못하거나, 수시적격심사에서 근무성적평정 결과, 연속 2년 또는 총 3년 최하위평정을 받아 부적격자로 판정받은 자를 직권면직 할 수 있다.

Ⅲ. 직업공무원제와 개방형 임용제와의 관계
1. 직업공무원제
(1) 의 의
직업공무원제(career civil service system)란 오늘날 대부분의 선진행정 국가의 인사행정에 근간이 되는 제도로서, 우수한 젊은 인재들을 공직에 유치하고, 그들이 공직에 근무하는 것을 명예롭게 인식하며 평생의 업으로 삼을 수 있도록 하는 제도이다.

(2) 특 징
직업공무원제도에서는 젊고 유수한 인재가 공직의 구성원이 되어 평생의 직업으로 삼도록 하기 때문에 신분보장을 가장 주요한 특징으로 한다. 또한 근무연수에 따라 높은 직급을 가질 수 있도록 계급제의특성과, 연공과 능력에 따른 승진구조를 유지하기 위해 폐쇄형 충원의 특성을 가진다. 공직자가 행정 각분야에 대하여 골고루 수행할 수 있는 기회를 제공함으로써 포괄적인 안목을 가진 일반능력자주의를 택하는 것도 또 하나의 특징이다.

2. 개방형 임용제

(1) 의 의

개방형 임용제는 고도의 전문성 및 효율적인 정책 수립에 필요한 특정 직위에 공직 내외를 망라한 최적격자를 공개 채용하는 제도이다. 임용에 있어 연공보다는 능력을 최우선 기준으로 설정하여, 가장 유능한 사람을 직위에 임용하고, 개방형 임용제는 부처 내부에서 근무연수가 높은 사람을 승진시키기 보다는 타 부처 공직자나 민간인들까지 인사 대상에 포함시켜 가장 유능한 사람을 선발하여 등용한다.

(2) 실적제와의 관계

개방형 임용제는 능력을 기본으로 인재를 임용하는 제도이기 때문에, 전통적으로 직업공무원제 보다는 실적주의의 특성으로 인식되어 왔다. 또한 실적제(merit system)의 다른 특징인 전문가주의, 직위분류제와 보다 부합되는 제도로 받아들여져 왔다.

3. 고위공무원단제도와의 관계

미국의 Senior Executive Service제도나, 영국의 Senior Civil Service, 우리나라의 고위공무원단제도는 모두 직업공무원제도와 실적제의 장점을 결합시킨 제도라는 공통점이 있다. 우리나라는 전통적으로 직업공무원제의 요소가 강했기 때문에 직업공무원제에 실적주의적 요소가 가미된 측면이 강하다.

(1) 직업공무원제의 한계 보완

직업공무원제의 경우, 공무원의 신분을 보장하고 폐쇄형 충원으로서 연공에 따라 승진이 이루어짐으로써 공무원 스스로의 경쟁력이 저하되는 한계점을 가지고 있다. 또한 일반능력자주의를 지향함으로써 공무원의 전문성이 저하되는 한계점도 있다.

고위공무원단제도는 개방형 임용제를 통해 공무원 스스로 경쟁에 있어 체질을 개선시키고, 능력을 쌓기 위해 노력하게 함으로써 직업공무원제의 한계를 보완하고 있다. 또한 전문가들을 공직에 등용하여 공직경쟁력을 제고하고, 공직자의 전문성을 제고시킨다.

(2) 개방형 임용제의 한계 보완

전형적인 개방형 임용제는 충원시마다 최적격자를 제로 베이스(zero base)상태에서 선정하는 것이기 때문에, 공직을 서구 사회의 근로형태인 계약제 형식으로 운용하는 것이라고 볼 수 있다. 이는 행정의 영속성 면에서 단점으로 작용되는데, 고위공무원단제도는 직업공무원제에 개방형 임용제를 부분적으로 가미함으로써 행정의 영속성을 유지하면서도 경쟁을 도입할 수 있게 한다.

Ⅳ. 고위공무원단제도의 성과와 한계

1. 고위공무원단제도의 성과

(1) 공직경쟁력 강화

앞서 언급한 대로 과거 연공서열 위주로 운영되던 승진시스템을 개혁하여, 개방형 임용제를 도입함에 따라 공직자들 스스로 전문성과 능력을 쌓기 위해 노력하게 하였다. 경쟁체제 속에서 유능한 사람이 선발되며, 성과에 따라 임용여부가 달라지게 함에 따라 공직자들이 지속적으로 노력을 할 수 있게 하였다.

(2) 정치적 대응성 제고

고위공무원단제도는 인사권자의 권한을 강화함에 따라, 통치권자의 정책의지가 정책에 보다 용이하게 반영되게 하였다. 통치권자의 정책의지의 반영으로 함으로써 정치적 대응성(political responsiveness)을 제고하였고, 정책과정상 갈등여지를 줄이는데 기여하고 있다.

(3) 부처할거주의 개선

고위공무원단제도는 직위공모(job posting)를 통해 다른 부처의 공직자를 임용하게 함으로써 부처간에 인사교류를 가능하게 한다. 이를 통해 부처간의 이해도를 높여, 갈등조절이 보다 용이해졌다.

2. 고위공무원단제도의 한계

(1) 제도의 토착화 문제

2006년 도입될 당시 고위공무원단제도는 5개의 직무등급으로 운영되었다. 그러나 5개 등급이 계급으로 인식됨으로써 인사에 있어 경직성이 나타남에 따라 2009년 1월 1일부터 직무등급을 가,나로 2개로 운영하게 되었다.

우리나라에서는 미국이나 영국과 달리 전통적으로 공직 내부의 계급에 대한 인식이 강했기 때문에 직위분류제가 본래의 형태로 운영되는데 장애가 나타나, 고위공무원단제도의 당초 도입 취지와 달리 직무보다는 그 동안의 계급이 임용에 있어 중요한 기준으로 인식되는 한계가 드러났다.

(2) 공직 내부의 긴장과 갈등

2009년에 직무등급이 교체된 것 이외에도 직위공모의 비율이 30%에서 15%로 줄어드는 변화가 있었다. 이는 소속부처 내부의 사람을 지속적으로 승진시키는 문화가 유지되는 현실을 반영한 제도 변화였다. 고위공무원단제도는 부처할거주의를 개선시키는 면이 있지만, 여전히 내부승진을 선호하는 공직문화를 전반적으로 교체시키지 못하고 있으며, 다른 부처에서로부터 임용된 공직자의 신분을 불안하게 만든다.

또한 개방형 임용제에 따라 임용된 민간인이 조직의 리더로서 인정받지 못하는가 하면, 그들에게 불리한 처우가 제공됨으로서 민간인이 공직에 계속적으로 임할 수 있는 유인이 부족한 측면이 있다.

V. 고위공무원단 제도의 보완방안

1. 전제 설정 - 인력풀의 재정비

현재 국가인재데이터베이스를 통해 공무원 및 사회 각 분야에 우수 인력의 경력, 능력, 인물정보를 구축하고 있다. 전자적 인적자원관리(e-HRM; Human Resources Managment)를 통해 정부 인사 과정에 문서없이 전자적으로 인사업무를 처리해 가고 있다. 이러한 인적자원관리 시스템에 더 넓은 분야의 인재정보를 구축하고 이 시스템을 통해 공무원의 경력 경로가 지속적으로 관리되어야 할 것이다.

또한 이 시스템이 실재적으로 인사업무에 활용될 수 있도록, 고위공무원단 임용시에 경력 경로에 대한 객관적 자료를 첨부하게 하고 후보들의 경력에 대해 미비사항이나 부족한 사항들에 대해 자세한 소견을 첨부하게 함으로서 고위공무원단이 정치적 이유나, 부처 소속이 아닌 실제 경력을 위주로 인사가 이루어지도록 해야 한다.

2. 내용 정비 - 3등급 체계

고위공무원단은 계급제에 직위분류제적 요소를 도입하고자 하는 취지에서 생성된 제도이니 만큼, 세부적인 직무등급의 토착화가 아직은 어렵다고 하더라도 3등급 정도의 직무등급을 유지하는 것은 필요하다. 3등급의 직무등급을 유지하면서 토착화를 점진적으로 이뤄나가고 기존의 5등급의 보다 세밀한 분류체계를 사용함으로서 고위공무원단의 당초 제도 도입 목적을 달성해야 할 것이다.

3. 구성원 관리 - 교육 프로그램 개선

계약직 공무원의 재교육 대상자로 경제학 교수를 경제학원론 수강자가 편성한 사례가 있었다. 개방형 임용제가 그 제도 도입에서 그칠 것이 아니라, 조직관리, 교육관리, 갈등관리 등등 여타의 분야에서도 함께 제도적 정비가 있을 때 그 결실을 맺을 수 있음을 보여주는 예라 할 것이다. 공직에 입문한 전문가의 전문성을 관리하기 위한 교육 프로그램은 일선관료를 관리하기 위한 교육 프로그램 보다 질적으로 수준이 높아야 하며, 민간전문가가 공직에서 지속적인 유인을 느낄 수 있도록, 그 전문성에 상응하는 대우가 있어야 한다.

또한 공직자가 그 동안 근무해온 경력에서 형성된 전문적인 분야에 대한 재교육에는 더 높은 수준의, 비전문적인 분야에 대한 교육에는 기초단계부터의 교육을 제공함으로써 맞춤형교육에 따른 능력관리가 이루어져야 할 것이다.

4. 후속조치 - 퇴직관리

고위공무원단제도는 신분보장이라는 직업공무원제의 근간을 흔드는 개혁이라고 할 수 있다. 적격심사에서 탈락하여 부적격자로 판단되어 직권면직된 공무원들을 대상으로 공직 외의 영역에서 그들이 역량을 발휘할 수 있도록 퇴직관리 프로그램을 개발하고, 그들이 전문성을 구축하여 능력을 배양했을 때 다시금 고위공무원단의 인력풀에 해당되어 임용받을 수 있는 기회를 제공해야 할 것이다.

VI. 결 론

고위공무원단제도는 우리나라의 인사 근간 제도인 직업공무원제에 변화를 가져온 제도로서 개방형 임용제를 도입하여 공직 내부의 체질 개선을 목적으로 하고 있다. 고위공무원단제도는 부처할거주의를 개선하고, 인재를 적재적소에 배치하기 위한 선진적 제도로 인식되며 도입되었지만, 그 토착화 과정에 있어 직위분류제적 토양이 정비되지 않은 상태에서 직무등급이 2등급으로 전환되는 등의 제도적 변화가 나타났다. 그러나 점진적인 직무등급 세분화와 교육관리 프로그램, 퇴직관리 프로그램 정비를 통해 당초의 도입 취지를 달성하기 위해 노력해야 할 것이다.

강 평

1. 고위공무원단제도는 참여 정부에서 도입하였으나, 이명박 정부에서 그간의 한계를 지적하면서 직무등급을 2단계로 조정하는 등 개선을 위한 노력을 기울이고 있다.

2. 답안은 문제에 충실하게 작성되었다고 보이나, 다음과 같은 점을 보완할 필요가 있다. 고위공무원단제도와 직업공무원제와 개방형 임용제와의 관계는 특징, 제도의 장단점을 중심으로 서술될 필요가 있다고 본다. 고위공무원단제도의 한계와 보완방안 부문에서는 본래의 취지와는 달리, 고위직 인사에서 특정부처 출신이 유력한 고위직을 점령하게 되는 문제와 이를 해소하기 위한 방안이 추가될 필요가 있다.

| 제3문 | 통제지향적 품목별예산제도와 달리 관리지향적 성과주의예산제도는 정부의 기능별회계와 실적(성과)을 강조한다. 성과주의예산제도는 책임행정의 구현, 예산의 신축적 운영 등 다양한 장점이 있으나 공공부문에 적용하는 데 여전히 많은 문제점을 안고 있다. 성과주의예산제도를 간략히 기술하고, 우리나라에 도입하는 데 따른 한계를 중점적으로 설명하시오. (20점)

Ⅰ. 서 설

Ⅱ. 성과주의 예산제도
  1. 의 의
  2. 성과주의 예산의 구조와 특성
    (1) 성과주의 예산의 구조
    (2) 신성과주의 예산제도의 특성

Ⅲ. 성과주의 예산제도의 한계
  1. 공적 가치의 특수성에서 발생하는 한계

    (1) 성과개념의 적용이 어려운 공공성
    (2) 측정 곤란한 가치의 경시
  2. 공공재정의 특수성에서 오는 한계
    (1) 공공재정 예산의 특수성
    (2) 진정한 원가중심점 설정의 어려움
  3. 제도 내부에서 오는 한계 - 개념간의 충돌
  4. 행정부 내부에서 오는 한계 - 공무원들의 비전문성

Ⅳ. 결 어

답안작성

정 ００ / 2009년도 행정고시 일반행정직 합격

Ⅰ. 서 설

예산제도는 예산을 편성하고 집행하는 방식을 규정한 틀이다. 오늘날 성과가 행정의 각 영역에서 추구되고 있는데, 예산제도가 가장 대표적인 예이다. 그러나 성과를 공공부문에 있어 논의하는 것은 공공부문이 지니는 여러 특수성 때문에 곤란한 경우가 많은 것이 사실이다. 이하에서는 성과주의 예산제도에 대해 알아보고 그것이 공공부문에 적용되는 데 어떠한 한계가 있는지 논의해 보도록 하겠다.

Ⅱ. 성과주의 예산제도

1. 의 의

성과주의 예산제도(Performance Budgeting System)는 성과의 의미에 따라 구성과주의와 신성과주의로 나뉜다. 1950년대에 태동한 구성과주의의 경우, 재원과 사업을 직접적으로 연계하여 예산을 편성하려는 제도로, 여기서의 성과는 output의 개념으로서 중간목표, 중간산출물의 의미가 강했다. 1990년대 이래로 강조되어 온 신성과주의의 경우 재원과 사업을 직접적으로 연계하되 정책효과라는 최종 결과(outcome)를 성과라고 봄으로써 예산이 보다 생산적으로 쓰일 수 있게 한다. 또한 성과를 명확하게 측

정하기 위하여 복식부기 발생주의 회계제도를 도입하여 경제조직의 거래를 체계적으로 인식·기록·분석하여 피드백을 하게 하였다.

2. 성과주의 예산의 구조와 특성

(1) 성과주의 예산의 구조

1) 성과계획서 수립

성과주의 예산제도는 먼저 성과계획서를 수립함으로써 시작된다. 성과계획서는 장기적인 기준 아래 전략목표를 설정한 것을 토대로, 단기적인 기준으로서 성과목표를 설정하고, 성과를 측정할 수 있는 성과지표를 성과목표에 근거하여 개발한다.

2) 성과 관리 및 집행

성과계획서를 토대로 행정 각 부처 및 세부 구성원들은 성과달성을 위해 집행활동을 벌인다. 예산을 집행하고, 정책을 수행함으로써 결과물을 창출해 내되, 집행 주체의 자율성이 강조되며, 집행활동이 성과목표를 벗어나지 않도록 성과관리가 지속적으로 이루어진다.

3) 성과보고서 작성

예산의 집행 이후에 성과가 달성되었는지를 평가하고, 결과물의 달성 정도에 따라 유인이 제공되거나, 벌칙이 제공되며, 새로운 성과계획서 수립에 도움이 되도록 성과보고서를 작성한다.

(2) 신성과주의 예산제도의 특성

1) 지표의 광역화 및 전략목표에 집중

구성과주의 예산제도와 달리 신성과주의에서는 성과의 개념이 목표달성 여부로 변화하면서 성과 측정의 곤란도가 가중되었다. 예를 들어 구성과주의의 경우 성과가 순찰활동이었다면, 신성과주의의 경우 치안이 더 나아졌는가가 성과로 인식된다. 이는 보다 바람직한 예산의 운용을 돕지만, 실제 측정에 있어서는 더 어려워진 것이 사실이다. 이에 대해 지표를 광역화하여 행정부 내부에서 갈등관계가 생성되는 것을 방지하고, 단기적이고 가시적인 성과에 첨착하는 것을 방지하려 한다.

2) 한국의 4대 예산개혁(3+1)과 연계강화

정부는 국가재정운영계획(MTEF)이라는 장기적인 계획 틀을 짜고, 이 틀 하에서 각 부처와 기획재정부가 총액배정자율편성예산을 짜서 재원을 집행하며, 집행과정과 결과 측면에서 재정성과관리를 하게 되는데, 디지털예산회계시스템은 이 세 가지가 가능하도록 시스템적으로 보완해주는 역할을 한다. 성과주의 예산제도는 이러한 4대 예산개혁에 성과라는 개념적 토대를 제시하여 예산의 측정과 집행, 결산에 있어 성과를 의식하고 그것에 집중하게 한다.

3) 통합성과관리체계의 확립

성과주의 예산제도는 성과를 측정하는데 있어서 재무, 인사, 조직파트에서 각각 별개로 이루어지는 것이 아니라, 이를 통합하여 관리하고자 한다. 직무성과계약제(Job Performance Agreement)를 실시하면서 상급자와 하급자간에 성과계약을 맺을 때 예산에 근거한 정책 집행과 결과를 의식하고, 그 결과에 따라 인사가 이루어지게 함으로써 행정의 모든 분야에 성과가 통합적으로 관리되는 것을 추구한다.

Ⅲ. 성과주의 예산제도의 한계

성과주의 예산제도는 성과를 강조함으로써 책임행정을 구현하게 하고, 성과 달성을 위해 바람직한 과정을 선택할 수 있는 재량을 행정권에 부여함으로써 예산의 신축적 운영을 가능하게 하며, 복식부기 발생주의 회계제도를 통해 재정정보가 기록되고, 이를 공개함으로써 행정의 투명성을 제고하는 등 장점을 가진다. 그렇지만 성과주의 예산제도가 의도하는 바가 모두 실현되기에는 아직 몇 가지 한계점을 가진다.

1. 공적 가치의 특수성에서 발생하는 한계

(1) 성과개념의 적용이 어려운 공공성

공공성은 그 개념 자체가 복잡할 뿐만 아니라, 성과개념을 접목시키는 것이 용이하지 않다.

전통적으로 공공부문에 성과창출원리가 적용되지 않은 것은 재산과 신분을 막론하고 모든 국민에게 최소한의 행정서비스가 제공될 수 있어야 한다는 형평성(equity)이라는 공적 가치를 수호하는 것이 정부의 존재 의의라는 인식이 있어왔기 때문이다.

형평성을 지향하는 과정에서 성과라는 효율성 추구의 결과물을 함께 지향하는 것은 매우 어려운 일이며, 공공성에 성과지표를 개발, 측정하는 일 자체가 어려운 경우가 많다.

(2) 측정 곤란한 가치의 경시

성과를 강조함에 따라 가시적이고 단기적인 결과물 생산에 집중하게 되면서 측정이 곤란한 부분을 성과가 존재하지 않는다고 하여, 재원을 배분하지 않는 문제가 발생하고 있다. 성과달성이라는 현실적 목표아래 공무원들은 가시적인 성과에 집착할 수밖에 없으며, 이러한 성과주의 제도는 보이지 않지만 존재하는 공적가치들을 경시하게 함으로써, 국민의 행복 증진이라는 행정의 목적달성을 저해하게 하는 경우를 발생시키는 것이다.

2. 공공재정의 특수성에서 오는 한계

(1) 공공재정 예산의 특수성

복식부기 발생주의 회계와 같은 제도들이 민간부문에 도입되는데 어려움이 없는 또 다른 이유는 수익이라는 개념이 민간부문에서 용이하게 사용될 수 있기 때문이다. 예산의 운용이 성과를 창출했는가를 수익의 존재 여부로 살필 수 있는데 공공부문의 재원인 국민의 세금을 수익이라는 개념으로 인식하기가 곤란하다.

(2) 진정한 원가중심점 설정의 어려움

공공부문의 경우 여러 사업에 걸쳐있는 간접비가 존재하기 때문에 원가중심점(cost center)을 정하고 진정한 원가인 총원가(full cost)를 산출하는 일이 어렵다. 여러 부처의 협력으로 성과 달성이 가능한 경우가 많은데 이 과정에서 성과라는 개념을 적용할 경우, 부처간의 갈등이 조성될 여지가 많다.

3. 제도 내부에서 오는 한계 - 개념간의 충돌

성과주의 예산제도에 따른 일련의 변화들의 내용을 살펴보면 제도 내부적으로 개념간에 충돌이 발생하는 것을 알 수 있다. 프로그램예산제도에서 말하는 프로그램과 국가재정운영계획에서 말하는 프로그램의 개념이 일치하지 않는다. 국가재정운영계획은 하향식으로 프로그램의 내용이 정해지지만, 프로그램예산제도의 경우 상향식으로 프로그램의 내용이 정해진다.

여기서의 두 프로그램을 같은 내용의 하나의 프로그램으로 인식하여 성과를 평가하고 적용할 수는 없을 것이다.

또한 예산과목과 회계과목이 일치하지 않는다. 재원을 사용하는 항목과 평가하는 항목이 일치하지 않아 정확한 성과 측정 및 관리가 어렵다는 문제점이 존재한다.

4. 행정부 내부에서 오는 한계 - 공무원들의 비전문성

현재 성과주의 예산제도와 관련된 일련의 시스템을 실행하기 위해서는 그 제도를 운영할 수 있는 공공부문 전문가가 충분하여야 하지만, 현재로서는 그와 관련된 전문가가 부족한 실정이다. 예를 들어 복식부기 발생주의 회계제도를 공공부문에 적용하기 위해서 민간의 절대적인 도움을 받고 있는 실정이고 공무원 스스로가 그 제도를 주체적으로 운영할 수 있을 만큼의 전문성이 배양되지 않은 상태이다.

Ⅳ. 결 어

공공부문에 성과의 개념을 도입하여 경쟁문화를 일으킨 것은 바람직한 일이다. 특히 최근 시행된 성과주의 예산제도는 통합적으로 성과를 관리하고, 국민의 세금이 투명하게 사용될 수 있도록 한다는 점에서 긍정적인 측면이 많다. 그러나 공공부문이 민간부문과 다른 특수성이 있음을 간과할 수 없으며, 공공부문의 존재 의의와 존재 목적을 고려할 때, 성과의 측정이 곤란한 부분에도 지속적으로 재원을 배분하는 일이 필요하다. 효율성과 형평성이 조화되는 행정을 구축하는 일은 어려운 일이지만, 균형점을 찾으려는 노력을 끊임없이 기울여 경쟁력이 있으면서도 모든 국민에게 만족감을 주는 행정이 되어야 할 것이다.

김 철 회 / 한남대학교 법정대학 행정학과 교수

| 강 평 |

1. 성과주의 예산제도는 그 도입의 정당성이 지속적으로 강조되고 있음에도 불구하고, 현실적인 한계로 실제 본격적인 도입은 이루어지고 있지 못한 실정이다. 문제는 이러한 한계를 집중적으로 설명하도록 요구하고 있다.

2. 답안은 대체적으로 성과주의 예산제도의 한계를 무난하게 설명하고 있으나 다음과 같은 점이 좀 더 부각될 필요가 있다고 본다.

3. 민간기업의 성과는 결국 매출액 또는 수익의 증대로 나타나기 때문에 상대적으로 측정이 용이하다고 볼 수 있다. 그러나 공공부문의 성과는 목표의 모호성, 정치성 등으로 인해 계량화하기 쉽지 않고, 계량화가 바람직하지 않을 수도 있다.

4. 이에 따라 성과주의 예산제도는 비용편익분석이 가능한 분야를 중심으로 점진적으로 도입될 필요가 있으며, 사회복지와 같이 형평성을 추구하는 정책이 홀대를 받지 않도록 하기 위한 보완장치를 마련하는 가운데 추진될 필요가 있다.

2009년 입법고등고시 기출문제와 어드바이스 및 답안구성 예

| 제1문 (40점) |

최근 다양한 수준의 정부와 민간부분의 행위자 및 조직으로 이루어진 네트워크를 통하여 사회문제를 해결하는 '네트워크 거버넌스(network governance)'가 증가하고 있다.

(1) 네트워크 거버넌스의 특징과 증가이유를 기술하시오. (15점)

Advice

1. 네트워크 거버넌스의 개념을 제시하고, 개념과 연계되는 특징을 서술한다. 학자별로 조금씩 다르게 개념정의 하지만, 수험생의 입장에서는 뉴-거버넌스나 협력적 거버넌스와 유사하게 생각하면 된다. 결국 네트워크 거버넌스의 특성은 전통적인 계층제적 관리와 대비되어 수평적 조정, 민간(시민사회 및 시장)의 영향력 증대, 갈등과 협력의 중요성이 강조된다는 점을 특징으로 한다.

2. 한편 이러한 네트워크 거버넌스의 증가 이유는 최근의 행정 환경 변화를 고려하여 서술한다. 전통적인 관료제의 한계 및 정부실패가 지적되었으며, 민간부문의 성숙(참여욕구 증대 및 역량 강화)이 이루어졌다는 점도 증가 이유로 제시할 수 있다

(2) 네트워크 거버넌스의 한계를 설명하시오. (10점)

Advice

참여와 수평적 조정의 의의에도 불구하고 네트워크 거버넌스가 가지는 한계점이 있음을 언급한다. 구체적으로 참여 주체간 신뢰의 문제, 다수의 문제로 인한 책임성 확보의 문제, 집단행동의 딜레마 등이 한계로 지적될 수 있다. 한편 우리나라의 특수성을 고려해서 관 주도적인 행정 문화도 언급할 수 있을 것이다.

(3) 네트워크 거버넌스에서 정부의 역할을 설명하시오. (15점)

Advice

정부는 네트워크 거버넌스 하에서 공유가치(shared value)에 근거한 공익을 달성하기 위한 다양한 활동을 수행한다. 구체적으로 시민참여 및 의견표출을 지원하고, 공론의 장을 형성하고, 다양한 의견 간의 조율을 담당한다. 즉 정부는 '조정자' 및 '협력자' 로서의 역할을 담당한다는 점을 언급하고, 구체적 사례에서 어떻게 활동하는지 제시하면 풍부한 논의를 할 수 있을 것이다.

| 제2문 (40점) |

현대 정부는 지속적으로 성장하는 경향이 있다. 그 결과 '큰 정부'가 초래되고, '작은 정부'를 구현하기 위한 인위적인 행정개혁 활동이 전개되기도 한다.

(1) 이러한 정부성장을 초래하는 원인을 '경제적 요인'과 '정치·행정·문화적 요인'으로 구분하여 설명하시오. (20점)

Advice

1. 정부 팽창의 요인에 대해 이미 알고 있는 바를 적절히 나누어 서술하면 된다. 즉 '경제적 요인'에서는 시장실패를 교정하기 위해 팽창하거나, 재정환상(fiscal illusiono, Buchanan) 때문에 쉽게 팽창한다는 점을 언급한다.

2. 한편 '정치·행정·문화적 요인'에서는 유권자들의 표를 의식한 정치인들이 선거기간 중에 이전지출의 확대를 공약하거나, 민주화의 진전에 따라 이익집단 정치가 심화되는 점, 정부와 의회 간의 정보비대칭(예산 극대화 모형) 등을 제시할 수 있다.

(2) 정부성장으로 초래되는 몇 가지 결과들을 예시적 사례를 통해 제시하시오. (10점)

Advice

정부성장을 긍정적인 측면에서 살피면 국민의 수요에 대한 대응성 제고를 언급할 수 있다. 이 경우는 복지 정책 개선의 사례를 통해 설명할 수 있다. 반면 부정적인 측면에서는 비효율성이나 과다한 조세부담 등을 지적할 수 있을 것이다. 이 경우 생각할 수 있는 사례는 긍정적인 측면보다 쉬울 것이라 생각한다.

(3) 정부성장으로 초래되는 이러한 결과들을 기준으로 해서 볼 때, 현재 우리나라는 '큰 정부'와 '작은 정부' 중 어느 쪽에 해당한다고 할 수 있으며, 그 판단의 근거는 무엇인지 구체적으로 제시하시오. (10점)

정부규모를 판단하는 기준으로는 양적 측면과 질적 측면이 주로 제시된다. 양적 측면은 정부 예산이나 공무원 인력의 규모를, 질적 측면은 규제나 법령 등의 건수로 측정한다. 이러한 기준에서 볼 때 우리나라 정부는 양적으로는 작은 정부이지만, 질적으로는 여전히 강한 정부라는 것이 일반적인 견해이다. 작은 정부, 큰 정부 어느 쪽으로 판단하는 가는 수험생 개인의 판단에 맡긴다.

답안구성 예

Ⅰ. 서 론

Ⅱ. 정부성장의 원인
 1. 경제적 요인
 2. 정치·행정·문화적 요인

Ⅲ. 정부성장의 효과
 1. 긍정적 효과

 2. 부정적 효과

Ⅳ. 우리나라 정부의 규모
 1. 큰 정부라는 견해
 2. 작은 정부라는 견해
 3. 종 합

Ⅴ. 결 론

| 제3문 (20점) |

행정부에 대한 통제수단으로 우리나라 국회가 보유한 국정감사 및 국정조사권의 실행에 있어서 발생하고 있는 문제점을 지적하고, 그 해결방안에 대해 논하시오.

1. 국정감사란 국정운영 전반에 대하여 포괄적으로 국회가 행정부를 감시·통제하는 활동을 말한다. 국정감사의 문제점으로 지적되는 것은 감사 대상(너무 많음)과 시기(너무 짧고, 예산안 및 법률안 심사 기간과 겹쳐 역량을 집중하기 어려움)의 문제, 진행과정에서 행정부 통제가 아닌 정부여당과 야당의 대립구도 하에서 정쟁의 도구가 된다는 점, 사후통제가 미비하다는 점이 지적된다. 해결방안은 앞서 제시된 문제를 해결할 수 있는 방안에 대해 생각하면 되는데, 대상의 경우에는 감사 대상 기관을 나누거나, 중앙 정부부처에 집중하는 방법, 시기적으로는 상시적으로 감사를 진행하는 방법 등을 고려해 볼 수 있을 것이다.

2. 한편 국정조사는 특정의 국정 사안에 대해 조사하는 활동이다. 국정조사의 문제점으로 지적되는 것은 활성화가 되어있지 않고, 사후처리가 미흡하다는 점 등이다. 국정조사를 활성화 하기 위해서는 국정조사 처리요건을 완화하거나(현재 국회 재적 1/4), 상임위원회에서 조사권을 수행하도록 하는 것을 제안할 수 있을 것이다. 한편 사후처리에 대해서는 구체적인 사후 처리를 제도화(경고, 예산조정 등 제재수단)하는 방법을 제시할 수 있다.

답안구성 예

Ⅰ. 서 론

Ⅱ. 국회 국정감사 및 국정조사권의 문제점 및 해결방안

 1. 문제점
 2. 해결방안

Ⅲ. 결 론

| 제1문 | 행정이념들은 서로 조화를 이루기도 하고, 때로는 갈등을 일으키기도 한다. 이와 관련하여 다음의 물음에 답하시오. (총 50점, 선택 총 25점)

(1) 합법성과 민주성의 의미를 설명하시오. (10점)

(2) 구체적인 사례를 통하여 합법성과 민주성의 조화 관계를 설명하시오. (10점)

(3) 구체적인 사례를 통하여 합법성과 민주성의 갈등 관계를 설명하고, 그 사례에 대한 갈등 해소방안을 제시하시오. (30점)

<table>
<tr><td>

Ⅰ. 서 론

Ⅱ. 합법성과 민주성의 의미

Ⅲ. 합법성과 민주성의 조화관계

Ⅳ. 합법성과 민주성의 갈등관계 및 해소방안

  1. 합법성과 민주성의 갈등관계

   (1) 법에 의한 경직성과 신축적 반응성과의 충돌

</td><td>

   (2) 법규범과 대칭적 민주성 간의 충돌

  2. 합법성과 민주성의 갈등관계 해소방안

   (1) 기본적 방향 : 우위적 행정이념과 보완적 행정이념의 수립

   (2) 합법성 우위, 민주성 보완 방안

   (3) 민주성 우위, 합법성 보완 방안

Ⅴ. 결 론

</td></tr>
</table>

Ⅰ. 서 론

행정이념은 다양하게 존재한다. 여러 가지 행정이념들은 각각 나름의 의미와 정합성을 가지고 실제 행정이 지향해야하는 방향을 제시해주는 역할을 한다. 그런데 행정이념은 서로 조화를 이루기도 하지만 갈등을 일으키기도 한다. 이 중 합법성과 민주성은 대표적인 행정이념들로서 조화를 보이기도 하지만 갈등 관계를 야기해 서로 충돌하기도 한다. 이하에선 각각의 행정이념들의 의미를 설명하고 구체적 사례를 들어 합법성과 민주성의 조화 관계와 갈등 관계를 설명하고자 한다. 이후 그 사례에 대한 갈등 해소방안을 기준에 따라서 제시하도록 하겠다.

Ⅱ. 합법성과 민주성의 의미

합법성이란 법에 의한 정당성을 확보하여야 한다는 가치를 말한다. 법치행정의 기본 이념으로서 원리에 기반하고 있다. 합법성은 크게 두 가지 의미로 정의해볼 수 있다. 소극적 의미로서 합법성은 법대로 집행하여야 한다는 걸 강조하는 이념이다. 즉, 법적 안정성 차원에서 행정은 법치주의를 준수해야 한다는 걸 담고 있다. 적극적 의미로는 법의 합목적성과 적합성을 강조하고 있다.

민주성은 행정이 국민의 의사를 존중하고 국민의 요구에 반응하여 행정에 이를 반영해야 한다는 가치를 말한다. 행정이란 특정 계층을 위해 존재하는 것이 아니라 일반 보편적 국민들이 주인된 권리를 받기 위해 존재하는 것이라고 보는 것이 민주성의 기본 원리이다. 민주성 역시 두 가지로 정의해볼 수 있다. 하나는 대내적 민주성이다. 행정조직 내부에서 의사결정의 참여기회나 구성원 개인의 권리 보장이 이뤄져야 한다고 보는 것이 대내적 민주성 이념이다. 또 다른 하나는 대외적 민주성이다. 행정이 국민의 의사를 존중하여 보편적 행정을 수행하여야 한다고 보는 민주성 이념이다. 즉, 책임행정 구현의 내용을 담고 있는 것이다.

Ⅲ. 합법성과 민주성의 조화관계

합법성과 민주성은 서로 조화가 가능하다. 국민들의 요구에 반응하기 위해선 합법적 정당성이 갖춰진 법과 정책이 필요하다. 법적 테두리 안에서 정책과 행정이 이루어질 때 국민들은 본래의 기본권과 권리를 보장받을 수 있다. 이러한 대표적인 예가 공공기관 정보 알림 시스템인 '알리오(ALIO)'를 들 수 있다. 정보공개란 국민들의 알 권리를 보장하고 정책의 전 과정이 투명하게 공개될 수 있도록 하는 것이다. 실제 공공기관의 정보공개에 관한 법률 역시 이러한 알 권리를 보장하고 있다. '알리오'시스템은 법에 근거한 알 권리를 보장해줌과 동시에 국민의 수요에 적극적으로 대응한다는 점에서 민주성과도 연관된다. 이처럼 합법성과 민주성은 양자 간에 조화의 관계를 보여주기도 한다.

IV. 합법성과 민주성의 갈등관계 및 해소방안

1. 합법성과 민주성의 갈등관계

(1) 법에 의한 경직성과 신축적 반응성과의 충돌

합법성과 민주성은 앞선 경우와 같이 조화로운 관계를 보일 수도 있지만 실제 현실에선 많은 갈등 관계를 보여주기도 한다. 합법성을 준수해야 하는 경우 법에 의한 경직성이 문제될 수 있다. 법적인 테두리 안에서 반드시 행정을 수행해야 한다고 본다면 다양한 행정 수요에 탄력적으로 반응하지 못해 민주성이 저해될 수 있는 것이다.

예를 들어 법에 의한 경직성으로 인해 관료의 재량권이 제한되어 민주성을 저해하는 사례를 들 수 있다. 안전사고가 발생했을 때 관료는 합법성이라는 법규준수의 의무가 존재한다. 특정한 절차적 규정에 의거해 지휘체계를 밟고 올라가 명령을 하달받은 후 구조 활동을 벌여야 한다. 그러나 이렇게 합법성에 매몰되어 법의 형식에 얽매일 경우 골든타임을 놓쳐 국민의 생명에 지대한 위험을 끼칠 수 있다. 이 경우는 오히려 대외적 민주성을 상실시킬 문제가 발생하는 것이다.

(2) 법규범과 대칭적 민주성 간의 충돌

합법성에 따라 특정 국민 혹은 집단에게만 행정 정책의 수요가 반영될 수 있는 경우가 있을 수 있다. 민주성이란 보편적 국민에 대한 행정의 이념으로서 특정 집단에게만 치우치거나 특정 집단은 배제되는 것은 올바른 민주성이라 보기 어렵다. 그런데 실제 법규범에선 부득이하게 특정 계층에 대한 특수한 권리를 인정해놓은 경우가 존재한다. 예를 들어 법규상 중소기업에게만 혜택을 주는 경우가 있다. 이는 법규를 준수한다는 점에서 정당성이 존재한다. 그러나 법적 정당성만 존재할 뿐 보편적 시민들에게 있어선 정당성이 없다고 할 수도 있다. 중소기업 뿐만 아니라 대기업에게도 보편적인 혜택을 주어야 한다고 볼 수도 있는 것이다. 이렇듯 합법성과 민주성은 갈등 관계를 형성할 수도 있다.

2. 합법성과 민주성의 갈등관계 해소방안

(1) 기본적 방향 : 우위적 행정이념과 보완적 행정이념의 수립

행정이념은 현실적으로 상충되는 면이 상당히 많이 존재한다. 그렇다면 사실상 어떤 이념은 우위에 두고 그렇지 못한 이념은 다른 수단을 통해 보완해 나가는 방법을 고려해야 한다. 합법성과 민주성이라는 두 행정이념을 모두 가져가는 것은 현실적으로 불가능하기 때문이다. 따라서 이하에선 이러한 기본적 방향을 전제로 하고 갈등관계에 대한 해결방안을 제시해보고자 한다.

(2) 합법성 우위, 민주성 보완 방안

합법성을 먼저 우선적인 행정이념으로 두는 경우에는 법규적 정당성이 보편적 원리에 입각해 있는지 살펴야 할 것이다. 단순히 소극적 의미의 합법성을 준수하고자 하는 것이 목적이 아니라 적극적 의미의 합법성을 확보해야 한다는 것이다. 이후에 민주성이 결여된 부분을 찾아 내어 보완해주는 방법을 고려해야 한다.

예를 들어 앞서 제시한 사례와 같이 상황에 따라선 법규적 정당성이 소극적 의미에서만 의미를 가지는 경우가 있을 수 있다. 체계적으로 접근해야하는 안전사고상황에선 합법성이 먼저 우선적으로 고려되어야 한다. 원자력 사고라든지 혹은 전시상황과 같은 경우에는 법규적 정당성에 따라서 안정성 확보가 중요하다. 합법성이 준수된 후에 민주성을 보완해 나가야 한다. 사고와 관련된 정보나 상황을 실시간으로 국민들에게 알려 민주성을 확보해나갈 수 있다.

(3) 민주성 우위, 합법성 보완 방안

상황에 따라선 앞선 경우와 달리 민주성이 우선적으로 확보되어야 하는 경우가 있다. 합법성에 매몰되어 법규적 형식으로 인해 민주성이 완전히 저해될 수 있는 상황이라면 민주성을 먼저 우선적으로 확보하고 합법성 문제를 사후적으로 보완해야 한다.

예를 들어 긴급한 상황의 경우에는 법규적 경직성에 의해 민주성이 저해돼선 안된다. 관료의 재량권을 어느 정도 인정해주고 신속하게 안전수요를 확보해야 한다. 선조치 후보고를 통해서 민주성을 확보하고 사후적으로 관료의 재량권이 넓은 범위의 합법성을 침해하진 않았는지 평가해야 한다. 오히려 민주성 확보에 따른 이익이 합법성의 부재로 인한 피해보다 더 크다면 바람직한 경우에 해당할 수 있다. 이처럼 합법성과 민주성이 충돌할 경우 일방적으로 화학적 융합을 기대하기보다는 상황에 맞게 우위와 보완의 논리에 따라서 갈등 관계를 조정할 필요가 있는 것이다.

V. 결 론

행정이념은 행정에 있어서 나아갈 방향을 제시해준다는 점에서 중요하다 할 수 있다. 그러나 이념은 언제나 서로 다른 이념과 충돌할 여지가 많다. 어떤 이념을 더 우위에 두느냐에 따라 행정의 방향이 달라지듯이 행정이념은 행정수요자들의 이해와 직접적으로 연관될 수도 있다. 지금까지 살펴본 민주성과 합법성의 관계 역시 언제나 조화만 존재하는 것은 아니다. 갈등역시 존재하는 것이다. 갈등 관계에 놓여있는 행정이념은 상황에 맞게 우위와 두는 것과 그렇지 않은 것을 보완하는 방향으로 나아가야 할 것이다.

┤ 강 평 ├

1. 합법성의 개념에서 중요한 것은 시민의 대표가 정한 법률에 근거하여 운영하기 때문에 예측 가능성을 확보하는 것이다. 그러나 환경 변화에 신속하게 변화하지 못하면 경직적이게 된다. 이 부분이 민주성과 충돌되는 이유가 된다.

2. 합법성과 민주성의 조화관계는 국민이 참여하여 제정한 법률에 근거하여 행정을 집행한다는 측면이 될 것이다. 정보 공개 수단인 '알리오(ALIO)'를 통해 민주성도 보장하고 법에 근거한 권리도 보장한다는 것은 맞는 표현이기는 하지만, 문제의 핵심을 직시하는 것에는 부족하다.

(예시) 교육과 관련하여 지방자치단체에서 지방교육청을 지원하지 못한다는 법적 근거를 하지고 있었으나 주민의 학교 관련 지원 요구가 증대하자 법률을 개정하여 지방자치단체가 지원하는 근거를 마련하였다. 주민이 원하는 신속한 법률 개정을 통해 합법성과 민주성을 동시에 충족하였다.

3. 합법성과 민주성의 갈등
(1) 표준으로 인한 경직성
   일정한 기준을 정하고 예측 가능한 행정을 수행하는 과정에서 경직성이 발생한다. 예컨대 일정 소득과 재산이 있으면 소득 보조 지원을 하지 못한다는 규정을 가지고 있으나, 이럴 경우 개별 개인의 특수한 상황들을 반영하지 못할 수 있다.

(2) 환경 변화에 대한 부적응
   신속하게 법률이 개정되지 못하면 주민이 원하는 행정을 수행하지 못할 우려가 있다. 일정한 소득 수준이라고 규정을 하지만, 경기 침체가 있는 경우에는 소득 수준의 기준을 하향 조정할 필요가 있다.

4. 갈등 해소 방안
   핵심은 법률이 경직적이지 않게 운영하는 것이다. 환경 변화에 따라 신속하게 개정될 필요가 있다. 그리고 현장에서 주민과의 끊임없는 대화와 소통이 필요하다. 소위 현상학적 접근이 필요하다.
   이러한 문제를 해결하면서 관련 법률, 제도, 행정 이론 등을 원용하는 것이 고득점에 유리하다.

| 제2문 | 우리나라에서는 「공무원의노동조합설립및운영등에관한법률」이 2005년에 제정되었다. 공무원노동조합이 점차적으로 활성화되면 국민들의 관심이 더욱 커질 것으로 보인다. 다음의 물음에 답하시오. (총 30점, 선택 총 15점)

(1) 공무원노동조합의 개념과 기능을 설명하시오. (10점)

(2) 공무원노동조합의 활동을 제한할 수 있는 근거들을 제시하시오. (10점)

(3) 공무원노동조합의 정치적 중립성에 대해 논하시오. (10점)

Ⅰ. 공무원노동조합의 개념 및 기능

Ⅱ. 공무원노동조합의 활동 제한 근거

  1. 인지적 차원 : 국민들의 지지 부족으로 인한 활동 위축

  2. 법적 차원 : 법적 제약으로 인한 권리 제한

Ⅲ. 공무원노동조합의 정치적 중립성

답안작성

신 ○ ○ / 2008년도 행정고시 일반행정직 합격

Ⅰ. 공무원노동조합의 개념 및 기능

공무원노동조합은 공무원들이 자주적으로 단결해 근로 조건의 유지 개선과 복지 증지, 기타 경제적·사회적 지위 향상을 목적으로 조직하는 단체이다. 공무원노동조합은 공무원들의 기본적 욕구 충족과 사회적 지위보장 등을 요구하는 기능을 한다. 2006년 1월 '공무원의 노동조합 설립 및 운영 등에 관한 법률'이 시행됨에 따라 공무원 노조의 활동이 법적으로 가능하게 되었다. 일반적으로 공무원 노조는 6급 이하의 일반직 공무원, 별정직·계약직 공무원, 고용직공무원 그리고 특정직 공무원 중 6급 이하의 일반직공무원에 상당하는 외무행정·외교정보관리직 공무원들로 한정하였다.

공무원 노조는 공무원의 권익을 실현시키고 보장해준다는 점에서 긍정적 기능을 가진다. 공무원이 본인들의 권익을 보장받을 때 업무를 공평무사하게 처리할 수 있다. 따라서 공무원 노조는 인사상의 불이익이나 정치적 외압으로부터 공무원 노조원들을 보호하여 공정성을 기할 수 있는 것이다. 노조는 단순히 공무원의 권익만 보호하는 것이 아니라 사회정의를 구현하는 기능도 할 수 있다. 5급 이상의 고위 관리층들이 행정적 부정부패를 저지르지 않는지 감시하는 내부고발자 역할도 수행하는 것이다. 하지만 공무원 노조가 지나치게 부당한 권리 요구를 한다면 행정운영에 차질이 있을 수 있다. 근무 태만이나 경쟁의 부재 등으로 인해 업무의 성과가 저해될 수도 있다. 이런 점에서 볼 때는 공무원 노조가 부정적 기능을 하기도 한다.

Ⅱ. 공무원노동조합의 활동 제한 근거
1. 인지적 차원 : 국민들의 지지 부족으로 인한 활동 위축

 공무원노동조합의 활동 제한의 근거를 먼저 인지적 차원에서 제시해볼 수 있다. 공무원노동조합이 무조건적으로 본인들의 권리신장만을 요구하게 된다면 국민들의 지지를 받기 어려울 수 있다. 또한 국민들은 일반적으로 공무원이 국민들에게 봉사하여야 하는 공복의 존재로 인식하는 경향이 크다. 그런데 만일 공무원 노조가 요구하는 사항들이 국민들의 비용으로 인식될 경우 국민들은 공무원 노조의 활동을 지지하지 않을 수 있다. 오히려 여론은 공무원들이 의무는 다하지 않고 권리만 취하려 한다고 비판할 수도 있다. 이 경우에는 공무원 노조의 활동이 정당성을 잃게 되고 노조의 의사표명을 철회할 수도 있는 것이다.

2. 법적 차원 : 법적 제약으로 인한 권리 제한

 공무원 노조는 법적 근거에 의거하여 운영된다. 일반적으로 노동조합대표자는 조합에 관한 사항이나 보수, 복지 등을 정부 교섭대표와 교섭하고 단체협약을 체결하도록 규정하고 있다.
 그러나 공무원 노조의 경우 복무사항에 관해서는 노조가 교섭할 수 없는 제약이 있다. 또한 단체 교섭권은 인정되나 쟁의행위와 관련된 단체 행동권은 헌법에서 보장하지 않기에 실질적인 행동의 자유가 없다. 이런 점에서 공무원 노조의 활동이 실질적으로 제한된다고 할 수 있다.

Ⅲ. 공무원노동조합의 정치적 중립성

 공무원의 정치적 중립은 국가공무원법 제65조에 명시되어 있다. 공무원은 정당이나 그 밖의 정치단체의 결성에 관여하거나 이에 가입할 수 없다라고 명시되어 있는 만큼 공무원은 공평무사하게 업무를 수행하여야 하기에 정치적으로 중립을 지켜야 하는 의무를 지닌다. 그런데 공무원 노조와 관련해서 정치적 중립성 논의가 심도 있게 이뤄질 필요가 있다. 공무원이 정치적 중립의 의무가 있듯이 노조활동은 정치적으로 이용될 수 있기에 금지되어야 한다는 입장이 존재한다. 공무원 편의를 봐주는 정책을 공약으로 내세우는 정당과 연관되어 공무원 노조가 교섭권을 행사한다면 정치적 중립성이 위배될 수 있다고도 보는 것이다. 그러나 공무원 노조가 실질적으로 단체행동권이 존재하지 않고 공무원의 권리 신장을 위한 행동으로서 정치적으로 견해를 표명할 수 있다고 보는 주장도 있다. 그러나 실질적으로 공무원은 법에 정하지 않는 사유로 인해 신분상의 불이익을 받지 않아야 하므로 정치적으로 중립적인 위치에 있어야 하는 것이 타당하다. 특정 정치 세력과 연합해 공무원 노조의 적극적인 의견 표출이 있다면 이는 국민들로부터 지지를 얻기 어렵다. 또한 공무원 노조가 정치적으로 특정 정당에 규합하게 된다면 일반 국민들에게 돌아가는 행정 서비스는 특정 정당에 맞게만 펼쳐질 가능성이 많다.
 그렇다면 공정성의 문제도 대두될 수 있다. 따라서 소극적 의미에서 정치적인 의사표현은 있을 수 있다고 보지만 정치적 중립성을 해하는 적극적인 행동이나 의견표출은 적절치 않다고 할 수 있다.

이 원 희 / 한경국립대학교 행정학과 교수

| 강 평 |

1. 노조활동은 단결권, 단체교섭권, 단체행동권을 포함한다는 문구는 반드시 포함되어야 한다. 기능을 설명하면서 많은 문장이 포함되어 있어 핵심 쟁점을 추출하기가 어렵다. 이럴 경우에는 첫째, 둘째, 셋째 등으로 쟁점을 구분하는 것이 좋다.

2. 활동 제한 근거는 노조활동으로 인한 공공서비스 단절이 국민 전체의 복리에 심각한 위험을 초래할 수 있다는 점이 될 것이다. 이 부분이 강조되어야 한다.

3. 실적주의, 직업공무원제도, 공무원의 정치적 중립, 노조활동 제한은 서로 맞물려 있는 개념적 요소를 가지고 있다. 그러나 개방된 행정 체제에서 이러한 제도는 맞물려서 개편되고 있다. 개방형 확대, 정무직 확대, 노조활동 인정 등이 그러하다. 특히 공무원이 정치적 진공 상태에서 업무를 수행할 수 있는 것도 아니다. 그럼에도 특정 정파적 활동을 하지 않아야 한다는 정치적 중립은 중요하다.

4. 쟁점을 정리하기 위해 노력하고 있지만, 많은 문장이 나열되어 있어 핵심적 주장 내용이 명확하게 전달되지 못한다. 문장을 쟁점에 따라 구분하는 노력이 필요하다.

| **제3문** | 신공공관리(NPM)이론은 공공부문의 능률성과 효과성을 제고하기 위한 방안 중 하나로 정보통신기술(ICT)의 도입을 강조하고 있다. 업무재설계(BPR: Business Process Reengineering)과정에 정보통신기술의 활용이 미치는 영향에 대해 설명하시오. (20점, 선택 10점)

Ⅰ. 정보통신기술(ICT)의 개념 및 특징
Ⅱ. 업무 재설계의 개념과 정보통신기술 활용의 영향

1. 업무 재설계의 개념
2. 업무 재설계 과정에 대한 정보통신기술 활용의 영향

답안작성

신 ○ ○ / 2008년도 행정고시 일반행정직 합격

Ⅰ. 정보통신기술(ICT)의 개념 및 특징

정보통신기술은 시대적 흐름에 따라서 급속도로 발전해나가고 있다. 정보통신기술(Information and Communication Technology)이란 정보기술과 통신기술의 합성어로서 정보기기의 하드웨어 및 이들 기기의 운영 및 정보 관리에 필요한 소프트웨어 기술과 이들 기술을 이용하여 정보를 수집, 생산, 가공, 보존, 전달, 활용하는 모든 방법을 의미한다.

행정의 수요가 정보통신기술의 발달로 인해 사실상 더 다변화되고 있다. 정보통신기술은 일반 국민들이 더 다양한 정부 관련 정보들을 손쉽게 접근할 수 있도록 해준다. 정보통신기술은 확장성을 지니고 신속성을 지니기 때문에 행정개혁과 관련해서 활용가치가 상당히 높은 특징을 지니고 있다.

Ⅱ. 업무 재설계의 개념과 정보통신기술 활용의 영향

1. 업무 재설계의 개념

업무 재설계(Business Process Reengineering)란 기업 또는 정부가 행정 운영 내용이나 과정 전반을 분석하여 목표 달성에 가장 적합하도록 업무의 프로세스를 재설계하는 것을 말한다.

이러한 재설계는 행정의 내용, 조직도, 관련분야의 인력배치 등을 재구성하는 모든 것들을 포함한다. 업무 재설계는 신공공관리론의 신관리주의 기조에 따라 제안된 개념이다. 조직구조나 업무 배치 프로세스 등을 효율성을 극대화할 수 있는 방향으로 조정하는 새로운 형태의 조직 관리방법이다. 최근에는 이러한 업무 재설계가 정보통신기술인 ICT를 통해서 보다 손쉽게 재설계를 실시할 수 있다고 한다. 이하에선 ICT가 업무 재설계 과정에 어떻게 영향을 미치는지 제시하고자 한다.

2. 업무 재설계 과정에 대한 정보통신기술 활용의 영향

업무 재설계는 전체 조직의 업무를 재편성하는 과정으로서 상당히 많은 정보와 인력이 소요된다. 이렇다보니 정보통신기술을 활용하면 보다 적은 비용으로 체계적인 구성을 실행시킬 수 있다.

먼저, 정보통신기술의 연결 속성을 통해 각 부서의 업무를 하나의 시스템에 통합하여 운영할 수 있는 관리를 가능케 한다. 복지 개선과 관련해서 복지부서는 업무를 분담 혹은 인력 재배치를 정보통신기술을 통해서 전사적으로 일원화된 통신망을 구축할 수 있다. 단순히 보건복지부 내부에서만 업무 재설계가 이뤄지는 것이 아니라 기타 다른 유관 기관이나 부처 역시도 복지부서의 업무 재설계와 관련된 정보를 통합 시스템을 통해 파악할 수 있다.

또한 업무 재설계 과정에서 정보통신기술을 이용해 투명성을 확보할 수 있다. 실시간으로 ICT를 통해서 업무 재설계 과정이 어떻게 이뤄지고 있고 어떤 부서의 무슨 업무가 조정이 되는지를 파악할 수 있다. 조직 구성원들의 정보 접근성을 ICT 기술이 향상시켜 업무 재설계가 구성원의 요구에 맞게 조정될 수도 있는 것이다.

┤ 강 평 ├

1. 우선 만연체의 문장은 지양할 필요가 있다. 문장이 길게 늘어지면 핵심적 쟁점을 파악하기 어렵다.

2. 문제의 핵심은 정보통신 기술 발전에 따라 조직 설계와 조직관리과정이 어떻게 변화할 수 있는가를 정리하는 것이다. 조직 계층의 단순화, 수평적 네트워크 강화, 전문화에 따른 하위직 직원에 대한 권한 강화 등이 중요한 개념이 될 것이다. 특히 의사결정을 위한 DB구축 활동이 강화될 것이다. 그리고 서비스 전달 체계도 정보화를 통해 신속하게 되고 인력을 감축하는 효과를 가져 올 것이다.

3. 이러한 순기능의 효과가 있지만 인간 관계가 소원해지는 등의 부작용도 있기 때문에 인간소외가 발생하지 않도록 해야 한다는 점 등은 마무리하면서 제기할 필요가 있다.

| 제1문 | 정부규제에 대해 대상집단들이 인지하는 비용과 편익의 분포에 따라 다양한 규제 상황을 아래의 4가지 유형화할 수 있다. 이러한 규제상황에 따라 정부규제의 특성과 관료의 형태가 다르게 나타날 수 있다. (총 40점)

〈표〉 규제상황의 4가지 유형

	인지된 편익이 넓게 분산	인지된 편익이 좁게 집중
인지된 비용이 넓게 분산	①	②
인지된 비용이 좁게 집중	③	④

(1) 위의 4가지 규제상황의 특성을 해당하는 규제사례를 들어 설명하시오. (15점)

(2) 위의 4가지 규제상황에서 특징적으로 나타나는 관료형태를 설명하시오. (25점)

Ⅰ. 서 론

Ⅱ. 규제의 개념 및 특징

Ⅲ. 4가지 규제상황의 특성 : 규제사례를 들어
　1. 대중정치(①)의 특성 : 교통규제정책
　2. 고객정치(②)의 특성 : 수출보조금지원정책
　3. 기업가정치 : 방폐장건설규제
　4. 이익집단정치 : 의약분업사태

Ⅳ. 4가지 규제상황에서의 관료행태
　1. 대중정치(①)상황에서의 관료행태
　2. 고객정치(②)상황에서의 관료행태
　3. 기업가정치(③)상황에서의 관료행태
　4. 이익집단정치(④)상황에서의 관료행태

Ⅴ. 결 론

Ⅰ. 서 론

J.Q.Wilson은 대상집단의 비용과 편익의 인식정도(집중정도)가 어떤가에 따라 규제정치 유형을 크게 4가지로 분류하였다. 이와 같은 4가지 규제상황에 따라서 정부규제의 특성과 관료의 형태는 상이하게 나타날 수 있다. 규제는 대상집단의 이해와 직접적으로 연관되어있기 때문에 상당히 복잡한 행정적 문제로 규정된다. 따라서 이하에선 J.Q.Wilson의 기준에 따라서 먼저 각각의 특성을 규제사례를 들어 설명하고, 각각의 상황에서 나타나는 관료의 행태를 논하도록 하겠다.

Ⅱ. 규제의 개념 및 특징

행정규제란 행정규제기본법 제2조에 따르면 국가나 지방자치단체가 특정한 행정목적을 실현하기 위해 국민의 권리를 제한하거나 의무를 부과하는 것으로서 법령 등이나 조례·규칙 등으로 규정되는 사항을 말한다. 이러한 규제는 일반적으로 강제성·지속성 등의 특징을 지닌다.

규제 대상자들의 권리를 제한하고 특정 의무를 부과시키기 때문에 규제 대상자들은 규제에 종속된다. 따라서 대상자들은 규제를 준수하여야 할 의무를 지니게 되고 이를 어길 경우 제재적 처분이 가해지기 때문에 제약이 존재한다. 따라서 규제는 대상자들에 대해 강제성을 지니는 특징을 지닌다. 다음으로 규제는 한번 정책화되면 관료들에 의해서 쉽게 변하지 않는 지속성의 특징을 가지기도 한다. 규제를 변화시키려면 각종 법적 절차가 수반되고 규제가 관료에게 권한행사를 할 수 있는 법적 근거로서 작용하기 때문에 관성적으로 지속된다. 이와 같은 규제에 대한 개념과 특징들을 기반으로 아래에서는 J.Q.Wilson의 4가지 규제상황의 특성을 설명하고자 한다.

Ⅲ. 4가지 규제상황의 특성 : 규제사례를 들어

1. 대중정치(①)의 특성 : 교통규제정책

위의 4가지 유형 중 ①에 해당하는 대중정치 유형은 정부규제에 대해서 규제대상자들이 인식하는 비용과 편익이 넓게 분산된다. 해당 경우에는 편익이나 비용이 불특정 다수에게 분산되어서 인식되기 때문에 대상 집단들 간의 갈등이 크지 않다. 예를 들어 교통규제정책과 같이 일반적으로 모든 사람들에게 보편적으로 적용되는 규제정책을 들 수 있다. 규제를 준수해야하는 대상자들도 규제를 지킴으로써 규제의 혜택을 동시에 받기 때문에 비용과 편익이 넓게 분산된다. 따라서 규제 대상자들 간 정책 순응도가 상당히 높은 특성을 보여준다.

2. 고객정치(②)의 특성 : 수출보조금지원정책

②에 해당하는 고객정치 유형은 정부규제에 대해서 규제대상자들이 인식하는 비용은 분산되나 편익은 특정 소수에게 집중된다. 이 경우에는 규제로 인해 드는 비용은 불특정 다수에게 균일하게 부과되고,

그 비용을 이용하여 혜택을 받는 집단은 정부가 지정한 특정 소수 집단에 해당한다. 단적인 예로 수출보조금 지원정책을 들 수 있다. 수출보조금을 의무적으로 납부해야하는 집단은 일반 국민들에 해당한다. 물품을 구매할 경우 부과되는 부가가치세등이 이러한 비용에 해당한다. 이렇게 거둬들인 세수를 통해 재원을 마련하면 수출보조금으로 특정 중소기업 등에 지원금으로 지원된다. 따라서 비용은 넓게 분산되면서 인식되지만 이러한 혜택은 특정 소수에게 집중되기 때문에 사실상 갈등이 쉽게 유발되는 등의 문제는 잘 일어나지 않는다.

3. 기업가정치 : 방폐장건설규제

③에 해당하는 기업가정치 유형은 정부규제에 대해서 규제대상자들이 인식하는 비용은 좁게 집중되고 편익은 다수에게 넓게 분산되면서 인식된다. 예를 들어 NIMBY(not in my backyard)시설과 같은 방폐장건설규제정책을 들 수 있다. 방폐장건설규제정책은 방폐장 건설에 따른 지역 주민이라는 규제대상자들에게 상당히 큰 비용으로 인식된다. 방폐장 건설지역 외에 거주하는 시민들은 이러한 정책으로 인해 안전한 생활을 누릴 수 있기 때문에 편익은 넓게 분산되서 인식된다. 일반적으로 규제 대상집단들의 격렬한 반대와 갈등이 유발되므로 정책이 변질되어 고객정치 유형으로 변질될 수 있는 가능성도 있다.

4. 이익집단정치 : 의약분업사태

④에 해당하는 이익집단정치 유형은 정부규제에 대해서 규제대상자들이나 규제로 인해 혜택을 받는 집단들의 인식이 좁게 집중된다. 예를 들어 실제 문제되었던 의약분업사태가 존재한다. 의료업계 종사자들과 약국업계 종사자들은 의약분업개혁과 관련해서 각각 비용대상자들과 편익대상자들에 해당한다. 각 집단들의 이해와 직접적으로 연관된다고 인식하기 때문에 격렬하게 서로 대립하고 갈등을 겪게 되는 특징을 보인다. 이로 인해 실제 규제정책들이 교착상태에 머물러서 선의의 제3자가 피해를 보는 문제를 보이기도 한다.

Ⅳ. 4가지 규제상황에서의 관료행태

1. 대중정치(①)상황에서의 관료행태

앞서 설명하였듯이, 대중정치 상황에선 규제대상자들과 수혜대상자들의 인식 집중정도가 상당히 넓게 분포되어있다보니 커다란 갈등이 발생하지 않는다. 그러다보니 관료들은 본래 의도하고자 하는 대로 규제 정책을 순탄히 실행해 나갈 수 있다. 관료는 질서유지 등의 행정목적을 실현하기 위해 적극적으로 규제 정책을 수립하고 어떤 집단에도 편승되지 않고 객관적으로 규제정책을 수립 및 집행하는 행태를 보인다.

2. 고객정치(②)상황에서의 관료행태

고객정치 상황에선 편익 대상자들만이 편익을 집중적으로 인식하고 비용 대상자들은 비용을 넓게 인식해서 앞선 대중정치와 마찬가지로 갈등을 겪지 않는다. 따라서 관료들은 대중정치와 비슷한 행태를 보일 수 있다. 그러나 완전히 대중정치와 같이 객관적인 행태를 보이진 않을 수 있다. 고객정치 유형 하에서 수익 대상자들은 본인들에게 수익이 더 돌아올 수 있도록 관료를 포획할 수도 있다. 반발이 쉽게 일어나지 않기에 관료 역시 부담감이 존재하지 않을 수 있어 편익 대상자들에게 편승하는 행태를 보일 수도 있는 것이다.

3. 기업가정치((③)상황에서의 관료행태

기업가정치 상황에선 고객정치와 달리 비용대상자들이 비용을 상당히 좁게 인식하고, 편익대상자들은 넓게 인식해서 비용 집단의 커다란 반발과 갈등이 예상된다. 따라서 비용대상집단들은 규제정책을 어떻게든 차단하거나 집행되지 않도록 만들기 위해서 관료를 포획하려고 시도한다. 규제담당 관료는 비용대상집단들에 의해 포획되므로 이해관계가 직접적으로 연관된다고 인식해서 역시나 편승하는 행태를 보일 수 있는 것이다.

4. 이익집단정치((④)상황에서의 관료행태

이익집단정치 상황에선 비용대상집단들과 편익대상집단들이 각각의 인식구조가 굉장히 좁게 형성되어있다. 한 집단은 비용을 최대한 줄이려하고 다른 집단은 이익을 최대한 늘리려하기 때문에 양자 간에 갈등과 충돌이 예상된다. 따라서 규제를 담당하는 관료는 첨예한 갈등 속에서 어떤 집단에도 속하려하지 않고 오히려 관망하는 자세로 정책 문제가 해결되길 바라본다. 특정 집단의 손을 들어주게 되면 관료는 반대집단에 의해 공격받거나 윤리적인 문제에 휘말릴 수 있기 때문에 자체적으로 해결되길 원하는 것이다. 물론 첨예한 갈등으로 인해 제3자인 국민들이 피해를 입는 경우가 상당하다면 관료는 두 집단 간의 협상을 시도하려는 행태를 보일 순 있다. 다만 이러한 협상과 중재 역시 상당히 소극적으로 이뤄질 가능성이 크다.

V. 결 론

규제는 이해관계가 연관되어 있기 때문에 상당히 민감한 정책이라 할 수 있다. 규제를 바라보는 시각은 다양하다. J.Q.Wilson은 특히 미시적 차원에서 대상자들의 인지 구조를 토대로 규제정치상황을 제시하였다. 각각의 상황에서 다양한 규제사례가 존재하고 관료의 행태는 다양하게 나타난다. 이러한 모형을 토대로 규제정치의 상황에서 정책교착문제를 해결할 수 있는 실마리를 찾고, 바람직한 규제정책이 원활하게 시행될 수 있도록 관료는 노력할 필요가 있는 것이다.

┤ 강평 ├

1. 매우 잘 작성되었다. 이러한 문제를 해결하는 핵심은 이론의 내용을 정확하게 이해하는 것이다.

2. 다만 "Ⅱ. 규제의 개념 및 특징"은 굳이 작성하지 않아도 무관하다.

3. 각 유형에서 꼭 필요한 개념이 있다.

(1) 대중정치(①)의 특성: 공정거래, 방송윤리 규제

기업가나 소비자 모두 정치적 행동을 위한 조직 구성의 유인이 약하고, "집단행동의 딜레마 현상"이 발생한다.

(2) 고객정치(②)의 특성: 수출보조금지원정책, 직업면허

이익집단이 막강한 자금력과 정치적 영향력을 가지고 정치인과 규제행정기관을 긴밀한 관계를 유지하기 때문에 "정부규제의 포획(regulatory capture)현상"이 발생한다.

(3) 기업가정치: 방폐장건설규제, 환경오염규제, 직업안전규제

정부규제가 이루어지기 위해서는 원전사고, 대형 사고 등 사회적으로 커다란 "충격을 주는 사건(triggering device)"이 발생할 때 이루어진다. 아니면 의식 있는 정치인이나 사회활동가의 도덕적 활동에 기인한다.

(4) 이익집단정치: 의약분업사태, 노사 분규

이해쌍방이 각자 강한 결속력을 가지고 있고 정치적 영향력을 행사할 수 있는 힘을 가지고 있기 때문에 정부가 중립적 이해조정자로 나서기가 쉽지 않다. 그 결과 쌍방이 동의할 수 있는 선에서 서로의 권리와 의무를 선언하는 협약의 형태를 가지게 된다. 어느 일방이든 국외자(outsider)들과의 "연합형성(coalition building)"을 통해 정치적 입장을 강화하기 위한 정치적 상징 조작을 도모하기 때문에 정치적 가시성(political visibility)이 높다.

| 제2문 | 행정개혁을 성공적으로 추진하기 위해서는 정부조직의 내부 및 외부 환경을 고려하여 환경변화에 효과적으로 대응할 수 있는 전략기획(strategic planning)의 수립이 필요하다. 현 정부의 성공적인 행정개혁(지방정부와 공공기관 제외)추진을 위해, SWOT(Strenght-Weakness-Opportunity-Threat) 기법을 적용하여 행정환경을 진단하고 대응전략을 논하시오. (30점)

Ⅰ. 전략적 기획의 개념 및 단계

Ⅱ. SWOT 기법 적용과 대응전략 논의

  1. SWOT 기법 적용 : 4대강 사업과 관련된 국토해양부

  2. 대응전략 논의 : OW(Opportunity-Weakness) 전략

답안작성

신 ○ ○ / 2008년도 행정고시 일반행정직 합격

Ⅰ. 전략적 기획의 개념 및 단계

전략적 기획이란 조직 내·외부 환경분석을 통해 조직의 방향과 목표를 수립하고, 조직의 목표를 달성하기 위한 전략을 개발하는 체계적인 노력을 의미한다. 일반적으로 전략적 기획은 단계적 구조를 가진다. 먼저 '전략적 기획의 기획'단계를 수립한다. 전략적 기획을 어떤 방향으로 진행할지 어떤 구성원으로 팀을 꾸려나갈지 등의 기본적인 준비를 한다. 다음으로 '미션과 비전의 확인'단계이다. 전략을 수립하기 위해선 조직의 미션과 비전을 확인함으로써 조직이 도출해내야 하는 성과는 무엇을 기반으로 해야 하는지 등을 파악하는 것이다. 다음으로 '외부 환경과 내부 환경 분석'단계이다. 조직에 대한 미래 청사진을 그리기 위해선 현재 내·외부적으로 어떤 환경에 둘러싸여있는지를 파악하는 것이다. 해당 단계에서 SWOT분석이 실시된다. 다음으로는 '전략적 이슈 결정'단계이다. 앞서 SWOT분석을 통해서 환경을 분석했다면 조직이 앞으로 전략적으로 다루어야 할 이슈에 대해서 결정하는 것이다. 마지막으로 '전략형성'단계이다. 구체적으로 전략을 구성하고 실행계획을 수립하면서 시기별로 달성 목표를 구체화하여 전략의 과정자체를 형성하게 된다.

Ⅱ. SWOT 기법 적용과 대응전략 논의

1. SWOT 기법 적용 : 4대강 사업과 관련된 국토해양부

〈국토해양부의 4대강 사업 관련 SWOT 분석 예시〉

① Strength (강점) – 국토 사업과 해양 사업의 부처 통합 – 풍부한 정보력	② Weakness (약점) – 과학적 기술 인력의 부족 – 환경적 지식의 부족
③ Opportunity (기회) – 대통령의 관심과 지원 – 국민들의 기대	④ Threat (위기) – 환경 단체 및 시민 단체의 반발 – 법적 근거 문제

SWOT 분석을 이명박 정부의 4대강 사업과 연관 지어서 설명해보도록 하겠다. 행정개혁의 일환으로서 이명박 정부는 4대강 사업을 추진하려고 한다. 여기서 주된 시행부처는 국토해양부라 할 수 있다. 국토해양부는 전략적 기획을 시행하면서 SWOT 분석을 위의 예와 같이 시행할 수 있다. 먼저 ① 강점을 찾아보면 국토 사업과 해양 사업의 대국대과주의로 통합한 예를 들 수 있다. 4대강 사업에 있어서 국토 사업과 해양 사업의 공동 협조가 필요하다. 국토해양부는 두 사업국이 한 부처에 존재하기 때문에 원활하게 사업을 진행해 나갈 팀을 쉽게 꾸릴 수 있는 장점이 있다. 또한 국토해양부가 중앙부처로서 풍부한 정보력 갖는 것 역시 강점이라 할 수 있겠다. ② 약점은 과학적 기술인력의 부족과 환경적 지식의 부족을 들 수 있겠다. 4대강 사업을 실시하는데 있어 과학적인 기술이 요하게 된다. 교육과학기술부의 과학적 전문인력이 부족한 것이 국토해양부의 약점이라 할 수 있겠다. 또한 환경부가 가지고 있는 환경적 지식이 부족한 것도 또 하나의 약점이라 할 수있겠다. ③ 기회는 행정수반인 대통령의 공약이라는 점에서 대통령의 관심과 지대한 지원이라 할 수 있겠다. 또한 4대강 사업이 경제를 살려줄 수 있다는 국민들의 기대가 새로운 기회라 할 수 있다. ④ 마지막으로 위기는 환경단체나 시민단체들의 환경문제 제기와 같은 반발을 예상해볼 수 있다. 또한, 법적인 근거가 미비되어있다는 점에서 사업 진행에 다른 정책들과 충돌될 수 있는 위기 요인 역시 존재할 수 있다.

2. 대응전략 논의 : OW(Opportunity-Weakness)전략

앞서 분석한 SWOT 분석을 토대로 구체적인 전략을 제시해볼 수 있다. 경우의 수를 따져보았을 때 총 4가지의 전략이 예상되지만 구체적으로 OW전략을 택하여 4대강 사업에 대한 전략적 기획을 해보고자 한다. OW전략은 약점을 보완하고 주어진 기회를 최대한 잘 살려서 성과를 이루어낼 수 있도록 만드는 전략에 해당한다. 국토해양부는 현재 대통령의 공약사업이라는 기회를 토대로 4대강 사업에 추진력을 기할 수 있다. 중앙부처의 수장인 대통령이 공약사업을 반드시 임기 내 이행하고자 하는 의지가 강하고 관심이 크다. 또한 임기 초이다 보니 국민들 역시 4대강 사업이 대통령의 말대로 경제 활성화에 기여할 수 있겠다는 기대가 크다. 이와 같은 기회를 토대로 기획재정부로부터 막대한 예산 지원을 받을 수 있다. 더불어서 약점을 보완하는 전략을 보여줘야 한다. 과학기술인력이 부족하므로 교육과학기술부에 협조를 요청해서 댐과 보를 첨단기술시스템으로 구축할 수 있는 인력의 파견을 요청해야 한다. 또한 환경부에는 환경전문인력의 지원을 요청하고 국토해양부 내부에서 환경부와 공동 대응 TF팀을 구성해 4대강 사업과 관련된 약점을 보완하는 전략을 구성해볼 수 있다.

강 평

1. 문제 제기에서는 SWOT 기법이 환경을 평가하고 이를 통해 전략을 수립하는 방법론이라는 것을 강조해야 한다.

2. 문제의 핵심은 행정개혁을 추진하면서 SWOT에 근거하여 전략을 수립하여 보라는 것이다. 핵심적 개념은 행정개혁을 중심으로 설명해야 한다. 행정개혁의 사례 중의 하나인 4대강 사업 범위를 인위적으로 축소하는 것은 감점 요인이다.

(1) 강 점
정권 변동기마다 정부개혁의 추진 경험, 대통령의 강력한 의지와 추진력

(2) 약 점
공무원의 개혁에 대한 피로감, 개혁을 추진할 정책 수단의 부족

(3) 기 회
경제 위기에 따른 행정개혁의 국민적 공감대 형성

(4) 위 협
노조의 반발

3. 대응 전략
SO, WO, ST, WT 전략이 각각 필요하다.

		강 점	약 점
		·공무원 역량 ·개혁의 경험 ·전문가 확보	·피로감 ·정책 수단 부족 ·재정 부족
기 회	· 국민적 공감대 · 관심 증대	SO전략(강점활용→기회확대) ·국민적 추진력 확보	WC전략(약점보완→기회포착) ·행태 개선
위 협	· 노조반발 · 성과에 대한 부정적 인식 · 소극적 형태	ST전략(강점활용→위협극복) ·전문적인 개혁 수단 개발	WT전략(약점보완→위협극복) ·점진적인 개혁 과정

| **제3문** | 정부가 정책을 수행하면서 심의 또는 자문기능을 하는 위원회를 설치·운영하는 경우가 많다. 이러한 위원회를 설치·운영하는 이유를 설명하고, 위원회의 부작용 현상과 이를 극복할 수 있는 방안에 대하여 논하시오. (30점)

Ⅰ. **정부위원회의 개념 및 특징**

Ⅱ. **정부위원회 설치 운영의 이유**

 1. 행정환경 차원 : 행정수요에 대한 탄력적 대응 목적

 2. 행정조직 차원 : 독임제 성격의 정부부처 기능 보완 목적

Ⅲ. **정부위원회의 부작용 현상과 극복방안**

 1. 정부위원회의 부작용 현상

 (1) 합리성 차원 : 정책의 합리성 저해 문제의 발생

 (2) 책임성 차원 : 위원회의 정책에 대한 책임 회피 문제의 발생

 2. 정부위원회의 부작용 극복방안

 (1) 합리성 차원 : 정부기관들과의 정보공유와 내부 인력의 위원 할당

 (2) 책임성 차원 : 위원회에 대한 평가 시스템 구축

답안작성

신 ○ ○ / 2008년도 행정고시 일반행정직 합격

Ⅰ.정부위원회의 개념 및 특징

정부위원회란 결정권한의 최종책임이 기관장 한 사람에게 집중되어 있는 부처 조직과는 대조되는 것으로 결정권한이 모든 위원에게 분산되어 있고, 이들의 합의에 의해 결론을 도출하는 합의제조직을 말한다. 이러한 정부위원회는 다양하게 존재하는 행정수요에 보다 탄력적이고 심도 있게 접근하고자함이 목적이다. 위원회는 교육이나 사회문화, 경제, 복지 등의 특정부문에 한정해서 전문가들이 구성원으로서 합의를 통해 정책을 결정하게 된다.

정부위원회는 크게 자문위원회와 심의위원회로 나눠볼 수 있다. 먼저 자문위원회의 성격은 자문이 목적이다. 참모기관으로서 기능을 수행하며 합의제 기관에 해당한다. 전문가들이 의견을 개진하고 이러한 의견을 행정에 반영한다. 다음으로 심의위원회는 전문가들의 심의를 통해 의사를 결정하는 성격을 지닌다. 그러나 의사결정에 대한 구속력만 존재할 뿐 집행권은 존재하지 않는다.

Ⅱ. 정부위원회 설치 운영의 이유

1. 행정환경 차원 : 행정수요에 대한 탄력적 대응 목적

정부위원회 설치 운영의 이유를 먼저 행정환경차원에서 들 수 있다. 최근 행정패러다임은 다원화된 행정수요에 따른 정부조직의 적극적 대응이라서 할 수 있다. 기존의 정부조직만으로는 법적인 근거 문제 등으로 인해 다양하게 제시되는 행정수요에 탄력적으로 대응하기 어려운 것이 사실이다. 예를 들어

해외 인력 유입이라는 최근의 변화된 환경에 맞춰 다문화 정책을 펼칠 수 있는 정부조직을 갑작스럽게 법적인 근거 없이 수립하기는 불가능하다. 이 경우 오히려 위원회를 구성하여 각계각층의 전문가들을 끌어 모은다면 행정수요에 보다 탄력적으로 대응할 수 있게 된다. 위원회의 경우는 위계적 질서에 의해서 조직이 운영되는 것이 아니라 수평적 관계 형태로 운영된다. 따라서 민주성이나 공정성, 개방성 등이 확보되므로 행정수요자들이 위원회에 참석하는 인원이 될 수도 있는 것이다. 이런 이유에서 위원회는 설치 운영되는 것이다.

2. 행정조직 차원 : 독임제 성격의 정부부처 기능 보완 목적

정부위원회 설치 운영의 이유를 행정조직의 운영차원에서 제시해볼 수도 있다. 기존의 정부부처는 독임제 기관에 해당한다. 따라서 각 기관들이 독립적으로 의사결정을 진행하다보니 협력이 이루어지지 못하고 합의가 부재한 정책결정이 많았다. 그런데 정부위원회를 설치 운영하게 된다면 이러한 독임제적 기관들이 위원회를 유기적으로 연결시켜줄 수 있기 때문에 기능 보완이 가능하다. 자문위원회의 자문을 통해 각 기관들이 타 기관들의 정보를 접할 수 있고 이해도 역시 높아져 업무 협조의 가능성이 커지게 된다. 이러한 이유에서 위원회는 설치 운영 된다고도 판단할 수 있는 것이다.

Ⅲ. 정부위원회의 부작용 현상과 극복방안

1. 정부위원회의 부작용 현상

(1) 합리성 차원 : 정책의 합리성 저해 문제의 발생

정부위원회는 앞서 언급하였듯이 주로 심의나 자문의 역할을 담당한다. 또한 개개의 위원들이 각자의 전문성과 독립적 지위를 확보한 채 의사결정 등을 내리게 된다. 이러한 특징으로 인해 사실 위원회에서 도출되는 정책이 합리성이 상당히 결여된 채 결정될 수 있다. 예를 들어 복지와 관련하여 가칭 '국민복지증진위원회'가 신설되었다면 이 위원회에는 각계 분야의 전문인력들이 위원으로 위촉될 것이다. 이들은 보건복지부에 심의 또는 자문의 역할을 수행할 수 있다. 그런데 현실적으로 예산이나 정책의 연속성 문제로 인해 위원회들이 심의한 정책결정들이 기존 정책의 합리성을 저해할 수 있는 문제가 야기될 수 있다. 또한, 위원회의 운영과정에서 의견충돌이 있다면 의사결정비용 역시 과다하게 지출되어 정책의 합리성을 저해할 수 있는 것이다.

(2) 책임성 차원 : 위원회의 정책에 대한 책임 회피 문제의 발생

정부위원회는 정책에 대한 책임도가 실제 정책을 결정 및 집행하는 기관보다 낮은 부작용이 있을 수 있다. 정부위원회의 경우 자문만 담당한다면 위원들의 전문성 부분만 강조되고 나머지 기타 고려해야 될 행정의 가치들이 배제된 채 자문이 이뤄질 수 있다. 또한 자문이 아니라 심의를 하는 역할을 담당한다면 의사결정의 구속력으로 인해 책임회피가 더 커질 수 있다. 심의 이후 의사결정에 대한 구속력만 존재할 뿐 사후적으로 위원회의 의사결정에 대한 책임을 물을 수 있는 제약장치가 없는 것이 사실이다. 따라서 위원들은 각자가 생각하는 합리성과 전문성에 입각해서 자문하거나 심의하여 책임을 회피하게 되는 문제를 야기하게 된다.

2. 정부위원회의 부작용 극복방안

(1) 합리성 차원 : 정부기관들과의 정보공유와 내부 인력의 위원 할당

합리성 차원에서 정부위원회가 관련 부처와의 의사소통 단절이나 정보 부족으로 부작용을 보여왔다. 따라서 정부위원회와 정부부처 간의 의사결정과 관련된 정보를 공유할 수 있는 매개체가 필요하다 할 수 있다. 위원회는 실제 외부인력으로 구성되다보니 정책을 집행하는 기관이나 결정 기관의 내부 사정이나 법적 근거 및 예산 사정을 제대로 파악하지 못하는 경우가 많다. 따라서 위원회의 일부 위원 자리는 관련 부처의 내부 인력이 임시적으로 맡을 수 있도록 해야 한다. 또한, 정부 부처 역시 정책의 연속성과 합리성이 확보될 수 있도록 정보 공유시스템과 위원회와 부처 간의 핫라인을 구축하여 정책의 합리성을 제고할 수 있도록 만들어야 한다.

(2) 책임성 차원 : 위원회에 대한 평가 시스템 구축

정부위원회가 정책에 대한 자문 및 심의를 하고 나서 책임을 회피하는 문제에 대해선 평가시스템 구축을 통해 해결해볼 수 있다. 정부위원회의 위원들이 개진한 의견은 공공정보 알림을 통해서 투명하게 공개되도록 해야 한다. 실제 어떤 위원이 어떤 의견을 개진했는지 구체적으로 적시할 수 있도록 해야 하고, 시민단체들이 자체적으로 위원회에 대한 총괄평가와 위원들의 활동 평가를 점수로 매겨 일반 국민들이 알 수 있도록 해야 한다.

| 강 평 |

1. 필요성을 행정환경 차원(행정수요에 대한 탄력적 대응 목적)과 행정조직 차원(독임제 성격의 정부부처 기능 보완 목적)으로 구분한 것은 매우 좋다. 핵심은 다양한 의견의 수렴, 전문성 보완, 투명성 확보 등이 된다.

2. 문제점도 잘 정리하고 있으나 보다 다양한 쟁점을 소개할 필요가 있다. 책임성 회피, 의사결정의 지연, 형식적 운영, 전문가 확보의 어려움 등이 될 것이다.

3. 개선 방안도 잘 정리되고 있다. 특히 일몰법을 통해 위원회의 성과를 평가하여 불필요한 위원회를 폐지하는 노력도 필요하다.

2008년 입법고등고시 기출문제와 어드바이스 및 답안구성 예

| 제1문 (40점) |

시민/고객 중심의 행정을 구현하기 위하여 총체적 품질관리(Total Quality Management), 복지서비스 바우처(voucher)제도, 전자민원서비스 등 공공서비스의 품질 제고가 강조되고 있다.

(1) 공공서비스의 특성을 기술하시오. (10점)

Advice

1. 공공서비스의 특징이 빨리 떠오르지 않는다면 공공서비스의 정의부터 생각해본다. 공공공서비스는 서비스의 한 유형으로 공공적 성격을 가지거나 공동으로 생산·소비되는 서비스를 의미한다. 이러한 서비스는 공공재(public goods)와 유사한 개념이며 사적재(private goods)와는 구별되는 개념이다. 이러한 점에서 공공서비스의 특성은 비배제성(non-rivalness), 비경합성(non-consumption)의 특성을 가진다고 볼 수 있다.

2. 그 외에도 공공서비스의 파급효과 내지 외부효과(spill-over effect or externality)를 갖는다는 점, 비배제성에 기인해서 무임승차자가 발생할 수 있다는 점을 언급할 수 있겠다.

(2) 서비스 품질관리의 이론을 설명하시오. (15점)

Advice

1. 서비스 품질관리는 민간의 기법을 공공부문에서도 그대로 차용하여 적용·발전시키고 있으므로 경영학에 대한 이해가 있으면 수월하다. 그러나 그렇지 못한 경우에도 서비스의 특성과 품질관리의 개념을 고려하여 답안을 작성할 수 있다. 즉 서비스는 재화와 비교하여 일단 한번 제공되면 다른 사람, 다른 시점에 양도될 수 없는 '일시성' 및 '저장불가능성'이 있으며, 생산과 소비가 동시에 발생하는 특성 및 무형성이 특징이다.

2. 또 품질관리는 고객만족을 위해 제공하는 재화 등의 질을 지속적으로 측정·보고·개선하는 방법이다. 결국 서비스 품질관리란 고객만족을 위해 지속적으로 서비스 품질관리를 해 나가는 과정이며 이를 측정하고 관리하는 이론이 서비스 품질관리 이론이라고 서술한다. 참고로 경영학에서는 서비스품질관리에 대한 이론으로 SERVAUAL, GAP모델 등이 언급된다.

(3) 공공서비스 품질 개선을 위한 제도에 대해 논하시오. (15점)

발문에서 힌트를 얻을 수 있다. 시민/고객 중심의 행정을 구현하기 위해 공공서비스의 품질제고가 강조되고 있다는 점이다. 따라서 발문에 제시된 TQM, 복지 바우처, 전자민원 서비스(민원 24, 신문고)도 언급 가능하며, 그 외에도 고객지향적 행정의 다양한 사례를 언급해도 좋다. 행정서비스헌장 제도, 시민평가제(주민만족도조사) 등이 있을 것이다.

답안구성 예

I. 서 론

II. 공공서비스의 특성
　1. 비배제성과 비경합성
　2. 외부효과
　3. 무임승차의 문제

III. 서비스 품질관리 이론
　1. 서비스 품질관리 이론의 내용

　2. 구체적인 모델 : SERVAUAL, GAP 모델

IV. 공공서비스 품질 개선을 위한 제도
　1. TQM
　2. 복지바우처
　3. 전자민원 서비스

V. 결 론

| 제2문 (40점) |

다음은 국가재정법과 국가회계법의 결산관련 부분을 요약한 것이다.

2007년 1월 1일부터 시행된 「국가재정법」은 각 중앙관서의 장은 회계연도마다 세입과 세출에 대한 결산보고서 등을 작성하여 제출하고, 이를 바탕으로 이루어진 결산은 일정한 절차를 거쳐 국회에 제출하도록 정하고 있다.

2009년 1월 1일부터 시행토록 되어 있는 「국가회계법」은 국가의 재정활동에서 발생하는 경제적 거래 등을 발생사실에 따라 복식부기 방식으로 회계처리 하고, 중앙관서의 장과 기금관리주체는 회계연도마다 재무회계 방식의 결산을 수행하고 재무보고서를 작성하도록 하고 있다. 또한, 중앙관서의 장이 해당 중앙관서의 재무보고서를 작성하고, 이 중앙관서재무보고서들은 통합되어 국가재무보고서로서 국회에 제출되도록 하고 있다.

(1) 국가재정법과 국가회계법이 규정한 결산 방식을 비교하여 설명하시오.(20점)

Advice

1. 접해보지 않은 문제이기 때문에 당황할 수 있다. 그러나 박스 부분에서 재정법은 '세입, 세출에 관한 결산 보고서를 작성하여 제출' 한다고 규정하고 있는 반면, 회계법은 '복식부기 방식으로 회계처리하고, 재무회계 방식의 결산을 수행'한다고 규정하는 부분에서 양자 간 결산 방식의 차이점을 알아낼 수 있다. 즉 재정법은 단식부기, 회계법은 복식부기로 결산을 수행한다.

2. 양자 간의 비교는 단식부기와 복식부기의 비교로 귀결되며, 또한 현금주의와 발생주의 간의 비교 역시 제시할 수 있다(다만 재정법 개정으로 현재는 양자 모두 '국가회계법'에서 정한 바에 따라 작성한 결산 보고서를 기재부 장관에게 제출하도록 되어있다).

(2) 국회의 결산 심사에 있어 국가회계법의 규정에 따른 결산 정보의 활용도 제고 방안을 제시하시오. (20점)

Advice

1. 복식부기는 재정상태에 대한 총체적 정보를 제공하는 점, 오류발견의 자기검증기능, 회계감사의 효율성·투명성이 제고된다는 점에서 유용하다. 또 발생주의회계는 정부 재정상태의 정확하고 투명한 파악에 유리하고, 총체적 경제비용을 측정할 수 있다는 점 등에서 의의가 있다.

2. 이러한 유용성을 위해서는 국회 결산과정의 전문성을 제고시켜야 한다는 점을 지적한다. 구체적으로는 국회의원의 회계 전문성을 높이거나(독립된 외부감사인 포함 등) 결산위원회를 독립적이고 상시적으로 운영하는 방안 등을 제시할 수 있다.

답안구성 예

Ⅰ. 서 론

Ⅱ. 국가재정법과 국가회계법의 결산방식 비교
   1. 국가재정법 : 단식부기, 현금주의
   2. 국가회계법 : 복식부기, 발생주의

Ⅲ. 국가회계법 규정에 따른 결산 심사 제고 방안
   1. 복식부기와 발생주의 회계의 장점
   2. 복식부기·발생주의 회계 결산을 위한 국회의 전문성 제고 방안

Ⅳ. 결 론

| 제3문 (20점) |

현재 국회사무처 일반직공무원 주로 공개경쟁시험을 통하여 채용하고, 국회의원 보좌관은 의원의 재량적 판단에 의해 채용한다. 만약 이 두 직종의 채용방식을 바꾸어, 국회사무처 일반직공무원을 정당이나 의원의 지명에 의해 채용하고, 국회의원 보좌관은 국회사무처에서 공개경쟁시험을 통해 일괄 채용한 후, 의원들에게 배정하도록 한다면, 어떤 문제점이 있을지 진단하여 보시오.

Advice

1. 국회사무처 일반직 공무원과 국회의원 보좌관의 차이를 생각해 본다. 국회의원 보좌관은 국회의원의 임기동안 의정활동 등을 돕는 '별정직' 공무원이다. 이에 반해 사무처 '일반직' 공무원은 보다 긴 임기동안 국회의 일반 행정사무를 처리하는 일을 한다. 만일 사무처 공무원을 의원의 지명에

의해 채용한다면 국회의원 임기나 선거, 정당의 영향에 따라 국회사무처 업무의 연속성·안정성이 저해 될 우려가 있다.

2. 반면 국회의원 보좌관을 공채로 뽑는 경우에는 국회의원 개인의 특수성(지역, 소속 위원회 등)을 잘 반영하는 보좌활동을 하기 어렵고, 상대적으로 전문성이 저해될 수 있다는 점을 지적할 수 있다.

답안구성 예

Ⅰ. **국회사무처 일반직 공무원과 국회의원 보좌관의 차이**

Ⅱ. **채용방식이 바뀔 때 예상되는 문제점**

  1. 국회사무처 업무의 연속성·안정성 저해

  2. 국회의원 개인의 특수성을 반영하는 보좌활동의 어려움

  3. 의정활동의 전문성 저해

2007년도 기출문제

| 제1문 | 다음은 미국의 정부개혁에 관한 보고서 일부를 발췌하여 재구성한 것이다. 아래의 물음에 답하시오. (총 50점, 선택 총 25점)

정부는 본질적으로 낭비적인 것인가? 절대 그렇지 않다. 정부는 무능한 공무원들로만 채워져 있는가? 그렇지 않다. 문제는 더 심각한 곳에 있다. 문제는 이 시대에 더 이상 존재하지도 않는 환경에 적합하도록 고안된 정부조직을 가지고 있다는 것이다. 또한 정부조직이 너무 비대하고 낭비가 심해 더 이상 국민들에게 봉사할 수 있는 조직이 되지 못한다는 것이다.

지금까지의 정부조직은 덩치가 크고 상의하달식 의사소통 구조와 집권적 의사결정 구조를 특징으로 하고 있다. 업무는 세분화되고, 책임과 역할이 분명하게 규정되어 있다. 이렇게 표준화된 업무수행방식이나 수직적인 명령체계 아래에서 조직은 안정적이긴 하지만 경직적이고 업무처리가 지연될 수밖에 없다. 오늘날과 같이 급격히 변화하는 환경과 고도의 정보기술 그리고 국제경쟁의 심화, 나아가 국민의 요구가 복잡 다양화되어가는 시대에 이러한 정부조직은 더 이상 적응하지 못할 것이다.

---

(1) 위의 정부조직개혁의 주장에 대한 본인의 의견을 찬성과 반대 중 택일하고, 그 논거를 제시하시오. (20점)

(2) (1)에서 본인이 선택한 입장에서 우리나라 정부조직개편을 위한 방향 및 구체적인 대안들을 사례를 들어 제시하시오. (30점)

Ⅰ. **정부개혁으로서 조직변화의 필요성 문제**

Ⅱ. **정부조직개혁에 대한 찬반의 입장 : 설문 (1)**
  1. hardware적 행정개혁으로서 정부조직의 개혁
  2. 정부조직개혁의 필요성 여부 – 찬반의 논거 및 본인의 입장
  (1) 전통적 정부조직으로서의 관료제
  (2) 정부조직개혁을 주장하는 입장 : 기존 관료제에 대한 반대
  (3) 정부조직개혁의 필요성에 대한 본인의 입장 : 기본적 찬성, 성급한 개혁에는 반대

Ⅲ. **정부조직개편을 위한 방향 및 구체적인 대안 : 설문 (2)**
  1. 기본적인 방향

  2. 구체적인 대안
  (1) 분권형, 연성형, 상황적응적 조직을 적절하게 가미 : 팀(team)제 예시
  (2) 시장과 정부의 합리적 역할 배분 (market test) : 정부기능재배분의 논리 적용
  (3) 다른 부문의 행정개혁과 연계하여 조응성 (congruence)을 이루어야 함
  3. 조직개편에 있어서의 유의점
  (1) 한국 행정문화와의 조화
  (2) 퇴행적 능률성에 대한 유의
  (3) software적 행정개혁과의 동반적 개혁의 필요성 : 규제개혁 및 전자정부로의 이행

Ⅳ. **정부조직 개편의 올바른 방향 정립**

Ⅰ.정부개혁으로서 조직변화의 필요성 문제

F.Emery&E.Trist가 강조하는 소용돌이의 장(turbulent field)으로서의 행정환경은 2007년 한국행정이 직면하고 있는 현실과 크게 다르지 않다. 국내적으로는 방대한 양의 행정수요가 연일 정부에 대한 변화를 요구하고 있고, 국외적으로는 무한 경쟁(super-competition)시대로서의 필연적인 산물로서 각국 정부와 미세한 변화를 가지고도 첨예한 대립을 감내해야 하는 것이 현실이다. 이러한 상황에서 기존의 관료제를 기반으로 하는 정부조직은 변화에 대한 도전을 받고 있고, 이를 수용해야 하는가를 두고 기로에 서 있다고 볼 수 있다.

Ⅱ. 정부조직개혁에 대한 찬반의 입장 : 설문 (1)

1. hardware적 행정개혁으로서 정부조직의 개혁

행정개혁(administrative reform)이란 행정의 기구, 관리기법, 기술, 행정인의 태도 등을 의도적·계획적으로 변화시켜나가는 활동이나 과정이다. 행정과 사회는 상호의존적이며 共進化(coevolution)하기 때문에 조직과 환경과의 관계에서 행정개혁은 독립변수이면서 종속변수이다.

이러한 행정개혁에는 정부부처 간 하드웨어(hardware)식 정부조직 개편과 정부부처 내에서 업무 프로세스(process)를 재조정하는 기능형 중심의 소프트웨어(software)식 정부혁신이 있는데, hardware적 행정개혁으로서의 정부조직개편은 개혁의 가시성이 큰 바, 정부의 개혁의지 표명이라는 의미를 지닌다.

2. 정부조직개혁의 필요성 여부 - 찬반의 논거 및 본인의 입장

(1) 전통적 정부조직으로서의 관료제

본 문제에서 주요 논점이 되고 있는 정부조직은 M.Weber, W.Wilson 등이 주장하는 전통적 정부조직으로서의 관료제(bureaucracy)를 의미한다. 관료제는 대규모 조직의 많은 업무를 신속하고 효율적으로 수행하기 위해서 미리 정해진 규칙과 절차에 의해 처리하는 권위 구조로서 행정국가화 경향에 따른 업무처리의 거래비용(transaction cost)의 감소를 위해 생겨난 조직이다.

(2) 정부조직개혁을 주장하는 입장 : 기존 관료제에 대한 반대

첫째, 행정환경의 변화와 관료제의 조화 문제에 있어서 더 이상 기대를 하기 어렵다는 입장이다. 앞에서도 일부 언급하였듯이, 행정환경이 급박하게 변함에 따라 기존의 단순과업의 처리를 위한 일방향적 정부관료제는 더 이상의 타당성을 갖기 어렵다는 주장이 많다. 즉, 관료의 보수성으로 인한 조직의 경직성, 변화에 대한 저항은 계층적 조직으로 인해 발생할 수밖에 없는 불가피한 속성이며 형식주의(red tape), 목표수단의 대치현상(goal displacement)은 더 이상의 필요하다고 보기 어렵다는 것이다.

둘째, 관료제의 비능률성 문제로 인해 적응가능성을 부정한다. 관료제는 특히 능률성의 저하로 인해 많은 비판을 받는다. 할거주의(selznick)와 부처 이기주의, 전문화된 무능(trained incapacity), camelephant, invisible party, 시장실패의 초래, X-비효율성(X-inefficiency : by leibenstein), 파생적 외부효과(derived externalities) 등은 모두 관료제의 비능률성을 비판하는 단어들이다.

(3) 정부조직개혁의 필요성에 대한 본인의 입장 : 기본적 찬성, 성급한 개혁에는 반대

정부관료제를 반대하고, 기존의 정부조직을 개혁해야 한다는 입장에서의 위 논거들은 타당성을 지닌다. 하지만, 우리가 간과하지 말아야 할 것은 단점이 있다는 이유만으로 관료제 자체를 부정하고, 더 이상의 존재가능성조차 없다고('더 이상 적응하지 못할 것'이라고) 치부해서는 안된다는 점이다. 정부관료제는 내재하고 있는 문제점을 일부 수정·보완하여 함께 나아가야 하는 제도이지 아예 폐기시킬 수는 없다고 보여진다.

첫째, 행정환경이 긴박하게 변할수록 정부 업무에서 책임성의 확보는 무엇보다 중요하다.

관료제 타파이론으로서 적응적·유기적 구조(G.Bennis), 변증법적 조직이론(D.White), 탈계층제 이론(F.Thayer), 후기 관료제 모형(E.MaCurdy), Ad-hoc조직(A.Toffler), 네트워크 조직(J.Naisbitt) 등이 언급되고 최근에는 팀제 등이 각광을 받고 있기는 하지만, 이들 조직의 가장 큰 문제점으로 지적되는 것은 업무 갈등시의 조정 문제와 책임의 불명확성이다. 즉, 환경이 복잡화되고 업무처리의 다양성이 요구될수록 갈등이나 문제점이 발생했을 때, 최종적으로 책임을 질 수 있는 기관이나 담당자가 존재해야 하지만, 이들 조직은 연성화를 기반으로 하는 수평적 업무처리를 근간으로 하는바, 이에 대한 치명적인 취약점이 존재한다.

둘째, 정부관료제의 비능률성 문제는 최근의 전자정부, 민영화 및 민간위탁, 학습조직화 등으로 해결이 가능하다. 정부의 업무는 ① 행정절차법의 시행, 전자정부로의 이행으로 인한 투명성의 제고, ② 책임운영기관, 민영화 및 민간위탁 등으로 인한 아웃소싱(outsourcing), 임대형 민간투자사업(Build-Transfer-Lease) 등을 통한 효율성의 제고, ③ 학습조직을 통한 조직 전체의 학습 및 암묵지(tacit knowledge)의 형식지(explicit knowledge)화로 인한 조직의 비효율성 감소로 인해 많은 부분에 있어서 상쇄가 가능하다고 보여진다.

Ⅲ. 정부조직개편을 위한 방향 및 구체적인 대안 : 설문 (2)

1. 기본적인 방향

관료제가 내재하고 있는 문제점이 있다고 할 지라도 그 존재 자체를 부인하기는 어렵다고 보여진다. 그러나 변화의 시대에 걸맞도록 관료제가 가지는 단점 역시 보완할 수 있도록 하는 것이 필요하다. 결국 우리가 지향해야 하는 방향은 기존 관료제의 장점을 유지하면서도 새로운 환경에 적응할 수 있도록 해야 할 것이며, 나아가 비능률성을 치유하는 방안을 생각해야 할 것이다.

이를 위해서는 향후 행정이 나아가야 할 방향(전략)을 명확히 해야 한다. 즉 행정의 본질이 국가경쟁력의 제고 및 국민의 삶의 질 향상이라는 점을 다시 한 번 상기해야 할 것이다. 또한 조직전략을 가장 효과적으로 수행할 수 있는 조직형태로서 실질적인 측면에서 '전략집중형 조직(strategy-focused organization)'으로의 이행이 필요하다고 보여진다.

2. 구체적인 대안

(1) 분권형, 연성형, 상황적응적 조직을 적절하게 가미 : 팀(team)제 예시

팀조직(team organization)이란 상호 보완적인 기능을 가진 소수의 사람들이 공동의 목표달성을 위해, 상호 책임을 공유하고 문제해결을 위해 공동의 접근방법을 사용하는 수평적 조직단위로서 역사적으로는 로마의 100인대, 몽골제국의 아르반 등에 그 기반을 둔다.

우리나라의 경우 정부 내각에 분권형 국정운영제(2004년 내각 내 경제, 교육, 통일외교, 사회문화복지, 과학산업기술로 5개의 팀을 설정하고 일부 장관이 팀장을 맡아 각 부문을 조율, 대통령은 국가전략과제를 담당, 총리는 일상적인 국정을 총괄하는 이른바 '분권형 국정운영제')를 도입하였고, 이후 행정자치부(정부조직 57년만의 개편으로서 큰 의미를 지님), 정보통신부(2실 4국 6관 → 5본부 3단 4관), 전라남도 담양군(2006년 지자체 최초로 팀제도입) 등을 효시로 하여 중앙정부 부처, 지방정부 등에 팀제를 도입하였다.

(2) 시장과 정부의 합리적 역할 배분 (market test) : 정부기능재배분의 논리 적용

정부업무 처리에 있어서 기능재배분의 논리는 다음과 같다. 첫째, 정부에 반드시 필요한 기능이 아니면 부서를 폐지하는 것이 바람직하다. 둘째, 반드시 정부가 맡아야 하는 것이 아니면 민영화나 민간위탁을 통한 방법도 효율성을 추구할 수 있는 방안이다. 셋째, 정부가 반드시 맡아야 하는 것이라면(조직변화시의 발생 문제점을 미리 예측하여) 기능재조정을 통한 기구통폐합이나 책임운영기관(executive agency)화 하는 것이다.

최근 2014년 평창 동계올림픽을 성공적으로 유치·개최할 수 있도록 원주~강릉 철도를 BTL로 전환하여 2013년까지 조기완공토록 한 경우나, 군 장병 복무여건 개선을 위해 기존의 침상형(1인당 0.7평) 내무반을 침대형(1인당 2평)으로 교체해 나가며, 협소하고 노후한 군인아파트도 BTL을 통해 조기 개선하는 사례가 이에 해당된다고 볼 수 있다.

(3) 다른 부문의 행정개혁과 연계하여 조응성(congruence)을 이루어야 함

조직개편은 반드시 조직에 대한 고려에서 끝나서는 안되며 다른 부문의 변화에도 민감하게 반응할 수 있어야 한다. 특히 최근 인사 및 재무행정에서는 많은 변화가 있어서 이에 대한 제도간의 조화가 중요하다고 보여진다.

예를 들어 직무성과계약제나 총액인건비제도 등과 관련하여 기관장에 대한 책임이 크게 요구되고 있고, 또한 3+1예산개혁(국가재정운용계획, top-down예산개혁, 성과관리제도, 디지털예산회계시스템), 프로그램예산제도 등과 관련하여 최고지도자의 의지 역시 큰 변수로 작용하고 있다.

3. 조직개편에 있어서의 유의점

(1) 한국 행정문화와의 조화

한국의 행정문화는 수평적 네트워크보다는 수직적 네트워크가 발달한 사회로서, 이로 인한 문제점이 발생하는 것은 사실이나, 조직개편을 통해 이러한 문화를 일시에 동시적으로 제거하기는 어려운 것이 현실이다. 마키아벨리 〈군주론〉의 "이익 보는 사람은 미온적이고 손해 보는 사람은 극렬히 반대하기 때문에 개혁이 어렵다."는 문구가 있는 것과 같이 기존의 반발 세력의 주장을 논리적으로 최소화시키면서 소기의 목적을 달성할 수 있는 정책 집행력이 중요하다 할 것이다.

(2) 퇴행적 능률성에 대한 유의

김대중 정부의 행정개혁에 대한 비판적 입장의 하나로서 흔히 '퇴행적 능률성'을 일컫는다.

이는 '상징적 행위(symbolic action)'로서의 조직개편이 주요 관심사였기 때문으로 물량주의적 감원, 부처간의 특수성을 고려하지 않은 일방향적 조직개편 등이 시행되었기 때문이다.

우리가 추구해야 하는 행정개혁은 '정치적 수사(political rhetoric)'로서의 행정개혁이 아니라, 정부의 업무역량을 향상시킬 수 있는 과정으로서의 행정개혁이 되어야 하는 것이다.

(3) software적 행정개혁과의 동반적 개혁의 필요성 : 규제개혁 및 전자정부로의 이행

정부의 역할 비대에 가장 큰 역할을 하는 것이 바로 규제일 것이다. 국가정책의 70%가 규제와 관련하여 그림자행정의 영역을 형성하고, 지대의 영역이 되고 있으며, '숨겨진 조세(hidden tax)'로서 공직부패의 원인이 되고 있는 것이 현실이다. 2004년 12월 한 신문기사에 따르면 기업 CEO에 대한 설문조사 결과 응답자의 93%가 우리나라 정부의 기업규제가 여전히 강하다고 응답하였고, 행정규제기본법의 제정(1997년), 규제학회의 설립(2001년) 등에도 불구하고 규제의 개혁은 아직 미미한 현실이다.

또한 우리나라의 전자정부 현황은 많은 노력에도 불구하고 Gartner Group(2000년)의 분류에 의하면 완벽한 조직변환(seamless transformation)에는 이르지 못한 아직 상호작용(interaction) 혹은 거래처리(transaction) 수준에 불과하다.

전체적인 수준의 향상을 위해서는 비단 조직개편에 일희일비하기보다는 hardware적 행정개혁과 software적 행정개혁의 동반이행이 필요하다고 보여진다.

Ⅳ. 정부조직 개편의 올바른 방향 정립

결론적으로 볼 때, 현재의 행정환경 변화와 기존 관료제의 비효율성은 분명히 정제되어야 할 부분이라고 보여진다. 이를 위해서 정부조직의 개편 역시 반드시 필요하다고 보여지나, 간과하지 말아야 할 것은 조직의 개편이 기존 관료제 패러다임을 완전히 대체할 수 없다는 것이다.

Blacksburg Manifesto의 함의처럼 관료제 역시 국민으로부터 정당성을 확보하고 있으므로, 일부 수정해야 할 부분이 있다면 현대 상황에 적합하게 고려하는 것이 타당하다고 보여진다.

아울러 일부 조직개편을 이행함에 있어서도 다른 부문 및 기존 행정문화와의 조화를 유의해야 할 것으로 보여진다.

┤ 강 평 ├

1. 오늘날 행정조직을 둘러싼 환경은 급격히 변화하고 있으며, 세계는 하나의 지구촌이 됨으로써 국가 간의 경쟁이 그 어느 때보다 치열해지고 있으며, 권력의 이동이 공급자에서 고객인 수요자 측으로 이동함에 따라 고객의 요구와 욕구는 점점 더 다양해지고 있다. 이러한 변화하는 행정환경에 전통적인 관료제 조직은 그 경직성으로 인하여 적절히 대응하지 못하고 있다. 관료제의 이러한 문제점을 직시하고 탈관료제 모형이론과 Ad-hocracy 조직이론이 그 대안으로 등장하고 있다. 한편에서 관료제가 안고 있는 이러한 구조적인 한계로 인하여 관료제 조직의 사멸론과 이에 반대하는 불멸론이 등장하고 있다. 그러나 아직까지 전통적인 관료제 조직을 완전히 대치할 수 있는 새로운 조직유형은 개발되지 못하고 있다.

2. 따라서 기존의 관료제 조직을 근간으로 환경에 대한 유연한 적응, 창의성과 효과성을 제고시킬 수 있는 Ad-hocracy 조직의 요소를 case by case로 도입하여 적절히 활용하는 것이 바람직하다고 하겠다.

3. 전통적인 관료제 조직의 장점과 문제점을 기술하고 이를 보완할 수 있는 Ad-hocracy 조직에 대하여 설명할 필요가 있다. Ad-hocracy 조직의 장점과 단점을 서술한 후, Ad-hocracy 조직의 유형인 matrix 조직, 방계조직, network 조직, task force, 위원회조직, 대학형 조직 등에 대하여 구체적으로 언급할 필요가 있다.

4. 오늘날 공사조직을 막론하고 유행처럼 퍼지고 있는 team제에 대해서도 별도로 언급할 필요가 있으며, team제의 장점과 단점 그리고 공공조직에 team제를 도입할 때 야기될 수 있는 문제점과 한계 그리고 도입방안을 기술해야 한다. 이러한 이론적 근거를 토대로 정부조직개혁에 대한 본인의 입장을 기술하고, 정부조직개편을 위한 구체적인 대안들을 위에 제시한 이론들과 연결하여 설명하면 된다.

| 제2문 | 예산단일의 원칙에도 불구하고 우리나라에서는 일반회계뿐만 아니라 특별회계와 기금제도 등을 채택하고 있다. 일반회계, 특별회계 및 기금의 개념과 필요성을 각각 설명하고, 이들을 예산운영의 효율성과 투명성 및 규모의 적정성을 기준으로 비교·평가하시오. (30점, 선택 15점)

Ⅰ. 전통적 예산원칙(F. Neumark, 통제지향)과 예외

Ⅱ. 일반회계, 특별회계, 기금의 개념 및 필요성
  1. 일반회계
  2. 특별회계
  3. 기 금

Ⅲ. 일반회계, 특별회계, 기금의 비교
  1. 효율성의 측면
  2. 투명성의 측면
  3. 규모의 적정성

Ⅳ. 예산운영의 지향점 : 효율성, 투명성, 건전성의 조화

답안작성

권 00 / 2007년도 행정고시 일반행정직 합격

Ⅰ. 전통적 예산원칙(F. Neumark, 통제지향)과 예외

전통적으로 예산은 국회가 정부를 통제하는 수단으로서 여겨져 왔다. 전통적 예산원칙은 공개성, 명확성, 사전의결의 원칙, 정확성, 한정성, 통일성, 단일성, 완전성 등이 일컬어진다. 이 가운데 단일성(예산 단일의 원칙)은 국가 예산의 전체를 종합적으로 명료하게 밝히기 위해서 예산은 단일로 편성되어야 한다는 원칙이다. 이에 대한 예외로서 인정되는 것이 특별회계, 기금, 추가경정예산 등이다.

현대 국가재정은 기존에 예상했던 상황이외에 다양한 변화를 동반할 수 없는바, 오늘날에 이르러 전통적인 예산원칙을 그대로 준수한다는 것은 사실상 불가능하다고 보여진다.

Ⅱ. 일반회계, 특별회계, 기금의 개념 및 필요성

1. 일반회계

일반회계란 국가가 고유사무의 수행을 위해 예산으로 처리하는 회계로서 일반적인 국가활동에 관한 세입·세출을 포괄하는 회계이다. 일반적으로 국가예산을 말할 때에는 흔히 일반회계예산을 지칭하며 이러한 일반회계 예산은 국가고유의 기능수행을 위해 필요한 예산인 까닭에 그 세출은 주로 국가의 존립과 유지를 위한 기본적 경비로 구성된다.

2. 특별회계

특별회계란 정부예산의 기본자금, 즉 기본계정인 일반회계와 별도로 계리되는 세입·세출예산을 말한다. 국가활동 범위가 확대되고, 특히 정부의 기업적 활동이 증가함에 따라 일반회계에 국가의 모든 세입·세출을 포괄하여 계상하는 것이 재정수지를 복잡하게 만들 뿐만 아니라, 특정한 사업이나 자금의 운용실적을 정확히 파악하고 이를 효과적으로 통제하는 것이 어려워지는 문제가 발생되자 일반회계와 구분되는 특별회계의 운영 필요성이 증대되었다.

3. 기 금

기금은 예산원칙의 일반적인 제약으로부터 벗어나 좀 더 탄력적으로 운용할 수 있도록 특정사업을 위해 보유·운용하는 특정 자금이라고 할 수 있다.

기금은 세입·세출 예산에 의하지 아니하고 운용할 수 있다. 현행 국가재정법은 국가가 사업운영상 필요할 때 법률로써 정하는 경우에 한하여 특별한 기금을 설치할 수 있도록 하고, 이렇게 설치된 기금은 세입·세출예산에 의하지 아니하고 운용할 수 있도록 규정하고 있다.

Ⅲ. 일반회계, 특별회계, 기금의 비교

기존의 예산회계법과 기금관리기본법이 통합된 국가재정법이 시행됨에 따라 2007년부터 예산운영의 효율성, 투명성, 건전성 유지에 국민의 관심이 집중되고 있다.

1. 효율성의 측면

Allen Schick는 1965년에 발표한 자신의 예산기능론을 수정·보완하여 ① 총량규모에 관한 재정규율(aggregate fiscal discipline) ② 배분적 효율성(allocative efficiency) ③ 운영효율성(operational efficiency)을 그 내용으로 하는 신(新)예산기능론을 제시하였다.

이러한 효율성의 기준에서 본다면 기존의 일반회계 편성과정은 각 부처의 예산요구액의 가공성 및 정치적 힘겨루기(power game) 등으로 인해 불필요한 예산의 편성이 과도했다는 문제점이 있다. 특별회계 및 기금 역시 과도한 예산 편성의 문제점이 상존했으며 더군다나 특정한 세입(수입)과 특정한 세출(지출)을 연계한다(이른바 "재정의 칸막이 현상"이 발생함)는 문제점도 가지고 있었다.

이에 따라 새로 제정된 국가재정법에서는 기존의 일방적 전출(일반회계 → 특별회계, 기금)제도를 폐지하고 회계와 기금간, 회계 상호간 및 기금 상호간 여유 재원의 전입·전출 가능하게 하였다.

2. 투명성의 측면

일반회계가 국회의 예산통제에 비교적 투명하게 노출되어 있는 것에 반하여 특별회계와 기금은 그 통제에 대한 취약성으로 인해 상당히 많은 논란이 있었다. 즉, 특별회계와 기금은 예산구조의 복잡화로 전문성이 낮은(상대적으로 정보 열위에 있는) 국회의 통제가 곤란하였다.

이는 유사기능을 서로 다른 회계에서 중복 수행하거나 일반회계와 특별회계, 특별회계 상호간 내부거래 증가로 재정활동의 투명성이 저하된 것에 기인한다.

새로 제정된 국가재정법에서는 ① 재정지출에 대한 국민감시제를 통하여 일반국민 누구나 불법재정지출에 대해 관계부처 장관에게 시정요구 가능하게 하였으며, ② 재정정보의 공개범위를 기존의 중앙정부에 한정하지 않고 지방정부의 재정정보도 함께 공개하도록 하였다.

3. 규모의 적정성

최근에 이르러서 우리나라 중앙정부의 통합재정규모는 200조원을 넘어서 우리나라의 재정규모는 세계국가 전체를 보아도 상당히 크다고 볼 수 있다. 혹자는 재정규모가 크다는 자체만으로 정부의 역할이 너무 비대하다고 비판하기도 하지만, 문제는 단지 규모가 크다는 것보다는 정부의 예산 편성 및 지출이 얼마나 적정 수준으로 책정이 되고 정책이 수행되느냐가 될 것이다. 또한 불필요한 예산의 범위를 줄이고, 필요한 예산을 확정함으로써 국민으로부터 불필요한 세금징수를 피하는 것도 중요한 요소가 될 것이다.

새로 제정된 국가재정법에서는 적정 수준의 예산규모를 확보하기 위해 ① 추경편성 요건을 자연재해 등 불가피한 경우로 제한시켰으며, ② 정부가 국가채무관리계획을 수립하여 국회에 제출하도록 하였다. 또한 ③ 조세지출예산제도의 시행을 계획하고 있다.

Ⅳ. 예산운영의 지향점 : 효율성, 투명성, 건전성의 조화

새로운 시대에 재정이 추구해야 할 기본이념은 효율성과 재정민주주의이며, 특히 우리나라의 경우 납세자 주권의 의미로서의 재정민주주의(fiscal democracy)가 중요하다. 세계화와 지식정보사회화의 흐름은 재정의 효율성을 달성할 수 있는 재정개혁을 필요로 하며, 시민사회화는 재정민주주의를 구현할 수 있는 재정 운영의 개혁을 요구한다. 환경 변화에 대응하기 위한 재정 개혁의 과제는 재정을 통한 경쟁력 기반 구축, 형평을 실현할 조세제도의 개혁 그리고 국가부채와 재정적자의 탈피 등이 요구된다.

| 강 평 |

1. 문제 제기에서 고전적 예산원칙에서 실마리를 푼 것은 매우 훌륭하다. 예산 관련 문제에서 는 일정한 접근법을 가지고 시작할 필요가 있다.

2. 개념과 필요성과 관련하여 법 조항을 정확하게 기억할 필요가 있다. 채점의 핵심이 된다.
일반회계는 조세수입 등을 주요 세입으로 하여 국가의 일반적인 세출에 충당하기 위하여 설 치한다.
특별회계는 국가에서 특정한 사업을 운영하고자 할 때, 특정한 자금을 보유하여 운용하고자 할 때, 특정한 세입으로 특정한 세출에 충당함으로써 일반회계와 구분하여 회계 처리할 필요 가 있을 때에 법률로써 운영된다.
기금은 ① 부담금 등 기금의 재원이 목적사업과 긴밀하게 연계되어 있을 것 ② 사업의 특성 으로 인하여 신축적인 사업추진이 필요할 것 ③ 중·장기적으로 안정적인 재원조달과 사업추 진이 가능할 것 ④ 일반회계나 기존의 특별회계·기금보다 새로운 특별회계나 기금으로 사업 을 수행하는 것이 더 효과적일 것 ⑤ 특정한 사업을 운영하거나 특정한 세입으로 특정한 세 출에 충당함으로써 일반회계와 구분하여 회계 처리할 필요가 있을 것을 기반으로 한다.

3. 평가 기준
 (1) 효율성
    일반회계에 비해 특별회계나 기금은 특정 분야에 집중 지원하기 때문에 효율성이 높다. 예 컨대 정보화 추진을 위해 정보화촉진기금을 설치하고 집중 지원하는 방식이다.

 (2) 투명성
    특별회계나 기금은 별도로 운영되기 때문에 투명성이 저하된다. 특히 1980년대는 기금은 국회 심의 대상에서 제외되었다. 그러나 2000년대에 와서 국회에서 심의를 받는 것으로 전환되었다.

 (3) 규모 적정성
    재정의 사각 지대에 있는 특별회계나 기금을 통해 재정이 팽창되는 수단이 되었다. 특히 기금을 관리하기 위해 공공기관을 설치하여 정부 팽창의 수단이 되기도 하였다. GDP(Gross Domestic Product) 대비 재정규모가 35% 수준이라고 하며 OECD 국가와 비교하면 작은 편이라고 한다. 그러나 특별회계나 기금을 통한 활동 규모가 팽창되는 것이 문제이다.

4. 재정의 성과를 제고하기 위한 노력

　효율성, 투명성, 건전성에서 이를 개선하기 위한 노력으로서 국가재정법을 소개하는 것은 좋으나, 원래의 쟁점이 희석되는 내용이 포함되어 있다. 별도로 '재정의 성과를 제고하기 위한 노력'을 설정하여 종합하는 것도 좋을 것 같다.

(1) 효율성 제고를 위한 노력

　일반회계, 특별회계, 기금의 칸막이 구조를 개선하고 상호 융통하여 활용하도록 하였다. 특히 2006년 국가재정법 제정을 통해 통합 관리의 근거를 마련하였다.

(2) 투명성 제고를 위한 노력

　국회의 심의 대상이 되도록 하였다. 재정지출에 대한 국민감시제를 통하여 일반국민 누구나 불법재정 지출에 대해 관계부처 장관에게 시정요구 가능하게 하였으며, 그리고 재정정보의 공개 범위를 기존의 중앙정부에 한정하지 않고 지방정부의 재정정보도 함께 공개하도록 하였다.

(3) 규모 적정성

　통합재정수지를 관리하고 특히 부채 관리에서 통합적 노력을 하고 있다. 추경, 조세지출예산제도는 일반회계, 특별회계, 기금과는 별개의 장치이다.

우리나라 순환보직제의 문제점과 개선방안을 제시하시오. (20점, 선택 10점)

I. 서

II. 순환보직의 의의 및 필요성

  1. 순환보직(job rotation system)의 의의

  2. 순환보직의 필요성

    (1) 업무에 대한 다양한 시각의 확보

    (2) 일반행정가 양성에 유리

    (3) 조직의 침체 방지

III. 순환보직의 문제와 보직관리 개선방안

  1. 문제점

    (1) 너무 잦은 순환보직에 따른 전문성 저해

    (2) 장기적인 보직 계획의 부재

    (3) 업무인수인계의 부실

    (4) 책임성 확보의 미흡

  2. 보직관리 개선방안

    (1) CDP제도의 실시

    (2) 전보제한기간 확대

    (3) 적재적소 배치하에 직위별로 공개모집제 실시

    (4) '전문분야별 보직관리제도'와 '전문직위제도'의 활성화

IV. 결 어

답안작성

권 0 0 / 2007년도 행정고시 일반행정직 합격

I. 서

현재 우리나라의 보직관리는 적재적소 배치 원칙과 함께 정기적 순환전보 원칙을 기본으로 하고 있다. 이러한 순환보직 원칙은 우리나라의 직업구조 형성이 계급제를 기반으로 하고 있다는 데에서 나오는 특성이며, 업무에 대한 다양한 시각의 확보, 장기근무로 인한 침체 방지등에 있어서 장점을 가지고 있다. 그러나 지나치제 잦은 순환보직으로 인하여 공직의 전문성이 결여되어 있다는 문제점에 직면한 바, 지식정보화 사회의 공직 경쟁력 강화를 위해서는 순환보직 문제의 개선이 필요한 시점이다.

II. 순환보직의 의의 및 필요성

1. 순환보직(job rotation system)의 의의

순환보직이란 사전의 장기적이고 체계적인 계획을 기초로 각자의 직무(보직)을 순차적으로 교체함으로써 조직의 직무 전반을 이해하고 지식·기술 및 경험을 풍부하게 하는 제도이다.

2. 순환보직의 필요성

(1) 업무에 대한 다양한 시각의 확보

현 계급제 하에서는 부처 내의 다양한 업무를 접해봄으로써 소속 행정기관의 전체적인 활동에 대해 광범위한 시야를 갖게 할 수 있다.

(2) 일반행정가 양성에 유리

조직 내의 갈등을 원활히 조정할 수 있는 일반행정가의 양성에 유리하다. 또한 부처 할거주의를 예방하여 부처간 의사소통 활성화에 기여할 수 있다.

(3) 조직의 침체 방지

다양한 업무를 담당함으로써 직무의 단조로움에서 오는 권태감을 줄일 수 있다.

III. 순환보직의 문제와 보직관리 개선방안

1. 문제점

(1) 너무 잦은 순환보직에 따른 전문성 저해

순환보직은 그 자체가 문제라기보다는 너무 빈번하게 이루어진다는 데에서 문제가 있다(실국장과 과장의 평균 재임 기간이 1년 1개월 정도). 이에 따라 자신이 맡은 분야에 대해 파악할 때 쯤 되면 직위를 또 옮겨야 하는 문제가 발생하여 전문성 축적을 저해하고 있다.

(2) 장기적인 보직 계획의 부재

순환보직이 장기적인 보직 계획(경력목표와 경력경로의 개발)을 바탕으로 이루어지는 것이 아니라, 단기적으로 조직의 침체방지, 부패연계 고리의 차단 등의 차원에서 수행됨에 따라 공무원이 해당 직무가 요구하는 전문성을 축적할 수 없다는 문제가 있다.

(3) 업무인수인계의 부실

현 계급제 하에서는 직위의 자리바꿈이 있을 때 전임자가 후임자에게 정확하게 업무를 인계해야 하나, 잦은 순환보직은 업무인수인계 부실을 야기하여 개인지가 형식지화되고 있지 못하다. 즉, 지식의 공유가 나타나지 않으며 이는 각종 국제 협상의 실패로 나타났다(한중 어업 협상, 한일 어업협상).

(4) 책임성 확보의 미흡

현 순환보직체제에서는 담당자가 자주 바뀌다보니 해당 업무에 대한 책임소재를 파악하기 어려운 문제가 나타나고 있다. 항공문제의 경우에도 2년 6개월간 5명의 항공국장이 교체되어 미 연방항공청(FAA)의 항공등급이 하락했던 경험이 있는데, 이러한 담당자의 잦은 교체는 문제발생이 이에 대한 책임을 묻기 어렵게 하는 단점이 있다.

2. 보직관리 개선방안

(1) CDP제도의 실시

경력개발프로그램(CDP : Career Development Program)이란, 공무원의 전공, 특기 및 적성등을 고려하여 분야별 보직경로(career path)를 설정하고 보직관리와 교육훈련을 연계 운영하는 제도이다. 이

제도가 실시되면 조직입장에서는 조직원의 역량을 최대한 발휘할 수 있고 개인입장에서는 자기능력개발 및 전문성 축적이 가능해질 수 있다는 장점이 있다.

(2) 전보제한기간 확대

공무원의 전문성을 강화하고 경력발전을 지원하기 위해서는 현행 1년인 전보제한기간을 직위별로 확대하는 방안이 있을 수 있다. 전보제한기간의 확대는 장기근무로 인한 직무침체, 인사운영의 탄력성과 자율성을 저해, 행정의 종합성과 다양성을 저해할 수 있는 문제점이 있으나, 잦은 보직이동으로 인한 공직의 전문성 부족문제의 심각성을 고려할 때 불가피하다 할 수 있다. 그러나 현행과 같이 사전 전보가 폭넓게 인정되는 경우 전보제한기간 확대의 효과를 저해할 우려가 있는바, 과도한 사전전보를 방지하기 위해서는 사전전보승인요건을 강화하고 사전전보승인사유를 제한할 필요가 있다.

(3) 적재적소 배치하에 직위별로 공개모집제 실시

부처 내 또는 부처 간 보직경쟁으로 일률적 대규모 인사를 지양하고 공개모집을 통해 직위자를 선정하는 공모제를 실시할 필요가 있다. 해당 직위에는 별도의 수당을 주고, 임기를 보장해줌으로써 전문성을 확보할 수 있는 효과가 나올 수 있다.

(4) '전문분야별 보직관리제도'와 '전문직위제도'의 활성화

현재 잦은 순환보직에 따른 전문성 저해 문제를 해결하기 위해 전문분야별 보직관리제도와 전문직위제도가 운영되고 있으나, 활성화되고 있지 못하다. 따라서 향후에는 관련제도의 적극적인 활용을 통해 전문성 향상의 효과를 볼 수 있도록 해야 할 것이다.

Ⅳ. 결 어

각종 국제협상의 실패에서 보듯이, 그 동안 우리나라는 공무원의 전문성 부족이 국정 운영실패의 가장 큰 문제점으로 지적되어 왔다. 그 원인으로는 폐쇄형 임용, 비전문적인 교육훈련 등을 꼽을 수 있으나, 가장 큰 원인으로 잦은 순환보직의 문제를 들 수 있다.

그러나 '인사가 만사'라는 말에서 볼 수 있듯, 공무원의 전문성 확보는 향후 국제경쟁력 향상에 필수불가결한 조건이 되는바, 보직관리제도의 합리적 개선을 통해 역량있는 정부를 구축해야 할 것이다.

┤ 강평 ├

1. 순환보직제는 계급제를 바탕으로 형성된 것으로서, 다양한 일을 하는 가운데 조직구성원들의 능력발전을 기할 수 있으며, 폭넓은 시야를 가진 최고 관리자를 양성하고, 동일한 일을 계속하여 반복하는데서 오는 조직의 침체를 방지하고 구성원의 권태감과 소외를 줄일 수 있다는 장점이 있다.

2. 조직에 근무하는 사람들이 가장 갈구하는 것이 승진에의 욕구인데, 순환보직제는 넓은 마당에서 승진에의 기회가 제공된다는 장점이 있다. 반면에 오늘날과 같은 행정환경에서는 그 어느 때보다 전문성이 중요한데, 너무 빈번한 순환보직은 전문성의 신장을 저해할 우려가 있다.

3. 일본의 공무원들은 국내외에서 교육 훈련이나 연수를 받은 경우 습득한 지식과 정보를 조직의 자산으로 생각하는데 반하여 한국의 공무원들은 자신들의 개인적인 자산으로 생각하고 자신의 몸값을 올리는데 활용하려 하기 때문에 습득한 지식과 정보의 공개와 활용에 소극적이다. 일본의 관료들은 교육 훈련을 통하여 습득한 지식과 정보를 캐비넷에 정리 보관하여 후임자들이 이를 활용할 수 있도록 하는데 비하여, 한국의 관료들은 자신의 머리속에 보관하여 후임자들이 활용을 하지 못하고 있다.

4. 올림픽 등 국제적 행사의 개최를 위하여 많은 공무원들을 선진지 견학을 명목으로 출장을 보내는데, 출장을 갔던 공무원들이 올림픽이 개최되기도 전에 다른 부서로 전보되는 현상이 발생함으로써, 무엇 때문에 국가의 돈으로 출장을 보냈는지 알 수 없는 일이 벌어지기도 한다.

5. 순환보직제의 의의와 장점과 문제점을 기술한 후 순환보직제가 지니고 있는 장점을 살리면서 그 문제점을 보완할 수 있는 개선방안을 한국행정과 관련하여 서술할 필요가 있다.

| **제1문** | 최근 정부규모를 둘러싼 논의가 활발히 전개되고 있다. 이는 시장 – 정부 간의 관계에서 정부의 기능과 역할에 관련된 쟁점이며, 정부기능의 관리활동으로서 행정이 지향하는 가치와 불가분의 관계를 지닌다. 행정이 추구하는 주요 가치로서 능률성 (efficiency)과 형평성(equity)을 정보활동의 범위 혹은 정부기능의 다양성과 관련하여 논의하고, 실제 행정에서 나타날 수 있는 구체적인 사례를 제시하시오. (40점)

Ⅰ. 서 론 : 정부실패/성공의 키워드, 능률성 (efficiency)과 형평성(equity)

Ⅱ. 정부기능 관리활동에 있어 능률성과 형평성의 의의
  1. 능률성과 형평성의 개념
   (1) 능률성(efficiency)
   (2) 형평성(equity)
  2. 정부기능 관리활동에 있어 능률성과 형평성의 내용
   (1) '정부기능관리'상 기준으로서의 능률성 : 조직·인사·예산운영의 원리
   (2) '정책구현'의 기준으로서의 형평성 : 대의민주주의 구현의 원리

Ⅲ. 쟁 점 : 정부의 기능과 역할에서 능률성과 형평성의 구현

  1. 전통적인 정부의 기능과 역할의 변화 : 지평의 확대, 위기의 고조
  2. 정부규모 및 기능·역할에 대한 논쟁 : 한국의 경우
  3. 바람직한 정부규모 및 역할의 판단기준 : 효율성과 형평성의 우선순위 설정

Ⅳ. 실제 행정에서 나타날 수 있는 구체적인 사례에의 적용
  1. '하남시 환경박람회' 실패사례에의 적용 : 관리상 능률성 확보의 실패
  2. '양성평등채용목표제' 정착에의 적용 : 정책목표로서 형평성의 적절한 구현

Ⅴ. 결 론 : 행정학적 함의 - 내부 능률과 외부 형평의 조화

답안작성 / 권 00 / 2007년도 행정고시 일반행정직 합격

Ⅰ. 서 론 : 정부실패/성공의 키워드, 능률성(efficiency)과 형평성(equity)

1980년대 이후 전 세계 정부혁신의 모토는 '일 잘하는 기업가적 정부'로 귀결되는 듯 하였다. 영국의 노동당 내각도 전통적으로 내세웠던 평등과 연대의 가치보다 정부 및 사회 시스템의 능률성 업그레이드를 우선적으로 추진하였다. IMF 외환위기의 급물살을 탄 한국 정부의 대응도 크게 다르지 않았다. 개발독재의 발전경로가 초래한 한국형 정부실패에 대하여 국민의 정부는 '작은 정부' 패러다임으로의 전환을 도모했던 것이다. 이러한 시도는 소기의 성과를 거둔 한편으로, 개혁주체인 공무원의 사기를 떨어뜨렸으며 광범위한 국민적 합의 위에 원칙을 정함이 없이 무조건적인 감축(downsizing)으로 대응하여 행정의 보편성(universality)을 훼손하였다는 비판을 받은 바 있다. 따라서 바람직한 정부의 수비범위(scope)와 역할(scale)에 대해 능률성과 형평성의 가치를 중심으로 논의하는 것이 의미 있는 시점이라 하겠다.

Ⅱ. 정부기능 관리활동에 있어 능률성과 형평성의 의의

1. 능률성과 형평성의 개념

(1) 능률성(efficiency)

능률성이란 투입(input)한 자원에 대하여 산출(output)의 비율이 얼마나 큰지를 가리키는 개념으로서 좁은 의미로는 관리상의 효율을 말하며, 넓게는 효과성(effectiveness)을 뜻하기도 한다.

(2) 형평성(equity)

형평성이란 같은 위치에 있는 개인이나 집단에게는 같은 조건과 대우를 적용해야 한다는 개념이다. 이러한 협소한 의미를 다른 위치의 개인과 집단에게까지 확장하여 '수직적 형평성'의 개념을 형성하기도 한다.

2. 정부기능 관리활동에 있어 능률성과 형평성의 내용

(1) '정부기능관리'상 기준으로서의 능률성 : 조직·인사·예산운영의 원리

초기 행정학자 귤릭(H.Gulick)이 관리의 8대 원리로서 'POSDCORB'를 제시한 것처럼 공조직을 운영할 때에도 조직·인사·예산의 관리활동에서 투입 대비 산출 즉 능률성이 중요하게 여겨졌다. 합리성(rationality)을 이념적 기반으로 하는 관료제는 낭비를 악으로 보므로 조직·인사·예산의 관리활동에서 능률을 관철시키는 것이 당연하다. 또한 최근의 시장 지향적 행정개혁에서 능률성은 제1의 가치로서 모든 관리활동에 가시적으로 구현되고 있다.

2007년도 기출문제 **407**

(2) '정책구현'의 기준으로서의 형평성 : 대의 민주주의 구현의 원리

공조직은 사조직과 달리 수익성에 조직의 생존이 달린 것이 아니라 공공의 이익 구현에서 그 존재의 의의를 구한다. 특히 대의민주주의 정치체제의 행정부는 국민의 의사를 대표하는 국회나 대통령에 복무하는 것으로 정치적 정당성(legitimacy)을 구현한다. 그 구체적인 양상은 정부가 행정·정책적 수요를 해결하기 위해 설계하는 대안인 '정책(policy)'으로 집약되는데, 정책은 그 수요자가 국민 일반이기 때문에 보편성(universality)과 형평성(equity)을 고려 할 수밖에 없다. 이것이 바로 형평성이 정책구현으로서의 기준이 되는 이유이다.

Ⅲ. 쟁 점 : 정부의 기능과 역할에서 능률성과 형평성의 구현

1. 전통적인 정부의 기능과 역할의 변화 : 지평의 확대, 위기의 고조

정부의 기능과 역할을 시간의 흐름에 따라 고찰해 본다면, 서양사를 기준으로 할 때 전통적으로 정부는 국방과 치안에만 역할을 한정하는 '야경국가'에 머물렀다. 이것이 제2차 대전을 계기로 국가중심의 위기해결이 빈번해진 결과 국가가 공공서비스를 직접 생산·제공하는 '복지국가'의 모델로 변모하였고, 1980년대를 전후해 자원난과 생존경쟁에 직면하면서 국가시스템의 효율화를 꾀하는 '신자유주의국가'로 귀결되었다. 21세기에 접어들면서는 세계적인 저출산 및 고령화, 정보전쟁과 삶의 질 제고에 대한 요구 등 다양한 신(新)정책문제 및 수요의 등장으로 공공영역의 지평은 확대되고, 그 위기의 정도는 날로 심해지고 있는 상황이다.

2. 정부규모 및 기능·역할에 대한 논쟁 : 한국의 경우

국민의 정부가 '작은 정부'를 기치로 대대적인 행정개혁을 펼친 결과 공공영역에서 소기의 성과들이 나타났다. 비효율의 온상으로 비판받던 정부조직은 슬림해지고, 공무원들의 고객지향 마인드가 강화되었으며 혁신과 변화를 필수불가결한 생존조건으로 받아들이게 된 것이 그 내용이다. 그러나 참여정부들어 공무원의 수가 늘어나고, 각종 위원회가 우후죽순으로 설치되는 동시에 공공부문 예산이 점증되는 추세가 나타나 공공부문의 시장 지향적 개혁을 요구하는 사회 일각에서 비판의 대상이 된 바 있다. 그러나 이에 대하여 참여정부는 '일 잘하는 좋은 정부'로서의 관리상 효율을 제고하고 더 나아가 성과 지향적 정부로의 전환을 추구함은 당연하다고 주장한다. 여기에 그동안 소홀히 여겨졌던 형평성(equity)의 다층적 구현을 통해 정책의 실효성을 끌어올리는 것도 중요한 국정과제라는 것이다.

3. 바람직한 정부규모 및 역할의 판단기준 : 효율성과 형평성의 우선순위 설정

정부규모 및 역할에 대하여 양적인 기준만으로 일률적으로 판단할 수는 없다. 공무원의 수나 예산의 크기, 정부 산하 공공기관의 수, 규제 건수 등은 바람직한 정부 규모와 역할을 판단하는 하나의 참고자료일 뿐이다. 오히려 정책수요가 복잡화·다양화되고 위기 상황이 일상화된 현재의 국면에서는 일반 국민이 체감하는 정부정책의 효용이나 정책 이해관계자(stakeholder)가 느끼는 정책만족도, 정부와 국민 관계가 얼마나 수평적이며 가까운지가 새로운 판단기준이 될 것이다. 즉, 효율성과 형평성의 우선순위는 절대적인 것이 될 수 없고 각 정책상황별로 그 맥락(context)을 고려하여 유동적으로 판단해야 한다는 것이다.

Ⅳ. 실제 행정에서 나타날 수 있는 구체적인 사례에의 적용

1. '하남시 환경박람회' 실패 사례에의 적용 : 관리상 능률성 확보의 실패

1999년 경기도 하남시가 주관하여 열린 '국제 환경박람회'는 지방자치단체의 정부로서의 수비범위(scope)가 새로이 확장된 예에 속한다. 지방자치시대를 맞아 재정수입을 늘리고 지역주민의 화합을 도모하는 취지로 축제 및 박람회를 기획·집행하는 하나의 경영·사업주체로서 정부역할이 넓어진 것이다. 그러나 해당 사례에서 하남시는 예산확보의 불투명성에도 불구하고 쉬크(A.Schick)가 언급한 '선심성 예산'을 무리하게 집행하여 막대한 재정적자를 초래하였다. 이는 정부가 늘어난 정책수요에 부응하여 몸집을 늘리려고만 하고, 그 타당성 및 실효성을 확보하기 위해 필수불가결한 관리상 능률을 소홀히 했기 때문이다.

2. '양성평등채용목표제' 정착에의 적용 : 정책목표로서 형평성의 적절한 구현

공직사회에 성별구성의 치우침을 완화하여 양성의 목소리가 행정운영 및 정책구현에 투영되도록 설계된 인사정책이 양성평등채용목표제이다. 그 전신으로서 여성평등채용목표제가 소기의 목적을 달성했다는 판단 아래 정책변동이 된 결과, 양성 중 한쪽이 30%에 미치지 못하면 최소한 그 비율에 이르도록 추가 임용한다는 내용이다. 양성평등채용목표제의 실시로 5급신임사무관 여성비율이 40%에 이르는 등 가시적인 수준에서 인사관리의 성별균형이 정착되고 있다. 이를 통해 정부는 내부관리의 능률뿐 아니라 정책과정상 형평성을 견지·구현해나가야 할 임무를 가지고 있음을 알 수 있다.

Ⅴ. 결 론 : 행정학적 함의 – 내부 능률과 외부 형평의 조화

공조직 관리의 함정은 조직 외부의 고객이 두 얼굴을 가지고 있다는 점이다. 행정의 고객인 국민은 최고급의 공공서비스를 최소의 비용으로 누리길 바라면서도 그 공공서비스가 국민이 합의한 정치적 의사에 부합하기를 바란다. 정부 규모 및 역할에 대하여 가시적인 크기 및 비중으로 그 효용을 속단할 수 없는 이유도 여기에 있다. 무조건 능률을 중시하여 정부 기능을 시장에 위임하고 그 자신을 축소할 경우 위급한 신(新)행정수요에 대해 '행정누수'가 발생하여 돌이킬 수 없는 정책실패를 불러일으킬 수 있다. 특히 정책문제의 성격이 이제까지의 관례로 대응할 수 없는 새로운 것이라면 더욱 그러하다. 따라서 바람직한 정부의 범위(scope)와 역할(scale)을 설정할 때에 능률성만이 아니라 형평성이 주요한 축으로서 고려되고 실제 행정에 적용되어야 함을 알 수 있다.

1. 『제1문』은 규제개혁과 관련되어 논의되는 '작은 정부'를 행정이 추구하는 이념의 하나인 능률성 및 형평성과 관련하여 논하고 실제 행정에서 나타날 수 있는 구체적인 사례를 들어 설명하라는 것이다.

2. 행정이 추구하는 이념은 시대에 따라 달리 나타났는데, 역사적으로 보면 먼저 산업혁명 초기에 나타난 능률성(efficiency)을 들 수 있다. 능률성은 투입(input) 대 산출(output)의 비로서 '최소의 비용으로 최대의 산출'(minimum input에 maximum output)을 가져올 때 보통 능률적이다고 한다. 고전적 조직이론이 추구하는 이념의 하나로 F. Taylor의 '과학적 관리법', Max Weber의 '관료제 이론', '행정관리이론'이 이에 속한다. Woodrow Wilson은 엽관주의에 물든 정치로부터 행정의 능률성을 확보하기 위하여 '정치행정일원론'을 주장하였다.

3. 1929년 세계 경제공황을 극복하는 과정에서 행정학자들이 실제 행정에 참여하면서 행정이란 정치와 불가분의 관계에 있다는 것을 깨달으면서 다시 '정치행정일원론'이 등장하였다. 거대화된 노조와 유화관계를 유지하면서 행정의 능률성을 확보하기 위한 방편의 하나로 '사회적 능률성'(social efficiency)이 등장하였으며, Elton Mayo의 Hawthorne Study에서 시작된 인간관계론이 그 대표적 예이다. 1940년대에 들어서면서 행정의 과학화를 추구하기 위하여 Herbert A. Simon 등은 가치(value)와 사실(fact)을 인위적으로 분리하여 사실만을 대상으로 연구할 것을 주장하였으며, 이 때 등장한 것이 '새정치행정이원론'이다. 1960년에 들어서면서 발전이 국가의 주요 과제로 등장함에 따라 국가발전을 위한 행정의 적극적인 역할 더 나아가 행정이 국가발전의 견인차 역할 내지 행정이 정치를 lead하는 발전행정론이 등장하는데, 이를 '새정치행정일원론'이라고 한다. 발전행정에서 무엇보다도 강조하는 이념이 '효과성'(effectiveness)이다. 효과성은 Amitai Etzioni에 의하면 '조직의 목표의 달성 정도'를 말한다. 효과성과 능률성은 일반적으로 병행하나 반드시 그런 것은 아니다. 능률적인 기업이 경제불황으로 인하여 매출의 부진으로 비효과성인 기업이 될 수도 있다.

4. 1970년대에 들어서서 월남전에서 미국이 패배함에 따라 미국인들의 절대적인 믿음인 미국이 세계 최강의 발전된 국가라는 믿음이 사라짐에 따라서 미국 내에 산적한 슬램가문제, 인종문제, 빈부격차 문제 등의 해결이 관심을 끌게 되고, 이에 따라서 사회적 형평성(social equity)이 행정의 이념으로 주목을 받게 되면서 신행정론(New Public Administration)이 등장하게 되었다. 신행정론에 의하면 사회적 형평은 모든 고객을 동일하게 대우하여서는 결코 달성될 수 없으며, '같은 것은 같게 그리고 다른 것은 다르게' 차별적 대우를 할 때 달성될 수 있다고 주장한다. 사회적 강자와 약자, 부자와 가난한 자, 개발된 지역과 낙후된 지역은 엄

연히 커다란 격차가 존재하고, 발전속도나 성장속도는 가속도가 붙기 때문에 이들을 동일하게 대우해서는 안 되고, 인위적으로 약자를 위한 차별적 법적 행정적 조치를 취함으로써 사회적 형평은 달성될 수 있다는 것이다.

5. 영국의 경제학자인 Adam Smith는 국부론에서 국방 치안과 불요불급한 몇 개의 거대한 공공토목사업을 제외한 여타의 업무는 민간부문에 맡길 때 시장은 '보이지 않는 손'(invisible hand)의 작용에 의해서 자원은 최적배분(Pareto optimality)되고 국가 전체적인 생산성은 극대화된다는 자유방임주의 이론을 주장하였다. Adam Smith의 이론은 정부역할의 최소화를 통한 능률의 극대화를 추구하였기 때문에 흔히 '소극국가' '야경국가'라고 불리운다.

(1) 시장경제론에 입각한 자유방임적 경제관은 서구사회의 급속한 산업화를 이룩하는 원동력이 되었으나, 한편으로 부의 편재로 인한 자본가 계층과 노동자 계층 간의 대립과 갈등이 격화되고 시장경제의 모순으로 인한 시장실패(market failure)가 나타나게 되었다.
시장의 실패를 교정하기 위하여 정부의 시장개입을 정당화하는 John M. Keynes의 수정자본주의 이론이 나타나게 되었다. 수정자본주의 경제정책으로 인하여 계층간 지역간 양극화 현상을 완화하게 됨에 따라서 서구사회는 Karl Max의 예언과 달리 공산화는 나타나지 않게 되었으며, 행정의 이념으로서 형평성이 중요시 되게 되었다. 시장에서 정부역할의 증대는 정부기능의 확장과 기구의 팽창 그리고 공무원 수의 증대를 가져왔다.

(2) 우리나라도 박정희 정권에서 서구사회에서 수 세기에 걸쳐서 이룩한 산업화를 단기간에 달성하기 위하여 정부주도형의 대외지향적인 경제성장정책을 추진하게 되고, 이에 따라 정부의 역할과 기능이 커지게 되고 이에 따라 정부조직이 비약적으로 커지고 공무원 수의 증대 그리고 고위직의 증설이 나타나게 되었다. 이 시기는 '보릿고개'의 탈출이 급선무이었기 때문에 행정의 이념으로서 무엇보다도 능률성이 중요시 되었고, 계층간 지역간 소득격차나 환경오염 공해문제 노동문제와 같은 것은 정권 담당자로부터 그리 큰 주목을 받지 못하였다. 경제성장과 관련된 부처와 조장행정기관 등은 양적으로 비약적 성장을 한 반면 사회적 형평과 관련된 분야 또는 국민의 생활의 질의 향상과 관련된 분야의 기능과 역할 그리고 예산은 소홀히 되었다.

6. 그러나 1980년대에 들어서면서 점차 국가 간의 장벽이 무너지고 세계가 하나가 되는 세계화 내지 단일 지구촌이 됨에 따라서 국가 간의 경쟁이 격화되고 정부의 규제는 민간기업의 창의력과 순발력을 억제하는 걸림돌이 되고, 정부의 시장경제에의 개입은 많은 정부의 실패(government failure)를 낳았다. 이에 따라 정부의 실패를 교정하고 민간기업의 창의력의 발휘를 통한 경제적 활성화를 위한 규제개혁론이 정부 행정의 관심사로 부상하게 되었다. 정부

의 역할을 축소하고 기구의 팽창을 억제하면서 민간기업의 능률적인 활동을 지원하는 후원자적 역할이 중요시되게 되었으며, 민간기업이 행정보다 더 잘 할 수 있는 영역을 찾아서 민간기업(private sector)에 위임하는 '외부발주'(outsoucing)가 나타나게 되었다. outsoucing은 원래 '공공선택이론'(public choice theory)에 토대를 둔 것으로 합리적인 선택을 통한 행정의 능률성의 확보에 그 목적이 있다고 하겠다. 오늘날 행정에서 모든 사람들이 잘 사는 복지국가를 꿈꾸고 있기 때문에 한편으로 사회적 형평을 달성하기 위한 정부의 적극적인 역할 즉 지역 소득간의 격차 그리고 노동 환경문제 등에 대한 정부의 개입이 필요하다. 따라서 행정의 이념으로서 '능률성'과 '형평성'은 trade off 관계에 있으며, 이들의 적절한 policy mix가 필요하다.

7. 최근 사회적 문제가 되고 있는 정부의 부동산 정책과 교육정책 등이 좋은 구체적 사례가 될 수 있을 것이다.

| 제2문 | 오늘날과 같이 복잡하고 급격하게 변화하는 환경에서 조직문화의 특성과 강도는 조직효과성을 결정하는 주요 요인으로 여겨지고 있다. 이에 공공부문에서도 조직문화를 조직관리의 중요한 수단으로 인식하는 경향이 확산되고 있다. (총 30점)

(1) 조직관리 측면에서 조직문화의 의미와 기능을 설명하시오. (10점)

(2) 조직문화의 유형을 구분하여 그 특성을 기술하고, 각 유형에 따른 효과적인 조직관리 방안을 논하시오. (20점)

Ⅰ. **서 론 : '가치 중심(value-centered)' 행정의 바로미터 – 조직문화**

Ⅱ. **조직관리에 있어 조직문화의 의의**

1. 조직문화(organization culture)의 개념
2. 조직문화의 기능 : 조직관리의 신(新) 핵심동력
   (1) 대내적 조직관리상 기능
   (2) 대외적 조직관리상 기능

Ⅲ. **조직문화 유형에 따른 조직관리방안의 설계**

1. 조직문화의 유형 및 특성 : E. Quinn & Kimberly의 논의에 따라
   (1) 위계문화 (내부과정 모형)
   (2) 합리문화 (합리적 목표 모형)

(3) 발전문화 (개방체제 모형)
(4) 집단문화 (인간관계 모형)

2. 각 유형에 따른 효과적인 조직관리방안의 설계
   (1) 위계문화 : 수직적 위계질서에 의한 조직관리
   (2) 합리문화 : 과업지향의 인센티브 설계 (incentive design)
   (3) 발전문화 : 고객지향 마인드의 확립 및 시민 참여 채널의 확대
   (4) 집단문화 : 조직 구성원의 자유 재량권의 확대(empowerment) 및 합리적 성과관리

Ⅳ. **결 론 : 한국 행정에의 함의 – 창의와 변화를 위한 새로운 조직문화로**

답안작성

권 0 0 / 2007년도 행정고시 일반행정직 합격

Ⅰ. 서 론 : '가치 중심(value-centered)' 행정의 바로미터 – 조직문화

최근 서울시는 '창의력 주식회사 서울'이란 이름으로 조직문화 전환·강화 프로젝트에 앞장서고 있다. 이는 가치 중심의 행정, 즉 고객가치, 경제사회가치, 직원가치를 높이는 것을 시정운영의 핵심으로 삼아 창의력 넘치는 조직문화를 창출하기 위한 노력의 일환이다. 사기업에서 시작된 조직문화 변혁의 바람이 행정 영역까지 번져오고 있는 바, 조직관리에 있어 조직문화의 의의와 유형에 따른 조직관리방안을 알아보는 것은 시의 적절한 논의라 할 것이다.

Ⅱ. 조직관리에 있어 조직문화의 의의

1. 조직문화(organization culture)의 개념

쉐인(E.H.Schein)에 의하면 조직문화란 조직의 구성원들이 폭넓게 공유하는 보다 심층적인 기본전제와 가치지향으로, 조직의 테두리 내에서 벌어지는 '삶의 총체(way of life)'라 할 수 있다.

2. 조직문화의 기능 : 조직관리의 신(新) 핵심동력

(1) 대내적 조직관리상 기능

조직문화는 조직 구성원의 사고방식과 행동양식을 인도하는 기준을 제시하여 구성원의 행동을 통제하는 수단이 된다. 그 결과 구성원들의 일체감이 형성되어 조직 통합을 증진시키고, 이러한 '우리'로서의 조직정체성은 조직이 안정적으로 영속하는 핵심이 된다.

(2) 대외적 조직관리상 기능

조직문화가 일단 형성되면 조직 외부 환경의 자극에 대하여 그 자체로 반응하고 응답하게 된다. 이는 조직의 생존유지에 필수적인 문제를 해결하는 기초가 된다. 조직문화가 조직 환경에 대한 이해를 높이고 조직이 당면한 문제에 대해 효율적인 해결방안을 마련하는 데에 지침을 제공할 수 있는 것이다.

Ⅲ. 조직문화 유형에 따른 조직관리방안의 설계

1. 조직문화의 유형 및 특성 : E.Quinn & Kimberly의 논의에 따라

퀸과 킴벌리는 경쟁가치접근(CVA: Competing Value Approach)을 이용하여 조직문화 유형을 4가지로 구분함으로써 기업조직과 행정조직 사이에 문화지향의 차이와 문화와 조직효과성 사이의 관계를 실증 검증한 바 있다. 그 유형의 내용은 다음과 같다.

(1) 위계문화 (내부과정 모형)

위계문화는 조직이 구조적으로 통제 지향적임과 동시에 조직 내부에 조직관리의 초점이 맞추어진 유형이다. 이때 조직운영의 통제 수단은 조직 내 위계질서 · 표준운영절차(SOP) 등의 규준으로 내부통합과 안정성, 현상유지가 당면목표이다.

(2) 합리문화 (합리적 목표 모형)

합리문화는 조직이 구조적으로 통제 지향적인 것은 위계문화와 같지만, 조직 내부가 아닌 외부에 초점이 있다는 점에서 다르다. 합리문화는 성문법과 계약 등의 규준에 의해 통제되며 직무몰입에 의한 실적의 산출을 중시한다.

(3) 발전문화 (개방체제 모형)

발전문화는 조직이 구조적으로 유연성을 지향하면서 조직 외부에 초점을 두는 조직문화의 유형이다. 이때 행정조직의 공무원은 외부고객인 시민의 기대에 부응해야 할 책무를 가지며 이러한 정치적 책임성이 조직문화의 원천이다.

(4) 집단문화 (인간관계 모형)

집단문화는 조직이 구조적으로 유연한 것은 발전문화와 같으나 조직 내부에 초점을 두는 경우의 조직문화이다. 집단문화는 조직 내 재량권을 가진 전문가 집단의 가치 및 규범에 기반을 두고 내부적인 신뢰수준에 의거하여 업무를 수행하는 경우의 문화이다.

2. 각 유형에 따른 효과적인 조직관리방안의 설계

(1) 위계문화 : 수직적 위계질서에 의한 조직관리

위계문화의 조직에서는 조직 구성원이 구조적으로 자유재량권을 가질 수 없기 때문에 조직 전체 차원의 수직적 위계질서가 조직관리의 효율적인 수단이 된다. 이때 조직 내 상관의 명령, 규칙, 규율 및 표준운영 절차(SOP)가 조직구성원의 의사를 반영한다면 준수 정도가 높아지고 조직관리의 실효성이 제고될 것이다.

(2) 합리문화 : 과업지향의 인센티브 설계 (incentive design)

직무 몰입에 의한 실적 산출을 강조하는 합리문화의 조직은 목표가 명확하게 설정되어 실적이 관리되며 그 산출에 대하여 공정한 평가 및 보상이 이루어져야 한다. 즉 목표 중시, 과업 지향의 인센티브 제도를 설계함으로써 조직관리의 실효성을 높일 수 있다.

(3) 발전문화 : 고객지향 마인드의 확립 및 시민 참여 채널의 확대

발전문화의 조직은 조직 외부 시민의 목소리에 조직이 얼마나 부응할 수 있는가가 조직 운영의 핵심이다. 따라서 그 관리상 실효성을 높이려면 조직 외부의 목소리를 들을 수 있는 채널을 늘리면서 이 채널을 통해 실질적인 참여가 이루어지도록 관리주체의 개방적인 사고가 요구된다.

(4) 집단문화 : 조직 구성원의 자유 재량권의 확대(empowerment) 및 합리적 성과관리

조직 구성원의 자유 재량에 의존하는 집단문화 유형의 조직은 전문가 집단의 전문적 책무성을 유도하는 것이 가장 중요하다. 이는 자유재량권을 보장하고 그에 대하여 성과로서 책임을 지게 하는 것과 동시에 팀워크(teamwork)을 강조하고 구성원 간 가치의 공유로서 관리상 실효성을 높일 수 있다.

Ⅳ. 결 론 : 한국 행정에의 함의 – 창의와 변화를 위한 새로운 조직문화로

조직문화의 연구는 강한 조직문화(strong culture)가 조직의 효과성에 긍정적 요인이 될 수 있음을 시사한다. 한국 행정부의 조직문화는 내부 결속은 높으나 실적 중심의 합리문화나 개방적인 발전문화, 신뢰 기반의 집단문화가 약했던 것으로 평가할 수 있다. 생각이 사람을 바꾸고 사람이 세상을 바꾸는 시대에는 모든 일에 창의력을 발휘하며 변화를 두려워하지 않는 조직만이 21세기 변화의 시대에 생존할 수 있다. 한국 행정조직 역시 의사결정의 참여를 늘리고 공유가치를 확대하며 합리적인 성과관리가 이루어지는 긍정적 의미의 강한 조직문화를 형성하기 위해 노력해야 할 것이다.

| 강 평 |

1. 서론은 매우 중요하다. 문제의 핵심을 언급해야 한다. 이때 특정 사건에서 이끌어 내는 것도 때로는 의미가 있다. 그러나 항상 문제를 해결하는 방향성 속에서 전개되어야 한다. 서울시 사례를 문화의 문제로 연계시키는 논리력은 부족해 보인다. 관료제의 경직성을 극복하려는 문화 개선 노력으로 연계시켜야 했다. 아니면 조직관리에 환경과의 관계, 조직 내부 관리, 인간 등의 요인이 중요하지만 최근 조직 문화에 관심이 집중되고 있다는 등의 언급이 필요하다.

2. 조직문화의 정의에서 쉐인(E.H.Schein)을 소개하는 것은 좋다. 특히 조직문화의 정의에는 학습된 가치 체계, 상호 작용을 하는 행동 규칙성, 보편화된 행동 등의 용어를 활용하는 것이 좋다.

3. 조직문화는 조직 구성원으로서의 정체성(identity), 집단적 몰입(collective commitment), 조직 체계의 안정성 등을 확보하는 중요한 기능이 있다.

4. 특정 이론을 질문하지 않았다면 문제를 해결하면서 바로 특정 이론에 의존하게 되면 시각이 협소해질 우려가 있다. 조직의 효과성을 결정하는 다양한 연구가 있었지만, Quinn & Rohrbaugh는 유연성-통제의 축과 인간-구조의 축으로 메트릭스 모형을 만들어 다양한 조직 문화를 체계적으로 접근한 특징이 있다는 것을 언급하고 내용을 설명해야 한다. 내용설명은 잘 되어 있다.

5. 결론에서 반드시 언급되어야 할 부분이 조직문화는 고정적이고 절대적 가치를 가진 것이 아니라, 조직의 발전 단계에 따라 변화를 한다는 것이다. 산업사회에서의 위계적인 조직문화를 정보화 사회에서 개방되고 유연한 문화로 전환할 필요가 있다는 것도 필요하다.

| 제3문 | 정부활동의 성과를 제고하기 위한 다양한 노력들이 지속되고 있다. 성과관리 (performance management)의 구호 하에 추진되고 있는 이러한 노력들은 소위 '자기중심적이고 합리적인 인간관', '시장메커니즘을 활용한 조직관리 방식에 대한 선호' 등과 같은 원리를 기반으로 하고 있다. 이러한 원리를 바탕으로 성과지향적 재정운영시스템을 구축하기 위한 제도와 기법들이 새롭게 제시되고 있다. (총 30점)

(1) 이러한 제도와 기법을 설명하고, 이들이 기반으로 하는 원리의 문제점을 논하시오. (20점)

(2) 위의 문제점을 극복하기 위한 대안을 제시하시오. (10점)

I. 서 론 : 성과관리의 함정 – 옳은 문제를 잘못 풀기

II. 한국 정부의 성과 지향적 재정운영시스템의 비판적 고찰

1. 성과 지향적 재정운영시스템의 제도와 기법
   (1) 성과 지향적 재정운영시스템 도입의 의의
   (2) 4대 재정개혁의 내용
2. 성과 지향적 재정운영시스템의 원리와 문제점 비판
   (1) 성과 지향적 재정운영시스템의 원리 : 합리주의적 인간관, 시장 지향적 조직관리

   (2) 문제점 비판 : 공공부문의 정책문제의 복잡성을 간과

III. 성과 지향적 재정운영시스템의 한계를 극복하기 위한 대안의 설계

1. 기본방향 : 성과관리의 당위성 인식과 합리적인 인프라 설계
2. 개혁주체의 역할에 대한 인식전환 : 보상내용의 다양화
3. 성과 지향적 재정운영시스템에 공공적 가치의 투영 : 시장주의 편향 극복

IV. 결 론 : 다양한 주체의 참여를 통한 성과주의 함정의 탈출

Ⅰ. 서 론: 성과관리의 함정 – 옳은 문제를 잘못 풀기

1990년대 이후 공공영역의 집권·통제의 시대에서 분권·자율의 시대로 넘어감에 따라 성과관리 (performance management)는 각국 행정혁신의 새로운 화두가 되었다. 한국 정부의 경우도 수많은 성과평가제도가 도입되어 있고, 재정부문과 직결된 성과관리제도가 시행 중이다.

공조직인 정부 역시 환경변화에 적응하여 문제를 해결해나가기 위해 그 성과를 중시해야 하는 것은 근본적이고도 당연하다. 하지만 정부 성과의 요구라는 문제 상황에 직면하여 정부는 올바르게 접근·대 응하고 있는가? 문제는 당위적이나 잘못된 풀이법을 고수하고 있지는 않은가? 이러한 문제의식에 의거 하여 최근 도입된 성과 지향적 재정관리시스템을 비판적으로 고찰하고자 한다.

Ⅱ. 한국 정부의 성과 지향적 재정운영시스템의 비판적 고찰

1. 성과 지향적 재정운영시스템의 제도와 기법

(1) 성과 지향적 재정운영시스템 도입의 의의

1980년대 이후 선진국의 재정시스템 개혁은 성과주의의 도입이 그 핵심이다. 성과주의란 결과 (output and outcomes)를 미리 염두에 두면서 예산행위를 하는 피드백(feedback)효과를 거두자는 경 향이다. 한국 정부 역시 IMF 외환위기 이후 재정규모와 다층성에 걸맞는 재정시스템으로 탈바꿈하기 위하여 성과관리제도를 비롯한 4대 재정개혁을 추진하였다.

(2) 4대 재정개혁의 내용

1) 총액배분자율편성제도

부처 차원의 상향식 예산편성과 예산부처의 대패식 삭감의 악순환이 정부성과를 축낸 일 요인이라는 판단 하에 수요자 중심의 예산편성으로 전환하고자 하는 제도이다. 탑다운 예산편성 제도 하에서는 부 처별, 부문별 예산의 총액이 정해지고 그 한도 내에서 부처 및 실·국의 집행 재량권이 허용되어 실제 씀 씀이의 성과를 높일 수 있다는 장점이 있다.

2) 중기재정계획

새로이 제정된 국가재정법에는 총액배분자율편성예산제와 함께 중기재정계획(mid-term expenditure framework)이 규정되어 있다. 이는 정부회계연도인 1년에 맞추어 예산을 편성·집행할 경우 장기적 안목의 정부지출계획을 조망·설계할 수 없다는 점에서 새로이 도입되었다.

3) 성과관리 예산제도

국가재정법 제7조에 규정된 성과중심의 재정운용원칙은 기관의 임무·목표와 연계하여 사업(프로그램)별로 성과목표와 이를 측정할 수 있는 성과지표를 설정하여 그 달성여부를 평가하고, 그 평가결과를 재정운영에 활용하는 제도로 구현되고 있다. 현재 정부업무평가기본법에 따라 전 정부부처가 성과계획서를 작성하여 재정사업에 활용하고 있다.

4) 디지털 예산회계시스템(Budget Account Reinventing System)

결과와 책임을 중시하는 성과 지향적 재정운영시스템의 기본 인프라가 바로 디지털 예산회계시스템으로서, 그 주요 추진과제는 재정범위를 국제기준에 맞도록 확대하고, 프로그램 예산제도를 도입하며 복식부기와 발생주의를 채택하고 통합재정정보시스템(BAIS)을 도입하는 것이다. 이를 통해 정책·조직·인력을 아우른 성과관리를 도모하고자 한다.

2. 성과 지향적 재정운영시스템의 원리와 문제점 비판

(1) 성과 지향적 재정운영시스템의 원리 : 합리주의적 인간관, 시장 지향적 조직관리

4대 재정개혁의 바탕이 된 기본 원리는 개인을 합리적 결정을 하는 주체로 보고, 합리적인 인센티브 시스템 하에서는 자신의 이익을 위해 실적을 추구하는 행위 양식을 보인다는 인간관이다. 이러한 합리주의적 인간관을 바탕으로, 조직 차원에서도 공식적 법규와 계약·규칙이 구획되어 있다면 합리적인 보상과 처벌 시스템을 통해 바람직한 행위를 유도할 수 있다고 본다. 더 나아가 조직의 목표가 산출의 과정(process)보다는 산출 자체에서 그 달성 여부가 판단되는 시장 지향적 운영방식을 따르고 있다.

(2) 문제점 비판 : 공공부문의 정책문제의 복잡성을 간과

1) 합리주의적 인간관의 한계 – 인간의 다양한 욕구 무시

맥그리거의 동기이론에 따르면 인간은 합리적인 경제적 보상에 의해 동기 부여될 수 있다.

이를 인간에 대한 X이론적 접근이라 한다. 그러나 인간은 복합적인 욕구를 가진 유기체로서 공직자의 경우 공공서비스동기(public service motivation) 연구에 의하면 공공에의 봉사와 희생·명예에 가치를 두는 경향이 높다고 한다. 따라서 실적과 경제적 인센티브만으로 성과를 관리하는 것은 인간에 대한 지나치게 단순한 접근이라 할 것이다.

2) 시장 지향적 조직관리의 한계 – 행정누수의 발생 가능성

공공성이 강한 정부 업무의 성과는 전반적인 국민 후생 수준의 향상, 신뢰와 같은 사회자본의 증대, 포괄적인 경제성장으로 나타나며 그 효과도 매우 폭넓고 장기적으로 나타난다. 성과관리는 단기적·가시적 성과 산출에 초점이 맞추어질 공산이 높은데, 이럴 경우 장기간에 걸쳐 나타나는 정부 업무의 효과를 제대로 반영할 수 없게 된다. 그 결과 효율성 추구의 명목으로 성과가 낮은 부문의 투입이 차단되어 시급한 행정수요에 대응하지 못할 가능성이 있다.

III. 성과 지향적 재정운영시스템의 한계를 극복하기 위한 대안의 설계

1. 기본방향 : 성과관리의 당위성 인식과 합리적인 인프라 설계

많은 한계에도 불구하고 공공부문에의 성과관리시스템의 도입은 피할 수 없는 과제가 되었고, 그 연착륙을 위해 제도의 보완과 사후관리에 힘써야 한다. 시행에 따른 착오를 수정하고, 계속적으로 변화하는 조직과 사업의 성격에 적합하도록 지속적인 업데이트 작업이 필요하다.

전체적으로 성과 지향적 재정운영시스템의 전체적인 방향성을 확실히 하고, 실제 이를 운용하는 현장의 공직자에게 불필요한 서류작업(paper work)으로 인식됨이 없도록 문제의식의 공유와 확산이 필요하다.

2. 개혁주체의 역할에 대한 인식전환 : 보상내용의 다양화

성과 지향적 재정운영시스템의 핵심은 성과에 대한 합리적인 인센티브 즉 보상에 있다. 현재의 시스템은 개인을 성과와 보상의 연관성에 의해서만 동기 부여되는 기계적 인간관에 입각해 있어 시스템에 대한 개인의 반응을 제대로 수용하지 못한다. 따라서 조직·인사·예산의 각 분야에서 공직자의 성과에 대한 보상을 상황과 맥락과 개인의 욕구에 따라 다양화하는 기획이 필요하며, 그대로 집행될 수 있는 재량권을 각 조직단위로 위임해야 할 것이다.

3. 성과 지향적 재정운영시스템에 공공적 가치의 투영 : 시장주의 편향 극복

가시적이고 단기적인 성과만을 지향하느라 공직자와 조직의 시각이 근시안(myopia)화 되는 것을 막아야 한다. 성과관리에 있어 정부 사업의 다양성과 다면성을 반영할 수 있는 지표를 개발하고, 이를 운영 주체 간 대화와 논의의 과정을 통해 상호 이해 및 공유를 이끌어내는 것이 우선 필요하다. 정부조직의 궁극적 주인은 국민이므로 성과 지향적 재정운영시스템이 정부의 자족을 위한 제도가 아니라 성과를 국민에게 직접 돌려주는 발판이 되어야 한다.

IV. 결 론 : 다양한 주체의 참여를 통한 성과주의 함정의 탈출

현재 정부 부문에 도입된 성과 지향적 재정운영시스템은 그 목적의 당위성에도 불구하고 인간관의 협소함과 지나친 시장 일변도의 기법으로 인해 잘못된 방향으로 나아갈 위험이 있다.

이를 초기에 수정하고 제도를 연착륙시키려면 정부 내 개혁주체인 공직자는 물론이고 나라의 살림과 성과를 고민하는 국민의 다양한 목소리를 듣고, 이를 통한 성과 지향적 재정개혁의 방향에 대한 광범위한 논의가 이루어져야 한다. 국민의 정부 하 행정개혁이 대규모 비용투입에도 불구하고 개혁 체감도가 낮았던 사실을 볼 때, 목적의 당위성에 만족할 것이 아니라 최적의 방법을 찾아나가야 할 시점임을 알 수 있다.

| 강평 |

1. 4대 재정개혁을 너무 자세하게 설명하는 것은 적절하지 않다. 문제의 핵심이 아니기 때문이다. 수험생이 가장 조심해야 할 것은 출제자가 원하는 답이 아니라, 자기가 아는 내용을 작성하는 것이다. 3+1 재정개혁의 과정에서 재정 성과 관리가 중요한 요소로 도입했다는 정도만 서술하는 것으로 충분하다. 특히 "4대 재정개혁의 바탕이 된 기본원리는 개인을 합리적 결정을 하는 주체로 보고, 합리적인 인센티브 시스템 하에서는 자신의 이익을 위해 실적을 추구하는 행위 양식을 보인다는 인간관이다."는 적절하지 못한 표현이고, 문제에 대해 작의적(作意的)으로 연계한 문장이다. 4대 재정개혁은 1997년 외환위기 이후 새로운 경제환경에 재정이 적응하기 위한 개혁이다.

2. 성과 지향적 재정관리는 투입 위주의 재정관리에서 '결과, 경쟁, 개방, 투명'을 지향하고 있다.

3. 문제점과 개선 과제에 대해서는 잘 서술하고 있다. 다만 좀 더 다양한 쟁점을 포괄할 필요가 있다. 이를 위해서는 서술을 위한 일정한 논리적 틀을 평소에 준비할 필요가 있다. ① 누가 할 것인가 ② 어떤 지표로 할 것인가 ③ 어떻게 활용할 것인가

4. "누가 할 것인가?"와 관련하여 외부 전문가의 참여를 통해 객관성과 전문성을 강화한다. "성과를 무엇으로 측정하느냐?"와 관련하여 투입(input), 산출량(output), 영향(impact) 등 측정의 방식이 문제이다. 자칫 계량적인 지표에만 집착하는 경우 장기적인 관점이 결여될 우려가 있다. "어떻게 활용할 것인가?"는 지나친 경쟁이 협력을 훼손하지 않도록 할 필요가 있다. 성과가 낮은 사업이라고 하여 무조건 예산을 삭감할 것이 아니라, 사업의 성과를 제고하기 위해 컨설팅하고 지원하는 접근도 필요하다.

| 제1문 (50점) |

반기문 유엔 사무총장이 지난 1월 아프리카 연합(African Union)회의에서 아프리카 국가들에게 한국의 발전경험을 배울 것을 제안한 것 등을 계기로 세계 각국에서 한국적 발전모형에 대한 관심이 증가하고 있다. 다음에 제시한 사회운영모델에 입각하여 소위 한국적 발전모형의 과거와 현재를 설명하고 다른 개발도상국에 대한 함의와 한계는 무엇인지 논의하시오.

[사회운영 모델]

구 분	A 모델	B 모델
정책의제 형성	사회주도	관료주도
국가관	여러 세력들 간 갈등의 장	국가는 상대적으로 자율적임
선(good), 자원배분원리	선험적으로 존재하지 않음, 공리주의	절대주의적 윤리, 국가가 권위적 자원배분
관료의 역할	사회 제 세력의 이익중재	공공선의 실현
정책공동체	개인중시	공동체 중시
행정의 주요 방법	공청회, 투표, 참여	지시, 확인, 계획, 강행
사회내 의사소통유형	상황식, 수평적	하향식
예	미국, 브라질	유럽제국, 사우디

Advice

1. 문제를 처음 본다면 긴 발문과 복잡한 표에 당황할 수도 있다. 그러나 우선 제시된 표를 차근히 살펴보면 A모델과 B모델이 의미하는 것이 무엇인가 파악하는 것이 어렵지는 않을 것이라 생각된다. 구체적으로 A모델은 정책의제를 사회주도적으로 형성하고, 국가관을 여러 세력들 간 갈등의 장이라는 점, 그리고 미국을 예로 들 수 있다는 점을 통해 민간주체의 참여가 강조되는 사회운영 방식이라는 점을 알 수 있다. 반면 B모델은 관료주도에 정부나 관료가 공공선의 실현을 위해 지시, 확인, 강행 등을 통해 행정을 수행한다는 점에서 정부주도적 사회운영 방식이라는 점이 도출된다.

2. 위와 같이 파악한 후에는 한국적 발전모형의 시대적 변화에 대해 생각 해 볼 수 있다. 구체적으로 관료주도적인 계층주의에서 시작하여 시장주의를 거쳐 공동체주의를 지향하고 있는 한국적 발전의 모습에 대해서 제시한다. 특히 B모델에서 A모델로의 변화가 이루어지고 있다는 점을 언급하는 것이 문제의 취지에 맞을 것이다.

3. 이러한 변화 양상이 다른 개도국에게 어떠한 함의와 한계를 가질 것인지는 다음과 같이 생각해 본다. 우선 함의는 사회운영 모델이 가지는 장점에 대해서 언급할 수 있을 것이다. 반면 한계는 각 국가의 사회, 경제, 정치적 특수성에 기인한다. 즉 과연 한국형 발전모델이 다른 개도국에서도 적절하게 운영될 수 있을지 정합성에 관한 문제가 발생한다고 언급한다.

답안구성 예

Ⅰ. 서 론

Ⅱ. 사회운영 모델의 특징
  1. 사회주도 모델
  2. 관료주도 모델

Ⅲ. 한국적 발전모형의 시대적 변화
  1. 관료주도적 계층주의
  2. 시장주의

  3. 공동체주의
  4. 종 합

Ⅳ. 개발도상국에 대한 함의와 한계
  1. 사회운영 모델의 장점
  2. 국가의 특수성에 따른 한계

Ⅴ. 결 론

| 제2문 (50점) |

1. 2007년 1월부터 시행되고 있는 국가재정법은 재정운영의 효율성을 제고하고, 재정의 투명성을 제고하며, 재정의 건전성을 유지할 것을 목표로 하고 있다. 국가재정법 제38조 등에서는 각 부처의 재정사업 중 사업비 500억원 이상인 공공건설사업 등에 대하여 기획예산처장관이 예비타당성조사를 실시하도록 규정하고 있다. 또한 기획예산처장관은 국회가 요구하는 사업에 대하여는 예비타당성조사를 실시하여야 한다고 규정하고 있다. 위임자-대리인이론 (principal-agent problem)의 관점에서 이러한 예비타당성조사의 필요성을 입증하라. (30점)

Advice

1. 위임자-대리인이론의 관점에서 필요성을 입증하라 했으므로, 우선 위임자-대리인 이론에 대해 서술한다(수험생이 평소에 '본인-대리인 이론'이라고 알고 있더라도 발문에서 주어진 그대로 '위임자-대리인 이론'이라는 용어를 사용하는 것이 나을 것이다). 특히 위임자-대리인 이론에서는 정보 비대칭 상황 하에서 사익 추구자인 대리인의 도덕적 해이(moral hazard) 등 '대리인 문제'가 발생할 수 있다고 언급한다. 그리고 이러한 대리인 문제는 정보비대칭 상황을 완화하거나, 성과급의 지급을 통해서 일정 부분 해소할 수 있음을 제시한다.

2. 위와 같은 위임자–대리인 이론의 관점을 설명할 수 있다면 예비타당성조사의 필요성 역시 쉽게 파악할 수 있을 것이다. 즉 투자분석 시의 낙관적 편의를 억제하고 예산결정과정의 참여자인 국회 의원의 선심성 예산정치(pork barrel politics)를 제어하기 위한 수단으로서의 의의를 생각해보 면 정보비대칭의 완화의 관점에서 예비타당성조사의 필요성이 인정될 것이다.

2. 정부는 사회적 정의의 실현이라는 명분 하에 각종 정책을 수립하여 특정산업의 진입장벽 을 높이기도 한다. 예를 들면 정부조달사업에 여성기업인 혹은 중소기업에 유리한 조건을 제시하고 있다. 이러한 정책의 논거와 문제점을 지적하시오. (20점)

Advice

1. 여성기업인 혹은 중소기업에게 유리한 조건을 제시하는 정책의 취지가 무엇인지 우선 생각해 본다. 형평성이나 다양성의 관점에서 이러한 정책 취지가 인정될 것이다. 따라서 이러한 정책의 논 거란 형평성, 다양성의 관점에서 사회 모든 계층에게 공정한 기회를 제공하고, 기존의 불평등에 대한 보상을 제공하며, 다양성이 가지는 가치(창의, 혁신, 견제와 균형 등)를 생각해 볼 수 있다.

2. 반면 이러한 정책의 문제점은 역차별을 초래할 수 있다는 점, 성과주의 원칙에 위배된다는 점 등 을 쉽게 생각해 볼 수 있을 것이다. 아주 동일한 사례는 아니지만 행정학을 공부하면서 쉽게 접할 수 있었던 '대표관료제'의 정책 논거와 한계에 대해 생각해보면 유사한 흐름으로 답안을 구성할 수 있을 것이다.

답안구성 예

Ⅰ. 서 론

Ⅱ. 위임자 - 대리인 이론(principal-agent problem)
   1. 위임자 – 대리인 이론의 내용
   2. 정보비대칭의 필요성

Ⅲ. 예비타당성조사의 필요성
   1. 예비타당성조사의 내용

   2. 예비타당성조사을 통한 정보의 비대 칭 완화

Ⅳ. 진입장벽을 높이는 정책의 논거와 문 제점
   1. 진입장벽을 높이는 정책의 취지 : 형 평성과 다양성
   2. 진입장벽은 높이는 정책의 문제점

Ⅴ. 결 론

| 제1문 |

우리나라의 행정개혁 과정에서 시장 지향적인 개혁 모형과 비정부기구(NGO)가 끼친 영향은 크다. 이에 따라 행정개혁 모형으로서 시장 지향적인 개혁방식이 지니는 장단점에 대한 논란과 개혁과정에 참여하게 된 비정부기구(NGO)의 역할에 대한 논쟁이 제기되고 있다. (총 50점, 선택 총 25점)

(1) 시장 지향적 행정개혁이 지닐 수 있는 한계점에 대해 설명하시오. (10점)

(2) 우리나라의 행정개혁 과정에서 비정부기구(NGO)의 참여에 따른 긍정적 측면과 부정적 측면에 관해 설명하시오. (20점)

(3) 우리나라의 행정개혁이 의도한 효과를 달성하는데 있어, 비정부기구(NGO)의 바람직한 역할에 대해 설명하시오. (20점)

Ⅰ. 서 론 – 일상화, 내면화, 제도화된 개혁을 지향하며

Ⅱ. 한국 행정개혁의 의의와 맥락
1. 행정개혁의 개념 – for better government
2. 행정개혁의 과정 – Caiden 모형을 중심으로
3. 한국 행정개혁의 맥락

Ⅲ. 시장 지향적 행정개혁의 의미와 한계점
1. 시장 지향적 행정개혁의 개념
2. 시장 지향적 행정개혁의 한계점
(1) 정부부분에 대한 시장논리 도입의 한계
(2) 계약제 활용의 문제
(3) 성과의 측정곤란
(4) 조직역량의 감소우려
(5) 정치적 통제의 약화
(6) 유인기제의 획일성
(7) 시장가격 기능의 문제점

Ⅳ. 행정개혁 과정에서 NGO의 참여의 효과

1. NGO의 의의와 역할
(1) NGO의 의의
(2) NGO의 역할
2. 행정개혁 과정상 NGO 참여의 효과
(1) 긍정적인 측면
(2) 부정적인 측면

Ⅴ. 행정개혁의 성공을 위한 바람직한 NGO의 역할
1. 개혁의 동반자로서의 전제조건 – Reinventing Ourselves
2. 대표성 측면 – 시민과 함께하는 NGO
3. 전문성 측면 – 시민사회 역량의 정부로의 진입
4. 효율성 측면 – 요구·비판·감시·보완·대체
(1) NGO지배구조의 단순화와 투명성의 강화
(2) 표준화된 NGO의 책임성 확보기제확보
(3) 정보화의 향상
5. 국가 및 시장과의 관계 설정

Ⅵ. 결 론 – 성공적 행정개혁을 위한 제언

I. 서 론 – 일상화, 내면화, 제도화된 개혁을 지향하며

한국의 행정개혁은 새로운 정권이 들어설 때마다 추진되어졌고, 그 때마다 전임 정권의 행정개혁과 제들을 부각시키고, 새로운 패러다임의 행정개혁동향을 수입함으로서 정권의 차별성을 확립할 수 있었다. 나오미 케이든(Naomi Caiden)은 행정개혁이란 저항을 무릅쓰고, 행정적 변동을 인위적으로 유도하는 것이라고 하였다. 제레미 리프킨(Jeremy Rifkin)이 말한 엔트로피의 개념을 차용했을 때, 행정개혁이란 부(負)의 엔트로피(negative entropy) 즉 환경의 변화를 수용하면서 외부로부터 새로운 에너지를 계속 투입 받아 체제를 유지함은 물론, 국가경쟁력과 국민의 삶의 질을 개선하려는 의식적이고 인위적인 노력이라고 할 수 있다. 과거 한국은 발전행정 패러다임 하에서 일방적으로 명령·강제하던 시대를 지나, 1987년 민주화와 1997년 IMF사태라는 개혁의 창이 열린 후, 시장주의적 행정개혁과 참여적 행정개혁 접근을 모색하고 있고, 21세기를 선도할 한국 행정의 미래를 위해서 바람직한 행정개혁을 위한 접근과 전략을 모색해야할 시점이다. 이에 기존 행정개혁의 역사적·이론적 맥락을 파악하고, 시장 지향적 행정개혁의 한계와 NGO에 대해 고찰해 봄으로서, 한국 행정에 적실성 있는 개혁방향을 진단해 보고자 한다.

II. 한국 행정개혁의 의의와 맥락

1. 행정개혁의 개념 – for better government

행정을 현재보다 더 나은 상태로 개선하기 위해 새로운 방법을 고안하여 적용하려는 의식적이고 인위적인 노력을 말한다. 하드웨어 측면에서는 조직구조를 변화시켜 분권화·수평화하고, 소프트웨어 측면에서는 관리기술의 개선을 통해 유인 구조를 설계하고 이에 기반하여 행정인의 가치관과 신념 및 태도 변화를 모색하는 노력이다.

2. 행정개혁의 과정 – Caiden 모형을 중심으로

행정개혁의 과정은 보통 인지-입안-시행-평가 및 환류 단계로 구분되는데, 인지 단계에서는 개혁의 필요성을 인지하고, 입안단계에서는 개혁의 방안을 모색하여 전략 및 고려사항을 탐색하고, 시행단계에서는 개혁을 직접 실시하며, 평가 및 환류 단계에서는 행정개혁의 전체적인 진행 상태와 사안별 성과분석을 통하여, 그 결과를 행정전체로 피드백 하여 학습하는 과정을 거치게 된다.

3. 한국 행정개혁의 맥락

기존의 명령·강제하던 발전행정의 시대가 지나가고, 급변하는 행정환경의 변화 즉 도도한 세계화의 물결과 S. Huntington이 말한 제3의 민주화 물결을 타고 진행된 1987년 민주화 및 지식정보화의 진행으로 인하여, 새로운 국정운영방식이 요구되었다. 이에 국민의 정부 시절에는 보다 신공공관리론적 행정개혁이 진행되었고, 참여정부 시절에는 시장 지향적 행정개혁은 물론 뉴거버넌스적 행정개혁이 동시에 진행되고 있다. 국민의 정부가 진행한 시장 지향적 행정개혁을 비판하면서 새롭게 등장한 참여정부 역시, 큰 틀에서는 시장 지향성을 유지함으로서, 최근 행정개혁의 동향을 파악하기 위해서는 시장 지향적 행정개혁에 대한 명확한 이해가 요구된다.

Ⅲ. 시장 지향적 행정개혁의 의미와 한계점
1. 시장 지향적 행정개혁의 개념
행정개혁의 관리주의적 접근방법으로서 정부의 관리작용에 초점을 두고 관리개혁을 공공부분개혁의 지렛대 또는 요새로 삼으려는 접근방법이다. 신공공관리나 신자유주의를 이념적 도구로 하는 행정개혁의 접근방법이다. 즉 정부감축과 민간화를 도입하고 고객인 시민에 대하여 공공서비스의 품질을 개선하고 대응성 있는 서비스공급을 강조한다. 특히 시장적·준시장적 기제를 도입하여 공공서비스 공급의 능률화·효율화를 달성하려고 한다. 그리하여 경쟁성을 강화하고 계약제의 활용을 확대하려고 한다.

2. 시장 지향적 행정개혁의 한계점
(1) 정부부분에 대한 시장논리 도입의 한계
민간부분과 구별되는 정부부분에 시장기제를 적용하는 것은 정부부분에 필요한 공공성을 약화시킬 위험성을 가지고 있다. 즉 지나친 경쟁의 원리나 시장기구의 원리가 정부부분에 도입된다면 정부부분의 공익성을 약화시키고 경제이론의 관점에 치우친 행정개혁이 되기 싶다.

(2) 계약제 활용의 문제
정부조직 내에 전통적인 관계와 계약제를 이원화하여 갈등을 야기하고 자원낭비를 가져올 수 있다고 한다. 또한 측정 가능한 활동에만 치중한 목표의 왜곡을 가져올 수 있다.

(3) 성과의 측정곤란
정부부분은 민간부분에 비하여 목표를 확인하고 성과를 측정할 수 있는 가시적인 측정이 곤란하다. 그러므로 시장 지향적인 가격기구를 활용하기에는 무리가 있다.

(4) 조직역량의 감소우려
정부조직이 수평적으로 전문화되고 기능이 분화됨에 따라 조직의 분산화를 가져온다. 조직의 분산화는 갈등을 확대하고 조정의 비용을 증대시킨다. 이는 조직의 역량을 감소시킬 우려가 있다.

(5) 정치적 통제의 약화
민간화, 분권화, 기능의 지방이양은 정치적 통제를 약화시킴으로 민주적 통제와 국민에 대한 공공서비스의 책임성을 약화시킨다.

(6) 유인기제의 획일성
개인차나 상황의 차이를 무시하고 성과급이라는 보상을 주된 유인기제로 삼음으로 공무원의 사기와 직무만족도가 떨어질 가능성이 있다.

(7) 시장가격 기능의 문제점
시장가격기능은 측정가능한 성과에 매몰되어 사회적 약자를 위한 투자를 소홀하게 할 우려가 있다. 그리고 시장 지향적 행정개혁의 경우에도 개혁의 큰 틀이 정치적으로 결정되는 경우에는 그 활용의 폭이 줄어든다는 한계를 가지고 있다.

Ⅳ. 행정개혁 과정에서 NGO의 참여의 효과
1. NGO의 의의와 역할
(1) NGO의 의의
NGO는 정부 또는 정부 간의 협정에 의하여 설치된 조직이 아닌 것으로 정의할 수 있으며 정부부분에 속하지 않으면서 다른 제도부문을 보완할 수 있는 정책협력의 대상으로 그 개념이 변화되고 있다.

(2) NGO의 역할
1) 공공재 수요의 충족
Weisbrod가 주장한 정부실패로 인하여 정부에 의해서는 공급되기 어려운 공공재에 대한 수요를 충족시키는 역할을 한다.

2) 정책의제설정에서의 역할
다양한 시민들의 의견을 대표하여 정책에 투영시키는 역할을 한다. 즉 NGO는 시민의 자발적인 참여에 기초하여 각종 사회이슈에 대한 의견을 청취하여 정책의제설정과정에서 시민의 고려를 대변하는 중요한 기능을 수행하고 있다.

3) 정책결정에서의 역할
정부기관의 고유한 역할일 수 있는 정책결정과정에서 전문적인 지식이나 자료, 정치적 자원, 각종 정책에서 이익당사자들의 중재자역할을 담당함으로써 자신들의 가치를 정책결정과정에 투영시킬 수 있다.

4) 정책집행에서의 역할
재원은 정부가 지원하고 NGO가 서비스를 공급하는 이원화된 협조체제하에서는 정부와의 계약관계에 따라 정책집행의 역할을 담당할 수 있다.

5) 정책평가에서의 역할

정부활동에 대한 비판자와 감시자의 역할을 NGO가 담당한다. NGO는 이 과정을 통하여 자신의 영향력을 강화시키려 한다.

2. 행정개혁 과정상 NGO 참여의 효과

(1) 긍정적인 측면

1) 의사소통과 사회적 합의의 형성 – 갈등의 완화와 평화로운 서비스

다양한 사회단체가 정책결정과정에 참여함으로써 보다 용이한 사회적 합의를 도출할 수 있고 각 분야의 사회단체가 의사결정의 분절점의 역할을 함으로써 갈등을 완화시키고 평화로운 서비스를 가능하게 한다.

2) 정부에 대한 견제와 통제

과거 개인이 가진 정보와 지식의 제한성에서 벗어나 단체가 다량으로 정보와 지식을 취합함으로 정부에 대한 비판과 견제를 용이하게 할 수 있고 본다.

3) 시민참여의 활성화와 정책의 합리성 도모

시민들이 자발적으로 참여할 수 있는 기회를 증대시킴으로 시민참여를 활성화할 수 있다. 그리고 시민단체가 전문화됨에 따라 전문화된 자료를 수집하는 능력이 증대됨에 따라 보다 합리적인 정책대안을 제안할 수 있고 그 결과로 정책의 합리성을 도모할 수 있다.

4) 행정의 대응성 및 신뢰성 증진 – 정책 순응비용의 감소

시민단체나 각종 비영리단체가 기층의 여론을 대변하는 정책대안을 제시하고 이를 관철시켜 정책결정이 이루어지는 경우 국민의 행정수요에 대한 적합한 정책을 수립할 수 있다. 이는 결과적으로 정부정책에 대한 순응을 가져와 정책의 대응성과 신뢰성을 제고시킨다.

5) 시민교육확대와 시민성의 증진 – 풀뿌리 민주주의

시민단체나 비영리단체의 특성에 맞는 시민교육이 이루어지고 있고 이를 통하여 시민들의 의식을 향상시킬 수 있다. 그러나 한국의 경우 일부 메이져급 NGO위주로 시민교육이 이루어 이의 효과가 미지수이나 앞으로 지방단위의 NGO가 활성화되면 이러한 기능은 더욱 활발해 질 것이다.

(2) 부정적인 측면

1) 무분별한 참여와 정책비일관성

NGO가 난립할 경우 이의 무분별한 참여로 인한 정책의 혼선과 비일관성을 가져올 가능성이 있다. 그러나 다수의 NGO가 연대하여 의견을 주장하는 경우에는 보다 효과적인 정책참여가 가능하다.

2) 정부의 책임성 회피의 문제

정부가 의견대립이 첨예한 정책사안의 경우에 대하여 NGO를 이용하여 정책의 책임성을 회피하고 정책문제의 해결을 전가하는 경우에는 NGO의 순수한 의미가 왜곡될 수 있다.

3) 행정의 전문성 저해

NGO가 국민의 여론을 단순히 취합하여 전달하는 역할에 머무르고 정책대안을 제시할 능력이 결여될 경우에는 정책에 대한 비판적 역할보다 오히려 행정의 전문성을 저해할 가능성이 높다.

4) 정책 담합의 가능성

정부의 입장에서는 일부 큰 NGO만의 지지를 획득하면 정책에 대한 순응의 문제가 일어나지 않으므로 은밀한 정책 담합이 일어날 수 있다. 이는 NGO의 내부구조 개선을 통한 집행부의 책임성을 증진시키고 일반시민들의 참여를 통한 대표성을 확보하고 중·장기적인 재원확보를 위한 노력이 필요하다.

5) 조정비용 및 집행비용의 상승

이해관계가 다른 NGO의 요구가 중첩되고 교차되는 경우에는 조정비용과 집행비용이 상승할 것이다. 이는 NGN(Non-Government Networks)같은 새로운 개념의 조직형태를 발생시키는 경우에는 조정비용과 집행비용이 감소될 것이나 NGO의 역할은 보다 강력하게 될 것이다.

V. 행정개혁의 성공을 위한 바람직한 NGO의 역할

1. 개혁의 동반자로서의 전제조건 – Reinventing Ourselves

앞으로 NGO는 사회복지제도의 개혁과 시민사회의 도래에 따라 새롭게 정립될 필요가 있다. 정부는 제도적 다원주의를 인정하여 이들의 사회·경제·행정에 대한 참여를 증대시켜 정책의 신뢰성과 순응도를 높일 필요가 있다.

2. 대표성 측면 – 시민과 함께하는 NGO

시민들의 폭넓은 참여를 통하여 다양한 NGO가 행정개혁의 과정에 참여하여 대표성을 향상시켜야 한다. NGO도 일부 시민계층을 대변하는 단체뿐만 아니라 보다 폭넓은 단체가 참여하여 정책결정과정이나 행정개혁과정에 다양한 의견을 전달하는 매개체로서의 역할을 다해야 한다.

3. 전문성 측면 – 시민사회 역량의 정부로의 진입

NGO가 한 분야에 전문화함으로써 전문성을 향상시킬 수 있다. 이는 일선의 봉사활동이나 고충처리를 담당하는 과정에서 생성될 수도 있고 장기간의 정책과정에 참여하여 경험과 방법을 축적하는 경우에 형성될 수 있다.

4. 효율성 측면 - 요구·비판·감시·보완·대체

(1) NGO지배구조의 단순화와 투명성의 강화

NGO가 정책과정 전반에 대하여 보다 효율적인 참여를 하기 위해서는 복잡한 내부구조로 책임소재가 불확실한 것 보다는 지배구조를 단순화하고 투명성을 강화하여 책임소재를 명확하게 하는 것이 필요하다.

(2) 표준화된 NGO의 책임성 확보기제확보

책임성의 주체, 내용, 전달방식, 수준 등으로 표준화된 책임성을 확보하는 기제를 마련하는 것이 필요하다. 비공식적으로 운영되는 방식으로는 책임성확보의 한계가 있다.

(3) 정보화의 향상

정보화의 향상은 NGO역량을 향상시킬 것이다. 앞으로는 정보화 사회가 더욱 진전됨에 따라 NGO의 정보화의 향상은 시너지효과를 증대시키고 시민들의 웹을 통한 정치참여를 활성화하고 여론수렴을 보다 용이하게 할 것이다.

5. 국가 및 시장과의 관계 설정

제도적 다원주의를 인정하여 과거 권위주의 시절의 일방적 지시·명령의 관계가 아닌 협조와 조정의 관계라는 보다 바람직한 관계를 형성하는 것이 필요하다. 이러한 관계를 위해서 NGO의 보다 적극적이고 능동적인 역할이 기대된다.

VI. 결 론 - 성공적 행정개혁을 위한 제언

한국의 행정개혁에 단 하나의 최고의 길(one best way)은 존재하지 않는다. 보다 바람직한 개혁의 방향을 정립하기 위해서는 개혁의 기본방향(direction)과 순서 및 타이밍(sequence & timing) 그리고 전략·내용·과정(strategy & content & process)에 대한 면밀한 진단이 요구된다. 또한 개혁을 추진함에 있어 현 상황에 대한 심도 있는 고찰을 바탕으로, 개혁을 위한 전제조건이 갖추어져 있는지를 조명하고, 제도적 측면과 문화적 측면 모두를 고려함과 동시에, 유인구조의 설계(incentive structure) 및 갈등관리 방안에 대해 미리 고민하는 자세가 필요하다.

이를 바탕으로 하여, 국가와 시장 및 시민사회 간의 협력적 거버넌스를 구축해야 하고, 국가는 참여를 위한 문화적 기반과 제도적 방안을 모색함과 동시에, 스스로의 성찰과 변화를 지속함으로서 능력 있고 신뢰받는 정부로 거듭나야 한다.

강평

1. 문제의 이해

김대중 정부의 행정개혁은 신자유주의라는 이름 하에 시장 지향적 개혁을 강조하였다. 이에 민간위탁, 아웃소싱, 행정의 경영화, 수익자 부담원칙 등을 강조하였다. 그러나 노무현 정부는 참여 정부라는 이름이 상징하듯이 다양한 시민단체와 전문가의 참여를 통해 개혁을 하였다.

(1) 흔히들 김대중 정부의 개혁을 신공공관리적 접근, 노무현 정부의 개혁을 뉴거버넌스적 접근이라고 구분하는 이유가 이러한 맥락에 있다. 얼핏 보아 연계성이 없어 보이는 시장 지향적 개혁과 비정부기구의 참여를 비교하는 것은 이러한 맥락에서 의미가 있다.

(2) 외환위기를 극복하는 과정에서 시작된 김대중 정부는 우리가 원하든 원하지 않던 국제적 규범에 따라가야 했고 시장이라는 이름으로 모든 것을 개혁하였다. 한편으로 그것은 해방 이후 50년간 우리 사회를 지배하였던 정부의 간섭을 배제하는 과정이었다. 그러나 시장에 의한 개혁은 매우 냉혹하다. 무차별적으로 이루어지지 때문이다. 그래서 사회적 안정망을 구축한다고 하였으나 채 정비를 하기 전에 또는 동시에 이루어졌기 때문에 사회의 보호를 받지 못하는 계층이 발생하였다.

(3) 반면 노무현 정부는 시장의 논리는 존중하되 시장의 힘에 대해서는 반대하는 개혁을 추진하였다. 우리는 자유 경쟁의 시장 질서를 가지지 못했다. 그래서 우리의 현실은 경제사회 구조의 일탈된 모습을 가지고 있다. 이러한 상황에서 시장적 개혁을 요구한다는 것은 계층 간 격차를 확대할 것이라는 논리이다. 그래서 기득계층을 넘어서는 다양한 계층의 참여를 보장하려는 것이 참여정부의 개혁이다.

이러한 맥락을 이해하고 문제를 풀어가는 것이 본 문제의 핵심이다.

2. 강평

답안의 경우 다양한 쟁점이 잘 정리되어 있다. 서술된 내용을 따라서 몇 가지 쟁점을 정리해 본다.

(1) 서론 부분은 너무나 잘 서술되어 있다. 답안은 핵심을 소개하고 문맥을 이끄는 선도 역할을 하고 있다. 다만 I. 과 II의 경우 내용이 중복되는 것도 있고 본 문제의 핵심과 무관한 내용도 있다. 행정개혁의 과정을 G.Caiden의 모형을 원용하여 서술하는 것은 사족으로

보인다. I. 서론에서 행정개혁의 의미와 우리나라 행정개혁의 맥락을 다 소개해도 무방하다. 답안의 분량을 고려하더라도 I. 과 II.의 서론 부분이 너무 장황하다.

(2) 시장 지향적 개혁도 매우 잘 서술되어 있다. 다만 시장 지향적 개혁의 의미는 개방과 경쟁에 있다는 것을 분명히 할 필요가 있다. 특히 수익자부담원칙, 가격기구의 적용 등을 강조할 필요가 있다. 이것이 시장이 가져다주는 소득불균등의 문제점을 야기하기 때문이다. 한계는 매우 잘 요약되어 있다.

(3) NGO의 역할, 긍정적 효과, 부정적 측면, 성공적 역할을 위한 조건도 잘 서술되어 있다. NGO의 참여는 관료나 정치인의 의사결정이 대리인의 한계를 보일 때, 이를 극복하는 장치가 될 수 있다는 것을 명시할 필요가 있다. 다만 NGO의 시민대표성은 무엇인가라는 또 다른 문제가 제기될 수 있다.

(4) 답안을 읽다보면 많은 내용이 나열되어 있다는 것을 알 수 있다. 시장지향적 개혁의 한계 7개, NGO 역할 5개, NGO 긍정적 효과 5개, NGO 부정적 효과 5개, NGO의 성공적 역할을 위한 조건 5개 등이다. 고시 답안의 특성상 긴 문장을 사용하는 것보다 단 문장으로 나열하는 것이 바람직하고 불가피하다. 다만 나열의 기준이 무엇인가는 생각해야 한다. 이럴 경우 체계적인 사고가 필요하다. 예컨대 본 답안의 경우 NGO의 역할은 정책 과정론적 입장에서 서술되어 있다. 그러나 나머지 것은 읽다보면 산만한 느낌을 준다. 나열의 기준이 없기 때문이다. 행정학의 고전적 모형인 인, 구조, 환경의 요인으로 구분하여 정리하는 것도 방법이다. 아니면 행정이념, 인사, 조직, 재무, 환류의 틀로 정리하는 것도 방법이다. 이러한 용어를 활용하라는 것은 아니다. 다만 산만하게 나열된 것이 아니라 일정한 틀을 가지고 분석할 필요가 있다. 그래야 주요 쟁점을 빠뜨리지 않게 되고 암기보다는 분석과 이해가 선행되기 때문이다.

| 제2문 | 우리나라 정부조직에서 팀(team)제가 도입되게 된 배경을 기술하고, 팀(team)제가 정착하는데 필요한 성과평가의 합리성 제고 방안에 대해 설명하시오. (30점, 선택 15점)

Ⅰ. 서 론 – 관료제 패러다임의 파괴와 대안으로서의 팀제

Ⅱ. 팀제의 의의 – 가장 파격적인 개혁수단으로서 팀제
  1. 팀제의 개념
  2. 전통적인 조직과 팀제 조직의 비교

Ⅲ. 팀제의 도입배경
  1. 이론적 배경
   (1) 신공공관리론(NPM)과 유기적 조직이론
   (2) 미국의 팀제와의 차이점
  2. 현실적 배경 – 환경의 변화와 대응의 괴리

(1) 조직 외부적 배경 – 외부환경의 급격한 변화
(2) 조직내적 배경 – 계층제 형태의 관료조직의 변화에 대한 느린 대응

Ⅳ. 팀제 정착을 위한 성과평가 합리성 제고 방안
  1. 팀제의 문제점
  2. 팀제의 기본적 정착방안
  3. 성과평가와 팀제 – 합리적 평가를 통한 적실성(relevance) 확보
   (1) 성과평가의 의미
   (2) 성과평가의 합리성 제고 방안

Ⅴ. 결 론

답안작성
박 ○ ○ / 2006년도 행정고시 일반행정직 합격

Ⅰ. 서 론 – 관료제 패러다임의 파괴와 대안으로서의 팀제

최근 한국정부는 정부조직의 형태에 거대한 변화를 맞이하고 있다. 건국 이래 유지되어 온 관료제는 많은 문제를 야기해 왔으며, 이러한 문제를 극복하기 위해서 다양하고 많은 대안들이 연구되어 왔다. 그러나 아직도 정부조직과 권력, 권한의 집중 및 관료제는 하나의 범주 안에서 부정적으로 이해되고 있다. 이에 정부는 이러한 관료적 계층제가 안고 있는 병리현상의 문제를 해결하기 위해서 팀(team)제라는 새로운 제도를 도입하였다. 물론 팀제를 도입한다고 해서 관료제적 병폐를 하루아침에 바꿀 수 있다고 예측하기는 어렵지만, 또 다른 측면에서는 새로운 제도의 도입이 많은 문제들을 해결할 수 있을 것이란 기대를 가지게 만들었다. 이에 팀제의 도입배경에 대한 명확한 이해가 성공적 제도 정착의 선행조건이며, 특히 한국행정의 현실에서 팀제가 성공적으로 정착하기 위해서는 공정하고 합리성을 갖춘 성과평가가 반드시 요구되는 바, 이를 중심으로 논의하고자 한다.

Ⅱ. 팀제의 의의 - 가장 파격적인 개혁수단으로서 팀제

1. 팀제의 개념

팀(team)이란 공동목적을 달성하기 위해서 함께 일하는 통일적, 상호의존적, 응집적인 사람들의 집합체를 말하며, 상호보완적인 기능을 가진 소수의 사람들이 주어진 공동의 목표를 달성하기 위해 각자 책임을 공유하면서 공동의 접근방법을 이용하여 문제를 해결해 나가는 조직단위를 말한다.

2. 전통적인 조직과 팀제 조직의 비교

전통적인 조직과 팀제의 핵심적인 차이는 목표설정과 집행 및 분석 그리고 통제를 분리하느냐, 아니면 동시에 수행하느냐에 달려 있다. 특히 팀제의 경우 모든 팀원이 목표설정과 집행 및 분석 그리고 통제를 협력적으로 동시에 수행한다. 이에 기존의 위계적 조직에서 수평적(flat) 조직으로 변모한다. 또한 명령과 통제가 아닌, 상호간의 의사소통과 리더십의 공유 등을 통하여 조직이 운영되고, 상층부의 통제를 대신하여 동료 간의 통제와 스스로의 자율규제가 조직통제 원리로 중요시 된다. 또한 연공서열보다는 팀 단위의 성과와 팀 안에서의 개인 역량을 중요시하게 된다.

Ⅲ. 팀제의 도입배경

1. 이론적 배경

(1) 신공공관리론(NPM)과 유기적 조직이론

행정국가 시대의 정부의 폐단, 즉 정부의 비능률과 낮은 성과는 물론 경직성과 비대응성의 문제를 해결하기 위해서, 관료제라고 하는 계층제와 규칙 및 문서에 기초한 기계적 정부조직패러다임의 수정이 요청되었다. 이에 가격과 경쟁 및 고객을 중시하는 시장주의와 구성원의 자율과 참여를 중시하는 신관리주의를 중심으로 한 신공공관리론, 그리고 수평적이고 환경변화에 신축적인 유기적 조직이론이 대두되었다. 이는 기존의 관료제 패러다임을 대체하는 새로운 이론적 근거가 되어주고 있다.

(2) 미국의 팀제와의 차이점

팀제가 등장하게 된 도입배경 및 도입목적을 중심으로 살펴보면, 팀제는 1950년대 미국에서 NASA의 우주항공계획에 제도개혁 일환으로 최초로 사용되었으며, 미국에서의 팀제는 구성원들이 공동으로 과업에 대해 목표를 설정하며, 이를 개인의 기여와 공동의 노력을 통해 달성하고 결과에 대한 책임을 공유하도록 하는 것을 강조하는 특징이 있다. 그러나 우리나라 기업의 팀제는 미국에서 도입한 팀제의 목적인 집단 또는 공동 및 공유의 강조와는 달리, 그 동안 지나친 집단적 요소에 의해 운영됨으로써 만연된 책임회피, 조직의 경직화, 부서이기주의, 의사결정의 지연 등 비효율적 요소의 제거가 목적이었다. 미국에서는 팀제를 극도로 발달한 개인주의를 탈피하고자 도입하였으나, 우리나라에서 도입할 당시에는 극도로 집단화, 즉, 집단주의, 부서 이기주의에 기인한 효율성의 저하를 타개할 목적으로 도입되어 그 도입목적의 차이가 있음을 알 수 있다.

2. 현실적 배경 - 환경의 변화와 대응의 괴리

(1) 조직 외부적 배경 - 외부환경의 급격한 변화

세계화와 민주화 및 지식정보화의 급격한 변화는 행정의 자율성과 개방성 및 유연성의 급격하고 근본적인 증대를 요구하기 시작하였다. 특히 고객의 요구가 다양해지고, 빠른 속도로 새로운 문제가 등장함에 따라, 문제해결과 서비스를 중심으로 한 자율적인 현장중심의 조직체계가 필요하였고, 이에 팀제가 요구된 것이다. 즉 빛의 속도로 변하는 행정환경은, 고도의 전문성을 갖춘 경쟁력 있는 행정조직이 아니면, 효율적이고 고객대응적인 행정을 할 수 없는 제반여건을 형성하였다.

(2) 조직내적 배경 - 계층제 형태의 관료조직의 변화에 대한 느린 대응

기존의 관료제가 가지고 있는 연공서열 등의 병폐를 극복하고, 성과 중심의 책임행정을 구현하기 위해서는 팀 단위로 업무목표와 책임을 부여하는 조직구조가 요구되었다. 또한 고도의 전문성 확보 없이는 적실성 있는 행정이 불가능해짐에 따라, 팀 중심의 학습과 전문성 확보가 가능한 팀제의 효용성이 높게 평가되었다. 이와 동시에 팀제 하에서는 구성원의 팀워크가 바탕이 되지 않고는 제대로 업무를 수행할 수 없으므로, 구성원의 의식과 행태변화가 선행되어야 하는 장점을 지니고 있다. 그리고 팀원 개개인에게도 다양한 업무 경험의 확보가 가능해지고, 결국 개개인의 역량을 강화하는 데에도 기여한다.

Ⅳ. 팀제 정착을 위한 성과평가 합리성 제고 방안

1. 팀제의 문제점

한국의 경우, 팀제 도입의 핵심적인 전제조건인 민주적 조직문화가 미성숙하며, 특히 유인구조가 제대로 갖추어져 있지 않다는 문제점을 지니고 있다. 특히 성과평가를 제대로 하기 위해서는 현실성 있는 유인설계(incentive design)가 요구되는 바이다.

2. 팀제의 기본적 정착방안

팀제가 성공적으로 정착하기 위해서는 다양한 것들이 요구된다. 우선 팀의 업무성과 파악을 위한 객관적 평가시스템 구축이 요구되고, 다음으로 개인보다는 팀 중심의 인센티브 보상체제가 도입되어야 한다. 또한 민주적이고 협력적인 조직문화가 요구되며, 마지막으로 팀제에 맞는 효과적인 리더십이 필요하다. 특히 평가 없이 성과 없다는 P. Drucker의 말처럼, 위에서 무엇보다도 선행되어야 하는 것은 바람직하고 공정한 성과평가의 구축이라고 할 수 있다.

3. 성과평가와 팀제 - 합리적 평가를 통한 적실성(relevance) 확보

(1) 성과평가의 의미

신공공관리론의 대두 이후, 과정과 투입이 아닌 성과중심의 평가를 통해 책임성을 확보하려는 경향이 나타났다. 이때 성과평가란 조직의 임무와 바람직한 결과를 미리 정의하고, 성과의 표준들을 설정하여 그 결과를 평가한 후, 환류를 통해 조직의 효과성을 높이려는 일련의 작업을 의미한다.

(2) 성과평가의 합리성 제고 방안

먼저 명확한 조직의 비전과 미션이 구비되어 있어야 한다. 이때 조직의 목표는 국가 목표와 전략적으로 연계되어 있어야 한다. 이를 바탕으로 성과목표를 설정해야 하며, NPR 개혁의 함의처럼 구성원인 팀원들의 참여가 동반되어야 한다. 또한 실무에서 행정자치부는 성과평가를 실적평가와 근무능력평가로 구분하여 실시하고 있고, 실적평가는 팀 평가와 개인 평가로 구분하고 있다. 이러한 실적평가에서 팀 평가와 개인평가의 반영 비율이 70% : 30%로 팀 평가의 반영 비율이 매우 높아 무임승차(free riding) 가능성이 높으므로, 팀평가와 개인평가의 적정 반영비율을 고려함은 물론, 합리적인 평가지표를 만들어야 한다. 또한 성과평가에 앞서 고객인 시민과 전문가의 광범위한 참여가 요구되고, 이를 바탕으로 고객만족도 평가를 강화하여야 한다. 마지막으로 평가는 이에 대한 보상이 함께 주어질 때 그 효과가 크다는 점을 착안하여, 평가결과를 예산 상 또는 인사 상의 인센티브와 연계시켜야 한다.

V. 결론

팀제의 도입은 기존의 관료제 모형이 지니고 있던 문제를 해결하고, 행정이 추구하는 가치인 민주성이나 공공성 또는 합법성 등의 가치를 실현하기 위해서이다. 그러므로 단순히 효율성을 위한 팀제는 지양되어야 한다. 세계화 시대의 행정이 내포하고 있는 거대한 가치들을 생각해볼 때, 팀제가 진정 행정이 추구해야 할 가치들을 실현하는데 필요한 제도인지, 그리고 팀제의 도입으로 이런 가치들을 실현할 수 있는지에 대한 담론(discourse)의 장이 필요한 시점이다. 또한 참여정부의 구호인 행정혁신과 함께 팀제는 이미 하나의 대세를 이루었다. 따라서 이제는 중앙정부에서 유행처럼 확산되고 있는 팀제가 행정이 추구해야 할 가치체계와 조화될 수 있도록, 그리고 새로운 제도가 뿌리 내릴 수 있게 적실성 있는 조직으로 안착할 수 있도록 이에 대한 평가 작업이 이루어져야 할 때라고 보인다. 그것은 팀제가 행정 가치를 실현하는 한 개혁수단일 뿐만 아니라, 만일 실패한 제도로 판명될 경우 그 피해는 고스란히 국민의 몫으로 남는다는 점에서 새로운 제도에 대한 검증과 대안이 필요한 것이기 때문이다.

┤ 강 평 ├

1. 문제의 이해

(1) 팀제는 계층제와 구분되는 조직 원리이다. 종전에는 국장–과장–계장–계원의 구조를 가지고 있었고, 계장 이상은 결제를 하는 직급이었다. 지시와 명령의 사다리 구조이었다. 그러나 팀제에서는 국, 과의 단위가 없어진다. 팀장과 팀원이 있을 뿐이다. 그래서 팀제가 도입된 조직을 보면 국장, 과장, 계장이 없어진다. 결제가 줄어든 만큼 업무의 속도가 빨라진다.

(2) 이를 달성하기 위해서는 권한의 위임(empowerment)이 병행되어야만 한다. 그리고 성과를 평가하여 일을 잘하는 팀에 대한 보상이 따라야 한다. 다만 성과평가와 보상은 팀에 대한 것과 개인에 대한 것으로 구분된다. 팀제의 특성을 고려하면 다면평가가 중요성도 이해가 된다. 결국 팀제는 사람(직급) 중심의 조직이 아니라 일 위주의 조직이 되는 것이다.

(3) 주의하여 할 것은 모든 업무에 팀제가 적합한 것은 아니라는 점이다. 총무, 경리, 인사 업무 등 정형화된 업무는 팀제에 적합하지 않다. 그래서 무조건 팀제를 전가(傳家)의 보도(寶刀)처럼 주장할 것이 아니라 성공적으로 활용될 수 있는 조직을 선별하며 적용해야 한다.

2. 강 평

(1) 비교적 팀제에 대한 많은 쟁점을 소개하고 있다. 충분하게 이해하고 있다. 그러나 전반적으로 추상적인 내용이 많고 현학적인 자세가 많다. 그러다 보면 핵심 쟁점을 비켜가는 이야기가 늘어나기 십상이다. 핵심 내용을 중심으로 짜임새 있게 정리될 필요가 있다.

(2) 많은 쟁점이 글 속에 있기 때문에 수험생의 경우 참고로 하기에는 좋은 자료될 것이다.

예산집행에 있어서 신축성 확보가 중요한 이유와 신축성 확보를 위한 제도적 장치에 대해 설명하시오. (20점, 선택 10점)

Ⅰ. 서 론 – 정책실현에 있어서 예산집행의 중요성

Ⅱ. 예산집행의 의미와 신축성 확보의 중요성
　1. 예산과 예산집행
　2. 예산집행에서 신축성 확보의 중요성
　　(1) 현대적 의미의 예산원칙의 대두
　　(2) 불확실성과 급변하는 행정환경에의 대응
　　　성 확보
　　(3) 성과관리와 국민의 삶의 질

Ⅲ. 신축성 확보를 위한 제도적 장치

1. 신축성 확보를 위한 전통적 제도
　(1) 총괄예산제도
　(2) 예산의 이용과 전용-한정성 원칙의 예외
　(3) 예산의 이체와 이월
　(4) 계속비와 예비비
　(5) 그 외의 제도
2. 신축성 보장을 위한 새로운 제도
　(1) top-down 예산제도 시대의 예산집행
　(2) 부처의 자율성

Ⅳ. 결 론 – 신축성과 통제의 조화

답안작성

박 0 0 / 2006년도 행정고시 일반행정직 합격

Ⅰ. 서 론 – 정책실현에 있어서 예산집행의 중요성

　현대 행정에서 실질적으로 시민에게 영향을 미치는 것은 정책이며, 그 정책이 구체적으로 실현되는 과정에서 중요한 물질적 기반이 되는 것이 바로 예산집행이므로, 결국 예산집행은 정책의 구체적 실현에 있어 중요한 위치를 차지한다고 볼 수 있다. 특히 예산을 통해 과정상의 통제를 하던 시기에는 예산의 통제적 성격이 중요했으나, 현대 행정은 결과를 중심으로 성과를 평가하기에, 예산집행에 있어서 신축성 확보를 통한 가시적인 달성이 급격한 환경변화와 불확실성 하에서 더욱 중요하게 인식되고 있다.

Ⅱ. 예산집행의 의미와 신축성 확보의 중요성

1. 예산과 예산집행

　예산이란 일정한 회계 연도 동안의 정부의 경제능력을 감안한 세입과 세출에 관한 계획을 말한다. 또한 예산집행이란 국가의 수입과 지출을 실행하는 모든 행위를 의미한다. 이때 예산집행에는 두 가지 의미가 있는 바, 하나는 재정민주주의 관점에서 국회가 최종 승인한 예산을 집행한다는 통제 지향적 예산집행의 의미이고, 다른 하나는 1년의 시차를 고려하여 상황의 변화에 적응적인 융통성 있는 신축적 집행을 의미한다.

2. 예산집행에서 신축성 확보의 중요성

(1) 현대적 의미의 예산원칙의 대두

과거 전통적 예산원칙(F. Neumark의 예산원칙)은 국민의 혈세로 이루어진 세금을 정부가 제대로 사용할 수 있도록 행정부에 대한 국회의 통제를 강조하였으나, 현대적 예산원칙은 행정부의 재량과 융통성 및 예산의 관리적 기능을 강조하여, 정해진 예산을 가지고 그 가치를 극대화할 수 있도록 하는데 중점을 두고 있다.

(2) 불확실성과 급변하는 행정환경에의 대응성 확보

기존의 행정환경이 보다 안정적이었다면, 현대의 행정은 급격한 변화와 새로운 행정수요 및 불확실성하에서 이루어지고 있다. 이에 환경 적응적이고 변화에 신속하게 대응하는 예산집행이 무엇보다 중요해졌다.

(3) 성과관리와 국민의 삶의 질

성과관리는 일단 행정부의 자율을 인정해주고, 이를 바탕으로 융통성 있는 예산의 집행을 인정한다. 다만 객관적이고 계량화된 지표를 통해 이를 평가하고 결과를 중심으로 그 책임을 묻는다. 특히 급변하는 행정 환경 속에서 신축적인 예산집행을 통해 국민의 삶의 질을 높이는 가시적인 성과를 내는 것이 현대 행정에는 더욱 적실성 있는 대안으로 평가 받고 있다.

Ⅲ. 신축성 확보를 위한 제도적 장치

1. 신축성 보장을 위한 전통적 제도

(1) 총괄예산제도

총액인건비 및 총괄경상비 등의 포괄 보조금 형식의 예산제도로서, 예산의 한도를 정해주고 포괄적인 지출을 허용하는 제도이다. 총액한도에서 예산집행의 운용이 자유로워지는 효과가 있다.

(2) 예산의 이용과 전용 – 한정성 원칙의 예외

예산의 이용은 입법과목간의 상호융통을 의미하고, 원칙적으로는 불가하나 미리 국회승인을 얻은 경우에는 가능하며, 예산의 전용이란 행정과목간 상호융통을 의미하고, 중앙관서의 장이 기획예산처장관의 승인을 얻어 행하는 예외적 장치를 말한다.

(3) 예산의 이체와 이월

예산의 이체란 법령의 제정·개정·폐지로 인한 직무권한에 변동이 있는 경우, 기예처장관의 승인 하에 예산집행에 대한 책임소관을 변경하는 것을 의미하고, 이월이란 차기회계연도의 예산을 사용하는 것으로서, 회계연도 독립의 원칙의 예외를 구성하며 명시이월과 사고이월이 있다.

(4) 계속비와 예비비

계속비는 완성에 수년이 걸리는 대형투자사업에 대해 총투자금액과 연부액을 미리 국회의 의결로 결정하고, 5년의 한도에서 지출이 가능하도록 한 회계연도 독립의 원칙의 예외를 말한다. 또한 예비비는 예측할 수 없는 예산외의 지출 또는 예산초과지출에 충당하기 위한 경비를 말하며, 총액으로 국회의 의결을 얻어 정부가 예비비로 상당하다고 인정하는 금액을 예비비로서 세출예산에 계상한다.

(5) 그 외의 제도

그 밖에도 회계연도 개시 전에 예산을 배정하는 긴급 배정과, 수입을 바로 경비로 사용할 수 있게 해주는 수입대체경비, 특정 사업에 대한 수요의 증가로 인한 예산초과수입에 직접적으로 관련하여 발생하는 비용을 지출하는 수입금 마련 지출제도 등이 있다.

2. 신축성 보장을 위한 새로운 제도

(1) Top-Down 예산제도 시대의 예산집행

정부가 2004년 도입한 총액배정자율편성(top-down) 예산제도는 국가재정운용계획을 참고하여 각 부처별 지출한도를 설정하고, 그 한도에서 각 부처가 어느 정도의 자율성을 가지고 소관부처의 예산을 편성하는 제도를 말한다. 이것은 기획예산처가 예산편성과정에서 사전적인 통제를 해 왔던 것을 어느 정도 완화해 준다는 뜻이기도 하다. 또한 각 부처의 입장에서 집행의 신축성을 제고해주는 측면이 있다. 다만 자율권과 통제력은 동시에 강화되어야 바람직하며, 배정과정의 강화와 신축적 예산집행에 대한 타당성 검증 등 집행 관리를 강화하는 방안도 동시에 고려해야 한다.

(2) 부처의 자율성 확보 방안

예산집행에서 부처의 자율성을 증진하기 위해, 목의 수를 축소하여 전용의 효율성을 높이고, 사업별 총액 공사비 제도 및 엄격한 지출원인행위의 완화와 총액지출원인행위제도 등을 도입하는 동시에, 예산성과금제도를 활용해 예산절약 인센티브를 제공함으로서 불필요한 예산집행을 방지하는 동시에 신축성을 확보할 수 있다. 또한 프로그램예산제의 도입으로 단위사업간 전용이 용이해지고 부처자율권이 확대되어, 신축적인 예산구조를 형성하게 되었다.

IV. 결 론 – 신축성과 통제의 조화

급격한 환경의 변화 속에서 행정의 목표 달성을 위한 예산집행은 정책의 성패를 가름하는 결정적인 변수임과 더불어, 결과 지향적 행정의 시대에 그 중요성이 더욱 크다고 할 수 있다.

또한 A.Schick이 말한 예산의 관리적 성격을 통해서도 신축성의 확보가 예산의 효율성을 확보할 수 있음을 알 수 있다. 다만 실효성 있는 통제 장치가 부재한 상태에서 과도한 신축성의 강조는 부정부패와 예산의 방만한 운용의 방패막이 될 가능성이 크다는 점을 인지하고, 부당한 남용을 방지하기 위한 신중한 접근이 요구된다.

| 강 평 |

1. 문제의 이해

(1) 재무행정의 전형적인 교과서적인 질문이다. 다양한 제도를 이해하고 있는가를 물을 수 있고 그러한 제도가 지향하는 가치를 평가하고 있는가를 물을 수 있다.

(2) 본 문제의 경우 예산 집행에서는 재정민주주의 관점에서 통제를 해야 한다는 원칙에서 출발하였으나 1년 후를 완벽하게 예측할 수 없기 때문에 집행의 신축성과 자율성을 주어야 한다는 딜레마를 해결해야 한다는 쟁점을 소개해야 한다. 그리고 종전에는 불신을 전제로 통제 위주의 장치를 중시하였으나 이제는 신뢰를 전제로 재량을 부여하는 방향으로 전환되고 있다는 것도 밝힐 필요가 있다. 무엇보다 이러한 문제의 경우 고전적 예산원칙과 연계하여 제도를 풀어나가는 자세도 매우 중요하다. 특히 한정성의 원칙이 많이 인용될 것이다.

2. 강 평

(1) 통제와 재량의 딜레마, 불신과 신뢰의 원칙을 잘 소개하고 있다. 특히 고전적 예산원칙을 적절히 소개하고 있는 것도 잘 되어 있다.

(2) 신축성 보장을 위한 장치도 빠짐없이 잘 소개되어 있다. 만약 30점 문제라면 하나하나의 제도에 관한 좀더 풍부한 내용이 필요하다. 예컨대 예비비의 경우 종전에는 세입세출의 100분의 1이상을 지출하도록 되어 있었으나 이를 통제하기 위해 상당한 금액으로 수정되었고, 향후 일정 비율 이상을 책정하지 못하도록 하려는 노력이 국가재정법 제정과정에서 논의되고 있다는 것을 밝힐 필요가 있다. 그러나 20점의 수준에서는 주요 내용만 나열하는 것이 불가피하다.

(3) 내용 중 신축성 보장을 위한 새로운 제도의 소개에서 top-down을 포함시키는 것은 논리적 비약이다. 이는 편성의 자율성을 주는 것이지 집행의 자율성을 보장하는 것과 직접적인 연계가 있는 것은 아니다.

(4) 새로운 제도로서 1년 단위로 칸막이가 있는 예산이 아니라 다년간 예산(multi year budget)을 소개하는 것은 필요하다. 미국의 주 정부는 2년 예산을 편성한다. 이는 이월의 절차 없이 연도를 넘어서 집행하게 하는 효과가 있다. 그리고 2005년에 도입된 분권교부세도 인용할 만하다. 종전에 보조금이 너무 용도가 제한적이고 지방자치단체의 의사결정을 구속하였으나 이제는 포괄보조금인 분권교부세 형태로 바꾸어 자치단체의 재량을 확대하고 있기 때문이다.

2006년 입법고등고시 기출문제와 어드바이스 및 답안구성 예

| 제1문 (50점) |

베버리언 관료제(Weberian bureaucracy)의 한계를 극복하기 위해 시도된 대표적인 변화가 이른바 신공공관리와 정책네트워크/네크워크관리이다.

(1) 베버리언 관료제의 장점과 한계를 설명하라. (20점)

Advice

1. 베버리언 관료제이란 베버가 제시한 이념형 관료제를 말한다. 우선 이러한 이념형 관료제의 개념이나 구성 요소를 먼저 고려해 본다면 장점과 단점을 쉽게 도출해낼 수 있을 것이다. 구체적으로 이념형 관료제의 구성요소는 계층제, 지속성, 몰인정성, 전문성이다. 이러한 측면에서 베버리언 관료제는 안정성·예측가능성·신속성 등의 측면에서 다른 조직 형태에 비해 우월하다는 점을 언급한다. 베버는 이러한 측면을 들어 기술적 관점에서 관료제가 최고의 능률성을 획득할 수 있다고 생각했다.

2. 반면 관료제는 비공식적 관계를 경시하는 등 비인간성을 초래할 우려가 있다는 점이 한계로 지적된다. 그 외에도 관료제가 실제 능률성에 효과적인지, 관료제 구성 요소 간의 모순(계층적 권위와 전문적 권위 간의 상충) 역시 베버리안 관료제의 한계이다. 그런데 문제의 취지 상 가장 강조되어야 하는 점은 발문에서 제시된 '신공공관리'와 '정책 네트워크'와 '베버리언 관료제'의 차이에서 도출하는 것이 타당하다. 또한 제1문의 2와의 연계 상 기존 계층제에서의 참여의 제한, 폐쇄체제를 상정함으로써 최근의 급변하는 행정 수요에 적절히 대응하지 못하는 점 등을 강조하는 것이 바람직하다.

(2) 한국 행정의 발전을 위해서는 어떤 모형(혹은 모형들의 조합)이 바람직한가? (30점)

Advice

1. 한국 행정발전을 위한 '모형' 혹은 '모형들의 조합' 이라는 점에서 B.Guy Peters의 미래 국정관리 모형에 대한 언급이 필요할 것이다. B.Guy Peters의 미래 국정관리 모형에서는 시장형, 참여형, 신축형, 탈규제형을 제시한다.

2. 각각의 모형들은 전통적인 관료제 조직 하에서 나타나는 한계에 대한 문제의식으로부터 도출되었다. 따라서 본인이 가장 강조하고 싶은 모형 중 하나 혹은 두 가지를 선정하여 서술한다. 특히 한국 행정 현실 상 시장형, 참여형, 혹은 시장과 참여형의 조합 등이 적절할 것이다.

I. 서 론

II. 베버리언 관료제의 장점과 한계
1. 베버리언 관료제의 장점
2. 베버리언 관료제의 한계

III. 한국 행정의 발전을 위한 바람직한 모형
1. G. Guy Peters의 국정관리모형
2. 시장형과 참여형의 조합

IV. 결 론

| 제2문 (50점) |

1. 국회의 정책/행정역량을 강화할 수 있는 제도적 장치에 대해 논하시오. (25점)

Advice

1. 입법고시를 준비하면서 다양한 국회의 기능 및 역할에 대해서 공부했다면 가장 좋을 것이다. 그러나 그렇지 못한 경우에도 국회의 행정부 통제 역할을 생각한다면 어렵지 않게 서술할 수 있을 것이다. 특히 헌법과 법률에 규정된 제도를 생각해본다. 우선 정부의 정책 자원인 재정에 관한 예산안 심의·확정 및 결산 권한을 제시할 수 있다.

2. 그 외에도 국정 전반에 관한 포괄적인 감사권 행사를 통해 행정부를 감시·통제하는 국정감사권, 특수 사안에 대해 조사하는 국정조사권도 있다. 문제가 출제될 당시에는 없던 제도였지만, 지금 답안을 쓴다면 2문과의 연계 상 최근의 예산개혁에서 재정소요점검제도(scorekeeping) 등을 언급해도 좋다.

2. 참여정부 출범 이후 다양한 예산개혁(budget reform)이 추진되고 있다. 이러한 예산 개혁의 의의와 한계를 논하시오. (25점)

Advice

1. 우선 참여정부 당시에 추진된 예산개혁 사례에 대해 생각해본다. 대표적으로 국가재정운용계획, 총액배분자율편성(Top-Down) 예산제도, 성과관리(예산) 제도 등이 있다. 이러한 개혁의 의의는 주지하고 있는 전통적인 예산제도의 한계와 그를 극복하기 위한 개혁의 취지에 대해 서술하면 된다. 재정건전성 도모, 예산 증액요구 억제, 예산 운용의 효율성 제고 등이 포함될 것이다.

2. 반면 예산개혁의 한계는 현실에서 제도의 실제적 운영이나 한국에의 정합성과 연계시켜서 언급하면 된다. 특히 국가재정운용계획에서는 중기재정운용 목표가 명확성이 부족하다는 점, 국회의 역할이 제한되었다는 점을 언급할 수 있고 Top-Down 예산제도의 경우에는 부처의 비합리적 행태(Deferred Budgeting, Shick) 등을 제시할 수 있다.

| 제1문 | 우리나라 행정혁신의 성공요인과 실패요인을 사례를 들어 설명하시오. (50점, 선택 25점)

I. 서 : 개혁의 어려움

Ⅱ. 행정혁신의 성공요인

　1. 국민적 합의

　2. 첨단기술의 활용

　3. 공무원의 참여 : 자율성의 존중

　4. 유인설계

　5. 적극적인 벤치마킹

　6. 경영기법의 응용

　7. 행정리더들의 적극적인 관심

　8. 행정 내외의 밀도 있는 참여

Ⅲ. 행정혁신의 실패요인

　1. 행정지도자들의 전근대적 사고 : 리더들의 자기혁신 부재

　2. 세계사적 흐름의 역행

　3. 무분별한 해외 정책 수입

　4. 사전 준비의 미흡 : 밀어붙이기식의 개혁

　5. 국민적 합의의 부족

　6. 의회와의 갈등

　7. 참여의 결여

Ⅳ. 결 론 : 지속적인 개혁을 위한 제도적 장치 마련을 위하여

답안작성

김 0 0 / 2005년도 행정고시 일반행정직 합격

Ⅰ. 서 : 개혁의 어려움

대부분의 근본적인 정부개혁은 기득권의 재편을 수반하기 때문에 기득권 집단으로부터 엄청난 반발과 저지를 받게 마련이다. 더구나 5년 단임제의 대통령제는 기득권 유지에는 유리하게, 개혁추진에는 상당히 불리한 시간적 제약으로 작용한다.

아래 글에서는 위의 문제의식을 바탕으로 한국 행정혁신의 성공조건을 모색해 보기로 한다.

Ⅱ. 행정혁신의 성공요인

1. 국민적 합의

문민정부에서 금융실명제, 군의 정치개입 차단(사조직 혁파), 제도적 이익집단(군부의 하나회)의 부패적발사례에서 보듯이 광범위한 국민적 합의가 있으면 조직화된 집단의 강력한 저항을 극복하고 혁신에 성공할 수 있다.

2. 첨단기술의 활용

한국이 단시간에 선진적인 전자정부를 구축할 수 있었던 것은 오래전부터 착실하게 정보통신 기술의 행정에의 적용방안을 연구한 결과였다.

서울시 OPEN 시스템(민원처리 온라인 공개 시스템), 전자정부 홈페이지구축, 전자민원처리, 조달시스템 개혁, 공동구매를 통해서 이룬 관리상의 행정혁신은 모두 정보기술의 응용의 결과였다. 미래에는 생명공학기술이 급속하게 발전할 것이며 따라서 그것을 응용한 행정혁신도 가능할 것이다.

3. 공무원의 참여 : 자율성의 존중

공무원의 자율성을 존중하는 개혁은 개혁을 지속적으로 관리하는 공무원들에게 책임감을 불어넣어 개혁을 성공으로 이끈다. 최근 그간의 개혁의 문제점을 바탕으로 참여중심적인 개혁안들이 늘어나고 있다.

4. 유인설계

예산절약에 대해서 일정액을 성과급으로 지급한 이후에 많은 절약이 발생했다. 책임운영기관의 성공도 마찬가지다. 책임운영기관의 관리실적에 연동되는 각종유인기제는 책임운영기관의 성공적인 관리를 가능케 했다. 행동의 유인구조를 재설정하는 것은 X-비효율성을 줄인다. X-비효율성은 외부에 보이지 않는 그것이기에 자발성을 유도하는 유인설계가 필요하다.

5. 적극적인 벤치마킹

한국에 앞서 대규모 혁신을 시행한 행정선진국에서 국내외 정부의 혁신사례에서 많은 것을 얻을 수 있다. 일회성의 벤치마킹보다는 네트워크 구축을 통한 지속적인 벤치마킹과정이 필요하다.

특히 외국정부의 혁신사례를 적극적으로 벤치마킹하고 있는 참여정부는 참신한 행정혁신 이슈들을 생산하고 있다. 특히 대통령 중심의 전문가 그룹의 구축을 통한 국정 운영은 미국의 개혁과정을 벤치마킹한 것이다.

6. 경영기법의 응용

경영은 시장의 압력이 강하기에 정부에 앞서 조직의 효율적 관리기법의 실험적 시도가 많다. 예를 들면, 전자정부의 다양한 원격서비스 제공은 1980년대 민간 금융기관이 먼저 도입한 것이다. 현재 한국 행정은 글로벌 기업으로 도약하는 삼성, 현대자동차, 엘지 등의 대기업에게서 많은 경영 노하우를 흡수하고 있다. 외교통상부가 도입을 시도하는 '삼성 지역전문가 양성프로그램'이 대표적이다.

7. 행정리더들의 적극적인 관심

한국의 발전행정이 성공적인 수출지원행정을 효과적으로 수행할 수 있었던 것은 박정희 대통령의 수출증대에 대한 적극적인 관심의 결과였다.

김대중 대통령의 정자정부에 대한 적극적인 관심은 한국의 전자정부 역사에 많은 진전을 이루었다. 권력분산에 대한 노무현 대통령과 참모들의 적극적인 태도로 인해 한국행정이 빠르게 '분권형 거버넌스'로 이행하고 있다.

8. 행정 내외의 밀도 있는 참여

참여 없이 포스트모던 시대의 행정혁신을 기대할 수 없다. 그러므로 참여는 모든 정책 추진의 기본이며 현 정부의 국정이념이다. 시민들의 폭넓은 참여를 바탕으로 해야 한다.

Ⅲ. 행정혁신의 실패요인
1. 행정지도자들의 전근대적 사고 : 리더들의 자기혁신 부재

행정혁신의 의의와 가능성을 체감하지 못하고 과거의 선례를 답습하는 행정리더들의 문화적 한계가 존재한다. 특히 한국의 고위 공무원이 행정 경험을 축적한 시대와는 너무도 다른 정치 경제적 변화가 발생한 지금 자기혁신이 없는 한국의 일부 고급 행정 관료는 혁신을 실패로 이끌었다.

2. 세계사적 흐름의 역행

행정개혁이 시대적인 흐름인 세계화 정보화 민주화를 외면하는 경우가 있다. 폐쇄적이고 권위적인 방향으로의 행정운영은 장기적인 관점에서 성공의 가능성이 줄어든다. 세계화의 흐름에 맞게 행정을 국제적 기준에 맞게 유지하는 것이 중요하다.

3. 무분별한 해외 정책 수입

NPM적 관리기법의 무분별한 도입으로 행정의 효율성도 확보하지 못한 채 통제만 증가한 사례가 있다. 시대사적 흐름에 연동하면서도 주체적인 개혁이 필요하다. 한국에서 역사적으로 형성된 맥락 속에서 행정은 기능한다(신제도주의적 관점).

4. 사전 준비의 미흡 : 밀어붙이기식의 개혁

서울시 버스노선 개편은 바람직한 개혁이었지만 추진과정의 비민주성으로 인해서 과도한 정착비용이 발생했다. 결과적으로 결과는 성공했지만 종합적으로 성공한 행정개혁으로 보기 어렵게 되었다.

5. 국민적 합의의 부족

행정은 한 사회의 포괄적인 미래를 결정한다. 따라서 경우에 따라 극한 반발과 극단적 찬성을 예상할 수 있다. 국민적 합의가 부족한 상황에서 강행되는 현재의 행정중심복합도시 건설과 공공기관 지방이전은 최대의 성과를 기대할 수 없다.

6. 의회와의 갈등

대통령제 국가에서 의회와 행정부 모두 정통성을 갖는다. 그러므로 행정혁신에서 의회를 '개혁의 동반자'로 인식하고 개혁에 협조를 얻어야 한다. 의회와의 불필요한 갈등을 일으켜서는 안 되며, 의회를 설득하는 행정부의 적극적 자세가 요구된다.

대통령과 의회가 개혁에 있어서 파트너쉽을 갖고 경쟁적으로 더 낳은 대안을 제시하는 미국의 경험을 참고하여야 한다. 한국의 경우 행정혁신의 과도한 '정치쟁점화', '득표전략화'로 인하여 정치혁신과 행정혁신을 모두 힘들게 하는 경우가 역사적으로 존재했다.

7. 참여의 결여

'부안 방사성 폐기물 안치장 유치실패 사태'에서 보듯이 시민들의 참여가 결여된 정책은 큰 정책 불응에 직면한다.

Ⅳ. 결 론 : 지속적인 개혁을 위한 제도적 장치마련을 위하여

뉴질랜드는 정치적인 리더쉽의 이동과 환경의 변화에도 불구하고 지속적인개혁을 이루어 개혁의성과를 극대화 하였다. 그 결과 뉴질랜드는 전 세계에 행정혁신의 상징으로 정착하고 있다.

한국의 행정개혁은 많은 성과에도 불구하고 지속적인 개혁이 이루어지지 않음으로 해서 결국에 이상적인 결과를 얻지 못한 경험이 있다. 정치적인 환경의 변화로서 권력의 이동과 경제적인 환경의 변화로서 불황의 발생은 개혁의 지속성을 저해하는 대표적인 환경 변화이다.

그러므로 개혁의 성공과 실패에는 개혁의 지속성을 이끌어 낼, '국민적 합의'가 가장 중요하다. 그리고 그러한 합의를 이끌어 낼 리덥쉽이 필요하다. 민주적 리더쉽, 변혁적 리더쉽을 바탕으로 한국의 행정이 세계 행정혁신의 새 역사를 주도해야 할 것이다.

┤강평├

1. 총 평

(1) 행정고시 행정학의 경우 정답이 없고 자신의 견해를 잘 쓰면 된다고들 한다. 소위 글발이 강하면 된다고도 하고, 심지어 '썰'을 잘 풀면 된다고도 한다. 과연 그럴까? 이번 행정학의 경우 마치 일반론적인 문제이고, 모범 답안이 없는 문제인 것처럼 보이고, 자신의 견해를 주창하면 되는 것처럼 보일 수도 있다.

(2) 그러나 그렇지 않다. 제1문과 2문의 경우 교과서적인 지식을 활용하여 체계적으로 작성 할 필요가 있는 문제이다. 행정학적 마인드와 행정학의 지식이 조화롭게 결합되어야 풀 수 있는 문제이었다.

(3) 제3문의 경우 허를 찔렸다고 할 수도 있겠으나 재무행정을 학습한 수험생이라면 재무행 정의 가장 중요한 개혁의 과제가 바로 복식부기와 발생주의의 도입에 있다는 것을 알 것 이고 기본적인 개념과 특징은 이해하고 있었을 것이라고 생각된다.

2. 강 평

제1문에서 "사례를 들어 설명하라."는 것은 중요한 의미가 있다. 행정학을 학습하면서 자칫 서구의 이론을 습득하는 데만 함몰될 우려가 있기 때문에 한국적 상황에서 진행되는 다양한 사례를 이해하고 평가하라는 의미가 내포되어 있다. 향후 행정학을 준비하는 수험생들에게 학 습방향을 제시한 측면도 있다.

(1) 이 문제를 접하면서 우선 최근에 진행된 다양한 사례를 정리하여야 할 것이다. 교과서의 행정개혁 부분에 많이 소개되고 있다. 인사행정의 개혁으로 개방형, 성과급, 다면평가제, 고위공무원단, 공무원노조의 인정 등이 있다. 조직분야의 개혁으로 전자정부, 팀제, 책임 운영기관, 목표관리제 등이 있다. 재무행정의 영역에서 예비타당성, top-down 방식, 성 과주의 예산, 복식부기와 발생주의 도입 등이 있다. 기타 행정서비스 헌장, 시·군 통합, 지방양여금 폐지, 지방소비세 신설의 저항, 내부 고발자 보호 장치의 도입, 지방분권, 행 정정보공개청구권 등도 적절한 사례가 될 수 있다.

(2) 이제 이러한 다양한 사례를 바탕으로 성공요인과 실패요인을 구분하여 설명하는 것이 필요하다. 즉 좋은 실을 준비하고 이를 바늘로 잘 꿰어야 하는 것이다. 이런 바늘에 해당 되는 것이 이론적 모형이다. 개혁의 성공과 실패요인을 설명하면서 머리에 떠오르는 순

서대로 작성하는 바람직하지 않다. 행정개혁이나 행정윤리의 분야에서 제시되는 모형을 원용할 필요가 있다. 이념, 목표, 전략, 절차, 저항 극복방안 등의 틀을 원용하는 것도 방법이다.

(3) 성공요인으로는 강력한 리더십, 내외의 필요성이나 공감대의 형성, 참여의 확보를 통한 설득, 정보화를 포함한 인프라 구축 등이 될 수 있다. 실패요인으로는 무분별한 외국 제도의 답습, 참여의 부족, 유인설계의 부족 등이 될 수 있다. 이러한 바늘과 실을 준비한 다음에 꿰매는 과정에서는 약간의 글발이 필요할 수 있다.

(4) 답안의 경우 다양한 쟁점을 잘 정리하고 있고, 사례도 적절히 소개하고 있다. 그러나 이러한 분석 틀이 부족할 때 산만한 느낌을 줄 수 있다.

| 제2문 | NGO(Non-Govermental Organization)에 의한 행정통제의 의의와 한계에 대하여 설명하시오. (30점, 선택 15점)

Ⅰ. 서 : 행정통제의 중요성

Ⅱ. NGO에 의한 행정통제의 의의
  1. 행정의 대응성 증가
  2. 행정의 효율성 증가
  3. 시민들의 폭 넓은 참여를 유도
  4. 관료들의 저항의 방지

Ⅲ. NGO에 의한 행정통제의 한계
  1. 책임성 결여
  2. 비민주적인 NGO의 문제
  3. 비대칭적 활동
  4. 안정성의 저하
  5. 이익집단화 경향

Ⅳ. 결 론 : 저항에서 대안으로

답안작성 김 ○ ○ / 2005년도 행정고시 일반행정직 합격

Ⅰ. 서 : 행정통제의 중요성

"왜 행정통제가 필요한가?" 그것은 행정이 본질적으로 대리인의 지위에 있기 때문이다. 따라서 행정이 통제를 받지 않을 경우에 '대리인의 주인화' 현상이 발생한다. 다시 말해 동의 받지 않은 권력이 시민들에게 행사되는 것이다. 동의 받지 않은 권력이 행정에 의해 자의적으로 행사될 경우 시민들은 행정에 대해서 책임감과 신뢰를 철수한다.

과거 한국의 권위주의적 발전행정의 유산이 한국행정에 미친 가장 큰 해악은 행정의 효율성 중심의 자기 권력화로 말미암아 효율성 측면의 큰 성공에도 불구하고 시민들이 행정에 대해서 신뢰를 철수하게 된 현실이다. 그 결과 현재 한국의 행정은 잃어버린 신뢰회복을 위해 막대한 비용을 지불하고 있다. 따라서 주인에 의한 통제가 필요한 것이며, 그것이 바로 민주적이고 장기적으로 효과적인 행정을 향하는 길이다.

Ⅱ. NGO에 의한 행정통제의 의의

1. 행정의 대응성 증가

NGO에 의한 행정통제는 다른 어떤 방식의 통제보다 인민의 의사에 직접적이다. 따라서 NGO에 의한 통제는 비례성의 문제에도 불구하고 가장 크게 행정의 대응성을 향상 시킨다.

2. 행정의 효율성 증가

포스트모던의 가치다원주의 시대에 시민단체에 의한 통제는 오히려 효율성을 증가시키는 측면이 있다. 정책결정과정의 참여배제는 정책순응 확보의 비용을 증가시킨다. 일반적으로 전문화된 시민단체는 각각의 정책 분야에 있어서 시민들의 참여를 조직화한다. 따라서 궁극적으로 효율성을 증가시키는 방향에 일조한다.

3. 시민들의 폭 넓은 참여를 유도

참여행정의 당위성에도 불구하고 원자화된 시민들은 효과적인 참여가 어렵다. 그러나 지속적이고 안정된 시민의 행정참여를 위해 단체를 구성할 경우 보다 광범위한 시민들이 참여하게 되고 따라서 보다 민주적인 행정통제가 이루어진다.

4. 관료들의 저항의 방지

관료들은 위로부터의 압력을 통한 혁신에 조직적으로 저항하는 경향이 있다. 최근에 활성화 되고 있는 공무원노조도 배타적인 이익집단화 하는 경향이 나타나고 있다. 주인의 입장에 있는 NGO의 행정통제는 공무원의 혁신과정에 있어서의 저항을 극복하는데 좋은 역할을 담당 할 수 있다.

Ⅲ. NGO에 의한 행정통제의 한계

1. 책임성 결여

구체적인 책임확보 장치가 부족한 시민단체의 과도한 행정통제는 정책의 전 과정에 대한 책임소재를 불명확하게 만든다. NGO의 의견에 치중한 정책결정에 대해 NGO에게 책임을 물을 수 있는 장치는 기술적으로 불가능하다. 따라서 NGO의 공식화, 안정화, 참여의 제도화를 유도하여야 한다.

2. 비민주적인 NGO의 문제

NGO는 민주적인 대표선출과정이 법으로 강제되어 있지 않다. 특히 한국의 NGO는 명망가 중심으로 중앙집권적으로 활동하여 내부 권력은 정체된 구조를 보이는 경우가 많다. 이러한 문제는 개선되지 않은 상황에서 최근 관료화되는 경향이 나타나고 있어서 과연 NGO가 침묵하는 다수의 국민들을 대표하는가에 대한 문제가 제기된다.

3. 비대칭적 활동

일부의 NGO는 국민의 지지의 정도와 관계없이 강력한 자금력과 조직력을 바탕으로 과도한 영향력을 행사하는 경우가 있다. 대표성과 비례성이 결여된 NGO의 행정통제 과정의 참여는 이러한 문제를 야기한다. 특히 정부와 일부 대기업, 자치단체의 자금지원이 한국시민단체의 주요 재원임을 감안하면 이러한 문제가 더욱 심각해진다.

4. 안정성의 저하

지나치게 많은 단체들의 과도한 참여에 의한 통제는 행정의 중요한 가치인 안전성을 훼손한다. 전문성이 부족한 단체들의 지나치게 넓은 분야의 참여는 이러한 문제를 가속화시킨다. 특히 한국의 상황에서 이념중심적인 일부 NGO들의 해체적·파괴적·저항적 행정 통제는 행정통제과정의 생산성을 떨어뜨린다.

5. 이익집단화 경향

일부 NGO는 시민의 의사를 대표하는 지위를 망각한 채, 정치적 이권과 관련된 이익집단화 되는 경향이 있다. 건전한 시민들의 자발적인 참여가 부재한 상황에서 나타나는 현상이다.

Ⅳ. 결 론 : 저항에서 대안으로

민주적인 시민역량강화를 위한 대안적이고 생산적인 NGO의 행정통제를 활성화해야 한다.

건전하고 책임감 있는 시민은 민주행정의 근본 토양이다. 한국의 NGO는 영향력 확대에만 그칠 것이 아니라 활동을 건전화하고 시민들의 자발적 참여를 유도해야 한다.

┤ 강 평 ├

1. 행정통제는 크게 공식·비공식적 방안 그리고 내부·외부의 기준에 따른 유형화가 가능하다.

2. NGO에 의한 행정통제의 경우 비공식적인 외부통제의 유형에 해당된다. 이러한 유형화를 전제로 특징을 설명해야 한다. 특히 외부통제의 한계를 설명하면서 내부통제의 필요성을 주장한 프리드리히(Friedrich)와 파이너(Finer)의 논쟁도 적절히 소개하는 것도 필요하다. 무엇보다 NGO의 문제가 출제되면 사회적 자본(social capital)의 개념을 소개하는 것도 중요하다.

3. 답안의 경우 쟁점은 매우 잘 정리하고 있다. 다만 행정학적인 틀과 쟁점을 소개하는 부분이 아쉽다.

| 제3문 | 현금주의와 발생주의 회계제도를 비교하여 설명하시오. (20점, 선택 10점)

> Ⅰ. 서 : 회계제도 개혁을 통한 성과중심의 행정의
>   구축과정에서
> Ⅱ. 현금주의와 발생주의 회계제도
>   1. 현금주의(cash basis)
>   2. 발생주의(accrual basis)
>
> 3. 직접적 차이
> 4. 평가: 발생주의의 정확성
> Ⅲ. 결 론 : 절충적 도입방안
>   1. 수정발생주의와 수정현금주의
>   2. 한국의 발생주의 회계제도 도입위한 제언

답안작성

김 0 0 / 2005년도 행정고시 일반행정직 합격

Ⅰ. 서 : 회계제도 개혁을 통한 성과중심의 행정의 구축과정에서

현행 중앙 및 지방정부의 회계는 대부분 현금주의에 의한 단식부기를 중심으로 운영한다.

중앙정부의 일반회계와 기타 특별회계는 단식부기이며, 기업특별회계와 공공기금은 복식부기와 발생주의를 적용한다. 지방정부는 일반회계 및 기타 특별회계를 지방재정법에 따라 단식부기로 운영하고 상하수도, 지방공영개발 등 지방공기업특별회계는 지방공기업법에 의거하여 복식부기로 운영한다. 그 외에도 수요자 중심의 예산편성, 예산집행의 인센티브 도입, 재정정보시스템 구축 등이 시도되고 있다.

이러한 시도들은 궁극적으로 정부행정의 성과중심적 관리를 위한 것이다. 과학적인 회계제도는 명확한 비용과 성과를 추산할 수 있도록 한다. 따라서 한국 행정 혁신의 중심에 회계제도 개혁 그 핵심에 발생주의 회계 방식이 있다.

Ⅱ. 현금주의와 발생주의 회계제도

현금주의와 발생주의는 조직에서 일어나는 거래에 대해 인식하는 시점에 의해 구분하는 회계기준이다.

1. 현금주의(cash basis)

현금주의는 현금을 수취했을 때 수익으로 인식하고, 현금을 지불했을 때 비용으로 인식하는 회계기준이다.

2. 발생주의

발생주의(accrual basis)는 현금의 수불과는 관계없이 실질적으로 수익이 획득되거나 지출 또는 비용이 발생한 시점을 기준으로 한다.

3. 직접적 차이

선급비용과 선급수익은 현금주의에서는 수익과 비용으로 인식하는 데 반해 발생주의에서는 자산과 부채로 인식한다. 미지급비용과 미수수익은 현금주의에서는 인식이 되지 않는데 반해 발생주의에서는 부채와 자산으로 인식된다. 감가상각과 대손상각은 현금주의에서는 인식되지 않으며, 발생주의에서는 비용으로 인식된다.

4. 평 가 : 발생주의의 정확성

따라서 발생주의는 현재 정부의 재정상태를 더 정확하게 보여주는 제도이다.

Ⅲ. 결 론 : 절충적 도입방안

그런데 인식 기준에 의한 구분은 현금주의와 발생주의라는 대립적인 두 가지 기준만이 있는 것은 아니다. 오히려 순수한 현금주의와 완전 발생주의 기준을 양 극단으로 한 연속선상에 여러 기준이 있는 것으로 보는 것이 타당하다. 결국 발생주의의 우월성에도 불구하고 질적인 수준의 검토과제가 남아있다.

1. 수정발생주의와 수정현금주의

현재 한국은 현금주의의 단점을 극복하기 위해 발생주의의 기법을 일부 도입한 수정현금주의에 가깝다.

일반적으로 현금과 경상적 재무자원 뿐만 아니라 장기 재무자원까지도 인식하며, 현금의 수납 및 지급시점이 아니라 이들의 거래가 발생한 시점에 비용과 수익을 인식한다. 그러나 여러 해 동안 편익을 제공하게 될 물리적 자산이 자산으로 인식되지 못하고 당해연도에 소비되는 것으로 비용처리 된다는 점에서 완전 발생기준과 다르다.

수정 발생주의는 기업과 다른 정부의 회계제도 운영 제약에도 불구하고 도입이 비교적 용이한 장점이 있다.

2. 한국의 발생주의 회계제도 도입위한 제언

우리나라 예산회계제도 개혁의 중심은 복식부기제도와 성과중심 예산제도의 도입이다. 그런데 성과중심 예산제도는 복식부기가 전제될 때 의미를 갖는다. 복식부기제도는 그 자체가 목적이 아니며 발생주의 회계와 병행하여 추진되어야 한다. 수정발생주의 기준에 의한 복식부기제도가 현재의 우리 실정에 맞는 정책방향이다. 복식부기를 도입하기 위해서는 중앙정부보다 지방정부에서 먼저 도입하는 것이 적절하며, 시범기관을 선정하여 충분히 평가 검토한 후 확대하는 방식이 실패를 줄이는 접근방식일 것이다. 이 과정에서 발전된 예산회계정보시스템(BAIS: Budget Accounting Information System)은 부족한 정부자원에도 불구하고 광범위한 회계제도 개혁을 이루는 첩경이 될 것이다.

| 강 평 |

1. 재정운영의 가장 기본적인 가치는 '수지균형의 건전한 운영'과 '재원 배분 및 관리의 효율성'이다. 그간 정부의 예산회계는 현금주의 단식부기 제도로 운영되어 수지의 균형을 통한 건전성은 외형적으로 용이하게 파악하였으나 실질적인 수지균형 여부의 측정이 곤란하고 성과측정 등 재정운영의 효율성을 확보하는 것이 어려웠다. 발생주의에 의한 복식부기 제도를 도입하려는 것은 실질적인 건전성과 효율성을 정착시키기 위한 것이다.

2. 복식부기는 차변과 대변을 이용하여 자산, 자본, 부채 등 다양한 재정지표를 관리할 수 있다. 즉 다양한 정보를 제공한다.
   이러한 복식부기를 정착시키기 위해서는 발생주의적인 인식이 필요하다. 현금주의는 활동과 관계없이 현금의 수입과 지출을 중심으로 인식을 한다. 정부의 재정력이 불안할 때 금고에 현금이 얼마나 있는 가를 중시하는 것이다.

3. 발생주의는 현금의 수수와 관계없이 거리가 발생한 시점에 거래를 인식하는 방식이다. 발생주의를 적용하는 경우 미수세금, 미수수익, 미지급금, 선수수익, 선급비용 등과 같이 거래는 발생하였으나 실제로 현금수수가 이루어지기 이전의 상황을 회계적으로 처리하기 위한 계정과목이 사용된다.

4. 이럴 경우 회계연도에 이루어진 다양한 활동을 측정하게 되고 이를 통해 활동의 성과를 파악할 수 있다. 나아가 이럴 경우 활동에 따른 원가를 정확하게 측정할 수 있는 장점이 있다.
   이러한 개혁은 종전에 경제규모가 작을 때는 현금의 흐름을 중심으로 계리하였으나, 이제 경제 규모가 확대됨에 따라 활동을 중심으로 계리한다는 변화를 반영하고 있다. 제3문의 경우 정확한 제도의 내용을 인식하고 관련되는 전문용어를 자유롭게 구사하는 것이 필요하다.

2005년 입법고등고시 기출문제와 어드바이스 및 답안구성 예

| 제1문 (50점) |

적정 수준의 정부기능과 역할 및 다양한 공공서비스 전달방식을 시장의 실패, 정부의 실패 및 거버넌스(governance)개념을 이용하여 논하시오.

Advice

1. 정부관의 변천사를 시간의 흐름에 따라 서술하고 최근의 방향으로 마무리 한다. 시장실패에 대한 대책으로 대두된 현대 복지국가, 그 이후 정부실패에 대한 반성에서 시작된 작은 정부, 그리고 최근의 뉴-거버넌스에 대한 논의로 흐르면 적절할 것이다. 특히 정부의 기능과 역할이 정부관의 변천에 따라 시대별로 '적정한 수준'이 달라진다는 점을 언급하면 좋다. 그리고 각 시대별로 강조되던 공공서비스 전달방식의 구체적 예를 제시하면 풍부한 논의가 될 수 있다.

2. 구체적으로는 근대 국가 이후 현대복지국가(행정국가, 큰 정부)는 시장실패를 보완하기 위해 제시되었다는 것으로 서술한다. 즉 공공재, 외부효과, 독과점 등으로 인한 시장실패를 정부의 적극적인 개입으로 치유할 수 있다고 믿었던 것이다. 복지국가에서는 정부의 적극적인 시장 개입이 강조되며 직접적이고 독점적인 공공서비스의 생산 및 전달이 이루어 졌다는 점을 강조한다.

3. 복지국가 이후에는 신공공관리 패러다임이 유행했던 시대상에 대해 언급하고 이를 정부실패 측면에서 해설하면 된다. 복지국가 하에서의 과도한 세금부담과 재정의 비효율성, 정부의 도덕성·무능에 대한 정부불신이 작은 정부로의 변화를 초래했다는 점을 지적한다. 이렇듯 정부실패에 대한 반성에서 시작된 작은 정부는 최소한의 역할만을 하며 민간위탁 등 정부 기능의 시장 이양을 통한 간접적인 공공서비스의 전달방식이 강조되었다.

4. 최근에는 시민사회의 관심과 역량이 제고되면서 이른바 거버넌스적 논의가 부각되고 있다는 점을 제시한다. 정부와 시장, 시민사회 간의 협동을 바탕으로 국정을 운영하는 '뉴-거버넌스'의 논의가 그것이다. 뉴-거버넌스 하에서 정부는 다양한 주체간의 조정(co-ordination)자 역할을 하며 시장과 시민사회가 참여하는 공동생산 등 다양한 방식의 공공서비스를 협력적으로 제공한다.

답안구성 예

I. 서 론

II. 시장의 실패와 복지국가의 등장

III. 정부의 실패와 신공공관리 패러다임의 대두

IV. 시민사회의 성장과 거버넌스 개념의 등장

V. 결 론

| 제2문 (50점) |

1. 참여정부 출범이후 계층제 형태의 관료조직의 한계를 보완하기 위해 부처 조직에 팀제를 도입하려는 움직임이 가시화되고 있다. 팀제 도입의 이론적 배경을 설명하고 참여정부의 정부혁신사례들을 들면서 예상되는 문제점과 성공적 도입방안에 대해 논해 보시오. (25점)

Advice

1. 팀제가 가진 전통적인 관료제적 조직과의 차이점이 무엇인지 생각해본다. 즉 관료제적 조직이 공식화, 집권화의 정도가 커서 최근 행정환경 변화에 적절한 대응을 수행하기 힘들다는 점을 지적하고 그와 대비되는 팀제의 유용성을 제시한다.

2. 참여정부에서는 다양한 개혁을 추진했다. 문제의 취지상 '정부조직' 측면에서의 혁신사례를 제시하는 것이 적절할 것이다. 이러한 측면에서 팀제 외에도 위원회제도의 활성화를 시도했다. 그러나 이러한 개혁의 취지에도 불구하고 체계적인 업무 분담이나 업무 협조가 어려워질 수 있고, 형식적인 운영이나 책임 소재 등의 문제가 발생할 수 있다는 점을 지적한다. 따라서 이러한 문제를 완화하기 위해서는 기존 조직의 문화를 파악하고 단계적인 도입이나 부처별 차등 도입 등의 방안을 고려해볼 수 있다고 제시한다.

2. 최근 성과감사(perfoemance audit)에 대한 관심이 높아지고 있다. 성과감사에는 효율성 감사(efficiency audit)와 효과성감사(effectiveness audit)가 있다. 성과감사란 무엇이며, 효율성감사와 효과성감사의 차이점은 무엇인가? 그리고 왜 이 두 가지 감사가 필요한가? (25점)

Advice

1. 성과감사는 합법성검사와 대비되는 개념으로서 사업수행의 목표달성에 대한 사후평가를 통해 통제와 처벌보다 학습, 대안, 개발의 목표가 강하다는 점을 언급한다. 그리고 효율성과 효과성에 대해 기존에 알고 있는 개념을 통해 각각의 감사가 강조하는 바의 차이점을 제시해주면 될 것이다.

2. 특히 효율성감사는 투입대비 산출의 측면에서 정부 내부 프로세스에 대한 감사라는 측면에서 필요하다는 점을, 효과성감사는 정책의 목표달성, 대 국민관계에서 필요하다는 점을 서술하면 된다.

답안구성 예

Ⅰ. 서 론

Ⅱ. 정부 혁신의 이론적 배경과 성공적 도입방안
   1. 팀제 도입의 이론적 배경
   2. 참여정부의 정부혁신 사례
   3. 예상되는 문제점과 성공적 도입방안

Ⅲ. 성과감사의 내용과 필요성
   1. 성과감사의 내용
   2. 효율성감사와 효과성감사의 차이점
   3. 성과감사의 필요성

Ⅳ. 결 론

행정학 기출문제 - 답안과 강평 -

초 판 발 행	2017년 03월 30일
전 면 개 정 판 발 행	2017년 12월 05일
전 면 개 정 2판 발 행	2018년 12월 05일
전 면 개 정 판 발 행	2019년 11월 01일
전 면 개 정 판 발 행	2020년 11월 18일
전 면 개 정 판 발 행	2021년 12월 20일
전 면 개 정 판 발 행	2022년 10월 17일
전 면 개 정 판 발 행	2023년 09월 25일

편 저 자	고시계사 편집국
발 행 인	정 상 훈
디 자 인	신 아 름
발 행 처	고시계사

서울특별시 관악구 봉천로 472
코업레지던스 B1층 102호 고시계사

대 표 817-2400 팩 스 817-8998
考試界 · 고시계사 · 미디어북 817-0419
www.gosi-law.com
E-mail : goshigye@gmail.com

정가 28,000원   ISBN 978-89-5822-632-1   93350

법치주의의 길잡이 70년 月刊 考試界